LA ROSA, LA CORONA Y EL MARQUÉS ROJO

Enric Santamaría
Nov. 2003

Vilallonga

LA ROSA, LA CORONA Y EL MARQUÉS ROJO

MEMORIAS NO AUTORIZADAS****

PLAZA JANÉS

Primera edición: noviembre, 2003

Travessera de Gràcia, 47-49. 08021 Barcelona

Printed in Spain – Impreso en España

ISBN: 84-01-37858-3
Depósito legal: B. 44.078 - 2003

Fotocomposición: Lozano Faisano, S. L. (L'Hospitalet)

Impreso en A & M Gràfic, S. L.
Santa Perpètua de Mogoda (Barcelona)

L 3 7 8 5 8 3

A Valeria

La aristocracia es impensable sin una intervención permanente de la providencia.

JOSEP PLA

Nunca he caído en el error de envidiar lo que desprecio.

VILALLONGA

Afortunadamente ninguno de mis sueños se ha hecho realidad.

VILALLONGA

AVISO A NAVEGANTES

Sí, ya lo sé. Yo tampoco acostumbro a leer los prólogos. Sobre todo cuando, como éste, se anuncian largos. Si el prólogo lo escribe el propio autor, el esfuerzo me parece innecesario ya que todo debería estar dicho en el libro. Cuando lo escribe alguien totalmente ajeno a la obra sólo puede tratarse, por razones evidentes, de un ejercicio vergonzosamente laudatario. Admito, sí, que a veces un prólogo sirve para dar las gracias a quien o a quienes nos motivaron para que nos pusiéramos a escribir. Pero el prólogo a unas memorias, como es éste el caso, me parece del todo irrelevante porque unas memorias son ya en sí el prólogo a esa misteriosa aventura que emprendemos a ciegas al traspasar los umbrales de la muerte. Pero un prólogo es también la manera más eficaz de enmascarar un epílogo, lo que ya me parece más interesante. Por esa razón escribo yo éste.

Recuerda Josep Pla en su diccionario de la literatura que las autobiografías —otra manera de llamar a las memorias— deberían escribirlas, según aconseja lord Balfour, «los enemigos inteligentes del autobiografiado»; se cuida Pla de recalcar que «en estos entierros, los amigos y los admiradores, por más triunfales que sean, no tienen ninguna vela».

Yo disfruto, por razones evidentes, de una gran cantidad de enemigos que se autocalifican de mortales. Pero ninguno de ellos tiene como yo las competencias suficientes para escribir, ni mis memorias, ni mi autobiografía. El único enemigo que tengo, implacable y certero, el único con el que a veces temo enfrentarme, soy yo mismo. Balfour no podría sino estar de acuerdo conmigo. Soy mi peor y más lúcido enemigo porque me conozco hasta los forros, porque no concedo más valor ejemplarizante a mis merecimientos, que son pocos, que a mis defectos, que son muchos, aunque puestos en la balanza pesan más estos últimos, porque siempre he sacado mayor provecho de mis tropelías que de mis virtuales excelencias.

No soy el primer miembro de una familia, poco propensa a dejarse arrebatar por las magias del intelecto, que se ha dedicado durante años a emborronar cuartillas rememorando sus a veces curiosas vivencias. Tuve un predecesor ilustre. Me refiero a don Rafael de Amat y de Cortada, quinto barón de Maldà. Era nieto del segundo marqués de Castellvell —a mí me ha tocado ser el noveno— y su padre, don Antonio de Amat y de Junyent, era hermano del famoso don Manuel de Amat, quien fue durante quince años virrey del Perú y que a su regreso de las Américas se hizo construir el palacio de la Virreina en las Ramblas de Barcelona.

«El barón de Maldà —nos informa Pla— es un personaje legendario de la historia de la literatura catalana porque fue el autor de *El calaix de sastre*, un diario escrito en catalán de su puño y letra.» ¿Por qué se molestaba el barón en escribir sus larguísimos manuscritos? La respuesta es inmisericorde. «Sin duda porque lo que más le divertía era escribir. Escribir fue para él —explica Pla— una necesidad física. En sus trabajos no hay rastro de lecturas, ni de ideas, ni de ninguna forma de lo que hoy se llama sensibilidad intelectual. Si Amat hubiera sido un escritor "cotizado" en su tiempo —reflexiona Pla—, si hubiese manejado el estilo jesuítico de su tiempo, si hubiera repetido los tópicos y las frases hechas de los literatos conocidos en su tiempo, su nombre permanecería en la más negra y absoluta de las oscuridades. Pero Amat fue, a pesar de los pesares, un auténtico escritor capaz de sentir auténticamente la vida. Un hombre que hablaba de las calles, de las plazas, de las habladurías de la gente, de las fiestas, de las iglesias, de las procesiones, de las comidas, de los entierros y de los funerales. Maldà escribía como podía, pero escribía a veces gustosamente y de forma incisiva. Y lo hacía en una lengua —el catalán— que a pesar de tres siglos de abyecto abandono, aún no ha muerto.»

A menudo, cuando escribo, pienso en ese curioso antepasado mío que sentía como yo la necesidad física de llenar cuartillas y más cuartillas a propósito de lo que decía la gente en las calles, en las plazas, en los entierros y en los funerales. A mí me ocurre algo muy parecido —habrá que acabar creyendo en los genes—, sólo que los tiempos han cambiado y que hay otras muchas cosas que contar. Pero en lo que el quinto barón de Maldà y yo seguimos pareciéndonos es en esa perentoria necesidad física de escribir que tanto subyuga a Pla, víctima él también de esa sufrida y gozosa dolencia.

Durante muchos años —prácticamente desde 1953 hasta 1990— sólo escribí novelas, una veintena en total. Las que yo considero más importantes —importantes para mí— las escribí en francés, una lengua en la que sigo manejándome mejor que en castellano. Cuando entregué mi segundo libro, *Les gens de bien*, en las Éditions du Seuil, su director, Paul Flamand, comentó después de leerlo: «Existen dos clases de escritores: los que tienen que inventar sus personajes y los que no necesitan inventar nada porque disponen de un universo personal que supera todas las imaginaciones. Usted es de estos últimos».

Es cierto que ninguno de los personajes de mis novelas es fruto de mi sola fantasía. Casi todos existen o han existido. Y cada uno de ellos —mi padre, mi madre, mi abuela Dolores— parecen personajes de ficción. A través de cada uno de ellos he podido explicar los sucesos tanto políticos como familiares que marcaron primero mi infancia y luego mi juventud. Incluso ahora —casi puedo afirmar que sobre todo ahora— siguen vivos en casi todo lo que escribo. Llamar «el Idiota» al Rey, como hacía mi madre al principio del reinado de don Juan Carlos, define con claridad el sentimiento —de una gran enjundia política— que reinaba en una cierta clase social que se sentía ultrajada por los equilibrios dinásticos de los Borbones, equilibrios que los propios monárquicos habían fomentado con su estrechez de miras y sus particulares egoísmos. Fusilar a los alcaldes de los pueblos recién conquistados, como hacía mi padre a partir de 1936, explica mejor lo que fue nuestra Guerra Civil que mil historias sobre la jodida cruzada. El que siendo yo todavía muy jovencito, casi un niño, mi abuela Dolores me explicara que Malher era un engendro de Luzbel porque sólo creía en la belleza de la pasión y en la fuerza indomable de la carne, explica, creo que con meridiana claridad, por qué más tarde mis poetas favoritos fueron Lautréamont, Verlaine y Rimbaud. La cultura no es a veces más que el apego a lo que aprendimos a amar o a detestar cuando apenas teníamos uso de razón.

«Usted —me reprochan a veces— todo lo resuelve a través de una anécdota.» Es cierto. Tengo más fe en una anécdota bien contada que en una larga disquisición literaria o filosófica. Cuando empezó a envenenarme la idea de escribir unas memorias comencé a tomar breves notas sobre las cosas que quería contar. Más tarde, algunas de esas notas, tomadas deprisa y corriendo, bastaron para poner en claro acontecimientos que hubieran aburrido a las ovejas en un texto de más de veinte líneas. Rápidamente tomé conciencia de que unas memorias tenían que ser ante todo amenas o no ser. En esas memorias cobraría por lo tanto gran predicamento mi afición por las anécdotas.

Josep Pla —siempre Pla— nos recuerda que Mérimée decía que «de la historia sólo me interesan las anécdotas». «Lo que tiene de fascinador la literatura y la historiografía francesas —subraya el ampurdanés— es la anécdota. La historia sin anécdotas es un magma indescriptible/ininteligible. La literatura sin anécdotas no es nada. Los grandes escritores franceses, desde Rabelais y Montaigne, pasando por los moralistas y los eróticos, no han hecho más que contar anécdotas.»

Tiene razón Pla. *«L'État c'est moi»* es una anécdota superior a todos los análisis políticos que se puedan hacer del reinado del Rey Sol. El famoso *«Après moi le déluge»* de Luis XV, otro tanto de lo mismo, y la terrible frase que don Alfonso XIII pronunció —«No sabía que la carne de gallina fuese tan cara»— al enterarse del rescate que pedían los moros por los supervivientes de la matanza de Annual, explica mejor que cualquier tratado de historia el fracaso personal de su reinado. Muchos novelistas estructuran todavía sus novelas como en tiempos de Balzac. En el primer capítulo, él y ella se enamoran y se casan. En el segundo descubren a la vez que el sexo y el matrimonio son por lo general incompatibles. Antes de llegar al último capítulo, según el grado de inteligencia de la pareja, habrá sangre, o la súbita estampida del uno o del otro pondrá fin a todo el enredo. Otros autores, como yo mismo, nos sentamos una mañana temprano ante una hoja en blanco y algo o alguien que bien pudiera ser un ángel guía nuestra mano, que sin saber por qué de repente escribe: «Yo siempre sabía que era ella incluso cuando estaba todavía muy lejos». Así empieza mi última novela, *El gentilhombre europeo*. «La inspiración —me dijo una tarde en París Françoise Sagan— no existe. Pero existe el azar. La inspiración, decía el prudente Valéry, sólo es la hipótesis que reduce al autor a un mero papel de observador. Muy triste, ¿no te parece?»

Cierto es que a veces resulta muy difícil explicar por qué de vez en cuando escribimos frases enteras que parecen habernos sido dictadas por alguien con quien no siempre estamos de acuerdo, pero cuya sensibilidad nos seduce. En todo caso yo sería incapaz de seguir escribiendo una novela si supiera de antemano cómo iba a terminar.

De no haber conocido en París, en 1958, a André Bernheim, llamado *le Renard Argenté* por la blancura de su melena, yo hubiera seguido escribiendo novelas hasta el final de mis días. Pero André, convertido en mi agente literario, me abrió las puertas del gran periodismo internacional al presentarme a Jean Prouvost, el propietario del legendario *Paris-Match*, y a Gaston Bonheur, su director general. A Prouvost le gustaba decir que *Paris-Match* no pertenecía a ninguna capilla política. Pero enseguida añadía: «Nosotros estamos siempre dispuestos a apoyar a los que mandan siempre y cuando no sean radicales de izquierda». Prouvost, además de un gran periodista, era un hombre rico que fabricaba papel y textiles en el norte de Francia. Mantenía su revista lujosamente como si se tratara de una querida de las de antes, cuando la sociedad aún estaba bien organizada. Gastaba en ella todo el dinero necesario para que brillara con luz propia. «Quiero —me dijo una mañana— un reportaje largo, bien escrito y con buenas fotografías de la reina Sirikit. Así que, José, váyase a Tailandia, tómese el tiempo que haga falta y escríbanos un texto del que aprendamos muchas cosas.» ¿Dónde está Tailandia?, pregunté a mi alrededor. Nadie lo sabía con exactitud pero fueron varios los que me dijeron que era un sitio en el que abundaban los elefantes. Gaston Bonheur me dio algún detalle más. «El rey Rama IX, Bhumidol —me dijo—, además de ser un valioso científico, toca bastante bien el mismo instrumento que Woody Allen.» Su mujer, la reina Sirikit, resultó ser, además de una mujer muy bella, una persona culta y divertida, capaz de citar de memoria pasajes enteros de los discursos del general De Gaulle. Cacé tigres —es un decir— y me enamoré de Sirikit como antes y después me había enamorado de Loren, de Moreau, de Brigitte, de Farah, de Robinson, de Françoise Prevost y de Lena Horne, que me salvó de una muerte segura en los bajos fondos de Harlem, en Nueva York. Fueron casi todos —aunque no siempre— amores platónicos pero todos con grandes cargas de erotismo gracias a lo cual he mantenido hasta ahora mi próstata en óptimas condiciones. Eran otros tiempos, otras mujeres, otro yo y otro periodismo, inconcebible en los casposos tiempos que vivimos.

Aquel periodismo, gracias al cual gané dinero y viajé mucho, no tuvo influencia alguna en mi carrera de escritor. Entre viaje y viaje para visitar a la Gandhi en India y a María Félix en Cuernavaca seguí escribiendo libros, entre los cuales *L'heure dangereuse du petit matin*, uno de mis preferidos, que me valió el Prix de l'Universalité de la Langue Française, el premio más preciado que poseo y el único que citó Mitterrand cuando me concedió la Legión de Honor. Era un premio al que se habían presentado ciento cuarenta y dos autores latinoamericanos que pretendían escribir en francés mejor que en su propia lengua. Tal era también mi pretensión.

Yo siempre he sido un escritor de frases cortas y concisas. Ese estilo, que algún crítico ha tachado despreciativamente de periodístico, me ayudó mucho para hacerme un lugar en la prensa internacional. El estilo franco y directo que siempre ha sido el mío le llamó la atención a Axel Springer, el gran patrón de la Springer Verlag. Me citó en su sede de Hamburgo y me presentó a Herr Prinz, el director de *Jasmin*, buque insignia en el que navegué durante muchos años poniendo al público alemán en contacto con las estrellas europeas y americanas que brillaban con luz propia en el cine, la televisión y el teatro.

El cine irrumpió en mi vida por pura casualidad, aunque ya creo haber dicho que no creo ni en la casualidad, ni en el azar, ni mucho menos en el destino. Sólo creo en los trenes que pasan y que muy pocos cogemos porque casi nadie se atreve a viajar sin rumbo fijo, el único rumbo que a mi parecer tiene algún interés. De todos esos trenes fantasma cogidos al vuelo no recuerdo ninguno que no haya llegado a buen puerto. Gracias a esos viajes intempestivos he conocido a mujeres sin igual y ciudades a las que no volveré jamás. Viajando aprendí que hay pocos lugares a los que vale la pena retornar. A la zafia y brutal Norteamérica, jamás. A Rusia, sólo por visitar de nuevo sus palacios italianos de San Petersburgo. A Italia, sólo para refugiarme en la Toscana, donde los cipreses tienen aire de minaretes musulmanes, sutil invitación a recordar que nadie está a salvo del pasado.

¿Cómo pudiste soportar —me preguntó una tarde José Mario Armero con la grabadora en la mano— treinta años de exilio lejos de España? Me abstuve de confesarle, para no herirle, que si durante esos treinta años nunca sentí la añoranza de España, ahora no pasa ni un día, ni una hora, ni un minuto, en que no eche de menos París. Pero entendámonos, París no es para mí esa enorme ciudad que fue gris, casi negra, hasta que Malraux le lavara la cara y en la que llueve día y noche durante los largos inviernos. París se reduce en mi memoria a unas cuantas calles, a unas pocas plazas, a tres o cuatro teatros en los que me he reído mucho y a veces llorado, a unos cuantos restaurantes en los que el vino de la casa era un Château Latour anterior a la guerra. La esencia de París sigue estando para mí en el Quai Voltaire, domicilio del divino marqués de Cuevas, quien me arrojó una noche vestido de esmoquin a los brazos de Fawzia, una princesa egipcia que, una vez consumados sus propósitos, me dijo con una oblicua sonrisa en los labios que «si mi hermano Faruk se entera de esto corres el riesgo de encontrarte flotando en el Sena con un cuchillo clavado en la espalda». París sigue siendo en mi recuerdo el eterno desfile de modas en la avenue Montaigne para solaz de los sudamericanos ricos que vienen periódicamente a darse un baño de civilización y a hablar de Proust, del que nunca han leído nada. De París nunca olvidaré que viví los últimos años frente por frente, en la rue de Verneuil, de la casa del autor de *Je t'aime moi non plus*. El último recuerdo que tengo de París es el de una manicura que tras proponerme un masaje facial me hizo entrar en un cubículo en el que por mil francos pude fornicar salvajemente en el más absoluto de los silencios. Se llamaba Monique, tenía la pierna larga, la boca sabia y la terquedad de una mula negándose a facilitar su teléfono particular. París era... De vez en cuando me olvido de que fui yo quien escribió que la nostalgia es un error.

El periodismo viajero a cuenta de Jean Prouvost y de Axel Springer, inmediatamente seguido por las primeras películas que rodé en Francia y en Italia, desbarataron el orden/desorden de mi vida cuando estaba en plena producción literaria. De *Gold Gotha* se habían vendido un millón de ejemplares y *L'homme de sang*, *Solo*, *Fiesta*, *Les gangrenes de l'honneur* y *Conversaciones con Fellini* habían sido muy bien recibidas por la crítica. Paul Flamand, mi editor desde hacía muchos años, casi lloraba de rabia al verme dedicado a menesteres que no tenían nada que ver con la literatura. Yo le juraba y perjuraba que no tenía la menor intención de dejar de escribir, que además del cine y del periodismo seguiría enfrascado en mis novelas. Flamand se exasperaba arguyendo que no sería capaz de concentrarme en nada mientras recorría el mundo enamorándome de sofisticadas mujeres que cerraban su puerta una vez que se había dado la última vuelta de manivela. Hubo momentos en los que yo mismo creí que no lo conseguiría. Pero lo conseguí.

Todavía hoy cuando me piden un currículum me asombro de la cantidad de cosas que llegué a hacer al mismo tiempo. Ninguno de mis amigos consiguió lo mismo. Pascal Jardin, el mejor dialoguista de Francia junto con Michel Audiard, murió en el empeño antes de que yo mismo llegara a Villejuif aquejado de una dolencia similar a la suya. Otro que tampoco llegó a la meta, porque murió antes de amor, fue Romain Gary, el autor inolvidable de *La promesse de l'aube*, que se suicidó poco antes de que lo hiciera Jean Seberg, su escurridiza y evasiva amante.

El problema que se me planteó antes de ponerme a escribir *La rosa, la corona y el marqués rojo* fue la necesidad de admitir que en estos últimos centenares de páginas no me sería posible contar todo lo que de mi vida profesional me parecía valer la pena de ser recordado. De mi carrera literaria hablan por sí solos mis libros, algunos de ellos, como *Gold Gotha* y *El Rey*, traducidos a más de una docena de idiomas. De mi trabajo como periodista —sobre todo el realizado con los franceses y los alemanes— me interesaba salvar del olvido las entrevistas realizadas en momentos difíciles a personalidades que por razones que son muy de respetar se negaban sistemáticamente a hablar con miembros de la prensa, aunque lo hiciéramos en nombre de *Paris-Match* o de la Axel Springer Verlag. Cabe también señalar el interés que despertaban en mí personajes singulares —tal era el caso de Josep Tarradellas, recluido en el Clos Monny— que habiendo tenido en su tiempo una gran relevancia política habían sin embargo caído en el olvido.

Farah Palhavi, con quien hablé largamente durante varios días en el palacio Kubbah, en El Cairo, mientras el sha agonizaba en una habitación situada justo encima de nuestras cabezas, sólo accedió a que la entrevistara después de haber leído «El guardián del golfo Pérsico», una extensa y densa crónica publicada por la prensa alemana en la que yo tomaba partido por Mohamed Reza alegando que era el único hombre político capaz de mantener el orden en un polvorín al que muy pronto iba a prender fuego el esquizofrénico imam Jomeini. Con ese mínimo de cultura histórica de la que siempre carecen los norteamericanos todavía se hubiera podido salvar del caos esa región del mundo. Parte también de esas conversaciones con la shabanou fueron editadas por El País/Aguilar en 1944. También me pareció imprescindible volver a referirme al lado humano de Felipe González antes de que cayera desprestigiado por los escándalos financieros de su partido, que nos hicieron olvidar que aquel hombre cálido, inteligente y cautivador nos había sacado a empellones de la caverna en la que trata de recluirnos de nuevo la derecha hoy en el poder.

De la extensa y a veces conformista entrevista que le hice a Grace Kelly me interesaba, primero, vencer su resistencia a expresarse en otros términos que no fueran los que le dictaba el grotesco protocolo de su ridículo principado y, luego, establecer una comparación entre la gran estrella que frecuenté en Los Ángeles cuando pasaba por ser la amante de mi amigo Jean-Pierre Aumont, que todavía no había salido del armario, y la ideal princesa de cuento de hadas que fue hasta su muerte. También supe desde un principio que debería dejar en el tintero el *compte-rendu* de mis relaciones personales con los directores de cine para los que trabajé en Francia y en Italia, Bolognini, Fellini, Rossi, Festa-Campanile, Verneuil, Malle, Fred Zinnemann y el inolvidable John Schlessinger que me convirtió en un insulso príncipe italiano enamorado de Julie Christie.

En este último volumen de mis memorias ocupan una parte importante las conversaciones que mantuve durante varios meses con José Mario Armero, el hombre que trajo de vuelta el *Guernica* de Picasso a España y que pagó prácticamente de su bolsillo el primer viaje a Estados Unidos del príncipe Juan Carlos, por el que ningún banquero daba una peseta, convencidos de que acabaría desbancado por su primo el duque de Cádiz, el amargado marido de la nieta de Franco.

A propósito de mis conversaciones con José Mario Armero, es conveniente que explique, antes de que lo hagan otros, que en 1984 publiqué en Argos Vergara un librito titulado *Los sables, la corona y la rosa* que como era de esperar pasó prácticamente inadvertido. Yo era por aquellas fechas un escritor desconocido en España, que además llevaba a cuestas el infamante baldón de haber escrito hasta entonces todos sus libros en francés. El escaso, por no decir nulo, éxito del libro en cuestión, hirió mi amor propio y me prometí que un día conseguiría que aquellas conversaciones con Armero fueran leídas por el público que se merecen.

A mí se me empezó a conocer en España como escritor —¡lo que son las cosas!— a partir del clamoroso éxito en 1993 de mi biografía del Rey. Ese libro y las crónicas que vengo escribiendo cada lunes en *La Vanguardia* desde hace ya más de diez años me permiten hoy —o mejor dicho me obligan— a incorporar aquí parte de esas conversaciones con José Mario condenadas en principio a conocer el silencio. Autoplagio, dirán algunos. De ninguna manera. Recuperación, sí, de unos textos en los que se aclaran muchas cosas ocurridas desde la muerte del general hasta que la monarquía española dejó de ser una «instauración» del franquismo para recuperar su calidad de monarquía hereditaria.

No todas mis relaciones personales con los diferentes realizadores para quienes trabajé acabaron con el rodaje de la película. Nunca me consolaré de no haber podido conocer mejor a Sacha Guitry, que murió apenas acabado el rodaje de *Si Versailles m'était conté*, película en la que asumí el papel de un marqués de Castelldosrius, embajador de España en la corte del Rey Sol. Con Fellini mantuve largas conversaciones en el Café Greco, de la via Condotti, que recogí en un libro editado por El País/Aguilar, y con John Schlessinger me carteé durante varios años. Henri Verneuil —*Le Casse*, *Mélodie en sous-sol*— me invitaba a menudo a comer para leerme los diálogos de su trabajo en curso. Con Gassman trabajé en una de sus últimas películas, dirigida en Barcelona por Jaime Camino. Vittorio y yo nos habíamos conocido años atrás en Roma cuando todavía estaba casado con Juliette Mayniel, una jovencísima francesa de espectacular belleza que venía a vernos al plató donde rodábamos juntos *Una vergine per il principe*, de Festa-Campanile, cuya heroína principal era la maravillosa Virna Lisi. Envejecer al mismo tiempo que un amigo con el cual se han hecho cosas de las que uno se siente orgulloso es un regalo de los dioses. Cuando volvimos a encontrarnos, Vittorio había sufrido ya varias graves depresiones y no estaba todavía repuesto de la última cuando Camino lo citó en Barcelona.

Estábamos una madrugada sentados los dos en unas butacas de mimbre en los jardines del palacio de Pedralbes esperando desde hacía horas que nos llamaran al plató. Todavía no había finalizado el mes de agosto y el calor seguía siendo bochornoso. De pronto Vittorio me miró fijamente y, alzando la voz de manera que le oyeran todos los que nos rodeaban, me preguntó: «*Caro José… Ma che cose facciamo qui noi due alla nostra etá?*».*

Con casi todos los actores franceses e italianos junto a los que trabajé en más de setenta películas he guardado alguna que otra esporádica relación. Todavía me veo de vez en cuando, a mi paso por París, con Alain Delon, con quien nunca dejo de recordar *Mélodie en sous-sol*, una de las mejores películas de Verneuil, rodada íntegramente durante un invierno particularmente crudo en el Casino de Cannes. Cada mañana, antes de que las pobres chicas que hacían las veces de alegres veraneantes se arrojasen al agua de la piscina, había que apartar las placas de hielo que flotaban en la superficie. A Gabin le veía regularmente en los hipódromos de Auteuil y de Longchamp, adonde acudíamos los dos acuciados por nuestra común pasión por los caballos. Con algunas, muy pocas, de las actrices con las que tuve la suerte de trabajar —sobre todo con Audrey Hepburn— mantuve relaciones amistosas que poco o casi nada tenían que ver con el cine. El cine, la verdad, me ha dejado pocos recuerdos imperecederos aunque algunos muy difíciles de olvidar.

El teatro —mi secreta pasión— me puso en contacto con algunos de esos seres aparte que los franceses llaman *les monstres sacrés*: Popesco, Yvonne Printemps, Edwige Feuillere y otras divas entre las cuales se llevaba la palma Madeleine Robinson —nacida Svoboda, de origen checoslovaco—, a la que sigo considerando la encarnación del Mal Absoluto. Robinson, la mejor Juana de Arco del teatro francés, había aceptado el primer papel femenino de *Le jeu de la vérité*, mi primera obra teatral estrenada en París, en el Théâtre du Gymnase. Fue, desde que se levantó el telón hasta que se bajó por última vez, un esperpéntico vía crucis de salvajes explosiones de sexo duro seguidas de cortos paréntesis durante los cuales el amor y el odio se sucedían a un ritmo desenfrenado. Un día, tras el largo descanso que me tomaré una vez entregadas estas memorias, me pondré a escri-

* Querido José, ¿qué cojones hacemos aquí tú y yo a nuestra edad?

bir, en recuerdo de Robinson, la que será sin duda mi última novela. No tengo pensado todavía el título pero, como de costumbre, lo encontraré mientras esté corrigiendo las galeradas del libro.

A algunos lectores de este último volumen de mis memorias les llamará seguramente la atención que no se haga mención en estas páginas de las curiosas circunstancias que pusieron fin a mi colaboración con el pobre Heini von Thyssen con vistas a escribir su biografía. El caso es que una crónica mía publicada en *La Vanguardia*, el 16-12-2002 bajo el título «La última baronesa», a la que hay que añadir unas tergiversadas declaraciones mías en la revista *Tiempo*, enfurecieron a la viuda del coleccionista, que me puso una querella en la que además de pedirme un millón de euros en concepto de compensación por los daños infligidos a su reputación de experta en arte, trató también de pedir por vía judicial el secuestro de este último tomo de mis memorias. De haber sido yo la única víctima de este atentado contra la libertad de expresión habría seguido adelante, según mi inveterada costumbre, sin hacer demasiado caso de los perros que ladran en el desierto. Pero no queriendo involucrar a mi editor en mis problemas judiciales he preferido abstenerme de mencionar a ningún miembro de la familia Thyssen en este cuarto y último volumen.

Como tampoco es cuestión de tirar sin más a la papelera el centenar de folios, algunos muy interesantes y divertidos, en los que cuento lo que verdaderamente ocurrió durante los meses que colaboré con el difunto, he decidido ponerlos a disposición de H. W. Lichfield, un periodista inglés bastante diabólico que lleva años pergeñando las andanzas de los grandes industriales alemanes que como los Krupp von Böhlen y los Thyssen financiaron la llegada al poder del partido nazi en Alemania. Por otra parte —y en esto yo ya no tengo nada que ver—, este invierno saldrá publicado un libro de Cristophe Morley, un falsario de gran talento, discípulo de Elmyr de Hory, que asegura con pruebas documentales haber realizado para Thyssen copias de los cuadros que el barón prestaba para ser expuestos en lugares que no siempre presentaban las condiciones de seguridad requeridas, como por ejemplo la ciudad de Novosibirsk, en la que vivían concentrados numerosos científicos rusos durante el régimen soviético y en la que reinaban temperaturas polares susceptibles de dañar gravemente las obras de arte prestadas.

He repetido más de una vez que si mi biografía de Heini von Thyssen nunca llegó a buen fin fue sobre todo debido a las continuas injerencias en mi trabajo de la actual viuda, empeñada en figurar en el libro a la misma altura que su marido, falacia a la que no quise prestarme. Sin embargo yo debería, pese a todo, estarle agradecido a esa señora, de la que me separan años luz de cultura y de saber estar, pues de haber permitido que su marido y yo siguiéramos trabajando juntos, ni a mi editor francés ni a mí se nos hubiese ocurrido nunca escribir la biografía de Su Majestad el Rey, lo que hubiera supuesto en mi carrera un fallo de primera magnitud.

Algunos, espero que muy pocos, se sentirán defraudados al no encontrar en estas páginas los consabidos relatos lujuriosos que se esperan de la pluma de un hombre del que se dice y se repite que ha vivido intensamente, aseveración que se corresponde a la verdad cuando se conoce mi incapacidad de rendirme al aburrimiento. He vivido, sí, intensamente durante ciertos períodos de mi existencia íntimamente relacionados con el cine y el periodismo de antaño. He conocido, pues, de un modo natural a muchas más mujeres de horca y cuchillo que cualquier hombre que llevara una vida convencional. Pero del amor/pasión, ese gran descalabro que ensalzan los poetas, tengo poco conocimiento. Nunca he sido, repito, víctima de grandes amores devastadores, sólo de pequeños y continuados desenfrenos.

En mi vida sólo ha contado de verdad una mujer, la italiana Syliane Stella, una mujer bella y decorativa que se abría de noche como una de esas flores que sólo se entienden bien con la luna. Llegado el momento —un momento «anunciado» como un crimen— lo tiró todo por la borda como si el haber vivido durante tantos años junto a un hombre mucho mayor que ella le recordara cada mañana lo deprisa que se aproximaba su propia vejez. Sigo sintiendo por ella un gran afecto.

De mi primer matrimonio lo he contado todo en no recuerdo qué tomo de mis memorias. Fue un matrimonio de «conveniencias» —las mías— que a la postre pagué muy caro porque uno nunca se perdona del todo haber hecho desgraciada a una mujer que no se lo merecía. Hubo otro matrimonio, poco conocido, con la hija de un criminal de guerra alemán, con la que me casé «a la mexicana» en Cuernavaca, harto de autóctonas morenas y con bigote. El matrimonio se disolvió unas semanas más tarde en París cuando el ángel rubio tomó conciencia de que yo no poseía cuentas secretas en ningún banco suizo.

Mi cuarto y último matrimonio —esta vez con una vasca, la inquietante y siniestra señora Aranguren, en palabras escritas en *El Mundo* por Jaime Peñafiel, la más extranjera de todas mis mujeres— fue un error imperdonable en un hombre de mi supuesta experiencia. Fue el clásico patinazo del señor mayor que busca compañía para sus momentos de tedio entre libro y libro. Me cuidé, en aras de mi futura tranquilidad, de elegir una mujer que fuera físicamente el antídoto absoluto de toda veleidad de carácter sexual, lo que resultó innecesario porque a mi cuarta mujer sólo le interesaba saber el nombre del notario que había redactado mi testamento.

A estas alturas algunos escépticos —yo los llamaría clarividentes— se estarán preguntando si he creído alguna vez que el matrimonio y el amor tienen algo que ver. Si me fío de mi experiencia, que no es muy de fiar, yo diría que muy poca cosa. El matrimonio significa ante todo la convivencia entre dos seres que por lo general tienen muy poco en común. En lo que me concierne, la convivencia siempre ha supuesto el fin de toda ilusión. He oído decir más de una vez que el hombre verdaderamente viril es aquel que se siente capaz de contentar a la misma mujer durante toda una vida. Que nadie cuente conmigo. No me siento cualificado para afrontar tamaña proeza. Quizá me aventuraría a satisfacerla durante unas semanas, unos meses, pero nunca durante años y aún menos durante toda una vida. Me resulta imposible sentir lo mismo por una mujer antes y después de haberla visto lavarse los dientes, hacer gárgaras y limarse las uñas de los pies. La idea de tener que cumplir con ella una «obligación» anula siempre mis mejores intenciones. A mí sólo me encandila el misterio, lo desconocido, lo nuevo, lo que hay que desempaquetar. Me resulta difícil llamar «mi amor» a una mujer que minutos antes roncaba en mi cama como un camionero.

Bien, me dirán algunos, si tan malos recuerdos guarda de su vida matrimonial, háblenos por lo menos de sus experiencias sexuales. No, no lo haré porque soy una de esas escasas personas que admiten a cara descubierta que el sexo no ha sido la principal preocupación de su vida. Entre conseguir el teléfono de una mujer esquiva y la dirección de un buen sastre no lo dudo ni un instante. Mi atención hacia el sexo disminuyó considerablemente tras mis largas y tempestuosas relaciones con Madeleine Robinson, el Mal Absoluto, que me dejaron exhausto. Tampoco es necesario que repita una vez más que el cine y *Paris-Match* me han abierto muchas camas en las que siempre ocurría más o menos lo mismo. Esas aventuras sexuales que tanto interesan hoy en día a la gente que mira la televisión y que lee revistas en las peluquerías, siempre empiezan y acaban de la misma manera. Poniéndose en lo mejor con piadosas mentiras. «¡Los libros que podría usted escribir contando sus aventuras!» Ay, si supieran. Son casi todas ellas aventuras que se podrían resumir en un «siempre más de lo mismo».* Hubo naturalmente alguna que otra excepción que merecería ser relatada. Una joven austríaca de gran belleza, violinista de inmenso talento, me propuso en Venecia que, después de escucharla en uno de sus conciertos en La Fenice, hiciéramos el amor en la suite de su hotel y que luego nos suicidáramos juntos... Milagros que ocurren con la misma escasez que los verdaderos milagros.

La liberación sexual nos llega a los hombres con la edad, igual que a los caimanes, los titís y los jilgueros. Si nos llega cuando todavía somos jóvenes sólo puede tratarse de una impotencia anticipada que nadie puede juzgar en su justo valor y que a veces nos destroza la vida. Pero de llegarnos cuando ya somos mayores, algunos la gozamos como si fuera el final de una cruenta guerra. Despidiéndose de mí ante la puerta de la clínica ibicenca donde veinticuatro horas antes me había colocado un marcapasos, un joven cirujano me cogió del brazo y con cierta picardía en la voz me anunció: «Ahora podrá usted hacer de nuevo ciertas cosas que por razones de edad debían de resultarle dificultosas». Dios mío, pensé, ¡otra vez no! Otra vez las mismas palabras, los mismos gestos, los mismos olores, las mismas mentiras, las mismas complicaciones y todo ello para llegar despeinado y sudoroso a un goce que finalmente sólo dura unos segundos y que a la postre siempre es el mismo. ¡Si lo llego a saber, estuve a punto de decirle al cirujano, el marcapasos me lo coloca tu padre!

Puede ser, pensará algunas de mis lectoras, que sin saberlo sea

* Ya se lo advertía lord Chesterfield a su hijo: «*The pleasure is momentary. The cost exorbitant. The position is ridiculous*».

usted un misógino de tomo y lomo. Pues no, no lo soy. Adoro a las mujeres, no podría vivir sin ellas. Además yo he tenido la suerte, escribí en una de las crónicas de *Inolvidables mujeres*, de haber vivido durante casi toda mi vida inmerso en un mundo en el que abundan las mujeres fáciles, esas que pasan por ser las malas y que saben que la noción del pecado está en completo desacuerdo con la rosa de los vientos. Son ante todo mujeres sexualmente satisfechas y por lo tanto gentiles y bondadosas que miran al mundo con una gran serenidad. Habiendo hecho mucho el amor, conocen bien a los hombres y ni nos toman exageradamente en serio ni dramatizan nuestros infantilismos. Junto a ellas nos sentimos amparados como un barco en puerto seguro. Son mujeres que saben hacer favores, que ríen con facilidad, que atraen a los perros y a los niños, que envejecen con la sonrisa en los labios y que mueren convencidas de haber conocido lo único que en definitiva vale la pena conocer: el placer. Conviene recalcar que son mujeres sexualmente satisfechas.

«Las otras, las buenas —añado un poco más lejos—, las oficialmente honradas, son las que hay que temer y de las que hay que huir como de la peste. Su religión, su moral, su educación les prohíbe gozar de la vida en un sentido ampliamente hedonista. Son mujeres que como las flores carentes de agua están marchitas por dentro y ajadas por fuera. Son mujeres implacables a la hora de vengarse de un amante o de un marido que ha dejado de amarlas. Abandonadas, lo único que no consentirán es que la felicidad del infiel se instale a sus espaldas. Pertenecen a esa clase de mujeres que esperan durante horas en los pasillos de los juzgados con tal de conseguir darle la puntilla al esclavo que se atrevió a recobrar su libertad. Son mujeres terribles que rezan pero que no perdonan, mujeres que nunca os miran a los ojos y que por la noche tienen sueños pavorosos.»

Más lejos añado: «Decía Madame de Staël —casual pero reincidente lesbiana— que "la virtud de las mujeres depende siempre de la conducta del hombre". Entendía la escritora por conducta el comportamiento sexual del marido o del amante. No veo por qué ahora que nos atrevemos a promulgar la igualdad de los sexos, aunque sólo sea de pasada, no aceptamos que la virtud de los hombres depende casi siempre del comportamiento de las mujeres. Pero a esas valentías no creo que hayamos llegado todavía. La verdad es que las mujeres, por lo menos a mí, nos toman y nos dejan al azar de sus caprichos, caprichos que ellas llaman intuiciones. Cierto es que mientras están con nosotros hacen a veces inauditos esfuerzos para merecer nuestra devoción. Esfuerzos que son casi siempre de carácter sexual y por lo tanto rastreros. Lo repito una vez más, las mujeres que pasan por ser decentes me espantan. Prefiero mil veces a las malas porque... bueno, ¡hay tantas razones!». Pero no siempre resulta fácil hacer esa elección. Unas y otras tienen tendencia a disfrazarse de lo que no son. A veces creo adivinar cuál es la buena y cuál la mala. Me equivoco casi siempre, por exceso de fantasía, por exceso de amor.

Ya sé que muchos de ustedes, gente inteligente, sensible y razonable, no estarán de acuerdo conmigo. Mi gran problema como emborronador de cuartillas consiste en que yo escribo pensando en unos pocos y acaban leyéndome muchos. Es un problema sin solución.

1976

Hoy empiezo una nueva libreta negra de las llamadas «de la abuela». Para los que no hayan leído *La cruda y tierna verdad*, el primer tomo de mis memorias no autorizadas, les diré que un día, siendo yo todavía muy jovencito, mi abuela Dolores me regaló una libreta negra de hule y me dijo: «A usted, que un día acabará siendo un escritor —mi abuela me llamaba siempre de usted por razones que ya he explicado anteriormente—, le será muy práctico anotar en unas libretas como ésta todo lo que de interesante le haya ocurrido durante el día. No pretendo que escriba usted un diario, eso es cosa de mujeres, pero sí que tome notas que apuntalen su memoria cuando un día le falle, que, no lo dude, le fallará. Tome nota sobre todo de los nombres de las personas a las que haya oído decir algo inteligente. No olvidar esos nombres es importante porque llega un momento en que, con la edad, muchos nombres se olvidan y sólo se recuerdan los de los imbéciles que son desgraciadamente los que más impresionan. Anote también los nombres de sus muertos porque éstos sólo mueren de verdad cuando nos olvidamos de ellos».

Aquel consejo de mi abuela empecé a seguirlo seriamente después de nuestra Guerra Civil. Tomo pues nota, antes de comenzar el cuarto y último tomo de mis *Memorias*, de la muerte en desastrosas condiciones de Pier Paolo Pasolini, poeta y director de cine. No éramos amigos, pero nos conocíamos bien porque venía a menudo al plató de la Vasca Navale para ver trabajar a Federico Fellini. Pasolini era un hombre hosco que buscaba calor, cariño —y sobre todo sexo— en aquellos que se mostraban reacios a dárselo. Vivió y murió violentamente, como los héroes barriobajeros de sus guiones.

Tenía a veces opiniones muy acertadas. Una tarde, hablando de Federico García Lorca, me dijo lo mismo que años más tarde oí en boca de Leopoldo Calvo Sotelo durante la presentación en Madrid de un libro de Victoria Prego: «Lorca es un poeta menor». No dijeron, ni el uno ni el otro, «un gran poeta menor», sino simplemente un poeta menor. Estando presente Ian Gibson —que como buen hispanista todavía no ha comprendido nada de los españoles—, se organizó un cisco que Calvo Sotelo aguantó estoicamente exagerando su cara de póquer.

También ha muerto últimamente Visconti, al que nunca llamé Luchino, como tampoco y por razones semejantes nunca llamé Coco a mademoiselle Chanel. El respeto y la admiración no me incitan a la familiaridad por más que me inviten a ella. Siempre me llamó la atención que Visconti, que no era en modo alguno un hombre modesto, se autodefiniera con cierta complacencia como «un discípulo aventajado de Jean Renoir». Visconti era como uno de esos espejos de tres caras que nos pueden reflejar como mejor nos venga en gana. Era, cuando se mezclaba con los mediocres de la alta sociedad romana, el duque de Modrone; otras veces era el realizador sutil de grandes magnificencias pasadas y otras también un personaje con defectos que más vale olvidar. Recuerdo que durante una huelga en Cinecittà, Visconti tomó partido por los operarios que reclamaban horas suplementarias de descanso. La huelga se alargó más de lo debido y un buen día los sindicatos, faltos de liquidez para ayudar a los huelguistas, decidieron poner fin al conflicto. Visconti, furioso, se subió a una mesa del plató en el que trabajaba aquel día y les gritó a los obreros: «¡Esta huelga tenemos que llevarla hasta el final, aunque tengamos que morirnos de hambre!». Tenía una voz bonita y convincente. Los obreros le vitorearon y decidieron seguir adelante. Minutos más tarde el duque de Modrone se subió al coche que le llevó a su casa donde almorzó con cinco o seis invitados ceremoniosamente atendidos por Giaccomo, el anciano mayordomo que estaba a su servicio desde hacía varios siglos. Poco tiempo antes o después de Visconti murió Jean Gabin. Yo pensé que llegaría a más viejo. Sólo tenía setenta y dos años. Era un hombre de vida sana, poco vino y nunca más de una mujer al mismo tiempo. Tuve el honor y la gran suerte de trabajar junto a él en *Melodie en sous-sol* bajo la dirección de Henri Verneuil. Nos entendimos enseguida muy bien. Me habían dicho que si quería caerle bien le hablara de caballos. Lo hice y enseguida me pidió que le tuteara, cosa que muy poca gente se atrevía a hacer. Una tarde de enero, al borde de la helada piscina del Casino de Cannes donde rodábamos unas escenas difíciles con Alain Delon, Gabin me dijo durante un descanso: «Recuerdo que en la presentación de uno de sus libros en el programa de Bernard Pivot usted afirmó que nunca se había equivocado al juzgar a una mujer cuando la calibraba pensando en una yegua. Hubo a su alrededor algún idiota que se sonrió. Pero a mí me había gustado aquello. Repítame, por favor, lo que le dijo a Pivot». Le dije que tanto en las mujeres como en las yeguas —cuando se trata de mujeres y de yeguas de calidad— aprecio los mismos méritos: valor ante el obstáculo por más imponente que éste sea, resistencia a la mano dura del jinete que pretende utilizar la fuerza cuando basta la persuasión y una fe ciega en quien las cabalga cuando éste las conduce a rienda suelta a través de un terreno cuyos peligros tanto el uno como el otro desconocen.

—*Ecoute ça, petit, ecoute ça* —le dijo Gabin a Delon, que escuchaba de pie junto a nosotros.

No sé si al chico le sirvió de algo el consejo, aunque lo dudo, porque en aquel momento la montura de Delon era una alemana que tenía la boca muy dura.

También ha muerto —ha sido un año terrible— André Malraux. Josep Pla, en el *Diccionario Pla de la literatura*, es contundente a propósito de Malraux: «El crítico más pedante, vacío y enredador —más malo— que haya existido jamás». El epitafio más corto que se haya escrito jamás para un escritor. Tengo anotado, no recuerdo ya dónde, que mis dos mentirosos preferidos fueron siempre Malaparte y Malraux. No cito a Fellini porque Federico no mentía, sólo «adornaba», según sus propias palabras. De mis dos mentirosos, el toscano escribía con más estilo, pero el francés se las arreglaba para que sus mentiras —sobre la guerra de España, por ejemplo— sonaran a veces a pura verdad. En no recuerdo cuál de sus libros —quizá fuera *Kaputt*— Malaparte habla de un viaje que hizo a Finlandia en compañía de Agustín de Foxá, un primo mío diplomático de carrera y poeta en sus momentos perdidos. El diálogo entre los dos hombres es de una sorprendente vivacidad. Pero lo interesante del caso es que Malaparte y Foxá nunca se conocieron. Sin embargo lo que Malaparte le hace decir en esas conversaciones imaginarias al conde poeta es casi exactamente lo que el español hubiese podido decirle al toscano en el supuesto de que hubiesen viajado juntos a Finlandia. Ése era el talento del *«maledetto toscano»* —como le llamaba Mussolini, que lo desterró a la isla de Ponza— caído hoy en un lamentable e injusto olvido.

Malraux quizá no escribiera tan bien pero mentía mejor porque era más osado. Llevaba su atrevimiento a unos límites insospechados. Le hacía mentir a De Gaulle, lo que un francés en su sano juicio nunca se hubiera atrevido ni a imaginar. En sus *Antimemorias*, Malraux habla largamente con el general de sus respectivos gatos. Cualquiera que conociera a De Gaulle sabía que el general nunca bajaría del Olimpo para hablar con uno de sus ministros de algo tan intrascendente como los gatos. Pero una vez más el talento excepcional del mentiroso de altos vuelos que fue Malraux nos convence de que cuando hablaba con De Gaulle éste le confesaba bajando la voz: *«Vous savez, Malraux, souvent je parle moi aussi avec mes chats»*.

Conocí personalmente a Malraux en París pocos años antes de su muerte. Louise de Vilmorin, su último gran amor, de la que yo me había hecho muy amigo desde que escribió los diálogos de *Les amants*, me llamó una mañana para decirme que íbamos a almorzar los dos con André Malraux.

—Me ha dicho —me adelantó la escritora— que te quiere preguntar algo acerca de los vascos durante la Guerra Civil.

Almorzamos los tres en Lasserre donde se recibía a Malraux con todos los honores debidos al gurú oficial del general De Gaulle. Era la primera vez que yo tenía un contacto personal con el célebre ministro de Cultura francés, del que había leído, con más o menos satisfacción, todos sus libros. La primera visión que tuve de él fue bastante desastrosa. Le temblaban las manos y tenía la mirada velada por el efecto de las drogas que tomaba a lo largo del día y de la noche para calmar los continuos dolores que le asediaban. Pidió caviar, tostadas y el borgoña que por lo visto acostumbraba a beber, sin que pareciera interesarle en lo más mínimo lo que ni Louise ni yo quisiéramos comer.

Acabada su tercera tostada torció la boca y bruscamente me preguntó:

—¿Es cierto que cenando la otra noche en casa de los Pompidou usted dijo que mi novela *L'Espoir* es una obra cómica?

La Vilmorin me miró horrorizada y yo sentí que un intenso frío me recorría la espalda. Quise explicarme. No había dicho eso exactamente. Había dicho que a los españoles siempre nos hace sonreír lo que dicen y lo que piensan los franceses cuando hablan de España. En su novela *L'Espoir* —claro que esto no se lo dije a Malraux— los campesinos y los obreros manchegos hablan todos del marxismo como si fueran intelectuales franceses amigos de Régis Debray, cuando la verdad es que a excepción de Carrillo, Jorge Semprún, Nicolás Sartorius y media docena de linotipistas ilustrados, hay muy pocos expertos españoles en marxismo leninismo. Traté de explicarle parte de todo esto a Malraux pero me interrumpió brutalmente.

—¡España! ¡España! ¿Qué es España? Cavour «hizo» Italia, pero ¡el proyecto español de los Reyes Católicos fue un fracaso rotundo! ¡España no es un país! ¡Es una superstición! ¡Una leyenda! Si ustedes existieran de verdad, Unamuno no se habría pasado la vida preguntándose una y otra vez si España existe o no. Los franceses no nos hacemos nunca esa pregunta, porque ¡Francia existe! ¡Existe! ¡Pero España...!

Creí que se había vuelto loco. Derramó el borgoña sobre el mantel y añadió en una especie de relincho:

—Comprendo que los españoles se rían de Mérimée... ¡Pero de Malraux no! ¿Me entiende? ¡De Malraux no!

Acto seguido se levantó para ir a hacer pipí y no volvió. Lo de los vascos debía de ser un cuento. ¿Por qué coño iban a interesarle los vascos a Malraux?

Llegamos a Barcelona ya caída la tarde tras habernos parado a pasar la noche en un hotel de la Costa Brava para que Fabricio pudiera descansar unas horas. No hubo modo de hacerle dormir —ni de callar— durante prácticamente todo el viaje. Pegada la frente al cristal de la ventanilla, quería verlo todo, saberlo todo. No paró de moverse de un lado a otro del coche hasta que le venció el cansancio.

Atravesamos la ciudad sin grandes dificultades porque, comparado con el de París, el tráfico apenas se hacía notar. «¿Cuándo veremos el mar?», me preguntaba de vez en cuando Syliane. Acabé explicándole que no lo veríamos mientras estuviésemos en la ciudad, ya que la alta burguesía catalana tiraba de preferencia al monte —Pedralbes, la Bonanova, el Tibidabo— dándole orgullosamente la espalda al Mediterráneo, a orillas del cual sólo se amontonaban los habitantes del Barrio Chino, los gitanos, las putas y otras gentes de mal vivir. A alguien que como mi mujer había pasado su infancia en las playas de Argel la actitud de los burgueses catalanes debía de parecerle sorprendente. «*Ah, les cons...! Ils n'aiment pas la mer!*», murmuró.

Detuve unos instantes el coche ante la puerta del Hotel Ritz donde reservé dos habitaciones, pues no estaba nada seguro de que nos fuéramos a quedar en Casa Falguera más allá de un par de noches. Syliane no comprendería que en un palacio se tuviera que esperar dos o tres horas, entre baño y baño, hasta que se calentaran las calderas y volviera a salir agua caliente.

Barcelona no parecía haber cambiado mucho desde que huí de ella en los albores de 1951. Se habían construido más edificios —sobre todo bancos y alguna que otra pretenciosa casa de pisos— entre la plaza que entonces se llamaba Calvo Sotelo y hoy Francesc Macià y el Polo, pero nada que llamara verdaderamente la atención. El palacete Abadal seguía campando por sus respetos en una relativa soledad. Hasta él caminaba yo de niño desde la plaza Calvo Sotelo —que por aquel entonces no se llamaba así— cogido de la mano de mi abuela Dolores, seguidos los dos por José, el mecánico, al volante del Lincoln color caramelo que a los primeros síntomas de cansancio de mi abuela nos devolvía a los dos al caserón de la calle del Pino. Eran unos paseos solitarios en los que apenas nos cruzábamos con dos o tres conocidos, siempre los mismos, que se contentaban con saludar de lejos a mi abuela, sabedores de que era poco propensa a entablar conversación en mitad de la calle. Al final de la Guerra Civil a mi padre se le hacía muy cuesta arriba afrontar los gastos que suponía la rehabilitación del palacio Falguera y llegó a pensar en comprar el palacete Abadal para convertirlo en nuestra residencia barcelonesa. Pero mi madre se negó en redondo a vivir, según sus propias palabras, «en mitad del campo» y sobre todo tan cerca de aquel bosque —en el que hoy se levanta el hotel Juan Carlos I— que tenía fama de ser en extremo peligroso.

Al pasar por Esplugues de Llobregat le mostré con el dedo a Syliane la blanca fachada, junto a la iglesia del pueblo, de Casa Cortada, esa antigua masía remozada por mi tío Joaquín San Miguel, el hermano menor de mi padre, en la que yo había pasado, cuando la finca pertenecía todavía a mi abuela Dolores, los meses de verano más felices de mi infancia, una felicidad bruscamente truncada cada mes de agosto al tener que ir a pasar lo que quedaba del verano a Casa Planella, en el primitivo y solitario Castellterçol que mi madre odiaba tanto.

Sant Feliu de Llobregat tampoco parecía haberse modernizado mucho. La carretera todavía empedrada que atravesaba el pueblo de parte a parte hizo vibrar violentamente las entrañas de mi coche, más acostumbrado a la tersura de las asfaltadas carreteras francesas. Yo le había explicado a Syliane en diferentes ocasiones que mi familia vivía en un palacio del siglo XVII, lo que no parecía haberla impresionado demasiado, quizá porque los italianos le llaman *palazzo* a cualquier antigua construcción que luciera un par de columnas encastradas en su fachada. Así que cuando penetramos en la polvorienta callejuela sembrada de socavones sobre la que daba la parte trasera de Casa Falguera y anuncié en voz baja «aquí es», Syliane me miró en silencio unos instantes más irónica que sorprendida. Más tarde admitió que su primera reacción fue la de no comprender por qué le había mentido al decirle que vivíamos en un palacio cuando saltaba a la vista que lo hacíamos en un destartalado caserón de pueblo inmerso en el polvo y la suciedad.

Apreté ligeramente el acelerador para llegar cuanto antes a la imponente verja de hierro que separaba el nostálgico mundo de Casa Falguera del que habitaba el común de los mortales. En cuanto el coche pasó bajo la verja coronada por dos águilas aferradas a un escudo medieval, el verde paraíso de mi infancia se abrió de nuevo ante mis ojos mágico y esplendoroso. Syliane dejó escapar un «¡Oh!» de asombro. El coche rodó lentamente sobre la gravilla de un paseo a la sombra de los plátanos gigantes que bordeaban el camino hasta llegar a la doble escalinata que conducía a las terrazas del palacio. Alzando la vista me emocioné una vez más al contemplar la belleza de aquella fachada que la luz del crepúsculo bañaba en el suave halo dorado que la convertía en el decorado ideal de una ópera de Monteverdi.

Como por casualidad, un pavo real con la cola desplegada nos esperaba al pie de la escalinata. Fabricio, que nunca había visto nada parecido, se agarró asustado a mi brazo. «No es más que un pájaro», le expliqué y él se puso a reír hasta que el pavo real huyó acosado por tres perros que nos recibieron dando saltos de alegría y a los que Fabricio dedicó toda su atención mientras que su madre seguía repitiendo ensimismada: «*Quelle merveille, mais quelle merveille!*».

Inesperada, una voz que se quería gozosa pero que sonaba desabrida, habló desde lo alto de las terrazas:

—¡Vaya, por fin habéis llegado! ¡Os estamos esperando desde hace horas!

Mi hermana María Antonia nunca ha resistido la tentación de darles a sus palabras de bienvenida un agrio tinte de desaprobación. En cuanto la hubo abrazado, mi mujer se extasió:

—¡Qué sitio maravilloso para dar fiestas!

—Sí, hemos dado muchas —le contestó mi hermana, encantada de poder rememorar fastos pasados—. Fiestas que duraban hasta muy entrada la madrugada. Pero ahora —pareció que de repente se le atragantaba la voz— ni siquiera podemos cenar aquí al aire libre cuando empiezan los primeros calores del verano.

—¿Por qué? —quiso saber mi mujer.

—Porque justo detrás del palacio se han levantado en los últimos años casas que tienen hasta dos pisos más que la nuestra, de manera que las terrazas y todo lo que ocurra en ellas queda a la vista de nuestros vecinos, que son todos rojos y que en cuanto pueden nos denuncian a la Guardia Civil por alboroto nocturno.

Al oír la palabra «rojos» en boca de mi hermana, Syliane me miró sorprendida. Tuve que explicarle más tarde que María Antonia seguía usando corrientemente términos en desuso pero que muchos españoles de su clase seguirían empleando durante todavía mucho tiempo.

Antes de subir al segundo piso, del que mi madre sólo bajaba en muy contadas ocasiones, tuve que ir a buscar a Fabricio que seguía jugando con los perros. En cuanto penetramos en el primer salón, el niño se detuvo y olfateó el aire con extrañeza.

—Sí, tienes razón, huele a muerto —estuve a punto de decirle.

Toda la casa olía a cerrado. Yo no podía explicarle al chico que desde que se había quedado viuda la marquesa de Castellvell huía de toda luz que no fuera la de las bombillas de bajo voltaje que daban un resplandor tan tenue y suave que las arrugas de su rostro, cuando se miraba en el espejo, quedaban prácticamente difuminadas. Estuve a punto de contarle a Fabricio —pero naturalmente no lo hice— que la marquesa de Portago, la madre de mi madre, habiendo descubierto a los cuarenta y dos años en el espejo de su tocador unos pliegues inmisericordes que afeaban su garganta, se había encerrado en su casa madrileña de la calle Serrano de la que sólo salió con los pies por delante el día de su entierro. No creí conveniente que el niño supiera que algunas mujeres de mi familia habían vivido espantadas por los estragos que la edad pudiera causar en ellas. Ese miedo cercano a la locura hizo que algunas de ellas sólo fueran conocidas y admiradas en el cenit de su juventud y su belleza. Tampoco podía explicarle a Fabricio que desde que se había quedado viuda mi madre había prohibido terminantemente que se abrieran las tres ventanas de su dormitorio, dos de las cuales daban al parque y al estanque donde el gigantesco Neptuno de bronce seguía tratando de ahuyentar con su tridente a los peces de colores que nadaban entre sus pies. Mi madre sólo soportaba la luz artificial.

A mí me habría gustado que mi llegada a Casa Falguera después de casi treinta años de ausencia hubiese sido para mi madre una sorpresa, pero mi hermano Alfonso, con muy buen criterio, creyó más prudente avisarle con el tiempo necesario para evitarle cualquier emoción demasiado fuerte. En el último momento y a punto ya de cruzar la puerta del saloncito en el que esperaba mi madre, me di cuenta que era yo quien estaba sumido en una emoción difícil de controlar.

Fabricio fue el primero en entrar en aquella habitación en la que mi madre pasaba la mayor parte del día sentada frente a un televisor que raras veces miraba, junto a una radio en marcha que nunca escuchaba y rodeada de periódicos abiertos que se tiraban a la basura sin que los hubiera leído. La primera visión que tuve aquella tarde de mi madre, después de no haberla visto durante años, me afectó mucho más de lo que yo esperaba. Hundida en un sillón con orejeras, envueltas las piernas en una manta de vicuña, las manos entrelazadas sobre el regazo —unas manos muy frágiles, casi transparentes— me miró durante unos segundos como si no me reconociera hasta que de repente un relámpago iluminó su mirada y me tendió los brazos al tiempo que decía con un hilo de voz:

—¡El Único! ¡Por fin ha vuelto el Único!

Así me llamaba a veces mi madre delante de sus otros dos hijos. Yo había ya olvidado esa manía suya y volví a sentir el desasosiego de siempre por lo que aquella ridícula palabra podía tener de hiriente para mis hermanos. Ellos fingían tomarlo como una broma. Pero mi madre lo decía muy en serio y a veces lo repetía un par de veces más para que quedara muy claro que ella me prefería a todos los demás. Casi tuve que arrodillarme para cogerla en mis brazos. Era como estrechar contra mi pecho el quebradizo esqueleto de un pajarito. Mi madre se puso a llorar —ella, que no lo hacía nunca— y yo acabé también con lágrimas en los ojos pese a todos mis esfuerzos. Fabricio nos miraba asustado a punto de imitarnos. Fue mi madre quien se repuso la primera. Me apartó de su lado y mirando a Fabricio como si no lo hubiera visto nunca, murmuró:

—Cómo se te parece este niño, José Luis.

Nunca admitió que Fabricio pudiese no ser hijo mío.

Me llamó vagamente la atención la aparente frialdad con la que mi madre pareció tratar a mi mujer. Apenas un beso en la mejilla y una sonrisa de circunstancias cuando por lo general la trataba más como a una amiga que como a una nuera. Cuando más tarde, aquella noche, se lo comenté, Syliane quitó importancia a mis palabras arguyendo que durante esta visita el importante era yo. El Único. No me hizo gracia el tono burlón con el que Syliane pronunció esa palabra.

Tras haber acostado a Fabricio en la habitación que había sido la mía hasta que cumplí catorce años, Syliane, mis hermanos y yo cenamos en el saloncito de mi madre alrededor de una mesa sobrecargada de plata y de cristalería. El criado que nos servía, vestido con una chaqueta negra ribeteada de seda y pantalones rayados, era un hombre de una cierta edad que se las arreglaba para no darle nunca la espalda a mi madre y que cuando a veces se veía obligado a hacerlo le pedía perdón.

—¿Quién le ha dicho a ese hombre que se mueva como un cangrejo? —le pregunté divertido en voz baja a mi madre.

—Yo no. Supongo que habrá visto una de esas películas inglesas en las que los mayordomos son aún más finos que los dueños de la casa. Es un buen hombre. Desde que se jubiló el pobre Marcos es el mejor de todos los que le han precedido. —Y bajando la voz, mi madre repitió una vez más la frase que nunca olvidaba al hablar de la gente a su servicio—: Sirven porque no sirven. Si sirvieran no servirían.

Mi madre nunca habría aceptado que la mentalidad de los que ahora se hacen llamar en los papeles administrativos «colaboradores del hogar» hubiese cambiado mucho más deprisa que la de sus empleadores. Cuando a los noventa y dos años cumplidos murió José, el portero del palacio Maldà, mi abuela Dolores no logró que ninguno de los que aspiraban a ocupar el puesto del difunto aceptara dejarse crecer unas frondosas patillas como las que había lucido José durante toda su vida. Bastante consiguió con que renunciaran a su nombre y consintieran en llamarse José como el fallecido. Pero cuando murió a su vez el tercero o cuarto José, y mi madre pretendió que siguiendo la tradición el sucesor continuara llevando el nombre que siempre había sido el de los porteros del número 5 de la calle del Pino, tuvo que darse por vencida ante la negativa general y acabó aceptando que sus porteros se llamaran tal y como los habían bautizado. Para mi madre la significación política de su derrota fue tan importante como la huida de Alfonso XIII al extranjero en 1931.

Nunca se había comido bien en Casa Falguera. Durante los últimos diez años de su vida mi padre sólo se había alimentado de huevos fritos con patatas y de enormes pedazos de carne casi cruda, que él llamaba pomposamente *châteaubriand.* «Le gusta creer que es un león», ironizaba mi madre viéndole comer. En cuanto a ella, subsistía a base de regímenes contra el colesterol, la hepatitis o lo que fuera con la idea básica de paliar los efectos de unas enfermedades que nunca padeció. Nada más sentarme a la mesa, comprobé que el vino seguía siendo infame, lo que no impedía que mi hermano Alfonso, por pura cortesía, lo degustase haciendo versallescos aspavientos como si se tratara de un *grand crû* recién llegado de Burdeos.

Ramón —el hombre que siempre andaba de espaldas— nos sirvió una merluza nadando en una salsa que a mí me pareció sospechosamente espesa, seguida de unas apergaminadas milanesas adornadas con perejil. Mi madre nos hizo preguntas acerca del viaje desde París y se interesó —no demasiado— por saber si Fabricio era un niño tan complicado como lo había sido yo. Era una conversación anodina que sólo parecía servir para amueblar los silencios entre plato y plato. Pero yo tuve desde un principio la impresión de que mi madre no se iba a contentar con tan fútiles trivialidades. Servidos los postres —natillas con canela y frutas del tiempo—, mi madre encendió un cigarrillo —seguía fumando tres cajetillas diarias de tabaco negro— y tras ordenarle a Ramón que se retirara una vez servido el café y los licores, disparó su primera andanada:

—Bueno, y ahora decidme, ¿qué habéis venido a hacer aquí?

La verdad es que no entendí la pregunta.

—Mamá, por favor —protestó en voz baja mi hermano Alfonso.

—Tú cállate.

Y mi madre repitió la pregunta:

—¿Qué habéis venido a hacer aquí?

Pero, sin darme tiempo a contestarle, mi madre prosiguió:

—Tú, José Luis, estás condenado a no sé cuántos años de cárcel por injurias al jefe del Estado en uno de tus libros y tienes estrictamente prohibida la entrada en España. Recuerda que no te dejaron venir ni para enterrar a tu padre. Así que lo más probable es que mañana, cuando la Guardia Civil se entere de que estás en esta casa, te venga a detener.

No tuve tiempo de contestar, porque mi madre apuntando con el dedo a Syliane remató la faena:

—En cuanto a ti, como no estás casada con José Luis, también estás infringiendo la ley.

Impedí con un gesto que Syliane le contestara a mi madre. Lo hice yo con toda la calma de la que fui capaz.

—Mamá, Franco está muerto, mis condenas han prescrito y además tengo un documento firmado por Camilo Alonso Vega que me habría permitido entrar en España varios meses antes del cambio.

Mi madre alzó una ceja.

—¿El cambio? ¿Qué cambio?

—Mamá —volví a repetir—, Franco está muerto y en España hay un rey.

—Oh, ése… —murmuró mi madre con desdén—. ¿Quién te dice que seguirá aquí la semana que viene?

—Pero, mamá…

—¿Quién te dice que mañana o quizá esta misma noche no se nos levante un generalito cualquiera para poner de nuevo las cosas en su sitio?

—Por favor, mamá —trató de intervenir de nuevo mi hermano Alfonso.

—Tú deja que hable José Luis —fue la perentoria respuesta.

Me quedé callado. ¿Cómo iba a decir de repente que me costaba aceptar que a mi madre se le iba la cabeza y que yo necesitaba tiempo para asimilar la situación?

—Yo ya he dicho lo que tenía que decir —me escabullí avergonzándome a mí mismo.

Mi madre aplastó su cigarrillo en un cenicero de plata y encendió el siguiente con la llama de una de las velas que iluminaban la mesa. Mirando esta vez fijamente a Syliane y sin cambiar de tono, continuó diciendo:

—En cuanto a vuestra situación personal, es mucho más grave de lo que parecéis imaginar. Habéis entrado en España y tras pasar la noche en un hotel muy conocido habéis venido a esta casa haciendo creer que estáis casados cuando los dos sabéis que no es verdad. Pero por más que las cosas hayan cambiado en España, la Iglesia sigue siendo la Iglesia. No estáis casados —insistió mi madre volviéndose hacia mí— porque tú te gastaste en París, con el sinvergüenza de Pi Suñer y una tal Rosa que a su vuelta a Barcelona lo contó todo, el dinero que tu padre tenía asignado a los gastos de tu anulación en Roma. En cuanto a ti —el dedo de mi madre volvió a cambiar de dirección y señaló a Syliane—, no puedes estar casada con José Luis porque ya estás casada con otro hombre.

Sentí que mi mujer estaba al borde del ataque de nervios.

—Estoy divorciada de Michel Pastor, mi primer marido —consiguió balbucear—, y casada con José Luis por el propio alcalde de Mónaco.

—En España —le contestó mi madre— no está reconocido el divorcio y a nosotros no nos casan los alcaldes, nos casan los obispos.

Mientras mi madre despotricaba, Syliane había extraído del bolso su pasaporte monegasco y lo había puesto encima de la mesa. Sin apenas mirarlo, mi madre decretó:

—Ese pasaporte es probablemente falso. Además, si estuvieses de verdad casada con José Luis tendrías un pasaporte español y no uno de ese principado de opereta.

Syliane iba a contestar indignada cuando de pronto, como si nada de todo aquello fuera con ella, María Antonia se levantó y encendió el televisor diciendo:

—A lo mejor están dando todavía las noticias.

Pero no. Las noticias habían llegado a su fin. Sonaron los primeros acordes de la Marcha Real, flameó la bandera y mi madre anunció levantando la voz:

—Ahora saldrá el Idiota.

Apareció el Rey. Alto, esbelto, vistiendo un ceñido uniforme azul oscuro y con la mirada perdida en el infinito. Una mirada melancólica que nunca ha sabido disimular. Segundos antes de que la figura real se desvaneciera en la pantalla mi madre murmuró con el rencor temblándole en la voz:

—Maldito y asqueroso traidor...

Me di ostensiblemente por no enterado.

—¿Qué pasa? ¿No estás de acuerdo conmigo? —quiso saber mi madre.

—No. No lo estoy en absoluto.

—Vaya. Nunca imaginé que tú también acabarías traicionando a don Juan. ¿O es que ya no eres monárquico?

Sembrar la confusión siempre fue el juego favorito de mi madre. Un juego que dominaba, incluso teniendo la cabeza a pájaros.

—Sigo siendo tan monárquico como antes —contesté—. Pero de la Institución, no de tal o cual personaje.

—Eso quiere decir que no te importa que nos saltemos a la torera la continuidad dinástica. ¡Si tu padre te oyera!

—Si mi padre me oyera le diría que la última vez que vi en París a don Juan de Borbón, horas antes de que muriese Franco, me dijo apretándome las manos: «¡Ahora los monárquicos tenéis que ayudar al Príncipe con todas vuestras fuerzas!». Con estas palabras, para mí estaba todo dicho. ¿No te parece, mamá?

—Bueno —concedió—, sólo eran palabras de un padre cariñoso.

—Yo diría que eran palabras de un padre dispuesto a cumplir lo que tenía pactado con su hijo desde hacía mucho tiempo. Palabras de un aspirante a rey que por fin comprendió que nunca lo sería. Fueron también, entre tú y yo, palabras de un pretendiente que nunca contó con el apoyo del Ejército.

Mi hermano Alfonso, a quien esta clase de discusión parecía aburrir considerablemente, insinuó:

—Estamos hablando de oídas, de cosas que no sabemos. A lo mejor en cuanto pase un tiempo y se afiancen las cosas don Juan Carlos le cede la corona a su padre para no debérsela a Franco.

—¿Un Borbón cediendo voluntariamente el trono aunque sea a su padre? No me hagas reír.

—Tiene razón José —me apoyó mi madre—. Éste se agarrará al trono como una lapa.

Perdió unos segundos encendiendo otro cigarrillo y cambiando de tono comentó:

—Lo que no entiendo, José, es que después de haberle puesto verde durante tanto tiempo ahora salgas en defensa de este arribista.

Traté de ponerme lo más serio que pude para decir:

—Ahora es el Rey y tratarle de idiota y de traidor, además de ser una falta de respeto, me parece una frivolidad. Hay que darle tiempo al tiempo.

—Quizá tengas razón. Pero para mí el Rey será siempre el otro.

Desde la repisa de la chimenea, don Alfonso XIII, disfrazado de almirante y prisionero en un gran marco de plata, parecía escucharnos entre curioso y sorprendido. A partir de ese momento la conversación tomó otros derroteros y languideció. A mis hermanos los cambios de humor de nuestra madre no parecían afectarles. Quizá porque si a mi madre se le iba de vez en cuando la cabeza parecía recuperarla con sorprendente facilidad. A mí me tranquilizó comprobar que tras varias fintas con sable de doble filo volvía a usar con facilidad el florete al que nos tenía acostumbrados. La atmósfera se distendió y todo el mundo pareció querer olvidar lo sucedido. Todo el mundo menos Syliane, que guardó un ominoso silencio. Mi hermano Alfonso, tras echar una ojeada a su reloj, se puso en pie.

—Mamá, son casi las doce de la noche y estos dos han hecho un viaje agotador. Vámonos todos a la cama.

Mi madre pareció hundirse aún más en su sillón. Hizo un gesto vago con la mano que sostenía el cigarrillo y murmuró:

—Yo me quedaré aquí todavía un rato mirando la televisión.

Me incliné sobre ella y le di un beso en la frente mientras que Syliane se contentaba con murmurar un «*bonsoir*, Carmen» apenas inteligible. Ya en el saloncito contiguo le dije a mi hermano:

—Voy a despertar a Fabricio y nos iremos los tres a dormir al Ritz.

Alfonso reaccionó con brusquedad:

—¡No digas tonterías! Tú estás aquí en tu casa y mañana mamá ni se acordará de lo que ha pasado esta noche. Hay que perdonarla. Se está haciendo muy mayor y a veces, sencillamente, pierde la cabeza.

—¿Me estás diciendo que a veces tiene esporádicos ataques de locura?

—Te estoy diciendo que a veces ya no vive en este mundo.

En cuanto cerramos la puerta de nuestra habitación, Syliane dejó de contenerse:

—¡Yo no me quedo aquí ni veinticuatro horas más! Mañana mismo cogemos el coche y nos volvemos a París.

No me fue fácil calmarla. Además de estar indignada y dolida, Syliane no comprendía la razón de las salidas de tono de su suegra. Hasta ahora sus relaciones con ella habían sido fluidas por no decir francamente amistosas. Cuando se encontraron por primera vez en Biarritz, en el Hotel du Palais, donde mi madre, viuda ya, nos había invitado a pasar dos semanas con ella, los primeros contactos entre las dos mujeres fueron sorprendentemente fáciles. Mi madre sacó enseguida la conclusión de que Syliane era una mujer «muy prudente», lo que en otras palabras significaba que se había rendido de entrada a su supremacía y que no le había llevado la contra en nada. Fueron unas vacaciones apacibles. Sol, mar y playa por la mañana, golf y bridge por las tardes y ruleta y black jack por las noches. Después de cenar conmigo en el Palais, se iban las dos juntas al casino de Bellevue, o al Municipal, mientras que yo me quedaba en la cama leyendo un libro con Fabricio durmiendo junto a mí. Cuando volvían de madrugada, entraban de puntillas en mi habitación, se embelesaban en la contemplación del niño que dormía plácidamente con el pulgar en la boca y me daban cuenta de todo el dinero que habían ganado jugando al black jack en la mesa de Thomasson, el *croupier* preferido por mi madre. Nunca perdían. No hay nada que fortalezca más la amistad entre dos mujeres que las mentiras compartidas.

A qué negarlo, aquella primera noche en Casa Falguera dormimos los dos muy mal. La cama —por lo visto yo había crecido mucho durante el exilio— sólo me llegaba hasta los tobillos. Además el colchón era durísimo y las mantas muy pesadas. Tuvimos que dormir con las ventanas de la habitación cerradas porque la algarabía que montaban las ranas en los tres estanques del parque parecía estallar en la misma habitación. Hacia las cuatro de la mañana, Fabricio me despertó tirándome del pelo. Estaba de pie junto a la cama, desnudo en la oscuridad, exigiendo cobijo y cariño. Lo alcé cogiéndolo bajo los hombros y lo instalé lo mejor que pude entre Syliane y yo. Se quedó inmediatamente dormido con el brazo derecho alrededor de mi cuello.

Me levanté, sin apenas haber descansado, a las nueve de la mañana y le preparé a mi mujer un baño antes de que nadie agotara el agua caliente. Nunca hasta entonces me había dado cuenta de lo inconfortablemente que vivíamos en aquel palacio tan admirado y envidiado por gentes que lo hacían infinitamente mejor que nosotros en un apartamento moderno con agua caliente abundante y sin ranas. De vuelta a la cama tuve que esperar todavía una hora antes de pedir el desayuno porque en aquella casa el servicio no daba señales de vida hasta pasadas las diez. Naturalmente, cuando mi mujer decidió bañarse, el agua ya estaba fría. Syliane, que siempre se despertaba sonriente, lo hizo aquella mañana de muy mal humor. Le dolía la espalda y se quejó de lo incómoda que le resultaba la cama.

—Vámonos hoy mismo de vuelta a París —me propuso; y como yo tardaba en contestarle, concedió—: O por lo menos instalémonos unos cuantos días en el Ritz. No pienso aguantar más cenas como la de anoche.

Estábamos los dos desayunando todavía cuando un timbre se puso a sonar pulsado frenéticamente.

—Es mamá —le dije a Syliane. Y añadí—: En algún lugar de la casa, Manolita, su doncella, estará comentando en voz alta: «Vaya. ¡Ya se ha despertado Beethoven!».

—Sois gente verdaderamente rara —suspiró mi mujer.

Estuve de acuerdo con ella. Pasamos cerca de media hora más jugando en la cama con Fabricio que se retorcía en mis brazos como una lagartija.

—Desde que estamos aquí —comentó Syliane mirando a su hijo— parece que tiene los ojos más verdes.

—Será de tanto escuchar a las ranas que también son verdes.

Fabricio, muy consciente de que hablábamos de él, exageraba la violencia de sus juegos.

Nos dieron las doce del mediodía sin acabar de vestirnos del todo. Ramón, el de las reverencias; Manolita, la doncella de mamá, y dos criadas más de toda confianza se comprometieron a cuidar de que en nuestra ausencia Fabricio no se pudiera acercar a ninguno de los tres estanques del parque, así como tampoco a las caballerizas donde todavía quedaban dos caballos de los tiempos de mi padre. Cuando por fin nos fuimos, Fabricio andaba enfrascado en una complicada relación con los tres perros del día anterior, uno de los cuales, Bobby, ya parecía haberlo adoptado.

Minutos antes de salir de la casa me encontré con mi hermano Alfonso en uno de los pasillos. Me preguntó muy preocupado:

—Espero que no sigáis pensando en instalaros en el Ritz, ¿verdad?

Le di varias razones que apoyaban esa posibilidad. Teléfono en todas las habitaciones, agua caliente a todas horas del día y de la noche, ausencia de batracios al pie de las ventanas y la existencia de dos maravillosos conserjes, Pascual y Mansilla, que ya antes de que yo me marchara de Barcelona eran capaces de conseguir sin poner dificultades cualquier cosa que a uno se le ocurriera pedirles.

—Si pasáis una sola noche fuera de casa —quiso que supiera mi hermano— mamá se llevará un disgusto de muerte. No creo que se lo merezca, después de tantos años sin verte.

Tenía razón el hombre. Le prometí que haría todo lo posible para que Syliane se tomara las cosas con calma. Lo conseguí entre Esplugues de Llobregat y la plaza Francesc Macià.

—¿Qué haríamos todo el día con un niño en el hotel? Ten paciencia unos días. Aquí no han cambiado suficientemente las cosas para que yo mismo tenga ganas de quedarme más tiempo de lo necesario. Pero si nos vamos ahora de vuelta a París lo más probable es que yo no vuelva a ver nunca viva a mi madre.

Syliane se rindió sin discutir a este argumento y me pidió que la llevara a visitar el barrio donde yo había vivido de jovencito. Fuimos en el coche hasta la plaza de Cataluña y desde allí, a pie por Puerta del Ángel, hasta la calle del Pino, a unos pocos minutos de marcha. Me llamó la atención lo poco que había cambiado el barrio en los últimos veinticinco años. Seguía flotando en el aire un vago olor a orines y a comida barata. Era evidente que los servicios de limpieza del Ayuntamiento seguían siendo los mismos.

—En qué sitios más curiosos están vuestros palacios... —comentó Syliane sin darle más importancia a sus palabras.

Antes de llegar al número 5 donde estaba el lúgubre caserón donde había transcurrido mi primera infancia, nos asomamos al callejón llamado de Perot lo Lladre donde un anarquista había colocado una bomba casera que estalló sin causar mayores daños durante el baile que dio mi abuela en el palacio Maldà en honor de don Miguel Primo de Rivera, a la sazón capitán general de Cataluña. Syliane, como era de esperar, no tenía ni la menor idea de quién era

Primo de Rivera y yo no me vi con ánimos de darle una lección de historia a aquella estupenda señora a quien sólo le interesaba saber si había una buena zapatería en el barrio.

La enorme puerta del palacio Maldà estaba cerrada a cal y canto, de lo que me alegré pues me habría entristecido tener que hacerle visitar a mi mujer lo poco que quedaba de aquella casa en la que en otros tiempos, a mi manera, fui casi feliz. Al pasar frente a los elegantes escaparates de Santa Eulalia, en la calle de la Boquería, le expliqué a Syliane que mi abuela Dolores se había vestido allí durante toda su vida y que en el tratado de paz que acabó firmando con mi madre, una de las cláusulas obligaba a su nuera a dejar de vestirse en Madrid. Mi madre nunca se había llevado bien con su suegra, entre otras razones porque siendo madrileña se vestía de un modo que a las señoras catalanas de antes de la República les resultaba a veces chocante. De los frecuentes viajes que hacía a Madrid para visitar a sus modistas preferidas —Beatriz Planchuelo, de la calle Almagro, y madame Joly, una falsa francesa con tienda abierta en Velázquez— mi madre volvía luciendo escotes que su suegra juzgaba excesivos y combinando colores que ofendían la vista de las señoras de Barcelona, que sabían que el único color verdaderamente elegante es el negro. La aparición de mi madre en el palco familiar del Liceo luciendo un vestido de noche que combinaba audazmente el verde y el malva provocaba silenciosos revuelos que exasperaban a mi abuela. Así que llegó el día en que, harta de estériles discusiones y sobre todo para ahorrarle disgustos a mi padre, que era el que siempre acababa pagando, además de los vestidos, los platos rotos, mi madre acabó rindiéndose y aceptó vestirse en Barcelona. «Hija, por fin vas a ir arreglada como te corresponde», suspiró aliviada mi abuela. Aquel mismo día la llevó cogida de la mano a Santa Eulalia, donde mi madre encontró enseguida una modista, Alicia Salabert, que copiaba a la perfección los modelos de Patou, de Lelong y del *captain* Molyneux que mi madre le traía de Biarritz y de París.

Por una de las entradas de Portaferrissa entramos bajo los techos acristalados de las Galerías Maldà, un modesto complejo comercial que mi padre había ubicado en lo que antes fuera el jardín del palacio. Syliane recorrió conmigo sin hacer el menor comentario las minúsculas tiendas en las que se vendían toda clase de baratijas, lo que me dio a pensar que todo aquello debía de parecerle bastante cochambroso.

Cinco minutos más tarde, después de haber pasado por la iglesia del Pino donde la familia tuvo durante muchos años sus reclinatorios privados, llegamos a las Ramblas que, literalmente, fascinaron a mi mujer. Recorrimos varias veces el gran mercado de la Boquería cuyos olores y bullicio le recordaron a Syliane los mercadillos de la Casbah de Argel donde a veces la llevaba su padre a comprar dulces árabes hechos a base de miel y almendras que tenía que comerse a escondidas de madame Stella, quien temía que tanto azúcar acabara estropeando los dientes de sus hijas. Pasamos casi una hora recorriendo la Rambla de las Flores —donde Syliane insistió en comprar para mi madre unos ramitos de violetas—, nos detuvimos ante las jaulas de los pájaros —detesto ver a los pájaros enjaulados— y acabamos fisgoneando como dos turistas más en un vasto quiosco en el que además de la prensa del mundo entero figuraban también en lugar prioritario toda clase de revistas pornográficas, desde el lujoso *Playboy* americano y el *Lui* francés hasta las más bajas y obscenas publicaciones suecas y alemanas.

—A vosotros —comentó Syliane— parece que la libertad os haya llegado de la mano de los pornógrafos.

—Una de las obsesiones de Franco y de su entorno —le expliqué— fue la de impedir que los españoles pudieran ver otras mujeres desnudas que no fueran las suyas.

—Me parece lógico —dijo Syliane, hojeando una de aquellas revistas—, porque viendo estas despampanantes mujeres los pobres no podían menos que compararlas a lo que tenían en casa y eso debía de ser muy deprimente.

—El franquismo fue mojigato y bastante maricón. Las mujeres desnudas no entraban en sus horizontes.

Hablábamos en voz alta, mitad en francés mitad en español y hubo a nuestro alrededor miradas de recelo. Lo que Syliane había pasado por alto y que a mí casi me conmocionó fue ver allí, expuestas al público de la calle —porque eso sí que tenía una clara significación de libertad—, las obras de Bakunin, Marx, Engels y Lenin, obras que yo no había leído y que probablemente no leería jamás, pero cuya prohibición durante años equivalía al encierro en la caverna de por lo menos dos generaciones de españoles.

—Mira, mira —gritó de repente Syliane—, ¡allí hay dos libros tuyos!

En efecto, allí estaban, junto a las obras completas de Louis-Ferdinand Celine, *Les Ramblas finissent a la mer* y *Fiesta* en la edición francesa de Seuil. Aquella mujer alta y rubia con un suntuoso abrigo de zorros blancos echado sobre las espaldas que señalaba con el dedo mis libros, alertó al quiosquero que se acercó solícito. Era un hombre bajo y regordete con unos gruesos lentes que magnificaban sus ojos incrédulos.

—¡Vaya! ¡Pero si es el mismísimo señor Vilallonga! Soy Paco Abad, mucho gusto —dijo tendiéndome la mano—. Yo he vendido aquí muchos de sus libros, de tapadillo, ¿eh? Me los recomendaba un cliente amigo suyo, el señor Senillosa. A veces me traía él mismo algunos ejemplares de Perpiñán y otras me los hacía llegar por la señora Casas, una amiga suya. Vaya, hombre, ¡qué gusto verle por fin!

Acto seguido y casi sin transición, Abad me propuso, por un precio a discutir, tres preciosos dibujos eróticos de Pedro Pruna. Le compré uno. Una farola *noucentista* en la que se apoyaba una mujer de la vida a la luz de la luna. A las dos conseguimos zafarnos del quiosquero y nos fuimos a almorzar al Amaya, un restaurante cercano al que acudía puntualmente mi hermano Alfonso, creo que todos los jueves, para jugar al mus después de comer con un grupo de amigos, casi todos militares, entre los cuales había un antiguo coronel de la Guardia Civil que siempre le preguntaba «cómo le iba a su hermano el rojo».

Tanto al entrar como al salir del restaurante nos tropezamos con dos o tres putas que parecían llevar horas esperando la aparición de un eventual cliente. Eran putas de ínfima categoría, edad incierta y aspecto repelente. A Syliane le chocó que mujeres como aquéllas pudieran ejercer su profesión a plena luz del sol y a las puertas de un establecimiento que a todas luces parecía estar de moda. Le recordé a mi mujer que estábamos a dos pasos del antiguo Barrio Chino cuyas fronteras naturales eran el Paralelo, las Ramblas y el propio puerto, uno de los más importantes junto a los de Marsella, Nápoles y El Pireo, de todo el Mediterráneo.

—Al finalizar la Guerra Civil —le expliqué a Syliane—, cuando todavía había en Barcelona centenares de soldados aún sin desmilitarizar, algunos de los que se arriesgaron a entrar en el Chino con ánimo de juerga acabaron apuñalados, cuando no tirados en mitad de la calle, completamente desnudos, después de que los hubieran despojado de cuanto llevaban encima.

—Si mal no recuerdo, gran parte de *Les Ramblas finissent a la mer* se desarrolla precisamente en este barrio.

—Sí, era por aquí, por las Ramblas y por los bares de la plaza Real, donde los conspiradores de mi novela se encontraban para poner a punto sus planes.

—¿El marqués de Amor y Fávila Olavarría existieron de verdad?

—Sí, existieron. Pero los dos murieron en la cama, pese a que en el libro tuvieron finales diferentes.

Syliane seguía empeñada en encontrar una buena zapatería, así que nos dirigimos Ramblas arriba, hacia la plaza de Cataluña donde habíamos dejado el coche. Al pasar frente al palacio de la Virreina, Syliane se detuvo para contemplar la belleza de aquella fachada que le recordaba, me dijo, nuestra casa de Sant Feliu. Le conté entonces que aquel palacio lo había mandado construir don Manuel de Amat y Junyent, virrey del Perú —uno de cuyos parientes cercanos fue el primer marqués de Castellvell—, para una joven catalana con la cual se casó por poderes desde Lima con el propósito de borrar el agravio que ésta había sufrido al ser abandonada por su prometido, un oficial del Ejército sobrino del virrey, quien durante un viaje de permiso a España conoció a una andaluza propietaria de extensos latifundios con la cual prefirió rehacer su vida.

—¿El virrey se casó con la catalana sin haberla visto nunca?

—Supongo que le enseñarían algún retrato, cosa bastante corriente en aquella época. El destino de muchas mujeres, sobre todo en las familias reales, dependía de la habilidad del pintor. Pero lo que nunca he sabido es si el virrey se encontró por fin con su virreina al regresar a Barcelona. En las *Tradiciones peruanas* de Ricardo Palma se menciona a un virrey viudo que se consuela en los brazos de Niquita Villegas, la célebre Perra Chola convertida por Mérimée en la Perricholi, la cantante de ópera que nunca fue. Otros, expertos en genealogías, aseguran que fue el virrey quien dejó viuda a su virreina y otros, los menos, insinúan que la joven virreina, que ya no creía en el regreso de su lejano marido a Barcelona, lo recibió un día por sorpresa en su precioso palacio rodeada de los angelicales frutos de una relación con un terrateniente ampurdanés, relación que al parecer el virrey disculpó con la generosidad de los que tienen mucho que hacerse perdonar.

Le recordé a Syliane que Vittorio de Sica había hecho el papel de virrey en una película que se llamaba...

—... *Le carrosse du Saint-Sacrement*. La he visto. De Sica, sentado en una poltrona que parecía un trono, llevaba durante toda la película el pie derecho envuelto en algodones y vendajes para dar a entender que sufría un terrible ataque de gota.

—Como la mayoría de los que en aquella época se daban la gran vida.

—Tu virrey, el de verdad, debía de ser un golfo importante.

—Lo era. En cuanto volvió a España le incoaron un proceso por malversación de fondos públicos, pero como suele ocurrir cuando los procesados son gentes con el riñón bien cubierto, el proceso acabó en agua de borrajas y el virrey pudo morir apaciblemente en su palacio rodeado de sus colecciones de guacos peruanos y de horrorosos objetos de plata repujada por los indios.

Antes de reanudar la marcha hacia la plaza de Cataluña y cuando estábamos todavía contemplando la fachada de la Virreina, le dije a Syliane:

—Fue aquí donde empecé a pensar por primera vez en escribir: *Les Ramblas finissent à la mer*, mi primer libro publicado en francés a finales de 1953. En unos altillos del palacio tenía alquilado un destartalado estudio una pintora gorda, borracha y parlanchina que reunía cada noche alrededor de unas botellas de vino peleón a unas gentes que poco a poco fui incorporando a los personajes de mi novela. El poeta Monsuarez de Yoss, que recitaba maravillosamente sus mediocres poemas, y el bronco y tenebroso Goicoechea, conocido como Goico por amigos y enemigos, un alcohólico, pendenciero y violento que se casó con la pobre Ana María Matute, a la que chuleó, pegó y humilló sin compasión hasta que la incauta puso pies en polvorosa. También venía a beber hasta perder el sentido el refinado Manolo Muntañola, el decorador que todo lo veía en blanco y oro y que se acercaba por lo que pudiera caer. Tampoco faltaba el delicioso José Manuel Serrano, el pintor enamorado de las rosas, a las que pintaba como si fueran mujeres. A veces también venía, ya muy de madrugada, Pedro Pruna, en cuyo físico me inspiré para retratar a Fávila Olavarría.

—¿Y quién era el marqués de Amor?

—Un marqués de verdad, pero de título diferente, que había combatido en las filas republicanas y a quien la buena sociedad barcelonesa había cerrado sus puertas. Pero espera, espera un momento. Un día acompañé a la pintora, que tenía que depositar un paquete en manos de su hermana, una mujer guapísima y silenciosa de la cual me enamoré. Trabajaba en un comercio de la Gran Vía —creo que en un taller de joyería— instalada detrás de una ventanilla, por lo que nunca la vi de cuerpo entero. Sólo la cara y el pecho hasta la cintura. Una cara a lo Romero de Torres y un pecho de vértigo, siempre enfundado en ceñidísimos jerséis negros. Nunca insistí en verla de cuerpo entero. Hice bien, porque años más tarde invité a cenar a una presentadora de televisión de una gran belleza que puesta en pie resultó ser casi una enana atornillada a unas imponentes posaderas.

Por fin encontramos en el paseo de Gracia, a la altura de la calle Aragón, la clase de zapatería que Syliane andaba buscando. La dejé en manos de una dependienta que miró con rencor el lujoso abrigo de zorros blancos que Syliane había tirado sobre el respaldo de una silla.

—Mejor será que me esperes en un bar cercano —me dijo Syliane—. Tengo por lo menos para una hora larga.

La dejé cuando la dependienta se subía en una escalerilla para alcanzar el tipo de zapato que le pedía mi mujer, y me fui a pasar la hora anunciada al bar La Puñalada. Allí, nada más entrar, se me acercó un desconocido con los brazos abiertos y con la pretensión de abrazarme.

—Querido José Luis, ¡qué gusto que vuelvas a estar entre nosotros! ¡Ya sabes que tú y yo siempre hemos pensado lo mismo!

Era evidente que ni por su aspecto, ni por el periódico que sostenía debajo del brazo, ni por la insignia que llevaba prendida en el ojal, el individuo en cuestión y yo nunca podíamos haber pensado lo mismo. Me escabullí como pude y me instalé en solitario en el otro extremo del bar. Se lo había advertido a Syliane antes de dejar París: «Tendremos incidentes de toda clase —le dije—. Se me acercará en un restaurante cualquiera un tipo que me llamará "rojo cabrón" y yo no tendré más remedio que atizarle, estés o no estés delante». Pero la verdad es que nunca tuvimos esa clase de percance. Ocurrió a veces algo peor. Ocurrió que se me acercaron personajes deleznables, como el de hoy, con los brazos abiertos asegurándome que ellos y yo siempre habíamos pensado lo mismo. Y yo, más que enfadarme, pasaba unas vergüenzas tremendas.

Cuando volvimos a Casa Falguera ya en pleno crepúsculo, Fabricio seguía en las terrazas jugando con los perros.

La cena de aquella noche fue muy distinta a la de la noche anterior. Ya nadie cogía por sorpresa a nadie. Mi madre se había vestido —encajes negros y zapatos de tacón— y llevaba alrededor del cuello un hermoso collar de perlas de tres hileras. Cuando Syliane le entregó los ramitos de violetas mi madre estuvo a punto de dejarse llevar por la emoción.

—¿Cómo sabes que son mis flores preferidas? —preguntó con un hilo de voz.

—Una tarde, en Biarritz, me dijiste que las violetas son las únicas flores que de noche no desmerecen junto a las perlas.

—¿Y cómo sabías que esta noche iba a ponerme mis perlas?

A mi madre le divirtió la inmediata confusión de su nuera.

—Ya no me las pongo casi nunca, ¿sabes? Dicen que las perlas se mueren poco a poco en contacto con la piel de la gente anciana. Debe de ser cierto porque las mías se están volviendo grises.

Todos protestamos al mismo tiempo, aunque a mí me pareció que mi madre decía la verdad.

Ramón entró en el saloncito portador de una fuente de plata en la que yacía una lubina de grandes dimensiones rodeada de patatas hervidas. Era evidente que Ramón no iba a poder pasar la fuente a cada uno de los comensales apelotonados alrededor de una mesa sobrecargada de copas y de cubiertos. María Antonia le indicó que depositara la fuente en una mesita auxiliar que se colocó junto al sillón de mi madre. Con los cubiertos adecuados en la mano, María Antonia se dispuso a descuartizar la lubina —¿se descuartiza un pez?— con el aire de quien cumple una venganza. Antes de tocar el pescado, mi madre bajó la voz para decirle a Syliane:

—Tienes que perdonarme por lo que te dije anoche a propósito de tu pasaporte. Alfonso me ha explicado esta mañana que no puedes tener un pasaporte español hasta que no estés casada con José Luis en España, pero que ahora se reconocen aquí los matrimonios de los españoles en el extranjero. —Syliane quiso hacerla callar pero mi madre añadió en un tono quejumbroso que yo no le conocía—: ¿Sabes? Ahora las cosas cambian tan deprisa que a veces me cuesta seguirlas —y añadió con voz casi inaudible—: Así que, por favor, olvidad los dos todo lo que os dije anoche.

Nunca le había oído a mi madre pedirle perdón a nadie. Hay gente que perdona fácilmente porque desconoce el rencor, pero no era el caso de mi madre, que tenía odios que se acrecentaban con el paso de los años. Le venía de familia. Tenía dos tías, hermanas de su padre, que después de la Guerra Civil se instalaron en el Ritz de Madrid, cada una en un piso diferente, con sus muebles, sus cuadros y sus objetos personales. Estaban peleadas desde hacía mucho tiempo y cuando por casualidad se encontraban en el ascensor o se cruzaban en un pasillo desviaban la mirada para no tener que saludarse. Una de las dos hermanas tuvo una hemorragia cerebral y se puso a morir. Mi madre subió a ver a la que todavía estaba sana. «Tía Paz, tu hermana está muy grave y tenéis que hacer las paces antes de que se muera.» «Muy bien, lo pensaré. Vuelve mañana.» Mi madre volvió al día siguiente a ver a su tía Paz. «Bien, tía, ¿qué has decidido» «Pues que no puedo hacer las paces con mi hermana.» «¿Por qué?» «Porque no me acuerdo de por qué estamos peleadas.» Las mujeres de aquella familia eran así.

Yo creo que desde el primer momento mi madre quiso mucho a Syliane aunque sólo fuera porque era la madre de aquel niño por el que sentía pasión. En ese momento se me acercó Ramón para mostrarme una botella de vino blanco francés reposando en una canastilla de paja trenzada.

—Es un chablis muy bueno —dijo entonces Alfonso—. Lo he comprado para vosotros esta tarde. Espero que os guste.

—¡Alfonso, eres un ángel! ¡Adoro el chablis! —exclamó Syliane, emocionada.

Mi madre escuchaba ligeramente sorprendida aquel intercambio de gentilezas.

—A mí —dijo— el vino blanco se me sube enseguida a la cabeza. —Y sin transición añadió—: El vino que bebéis en casa no os gusta nada, ¿verdad?

Aprovechando el momento de buen humor me explayé:

—Mamá, el vino que bebemos en casa es una solemne porquería.

—Pues a vuestro padre le gustaba.

—Mira, mamá, dejemos las cosas claras. Papá nunca supo ni comer ni beber. Comía carne como las fieras del zoo, como si fuera la carne de un enemigo y bebía el vino tinto de casa porque salía de sus viñas y debía de pensar, equivocándose, que no le costaba un duro.

No me resistí a contarle a Syliane, delante de mi madre y mis hermanos, que un día, en el *relais* del Plaza Athénee de París, acabado el almuerzo, mi padre pidió que con el café le sirvieran un coñac. Al cabo de un momento llegó el sommelier llevando con ambas manos, como si fuera un cáliz, un balón con leves gotas de sudor en el cristal. Se lo entregó ceremoniosamente a mi padre que se lo llevó a las narices para rechazarlo inmediatamente con gesto brusco.

—¡Pero qué es esto! —se indignó—. ¡Huele a colonia barata!

El sommelier palideció.

—*Mais monsieur*...

—¡He pedido un coñac! Así que tráigame una copa de Fundador o si no de Carlos I.

Paul, el barman del *relais* me comentó después durante meses que nunca, nunca, nadie había rechazado el venerable Armagnac de la casa pidiendo a cambio una copa de ese infame licor español que huele a pintura de uñas.

—Si se hubiese tratado de otro —añadía siempre Paul— aquello podía haber acabado de un modo muy desagradable, pero su padre, con aquellos ojos verdes, aquel monóculo y aquella voz glacial, imponía mucho.

—Y además —intervino mi madre— le gustaba el coñac español.

Antes de que Ramón nos llenara las copas, Alfonso recordó de pronto:

—Te han llamado varias veces del extranjero, José Luis. Una vez de Hamburgo pidiendo que devuelvas cuanto antes la llamada. Me fue imposible comprender el nombre de la persona que te llamaba.

—No importa, ya sé de quién se trata...

—También te ha llamado una tal madame Rimbaud, una señora muy nerviosa, para decirte que ya tienes fecha para tu entrevista con la princesa.

Los dedos de mi madre se crisparon sobre las perlas.

—¿La princesa? ¿Qué princesa?

—La de Mónaco, mamá.

—¿La conoces?

—Sí, claro. Nos hicimos muy amigos en Los Ángeles cuando todavía era una actriz. En Montecarlo la vemos a menudo. Se lleva muy bien con Syliane.

—Tu entrevista tendrá lugar —precisó Alfonso— en París, en el piso que tienen los príncipes en la avenue Foch, el día 6 del mes que viene a las cinco de la tarde.

La mirada de Syliane se iluminó.

—¿El día 6, dices? ¡Pero si eso es apenas dentro de diez días!

—Es guapa, sí —admitió mi madre, que seguía pensando en la princesa.

—Y además lo está haciendo muy bien —aseguró Syliane.

—Ya... pero las verdaderas princesas no son así.

—No, son mucho más ordinarias —murmuró Alfonso, que era un gran admirador de la Kelly.

Como si no le hubiese oído, mi madre continuó diciendo:

—Es guapa y elegante, lo admito, pero se nota demasiado que está siempre interpretando un papel que a veces le viene ancho. ¿Cómo se comportaría en un atentado? Tirándose al suelo supongo. Al fin y al cabo no es más que una actriz.

El súbito brillo en los ojos de Syliane me avisó de que las cosas estaban a punto de torcerse.

—Mira si lo hará bien —insistió mi mujer— que en Mónaco la gente dice que la verdadera Grimaldi es la princesa, porque tiene más clase y más estilo que su propio marido.

—Lo que no es de extrañar —puntualizó mi madre con desdén— si se tiene en cuenta que el pobre Rainiero es el hijo o el nieto de una de las lavanderas de palacio.

—Lo importante —resumió Syliane tratando de poner fin a la espinosa cuestión— es que en Mónaco todo el mundo la quiere mucho.

Alfonso, a merced de los vaivenes de su memoria, me dijo de nuevo:

—También te ha llamado un tal Asensio —me suena ese nombre— recordándote que os conocisteis muy últimamente en París. También quiere que tomes contacto con él lo antes posible. Ha dejado número de teléfono y dirección.

Acabada la lubina y la botella de chablis de la que sólo bebimos Syliane, Alfonso y yo, atacamos un *baba au rhum* de grandes proporciones que nos mantuvo a todos en silencio hasta que mi madre le pidió a María Antonia que conectara la televisión. Las noticias de la noche coincidieron con el café —que en casa siempre había sido muy bueno— y con la aparición de una botella de Fine Napoleon que Alfonso había comprado para nosotros al mismo tiempo que el chablis.

—¡Cómo os cuidáis! —ironizó mi madre sin apartar la vista de la pantalla en la que hablaba un jovencísimo Adolfo Suárez, el hombre por el que había apostado el Rey en su nueva andadura de hombre libre. «¡Qué error, qué inmenso error!», había diagnosticado el tontaina de De La Cierva que, como la mayoría de los españoles, se equivocó.

—El que está justo detrás de Suárez —dijo mi madre— es el general Gutiérrez Mellado, un amigo de papá y de mi hermano Antonio* cuando este hacía de espía entre Biarritz y la zona nacional al principio de la guerra. Y el gordo que está detrás de ellos es el barón de Carandolet, que ahora prefiere que le llamen Íñigo Cavero como si le avergonzara usar su título.

No recuerdo de qué hablaba Adolfo Suárez, pero lo hacía con garra y con convicción.

—Demasiado joven, demasiado guapo, demasiado zalamero —dictaminó mi madre—. Si estuviera maduro no se tomaría tantas molestias para gustar. Creo que el Rey hubiese hecho mejor quedándose todavía un tiempo con Carlos Arias, que era un alcornoque, pero un alcornoque previsible.

—Carlos Arias era un lastre, mamá, y además, un asesino —saltó Alfonso.

—Hombre, un asesino, ¿no te parece exagerar?

—Por algo le llamarían «Carnicerito de Málaga».

—¡En Málaga, lo único que hizo Arias fue cumplir con su deber fusilando rojos! —le contestó María Antonia, furiosa.

—Yo no hago diferencias entre matar rojos o blancos o verdes.

Con una mano que temblaba, mi hermana ahogó su cigarrillo en el café que quedaba en su taza.

—¡María Antonia, por Dios, no hagas porquerías! —se enfadó mi madre.

* El marqués de Portago.

Mi hermana se sumió en un agresivo silencio.

—Qué mal lleva la edad esta chica —comentó ácidamente mi madre tomándonos a todos por testigos. Luego, cambiando de tono, continuó diciendo—: Cuando pienso que el Rey... en fin, ese chico... tenía a su alcance hombres como Fraga y como Areilza, no comprendo esa elección de última hora. Que haya apartado a Fraga lo comprendo, porque quién quiere encararse a ese energúmeno aunque sólo sea una vez por semana para discutir de asuntos de Estado. Pero Areilza, un hombre tan fino, tan inteligente, tan *«comme il faut»*... Por cierto, José, en cuanto lo nombraron ministro de Asuntos Exteriores nos devolvió a tu padre y a mí los pasaportes diplomáticos que nos quitaron cuando publicaste *Fiesta*. Repito, no eran ni Arias ni Fraga los que le convenían al Rey. Era Motrico.

Alfonso y yo nos miramos consternados.

—Mamá —traté de explicar sin levantar la voz—, a mí también me gusta mucho Areilza. Es amigo mío y se portó muy bien conmigo cuando era embajador en Argentina.

—Sí, ya sé que te presentó a la pelandusca ésa cuando ya se estaba muriendo de no sé qué.

—De tuberculosis, mamá.

La cruel sonrisita se acentuó.

—Como tú quieras, José.

Hice un esfuerzo por explicar.

—Creo que no habéis comprendido por qué, al margen de sus méritos y bondades, el Rey prescindió de Areilza y se quedó con Suárez. Areilza había sido un hombre del conde de Barcelona. Tener a Motrico de jefe de Gobierno hubiese sido como tener a su lado a su propio padre dándole lecciones equivocadas. Lo que pretendía don Juan Carlos al nombrar a Suárez era desembarazarse de una vez de todos aquellos señores mayores que le habían dictado la conducta que debía seguir desde que llegó a España apenas cumplidos once años. ¿Recordáis la terrible foto de aquel niño muerto de frío, con las rodillas al aire, en el andén de la estación de Villaverde rodeado de hombres silenciosos vestidos de negro que le llevaron al Cerro de los Ángeles para explicarle que los rojos habían fusilado allí al Sagrado Corazón de Jesús? Aquel niño recién salido de un colegio suizo debió de sentirse prisionero de una secta de locos peligrosos. Esos señores mayores que hablaban un lenguaje que no era el suyo lo arroparon a través de los años hasta el día en que, siendo ya mayor, decidió quitárselos de encima. Aquellos señores no fueron todos como los del andén de la estación. Algunos incluso fueron muy buenos con él. Pero la lista era larga. El primero fue el duque de Sotomayor, que lo acompañó durante el traumático viaje a España. Luego, inmediatamente, apareció Franco y de año en año, Armada, el fiel amigo que acabó traicionándole; luego Torcuato Fernández Miranda, que le enseñó a jurar en vano y Mondéjar, el marqués mallorquín, un franquista puro y duro que le compraba los trajes cuando no tenía dinero. Y sobre todos ellos, inmisericorde, volaba la sombra del conde de Barcelona presto a dar su opinión sobre lo que fuera con tal de no sentirse postergado por su propio hijo.

Mi madre escuchaba, según comentó Alfonso más tarde, con la cara de un explorador que descubre nuevos horizontes.

—Don Juan Carlos necesitaba desesperadamente —continué diciendo— tener por fin a su lado a un hombre de su generación, un hombre al que no le pareciera natural doblar continuamente el espinazo antes de dirigirle la palabra, alguien con quien pudiese reírse, entusiasmarse por cualquier locura y, si se presentara la ocasión, irse con él de picos pardos.

—Esos dos —dijo María Antonia rompiendo su ceñudo silencio—, se entienden como dos quinquis planeando desvalijar un banco.

Mi madre tiró encima de la mesa su paquete de cigarrillos vacío y pidió con un gesto que alguien le alcanzara uno nuevo. Acabaron las informaciones mientras mi madre encendía un nuevo cigarrillo. Volvieron a sonar los acordes de la Marcha Real, flameó la bandera y mi madre guardó silencio mientras se desvanecía la figura del Rey.

Tardó un momento en preguntarme:

—¿Tú crees que de verdad podemos confiar en ese chico?

—Tú, la verdad, no lo sé, mamá. Yo sí. Yo confiaré en él porque hasta ahora ha cumplido todos sus pactos.

—¿Qué pactos?

—Para empezar los que tenía acordados con su padre. «O la monarquía viene de la mano de Franco o no viene. ¿Estás de acuerdo, papá?» «Lo estoy, hijo, así que si se le ocurre nombrarte sucesor a título de rey, tú acepta; acepta sin dudarlo.» A partir de entonces el Príncipe no se apartó ni un paso de lo convenido con su padre, no fuera que a Franco se le ocurriera nombrar en su lugar al zascandil de Alfonsito Borbón. Al menor error cometido, la Corona podía acabar en manos del Dampierre, arropado financieramente por Mariano Calviño y políticamente por los azules del régimen. ¿Te imaginas, mamá, a Dampierre sentado en el trono rodeado de toda la familia imperial gallega, como Napoleón Bonaparte en el *Sacré* de Notre Dame?

Mi madre levantó los ojos al cielo.

—Don Juan, entre tú y yo, mamá, no daba la talla. Es un hombre entrañable pero errático. Un día se ofrecía voluntario para ir a luchar junto a los nacionales y al día siguiente se proclamaba el rey de los rojos. Con Franco —y eso el general no debió de apreciarlo mucho— se comportó servilmente, ofreciéndole el Toisón y mandándole telegramas de felicitación durante la guerra cada vez que tomaba una ciudad española después de haberla machacado a conciencia. Todo eso para acabar del lado de Stalin cuando los acuerdos de Potsdam.

—Bueno, visto así…

—Es que no hay otra manera de verlo, mamá.

María Antonia, mi hermana, tiró la servilleta encima de la mesa y salió de la habitación sin decir palabra. Como muchas solteronas de su clase, estaba enamorada de don Juan.

—¿Y a ella cómo la ves? —preguntó mi madre sin hacer el menor caso de la espantada de mi hermana.

—¿A quién? ¿A la Reina? Apenas la he visto un par de veces en París. Es una alemana un poco brusca. La directora de un museo al que acude doña Sofía con regularidad cuenta que la Reina se queda a veces embobada delante de cuadros que no valen la pena. Yo creo que le han dicho que a ella le toca ser la intelectual de la familia y la pobre se esfuerza muchísimo en comportarse como tal. Yo prefiero la actitud del Rey, que se aburre abiertamente en los conciertos y que hace esfuerzos sobrehumanos para no quedarse dormido cuando tiene que aguantar durante horas a una coral venida de Gargajo del Obispo para cantarle motetes del siglo XIV que no se acaban nunca.

—Pobre chico… —murmuró mi madre, enternecida.

—Los que sí me gustaron mucho fueron los padres de doña Sofía. Los condes de París nos invitaron a Pip y a mí a un almuerzo en el Hotel Meurice en honor del rey Pablo y de doña Federica. Un curioso almuerzo en el que sólo éramos seis en la mesa. Los griegos, los París, Pip y yo.

—Qué extraño, ¿verdad?

—Bueno, la condesa de París echaba mano de nosotros cada vez que le hacíamos falta. Aquel día los reyes griegos querían ir al Marché aux Puces y la París pensó que nosotros éramos idóneos para aquella excursión.

El ojo derecho de mi madre brilló canallesco cuando me preguntó bajando la voz:

—La París y tú tuvisteis un lío, ¿verdad?

—¡Mamá, por Dios! —murmuró Alfonso, rebulléndole molesto en su asiento.

—Yo, a la condesa de París, y por encargo tuyo, mamá, le he servido de paño de lágrimas en varias ocasiones desde que volvieron de su exilio marroquí. Una mañana, por darte un ejemplo, me llamó llorando por teléfono para decirme que tenía que verme con toda urgencia, que se trataba de un asunto muy serio y que contaba conmigo. Nos citamos a la hora de almorzar en el Voltaire, un *bistrot* justo al lado de donde vivía Georges de Cuevas, en el quai de Bethune. Llegué un cuarto de hora antes de lo convenido y allí estaba ya Madame llorando a lágrima viva detrás de un gran pañuelo blanco. Me di cuenta enseguida de que el Voltaire estaba aquel día lleno de gente conocida y que no nos iban a quitar el ojo de encima. Traté de calmar a Madame lo mejor que pude y le pregunté en qué podía ayudarla. Su historia era de lo más banal. Había encontrado en el bolsillo de una de las chaquetas de su marido la carta de una señora escocesa que le anunciaba al conde su intención de romper con él tras siete años de tempestuosa y poco gratificante relación. «¡Te das cuenta, José Luis! —hipaba Madame entre sollozo y sollozo—. ¡Siete, siete años lleva engañándome el muy sinvergüenza con esa mujer!» Cuando tras tomar una copa de jerez y una taza de consomé la condesa se hubo calmado un poco, le pregunté: «¿Y ahora?, ¿qué piensa hacer, señora? Porque tal como me lo está planteando esto sólo se soluciona con un divorcio». Me miró indignada. «¡Un divorcio! Si sólo tuviera seis o siete hijos, ¡claro que pediría el divorcio! ¡Pero tengo doce! ¡Doce, José Luis! ¿Cómo les voy a contar a cada uno de ellos lo que me está haciendo su padre? ¡Doce veces la misma historia! ¡No me veo con fuerzas, José Luis!» Y rompió a llorar de nuevo desconsoladamente.

—Bueno, ¿y al final qué pasó?

—Nada. Creo que el conde y la señora escocesa hicieron las paces y, como dicen los franceses, *«tout rentra dans l'ordre»*.

—Dios mío, qué gente… —suspiró mi madre.

—Gente muy civilizada, mamá. Como la que a ti te gusta —dijo María Antonia con toda la mala uva de la que era capaz.

Alfonso y yo nos servimos dos copas de coñac más mientras que mi madre y Syliane se impacientaban por saber cómo acababa la historia de los reyes griegos.

—Inmediatamente después de almorzar —les expliqué encendiendo el puro que me había tendido mi hermano— nos dirigimos en dos coches al Marché aux Puces. En el primero, además del chófer iban dos policías con sendas metralletas reposando en las rodillas y en el segundo, una limusina negra prestada por el Elíseo que parecía un transatlántico, el rey Pablo —un hombre inmenso—, la reina Federica, los París, Pip y yo. Sabiendo el frío que podía hacer a principios de invierno en el Marché, donde siempre corría un viento que cortaba como un cuchillo, me había puesto un espeso abrigo azul oscuro con un gran cuello de astracán. Un abrigo muy aparatoso que sólo me pongo en contadas ocasiones y que no pasó inadvertido a los ojos del rey Pablo. Cuando la condesa de París bajó del coche y empezó a preocuparse por la escasa escolta policial que protegía nuestra comitiva —es lógico que cuando se sale a pasear con un rey y una reina en ejercicio se piense en la posibilidad de un atentado—, el rey Pablo le quitó importancia al asunto diciendo: «No te preocupes, Isabel. Que vuestro amigo José Luis camine unos metros delante de nosotros y si alguien pretende matar al rey de Grecia, lo más probable es que se fije en su estupendo abrigo. Así, mientras que el asesino se equivoca de presa, nosotros tendremos tiempo de ponernos a salvo». A todo el mundo le hizo mucha gracia el humor del monarca heleno. A mí un poco menos, porque puestos a pensarlo, el rey Pablo tenía razón. Mi abrigo era el señuelo ideal para un loco con un arma en la mano.

—¿Pasaste mucho miedo? —quiso saber mi madre.

—Pues la verdad es que sí. Porque tenía razón el griego. A los ojos de un vulgar asesino el que iba de rey era yo.

—¿Y qué hiciste?

—Pues caminar delante del grupo tras preguntarle a doña Federica si había algo en especial que les interesara en el Marché. «Jades —me contestó—. A mi marido le apasionan los jades.»

Querían jades. Al rey Pablo le gustaban los veleros de jade. Yo conocía un lugar regentado por un turco donde había visto algunos jades espléndidos. Y allá fuimos. Llegados al local donde se exponían los jades, vimos uno que al rey Pablo le gustó mucho. Un velero con las velas desplegadas de un jade entre sonrosado y transparente. La reina Federica me pidió entonces que entrara en la tienda para negociar el precio, que debía de ser exorbitante. Soy un mal negociador. Prefiero perder dinero a tener que discutir con un individuo que pretende robarme. Pero hice lo que pude. El jade era de una gran calidad y no me pareció excesivamente caro. Traté de rebajar el precio pero el turco, con los ojos fijos en el cuello de astracán de mi abrigo, se negó en redondo a negociar. Sin embargo me permitió que les enseñara de cerca el velero a mis acompañantes. El rey Pablo lo alzó por encima de su cabeza para mirarlo al trasluz. No tenía defecto alguno. Convinimos todos que era una pieza espléndida. Cuando le comuniqué el precio al monarca anunciándole al mismo tiempo que no había rebaja posible, se quedó callado unos instantes y luego le dijo en voz baja a la reina: «*We can't afford it, darling*».

Y como la reina no reaccionó de inmediato, le repitió en francés: «*Ce n'est pas dans nos moyens*».

Doña Federica debía de conocer bien a su marido porque me entregó el velero sin decir palabra. Así que fui a devolver el jade a su propietario abrigando la esperanza de que en el último momento me consintiera una rebaja. No lo hizo. Es más, me miró con cierto desprecio. «Tanto abrigo, tanto astracán —debió de pensar— y no tienen ni para...»

A mí aquellos reyes griegos me cayeron muy bien. Siempre he preferido los reyes pobres —los hay— a los reyes ricos.

En un bloc, colocado junto al único teléfono que había en aquella enorme casa, mi hermano Alfonso había apuntado los nombres y los teléfonos de todos los que me habían llamado el día anterior. Me puse, pues, en contacto con todos ellos.

Madame Rimbaud, la directora de Relaciones Públicas del principado de Mónaco, me confirmó que la princesa Grace me recibiría en París el día 6 del mes siguiente. Herr Springer, desde Hamburgo, me repitió una vez más: «Quiero saberlo todo sobre España y los españoles, sobre el Rey y la Reina, la familia Picasso y los Dominguín, quiero saber quién es el señor Suárez, de dónde sale y adónde va, quiero conocer la opinión de los militares acerca de la democracia y quiero una entrevista de Carrillo, esté donde esté y otra del chico ese de los pelos largos que ahora manda en el Partido Socialista, quiero…». Le dejé gritar durante un rato en el teléfono mientras calculaba los beneficios que me supondrían todos aquellos encargos. André Bernheim, mi querido Renard Argenté, estuvo más comedido. «Es una pena —me dijo— que te hayas ido a España justo en este momento. Gilbert Bécaud quiere producir en la segunda cadena de televisión uno de los cuentos de *L'heure dangereuse du petit matin*. El de los dos enamorados de Ávila. La música será de Gilbert, pero el guión lo tienes que escribir tú. El *préfet* Amade se ha ofrecido a colaborar contigo.» Me divirtió la idea de escribir un guión de cine con el prefecto de París, autor de casi todas las letras de las canciones de Bécaud. «La segunda cadena —continuó diciéndome André— está de acuerdo en que viajes a Jaipur para entrevistar a la maharaní que está dispuesta a largar sapos y culebras contra la Gandhi. También quieren que vayas a Túnez para hablar con Burguiba. Ya me he enterado de lo de la princesa Grace. Te felicito, porque no suele conceder entrevistas. Ah, me ha llamado Paul Flamand, tu editor, para saber cuándo piensas poner la palabra fin a tu último libro. Por cierto, me ha dicho que *Gold Gotha*, traducido a nueve idiomas, lleva ya vendidos casi un millón de ejemplares. En fin, *cher* José, vuelve cuanto antes.»

Por fin pude hablar con Antonio Asensio. Estuvo amable y conciso.

—Estoy en mi despacho con Pepe Ilario. A los dos nos gustaría mucho verte. ¿Por qué no vienes, hablamos y después nos vamos a comer por ahí?

Quedé con él en su oficina a la una y media de la tarde de aquel mismo día.

Asensio. Me interesaba mucho volver a verle. Nuestro primer encuentro en París a las pocas semanas de haber muerto Franco había sido lo suficientemente interesante como para llenar de notas y apuntes una de las libretas negras de mi abuela.

Todo había comenzado de una manera estrafalaria. Una mañana vino a verme a mi casa, sin previo aviso, un tal Ángel Montoto, un muchacho de no más de treinta años vestido con tejanos y camisa vaquera, una indumentaria que en París resultaba todavía bastante inhabitual. El tal Montoto llevaba una espesa capa de rimmel en las pestañas del ojo izquierdo y un pendiente dorado en una de las orejas. Se presentó como periodista independiente. Más tarde pude comprobar que lo era realmente y además de los buenos. También pude comprobar —no fui el único— que estaba loco. Loco como una cabra. En cierta ocasión le pidieron un reportaje sobre el manicomio de Sant Boi, una lúgubre institución sita al otro lado del río Llobregat, muy cerca de Casa Falguera. Como resultaba difícil conseguir permiso para que le dejaran pasar unos días en el interior del manicomio, Montoto, de acuerdo con su mujer y un médico amigo, se hizo ingresar en el psiquiátrico para que le pusieran bajo observación, ya que decía padecer fuertes jaquecas que le hacían perder la memoria. Al cabo de una semana y tras haber hecho llegar a la redacción del periódico una serie de fotografías espeluznantes, Montoto pretendió marcharse del manicomio tal y como había venido. Dos enfermeros lo detuvieron en el momento en que cruzaba el portalón de salida y como se puso violento lo encerraron en una celda debidamente acolchada. Su mujer, que lo esperaba de vuelta en casa aquella noche, al no verle llegar alertó a unos amigos que la acompañaron hasta Sant Boi. Allí el director del manicomio fue tajante. «El señor Montoto no está en condiciones de salir libremente de aquí porque, siento tener que decirle, señora, que el estado de su marido es bastante preocupante.» «¿Me está usted diciendo que mi marido está loco», preguntó la mujer, indignada. «Señora, aquí no usamos nunca esa palabra. Pero ya que me lo pregunta le diré que el señor Montoto no está en condiciones de andar suelto por la calle.» Costó Dios y ayuda, además de la intervención de gentes importantes, sacar a Montoto del manicomio de Sant Boi.

El motivo de su visita a mi casa aquella mañana fue expuesto en muy pocas palabras.

—Un amigo mío quiere conocerle —me dijo.

—¿De quién se trata?

—No creo que haya oído nunca su nombre. ¿Antonio Asensio le dice algo?

—Absolutamente nada. ¿Quién es?

—Hasta ahora sólo un chico listo que se ganaba la vida haciendo a veces de camarero en Los Tres Molinos, otras de chófer para turistas y a veces también de correveidile de quien le quisiera emplear. Pero dentro de poco —dos o tres años a lo sumo— será uno de los grandes de la prensa española.

Le ofrecí un café a mi visitante, que prefirió un whisky con agua y sin hielo.

—Y dígame —le pregunté—, ¿cómo se pasa de la condición de camarero a la de émulo de lord Beaverbrook?

Montoto paladeó su whisky y me explicó:

—Antonio heredó últimamente de su padre una pequeña imprenta que quiso vender para conseguir un poco de liquidez. Pero nuestro común amigo Pepe Ilario, un genio, le convenció de que la utilizara para sacar a la calle un periódico.

—¿Con qué dinero, si no vendía la imprenta?

—Ilario consiguió un préstamo, muy caro, que había que devolver antes de los tres meses. En esta clase de negocios Ilario es un hombre muy valiente. Pero tampoco hacía falta tanto dinero porque, por ahora, el periódico sólo consiste en una sola hoja de papel que se vende doblada en cuatro y que sólo se puede abrir una vez hecha su adquisición.

—Ya... ¿Y cómo se llama ese periódico?

—Cambia de nombre cada dos o tres días porque, aunque ya estemos en democracia, sigue existiendo todavía una cierta censura en cuestiones de moralidad. Usted ya sabe cuál es la situación en España desde que se acabó el franquismo. Un tira y afloja al que hay que saber amoldarse, aunque ahora ya se pueden ver mujeres desnudas en los escenarios de los cabarés y en las revistas. —Montoto se sirvió él mismo un dedo más de whisky y añadió—: La gente anda loca tras todo lo que estuvo prohibido durante tantos años.

—¿Qué clase de noticias publica ese diario?

—Bueno, ya se lo he dicho, no es exactamente un diario, sino más bien una especie de folleto confidencial. Usted que es un hombre civilizado después de tantos años en París...

—Al grano, señor Montoto.

El periodista acabó de un trago su whisky y depositó el vaso vacío en la mesa más cercana.

—La hoja doblada en cuatro de mi amigo Asensio publica pequeños anuncios de este tenor. «Señora con perro danés busca contacto con negro bien constituido», o bien «Matrimonio desavenido quisiera conocer joven sádico bien educado».

Me puse en pie.

—Gracias por haber venido, señor Montoto.

Mi visitante se quedó sentado.

—Déjeme acabar de explicarle —me pidió—. Con esa página confidencial Asensio ya ha hecho el suficiente dinero para devolver el préstamo de Ilario y para poner en marcha un proyecto que le convertirá en alguien que dará mucho que hablar.

Siempre he sido víctima de mi curiosidad y pocas veces he tenido que arrepentirme de haber cedido a ella.

—¿De qué se trata exactamente?

—Antonio se lo explicará. Para eso quiere verle. Sólo estará en París un par de días más.

—Bien. Que venga a verme.

Montoto pareció sobresaltarse.

—¿Aquí? ¿A su casa? No me parece una buena idea.

—Bueno, pues entonces en el bar del Ritz, en la rue Cambon.

Montoto se puso a reír quedamente como si hubiese oído una tontería.

—No, no. En el bar del Ritz tampoco. Tiene que ser en algún sitio donde a usted no le conozca nadie.

Estuve a punto de echarme atrás y pedirle de nuevo que se marchara. Montoto se dio cuenta y me propuso:

—Lo mejor será que nos encontremos en un bar del Quartier Latin que nosotros solemos frecuentar.

Me escribió el nombre y la dirección del bar en una hoja que arrancó de su agenda.

—Esta tarde a las siete. ¿Le parece bien?

—Allí estaré.

Montoto me estrechó la mano y me guiñó el ojo en el que se había corrido el rimmel.

Daban las siete de la tarde en la iglesia de Saint-Germain cuando entré en el Picpus, un bar pequeñito del boulevard Saint-Michel en el que enseguida oí hablar en español. Montoto ocupaba con sus amigos una mesa debajo de un póster de la última película de Trintignant. Los tres hombres se pusieron en pie. Uno de ellos era tan alto como yo, pero mucho más fornido. Me tendió la mano diciendo:

—Soy Antonio Asensio.

Enseguida comprendí por qué Montoto se había reído cuando le propuse que nos encontráramos en el bar del Ritz, donde lo más probable es que no les hubieran ni dejado entrar. Me quedé unos segundos sin habla. Tuve que reconocer ante todo que Asensio era un hombre guapo, de facciones regulares y dos ojos inmensos y aterciopelados que hubieran llamado la atención incluso en el rostro de una mujer. Pero... pero aquel hombre me había cortado el aliento porque vestía un traje de color verde chillón surcado de grandes rayas blancas y llevaba una camisa amarilla con cuello a la Danton sin abotonar casi hasta la cintura. Sobre el ancho pecho enmarañado de vello negro se entrechocaban varias cadenas de oro, unas más gruesas y pesadas que otras. El hombre también llevaba oro, mucho oro en los dedos de ambas manos y alrededor de la muñeca derecha. También llevaba oro en los bolsillos, porque el encendedor con el que me dio fuego en repetidas ocasiones era de oro macizo. Para rematar el desastre, aquel hombre llevaba los pies desnudos en unas sandalias de cuero trenzado. Casi me chocó que los llevara tan limpios.

—Hace mucho tiempo que quería conocerte —me dijo al tiempo que sonreía mostrando unos dientes blanquísimos—. No puedo decirte que haya leído tus libros porque no hablo francés. Pero me han traducido algunas de tus entrevistas y quiero que trabajes para nosotros.

—¿Y quiénes somos nosotros? —le pregunté.

Hizo un gesto vago en el aire con la mano cargada de anillos.

—Por el momento somos muy pocos, Pepe Ilario que se ha tenido que quedar en Barcelona, Montoto, yo y unos pocos más.

Tenía una bonita voz que controlaba como la de un actor y un acento catalán que dulcificaba las palabras castellanas demasiado rudas. Estaba bebiendo cerveza y tenía espuma alrededor de los labios. Aunque me hubiese dejado matar antes de ser visto en público con él, aquel tipo me gustó.

—¿Le has hablado ya al señor Vilallonga de *Interviú*? —le preguntó a Montoto.

—No, todavía no. Háblale tú.

—Mejor será que lo haga yo —intervino el tercer hombre presentándose a sí mismo.

Pasados los años no recuerdo el nombre de aquel individuo, que resultó ser una especie de consejero en relaciones públicas.

—Yo soy —especificó— el que impide que estos bestias vayan a veces demasiado lejos.

La explicación provocó un acceso de risa general.

Interviú resultó ser durante muchos años el buque insignia del grupo de prensa que montó Asensio, el cual se convirtió en poco tiempo, tal como lo había predicho Montoto, en uno de los zares de los medios de comunicación. Aunque después todo el mundo lo negara, *Interviú* había sido un invento de Pepe Ilario cuyo gran defecto era el de aburrirse cuando un negocio funcionaba bien. Una revista que mezclaba con genialidad la nueva política española, el destape integral y la noticia bomba de última hora. Una revista ilustrada con inmenso talento por César Lucas y los rostros —o los culos— más conocidos del séptimo arte internacional.

—Políticamente, ¿qué sois?

Fue Asensio quien contestó:

—Yo soy de los que siempre estarán al lado de los que manden. Como el Rey cuando aún no lo era. Ése sí que supo siempre dónde estaba el verdadero poder. Por lo tanto soy monárquico y demócrata.

—Es decir, un antiguo franquista.

Asensio me miró como si le extrañara oír en mi boca tal afirmación.

—Yo, en la época del franquismo —me contestó— estaba demasiado ocupado en no morirme de hambre para ser otra cosa.

Y volvió a repetir que quería que yo trabajase para ellos.

—¿De qué manera?

—Escribiendo crónicas, artículos, reportajes y entrevistas.

Bebió unos sorbos de cerveza y lamiéndose los labios con la lengua, me dijo:

—He oído decir que dentro de poco te irás a Mónaco para entrevistar a la princesa Gracia.

Nunca la había oído nombrar así. Me pareció que hablaba de alguien que yo no conocía.

—¿Cómo sabes tú eso?

—Lo he oído. Yo oigo muchas cosas, ¿sabes? En realidad lo oigo casi todo. Esa entrevista la quiero para mí.

—Esa entrevista la tengo apalabrada con Axel Springer, de Springer Verlag, de Hamburgo.

—Ponme en contacto con él y hablaremos.

No me pude imaginar a Axel Springer discutiendo mano a mano con aquel hombre vestido de verde en su elegante mansión de la isla de Sylt. Pero lo hicieron por teléfono y se entendieron.

—También he oído decir que has entrevistado, aquí en París, a Santiago Carrillo. Esa entrevista también la quiero para mí.

—Esa entrevista pertenece ya al *Playboy* francés.

Asensio no ocultó una súbita impaciencia.

—¿Quién es tu agente aquí en Francia? —me preguntó.

—André Bernheim. Un hombre duro para quien los francos cuentan mucho.

—Yo le diré a tu agente que nosotros te pagaríamos mejor que cualquier publicación francesa.

Empecé a sentirme molesto ante tanta insistencia.

—No todo es cuestión de dinero, Antonio.

Me miró casi con lástima.

—Todo es cuestión de dinero, José Luis.

Y tras un leve titubeo añadió:

—Lo bueno del dinero es que no tiene ideas.

Me quedé estupefacto. No podía creer que Asensio leyera a Sartre. Preferí pensar que la flauta había sonado por casualidad.

Almorzamos todos juntos en un *bistrot* vecino frecuentado por estudiantes que se interpelaban a gritos de mesa a mesa. Nos instalamos ante una de ellas en el fondo del local. Pedí ancas de rana de primer plato y me di cuenta de que Asensio prestaba una gran atención a cómo usaba yo los cubiertos adecuados. Empezó anudándose la servilleta alrededor del cuello pero se la quitó enseguida al ver que yo dejaba la mía sobre las rodillas. También renunció a escarbarse los dientes con un mondadientes al rechazar yo el palillero que me ofrecía. Era un hombre muy observador y aprendía deprisa. Aquella noche, me dijo, pensaba ir al Olympia donde cantaba Montand. Tenía las entradas desde hacía más de un mes. Me preguntó como quien no quiere la cosa si en París la gente se ponía de tiros largos para ir al teatro. Le contesté que se recomendaba llevar corbata, además de calcetines y zapatos. Se sonrojó sin decir nada.

Durante aquel almuerzo Asensio insistió repetidas veces en que quería que yo trabajase para él. No podría ser, le expliqué, antes de cierto tiempo ya que por el momento me quedaba mucho por hacer en París.

—Estás a punto de sacar un libro, ¿verdad?

—A punto no, pero estoy en ello. Además tengo un papel importante en una comedia de Henri Garcin, *Du coté de Glennariff*, que se estrenará próximamente en el Théatre des Mathurins. Si la obra funciona puede retenerme en París un par de años. Así que, como verás, trabajar para ti en Barcelona no va a ser fácil.

Asensio insistió mucho en que no sería necesario que yo estuviese físicamente en Barcelona. Que residiera en París, afirmó, podría sernos muy beneficioso a los dos. Así, sin concretar nada, llegamos a los postres. Trufas heladas con chantilly y grandes copas de coñac. Asensio me ofreció un puro de los que no se encuentran fácilmente en cualquier estanco. Un Flor de Juan López originario de las tierras cubanas de Vuelta Abajo. Mientras fumábamos, Asensio volvió a insistir a propósito de mis entrevistas con gente famosa. Con un buen puro en la mano siempre es fácil ablandarme el corazón. Le di los teléfonos de herr Prinz, el director de *Jasmin*, y el de André Bernheim que, a mi entender, se lo comerían vivo. Nos despedimos los dos con grandes abrazos y palmadas en la espalda en la acera del boulevard Saint-Michel. Montoto se vino andando conmigo hasta el Café de Flore donde me había citado con un amigo.

—¿Qué te ha parecido Antonio? —me preguntó.

—Un hombre que aprende deprisa porque sabe mirar.

—Ya... pero habrá que pulirlo mucho.

«Y a ti también», pensé.

Con el mismo empeño que Antonio, Montoto me preguntó:

—¿Vas a querer trabajar para nosotros?

Se estaban poniendo todos muy pesados.

—No lo sé. Por ahora tengo mucho que hacer en París. Además estoy recién casado con una mujer maravillosa que se merece que le dedique todo mi tiempo.

Nos despedimos delante del Flore haciéndonos mutuamente falsas promesas.

El Antonio Asensio que me recibió en su despacho de Barcelona tenía ya muy poco que ver con el que conocí en el Picpus del boulevard Saint-Michel. El de ahora llevaba corbata, zapatos bien lustrados y un traje de franela gris de lo más discreto. Pero lo que más me chocó fue la casi total desaparición de todo el oro que llevaba encima cuando nos conocimos. Solo quedaba a la vista una pesada sortija de sello con sus iniciales entrelazadas que quizá con el tiempo también lograríamos que desapareciera. Pepe Ilario —¿por qué siempre me hacía pensar en una ardilla recién escapada del bosque?— tomaba nota de mi sorpresa con una vaga y burlona sonrisa. Antonio nos ofreció unos whiskies que nos fueron servidos por Nuria, su secretaria particular, una joven que parecía recién salida de las páginas de *Elle* o de *Marie-Claire*. Una mujer que contó mucho en la vida profesional de Antonio.

Por cierto que la última vez que vi a Nuria, poco antes de la muerte de Asensio, ocurrió algo muy curioso que me interesa recordar aquí porque, a mi entender, es una prueba fehaciente de que, pese a su gran poder mediático y a su dinero, Antonio Asensio fue hasta el final de su vida un hombre poco seguro de sí mismo, que necesitaba poner permanentemente en escena su propia vida para convencerse de lo mucho que representaba a los ojos del público.

Fui a verle una mañana sin previo aviso a su despacho de Madrid sin estar muy seguro de que me recibiera. Pero tras un breve diálogo telefónico con su patrón, Nuria me hizo penetrar en el *sancta sanctórum* del presidente del Grupo Zeta, una enorme habitación inmersa en un desorden muy estudiado. El encuentro fue tal como me lo esperaba. Grandes abrazos, palmetazos en la espalda y raudales de cordialidad. Hacía por lo menos tres o cuatro años que no nos veíamos, pero los dos convinimos en que estábamos espléndidos y que los años corrían sin fijarse en nosotros. No era del todo cierto. Antonio estaba sensiblemente más gordo que en París y yo bastante más sordo cuando me convenía no contestar a ciertas preguntas. Tuve que beber una tras otra dos tazas de un café fuertísimo que me sentó como un tiro durante el resto del día y me vi obligado a encender —¡a las once de la mañana!— uno de esos Juan López cortos y gordos que apenas te caben en la boca. Se los mandaba Fidel por valija diplomática a cambio de un par de docenas de *Interviú* todas las semanas.

Nos sentamos el uno frente al otro a cada lado de la inmensa mesa cubierta de papeles, periódicos y revistas del Grupo.

—¿Qué te trae por aquí, José Luis? ¿Qué puedo hacer por ti?

—Nada. Solo quería verte unos momentos para ver cómo estabas después de tanto tiempo.

—Pues ya ves. Contento pero jodido. A decir verdad, más jodido que contento. No me perdonan que las cosas me vayan bien y que gane dinero. No me perdonan sobre todo que les dé miedo. Tengo continuamente pegado a mis talones al Miguel Ángel Rodríguez ese de los cojones, que por más increíble que te parezca, es la voz cantante del Gobierno. Me amenaza con meterme en la cárcel acusado de corrupción y de Dios sabe cuántos delitos más...

—Perro que ladra no muerde, Antonio. A mí tampoco me gusta el hombrecillo. Hace poco estuve con Luis del Olmo y su equipo en la Moncloa participando en una emisión de radio en la que se entrevistaba a la señora Botella. El tal Rodríguez me recibió a la puerta del palacio recalcando enseguida que eran muy pocos los periodistas a quienes se les hacía el honor de admitirlos en el interior del hogar presidencial. «Si le interesa —me dijo—, arreglaré una visita cuando acabe la emisión.» Le di las gracias explicándole que yo ya había acudido varias veces a la Moncloa, unas para entrevistar a Felipe González y otras para cenar en la Bodeguilla con nuestros amigos comunes. Al Rodríguez no le hizo ninguna gracia la información y apenas si volvió a dirigirme la palabra durante el resto de la mañana.

—Clásico, ¿no te parece?, de esta clase de personajillos que aparecen, brillan fugazmente, estallan y desaparecen para siempre como las burbujas de jabón.

Estábamos desde hacía un rato hablando Antonio y yo de esto y de lo otro cuando sonó el teléfono. Antonio descolgó el aparato al tiempo que pulsaba un botón que amplificó la voz de Nuria.

—Don Antonio —la oí decir—, llama otra vez el ministro.

—¿Cuál?

—El mismo de antes. El de Justicia.

Antonio alzó los ojos al cielo. Unos ojos aterciopelados con largas pestañas de mujer.

—¡Dios mío! —gimió—. Pero ¿no me dejará nunca en paz esa gente?

Y con voz cansada le ordenó a Nuria que le dijera al ministro que no se podía poner al aparato por estar reunido. No había pasado todavía medio minuto cuando volvió a sonar el teléfono.

—Don Antonio…

—¡No me digas que es otra vez el jodido ministro!

—Sí, pero esta vez es el de Interior. ¿Qué le digo?

—¡Que no estoy! —gritó Antonio fuera de sí—. ¡Ni hoy, ni mañana, ni nunca!

—¡Don Antonio, es que el ministro dice que se trata de algo muy urgente!

—¡Pues dile que me he muerto! ¡Y no me vuelvas a molestar mientras esté con el señor de Vilallonga!

Vista la tensión reinante, me levanté a los pocos minutos para despedirme. Nuevos abrazos y nuevos y peligrosos golpes en las cercanías de las cervicales. Con un brazo alrededor de mis hombros, Asensio me acompañó hasta la puerta de su despacho mientras me iba diciendo: «No, a Montoto hace siglos que no le veo… a Ilario tampoco… Ya casi nadie viene a verme… La gente tiene miedo a ser vista conmigo… Nadie se quiere comprometer… El mundo es muy cobarde, José Luis… Pero tú sí eres un verdadero amigo… Por cierto, me ha gustado mucho tu último libro… Tendrías que venir a publicar con nosotros. Ya sabes que aquí siempre serás bienvenido». Etcétera, etcétera.

En la puerta del despacho y tras un último abrazo nos besamos en ambas mejillas como hacen ahora los hombres en España imitando a los árabes y a los maricones.

Cuando pasé ante la mesa del despacho de Nuria me detuve para decirle:

—Muy bonito, Nuria, el numerito de los ministros. Casi me lo he creído.

A la secretaria de Asensio se le encendieron las orejas.

—No entiendo a qué se refiere…

—Pues a eso, que me ha parecido un montaje muy convincente, un montaje digno de Boadella. Pero habéis cometido un error. El ministro del Interior está ingresado desde hace tres días en la UVI de la Paz a la espera, según dicen, de que le extirpen el bazo.

No era verdad pero a Nuria casi le dio un pasmo.

No volví a ver nunca más al pobre Asensio, aquel hombre que conocí en París vestido de verde y al que enterraron debidamente ataviado de azul oscuro.

Según me dijeron enseguida, *Interviú* marchaba viento en popa. Publicaba grandes entrevistas de antiguos franquistas reconvertidos en hombres «*à tout faire*» de Adolfo Suárez, editoriales denunciando el turbulento pasado de los que no supieron cambiar de chaqueta a tiempo, artículos de investigación y crónicas con las grandes firmas del momento. Quedaba el asunto de las mujeres desnudas que por lo visto a Ilario le parecía superfluo.

Asensio se puso súbitamente de mal humor.

—¿Tú crees —le preguntó— que los que hasta ahora compraban el *Playboy* americano o el francés lo hacían para leer una entrevista de Kissinger o de Malraux? Lo compraban para mirar a las mujeres desnudas.

—De acuerdo —admitió Ilario—, pero no me vas a comparar a las estupendas señoras de los americanos y de los franceses con las chachas que les enseñamos aquí. Dentro de poco, si no nos frenamos publicaremos las intimidades de Susana Estrada.

Continuaron discutiendo en estos términos unos minutos más. Era evidente que a Pepe Ilario la buena marcha de *Interviú* empezaba a aburrirle.

—¿Así que a lo mejor te instalas aquí? —me preguntó Antonio para cambiar de conversación.

Tomé mi tiempo antes de desengañarle.

—¿Instalarme aquí? No, no creo. Yo, en París. Los que volvían de Marbella me hablaban de lo mucho que había cambiado España. Sí, ha cambiado, qué duda cabe, pero no lo suficiente como para que yo me venga a vivir aquí. Saldrán mujeres desnudas en las revistas, pero la sociedad sigue siendo la misma, remolona, hipócrita y cobarde. Ayer estuve tomando unas copas con mi mujer en ese antro en el que al parecer se reúne lo más granado de eso que llamáis aquí la *gauche divine*. Era patético oír hablar a aquellas gentes.

—¿Quién os llevó allí?

—Un amigo. Me llevó como quien lleva a un niño al circo. Nos explicó que todas aquellas gentes (escritores, poetas, cineastas, actores) llevaban años quejándose: «Ah, si no fuera por la maldita censura»; «Ah, si yo pudiera escribir lo que de verdad pienso»; «Si yo pudiera filmar lo que llevo dentro de la cabeza»; «Si yo pudiera expresarme con toda libertad...». Pues ahora ya no hay censura y ahora pueden decir lo que les venga en gana. ¿Y qué ocurre? Pues que no dicen nada porque nunca han tenido nada que decir. La libertad no es lo que creían. Ahora esa libertad, conquistada por otros, los asusta, los acojona, como si estuvieran delante de un espejo que reflejara sus caras ocultas. Así que, en esas condiciones la libertad para qué, si se convertía en una carga.

—Pues para que nosotros —gritó Asensio golpeando con el puño la mesa de su despacho— pongamos en vilo a la gente con nuestros periódicos, nuestras revistas, nuestras radios y…

—Nuestras chachas en pelota picada —concluyó Ilario con aire apesadumbrado.

Antonio hizo el gesto de tirarle su vaso de whisky a la cabeza. La segunda copa que nos sirvió Nuria, con menos agua y menos hielo, distendió considerablemente la atmósfera. Asensio remachó el clavo.

—¡Todo está aún por hacer! ¿No os parece eso maravilloso? ¡Hay que despertar a la gente y ésa es nuestra tarea, José Luis!

Se puso en pie y remedando al ciudadano Kane de Orson Welles, casi me ordenó:

—Vuélvete a París y mándame desde allí una crónica semanal sobre lo que tú quieras: política, arte, cine, ¡lo que tú quieras! Busca un título sugerente y déjate ir como en las crónicas mundanas que escribes para el *Vogue* americano.

Un ligero titubeo y añadió:

—No me importa lo que escribas, ni cómo lo escribas. Lo que me importa es que tu nombre esté en mi revista. José Luis de Vilallonga, nuestro corresponsal en París.

«Eso te va a costar dinero —pensé—. Siempre y cuando André Bernheim me permita escribir para vosotros.» Como si me hubiese oído pensar en voz alta, Antonio, sin especificar cifras, me dijo:

—Te pagaré mejor que en *Paris-Match*, si es que allí te pagan bien.

Me llevaron a almorzar al Vía Veneto, un elegante restaurante próximo a la plaza Francesc Macià, en el que tanto el *maître* como los camareros, comparados con los orondos y satisfechos clientes, parecían diplomáticos vieneses.

La pobre Syliane contaba con los dedos de la mano los días que faltaban para que emprendiéramos viaje de vuelta a París. Decidimos hacerlo vía Mónaco donde dejaríamos a Fabricio en casa de sus abuelos ya que lo más probable era que una vez realizada la entrevista a la princesa Grace tuviéramos que volar a Túnez, donde me esperarían Habib Burguiba y un equipo de la segunda cadena de la televisión francesa. Era evidente que durante nuestra estancia en Barcelona las cosas no habían ido bien entre mi madre y Syliane. Mi madre había envejecido mucho desde que se había quedado viuda. Su memoria se había anclado en el pasado y sólo se interesaba por gentes que el común de los mortales había arrinconado en el desván de los recuerdos.

Para mi madre el único personaje digno de memoria era don Alfonso XIII, en cuya corte había crecido. Para Syliane, una mujer joven nacida al sol de Argelia y recriada en Brasil hasta que su padre decidió afincarse en Mónaco, oír hablar a diario durante las comidas familiares de Alfonso XIII, de su hijo don Juan y ahora del Idiota —como mi madre seguía llamando en mi ausencia al recién estrenado Rey—, oyendo además un día tras otro las mismas historias y los mismo chismes, comprendo que podía llegar a ser exasperante.

—Además, en tu casa —se quejaba Syliane—, allí donde pongas la vista están ellos, vuestros amados Borbones. Ya sea en el comedor, en cualquiera de los salones y salitas, encima de los pianos, colgados de las paredes, en las repisas de las chimeneas, siempre cubiertos de medallas, cruces y bandas, como si no tuvieran piel propia. En cuanto a las historias que tu madre nos cuenta acerca de ellos, siempre son las mismas. Si por lo menos nos hablara de las queridas del abuelo, de las trompas del heredero o de las andanzas del nieto, hasta podría ser divertido. Pero no, todos son perfectos. Menos el Idiota, claro, que aún no ha tenido tiempo de soltarse el pelo.

Todo esto dicho en francés tenía resonancias menos brutales. Syliane tiró la colilla de su cigarrillo por la ventanilla del coche que nos llevaba una vez más de Sant Feliu a Barcelona o viceversa, y suspiró:

—Una semana más a este régimen y entro en depresión profunda.

Fue precisamente un par de días antes de que pusiéramos rumbo a Montecarlo cuando me tropecé en la puerta de la Librería Francesa del paseo de Gracia con Antonio de Senillosa.

—¡José Luis! —gritó a mis espaldas con aquel peculiar chillido de alegría con el que iba a saludarme cientos de veces en los años venideros.

Me volví y tardé unos segundos en colocar un nombre en el rostro de aquel señor pequeñito que me sonreía abriendo los brazos. Senillosa, claro, era Senillosa. En realidad apenas nos conocíamos. Acabada la guerra, cuando yo me aprestaba a cometer mi primer matrimonio, Senillosa sólo tenía doce años. Más tarde, mucho más tarde, me lo encontré varias veces en París, siempre con señoras que volvían la cara para que no las reconociera. Pero la imagen —o el vago recuerdo que yo tenía de él— no era muy diferente de la que me ofrecía el hombre que ahora tenía frente a mí. Un hombre, repito, de exigua estatura que parecía estar de puntillas para que su entusiasmo por haberse encontrado conmigo no pasara inadvertido. Llevaba Antonio aquella mañana unos pantalones de franela gris debidamente gastados en las rodillas, una chaqueta de tweed escocés con la que yo hubiera montado a caballo, un pañuelo de vivos colores desbordando del bolsillo superior, una corbata poco discreta y, si mal no recuerdo, un chaleco amarillo con botones dorados. Me llamó la atención y me gustó la innata elegancia de Senillosa, una elegancia muy británica, cuya clave residía en hacer creer que se había vestido a toda prisa, cuando en realidad lo había hecho estudiando cada detalle. Senillosa era un dandi, no solo en lo concerniente a su vestimenta, sino también, como no tardaría en descubrirlo, en sus actitudes frente a la vida y, lo que era aún más importante, en sus sentimientos más íntimos.

Una vez recuperada nuestra mutua sorpresa, nos dimos un largo y fuerte abrazo. Venía, me dijo, de comprarse el último libro —que no era más que el tercero— de Jean d'Ormesson.

—Es uno de esos franceses —comentó Senillosa— que porque escribe con facilidad se cree que escribe bien.

Cuando Senillosa se reía le brillaban los ojos como cuando miraba a una mujer que sabía que le iba a gustar.

—¿Almorzamos juntos? —me propuso.

Le dije que sí aun sabiendo que Syliane no me perdonaría fácilmente que la dejara sola con mi madre y con mi hermana hablando una vez más de Alfonso XIII mientras que Ramón, el criado, haría ligeras y discretas reverencias cada vez que se mencionara el nombre del monarca. Senillosa me llevó a un restaurante del barrio antiguo donde le recibieron como a un viejo amigo de la casa, un lugar recoleto y silencioso del que no recuerdo ni el nombre, ni la ubicación exacta, pero donde comí como a mí me gusta, con cuchara y un buen vino. Acabados los postres y puesta encima de la mesa una botella de coñac francés que la propietaria nos trajo con los miramientos debidos, Senillosa me ofreció un puro de los que no se puede dar cuenta en menos de una hora larga. Me dejó encenderlo con toda tranquilidad y cuando hube acabado me dijo:

—No tendrás la intención de instalarte definitivamente en Barcelona, ¿verdad? Las cosas han cambiado mucho en esta ciudad, pero no lo bastante para que te vengas a vivir aquí. Te morirías de aburrimiento. Yo voy a menudo a París porque las mujeres que me gustan se rinden más fácilmente en la clandestinidad, pero en cuanto vuelvo aquí tardo unos días en aclimatarme de nuevo y no es por el aire que respiro, ni por lo que como y bebo, sino por esa sensación de asfixia que me produce el no poder hablar con gente que me entienda.

Bebió un sorbo de coñac y continuó diciendo:

—Aquí en Barcelona a las clases pudientes les ha ido muy bien con el franquismo. No es que les gustaran los franquistas, pero apreciaban unas reglas que les permitían mangonear siempre que pagaran un diezmo y lo hicieran discretamente. La norma era hacer saber que uno era rico, pero sin despertar envidias. El franquismo no era una política, era un modo de dejar hacer sin esconder nunca del todo la garrota que, dicho sea de paso, se usaba muy poco.

—¿Los monárquicos se adecuaron fácilmente a esas normas?

A Senillosa pareció sorprenderle la pregunta.

—¿Los monárquicos? ¿Qué monárquicos? Aquí, salvo entre la gente de la aristocracia, nunca hubo monárquicos. Al rey de ahora sólo lo ensalzan algunos republicanos inteligentes que han guardado malos recuerdos de la República.

Le conté a mi anfitrión que mi madre a don Juan Carlos le llamaba el Idiota cuando aparecía en la pantalla de la televisión. Senillosa ni siquiera sonrió.

—Tu madre es como es y además es famosa por serlo. Lo cierto es que a don Juan Carlos los monárquicos que se adaptaron al franquismo, y no lo digo por tu madre, no lo pueden ver ni en pintura. No les había traído la monarquía que ellos esperaban. Una monarquía genuinamente franquista, como la había soñado el General, o en su defecto una monarquía a la antigua, con corte, palaciegos, cargos y prebendas. Una monarquía sólo para monárquicos de buena cuna, como la de don Alfonso XIII, sin intrusos pensantes que escribieran libros o hablaran en serio de los derechos del pueblo. En cuanto a los republicanos del montón, que son la mayoría, todavía se preguntan quién va a gestionar esas libertades de las que tanto se habla. El problema del Rey está precisamente en contestar lo antes posible a esa pregunta. Pero, claro, tendrá que pasar un tiempo antes de que la izquierda española acepte que esas libertades las va a sacar adelante un rey impuesto por el franquismo. Por cierto, ¿has ido ya a saludarle?

—¿A quién? ¿Al Rey? Todavía no he estado en Madrid.

—Pues no dejes de hacerlo en cuanto llegues allí.

—No estoy muy seguro de que quiera verme. He dicho y escrito muchas cosas desagradables a propósito de él.

—Quizá por eso te agradezca el que vayas a verle.

Le expliqué a Senillosa que mi mujer y yo estábamos a punto de irnos a Montecarlo para volar desde allí a Túnez y un poco más tarde a la India.

—¿Qué se te ha perdido a ti en esos países?

—Cosas de mi trabajo. Una entrevista a Burguiba en Túnez y otra en Jaipur a la maharaní para que me dé su versión sobre la política procomunista de la señora Gandhi.

—¿Para qué vas a perder el tiempo con esas gentes cuando aquí en España hay personas infinitamente más interesantes?

—Tengo contratos que cumplir con *Paris-Match* y Springer Verlag.

—Y a esa gente tuya, franceses o alemanes, ¿no les interesa lo que está pasando en España?

Le hablé a Senillosa del entusiasmo de Axel Springer cuando me gritaba en el teléfono: «¡Lo quiero saber todo sobre España! Quiero que escriba para mí sobre los reyes, la familia Dominguín, los hombres del dinero y las mujeres guapas que les ayudan a gastarlo, los políticos ¡tanto de un lado como de otro! ¡Lo que queda de los Franco, los comunistas y los curas! ¡Quiero saberlo absolutamente todo, herr von Vilallonga, absolutamente todo».

—Lo mismo me piden —añadí— Gaston Bonheur y Jean Prouvost, aunque en un tono más comedido.

—Lo que tienes que hacer cuando hayas formalizado tus compromisos, José Luis, es volver a España cuanto antes, pero no aquí, a Barcelona, sino a Madrid, que es donde están los depredadores y donde pasan cosas. Yo te puedo poner en contacto con infinidad de gentes que te tratarán como a un amigo siempre que finjas pensar como ellos.

—Yo no sé hacer eso.

—Pues para vivir en Madrid no tendrás más remedio que aprenderlo.

Sonaron las seis y media de la tarde en un reloj antiguo colgado de la pared.

Hice ademán de levantarme de la mesa, pero Senillosa me detuvo llenando de nuevo nuestras copas vacías.

—Sé muy poco acerca de las gentes de la Junta —me dijo—. Tú que los has conocido de cerca, ¿cómo eran?

Hacía ya tiempo que nos habíamos quedado solos en el comedor y ya podíamos hablar sin bajar la voz.

—Bueno, yo sólo conocí de cerca a Trevijano, a Carrillo, a Calvo Serer y un poco a Pepín Vidal Beneyto. El más inteligente, el más rápido, era sin duda alguna Santiago Carrillo. Yo le había hecho en 1972, en mi casa de París, una larga entrevista que salió publicada en el *Playboy* francés y creo que desde entonces se puede decir que somos amigos. Por cierto que cuando le dije para quién era la entrevista puso el grito en el cielo. «¿Cómo? Yo en una revista pornográfica? ¡Ni loco!» Sólo le convencí de que aceptara después de haberle enseñado varios números de *Playboy* con entrevistas al cardenal Spellman, a Jean-Paul Sartre y a otras gentes de similar categoría. Carrillo era de lejos el más preparado políticamente y el más brillante intelectualmente de todos los miembros de la Junta. Era además el más discreto, por no decir el más modesto. Nunca le vi sacar pecho delante de los fotógrafos, ni alzar la voz para imponer su criterio. Tenía una autoridad innata que siempre trataba de disimular. Ya te digo, el hombre me gustaba y nos hicimos amigos.

Sorprendido, Senillosa quiso saber:

—Pero a ti, las matanzas de Paracuellos, donde sé que murieron varios parientes de tu madre, no te impedían... No sé cómo decir... ¿No levantaban entre vosotros dos una barrera difícil por tu parte de franquear?

—Está ampliamente demostrado que Carrillo tuvo poco que ver con las sacas y los posteriores fusilamientos de los presos en las cárceles madrileñas. Si quieres, te haré llegar las fotocopias de unos documentos en los que queda ampliamente probado que Carrillo, a la sazón consejero de Orden Público en la Junta de Defensa de Madrid, no tenía, en noviembre de 1936, jurisdicción alguna en problemas de orden público que tuvieran lugar fuera de los límites de la capital. Sí la tenían en cambio los asesores soviéticos del Gobierno, que fueron quienes ordenaron las matanzas arguyendo que muchos oficiales presos en las cárceles de Madrid se pasarían a las fuerzas franquistas una vez liberados por sus compañeros victoriosos.

Poca gente queda por lo general convencida ante tales argumentos. Es más fácil pensar en Carrillo como en un asesino que como en un político que se contentaba en cumplir con sus obligaciones que no consistían precisamente en matar a nadie.

Senillosa no pareció querer ser una excepción.

—Bien. Aceptemos que tienes razón. ¿Cómo se portó contigo Carrillo cuando ingresaste en la Junta? ¿Te trató como a uno más o como a un amigo?

—En cuanto fui nombrado portavoz de la Junta por el coordinador —que así se hacía llamar García Trevijano—, Santiago me llevó a su despacho y me dijo: «Tu función inmediata como portavoz es ir a visitar uno por uno a los directores de los grandes periódicos, encabezados por *Le Monde* y *Le Figaro*, para explicarles que en la Junta yo soy sólo uno más, que no llevo la voz cantante, ni doy órdenes secretas, ni reparto mensajes codificados y que por lo tanto la Junta no es de estricta obediencia comunista sino de obediencia estrictamente democrática».

—¿Tú le creíste?

—Estuve de acuerdo con él en que no era bueno para la Junta que *Le Monde*, *Le Figaro* y otros periódicos importantes pudieran presentarla como la punta de lanza del Partido Comunista. Así que hice lo que me pedía.

—¿Y a ti, los directores de los grandes periódicos te creyeron?

—Naturalmente que no. Los hubo que se rieron francamente en mis narices. De todos los políticos españoles en el exilio, Carrillo era el único de quien los franceses tenían una información exhaustiva. Ya antes de ser presidente, François Mitterrand hacía mucho caso de lo que opinara Carrillo sobre el futuro de España. Ya te digo, Carrillo era un hombre muy listo y con un gran poder de seducción.

—Pero se equivocó en cuanto al futuro de don Juan Carlos.

—Sí, como tú y como yo. Pero él nunca creyó, por ejemplo, que el conde de Barcelona acabaría incorporándose a la Junta. Nunca, aunque dejó que Trevijano organizara todo aquel tinglado de las declaraciones de don Juan a *Le Monde*, porque debía de pensar que a río revuelto ganancia de pescadores.

—Sin embargo, Trevijano y quizá alguno más de entre vosotros parecíais estar convencidos de que el conde acabaría levantando bandera contra su hijo.

—Cuando veinticuatro horas antes del fallecimiento de Franco fui a ver a don Juan para decirle, por encargo de Trevijano, que su incorporación a la Junta era su última y única oportunidad para alcanzar la corona que ya estaba prácticamente en la cabeza de su hijo...

—... ¡Pero qué barbaridad! ¿Eso te encargaron que le fueras a decir?

—Eso es lo que Trevijano quería que le dijera, sí. Pero minutos antes de que yo fuera a cumplir mi cometido, Carrillo me cogió del brazo en el rellano de la escalera y me preguntó: «¿Tú le piensas repetir a don Juan lo que te ha dicho Trevijano?». «¿Lo harías tú?», quise saber a mi vez. «Yo no», me contestó. «Me alegra oírtelo decir, Santiago, porque yo tampoco pienso hacerlo.» «Entonces, ¿qué le vas a decir?» «No lo sé. Lo pensaré durante el trayecto.»

Una de las muchas razones por las que yo no iba a transmitirle a don Juan el mensaje de Trevijano era que a mi entender el conde ya no tenía futuro alguno en España.

—¿Eso es lo que acabaste diciéndole? —se escandalizó Senillosa.

—Pregúntame mejor lo que me dijo él a mí. Cuando llegué al piso de Salvador Marianao, en el boulevard Malesherbes, don Juan, en pijama, con los pies desnudos y un vaso de whisky en la mano, me esperaba sentado delante del televisor, probablemente a la espera de que dieran la noticia de la muerte del dictador. Unos segundos después me estaba diciendo:

»—¡Al Príncipe, vosotros los monárquicos, unos y otros, tenéis que ayudarle con todas vuestras fuerzas!

»Ésas eran las palabras que yo ansiaba oír. A estas alturas no tuve empacho en explicarle al conde los verdaderos motivos de mi visita. Saber cuál iba a ser su actitud ante la exaltación de su hijo como Rey de España. Me preguntó enfadado que cómo podía yo dudar de que él estaría en todo momento al lado del príncipe.

»—Entonces, señor, ¿no piensa hacer a *Le Monde* las declaraciones convenidas con Trevijano?

»—Claro que no.

»—Pues hay gentes convencidas de que las va a hacer.

»Se alzó de hombros como si todo aquello no tuviera ya la menor importancia y me preguntó:

»—¿Qué piensa tu amigo Carrillo de todo este follón?

»—Carrillo, señor, sólo aspira a la paz y a la tranquilidad.

»Don Juan se sonrió y murmuró:

»—Los comunistas se equivocan, pero son gente seria.

»Ya despidiéndose de mí, con la mano en el pomo de la puerta, el conde me dijo:

»—No creas que es la primera vez que Trevijano me quiere hacer creer que hay en Madrid un grupo de generales que esperan a que me baje de un avión para proclamarme rey de España. Hay gente que me dice que Trevijano es un hombre inteligente, pero a mí sólo me ha hecho cometer estupideces.

»Ya con la puerta abierta, don Juan me dio una fuerte palmada en la espalda con una de aquellas imponentes manazas suyas y se despidió diciendo:

»—Adiós, José Luis, nos veremos en España. Diles a tus amigos de la Junta que lo que no puede ser no debe ser.

»Fue una frase que me impactó mucho. Cuando estuve de vuelta en el despacho de la Junta repetí las palabras de don Juan. Santiago fue el primero en murmurar, sorprendido:

»—Vaya, así que el hombre tiene buenas lecturas…

—¿Y cuál fue la reacción de Trevijano? —preguntó Senillosa con su copa detenida en el aire.

—Darse a todos los demonios. Como un niño enrabietado.

—A mí —comentó Senillosa—, Tierno Galván siempre me ha hablado de Trevijano con indisimulado menosprecio.

—Tierno no le tenía ninguna simpatía. En París, saliendo de una reunión de la Junta en la que se oyeron muchas voces desabridas, Tierno me dijo en un susurro: «Ese hombre no sabe mandar, solo sabe dar órdenes». Y sin embargo a mí Trevijano me sigue fascinando. Le oigo a veces decir cosas como «Yo, que soy el abogado más inteligente de España», y otras palabras que pronunciadas por otro significarían un punto final en nuestras relaciones.

—No entiendo lo que te atrae en él.

—Muchas cosas y casi todas negativas. Es un hombre que aparentemente lo ha leído todo, que tiene una memoria prodigiosa, pero cuyo poder de análisis es prácticamente nulo. Hasta ahora y en política se ha equivocado en todo.

—Me estás hablando de un hombre confuso.

—De un hombre que haría las delicias de Mario Lacruz, que ha hecho del confusionismo casi una religión.

Alrededor nuestro varios camareros empezaban a montar las mesas para el primer servicio de la noche.

—¿Molestamos? —preguntó Senillosa alzando la voz.

—En absoluto, don Antonio —contestaron varias voces a la vez.

Senillosa aprovechó la ocasión para pedir unas últimas tazas de café y mientras nos las traían volvió a llenar nuestras copas de coñac.

—Sigue contando, José Luis —me pidió—. ¿Con quién vive ese hombre? ¿Cuál es su entorno familiar?

—Está casado con una mujer que ha debido de ser muy guapa, aunque con un cierto halo sombrío común a muchas mujeres judías para quienes la vida tiene que ser necesariamente una tragedia. No creo que Francine sea una mujer muy inteligente. Íntimamente relacionada con el mundo de la moda —fue maniquí en su tiempo— al día siguiente de la muerte de Cristóbal Balenciaga declaró con lágrimas en la voz que para ella la vida había dejado de tener sentido.

—Muy halagador para el marido.

—La segunda mujer en la vida de Trevijano es su propia cuñada, la hermana de Francine, con la cual mantiene públicamente una relación que sólo se entiende si se admite que Trevijano es un moro, no sólo de aspecto, trasplantado a una sociedad en la que todo lo que suene a moderno es aceptado con una gran simplicidad.

—¿Quieres decir que se acuestan juntos?

—*«À toi de tirer les conséquences»*, te contestaría un francés. Ni la mujer ni la cuñada me parecen ser dañinamente avispadas pero, como buenas judías que son, saben manejar provechosamente a un hombre que les proporciona un alto nivel de vida, sin salirse de los cauces de la clase media, y sin que tengan que pagar por ello más allá de la cuota de sumisión exigida por un macho orgulloso de su aparente virilidad.

—No entiendo —murmuró Senillosa— que puedas ser amigo de un hombre como ése.

—A mí también me sorprende, no creas… Porque yo nunca me fío del todo de alguien que no sabe escribir con claridad y que le teme a la concisión como si se tratara de un freno puesto por la naturaleza para mantenerse en una mediocridad de la que no hay escapatoria posible.

Senillosa sorbió de un trago lo que quedaba en su copa y preguntó:

—¿Cómo explicas que don Juan pudiera caer en manos de semejante individuo?

—Al pobre don Juan, uno de los hombres que más se ha aburrido en este mundo, bastaba con saber distraerle para convertirse en un amigo indispensable. Trevijano jugaba con él a las cartas, le contaba los últimos chismes que circulaban por Madrid —todos los Borbones son unos chismosos—, y de vez en cuando le hacía creer que gracias a él acabaría por sentarse en el trono de sus mayores. Ten en cuenta que durante estos últimos años don Juan ha estado siempre prácticamente solo. Doña María nunca le ha hecho demasiado caso y el resto de la familia andaba por ahí desparramada.

Senillosa quiso saber también qué pintaba Vidal Beneyto en la Junta Democrática.

—Pues creo que no gran cosa. Es un hombre afable, servicial y de una gran tacañería. Le llamábamos el guardasellos porque en cuanto se iba un par de días a París, encerraba todos los sellos disponibles en un cajón de su despacho y el correo quedaba paralizado hasta su vuelta.

Llegó el momento en el que no hubo más remedio que hablar de Calvo.

Empecé contándole a Senillosa que durante la misma semana en la que me incorporé a la Junta invité a almorzar en mi casa de l'avenue du Commandant Charcot a Santiago Carrillo y a Calvo Serer. Syliane no los conocía ni al uno ni al otro, así que la puse brevemente al corriente de quién era quién. Carrillo llegó el primero vestido con un traje de franela gris de corte impecable y calzando unos lustrosos mocasines negros. Le besó la mano a Syliane y le dijo un par de cosas amables sobre su aspecto. Calvo Serer también vino vestido de gris, pero con unos pantalones que echaban de menos la plancha y una chaqueta con las solapas llenas de lamparones. Syliane hizo grandes esfuerzos durante el almuerzo para no bostezar mientras que Calvo Serer llevaba la voz cantante. Cuando por fin se marcharon, mi mujer me comentó que «el monárquico, el que apenas había hablado, era el más interesante, porque el comunista, con aquel traje lleno de manchas, la verdad...». Tuve que poner las cosas en su sitio explicándole a Syliane que el monárquico era precisamente el del traje lleno de manchas, mientras que el comunista era el amable caballero que la había encontrado tan guapa.

—En cuanto al monarquismo del monárquico —le dije a Senillosa— habría que poner muchas cosas en entredicho.

—¿Qué quieres decir con eso?

—Que Calvo ha jugado siempre a diferentes cartas, unas veces apostando por don Juan de Borbón y otras por don Juan Carlos. Y a veces también, según las circunstancias, a favor de una república de no ser aceptada la Monarquía por la mayoría de los españoles, una república de la que el propio conde de Barcelona podría ser el presidente.

—¡Pero qué me dices! —se escandalizó Senillosa.

—Lo que oyes. Si se tratara de la sola opinión de Calvo la cosa no tendría la menor importancia, pero me temo que eso es también lo que piensan muchos ciudadanos que todavía no han dejado de ser franquistas y que desean ver en la Monarquía la continuación de un orden que garantizaría la supervivencia de gran parte de lo que Franco creyó haber dejado atado y bien atado. Tengo en mi poder las fotocopias de unas cartas firmadas por Calvo Serer que te mandaré por correo en cuanto llegue a París.

—¿A quién van dirigidas esas cartas?

—A don Juan de Borbón y a don Juan Carlos. Fueron escritas, mandadas y fechadas el mismo día, el 28 de mayo de 1975. Son dos cartas, a mi entender, de una importancia capital, no por quien las firma, sino para entender la sistemática desinformación a la que estaban sometidos tanto el conde de Barcelona como su hijo por gentes que aseguraban ser, además de monárquicos, unos fieles y leales seguidores.

Senillosa se alzó de hombros.

—Los monárquicos siempre han sido los peores traidores a la Monarquía. Tú lo has escrito en más de una ocasión.

—Estas cartas, o mejor dicho sus fotocopias —quise aclarar—, llegaron a mi poder anónimamente sin que yo se las pidiera a nadie. A las dos cartas hay que añadir una especie de informe que parece estar escrito al alimón por dos manos diferentes. Cuando las hayas leído me dirás quién o quiénes te parecen haber sido sus autores.

—Si uno de ellos es Calvo Serer lo reconoceré enseguida porque el estilo del Opus es inconfundible.

—Yo del Opus no sé gran cosa, porque en París y en el mundo en el que yo me muevo se habla poco de esa secta.

—Pues aquí en España, eso que tú llamas secta y que en efecto lo es, tiene cada vez más peso en nuestra vida cotidiana.

Me empezó a interesar el tema.

—¿Qué es el Opus exactamente? —pregunté.

—Una masonería, con sus ritos y sus liturgias, como la otra. Pero ésta es una masonería muy elitista que se esfuerza por aplicar los principios del cristianismo a un orden social que tiene muy poco de cristiano. El Opus Dei, o la Obra, como corrientemente se la llama, tiene sus peones infiltrados en todas las áreas del poder, principalmente en el financiero. Sus métodos son jesuíticos y muy hispánicos, sobre todo en lo que se refiere a la captación de capitales y de herencias familiares de sus socios. No hay que tomarse a broma su poder corruptor por más que trate de ocultarlo. Tampoco hay que olvidar que el Vaticano es su supremo valedor.

Cambiando de tono, Senillosa añadió:

—Aquí en Barcelona, entre la llamada gente bien, el Opus está muy de moda. Ser del Opus es para algunos tan elegante como pertenecer al Círculo Ecuestre o al Real Club de Polo. Su fundador es un cura cursi que nunca deja olvidar que tiene un título de marqués.

—¡Válgame Dios!

Senillosa alzó los ojos al cielo.

—Acabas de nombrar —dijo— al socio de honor de esa secta a la cual pertenecen, con toda seguridad, algunos miembros de tu familia.

—¿Y de dónde sale ese cura tan peculiar?

—No se sabe muy bien. Ha tenido la astucia de enmarañar sus orígenes hasta tal punto que actualmente resulta difícil discernir entre la verdad y la ficción. Al morir su padre, un quidam cualquiera apellidado Escriba, el hijo convirtió el apellido —con b alta y sin acento— en un Escrivá catalanizado, lo que entre otras cosas lo emparentaba con otros Escrivá de la nobleza, como los Escrivá de Romaní. Para rematar la faena nuestro nuevo aristócrata añadió a su primer apellido un «de Balaguer» —a todas luces falso— que lo emparentaba de facto a don Tomás de Peralta, marqués de Peralta, secretario de Estado, de Guerra y de Justicia del reino de Nápoles allá por el año 1758.

—Pero vamos a ver, ¿no existe en la actualidad un verdadero marqués de Peralta, sucesor del napolitano, que pudiera tomar cartas en el asunto?

—Hasta ahora, que yo sepa, nadie ha dicho esta boca es mía. Jesús Ynfante, el periodista, que tú habrás conocido en París, pretende que el cura compró el título, pero tú sabes muy bien que los títulos se heredan o se ceden, pero ni se compran ni se venden, excepto los pontificios, que cuestan un buen dinero.

—Así que, según me dices, el cura ni se llama Escrivá de Balaguer ni es marqués de Peralta. Espero que por lo menos sea un cura de verdad.

—La verdad es que a nadie le importa mucho dilucidar el misterio, porque es un tema que reclama mucha prudencia. Si fuéramos a poner en claro cuántos son los que pretenden ser lo que no son, pondríamos al país patas arriba. Ni la duquesa de Alba saldría limpia de polvo y paja. Además, a muchos del Opus les gusta que el fundador de la secta sea un marqués.

Antonio se traga las últimas gotas que quedan en su copa y añade:

—De todas maneras, para mí ser del Opus es como llevar zapatos de rejilla. Canta un montón.

En ese momento entraron en el comedor del restaurante los primeros clientes del primer servicio de la noche, unos turistas nórdicos de grandes ojos bovinos y pelambrera albina.

—Pero dime —pregunté mientras me levantaba de la mesa—, ¿en la Casa Real también ha penetrado la secta?

Senillosa tardó unos segundos en contestar:

—Bueno, tú ya sabes que los Borbones no son muy de curas y de monjas. Además, que yo sepa, la conducta privada del monarca no anda muy de acuerdo con algunas de las rígidas normas de la secta. Quizá a la Reina, que va de intelectual de la familia, le parezca de buen tono codearse con algunos miembros de la Obra que al parecer se interesan por el futuro de la cultura en general. Gentes muy ricas que compran cuadros de Miró y de Picasso y que tienen incunables en sus bibliotecas. Pero, claro, eso sólo es una opinión mía.

Senillosa me acompañó hasta mi coche y con un codo apoyado en la ventanilla abierta se despidió de mí diciendo:

—Cuando vuelvas de esos estrafalarios viajes tuyos vete a Madrid, donde te estaré esperando.

Se lo prometí a sabiendas de que pasaría algún tiempo antes de que volviéramos a vernos. Puse el coche en marcha y estaba ya a punto de arrancar cuando Antonio volvió a meter la cabeza por la ventanilla abierta.

—No te olvides —me dijo— de pedirle a tu madre que deje de llamarle «el Idiota» a don Juan Carlos porque te garantizo que está lejos de serlo. Su abuelo no fue capaz en casi medio siglo de reinado de hacer lo que ha hecho este chico en unos pocos meses. Y eso hay que reconocérselo. Es de justicia. Dile también a tu madre que la elección de Suárez como jefe de Gobierno no ha sido un error, un inmenso error, como ha dicho el memo de De la Cierva. Ha sido, al contrario, un acierto genial.

Le prometí a Senillosa que haría lo que estuviera en mi mano para que mi madre cambiara de parecer a propósito de «ese chico». Era, por mi parte, comprometerme a mucho.

La última visión que tuve de Senillosa fue la de un hombre bajito, con un pie en el asfalto y el otro en la acera, agitando la mano en el aire en un gesto de despedida que tenía algo de desesperado. Quizá no fuera un hombre tan feliz como aparentaba ser.

Lo que ocurrió durante la cena en el saloncito de mi madre la última noche que pasamos Syliane, Fabricio y yo en Casa Falguera antes de emprender viaje al día siguiente hacia Montecarlo fue algo digno de ser reseñado en una de mis libretas negras en las que sólo suelo mencionar todo lo que de singular e insólito me acontece.

Fue una cena con la familia al completo. Syliane, de negro y malva con un escote vertiginoso, no podía ocultar su alegría al pensar que al día siguiente pondríamos rumbo de nuevo a lo que ella todavía llamaba «la civilización». Mi hermano Alfonso llegó directamente del golf del Prat vistiendo todavía un atuendo deportivo que mi madre desaprobó enarcando exageradamente las cejas. María Antonia, mi hermana, en un alarde de inhabitual amabilidad, dejó muy claro que para estar con nosotros había renunciado a una cena muy divertida en casa de Joshe y Jorge Mata. En cuanto a Ramón, el mayordomo, consiguió no darnos la espalda en ningún momento, lo que puso varias veces en peligro las pesadas fuentes de plata en las que nos servía la comida.

Mi madre insistió aquella noche en que Fabricio se instalara sobre sus rodillas donde, naturalmente, se quedó profundamente dormido antes de que acabáramos el consomé. Cité, al inicio de la conversación general, mi encuentro en Barcelona con Senillosa a quien mi madre quería mucho, sobre todo desde que escribió una sentida necrológica en *La Vanguardia*, cuando murió mi padre.

—Creo —comentó— que ahora está un poco frío con nosotros desde que tu tío Joaquín* se negó a intervenir en su favor cuando lo detuvieron a su vuelta de aquella mamarrachada del llamado contubernio de Munich. El Ciprés —mi madre siempre se refería así a su cuñada San Miguel— le convenció de que Antonio era simpatizante del Partido Comunista. ¡Te imaginas semejante idiotez! Pero claro, los Esplugas —también se refería así a sus cuñados San Miguel por tener casa en Esplugues de Llobregat— nunca movían un dedo a favor de nadie que pudiera perjudicarlos en El Pardo y aledaños. Unos pasteleros de mucho cuidado.

Hizo una pausa para colocar en su sitio un rizo que había caído sobre la frente del niño dormido en su regazo y añadió:

—Además, que Antonio fuera o no comunista sólo es asunto suyo.

Alrededor de mi madre el silencio se hizo muy denso.

—Yo tengo amigos comunistas por los que siento un gran aprecio.

Incluso Syliane se quedó con la boca abierta ante tal afirmación.

Aprovechando el estupor causado por sus palabras, mi madre me dijo:

—Tú, José, eres al parecer muy amigo de Santiago Carrillo y por eso algunos te llaman el marqués rojo.

* El conde de San Miguel de Castellar, hermano menor de mi padre.

No había signo de reproche alguno en sus palabras, solo curiosidad. Estuve a punto, como el Apóstol, de negar aunque solo fuera una vez, mi amistad con el presunto asesino de Paracuellos del Jarama. Pero aún hoy estoy orgulloso de no haber renegado de mi amistad con Santiago.

—Pues sí —admití—, somos amigos desde que trabajamos los dos en la Junta Democrática de París.

*—C'est un homme très très gentil** —intervino Syliane sin darse cuenta del terreno que pisaba.

A mi hermana María Antonia se le atragantó el trozo de merluza que tenía en la boca.

—Yo —dijo mi madre— lo de Santiago Carrillo en Paracuellos nunca me lo he creído del todo. Era demasiado jovencito para esa clase de responsabilidades. Tengo un amigo inglés, uno que se educó en Cambridge con mi hermano Antonio** y que después luchó en las Brigadas Internacionales, que ha escrito un libro sobre nuestra Guerra Civil en el que cuenta que las matanzas de Paracuellos las organizaron los comisarios soviéticos que estaban en Madrid.

—¡Mamá! —gritó de repente mi hermana María Antonia—. ¡En Paracuellos asesinaron a varios parientes tuyos!

Mi madre se enfadó.

—¡María Antonia, no grites! ¡Pareces una verdulera!

Mi hermana se levantó, tiró con furia su servilleta sobre la mesa y salió del saloncito no sin antes tropezar con el pobre Ramón que entraba con la fuente del segundo plato.

Mi madre meneó la cabeza al tiempo que murmuraba:

—Qué mal está envejeciendo esta chica... —Y sin transición le explicó a Syliane—: Sí, es verdad que en Paracuellos mataron a algunos parientes míos. Pero eran casi todos primos lejanos. *Des gens, tu sais, sans grand intérêt.****

Y como si esta última frase le hubiese recordado algo importante, me puso una mano en el antebrazo y me dijo:

—Por cierto, José, si algún día vas a Madrid, recuerda que allí tienes muchos primos, primos segundos y terceros que no conoces

* Es un hombre muy muy amable.
** El marqués de Portago.
*** «Gentes, sabes, sin gran interés.»

ni de vista. Son casi todos Cabeza de Vaca o Carvajal. Gente muy simpática y bien educada con la que te encontrarás en casas de unos y de otros. Así que es posible que te hagas amigo de algunos de ellos. Ten cuidado antes de intimar porque algunos acabarán muy mal.

Y con un gesto de la mano mi madre dio por terminado el tema.

Era de todos sabido en la familia que algunas de las intuiciones de mi madre se habían hecho famosas. Tendría yo unos ocho o nueve años de edad cuando un domingo, estando yo interno en los jesuitas de Sarrià, me desperté de madrugada con unos dolores tan fuertes en el vientre que me hicieron gritar. Avisado el hermano enfermero, un hombre adusto y malhumorado, me administró, mientras me acusaba de comediante, una gran cucharada de aceite de ricino. Dos horas más tarde los dolores habían aumentado considerablemente. Y yo, muy asustado, me sentía morir. Justo en aquel momento, mi madre que nunca se levantaba de la cama antes de la una de la tarde, se puso una bata y entró en la habitación de mi padre diciendo con voz exaltada:

—Salvador, levántate y vístete porque hay que ir al colegio a buscar a José Luis que está muy enfermo.

—¿Cómo lo sabes? —preguntó mi padre medio dormido.

—Lo sé. Si no te levantas iré yo sola a buscarle.

Mi padre sabía por experiencia que en casos parecidos más valía no discutir.

Un cuarto de hora más tarde mis padres atravesaban Barcelona a toda velocidad camino de Sarrià. Llegados al colegio subieron directamente a mi cuarto y sin hacer caso de los curas me envolvieron en un par de mantas y me bajaron al coche. Durante el trayecto de vuelta a casa, cuando mi madre se enteró de que me habían dado una cucharada de aceite de ricino, se puso como loca:

—¡Asesinos! ¡Son unos asesinos! Si lo que el niño tenía era un ataque de apendicitis ahora lo que tendrá es una peritonitis!

—Por favor, Carmen, cálmate. En cuanto lleguemos a casa llamaremos al doctor Casals y ya verás como a la postre no será nada.

Llegados a la calle del Pino me metieron en la cama de mi madre mientras yo seguía retorciéndome de dolor. Como era domingo, el doctor Casals no estaba en su casa. Se había ido a hacer senderismo a Montserrat. Tampoco estaba en su domicilio el joven y elegante doctor Vilardell, que con el tiempo se iba a convertir en el médico de cabecera de la familia. Como siempre, fue mi abuela la que solucionó el problema llamando a su viejo amigo el doctor Corachán, un cirujano de gran renombre que nos había operado a mis hermanos y a mí de las amígdalas.

Cuando le explicaron a Corachán lo del aceite de ricino no sólo se enfureció, sino que pareció asustarse mucho. Veinte minutos después llegó a la calle del Pino acompañado de dos ayudantes y de una enfermera pelirroja muy guapa en su bata blanca inmaculada. En cuanto entró en la habitación de mi madre y me vio presa de violentos temblores, Corachán se puso a palparme el vientre con gesto cada vez más preocupado. Volviendo a cubrirme con la sábana sólo dijo:

—Apendicitis aguda.

—Habrá que operar, ¿verdad, doctor? —le preguntó mi madre.

Corachán la miró a los ojos y contestó:

—Hay que operar y hay que hacerlo ya sin perder un minuto.

Y ante el estupor de mis padres, añadió:

—Además, no hay tiempo ni para llevarlo hasta la clínica, así que lo operaré aquí mismo.

Mis padres le miraron como si se hubiese vuelto loco. Mi abuela, que lo había oído todo en silencio, le dijo a su gobernanta que siempre estaba junto a ella:

—Señorita Martínez, reúna a todo el servicio en la capilla porque vamos a rezar el rosario mientras operan a mi nieto.

Mientras tanto Corachán, imperturbable, examinaba en detalle la habitación de mi madre. Cuando vio la gran mesa ovalada de mármol negro que estaba en el centro de la habitación y en la que mi madre tenía siempre un enorme jarrón lleno de flores además de innumerables marcos de plata con fotografías de sus hijos y de su marido, Corachán ordenó secamente:

—Que quiten todo esto de la mesa y que alguien limpie el mármol con alcohol. Voy a operar al niño aquí.

Mientras que Aurora, la doncella de mamá, limpiaba a fondo la mesa de mármol ayudada por una criada, Corachán miraba preocupado a su alrededor.

—Esta habitación, a pesar de esos grandes ventanales que dan al jardín, es muy oscura. Habrá que tener encendidas todas las luces y traer dos o tres lámparas más para colocarlas alrededor del campo operatorio.

La enfermera de Corachán, ayudada por Aurora, dispuso sobre el mármol de la gran mesa una manta recubierta por una sábana blanca mientras que los dos ayudantes de Corachán disponían sobre una mesa de apoyo los instrumentos que iba a emplear el cirujano.

Corachán se inclinó sobre mí y me dijo en voz baja:

—No te preocupes, José Luis, porque no te voy a hacer ningún daño. Ahora, mientras tú cuentas una, dos, tres, hasta diez, te voy a dormir y cuando te despiertes no te habrás enterado de nada.

Fue entonces cuando mi madre se acercó a Corachán y bajando la voz le dijo:

—Doctor, es necesario que sepa que mientras esté operando se apagarán de repente todas las luces.

El cirujano la miró sobresaltado.

—Pero ¿qué dice, señora?

—Le estoy advirtiendo que cuando menos lo espere nos quedaremos todos a oscuras.

Corachán iba a contestarle, probablemente con un exabrupto, cuando mi padre intervino diciendo:

—Hágale caso, doctor. Las premoniciones de mi mujer siempre se cumplen.

No recuerdo ya quién fue, si mi madre o el propio doctor Corachán, quien ordenó que se tuvieran a disposición todas las velas que se encontraran en la casa. A mi abuela debió de sorprenderle mucho que Aurora y la enfermera pelirroja entraran en la capilla interrumpiendo el rosario y se llevaran todas las velas de los grandes candelabros que iluminaban el altar.

Ya nadie recuerda hoy lo desagradable que resultaba que lo durmieran a uno poniéndole debajo de la nariz un gran trozo de algodón empapado en cloroformo. Corachán, según confesión propia, operó aquel día con inusitada rapidez. Estaba ya cosiéndome la herida cuando de repente se apagaron todas las luces de la casa. Corachán acabó su trabajo rodeado de manos temblorosas que sostenían unas velas cuya luz incierta recordaba la de ciertos cuadros intimistas de los grandes maestros holandeses. Por eso tengo quizá una cicatriz bastante fea como recuerdo de aquella insólita operación. Más tarde supimos que el apagón anunciado por mi madre había dejado sin luz durante más de una hora a todo el barrio del Pino.

No quise contar en la mesa la absurda historia de mi operación de apendicitis por miedo a poner fin a una conversación que me estaba interesando mucho. ¡Mi madre hablando de los comunistas y además sin vituperarlos! El mundo al revés que, al fin y al cabo, es como a mí me gusta que esté el mundo. Llegados ya los postres mi madre volvió a sorprenderme.

—Si Suárez —dijo— continúa haciendo las cosas como hasta ahora tendrá que acabar legalizando cuanto antes el Partido Comunista.

Lo dijo como si a ella le pareciese una buenísima idea. Syliane me miró desconcertada pensando probablemente una vez más que éramos una gente extraña.

—Los militares —intervino mi hermano Alfonso secamente— no lo permitirán jamás.

—Los militares —le contestó mi madre en el mismo tono— harán lo que les mande el Rey, que para eso es el heredero de Franco.

A punto estuve —pero no lo hice por no desviar el cauce de la conversación— de explicar que don Juan Carlos, siendo todavía Príncipe, ya había tomado contacto en Irán, durante las fiestas de Persépolis, en 1971, con el líder comunista rumano, Ceaucescu, con vistas a usarlo más adelante como enlace con Santiago Carrillo.

—Yo no creo —volvió a intervenir Alfonso— que ni Suárez ni el Rey acaben nunca conchabándose con los comunistas. Eso lo hubiera hecho don Juan, que era un internacionalista, pero su hijo ha sido educado en ideas muy diferentes.

—Pues si como decís, Suárez y el Rey son tan inteligentes, no tendrán más remedio que hacerlo, porque si, tal como prometen todos los días, vamos hacia unas elecciones generales libres, de no estar incluido en ellas el Partido Comunista nadie en Europa, ni en España, se tomará nunca en serio nuestra tan cacareada democracia. Y si Europa y el resto del mundo nos toma a chirigota no iremos nunca a ninguna parte.

A una indicación mía, mi madre se limpió con la servilleta las natillas que le manchaban la barbilla. Y enseguida después insistió:

—Al Partido Comunista hay que legalizarlo cuanto antes para que puedan votarlo los españoles.

De nuevo las palabras de mi madre me dejaron atónito.

—La verdad, mamá, es que no te sigo.

—Pues mi razonamiento es bien sencillo. Cuanto antes se pueda votar al Partido Comunista antes nos enteraremos de que en España no hay tantos comunistas como quisieran hacernos creer. En realidad creo que hay muy pocos.

—¿Que en España hay pocos comunistas? ¿Quién te ha dicho eso, mamá?

—Un comunista amigo mío.

—Pero ¿quién, mamá?

—Paco Baltasar, el alcalde de Sant Feliu de Llobregat. Nuestro alcalde. Una excelente persona y un funcionario muy eficaz.

Esta vez mi hermano Alfonso pareció enfadarse de verdad.

—¡Pero mamá, cómo te puedes dejar engañar por ese don nadie! No te das cuenta de que...

Mi madre le interrumpió diciéndome:

—Paco Baltasar le pone muy nervioso a tu hermano Alfonso porque el sueño secreto del alcalde es que a mi muerte el palacio Falguera se convierta en el ayuntamiento de Sant Feliu de Llobregat, un sueño que a mí no me parece nada descabellado, porque no creo que ninguno de vosotros quiera el día de mañana seguir viviendo en esta casa tan incómoda, tan húmeda y fría en invierno y tan calurosa en verano que, además, está rodeada, como dice María Antonia, de rojos que se levantan a las cinco de la mañana para ir a trabajar y que un día dejarán de aguantar el ruido de nuestros festejos que a veces duran hasta entrada la madrugada.

Bebió un par de sorbos de su vino blanco y añadió:

—A Paco Baltasar le conociste, según me ha dicho, durante vuestro exilio en París, aunque no creo que frecuentarais ni los mismos lugares ni las mismas gentes.

Paco Baltasar. El nombre me sonaba familiar, pero fui incapaz de ponerle un rostro a ese nombre.

—¿Te divertiría saber cómo nos conocimos? —me preguntó mi madre con evidentes ganas de hablar.

—¡Por Dios, mamá, otra vez no! —protestó Alfonso con inusitada vehemencia.

Pero mi madre, sin hacerle caso, empezó a contar.

—Una tarde, hace ya un par de años, estaba yo tomando el té en este mismo saloncito cuando Ramón vino a anunciarme que abajo estaba el alcalde de Sant Feliu que pedía verme. Así, sin previo aviso, como si fuéramos viejos amigos. Por más que una se vaya acostumbrando a las ordinarieces que ahora están a la orden del día, aquella inesperada visita me pareció el colmo de la mala educación. Ten en cuenta que yo todavía he visto documentos firmados por mi padre, cuando era ministro, encabezados por una fórmula usual en aquellos tiempos: «En nombre del Rey le ordeno y en el mío propio le ruego, etc., etc.». Así que estuve a punto de decirle a Ramón que echara de casa al alcalde con cajas destempladas. Pero como soy curiosa lo pensé mejor y decidí recibirlo. Estábamos en invierno y yo me encontraba sentada aquí mismo, junto al fuego, con las piernas envueltas en una manta escocesa. Al poco rato, Ramón, tras llamar a la puerta la entreabrió para anunciarme:

»—El alcalde de Sant Feliu, señora marquesa.

»Vi entrar en la habitación a un muchacho muy joven de ojos vivos e inteligentes en un rostro casi agraciado, pero con unos pelos grasientos que le rebasaban los hombros. Se inclinó desgarbadamente ante mí diciendo:

»—Gracias por recibirme, señora marquesa. He venido a verla para pedirle…

»Le interrumpí alzando la mano.

»—¿Qué edad tiene usted? —le pregunté.

»Era mucho más joven de lo que parecía, lo que sumaba mucho en su favor teniendo en cuenta que ya era alcalde de un pueblo de bastante importancia.

»—Usted se llama Baltasar, ¿verdad? —le pregunté.

»—Sí, señora marquesa, pero puede usted llamarme Paco.

»—Pues Paco, antes de que usted y yo hablemos de nada le voy a pedir que vaya al peluquero para que le quite de encima todos esos pelos, porque yo no suelo recibir en mi casa a nadie que lleve semejantes melenas.

»El pobre chico se quedó sin habla.

»—Cuando esté usted adecentado —continué diciendo—, vuelva a verme y hablaremos de lo que usted quiera. Buenas tardes, señor Baltasar. Ramón, acompaña hasta la puerta al señor alcalde.

»Mi visitante se retiró marchando hacia atrás como se lo había visto hacer a Ramón. Ya en el quicio de la puerta, me dijo:

»—Buenas tardes, señora marquesa. Espero que volvamos a vernos.

»—En cuanto esté usted presentable.

—¿Eso le dijiste? —preguntó Syliane, fascinada.

—Pues claro. Volvió al día siguiente con el pelo corto y afeitado tan de cerca que todavía llevaba la cara sembrada de gotitas de sangre seca. Era otro hombre. Y desde aquel día nos hicimos muy amigos.

—¿Y qué es lo que quería pedirte el señor alcalde, mamá?

Como era evidente que mi madre se disponía a seguir hablando del tema, mi hermano Alfonso se levantó de la mesa y salió de la habitación diciendo que volvería enseguida.

—El alcalde pretendía —continuó explicando mi madre— que en cuanto llegase la primavera y con ella el buen tiempo, yo permitiese que los domingos por la tarde se abrieran las verjas del parque para que las gentes de Sant Feliu pudiesen entrar a pasear con sus familias por los jardines, para ver de cerca los pavos reales, los cisnes del estanque de Neptuno y sobre todo mis rosales.

Durante los últimos años de su vida y una vez cansada del negocio de la gallinas Leghorn que tanto dinero le habían costado a mi padre, mamá se había dedicado con gran éxito a cultivar unas rosas que llevaban su nombre y que ganaron premios muy importantes en el extranjero.

—¿Y accediste a la petición del alcalde?

—Naturalmente. Pero antes tuve que vencer la feroz oposición de tus hermanos y del teniente de la Guardia Civil, la máxima autoridad militar del pueblo, que no estaba por la labor de fomentar la democracia más allá de los cauces exigidos, cauces que a él ya le parecían más que exagerados. «Su difunto marido, el señor marqués —me decía—, nunca hubiera consentido que el pueblo entrara en el palacio como Pedro por su casa.» Yo creo que en eso se equivocaba, porque tu padre era mucho menos clasista de lo que aparentaba. Lo de llevar monóculo había falseado mucho su imagen. «Cuando cierro los ojos y hablo con él, pienso que estoy conversando con un payés inteligente de mi pueblo, pero cuando los abro y veo el monóculo tengo la impresión de estar hablando con alguien que me miente», me decía Josep Pla. Tu hermano Alfonso estaba en contra del proyecto porque estaba convencido de que algunos aprovecharían la ocasión para colarse en la casa y robar lo que pudieran. En cuanto a tu hermana María Antonia, que a veces puede ser muy ordinaria, vaticinó que lo que ella llamaba «rojos» —aquí mi madre bajó la voz— se cagarían en el césped aunque solo fuera por fastidiar. Pero yo me mantuve firme y ordené que los domingos a las tres de la tarde se abrieran de par en par las verjas del parque.

—¿Y qué pasó?

—No pasó nada. El primer domingo, supongo que por pura timidez, fueron pocos los que se atrevieron a entrar, pero un par de semanas más tarde la gente acudió normalmente a pasear por los jardines mientras que los niños se extasiaban ante la jaula de los pavos reales y se divertían tirándoles trozos de pan seco a los cisnes y a los peces de colores. Pero entre la gente mayor lo que más éxito tuvo fueron las rosaledas que yo había plantado en los terrenos de los antiguos gallineros.

Mi madre encendió un nuevo cigarrillo con la colilla del que todavía estaba fumando y concluyó:

—El pueblo, ¿sabéis?, es mucho más civilizado y culto de lo que nos han hecho creer durante tantos años. Nadie entró en la casa para robar, nadie pisoteó mis rosales y nadie —aquí mi madre volvió a bajar la voz— se cagó en el césped como había vaticinado María Antonia.

De algo muy peculiar que no nos contó mi madre nos enteramos a la mañana siguiente por Aurora, su doncella vasca, mientras nos ayudaba a hacer los equipajes para viajar a Mónaco donde íbamos a dejar a Fabricio con sus abuelos antes de continuar hacia París.

Por lo visto, Paco Baltasar quería prestarle una cierta solemnidad a la apertura de las verjas que iba a permitir la entrada del pueblo en el parque del palacio y le pidió a mi madre que honrara con su presencia la ceremonia. Mi madre, halagada, accedió a la demanda pese al malhumor de Alfonso, a la furia de María Antonia y a las reticencias del teniente de la Guardia Civil.

—Colocamos —nos contó Aurora— uno de los grandes sillones dorados del salón de los Austria* en lo alto de la escalinata por la que se accede desde los jardines a las terrazas. El alcalde insistió mucho en que los visitantes de aquel primer domingo, que pasaban fácilmente de un centenar, pudieran ver en carne y hueso a la señora marquesa, ya que muchos de ellos no la conocían ni de vista.

* Llamado así por los retratos encastrados en las paredes de varios de estos monarcas.

—¿Y mi madre se prestó a esa payasada? —pregunté.

—No fue ninguna payasada, señorito José Luis —protestó Aurora, enfadada—, fue, y así lo entendimos todos, una idea brillante del señor alcalde. Quería que la señora marquesa dejara de ser un mito, una leyenda y que se convirtiera en un ser humano de carne y hueso al alcance de todos. Lo conseguimos a medias porque sentada en aquel gran sillón dorado que parecía un trono, con la estola de visón que le puse sobre las espaldas para que no se enfriara, con el pelo recogido en una redecilla cuajada de brillantes falsos y con una falda de encajes que la cubría hasta los pies parecía, con perdón, una vieja reina recibiendo el homenaje de sus agradecidos súbditos. Paco, el alcalde, hizo un discurso de presentación muy bonito. Dijo que los tiempos habían cambiado y que ahora algunos ricos inteligentes, como la señora marquesa, habían comprendido que para ser felices hay que saber compartir y que por eso ella quería que a partir de ese momento todos los habitantes de Sant Feliu gozaran en su compañía de todas las bellezas que se encerraban detrás de las verjas del palacio, desde los altos plátanos centenarios, las preciosas flores exóticas, el agua que cantaba en las fuentes, los peces de colores que nadaban en los estanques y hasta los pavos reales encerrados en aquella inmensa jaula... ¡Qué coño, señorito José Luis, fue un discurso muy emocionante!

Aurora, con lágrimas en los ojos, nos contó que Paco Baltasar, el alcalde comunista, había acabado su perorata gritando a pleno pulmón: «Y ahora, todos conmigo, ¡Viva la señora marquesa». Y al parecer todos los vecinos, incluso los más «rojos», aquellos que según mi hermana María Antonia acabarían un día pegándole fuego al palacio, contestaron con un estentóreo «¡Viva la señora marquesa!», «Tras lo cual repartimos bocadillos de jamón para los mayores, caramelos y dulces para los niños y refrescos para todos los asistentes a la ceremonia organizada por el señor alcalde. A partir de ese día —concluyó Aurora con voz trémula— todos los de esta casa, incluidos Ginés, Luis y Ramón que son unos fascistones, votaremos al Partido Comunista el día que por fin se legalice».

Nos fuimos de Sant Feliu a la mañana siguiente muy temprano para que las despedidas fueran lo más cortas posibles. Al abrazar a mi madre, todavía tendida en la cama, me dijo en voz baja al oído:

—Es probable que ésta sea la última vez que me veas viva.

—¡Por Dios, mamá! No digas tonterías.

Es difícil fingir convenientemente cuando uno no cree en lo que dice. Me volvió a estrechar con fuerza sobre su pecho mientras me decía:

—Coge ese sobre que está en la mesilla de noche junto a la lámpara. Es dinero.

—¡Mamá! —protesté—. ¡Yo no necesito dinero!

—No es para ti, es para el niño. Ponlo en un banco a su nombre para que cuando sea mayor, para no depender de su padre, no tenga que casarse con una mujer rica, que es lo peor que le puede pasar a un hombre.

Cogí el sobre que por su peso sólo podía llevar dentro un talón y le dije:

—Te lo agradezco por él, mamá.

Y acercándome a su oído añadí:

—Lo de la mujer rica, mamá, ya lo he pagado con creces y nunca permitiré que Fabricio conozca los mismos infiernos que yo.

Me separé de ella con un último beso en la frente, pero me hizo un gesto para que me acercara de nuevo a ella.

—Dime, mamá.

—Tienes una mujer muy guapa y muy inteligente, dos cualidades que raras veces van emparejadas. Cuídala mucho y sobre todo ten conciencia, cuando te hagas mayor, de que los dos viviréis en mundos diferentes.

La despedida de mi madre y de Fabricio fue mucho más larga y emotiva. Lloraron juntos y se abrazaron con desesperación. Tuve que acabar cogiendo al niño en mis brazos para sacarlo de la habitación.

Por fin, tras despedirnos de Aurora, de Ramón y del resto del servicio, pudimos subir al coche que desde hacía un rato calentaba motores. Mi hermano Alfonso, tras darme un fuerte abrazo, me instó a que volviéramos pronto porque, según le había dicho el doctor Vilardell, mi madre iba perdiendo fuerzas día tras día. «No tiene ninguna dolencia en especial —explicaba el doctor—, pero es una mujer que se aburre y ésa es una enfermedad de difícil curación.»

Mi hermana, siempre tan amable, se despidió de mí diciendo:

—Deja ya de beber porque te estás poniendo fofo.

Justo las palabras que a uno le gusta oír por la mañana temprano.

Traspasada la verja, o mejor dicho el puente levadizo que Paco Baltasar había conseguido bajar para siempre, Syliane, que se había puesto al volante del coche, me dijo:

—Tu madre, José Luis, es una mujer maravillosa.

Me hizo ilusión que fuera ella quien me lo dijera. Son palabras que no suelen salir de la boca de las nueras.

—Pues me temo —le contesté— que no volvamos a verla viva.

—¡Pero qué dices! Anoche, cuando te despediste para irte a la cama, me quedé un rato con ella y la eché las cartas. Te aseguro que todavía tiene vida para rato.

—Me contentaré con que llegue a ser testigo de la legalización del Partido Comunista.

Echado en el asiento de atrás del coche, Fabricio roncaba plácidamente. De haber oído y comprendido lo que decíamos habría deducido que sus padres estaban locos.

Llegamos a Mónaco cuando apenas había comenzado a anochecer. El reencuentro entre Fabricio y sus abuelos no fue del todo satisfactorio pues el niño no pareció reconocerlos, lo que provocó un raudal de lágrimas por parte de mi suegra y una gran inquietud en Syliane.

—Si no reconoce a sus abuelos tras una separación de apenas ocho días, ¿cómo nos va a reconocer a nosotros tras las dos o tres semanas que pasaremos viajando entre París y Túnez?

Traté de tranquilizarla —apaciguando al mismo tiempo mi propio desasosiego— explicándole que los niños de corta edad, como muchos animalitos, son incapaces de medir el paso del tiempo. Escuchándome hablar yo mismo me avergoncé de adelantar una teoría de tan escasa credibilidad. Lo primero que hice a la mañana siguiente fue acudir a la mejor tienda de juguetes del Principado y volver a casa de mis suegros cargado de envoltorios de todos los tamaños y colores. No hay nada que me emocione más que la mirada de un niño cuando trata, sin conseguirlo, de abrir un paquete en el que sabe que hay algo que ya es suyo. Es una mirada parecida a la de una mujer antes de abrir el estuche de una joya sin saber todavía lo que hay dentro. Son siempre miradas de una esperanza desmesurada. Me gusta hacer regalos, lo confieso, aunque a veces los haga sin ton ni son. Al correr de una vida dedicada en gran parte a los falsos amores, he oído a menudo en boca de algunas de mis víctimas: «Tú siempre crees que todo se puede arreglar a base de dinero...». No soy tan drástico. Pero sé por experiencia que aunque el dinero no lo arregle todo, nunca te lo devuelven.

Pasamos el día entero junto a mis suegros jugando con Fabricio y sus juguetes. Por la noche, una vez acostado el niño, Syliane, olvidado el cansancio del viaje, me propuso que nos fuéramos a cenar en *tête-à-tête* a Luigis, nuestro restaurante favorito, donde las pastas al vodka eran sublimes. Luego, lógicamente iríamos a tomar unas copas a Chez Regine. En cuanto llegamos allí, *La Grosse** —así la llamábamos cruelmente todos sus amigos— nos contó que la noche anterior, durante la gala celebrada en el Sporting Club, en presencia de los soberanos monegascos, Frank Sinatra salió a escena visiblemente borracho y que en mitad de la canción favorita del público —que por aquel entonces era «Strangers in the night»—, Frankie, con su vaso de whisky en la mano —una licencia que solo él se permitía mientras cantaba— se quedó de repente con la boca abierta sin que ningún sonido saliera de ella. Sólo tras un larguísimo silencio logró balbucear: *«I'm sorry but I'm forgotten the words...»*.

En lugar de abuchearle como hubiera hecho con cualquier otro cantante, el público puesto en pie le aplaudió calurosamente durante varios minutos. Nadie creyó que después de haberla cantado miles de veces en todos los escenarios del mundo, Sinatra pudiera haber olvidado las palabras de la célebre canción. Sólo se trataba de una broma más de aquel hombre, adorado por las multitudes, que a veces se permitía inadmisibles excentricidades.

Después del espectáculo, Sinatra, rodeado por sus matones y acompañado por Sammy Davis y Peter Lawford, dos de los miembros de The Rats, invitados personales de la princesa de Mónaco, se trasladó a la *boîte* de Regine donde una vez más se entregó a su juego favorito —quizá tuviera antepasados valencianos— que consistía en tirar pequeños y ruidosos petardos entre los pies de los bailarines. Como de costumbre aquello acabó en una bronca general durante la cual uno de los gorilas de Sinatra le partió la apolínea nariz a Kim d'Estainville, el eterno enamorado de Helène Rochas, una de las mujeres más bellas del mundo. Syliane y yo nos

* La Gorda.

miramos tranquilizados. Nada cambiaba nunca en las noches de Montecarlo.

A la mañana siguiente, tras los consabidos hipos y lloriqueos, nos despedimos de mis suegros y de Fabricio y pusimos rumbo a París. Durante los viajes en automóvil Syliane no era una mujer que hablara sólo *pour faire du bruit avec la bouche*,* según su propia expresión. Conducíamos los dos turnándonos cada dos horas. Ella, siempre a gran velocidad pero muy segura de sí misma, y yo mucho más despacio pero corriendo los inútiles riesgos de todos los distraídos. En el piso del boulevard Charcot nos esperaban además del consabido correo que generalmente acababa en la papelera, numerosos mensajes de André Bernheim y de Axel Springer. El *Renard argenté* me recordaba una y otra vez que en Túnez, además del presidente Burguiba, me esperaba impaciente un equipo de la televisión francesa. En cuanto a Springer exigía perentoriamente saber cuándo recibiría las cintas de mi entrevista con la princesa Grace. Me deshice de los dos prometiendo cosas que no podía cumplir, como por ejemplo transcribir correctamente en veinticuatro horas —porque yo no me deshacía nunca de mis cintas— lo que me iba a decir, o no, la primera dama monegasca.

Para que pudiera llegar fresco a mi entrevista con la princesa, decidimos Syliane y yo acostarnos temprano. Por más que nuestra cama no tuviera nada que ver con el potro de tortura de Casa Falguera, pasamos una noche bastante incómoda porque Syliane y yo todavía no habíamos perdido la costumbre de dormir el uno en los brazos del otro. Mientras me llegaba el sueño, no pude menos que recordar aquella maravillosa historia de Wenceslao Fernández Flórez que narraba con cáustica ironía la primera noche que un viajante de comercio pasó en brazos de una amada a la que le había costado mucho trabajo convencer de que se acostara con él. Luego de cumplir con los excesivos desenfrenos de una obsesa sexual, ambos se calmaron y la mujer se durmió con la cabeza apoyada en el hombro de su amante. Éste estuvo largo rato contemplando embelesado la adorable cabecita, más agradecido que sorprendido por haber logrado sus fines. Media hora más tarde el feliz donjuán empezó a preguntarse cuántos kilos podía pesar aquella cabecita, que por cierto,

* «Para hacer ruido con la boca.»

tenía una frente de una exagerada amplitud. Pasada una hora más aquella tonelada de cabellos más oxigenados que rubios que disimulaban un cuello de levantador de pesas, había anquilosado gran parte de la espalda del viajante. No pasó mucho tiempo antes de que el imprudente se pusiera a odiar ferozmente aquella cabezota de ancha frente y nariz vulgarmente respingona que lo estaba usando de almohada. Antes de caer en la tentación de estrangular aquel montón de carne flácida y sudorosa —que antes le había parecido turgente y espigada— el hombre se liberó con un gesto brusco, saltó de la cama y luego de vestirse como pudo en la oscuridad salió del mísero hotel donde habían tenido lugar sus no menos míseros amores y volvió a su casa, una noche antes de lo previsto, donde por fin pudo dormir tranquilamente junto a una mujer a la que también odiaba pero que por lo menos era la suya. Huelga decir que mis noches con Syliane nada tenían que ver con las imaginadas por Wenceslao Fernández Flórez, aquel elegante escritor cuyo talento tanto envidiaba César González Ruano.

1976

Las princesas —por lo menos las pocas que yo conozco— ganan mucho cuando visten de paisano. La que me recibió esa tarde a las seis en punto en su salón amueblado a la inglesa, con buenos grabados de caballos en las paredes, vestía una falda escocesa, una blusa de seda cruda abotonada hasta el cuello y mocasines italianos. Parecía de entrada más accesible que la divinidad monegasca con tiara de perlas en sus cabellos rubios, siempre presta a que la sorprendan los fotógrafos.

Lo estuve pensando mucho antes de comprometerme a entrevistar a la célebre miss Kelly reconvertida por los azares de la vida en radiante princesa de Mónaco. Para mí, profesionalmente, se trataba de una aventura de la que podría salir escaldado porque ya parecía haberse dicho todo sobre ella y el resultado nunca fue verdaderamente excitante. En principio la princesa sólo admitía ser lo que el protocolo del principado le permitía que fuera. Aquel país tan escandalosamente pequeño arropaba a sus príncipes de tal manera que éstos apenas podían abrir la boca. «Más te vale —me habían aconsejado mis colegas de *Paris-Match* y de *Jasmin*— olvidarte de la miss Kelly que conociste en Los Ángeles durante el rodaje de *Catch a thief*.» Todo lo que se había escrito sobre ella desde que había dejado de ser una actriz de cine la había convertido a los ojos del gran público en un ser irreal, amorfo y sin gran cosa que decir. Yo se lo había dejado muy claro tanto a André Bernheim como a Axel Springer, mis dos comanditarios principales: «Si no le puedo sacar a esa señora algo más que las insulsas declaraciones de siempre, renuncio a entrevistarla». Es difícil querer dar vida a la imagen de alguien que ya parece haberlo dicho y hecho todo. Es difícil y peligroso para quien se presta a la aventura añadiendo, aunque sea con talento, algunas fulgurantes pinceladas. Antonio del Castillo y otros cuantos creadores de moda más trataron que Balenciaga sobreviviera a su muerte añadiendo a sus viejos diseños una rosa por aquí, un ribete por allá, unos plisados y algún volante. El resultado fue desastroso y a mi entender profanaron además la reputación del muerto. La gran Grace Kelly no se merecía un trato semejante, ni yo ser el causante del desaguisado.

Profesionalmente mi problema con Kelly consistía en que, a excepción de un par de cenas en Nueva York y otras tantas en Los Ángeles en compañía de Jean-Pierre Aumont a quien le convenía hacer creer que era el amante de la futura princesa, yo sólo conocía a la antigua actriz muy de pasada. Iba a ser la primera vez que iba a entrevistar a alguien sin previo conocimiento de sus motivaciones vitales. Cuando fui a Nueva Delhi para enfrentarme a la Gandhi yo ya sabía cuál era la pasión oscura que la habitaba. El poder y nada más que el poder. No por el poder en sí, sino como instrumento que le permitiera recomponer los garrafales errores políticos cometidos por el Hombre de la Rosa, su padre. Cuando me encontré por primera vez cara a cara con la Loren, yo sabía que me hallaba frente a una mujer que había sido muy pobre, pero que había tenido la entereza suficiente para hacerle frente a la vida con tres armas contundentes: su extraordinaria belleza física, una voluntad de hierro y el amor de un anciano marido que era, además, uno de los grandes productores del cine italiano, lo cual, qué duda cabe, debió de ayudar mucho. En cuanto a Jeanne Moreau, la gran Moreau, lo único que hice además de enamorarme de ella fue dibujar con palabras el esbozo de una fugaz belleza que el talento acabó convirtiendo en eterna. Pero con la princesa de Mónaco todo iba a ser distinto. Yo no le iba a preguntar de buenas a primeras —¡el protocolo, el maldito protocolo!—: «Y dígame, a usted, ¿qué es lo que le hace correr, como dicen los franceses...?». A Grace Kelly sí que hubiera podido preguntárselo, pero a la princesa de Mónaco no. Así que estuve varias veces a punto de renunciar al proyecto. No lo hice por no desmerecer a los ojos de Axel Springer, cuyo respeto contaba mucho para mí. Así que en lugar de renunciar me emperré en conseguir lo que me había propuesto, hacer hablar a aquella mujer que había sido alguien y que ahora solo era la princesa de un ridículo principado de opereta que provocaba malintencionadas sonrisas desprovistas de caridad. Aquella señora era una princesa por elección propia, lo que para muchos no tenía perdón de Dios. Era además de una gran belleza, lo que molestaba sobre todo a las mujeres que consideraban que la belleza es la peor injuria que se le pueda hacer a la justicia social. Además tenía modales encantadores, lo que suponía una exquisita educación, otra injusticia que los resentidos sociales consideraban imperdonable. Para colmo, la princesa vivía al sol, junto al mar, en un palacio grotesco que no por eso dejaba de ser un palacio. Para rizar el rizo, la princesa tenía dos hijas encantadoras y un hijo no del todo definido pero de un pasable buen ver. La princesa tenía dinero, un marido de compañía y numerosos amigos con los que navegaba en un bonito yate de su propiedad. Todo injustificable, odioso, sin excusa alguna. Pero lo que más fastidiaba de esta princesa de cuentos de hadas, lo que más irritaba a la *intelligentsia* progre, era que además de todas estas ventajas la princesa presumía de tener principios, unos principios parecidos a los que pudiera tener un burgués no contaminado por el utópico veneno del marxismo de salón. Para empeorar las cosas, la princesa también tenía un sólido sentido común, lo que naturalmente sacaba de quicio a los envidiosos y a los resentidos sociales. Del aborto decía tranquilamente que «es una cuestión que sólo tiene que ver con la conciencia de cada uno». Pero añadía enseguida que le parecía chocante pretender que fuera la Seguridad Social la que corriera con los gastos de semejante operación. A los izquierdosos que frecuentaban los salones del XVIéme arrondissement les sonaba a profundamente reaccionario. Naturalmente, todo esto me incitó a seguir adelante. Nunca me arrepentiría. A lo largo de nuestra conversación la princesa logró sorprenderme en más de una ocasión. Confesó escuchar a Bach con deleite porque le recordaba las clases de matemáticas de cuando era niña. Era una opinión refrescante tras haber oído docenas de veces a una de esas estrellas fugaces del pop o del rock afirmar que son incapaces de dormirse sin haber «leído» por lo menos unas cuantas páginas de Stockhausen. Hablando de literatura la princesa nunca citaba a McLuhan, Mailer, Ginsberg ni Kate Millet. Ella se decantaba por Wodsworth y Thomas Hardy. En poesía prefería Longfellow a Kerouac. Tenía también una divisa —a finales del siglo XX esa mujer tenía una divisa— cuyo texto no citaré aquí por no crearle enemigos suplementarios.

Empezamos pues la entrevista sin que la princesa de Mónaco me preguntara ni por Syliane ni por Fabricio, por los que tanto hizo en su momento. Supongo que las preguntas que no dejará de hacerme acerca de ellos estarán programadas para el momento de nuestra despedida. Olvidando que tanto en Nueva York como en Los Ángeles nos llamábamos por nuestros nombres de pila, le di desde un principio el tratamiento de «señora» obviando así el de Alteza que habría levantado murallas invisibles entre mis preguntas y sus respuestas. Era pues evidente que nos trataríamos de usted.

—¿En qué emplea, señora, el tiempo libre que le dejan sus ocupaciones oficiales?

—Hago bordados.

Lo dijo así, como suena. Y añadió:

—Me enseñó a hacerlos Hitchcock. Calma mucho los nervios.

Acto seguido me dio a elegir entre un té con o sin limón. Lo elegí con limón. Mientras que un criado con librea azul disponía el servicio en una mesita frente al sofá en el que estábamos sentados, la princesa me hablaba del tiempo.

—En París la primavera ya no existe —me decía convenientemente preocupada.

Era cierto. Los árboles de la avenue Foch se habían quedado prácticamente sin hojas durante los últimos quince días.

Comencé pues la entrevista haciéndole las tres o cuatro preguntas insulsas que suelo hacer al principio de cualquier entrevista para saber cuanto antes de qué pie cojea el entrevistado.

—¿Cuál es, señora, su virtud más apreciada?

—La cortesía.

Ah.

—¿Usted cree de veras que la cortesía sea una virtud?

—Lo creo, sí. O por lo menos lo es ahora.

—¿Por qué?

—Porque todo lo que escasea se vuelve precioso.

Hablaba esa clase de francés —sin apenas acento— que sólo los estadounidenses educados se esfuerzan por emplear. Las palabras que elegía —siempre tras una breve reflexión— las retenía durante una fracción de segundo en los labios antes de soltarlas y a veces daba la impresión de que vacilaba antes de contestar. Todo ello me impedía hacer preguntas a la ligera. Pero el caso es que yo nunca hago preguntas a la ligera.

—¿Qué le hubiese gustado ser en la vida, señora?

Sacó de un bolso de tela que tenía a su lado en el sofá todo lo necesario para hacer bordados. Por lo tanto no me mintió. Los hacía.

—*Well*... Cuando tenía catorce o quince años me hubiese gustado ser hombre. Pero ahora estoy muy contenta de ser lo que soy.

Una francesa habría dicho: «*Je me contente d'être...*», «Me contento con ser...». Pero la señora Grimaldi era una estadounidense de cuerpo entero, positiva, optimista y feliz.

—¿Le habría gustado ser hombre para parecerse a su padre?

—Yo adoraba a mi padre. Guardo de él recuerdos maravillosos. Era un ser extraordinario, con una enorme personalidad, un gran corazón y un sentido del humor irlandés a toda prueba.

Hizo una pausa y añadió:

—Tenía de la vida una concepción muy clara: nadie te da nada por nada y si alguien te lo da sin pedirte algo a cambio, no lo aceptes, hay que ganárselo todo.

—Ya... Pero usted no ha contestado a mi pregunta. ¿Le hubiese gustado ser hombre para parecerse a su padre?

Apenas se impacientó:

—A ver si me entiende. Mi padre era un verdadero hombre de acción. Pero un hombre de acción irlandés, es decir algo así como un toro salvaje al que resulta peligroso enfrentarse. Para seguirle más valía ser un hombre que una chica. Eso es todo.

—Así que John Brendan Kelly era un irlandés de armas tomar.

—Sí, un irlandés hasta los tuétanos, alegre y sentimental. No uno de esos irlandeses melancólicos que salen en las novelas. Un sentimental al que le gustaban los amigos, las canciones, la familia, ya sabe.

—¿Bebía?

La princesa fue rápida, demasiado rápida en contestar:

—Nunca delante de su familia. Además no le hacía falta beber para estar de buen humor. Tenía don de gentes y un talento especial para que la gente se sintiera a gusto en su compañía. Y como buen irlandés sentía pasión por la política. Mi madre le acusaba de dedicarse a ella «atléticamente», porque nunca olvidaba que era campeón olímpico en su especialidad, el remo.

Dejó un momento sus bordados sobre las rodillas y me dijo:

—Digamos que era un hombre cuya virtud principal era el entusiasmo. Tener un padre entusiasta era para sus hijos una manera maravillosa de empezar en la vida.

Reanudó su labor donde la había dejado y esperó mi próxima pregunta.

—Y su madre, señora, ¿también era irlandesa?

—No, mi madre había nacido en Estados Unidos, pero sus padres, los Majer, eran alemanes nacidos en Alemania.

—Y naturalmente, su madre también era un ser excepcional.

No creo que le gustara mi ironía.

—Lo era. Sin duda alguna. Durante toda su juventud vivió en un ambiente típicamente alemán. Su gran pasión fue el deporte y la música. Tocaba el piano y cantaba con mucho talento. Fue la primera mujer que fue a clases de gimnasia en la Universidad de Filadelfia. Tanto ella como mi padre eran muy activos. Me inculcaron desde muy jovencita el sentido de la responsabilidad y también —lo que para un norteamericano es muy importante— el de la solidaridad con nuestra comunidad.

Si eso continuaba así nadie leería el final de esa entrevista porque yo no sería capaz de acabarla. Todo era demasiado perfecto, demasiado clásico y a mi entender terriblemente aburrido.

—Su familia aparte, señora, ¿quiénes fueron sus educadores?

—Las monjas de la Asunción, en la Raven Hill Academy de Filadelfia.

Antes de que yo hiciera el menor comentario la princesa añadió:

—No creo que ninguna mujer joven de hoy soportara la férrea disciplina a la que estábamos sometidas. Mi madre creía mucho en la disciplina. Ella misma llevaba una vida muy disciplinada. Lo tenía todo programado minuto a minuto. En mi casa era ella quien dictaba la ley, una ley a la que todo el mundo, incluso mi padre, se sometía.

El irlandés no debió de ser tan fiero como lo recordaba su hija. En cuanto a mí estaba empezando a cogerle manía a esa familia tan perfecta, tan militarizada, tan de taconazo e iba a decir de brazo en alto, aunque eso no me atrevería nunca a escribirlo.

—¿Nunca se sintió víctima de esa clase de educación?

—¿Víctima? No, nunca. ¿Por qué lo dice? Esa disciplina me ha servido en ocasiones para superar situaciones que no parecían tener salida.

—Qué suerte. Pero hay algo, señora, que no entiendo. A pesar de una educación tan restrictiva, tan austera, usted se convirtió más tarde en una actriz. ¿No ve en ello una contradicción?

—No, no veo en absoluto ninguna contradicción. Mis padres eran personas muy abiertas. Para ellos no existían buenos o malos oficios. Había sencillamente oficios bien hechos y otros que no. De su hija Grace sabían que haría bien el oficio que escogiera. Los Kelly siempre hemos creído los unos en los otros. Pero fue quizá mi madre la que más influyó en la elección de mi carrera. Me aficionó desde pequeñita a la música, a la danza y al arte en general. Pero las influencias decisivas vinieron de algunos miembros de la familia de mi padre. Él era el noveno de diez hijos y su hermano preferido fue George Kelly, el dramaturgo. Los dos hermanos se entendían bien aunque tuvieran caracteres muy distintos. Mi padre, ya se lo he dicho, era un hombre de acción en estado puro. Mi tío George, el hombre de teatro, era un soñador al que siempre había que estar sacándole las castañas del fuego. También tenía otro tío, mucho mayor, Walter Kelly, que fue en su juventud un actor de gran éxito. Fue amigo de Charlie Chaplin al inicio de la industria del cine en California. Murió en 1936.

Me ofreció una segunda taza de té y mientras me lo servía, insinué:

—Así que un día usted le anunció a su familia que quería ser actriz de cine y todo el mundo estuvo de acuerdo.

—No, no —se rió—. Todo ocurrió de una manera muy racional. Para empezar yo no soñaba para nada en convertirme en una actriz de cine. Para nada. Yo quería ser bailarina. La danza y la gimnasia tienen mucho en común y mi madre no vio ningún inconveniente.

Tomé mi tiempo antes de preguntarle:

—Pero, ¿hasta qué edad hizo usted lo que quería su madre?

Me miró entre sorprendida e irritada y se contuvo para que no se le notara el enfado en la voz. Era evidente que nunca le habían hecho esa pregunta.

—Creo —me dijo— que no me ha entendido bien. Yo siempre obedecía a mi madre porque, además, yo siempre estaba de acuerdo con ella.

—¿Siempre?

—Bueno, casi siempre —concedió tras una pausa—. Y esta vez fue una de las veces en que también estuve de acuerdo con ella. Así que me llevó a Nueva York y me instaló en un confortable hotel para mujeres solas. Era muy parecido al colegio donde había estado durante varios años.

—Así que de salidas con chicos, nada.

—Nada. Pero tenga en cuenta que yo sólo tenía diecisiete años...

Y ante la cara que puse, me recordó:

—Era otra época. Ahora, a los diecisiete años una mujer es casi una vieja.

Encendió ella sola un cigarrillo y me advirtió:

—Yo no fumo. Así que no se le ocurra decir que me ha visto hacerlo. Mi marido me mataría.

A lo largo de nuestra conversación la princesa fue depositando las cenizas de sus cigarrillos en un Kleenex que luego fue a tirar ella misma para que no quedaran huellas de la infracción.

—De todas maneras —siguió explicando—, yo volvía todos los fines de semana a Filadelfia para no perder el contacto con la familia. —Y bajó un poco la voz para confesar—: Al poco tiempo de estar en Nueva York y sin poner a nadie en el secreto me inscribí en un curso de la American Academy of Dramatic Arts.

—¿Cómo? ¿Sin decírselo a su madre?

Esta vez la princesa se rió.

—Pues no, no se lo dije. Quería darles a todos una sorpresa. A los dos años obtuve mi diploma y entonces les anuncié a mis padres lo que había hecho. Se lo tomaron muy bien. Yo sabía que mientras trabajara duramente ellos me apoyarían en todo lo que fuera. Fue durante el primer año en la Academy of Dramatic Arts cuando decidí ser actriz. En el ambiente en el que vivía fue una decisión perfectamente natural. Sin casi saber cómo, empecé a actuar en pequeños papeles en algunos teatros de la periferia de Nueva York. Mis comienzos fueron muy difíciles. Siempre lo son en esta profesión. Pero es que además yo tenía un problema suplementario: era demasiado alta. Cuántas veces, después de recitar el monólogo que me habían pedido, no habré oído: «Gracias, miss Kelly. Le escribiremos». Naturalmente, no me escribían nunca. Tuve momentos de gran desespero y acabé desarrollando lo que un psiquiatra amigo mío llamó «el complejo de Gulliver», aquel gigante que... ya sabe. —Aplastó en un platillo el cigarrillo y recogió cuidadosamente las colillas y las cenizas—. La mayoría de los actores masculinos con los que me tocaba actuar eran por lo general hombres de poca estatura. No vamos a citar nombres, ¿verdad?, pero el cine norteamericano está plagado de actores que son casi enanos. Pero por fin, en 1949, me propusieron mi primer papel importante en el teatro. El papel, en un drama de Strindberg, *The Father*, de la hija de Raymond Massey. ¿Lo recuerda? Massey era el que hacía de malvado embajador francés (monsieur Chauvelin, creo que se llamaba) en *Pimpinela Escarlata*. Afortunadamente Massey era mucho más alto que yo. A los pocos días de trabajar juntos me confesó que él tenía un problema muy parecido al mío. Siendo exageradamente alto, a muchas actrices les molestaba parecer a su lado mucho más bajitas de lo que eran en realidad. Nos hicimos muy amigos.

A medida que hablaba, la princesa se iba animando. Ya no tenía ese aire gélido que adoptó desde que fue princesa reinante. Qué alivio.

—La televisión era entonces —siguió contando— el sueño inalcanzable de todo actor principiante. Aparecer en televisión era la manera más rápida de darse a conocer al gran público y también de entrar en contacto con productores y directores. Era además, recuérdelo, la época de la televisión en directo, algo terrible y fascinante. Y para un actor la mejor manera de aprender el oficio. Ya puede usted imaginar cuál era mi euforia en aquellos momentos. —Dejó caer al suelo la bolsa con los bordados de Hitchcock y pareció haberse trasladado a otro mundo—. Todo lo que le cuento —me recordó— ocurría inmediatamente después de la guerra, cuando los teatros apenas existían y los grandes estudios, como la Metro y la Paramount, nos parecían inaccesibles. Además, el auge y el éxito arrollador de la televisión habían convencido a muchos productores de que el principio del fin de los grandes estudios estaba a la vuelta de la esquina. La televisión era pues la verdadera solución para los actores jóvenes que empezaban. Así que como muchos otros me olvidé del cine para «hacer» televisión. Hice muchas comedias inglesas al estilo de Noel Coward y muchos dramones en los que era conveniente verter lágrimas de verdad. Hasta que un día los de MCA me consiguieron un contrato en Hollywood. Según ellos era la gran oportunidad de mi vida. Pero yo veía las cosas de una manera muy diferente. Me asustaba la idea de atarme durante siete años a uno de esos grandes estudios que me obligarían a aceptar papeles que no estaban hechos para mí. El estudio, sea cual fuere, se arrogaba el derecho a decidir cómo tenía que vestirme, dentro y fuera del plató, cómo tenía que maquillarme y peinarme. Me obligarían incluso a vivir en tal o cual barrio de Hollywood, con dos negras a mi servicio, un coche descapotable y una piscina en forma de corazón. Me obligarían a frecuentar gentes por las que no sentía ningún interés pero con las cuales me convenía ser vista. Y acabarían imponiéndome ciertas ideas políticas que no eran las mías. Dicho de otro modo, entraría a formar parte del batallón de *starlettes* desocupadas que arrastran sus angustias y sus miedos bañándose en ridículas piscinas y bebiendo dry martinis. No era para nada el estilo de vida que a mí me convenía y me negué a firmar el contrato. Pero los grandes estudios son tenaces. Disponen del tiempo y del dinero necesarios para conseguir siempre sus fines. Cansada de luchar (asustada por ciertas amenazas) me dejé convencer por los de la MCA y acabé firmando un contrato con la Metro Goldwyn Mayer. Lo firmé sobre todo porque me ofrecían un papel en una película que se iba a rodar en África.* Y a mí me interesaba África para poner tierra por medio a ciertas complicaciones que no le voy a contar. Así que firmé mi contrato en el último momento sobre la mesa de un despacho en el propio aeropuerto con los motores del avión ya en marcha.

—¿África fue su primera gran experiencia en el cine?

—No, mi primera película la rodé en Nueva York para la Twentieth Century Fox. Era sólo un papelito, pero mi *partner* era Richard Basehart, un magnífico actor. *Fourten hours* era la historia de un hombre que se quiere suicidar tirándose por la ventana de un hotel. A mí me tocaba impedirlo. Enseguida después rodé *Solo ante el peligro* con Gary Cooper. El sueño de mi vida hecho realidad. Gary era un hombre de un extraordinario atractivo y de una timidez enfermiza con quien a veces era muy difícil conectar. Pero ninguna de esas películas contribuyó a «lanzarme». Si por fin me «descubrieron» fue gracias a un test que realicé para Gregory Ratoff. Pero el resultado no le gustó a ese señor, que prescindió de mí

* *Mogambo.*

con muy malas formas. Pero, lo que son las cosas de la vida, ese test le encantó a John Ford. Con Ratoff quizá no hubiese hecho gran cosa, pero John Ford me dio la oportunidad de viajar a África por primera vez en mi vida. Y fue también ese mismo test lo que decidió a Hitchcock a contratarme para *Crimen perfecto*. Lo que sigue, usted ya lo conoce.

Yo y todos los cinéfilos del mundo. La princesa enumeró en francés las seis películas que hicieron famosa a miss Kelly: *Mogambo*, *Solo ante el peligro*, *Alta sociedad*, *Crimen perfecto*, *La ventana indiscreta*, *El cisne* y *La angustia de vivir*, película esta última que le valió un Oscar en 1954.

El día había oscurecido en la calle y había empezado a llover.

—¿Seguro que no le apetece un whisky? —me preguntó.

Seguro que no me apetecía beber solo y a ella no le debían de permitir beber alcohol ante testigos. El jodido protocolo.

Sin que yo se lo preguntara, me dijo:

—He trabajado muchísimo durante siete años. —Y añadió, melancólica—: Debería haber continuado cinco o seis años más porque cuando dejé el cine apenas empezaba a aprender mi oficio.

—¡Cuando dejó el cine —protesté— usted era ya mundialmente famosa!

Tomó sus distancias con una simple sonrisa.

—No, no, de verdad, sólo empezaba a aprender mi oficio.

—Pues no me imagino a John Ford confiando un papel importante a un *amateur*.

El nombre de John Ford operó en ella milagros.

—¡Ah! ¡Si usted supiera todo lo que aprendí trabajando con John Ford! Era un director extraordinario. Cuando salía de entre sus manos tenía la impresión de estar… ¡vacía! El gran talento de Ford consistía en conocer al milímetro las capacidades de sus actores, lo que le impedía pedirnos lo que no le podíamos dar.

—Creo que era un talento que también poseía Hitchcock.

—Hitchcock era un hombre extraño, muy misterioso, muy secreto. Un inglés tan tímido que parecía estar continuamente jugando al escondite consigo mismo. Él tampoco se equivocaba nunca sobre las posibilidades de sus actores. A veces nos forzaba a «descubrirnos» a nosotros mismos y se divertía muchísimo al ver lo que a veces nos sorprendían nuestros propios descubrimientos. Pero sus métodos eran mucho más sutiles que los de John Ford. En el fondo, Hitchcock era un hombrecito maquiavélico. Yo siento por él un inmenso afecto. Hice tres grandes películas bajo su dirección. —Tras un ligero titubeo, añadió—: He tenido la suerte de trabajar siempre con grandes directores. —Y repitió—: Sí, he tenido mucha suerte.

—Me parece que la suerte le debe a usted mucho, señora. —No pareció valorar el cumplido y como no me contestaba, le expliqué—: Antes de venir a verla he vuelto a ver, en su orden, todas sus películas. La progresión de su talento en cada una de ellas me parece evidente. Su suerte también, ya que insiste en ello. Nunca ha participado en una mala película, nunca ha trabajado a las órdenes de un director mediocre y siempre ha obtenido papeles que le iban como un guante.

—Nunca he creído en las carreras con altibajos.

—Ya... Pero, dígame, ¿quién escogía sus películas? ¿Los estudios que la empleaban, su agente de la MCA o usted misma? ¿O quizá su madre?

Tanta pregunta pareció impacientarla.

—Por lo general —me explicó— la escogían mis agentes de acuerdo con los estudios, pero era yo quien tenía la última palabra. Y yo siempre he sabido muy bien lo que me convenía o no.

Un perro ladró en una habitación vecina y la princesa se distrajo unos segundos. Pero enseguida añadió:

—He rodado todas mis películas entre 1953 y 1954. Para ser más precisa: he rodado mis seis únicas películas en trece meses.

—Señora —le pregunté cuando me repuse del shock que me causó esta última información—, habiendo visto la totalidad de sus películas no parece que usted haya trabajado nunca por razones puramente alimentarias. ¿Me equivoco?

—No. Está usted en lo cierto.

—¿Acaso el dinero no tenía para usted la misma importancia que para el común de los mortales?

—Yo he tenido económicamente mis momentos difíciles. Pero... —Reflexionó largamente antes de decir—: Hay que saber elegir entre hacer una carrera y hacer dinero.

—¿No es prácticamente lo mismo?

—En mi caso, desde luego que no. —Volvió a bajar la voz como si le diera vergüenza admitir—: ¿Sabe?, yo nunca he ganado mucho dinero con el cine. —Mi incredulidad la obligó a explicarme—: Yo estaba contratada por la Metro, que me pagaba una cierta suma por semana.

—¿Cuánto, señora?

Era evidente que como a todas las personas bien educadas —y ricas— le resultaba desagradable hablar de dinero.

—Digamos que me pagaban una cifra confortable, aunque sin ser excesiva. Tenía una buena casa, varias personas a mi servicio, un coche confortable y todo lo necesario para vivir a la altura de mi *standing* en la Metro Goldwyn Mayer. Pero, de las seis películas que hice entre 1953 y 1954, una sola fue producida por la Metro. Todas las demás, menos una que lo fue para la Warner Brothers, fueron producciones de la Paramount.

—¿Cómo es eso?

Pareció no haberme oído porque siguió explicando:

—Lógicamente, para incorporarme a sus *castings*, la Paramount le pagaba mucho dinero a la MGM. Pero era un dinero del que yo no veía ni la sombra.

—Eso suena a explotación descarada.

—Es que lo era. Pero en aquella época las cosas funcionaban así. Las relaciones entre la empresa y el trabajador eran despiadadas, brutales. La Metro ganó muchísimo dinero «alquilándome» a la Paramount. Tanto ganaba que al final de mis trece meses de trabajo me consintieron un pequeño aguinaldo que tuve que agradecerles efusivamente.

La princesa manejaba la ironía con prudencia, como si también estuviera prohibida por el protocolo.

—Sí —repitió—, le hice ganar mucho dinero a la Metro. Pero es porque ellos estaban mucho más interesados que yo en los beneficios extraordinarios. —Y añadió—: Para mí el dinero nunca ha sido la única meta.

—Eso suele decirlo la gente que siempre ha tenido dinero.

Se quedó mirándome fijamente como si estuviera a punto de echarme a patadas de su salón inglés. Antes de que decidiera lo que le convenía hacer, le pregunté:

—En ese contrato leonino que usted había firmado con la Metro, ¿se le reconocía la posibilidad de negarse a rodar tal o cual película?

—Pues... no. En principio tenía que aceptar todo lo que me propusieran los estudios. Pero no siempre ocurría así. Apoyada por mis agentes, que no siempre me apoyaban, conseguía tras interminables discusiones imponer mi punto de vista. Pero en 1955 me negué en redondo a rodar un guión por no tener nada que ver, ni moral, ni físicamente, con el personaje que me proponían. Entonces el estudio me puso en disponibilidad.

La princesa lo dijo en inglés —*suspension*— para prestarle a la palabra un poco más de énfasis.

—No lo entiendo bien, señora.

—*Suspension* significaba que si bien yo seguía bajo contrato con la Metro, los estudios suspendían mi sueldo hasta nueva orden. Era una manera contundente de, y sin equívocos, recordarme que yo les pertenecía en cuerpo y alma.

—¿Cuánto tiempo estuvo sin cobrar su sueldo?

—Varios meses.

—¿En su casa se enteraban de estas cosas?

—¡No, por Dios! —se escandalizó—. Nada de todo esto tenía que ver con ellos.

—Pero... ¿qué hizo usted para defenderse?

—Nada. Le recuerdo de nuevo que en aquella época las cosas ocurrían así. Con una brutalidad clara y sin remilgos. Métodos soviéticos, decíamos entre nosotros. Sin medios para defenderse, los actores se sometían a estas situaciones sin posibilidad alguna de defenderse. Hoy, una historia como ésta haría las delicias de los sindicatos.

—¿Quién dio el primer paso para arreglar las cosas? ¿Usted o los estudios?

—Ni ellos, ni yo. Porque al poco tiempo de haber sido puesta en disponibilidad, mi nombre figuró en la lista de las candidatas a los Academy Awards del año. Tanto la Metro como yo y como prácticamente todo el mundo, daba como ganadora del premio a Judy Garland. La Metro la apoyó con todos sus recursos, que eran muchos, pero no movió un dedo en mi favor. Lo que significaba entre otras cosas que no pensaban por el momento suspender mi condena. Pasaron las semanas y empezó a correr el rumor de que el premio lo podía ganar yo y el pánico cundió entre los *tycoons* de la MGM. A ellos les parecía intolerable, indecente, que el premio pudiera llevárselo una actriz sancionada por mala conducta. Pero eso fue exactamente lo que ocurrió.

Pocos días antes de que el jurado se pronunciara a favor de la rebelde miss Kelly, la MGM hizo marcha atrás, le pagó todos los sueldos atrasados y la puso de nuevo en nómina. Miss Kelly tuvo la inteligencia de no guardarles rencor.

—Señora, ya sé que a usted le molesta mucho, pero tenemos que hablar otra vez de dinero. Hace un rato le he preguntado qué es lo que significa para usted el dinero y entre otras cosas me ha dicho que el dinero nunca ha sido su única meta. Pero supongamos que usted le hubiese dicho «no» a la MGM un par de veces más. ¿Qué habría pasado? Habrían acabado despidiéndola, ¿no es así?

—Seguramente.

—Entonces, ¿de qué habría vivido?

La princesa se concentró largamente antes de contestar:

—Es verdad que me molesta muchísimo hablar de dinero, pero es por una razón muy precisa. —Me miró fijamente a los ojos y dijo—: El dinero provoca dos clases de problemas: unos que son muy serios y otros que son falsos problemas. A Hollywood llegaban desde todos los lugares de América cientos de chicas muy jóvenes y por lo general muy guapas, decididas a convertirse en grandes estrellas de cine. Era un sueño que muy pocas veces se cumplía. Acabados los ahorros, esas chicas, muchas de las cuales se habían ido de casa dando un portazo, se encontraban de repente en la calle, solas, sin un céntimo, sin amigos y eso en una de las ciudades más inhumanas del planeta, una ciudad en la que uno puede morirse en una esquina sin que nadie le tienda una mano. Para esas chicas el dinero suponía un problema muy serio. Pero otras, como yo misma, sabían que en caso de catástrofe siempre podían volver a casa y empezar de nuevo en la vida sin tener que emplearse como camareras en los bares o llenando los depósitos de las gasolineras, cuando no ejerciendo oficios mucho peores. Evidentemente, las chicas que nos sentíamos protegidas éramos una minoría, una ínfima minoría. Y créame, el tener una familia dispuesta a recibirnos con los brazos abiertos en caso de fracaso nos daba una fuerza tremenda. Por eso no me gusta hablar de dinero, porque nunca me ha faltado y no me creo con derecho a dramatizar. —Hizo una larga pausa y sin dejar de mirarme a los ojos terminó diciendo—: Además, yo nunca he considerado la posibilidad de fracasar, ni de volver a casa con el rabo entre las piernas. —Se rió un poco más alto que la última vez. Una risa irlandesa, vivaz y optimista—. Ya sé que se va a sorprender si le digo que nunca he contado con el cine para hacer mucho dinero. Con la Metro o sin ella, siempre me las he arreglado muy bien y nunca, ni en los momentos más difíciles, he recurrido a mi familia. Nunca. De haberlo hecho habría decepcionado a mi padre y eso yo no me lo habría perdonado jamás. —Cada vez me gustaba menos la familia de esta señora—. Al principio de mi carrera —me siguió explicando la princesa—, cuando actuaba en pequeños teatros de provincia que apenas tenían con qué pagarme, ganaba dinero posando para fotografías de moda o haciendo publicidad para perfumes, cigarrillos, champús o lo que fuera.

—¿Y haciendo eso no temía dañar su imagen de actriz?

Esa vez la risa irlandesa se convirtió en franca carcajada.

—¡Pero si yo no tenía imagen alguna! ¡Yo era entonces una perfecta desconocida! Además, en Norteamérica hacer publicidad no está mal visto como en Europa. Hay muchísimas chicas de la llamada buena sociedad que prestan sus rostros para hacer publicidad de Elizabeth Arden o de Helena Rubinstein sin que a nadie se le ocurra criticarlas. A mí esa clase de fotos me daban el suficiente dinero para vivir sin preocuparme por si se montaba o no tal o cuál obra de teatro.

Encendió un nuevo cigarrillo y preparó minuciosamente el Kleenex en el que iba a guardar las cenizas…

—Una vez regularizada su situación en la Metro —quise saber—, ¿qué clase de ambiente encontró en los estudios?

—Pues no muy bueno, la verdad. Pero yo sabía que a veces, cuando me proponían rodar insensateces que me sacaban de quicio, lo hacían porque no tenían nada mejor que ofrecerme. Un día vino a verme un director del que, por caridad, prefiero no citar el nombre, para decirme que tenía la intención de llevar a la pantalla *The Barrets of Wimpole Street*, esa fascinante historia de amor cuya heroína principal fue la poetisa inglesa Elizabeth Barrett Browning, la autora de *Sonetos de la portuguesa.* «¡Estará usted maravillosa en ese papel!», se extasiaba aquel fulano enfocándome con el hueco de la mano como si ya estuviéramos en el plató. Me quedé de piedra. Elizabeth Barrett Browning tenía cuarenta años cuando tuvo lugar su historia y yo apenas venía de cumplir veinticinco años… «No importa. Cambiaremos la edad de la Browning», me contestó tranquilamente aquel hombre. «¡Usted no puede cambiar la edad de su heroína —me indigné—. ¡Toda la belleza de la historia reside precisamente en el hecho que Elizabeth tenía cuarenta años cuando vivió aquel gran amor!» El proyecto, a Dios gracias, cayó en el olvido, pero mi reputación de joven actriz siempre dispuesta a crear problemas al estudio se acrecentó un poco más.

—¿Esas cosas ocurrían a menudo en la Metro?

—Esas cosas ocurrían a menudo en todos los estudios.

Me lo dijo sonriente, como quien habla de las tonterías que puedan hacer los niños. Y enseguida cambió de conversación.

—He hecho muchos y diferentes papeles durante mi corta carrera pero nunca nadie ha escrito un guión especialmente para mí. Eso no ocurría con otras actrices de mi época. Fue una lástima porque ésa es precisamente la clase de papel con la que una puede identificarse a fondo.

—¿Y cómo es que...?

—Porque en la vida —me interrumpió— las cosas ocurren siempre en su debido momento y yo quizá me fui del cine antes de tiempo. Justo unos meses antes de mi matrimonio, Josh Logan me dio a leer un guión que había escrito para mí. De haberse hecho la película, mi pareja hubiera sido Jimmy Stewart. Otro sueño desvanecido.

—Señora, hay una pregunta que no tengo más remedio que hacerle. Cuando usted decidió contraer matrimonio estaba en el cenit de su carrera, en plena gloria. Su súbita desaparición de las pantallas hizo más ruido aún que la de la Garbo en años anteriores. Me gustaría saber si decidió casarse para abandonar el cine o abandonar el cine para poder casarse.

La ceja del ojo izquierdo se levantó muy alta en la frente de la princesa.

—Para empezar —me dijo con voz helada—, yo no decidí casarme. Yo me enamoré de un hombre y quise convertirme en su mujer. No es lo mismo. —Pasaron unos momentos antes de que se dulcificara y me dijera—: Las cosas nunca son tan sencillas. Usted ha hablado de gloria. Vamos a contentarnos con hablar de éxito. Tener éxito es una sensación maravillosa pero si no se tiene a nadie con quien compartirlo el éxito pierde mucho de su fascinación. Yo sabía que un día u otro me casaría. Pero también sabía que no me sería fácil compaginar una vida de familia con una profesión tan absorbente como la mía. Me vería obligada a elegir entre lo uno y lo otro. Al final me pareció que tener un marido y unos hijos iba a ser mucho más importante que seguir haciendo películas.

—Algunos actores me han dicho que es muy difícil abandonar la profesión y que los que se atreven a hacerlo se arrepienten durante el resto de su vida.

—No sé qué decirle. Yo nunca miro hacia atrás.

Más claro, agua. Y además sentí que decía la verdad. Tendría que volver a apaciguarla y para ello nada como hacerle otra pregunta idiota.

—¿Guarda buenos recuerdos de aquella época, señora?

Lo que de verdad me habría gustado era cogerla por los hombros, sacudirla y gritarle: «¡Vamos, Grace, suelta ya de una vez eso que no te atreves a decirle a nadie! ¡Que te arrepientes todos los días de haber preferido un príncipe de opereta a hombres como John Ford, Hitchcock, Gable, Cary Grant, Crosby, Sinatra y otros que supieron hacer de ti la maravillosa actriz que eres!». Pero ella ya estaba contestando a la pregunta idiota.

—¡Pues claro que guardo buenos recuerdos de aquella época! Yo amaba apasionadamente mi profesión. Mi trabajo me había puesto en contacto con gente excepcional con la que colaboré en proyectos de los que estoy muy orgullosa.

—Sin embargo, usted ha dicho en varias ocasiones que no fue feliz en California. ¿Qué es lo que no le gustaba de California?

—La buena pregunta sería qué es lo que no me gustaba de Hollywood. No me gustaba la importancia equivocada que allí se le da al dinero. Como si el talento tuviera un precio. Estar en Hollywood y no conseguir allí un contrato con uno de los grandes estudios, te convierte en un paria, en un intocable. No he conocido ningún otro lugar en el mundo donde haya tanto alcohólico, tanto drogadicto y tanta víctima de depresiones profundas. Hay que ser muy valiente y tener los nervios muy templados para instalarse a vivir en Hollywood.

—Pues a usted, señora, las cosas no parecen haberle ido mal allí.

—En Hollywood y por primera vez en mi vida he sufrido por ser una mujer sola. Quiero decir una mujer soltera y libre, la clase de mujer de la que en Hollywood nadie se fía.

—¿Por qué?

—Porque en Hollywood las relaciones hombre-mujer, tal como las conocemos en Europa, no existen. En Hollywood, cuando un hombre casado se enamora de otra mujer lo primero que hace es pedir el divorcio para poder casarse cuanto antes con la nueva elegida. Las mujeres, en la misma situación, hacen lo mismo con el agravante de que suelen trasladarse al nuevo hogar con todos los hijos habidos en matrimonios anteriores. Son, diría yo, familias creadas por aluvión. Por lo tanto una mujer soltera, sin hijos y libre, constituye un *boccato di cardinale* que encandila a muchos hombres y supone un gran peligro para las demás mujeres que harán todo lo posible para mantenerla a raya, lejos de sus hogares, de sus maridos y de sus fiestas. En Hollywood la desconfianza entre las mujeres es casi una institución nacional. Cuando yo llegué a Hollywood, reinaban allí dos temibles mujeres, periodistas las dos, cuyas opiniones, a veces muy ingeniosas, expresadas cada mañana en el periódico para el cual escribían, podían truncar de raíz la carrera del actor mejor asentado. Louella Parsons y Hedda Hooper eran dos viejas feas y agriadas que no perdonaban ni la juventud, ni la belleza, ni el talento. Sólo el dinero podía dulcificar sus oídos. A mí Hedda Hooper me puso la proa desde el mismo instante en que me echó la vista encima. Una mañana, la Hooper telefoneó a Bing Crosby, que iba a ser mi *partner* en *La angustia de vivir*, para decirle que tuviese cuidado conmigo porque yo era una devoradora de hombres que había destrozado más de un matrimonio. El pobre Bing, un ser pacífico y muy enamorado de su mujer, pasó la información a William Holden que desde ese momento me trató con un cierto distanciamiento. Pero al poco tiempo de trabajar los tres juntos, los dos hombres se dieron cuenta de que yo no tenía la intención de devorar a nadie y acabamos el rodaje siendo los tres los mejores amigos del mundo.

Andábamos ya por el tercer cigarrillo cuando la princesa admitió:

—Felizmente, también hay en Hollywood gentes normales y amigos fieles, como los Hitchcock, que siempre me trataron como si fuese una hija. Además era una época en la que todos trabajábamos muy duramente, sin respetar demasiado ni los sábados ni los domingos, lo que significa que el tiempo libre lo dedicábamos a descansar. Creo que fue Ernest Hemingway quien dijo que para escribir un libro hay que estar en forma como un atleta. Pues para rodar una película ocurre otro tanto de lo mismo, así que mi régimen de vida se parecía mucho al de un campeón olímpico, ni alcohol, ni tabaco y muchas horas de sueño.

Se oyeron de pronto los ladridos de varios perros en el vestíbulo del piso e inmediatamente después se abrió la puerta del salón y apareció en el umbral Carolina de Mónaco. No voy a repetir aquí todo lo que ya se ha dicho a propósito de la belleza de la joven princesa. Es un puro producto mediterráneo en el que prevalece, con todas sus impurezas, la sangre de los Grimaldi, antiguas gentes de horca y cuchillo que pirateaban sin alejarse nunca de la costa genovesa. Comparada con la etérea elegancia de la antigua miss Kelly, en Carolina se adivinaban uno orígenes plebeyos de los que nunca nadie hacía mención. La abuela, lavandera en palacio, dejó sus huellas en ese cuerpo juvenil que daría mucho que hablar en los corrillos que hacen y deshacen las famas mejor asentadas. Tras tenderme la mano con la falsa naturalidad de los tímidos que se sienten superiores, le comentó a su madre algo acerca de un cursillo de matemáticas que estaba siguiendo y tras darle un rápido beso en la mejilla se despidió desde la puerta, que se olvidó de cerrar.

Vuelta la calma tras el ciclón, le pregunté a la princesa:

—¿Cuál sería su reacción si una de sus hijas le anunciara un día su intención de convertirse en actriz de cine? —La princesa se crispó y la mirada azul se ensombreció. Como tardaba en contestar añadí—: Después de todo, usted lo ha hecho.

Hay una cierta calma en el mar que presagia las tormentas.

—Yo sé que a mi hija Carolina no se le ocurrirá nunca una cosa semejante. En cuanto a Estefanía, sólo tiene nueve años. —Y siempre con esa calma a veces tan inquietante, me informó—: Cuando tomé la decisión de dedicarme al teatro y al cine, yo era una perfecta desconocida. No se daría el caso si una de mis hijas decidiera seguir mis pasos.

—Quiere decir que...

—... Quiero decir que la profesión de actriz es dura y difícil. Cuando yo empecé mi carrera, nadie sabía nada de mí en el mundillo en el que me movía. Repito, yo no era nadie. Tenía tiempo para ir aprendiendo poco a poco, libertad para equivocarme e incluso para reincidir en mis errores. Pero empezar en esta profesión siendo ya alguien, llevando un nombre célebre por las razones que fueren, eso hace que las cosas sean mucho más complicadas. Tener un padre y una madre conocidos abre a veces muchas puertas, es verdad. Pero... ¿y luego qué? Pues luego, una vez franqueada esa puerta que sólo se abre para muy pocos, luego te encuentras solo, terriblemente solo. Nada, ni el más pequeño error ni la más justificada debilidad, te serán perdonados. Y aquellos que dicen ser tus amigos serán los primeros en darte la espalda. ¿Por qué esa crueldad? Porque nada se paga tan caro como esa puerta que se abre por ser vos quien sois. Eso es lo que yo le explicaría a una hija mía que quisiera ser actriz.

—¿De modo que los hijos de aquellos que ya han llegado a la cúspide lo tienen más difícil que los demás para lograr el éxito?

—Seguimos hablando de cine, ¿verdad? Algunos, sobre todo mujeres, lo han conseguido. Liza Minnelli, la hija de Judy Garland, y también Romy Schneider, cuya madre, Magda Schneider, era ya célebre en Alemania antes de la guerra. Pero son casos que se cuentan con los dedos de la mano. —Un suspiro seguido de un largo silencio y luego—: Cada vez se hace más complicado educar a los hijos. —Es un tema del que no le gusta hablar a la ligera—. ¿Sabe cómo me llama a veces mi marido? Su coordinadora de Asuntos Domésticos. Eso es clásico de los hombres. Que coordinen ellas, que para eso son mujeres. El mío es un puesto de una responsabilidad como no hay otro en su gobierno.

De pronto la princesa se levantó, se acercó a un armarito disimulado tras un biombo, lo abrió, extrajo una botella de bourbon y mientras murmuraba «esto hay que beberlo sin agua y sin hielo», sirvió dos vasos que habrían hecho la felicidad de dos marineros haciendo escala en el Polo Ártico.

—*Cheers!* —me dijo la princesa levantando su vaso.

—*Cheers!*, señora.

Bebió un sorbo generoso y mirándome a los ojos me recordó:

—Yo ni fumo ni bebo. ¿De acuerdo?

—De acuerdo, señora.

Dejé pasar un tiempo antes de reanudar el diálogo.

—Lo cierto es que usted, señora, pasa por ser una gran experta en lo que se refiere a la educación de los hijos.

—Sí, ya lo sé, es casi oficial. —Lo dice sin entusiasmo, melancólicamente. Es evidente que esa reputación oficial de madre ejemplar le fastidia más que la enorgullece—. Eso de que siempre le pongan a uno como ejemplo de una cosa tan personal como la relación con los hijos, puede llegar a pesar como una losa.

Al periodista norteamericano Curtiss Bill Pepper, que le recordaba una vez más su intachable reputación, la princesa le contestó perdiendo la paciencia: «Pero ¿qué va a pasar el día que yo me fugue con mi monitor de esquí? Porque ya empiezo a tener la edad en la que se hacen estas cosas». Casada desde hacía más de dieciocho años sin que jamás hubiera trascendido el menor rumor acerca de un bache o un traspié en su matrimonio, la princesa de Mónaco cargó sobre sus hombros el peso de una serie de competencias a las que probablemente nunca aspiró.

—Naturalmente, señora, usted tendrá sus reglas de oro en lo concerniente a la educación de los hijos, ¿verdad?

—Naturalmente. Supongo que serán más o menos las mismas en todas las familias preocupadas por el futuro de sus hijos.

—¿Regla número uno?

Contestó a la pregunta como si la estuviera esperando.

—No poner nunca a un hijo en la situación de poder decir un día: «¡Ah! Si mis padres me hubiesen dado la oportunidad...».

—¿Es eso posible?

—Pienso que sí, a condición de no caer en el error de creer que nuestros hijos son el fiel reflejo de nosotros mismos. No pueden serlo. Los padres y los hijos pertenecen a épocas diferentes. En un error parecido caen también los padres que quieren ser «los amigos» de sus hijos. Eso no funciona nunca. Si un chico o una chica de diecisiete años quiere tener un amigo lo busca entre gentes de su misma edad. —Hizo una larga pausa y después afirmó, rotunda—: Creo firmemente en la disciplina. Antes... —en su boca la palabra «antes» parece significar «hace siglos»—... antes, las instituciones religiosas, los colegios, y en el caso de los chicos, el Ejército, subsanaban la falta de autoridad de ciertos padres. Ahora la Iglesia parece haber perdido el norte y en el Ejército la disciplina se ha reblandecido mucho. Además, uno trata de inculcar a los hijos ciertas reglas morales y el respeto a unos principios inalterables, pero en cuanto salen a la calle esos principios y esas reglas son puestos en solfa y ridiculizados en los cines, en el teatro, en la televisión y en la literatura. No digamos ya en una cierta prensa llamada popular.

Reprimí un bostezo. Cada vez me resultaba más desagradable descubrir que tenía amigas conservadoras. La princesa siguió hablando durante un rato de la educación de los hijos repitiendo los tópicos y los clichés que probablemente debió de oír en boca de su madre cuando era jovencita. O creía verdaderamente en lo que estaba diciendo o seguía siendo la estupenda actriz que siempre había sido.

—Yo siempre he tratado a mis hijos —siguió diciendo— teniendo en cuenta la individualidad de cada uno. Y nunca, nunca, les he mentido. Mentir a un niño es una falta de respeto al adulto que será un día.

Antes de hacerle la pregunta que me parecía obvia, la princesa me dijo como si leyera en mis pensamientos:

—Además de todos los problemas que tienen los padres yo tengo los míos suplementarios.

—Ah.

—Mis hijos no pueden llevar la misma vida que los demás niños. La posición que ocupan en la sociedad lo hace prácticamente imposible. Yo cuando era niña iba al colegio en bicicleta. Carolina también lo ha hecho pero iba siempre seguida por un par de guardaespaldas. Sólo eso ya la convertía en alguien diferente, en alguien especial. Pero hay más. Piense que todo lo que hacemos o decimos en público, y a veces también en privado, es grabado y fotografiado por una cierta prensa que tiene una marcada tendencia a tergiversar lo que oye y lo que ve, cuando no a inventarlo todo, situaciones y palabras que ni han tenido lugar ni se han pronunciado nunca. Si me ven entrar dos veces en una clínica para visitar a una amiga enferma, al día siguiente leo en un periódico que padezco un cáncer en su fase terminal. Si Carolina habla diez minutos seguidos en una fiesta con el mismo muchacho es que está embarazada y se quiere casar con él contra la voluntad de sus padres. Si me instalo sola unos días en París para ir de compras significa que *rien ne va plus* entre el príncipe y yo. Cuando vamos a esquiar unos días en familia siempre me siguen un par de fotógrafos con sus enormes teleobjetivos. ¿Es para plasmar mi maestría en un slalom? Claro que no. Es para ver si me rompo la cara contra un pino. Y así día tras día, año tras año. —Trató de reírse sin conseguirlo—. Nosotros, los adultos —continuó diciendo—, acabamos aceptando esa clase de inconvenientes gracias al sentido del humor, cuando lo tenemos. Pero el interés malsano que parecemos despertar provoca a veces en los más jóvenes unas angustias difíciles de sosegar. A la edad de Carolina, esta clase de problemas se agravan de día en día. Carolina está en un momento de su vida en el que su principal preocupación es «saber quién es» o lo que es aún más difícil, «saber quién no es». Además, como en todas las familias normales, llega la hora de una cierta ruptura en las relaciones entre padres e hijos. Yo tenía dieciocho años cuando me fui sola a Nueva York «en busca de mi alma». Cuando volví a Filadelfia, sin haberla encontrado del todo, algo había cambiado ya entre mis padres y yo. Nuestra relación seguía siendo igual de amistosa que antes e incluso quizá más coherente, pero ya no dependíamos los unos de los otros. —Acarició entre sus dedos el vaso donde ya no quedaba ni una gota de bourbon y supe que nunca se atrevería a preguntarme si me apetecía otro por miedo a que yo creyera que le apetecía a ella—. A Carolina —insistió— le gustaría volar en solitario, tener sus propios amigos, entrar y salir sin tener que rendir cuentas a nadie. Todo eso sería posible si Carolina fuese una chica como las demás. Pero no lo es. El padre de Carolina es un príncipe reinante y ella misma está sujeta a deberes y responsabilidades que son muy coercitivos para una chica que aspira a la independencia. En tales circunstancias todo el arte de una madre consiste en dejarle las riendas cautelosamente sueltas para que no coja el bocado entre los dientes y salga huyendo al galope. Así que en cierto sentido Carolina es mucho más vulnerable que lo era yo cuando tenía su edad. Sin embargo, tengo una gran confianza en ella. Es muy inteligente, muy tenaz y en el sentido noble de la palabra, mucho más orgullosa que yo. —La princesa echó una rápida ojeada a su reloj de pulsera y me preguntó—: ¿A usted le importaría volver aquí mañana por la mañana hacia las once para que sigamos hablando? Me siento de repente terriblemente cansada.

Estoy ya en la puerta del salón cuando la princesa observa:

—No hemos hablado ni de Syliane ni de Fabrice. ¿Todo va bien?

—Todo va perfectamente, señora.

—Cómo me alegro. Mañana hablaremos.

En cuanto llegué a casa y antes de contestar a ninguna de las premiosas preguntas de mi mujer, telefoneé al *Renard Argenté*.

—¿Cómo te ha ido con la Kelly? —se inquietó.

—A mi modo de ver no muy bien porque me he aburrido muchísimo. Esa mujer es un témpano que lleva la lección muy bien aprendida.

—Muérdele a ver si sangra.

—Sangra, pero sangra por dentro.

André Bernheim se impacientó:

—Acaba ya con ella. Tienes que viajar a Túnez y a Jaipur, pero antes tendrás que hacer un alto en Estoril.

—¿Qué hay en Estoril que nos pueda interesar todavía?

—Parece que el rey Humberto está muy enfermo y tiene muchas cosas que contar. Es amigo tuyo, ¿no?

—Le conozco y le tengo afecto. Es el último *gentleman* que queda en Europa.

—Pues acaba cuanto antes con la Kelly para que te organice el viaje a Portugal.

Axel Springer contestó él mismo a mi llamada. Estaba entusiasmado con las fotografías que Jerry Pratt le había hecho a la princesa de Mónaco. Antes de que yo pudiera decir nada, el patrón de Springer Verlag me exhortó:

—Quiero que su entrevista presente a una princesa como una madre ejemplar y una esposa ideal. A la clase media alemana le tranquiliza poder admirar a las personas reales.

—A todas las clases medias les gusta que las engañen.

—Así que nada de amantes.

—No los tiene, herr Springer.

—Mejor que mejor. Todo lo que diga de ella tiene que parecerse a las fotografías de Pratt. Una mujer limpia, clara, decente.

—Lo es, Herr Springer, lo es.

—Pues exagérelo un poco más. Va a ser un reportaje de más de veinte páginas y lo van a leer millones de personas. ¿Algún problema?

—Ninguno.

—Pues adelante y llámeme en cuanto haya terminado su trabajo.

Herr Springer siempre era el primero en colgar. Pero nunca olvidaba despedirse con su habitual y alegre *Als und Bein bruch!*, el equivalente alemán de «buena suerte», cuya traducción literal es «Hazte cortar la cabeza y las piernas». Los germanos nunca olvidan lo que suelen hacer para divertirse durante sus guerras.

En cuanto colgué el teléfono tuve que contestar a la primera pregunta de Syliane:

—¿Cómo te ha ido con la princesa?

—Es una mujer demasiado perfecta. Me he aburrido con ella como una ostra.

A las once en punto de la mañana siguiente la princesa de Mónaco me recibió de nuevo en el mismo saloncito que el día anterior. Había flores frescas en todos los jarrones y la prensa del día esparcida sobre el sofá. La princesa llevaba unos vaqueros que acentuaban su esbeltez y una camisa blanca de la que emergía un cuello sin la menor huella que acuse esa edad en la que, según ella, algunas señoras se fugan con su profesor de esquí. Fui derecho al grano y le pregunté:

—¿Es fácil para una norteamericana ser la mujer de un europeo?

—Creo que es menos difícil que ser, para un europeo, el marido de una mujer norteamericana.

Esa mañana parecía más dispuesta que el día anterior a soportar mis preguntas con buen humor.

—Las norteamericanas —me explicó— acostumbramos siempre a decir en voz alta lo que pensamos, lo cual no siempre es una buena idea, pero en Norteamérica es una costumbre que a nosotras nos parece buena. Buena porque rompe barreras. Pero admito que las norteamericanas no siempre escogemos el buen momento para decir verdades que a veces escuecen. Digamos que somos quizá demasiado francas. Las francesas lo son también, pero siempre cuidan de que los exabruptos sólo se oigan en la intimidad.

En una entrevista que le había hecho meses atrás al príncipe Rainiero éste me dijo refiriéndose a las mujeres norteamericanas en general: «El europeo que se casa con una norteamericana tiene que impedir a toda costa, desde el primer día, que su mujer se siente en el sillón del patrón. Si no lo hace está perdido». No me atreví a preguntarle si tenía experiencia propia en el asunto. Le recordé a la princesa esta frase de su marido y me contestó:

—No niego que tenga una cierta razón. Por poco que podamos, las norteamericanas tenemos tendencia a tomar las riendas de casi todo y lo hacemos con especial ahínco en todo lo que concierne al ámbito familiar. —Dudó unos segundos antes de añadir—: Pero siempre lo hacemos de buena fe.

Y se quedó tan fresca.

—Señora, ¿qué sabía usted de Europa antes de conocer al príncipe Rainiero?

—Poca cosa, por no decir nada. Vine a Europa por primera vez en 1947 con mi madre y con mi hermana. Fue un regalo que nos hizo nuestro padre para premiar los buenos resultados de nuestros estudios. Un viaje del que no recuerdo gran cosa. Volví en 1949 para rodar en la Costa Azul *Atrapa a un ladrón*, con Cary Grant bajo la dirección de Alfred Hitchcock. ¡Ése sí que fue un viaje memorable! Por primera vez en mi vida comprendí lo que quería decir «comer bien». Hitchcock era un temible *gourmet* y Cary no le iba a la zaga. Nos tuvimos que poner todos a régimen en cuanto volvimos a Estados Unidos.

—¿Fue durante ese viaje cuando pisó por primera vez el principado de Mónaco?

—Pues sí.

—¿Qué le pareció?

Lo pensó mucho antes de contestar.

—Algo así como lo que llaman hoy un parque temático, pero consagrado al lujo y al dinero.

—¿Una especie de Walt Disney a la europea?

Fingió escandalizarse, pero en el fondo debía de estar bastante de acuerdo conmigo.

—No, no conocí al príncipe Rainiero durante esa primera visita. Le conocí en 1955 cuando me invitaron al Festival de Cannes para presentar *La angustia de vivir*. En Cannes me encontré con Olivia de Havilland y con su marido, el periodista Pierre Galante. Se empeñaron los dos en que fuera con ellos a Montecarlo para conocer al príncipe Rainiero quien, según ellos, era un gran fan mío. Yo tenía una agenda muy apretada y aprovechaba el tiempo libre para descansar, así que puse muchas dificultades. Ni Mónaco ni su príncipe despertaban realmente mi curiosidad, pero insistieron tanto que al final no tuve más remedio que acompañarlos. En Mónaco almorzamos los tres en el Hotel de París y por la tarde, acompañados del marqués Ruffo della Scaletta, fuimos al palacio a que me presentaran al príncipe. Nos hizo esperar lo que a mí me pareció más de lo debido, pero cuando por fin llegó me pareció un hombre excesivamente tímido que se esforzaba, quizá demasiado, en ser afable conmigo. Me dijo que no había estado nunca en mi país pero que pensaba viajar allí dentro de poco. Como yo no tenía ni la menor idea de lo que significaba el protocolo, le di mi número de teléfono y le dije que me avisara cuando llegara a Nueva York.

»Pierre Galante casi se atragantó al oírme decir: "Si no estoy allí es que estaré trabajando en Los Ángeles, pero en los estudios sabrán dónde localizarme". El príncipe llegó a Estados Unidos unos pocos meses más tarde. Yo estaba entonces trabajando en Hollywood. Enterados de que el príncipe de Mónaco tenía la intención de venir a saludarme al plató, los directivos de la Metro organizaron una copa en su honor con un sinfín de invitados. Bueno, pues vino... y *voilà!*

Admirable manera de resumir en pocas palabras un episodio que resultó ser mucho más complicado.

—¿Y *voilà...* qué?, señora.

—No insista, es un capítulo que pertenece a mi vida privada.

Hacía ya mucho tiempo que la princesa no tenía vida privada. Pero no se había acostumbrado a ello. Todo el mundo sabe hoy —la prensa lo ha explicado hasta la extenuación— que durante esa visita del príncipe a los estudios donde trabajaba miss Kelly se inició un romance que muy pronto tuvo resonancias universales.

—¿No quiere hablar de ello, señora?

—No, no quiero.

Me refrescó el corazón comprobar que todavía había mujeres que sabían enrojecer.

—Bien, señora. Pronto llegó el momento en que tuvo usted que elegir entre su carrera de actriz de cine y el príncipe de Mónaco. Podría haber conciliado su vida profesional y su vida familiar de haberse casado con un hombre cualquiera. Pero con Rainiero Grimaldi eso no era posible.

—No, no lo era en absoluto. Fue un momento difícil que no olvidaré mientras viva. Casándome con el príncipe de Mónaco entraba de sopetón en un mundo que me era totalmente desconocido. Un mundo que, la verdad, me asustaba. Tuve, créame, la impresión de dar un salto en el vacío. Pero de una manera u otra estaba decidida a negociar ese viraje. Y el príncipe también.

—Tampoco para él se presentaban las cosas fáciles. Salía apenas de un largo y tormentoso idilio con Gisèle Pascal y...

—Eso forma parte de la vida privada del príncipe y no estoy dispuesta a comentarlo.

Sabía ser brusca cuando le parecía necesario. Recogí velas murmurando unas vagas excusas.

—Volvamos pues a su caso particular, señora.

Respiró hondo antes de contestarme.

—Yo era muy consciente desde un principio de que no iba a casarme con un hombre como todos los demás. Ante todo tiene usted que entender que yo no pretendía, como dicen los franceses, *prendre mari*, «tomar marido», sino más sencillamente casarme con el hombre que amaba.

—Un hombre que iba a convertirla en la princesa reinante del principado más pequeño del mundo.

Se volvió a enfadar.

—Que el principado fuera grande o pequeño no cambiaba para nada la ambigüedad de la situación. Mi problema era otro. Siempre había pensado que un hombre que se convierte en el marido de una mujer demasiado célebre o demasiado rica, pierde indefectiblemente su identidad. Y yo no quería casarme con un futuro señor Kelly. Pero con el príncipe el problema de la falta de identidad no existía. Era, desde su nacimiento, un hombre con identidad propia. Era más importante que yo...

—No.

—Sí. Más célebre que yo...

—¡De ninguna manera!

—Bueno, no pienso discutir. Era en todo caso mucho más rico que yo. Así que fui yo quien al principio de nuestro matrimonio tuvo la impresión de perder mi identidad. Pero sólo fue una impresión, porque si la perdí, la recuperé enseguida.

Traté de sacarla del barrizal en el que se había enfangado.

—Convertida en princesa de Mónaco, ¿cuál fue su principal problema?

—Todos mis problemas, y fueron muchos, se pueden considerar problemas principales. El primero de todos la lengua. Yo hablaba muy mal el francés, que no es una lengua que se enseña en los colegios norteamericanos. Pero ya que insiste, el problema más grave que tuve, un problema que yo no podía comentar con nadie, era: ¿cómo volver a ser una persona normal después de haber sido durante años una estrella de cine, una *star*, según la odiosa palabra? Porque para mí, en aquella época, una persona normal era alguien que hacía cine. ¿Me comprende?

—¿Cómo hizo para resolver ese problema?

—Nunca pude resolverlo. Nunca he conseguido volver a ser una persona normal. De actriz de cine pasé a ser una princesa reinante. La diferencia es mínima puesto que sigo actuando durante las veinticuatro horas del día.

No me dejó hacerle la siguiente pregunta porque enseguida añadió:

—Otro de mis grandes problemas, quizá el más difícil, era ¿cómo adaptarme sin demasiados traumas a mi nuevo entorno de todos los días? Yo había vivido siempre desde que salí del ámbito familiar, en hoteles de lujo o en cómodas villas que los estudios ponían a mi disposición. Pero nunca había vivido en un palacio. El de Mónaco es un caserón inmenso y cuando puse por primera vez los pies en él me pareció bastante siniestro porque, en realidad, hacía años que estaba desocupado. El abuelo de mi marido, el príncipe Louis de Mónaco, sólo pasaba en el palacio los meses de verano. El resto del año vivía en el *château* de Marchais, en el norte de Francia. En cuanto a mi marido, siempre vivió, mientras estuvo soltero, en una villa del Cap Ferrat, a dos pasos del principado, al que acudía cada mañana como quien va a la oficina. Lo primero que hice al instalarme en Mónaco fue abrir de par en par todas las ventanas del palacio, llenarlo de flores y desempolvarlo. En otras palabras, intenté «desacralizarlo». No lo he conseguido del todo porque todavía hoy me siento fuera de lugar cuando cruzo sus enormes salones vistiendo mis vaqueros y una camisa tejana. Así que cuando queremos respirar aire puro de verdad subimos a nuestra casa de Roc-Agel.

—Mónaco —le comento unos minutos más tarde— es un pequeño Estado que cuesta encontrar en los mapas, pero el príncipe no se cansa de repetir que tiene los mismos problemas que cualquier otro Estado europeo, como Francia o Italia. ¿No le parece un poco exagerado?

La princesa sonríe como una madre a quien le cuentan las travesuras de su hijo.

—Sí, ya lo sé, eso es lo que le gusta decir a mi marido, o mejor dicho lo que le gusta que los demás crean.

Es la primera vez que miss Kelly dice algo que podría molestar al príncipe.

—En ese Estado, grande o pequeño —continúo diciendo—, se atienen a un protocolo que nada tiene que envidiar al que regía en Francia en tiempos del Rey Sol. Finalmente ese protocolo, ¿para qué sirve?

La princesa levanta una ceja y deja de sonreír.

—Me extraña que sea usted quien me haga esa pregunta. Le contestaré con las palabras que emplearía el príncipe: el protocolo no es más que una eficaz e imprescindible barrera contra las familiaridades, los malos modos y la falta de educación.

—Pero a usted, señora, como norteamericana y supongo que como demócrata, la noción estilista de ese protocolo, ¿no le parece poco adecuada a los tiempos que corren?

—Pues no. En Estados Unidos y sobre todo en el mundo del cine también, estamos sujetos a unas severas reglas protocolarias, aunque allí nos contentamos con llamarlas *regulations*. Cuando yo trabajaba en la Paramount, que usted conoce bien, había un comedor para los directivos y los productores, otro para los actores y un tercero para los técnicos. A nadie se le ocurría cambiar de comedor para mezclarse con los que no eran de su mismo nivel. En el plató, solo las estrellas tenían derecho a un asiento con su nombre escrito en grandes letras negras en el respaldo. Todos los demás permanecían de pie. En cuanto al dinero también establecía diferencias muy marcadas. Las personas que cobraban sueldos muy altos no se mezclaban nunca con los que recibían salarios más modestos, ni dentro ni fuera del plató. Incluso a nivel de los simples obreros del estudio, esas diferencias se mantenían a rajatabla.

—Mi amigo Luis García Berlanga comparaba esas diferencias entre las *stars* y la gente del montón a la organización del viejo imperio austro-húngaro donde los títulos contaban más que las personas que los llevaban.

—Sin embargo, a pesar de ese protocolo o de esas *regulations* muy estrictas, en Estados Unidos las relaciones humanas entre unos y otros son muy abiertas y muy directas. Eso sí, tú en tu sitio, yo en el mío y tan amigos. Admito que esa clase de relación es específicamente norteamericana y que en Europa nuestras barreras despertarían odios mortales.

Le cuento a la princesa que en los estudios de Saint-Maurice, en París, llegada la hora de almorzar, Simone Signoret cogía su plato, sus cubiertos y su vaso de la mesa que le estaba asignada con los demás actores y se iba a instalar en la de los tramoyistas, electricistas y demás obreros. A ella le parecía que era un gesto que estaba en acuerdo con su ideario político, pero a los obreros los obligaba a cuidar su vocabulario en presencia de la gran estrella. En otras palabras, los hacía polvo. Más tarde, acabado el trabajo, ella se iba a casa en el Bentley gris metalizado de su marido mientras que los camaradas —que no siempre lo eran— esperaban el metro o el autobús.

—Esa clase de demagogia es inconcebible en Estados Unidos.

La dejo encender un cigarrillo con el ritual habitual.

—La primera vez que pude hablar libremente con el hombre que iba a ser mi marido me dio la impresión de alguien que sufría una grave carencia de contactos directos con la gente que le rodeaba. Cuando le pregunté cuál era la cualidad que más apreciaba en sus amigos, si es que los tenía, me contestó que la sinceridad. En la posición que ocupamos, la sinceridad, por ser rarísima, es una virtud que no tiene precio. Más que gente sincera, lo que prolifera a nuestro alrededor son los aduladores. «¿Qué hora es?», pregunto. Y me contestan: «La que usted quiera, princesa». Exagero, claro, pero no crea que demasiado. Con esa gente es imposible que cuaje una amistad y a veces ni siquiera una simple relación. A mí, por ejemplo, nadie de mi entorno me dice nunca nada desagradable. Están siempre de acuerdo con lo que digo y lo que hago. Sólo mi familia estadounidense y algunos amigos de los de «antes» me dicen a veces las cosas tal cual son.

—No es corriente, señora, que las personas que ocupan posiciones semejantes a la suya echen de menos que les canten las verdades.

—Pues a mí, admitir la verdad me parece esencial para ser objetivo con uno mismo. Eso es lo que aprendí muy pronto en los platós y en los escenarios. También significa tener el suficiente sentido del humor para evitar caer en susceptibilidades estúpidas. Hay que admitir las críticas, aunque no siempre sean constructivas. Mi profesión me ha enseñado a ser muy lúcida.

—A propósito de profesión, señora. Al abandonar el cine dejó atrás una profesión muy parecida a la que ejerce ahora. Porque estará de acuerdo conmigo en que hacer de princesa de Mónaco es una profesión.

Sin que me sorprendiera demasiado, me dio la razón.

—Sí, son dos profesiones muy parecidas. Pero la de princesa reinante es más dura al principio que la de princesa de película. Es un oficio que hay que aprender paso a paso, como cualquier otro, pero éste hay que aprenderlo sin profesor. En el cine di mis primeros pasos de princesa apoyada en el brazo de sir Alec Guiness. En la vida real tuve la suerte de que mi marido me ayudara desde los primeros días con una paciencia infinita. Pero a pesar de todas las ayudas he pasado por momentos muy difíciles. Para empezar, apenas casada me quedé embarazada. Al principio y por razones que no vienen al caso —siempre el protocolo— nadie debía saberlo, así que durante semanas tuve que cumplir con mis obligaciones oficiales sintiéndome enferma a morir y sabiendo que cada uno de mis gestos sería interpretado al gusto de cada cual. Pero, ¿sabe?, tengo una facultad maravillosa. Me olvido con facilidad de todo lo desagradable. Olvidarse es descansar. Mi sangre irlandesa me ha ayudado mucho. Sé reírme de mí misma. Un talento que no cambiaría por ningún otro.

Un don, también, que a esa mujer bella e inteligente le sirvió para llevar a cabo con la sonrisa en los labios lo que sus compatriotas llaman *a splendid job*.

Echó una breve ojeada a su reloj, se levantó del sofá, me tendió la mano y me dijo en español:

—Bueno, hasta aquí hemos llegado, amigo.

Sólo hablamos de Syliane y de Fabricio cuando ya estábamos en la puerta del salón. La princesa quiso saber cómo se habían aclimatado a la vida en París. Ocasiones tuvimos más tarde Syliane y yo para comprobar que la princesa de Mónaco siempre se interesó por nuestros avatares, que fueron a veces difíciles y complicados.

Esta entrevista, junto a las maravillosas fotografías de Jerry Pratt, fue publicada en *Jasmin*, el buque insignia de Springer Verlag y subsidiariamente en otras publicaciones de la misma empresa dedicadas en su mayoría al cine y al teatro. Más tarde la incorporé a mi libro *Femmes*, editado por Stock, en París y en el que la princesa de Mónaco estaba arropada por mujeres de la valía de Sofía Loren, Jeanne Moreau, la majaraní de Jaipur, la Gandhi, Mary Russell y otras cuantas más.

No todo lo que me contó la princesa acerca de su carrera era exacto. Debía de estar ya tejiendo su leyenda cuando insistió en que todas sus películas se rodaron entre 1953 y 1954. «Para ser precisos —insistió— he rodado mis seis películas en trece meses.» Para empezar sus seis películas fueron once. *Catorce horas* en 1951; *Solo ante el peligro* en 1952; *Mogambo*, junto a Clark Gable, en 1953; *La angustia de vivir* en 1954; *Crimen perfecto*, *Fuego verde* y *La ventana indiscreta* también en 1954; *Los puentes de Toko-ri* y *Atrapa a un ladrón* en 1955; *El cisne* y *Alta sociedad*, en la que miss Kelly aparecía entre Bing Crosby y Frank Sinatra, se rodaron en 1956.

El 13 de septiembre de 1982, Grace de Mónaco sufrió un accidente que le costó la vida. Murió al día siguiente de haberse despeñado su coche en una curva cerrada de la carretera por la que la princesa transitaba cada vez que subía o bajaba de su casa de campo de Roc-Agel. Una carretera conocida por su extrema peligrosidad y en la que muy pocos conductores se atrevían a pasar de los treinta kilómetros por hora. Fue un accidente extraño cuyas circunstancias todavía no se han esclarecido completamente. Seguimos sin saber quién estaba al volante cuando ocurrió el accidente, si la princesa o su hija Estefanía. Si conducía la princesa no se explica el accidente ya que, conociendo la carretera de memoria, no era probable que condujera a una velocidad superior a la aconsejada. Si la que conducía era Estefanía —menor de edad y sin permiso de conducir— el accidente cobraba entonces visos de verosimilitud. Pero fueron pocos los que conociendo el sentido de la responsabilidad que caracterizaba a la princesa creyeron que se saltaba la ley a la torera permitiendo a su hija que se pusiera al volante del coche. Grace murió sin haber recobrado ni el conocimiento ni la palabra. En cuanto a su hija Estefanía, que había sufrido múltiples contusiones, afirmó una y otra vez con terquedad no acordarse absolutamente de nada.

A partir del momento en que murió la princesa se desataron las lenguas. Lenguas precavidas las unas y prudentemente crípticas las otras. Mónaco ha sido siempre un lugar en el que resulta peligroso «molestar» a cualquiera de los clanes y familias que se reparten con el príncipe los beneficios que reporta el poder. Cuando Stefano Casiraghi, el marido de la princesa Carolina, decidió convertirse en promotor inmobiliario, los santones del lugar le auguraron toda clase de problemas, ya que la construcción era un ramo que estaba en manos de una sola y poderosa familia que no vería con buenos ojos la irrupción en el negocio de un extranjero, por más yerno del príncipe que fuera. Un amigo mío, pasando una tarde en coche junto a un rascacielos en construcción, le preguntó al monegasco que iba a su lado por el nombre del constructor de aquel imponente edificio. El monegasco murmuró: «Stefano Casiraghi. Pero es posible —añadió bajando aún más la voz— que no lo vea nunca terminado». Pocas semanas después el yerno del príncipe se mató mientras participaba en una carrera a bordo de una lancha de alta competición que voló súbitamente por los aires ante los ojos de un público estremecido. Su copiloto, que salió con vida del accidente, desapareció pocos días después de la circulación, lo mismo que el anciano propietario de la casa sobre cuyo techo se había estrellado el coche de la princesa y que era el único que podía decir cuál de las dos princesas iba al volante.

Grace de Mónaco, a qué negarlo, también «molestaba» a algunos. Su amor por los animales la llevó a convencer a su marido de que prohibiera en el principado el tiro de pichón con aves vivas, una actividad que reportaba pingües beneficios a los patrocinadores del elegante deporte. Que los pichones fueran sustituidos por platos de loza o de lo que fuere, hizo que muchos tiradores, entre ellos el conde de Teba, la mejor de las escopetas españolas, desertaran el principado para ir a practicar su arte allí donde la vida de los pichones no le importaba a nadie.

Se rumoreaba también —en Mónaco se rumorea mucho, pero se habla poco— que la princesa Grace trataba desde el principio de su matrimonio de convencer al príncipe de que el juego era en sí una inmoralidad causante de muchos dramas y que vivir del juego es tan infamante como vivir de la prostitución. Conociendo la tenacidad de la princesa y el débil carácter de su marido, siempre dispuesto a dejarse convencer con tal de no tener que discutir, eran muchos los que temían que un día u otro el juego conocería malos tiempos en Montecarlo. Las poderosas mafias monegascas que se repartían los jugosos dividendos que proporcionaba el juego apenas disimulaban su inquietud. Hasta que alguien debió de pensar en quitarse de encima a la princesa. Nada más fácil. Bastaba con trucar los frenos de su coche antes de que emprendiera la peligrosa bajada de Roc-Agel a Montecarlo. ¿Fue eso lo que acabó ocurriendo? ¿O son meras elucubraciones sin fundamento? Nadie lo sabrá nunca, excepto los que ya lo saben. En Mónaco, poner ciertas cosas en claro equivale a airear verdades que no benefician a nadie.

Desaparecida y sinceramente llorada la princesa —que nunca dejó de ser la miss Kelly de nuestros sueños— me alegré de que la muerte le ahorrara ser testigo del rumbo descabellado que iba a tomar su familia. El último disgusto que tuvo antes de morir se lo causó Carolina al casarse, tras un noviazgo relámpago, con Philippe Junot, un hombre mayor que ella, guapo, cortés, con una gran alegría de vivir y amigo de sus amigos entre los cuales me cuento. Junot era el producto típico de la Francia de los años sesenta y setenta en la que el colmo del placer consistía en vivir civilizadamente. Carolina tuvo con él, por primera vez en su vida, la impresión de respirar por fin al aire libre. A los Grimaldi, aquella drástica y rápida emancipación de Carolina del brazo de su cautivador marido los dejó de momento sin capacidad de reacción. Durante un tiempo perdieron contacto con una Carolina lanzada a un frenesí de bailes, fiestas y viajes en compañía de los poco recomendables amigos de su marido. Frente a los encantos del depredador, los soberanos monegascos se cerraron en banda. Ajeno a todo lo que se tramaba a sus espaldas, Junot se daba la gran vida evitando en lo posible las fastidiosas estancias en la corte principesca. Pero vivir, aunque sea esporádicamente, en Mónaco con los Grimaldi poniendo la proa no sólo resultaba agotador sino también mortalmente aburrido. Junot, pasados los primeros románticos ardores de su matrimonio, les facilitó generosamente a sus suegros las armas necesarias para convencer a Carolina de que había cometido un craso error casándose con el francés. Carolina acabó pidiendo el divorcio. Y, supongo que más tarde, la anulación, que cuando hay dinero de por medio es de fácil obtención.

Roto el matrimonio, la prensa se cebó en Junot. Demasiadas mujeres a su alrededor, demasiado dinero del que nadie sabía de dónde caía, demasiada *désinvolture*. Todo sirvió para que se le adjudicara a Carolina el papel de mujer menospreciada, pasando Philippe a ser el autor de toda clase de vilezas y villanías. Sin embargo, los que le conocíamos sabíamos que tras la máscara frívola se escondía un perfecto caballero según la mejor tradición burguesa.

Unas semanas después de que Carolina y Philippe se hubiesen separado, sonó el teléfono en mi casa de París. Una voz gutural me preguntó, mitad en alemán mitad en francés, si yo era amigo de herr Junot. Al contestar afirmativamente la voz continuó diciendo:

—Le estamos llamando desde la redacción del *Bilder Zeitung* porque no conseguimos establecer contacto directo con su amigo al que le queremos hacer la siguiente proposición: que fije la cantidad que le parezca conveniente a cambio de concedernos una entrevista en la que nos cuente pormenores de su vida con Carolina de Mónaco y cuáles fueron realmente las causas de su divorcio. —Y la voz gutural repitió—: Dígale por favor a Herr Junot que no discutiremos la cifra que él nos indique.

En cuanto mi teléfono quedó libre llamé a Philippe. Yo sabía que a pesar de las apariencias andaba siempre corto de dinero y pensé que la proposición del *Bilder Zeitung* iba quizá a sacarle de apuros. Pero me alegró que Philippe me contestara sin apenas dudarlo unos segundos:

—José, diles por favor a esas gentes que yo no comercio con mi vida privada y mucho menos con la de Carolina, una mujer por la que siento un gran respeto y a la que considero una amiga.

Carolina fue mucho menos discreta en sus declaraciones sobre su vida matrimonial. Libre y ya con una cierta experiencia Carolina inició rápidamente una vida de transhumancia sexual que la llevó a solazarse en muchas camas ajenas en brazos de tenistas internacionales, de cantantes de moda y de pájaros de corto plumaje y altos vuelos. Grace de Mónaco tuvo la suerte de morirse antes de que su hija mayor se convirtiera en alguien de quien la gente hablaba con un cierto desprecio. Pasados los cuarenta años y viuda ya de Stefano Casiraghi, el hijo de un zapatero italiano que le había dado varios hijos, Carolina se convirtió en la mujer de un príncipe alemán de la Casa de Hanover conocido por sus amigos como Ernst «Hangover» por sus tremendas resacas y su propensión a pegarse con los fotógrafos que le sorprenden devolviendo los litros de cerveza que ingiere contra las paredes de los monumentos públicos.

Alentada por el silencio de su padre —un verdadero calzonazos— ante los desatinos de su hermana mayor, Estefanía, la más joven de la familia, ha querido seguir los mismos pasos que Carolina sin tener ni su belleza ni su elegancia, lo que ha limitado sus aventuras sexuales a breves encontronazos con las gentes de su servicio, guardaespaldas y guardaespaldas de sus guardaespaldas. Había poco donde escoger. La desmedida e infantil afición de la familia por el circo, los acróbatas y los payasos ha hecho que Estefanía —fallida cantante, fallida diseñadora de trajes de baño y fallida en todo cuando ha intentado— viviera durante unos meses en calidad de novia oficial de un domador de elefantes al que acabó plantando según últimas noticias para liarse —no hay otra palabra— con el ayuda de cámara de su propio padre.

De Alberto, el hermano, heredero natural del trono principesco, se habla poco en Mónaco porque, la verdad, no hay mucho que decir. Calvo prematuro y fondón desde que era pequeñito, se le ve siempre en público escoltando a top-models despampanantes, de esas que sirven de tapadera a los hombres poco dotados para apreciar los encantos femeninos. Afable y cortés, hay quien le discute el derecho de heredar el trono por respeto a ciertos tabúes hoy en desuso.

A todas estas, el anciano don Rainiero se sigue cubriendo, una vez al año, con un casco enjaezado de plumas blancas; luego, con el pecho cubierto de cintitas de colores, cruces, placas y otros colgajos, el descendiente de los piratas genoveses pasa revista en la explanada del palacio al ejército monegasco, consistente en docena y media de hombres que cuando no desfilan a paso lento ante su jefe, se dedican a regular el tráfico. Suerte tuvo miss Kelly de morirse a tiempo.

1976

Sidi Lamine, Bey de Túnez, era un delicioso octogenario de manos muy finas y un esqueleto de pajarito que coleccionaba sellos y mariposas. Los asuntos de Estado que su depuesto predecesor, Moncef Bey, había dejado prácticamente patas arriba, suponían para Su Alteza un engorro suplementario en sus negociaciones con Víctor Manuel de Italia —otro gran coleccionista— a propósito de un ejemplar único en el mundo que ambos sabían que era falso, pese a lo cual trataban de endilgárselo mutuamente a cambio de un buen dinero.

La interrupción en sus tráficos filatélicos, por si había o no que construir una nueva carretera entre la capital y Cartago, habían puesto al anciano Bey de un pésimo humor. Pronto empezó a correr la voz entre los tunecinos de que Sidi Lamine habría preferido gastarse el dinero de la futura carretera en la adquisición de un sello que lucía la efigie de perfil de la reina Draga de Serbia, asesinada por un grupo de oficiales nacionalistas que la habían tirado por un balcón. Para el Bey era un sello de gran valor porque en él a la reina Draga le faltaba la punta de la nariz, un defecto que para los filatélicos suponía un valor añadido incalculable.

En esas estábamos —o mejor dicho, en esas estaban los tunecinos— cuando una mañana se presentó en palacio, sin avisar, un tal Habib Burguiba que exigió ser recibido de inmediato por el soberano. Burguiba era uno de los pocos tunecinos que había hecho la carrera de Derecho en París, lo que incitó al Bey a recibirlo sin dilación. Pese a su fuerte acento árabe, Burguiba hablaba un francés perfecto salpicado por continuos *n'est-ce pas?* que, más que una interrogación, sonaban en su boca a una afirmación sin apelación posible. Los dos hombres se hablaron pues en francés, la lengua que empleaba entonces la gente bien educada cuando se veía en la obligación de decir cosas desagradables sin ánimo de herir susceptibilidades y sin necesidad de levantar la voz.

—Alteza —empezó diciendo Burguiba sin preámbulo alguno—, todos los tunecinos sabemos que, pese a su heredada posición social, usted no es un hombre de Estado. Pero yo sí que lo soy, porque llevo muchos años preparándome para ello. Por consiguiente he venido a hacerle una proposición: usted sigue ocupándose de sus sellos y de sus mariposas y mientras tanto yo me encargo de modernizar el país.

El Bey, que no era sordo, había oído decir que aquel hombre, tan fastidioso con sus continuos *N'est-ce pas?* acababa de fundar el Neo-Destour, un partido revolucionario que se jactaba de devolver sin demora sus derechos al pueblo. Su Alteza se estremeció, pues sabía por una experiencia de muchas generaciones que todo lo que se pretende lograr por el bien del pueblo se hace a costa de los ricos y de los poderosos. Por eso los resultados son casi siempre nefastos y suponen a menudo muchos asesinatos, fusilamientos, ahorcamientos y defenestraciones como la de la pobre reina Draga que, dicho sea de paso, había sido una hija de puta de mucho cuidado. Pero el viejo bey se tranquilizó al oír las palabras con las que Burguiba finalizó su discurso:

—Resumiendo, Alteza, usted podrá seguir viviendo en el país ocupándose de sus sellos, de sus mariposas y de sus cuentas bancarias que en ningún caso serán intervenidas o investigadas. Mientras tanto yo me ocuparé de que los trenes lleguen a tiempo.

Aquello, pensó Sidi Lamine, no tenía nada que ver con un golpe de Estado cruento. Ni iba a correr la sangre, ni iban a tocar su dinero. Pocos días más tarde, Sidi Lamine se trasladó a un palacete sito en las afueras de la ciudad rodeado de frondosos jardines donde abundaban las mariposas. El gobierno del señor Burguiba tuvo la delicadeza de consentirle además una confortable pensión en concepto de una asesoría política que nunca tuvo que ejercitar.

Así me contaron a mí que habían sucedido las cosas aunque siempre pensé que, por más hospitalarios y cariñosos que fueran los tunecinos, la historia parecía tener demasiados visos de cuento de hadas.

Apenas llegado de Montecarlo y una vez entrevistada la princesa Grace, Syliane y yo salimos volando una mañana hacia Túnez dejando atrás un París frío, triste y lluvioso. Pero aquel mismo día a las seis de la tarde nos estábamos bañando en un cálido Mediterráneo que los tunecinos habían tenido la delicadeza de colocar a los pies mismos de nuestros hotel.

Cuando unos deferentes botones cargados con nuestras maletas nos conducían hacia nuestras habitaciones a lo largo de un interminable pasillo, pasamos junto a un saloncito en el que media docena de personas se apiñaban frente a un televisor cuya pantalla estaba enteramente ocupada por el rostro de Habib Burguiba. Un rostro que hizo que mi mujer se detuviera en seco y exclamara subyugada:

—*Ah! Le bel homme!*

Tenía razón Syliane. Burguiba era un hombre muy atractivo. Tenía amplia la frente, ligeramente aguileña la nariz, blanquísimos los dientes, los ojos claros, unas veces grises y otras azules, según la luz y contrastando con las sienes plateadas de tez morena de un veraneante que llevara varias semanas tomando el sol junto al mar. Me llamó la atención la fuerza con que su voz —una voz apasionada— subrayaba alguna de sus palabras. Llegados a nuestras habitaciones deshicimos nuestros equipajes y antes de ducharnos nos libramos a un escarceo que no era sino el preludio de algo mucho más serio que nos mantendría despiertos hasta bien entrada la madrugada. Ya con los albornoces puestos para acceder directamente a la playa, pasamos de nuevo junto al saloncito en el que Burguiba seguía perorando con la misma pasión.

—Dios mío —murmuró Syliane—, ¡ese hombre lleva hablando sin parar más de dos horas! ¿De qué estará hablando?

El botones que nos precedía por los vericuetos del hotel tuvo a bien informarla:

—Hoy nos está explicando cómo cuidan los ingleses el césped de sus campos de golf.

—Pero ¿cómo? ¿Hay campos de golf por aquí cerca?

—¡Oh, no señora! No hay ni uno solo en todo el país. Hace demasiado calor y además nunca andamos sobrados de agua.

Aquella misma noche Habib Chatty, el encantador ministro de Asuntos Exteriores que por indicación de su señor nos había invitado a cenar en su casa, nos explicó que cada tarde, durante tres horas, el presidente les daba a sus conciudadanos lo que el mismo llamaba «una lección de cosas». Cómo conseguir que las patatas tuviesen cada día un sabor diferente, cómo rasurarse con una maquinilla eléctrica dando la impresión de haber usado una afilada navaja, cómo evitar caer en manos de una mala mujer —que siempre solía ser una manicura— o como llevar los pies limpios calzando sandalias. No había el menor atisbo de ironía en las explicaciones del ministro, sino algo muy parecido a la profunda admiración de un hijo causada por la sabiduría de un padre excepcional.

Uno de los primeros actos de gobierno de Habib Burguiba apenas tomó el poder fue vestir a sus policías de azul celeste, un color que, por razones que sólo un psicólogo nos podría explicar, los obligó a ser exquisitamente corteses con los infractores de la ley. Pero Burguiba lo tenía muy claro:

—No se pega, ni se tortura, ni se dispara a la gente, *n'est-ce pas?*, cuando se va vestido de azul celeste —me dijo un Burguiba perentorio la primera vez que abordamos el asunto. Y tras una corta pausa añadió—: Hay conductas humanas que no tienen explicación y que sin embargo, *n'est-ce pas?*, son ley de vida. Yo le expliqué una vez al general De Gaulle que todas las colonias nacen muertas y que por eso se acaba siempre perdiéndolas. El general, que era un hombre inteligentísimo, quiso que me explayara en mi razonamiento, pero yo le dije, *n'est-ce pas?*, que no tenía nada que añadir, porque las cosas son como son sin que se pueda dar siempre una explicación.

Burguiba me recibió al día siguiente de nuestra llegada a las ocho de la mañana, junto a los miembros de mi equipo —tres hombres y una mujer—, en una de las soleadas terrazas del palacio presidencial al abrigo de un gran toldo blanco rayado de azul. El hombre me sorprendió porque era de una talla ligeramente inferior a la de casi todos los ministros que le rodeaban. Me los fue presentando uno a uno. Eran todos viejos y fieles amigos de los tiempos en los que el Neo-Destour sólo era un sueño. Allí estaban Habib Chatty, con el que habíamos estado cenando Syliane y yo la noche anterior y que yo había conocido en París, durante un cóctel en el Hotel Crillon en honor del siniestro general Ufkir, poco antes de que Hassan II lo suicidara personalmente.

En aquella terraza conocí por fin al díscolo Masmoudi, el niño malo del gobierno, seductor de peluqueras, manicuras y masajistas, pero siempre el primero en sacarle las castañas del fuego a Burguiba cuando las cosas se torcían. También fui presentado a Chedid Klibbi, ministro de Cultura, gran lector de Simenon y con el cual mantuve largas conversaciones paseando al borde del mar mientras que se nos acercaban imberbes mozalbetes que con acento canallesco nos susurraban: «*Tu veux petit garçon? Tu veux petite fille toute neuve? Tu veux ma soeur? Tu veux ma mère? Tu veux moi?*». También conocí aquella primera mañana al elegante Mohamed Sayah, ministro de las Juventudes; a Abdelaziz Gassab, jefe del gabinete presidencial, y a algunos otros personajes que raras veces se alejaban del presidente. Sólo Masmoudi llevaba una chilaba rayada de verde para disimular su corpulencia. Todos los demás ministros iban de paisano, con baratos trajes de confección. El propio Burguiba iba vestido de oscuro y como todos sus ministros llevaba una corbata de la que me sería imposible recordar el color. Nada que ver con aquellos carísimos trajes de Smalto que Hassan II se hacía en París y con los que tenía el aspecto de un gángster de los bajos fondos de Marsella. Todo en Burguiba, su mirada, su porte, sus comedidos gestos y la modestia de su atuendo, respiraba respetabilidad. Alrededor de él se movía un hombre del que sólo recuerdo el nombre fonéticamente, Allalá Lauit, el secretario privado, que lo sabía y lo adivinaba todo sin que nunca se le escapara una palabra de más y cuya obligación primordial consistía aquella mañana en tener siempre a mano una botella de agua helada de la que Burguiba bebía varios litros al día, siempre a pequeños sorbos, como un pájaro, con la cabeza levantada y los ojos fijos en el cielo.

Era evidente que Burguiba tenía siempre a su alrededor a tres o cuatro de sus ministros. Aunque su Consejo Privado al completo sólo se reúne en contadas ocasiones. Burguiba prefiere los *tête-à-tête* en tono confidencial con la persona que le interesa en aquel momento por una razón precisa.

En los pocos minutos que tuve para hablar con él mientras que a nuestro alrededor se instalaban las cámaras y los micrófonos, le pregunté si había algún tema que le gustaría evitar.

Me miró súbitamente interesado:

—Ésa es una pregunta que nunca me hacen los periodistas, pero me dicen que es usted un escritor. Cómo le envidio. Vive usted, *n'est-ce pas?*, en un mundo aparte. Prueba de ello es la pregunta que acaba de hacerme.

Como Napoleón hacía con sus mariscales, Burguiba me pellizcó cariñosamente el lóbulo de la oreja izquierda.

—Nada —me dijo después—, no tengo nada que ocultar, pregúnteme lo que quiera. —Y casi sin que viniera a cuento, pero sí que venía, me dijo—: Triunfar en la vida es ver realizados, a una edad como la mía, los sueños de juventud. La vida, *n'est-ce pas?*, es una suma de coincidencias inimaginables. En mi caso el gran milagro no es la independencia de Túnez. El gran milagro es que yo esté todavía aquí después de haber pasado por todas las cárceles francesas, diversos campos de concentración y por todas las islas del Diablo. El milagro es haber sobrevivido a toda clase de tentativas de asesinato, de envenenamientos y de accidentes provocados por los servicios secretos de países en los que nunca he puesto los pies. —Bebió, esta vez a morro, sin que al imbécil del fotógrafo se le ocurriera inmortalizar el gesto, un gran sorbo de agua y luego, secándose los labios con el dorso de la mano, me dijo—: Los hombres que hacemos la Historia, *n'est-ce pas?*, nunca sabemos lo que le debemos al azar y a la suerte.

En ese momento mi productor francés nos anunció que todo estaba listo para dar comienzo a la entrevista.

—Vamos allá —dijo Burguiba acercándose al gran sillón de mimbre en el que le habían indicado que tenía que sentarse.

Como yo sólo tenía que aparecer muy esporádicamente ante la cámara, me situé en un lugar desde el cual mi mirada siempre estaba en contacto con la del presidente.

—Motor —susurró una voz, y de inmediato se oyó el ronronear de varias cámaras a la vez.

Burguiba, en el que muy pronto descubrí a un consumado actor, me preguntó:

—Usted sabe que san Agustín era tunecino, *n'est-ce pas?*

No lo sabía y así lo admití. A Burguiba no pareció causarle extrañeza mi ignorancia. Dispuesto a informarme detalladamente de quién era san Agustín y de por qué era tan importante que fuera tunecino, Burguiba se lanzó a una «lección de cosas a propósito del santo» y de los tunecinos de aquella época.

A medida que pasaba el tiempo el calor se iba haciendo más y más insoportable. Algunos ministros —los que estaban más lejos del presidente— se atrevieron a aflojarse el cuello de la camisa mientras que Allalá Lauit seguía repartiendo botellas de agua helada a quien se las pedía. A las doce del mediodía, y mientras Burguiba seguía hablando de san Agustín, el perfume a jazmín, que tan agradable me había parecido a primeras horas de la mañana, se había convertido por efectos del bochorno en un olor espeso y nauseabundo, como si algo se hubiese podrido a lo largo de la mañana en los jardines que rodeaban el palacio.

De todas las personas que le rodeaban —ministros, servidores, gentes de mi equipo y yo mismo— Burguiba era el único que aparentemente no sudaba. Seguía sentado en un sillón de mimbre, con las manos quietas sobre las rodillas y el aspecto de alguien evidentemente incólume al hervor que parecía querer solidificar el aire. Conociendo la fascinación —todavía no se hablaba del síndrome de Estocolmo— que Charles de Gaulle ejercía sobre Burguiba, yo llevaba en el bolsillo algunas notas de los escritos del general. Una de las cuales, tomada de las páginas de *Au fil de l'épée*, decía: «El prestigio de un hombre depende, en principio, de un don elemental, de una actitud natural que escapa a todo análisis convencional». El general, que al final de su vida estaba prácticamente ciego, siempre se negó a usar sus gafas en público. ¿Sería posible —me pregunté— que Burguiba se negara a sudar delante de los suyos para no mermar ante testigos ciertos dones que el general atribuía, en su caso, a un férreo control de su cuerpo y de su mente difícil de admitir tanto por quienes le admiraban como por quienes le padecieron? Burguiba debía de haber reflexionado más de una vez sobre las palabras de su enemigo cuando éste concluía irónicamente «... claro que todo esto no tiene que ver ni con la virtud ni con la perfección evangélica, porque al hombre de acción no se le concibe sin una fuerte dosis de egoísmo, de orgullo, de rudeza y de astucia». Para Burguiba, que era esencialmente un hombre de acción, el orgullo y la astucia —no así la rudeza— se habían convertido en unas características personales elevadas por sus seguidores al rango admirable de integridad y valentía.

Aprovechando que Allalá Lauit le estaba ofreciendo un nuevo vaso de agua, le pregunté al presidente:

—¿En qué momento de su vida se sintió usted por primera vez un tunecino?

Burguiba me miró fijamente durante unos segundos como si no hubiese comprendido la pregunta. Tardó un cierto tiempo en contestarme temiendo quizá responder con una banalidad a una pregunta que parecía haber añadido espesor al silencio que yo venía de provocar. Tuve la impresión durante unos segundos de haber hurgado con el dedo en una llaga todavía a medio cicatrizar. Pero de pronto, el anciano —porque de repente Burguiba se había convertido en un anciano— me contestó con la mirada fija en sus ministros:

—Me sentí tunecino por primera vez, con rabia y con furor, cuando, siendo todavía muy jovencito, tuve que servir a un alumno francés de pago en el refectorio del colegio en el que a mí me costeaba los estudios la caridad del Estado.

No se oía volar ni una mosca, y Dios sabe que las había. Burguiba, ya con voz más serena, comentó de modo que todos le oyéramos:

—Descubrir al mismo tiempo ser pobre y tunecino al servicio de los franceses era una carga emocional demasiado pesada para el niño orgulloso que yo era.

Mientras pronunciaba estas palabras, una gota que no era de sudor, comenzó a deslizarse por la mejilla del presidente. Masmoudi, el imprudente y compasivo Masmoudi, se levantó de su asiento y anunció con voz fuerte:

—*Monsieur le Président*, son casi las dos de la tarde, la hora de que usted tome sus medicinas y de que nosotros nos pongamos a comer.

Burguiba tardó unos segundos en reaccionar mientras que las cámaras seguían rodando.

—*Ah, ce Masmoudi* —susurró Burguiba inclinándose hacia mí—, *toujours sur la brèche lorsqu'il s'agit, n'est-ce pas?, de venir a mon secours…**

Se puso en pie imitado por todos los presentes y tras obtener la aprobación silenciosa de Allalá Lauit, bromeó:

—Bueno, ya que no hay más remedio, vamos todos a comer.

Mientras que un servidor con chaqueta blanca y botones dorados sugería a los miembros de mi equipo que le siguieran —lo que provocó la decepción de Michele Garnier, la *script*, convencida de que iba a sentarse a la mesa presidencial—, Burguiba me cogió del brazo diciendo:

* «Ah, este Masmoudi, siempre en la brecha cuando se trata de defenderme…»

—Yo tengo la suerte de no tener hambre nunca, quizá porque me acostumbré a ella cuando era muy jovencito y siempre me olvido de que estoy rodeado de seres humanos que necesitan comer varias veces al día.

Siempre llevándome cogido del brazo, Burguiba me hizo recorrer a paso lento una larga galería, parecida a la de un museo de provincias, en cuyas paredes estaban colgados los retratos al óleo de todos los beys que habían precedido a Sidi Lamine, unos cuadros mediocres, carentes de profundidad y tan convencionales que parecían salir todos de los pinceles de nuestro Macarrón.

En el palacio de Cartago se comía deprisa y mal. Para mi gran sorpresa vi cómo, en lugar de la vajilla y de los cubiertos normales, a Burguiba le ponían delante una bandejita de plástico, con sus correspondientes huequecitos, idéntica a las que se usan en la clase *bussines* de Iberia para servir esas cosas inconfesables que han pasado en los frigoríficos el tiempo necesario para adquirir ese color macilento con el que se reconoce a los muertos en los accidentes de tráfico. Tras absorber media docena de píldoras de todos los tamaños y colores, el presidente se entretuvo apenas diez minutos en elegir las verduras hervidas que no pensaba comer y sólo accedió, ante los mudos ruegos de Allalá Lauit, probar unos espárragos que se tragó enteros acompañados de un gran vaso de leche fría. Luego, apenas acabada una minúscula taza de café con mucho azúcar, Burguiba miró a su alrededor y alzó la voz para decir:

—Bien, señores, gracias por su compañía. Nos veremos a las cuatro en el jardín de los naranjos.

Antes de que tuviera tiempo de ponerse de pie, Allalá deslizó unas palabras al oído del presidente el cual hizo un gesto de sorpresa. Luego se volvió hacia mí para decirme en un tono que me pareció casi molesto:

—Me dicen que ha venido usted a Túnez acompañado por su joven esposa. ¿Cómo es que nadie me ha dicho nada?

Masmoudi, que siempre parecía estar enterado de todo, apuntó:

—Tengo entendido que han hecho coincidir el trabajo del señor de Vilallonga con su viaje de bodas.

—¡Ah! ¡Pues mis más sinceras felicidades! —Y una vez en pie

el presidente añadió—: Le ruego, por favor, que invite de mi parte a su esposa a que venga a cenar esta noche con nosotros.

En cuanto el presidente salió del comedor, Masmoudi dijo en voz alta:

—Y ahora, señores, vamos a comer de verdad. Allalá, amigo mío, saca el vino.

Los ministros musulmanes rechazaron las botellas de burdeos que Allalá había puesto sobre la mesa pero Masmoudi se dio prisa en dar buena cuenta de ellas acompañado por Chatty y un par de ministros más. El almuerzo que nos sirvieron a continuación consistió en un sustancioso cuscús que mi suegra —que había vivido en Argelia hasta que De Gaulle la entregó al enemigo— hubiese aprobado sin reparo alguno. Tras el café, Masmoudi —que fue el único que se atrevió a encender un puro de importación ilegal— comentó que aquella noche acudirían tras la cena al palacio presidencial docenas de poetas venidos de todos los rincones del Estado para recitar sus últimos poemas en honor de Burguiba.

—Estará presente lo más granado de nuestra sociedad —me anunció el ministro lector de Simenon, con un deje de ironía en su voz.

Me preocupé por saber cómo había que vestir para el evento.

—Los hombres de traje oscuro y las mujeres como les dé la gana porque Burguiba nunca las mira. —Pero tras una corta reflexión, añadió—: Aunque la suya, siendo extranjera y además francesa, le llamará probablemente la atención.

Antes de aquella cena, que podía ser considerada como la más importante del año, acudieron más de un centenar de invitados que antes de penetrar en el gran comedor llamado de Abd el-Monem, un sultán almohade que había conquistado Túnez mil años atrás, desfilaron lentamente para saludar a Burguiba que los esperaba de pie en la tarima en la que estuvo antaño colocado el trono beylical.

Como de costumbre, Syliane se había negado a llegar —como los paletos, decía— a la hora precisada en la invitación oficial que habíamos recibido por la tarde.

—Dime —me preguntó mientras se vestía—, ¿cómo es el tal Burguiba?

—Sorprendente. A mí me ha parecido un hombre muy interesante. Un dictador *bon enfant* que yo hubiese preferido a la bestia obtusa que tuvimos en casa durante casi cuarenta años. Pero como a ti no te gustan los árabes...

Syliane no respondía nunca a esta reflexión mía porque no podía comprender que yo les prestase atención alguna a aquellas gentes cochambrosas que a veces se negaban a cederle el paso en las aceras de Argel cuando todavía era una niña.

Syliane se había vestido aquella noche como para asistir a una cena en cualquiera de las embajadas importantes de París. Llevaba un vestido de Dior de amplia falda plisada y un bolero de terciopelo negro recamado de oro, pero, curiosamente, no se había puesto ninguna joya, ni pendientes, ni collares, ni pulseras, ni sortijas, lo que según me explicó más tarde Paco Rabanne —que además de modisto presume de filósofo— significa que cuando una mujer se despoja voluntariamente de toda joyería está obedeciendo sin saberlo a una oscura voluntad de aparecer desnuda. Era una bonita teoría —sobre todo en época de grandes calores— pero no hay que hacer mucho caso a Rabanne porque también predijo varias veces el fin del mundo y nunca ocurrió nada.

El caso es que, aunque momentáneamente, aquel supuesto afán de desnudez de mi mujer me parecía evidente, como debió de parecérselo a Burguiba cuando Syliane se presentó ante él al pie de la antigua tarima de trono.

—*Monsieur le Président* —intervine—, permítame que le presente a la señora de Vilallonga.

Yo había creído hasta entonces que aquello de «quedarse con la boca abierta» sólo era una simple frase hecha. Pero así fue como se quedó Burguiba durante unos instantes delante de mi mujer. Luego, recuperándose, bajó de la tarima —un gesto hasta entonces probablemente inédito que provocó un sordo murmullo de asombro entre los invitados— y se inclinó profundamente ante ella para besarle la mano. Luego sin quitarle los ojos de encima se quejó sonriendo:

—*Madame on n'a pas le droit d'être aussi belle sans prévenir au préalable.**

Y enseguida llamó con la mano a Allalá Lauit y le dijo:

* «Señora, no hay derecho a ser tan guapa sin avisar con antelación.»

—Madame de Vilallonga se sentará a la mesa a mi derecha en lugar de la esposa del cónsul general de Francia.

Y mientras que la larga cola de invitados seguía desfilando ante él, Burguiba continuó sosteniendo con Syliane una animada conversación cuajada de sonrisas.

Tanto a mí como a mi mujer, Burguiba nos produjo aquella noche una profunda impresión. Tenía poco que ver con el hombre que yo había conocido aquella misma mañana con su traje mal cortado de funcionario francés y sus prisas por agradar. Ahora llevaba una chilaba o mejor dicho una especie de túnica blanquísima abrochada hasta el cuello que sólo dejaba al descubierto unas níveas babuchas de piel muy fina. La blancura de su indumentaria hacía resaltar el natural bronceado de su tez y la hiriente claridad de su mirada. Cuando Burguiba no iba disfrazado de francés de clase media, tenía el empaque de quienes en otras épocas pertenecieron a la estirpe turca de los beys que precedieron a Sidi Lamine.

El murmullo de desaprobación que se elevó cuando Burguiba le besó la mano a Syliane se intensificó cuando la vieron tomar asiento a la mesa a la derecha del jefe del Estado. Burguiba estaba probablemente violando las reglas más elementales del protocolo vigente y ofendiendo gravemente a algunas señoras gordas que creían tener derechos ancestrales a tal honor.

Pasaron cosas muy curiosas durante aquella cena... Colocado al otro lado de la mesa, justo enfrente de Syliane y de Burguiba y entre dos enjutas inglesas que hablaban con marcado acento del Gloucestershire y que apenas si me dirigieron la palabra, pude oír sin demasiadas dificultades lo que el presidente y mi mujer se decían. Enseguida me di cuenta de que el diálogo entre los dos se encauzaba por malos derroteros.

—Yo me pregunto a veces —empezó diciendo Burguiba— qué es lo que hace que ustedes las francesas sean tan distintas de las demás mujeres.

—¿Distintas en qué, señor presidente?

—Distintas en todo, señora. En belleza, en elegancia, en compostura.

Me decepcionó que Burguiba recurriera a tales banalidades. Pero me decepcionó aún más que Syliane le contestara con aires de suficiencia.

—Más que a las francesas en general, usted se refiere seguramente a las parisinas. Ese algo tan especial que parece encontrar en nosotras es el resultado natural de vivir en el ombligo del mundo. No busque otra explicación.

Burguiba, que posiblemente nunca había tenido tiempo para pensar en ello, se quedó desconcertado.

—Ah, claro... Sí, eso debe de ser.

—Pero se da el caso, señor presidente —el tono era melifluo—, que yo no soy una francesa *à part entière*.

—Ah. ¿Y por qué?

—Porque mi padre es romano.

Burguiba puso los ojos en blanco.

—¡Ah! ¡Italia! ¡Italia! Yo, después de París, estuve a punto de doctorarme en Bolonia. Debí de imaginar que era usted medio italiana. Tanta perfección, *n'est-ce pas?*, ¡no podía pertenecer sólo a París! Pero dígame, ¿en cuál de los dos países nació usted?

Syliane tomó el tiempo que necesita un buen banderillero para clavar debidamente sus palitroques.

—Ni en el uno ni en el otro —se regodeó.

Burguiba perdió pie.

—Pero entonces... ¿de dónde es usted?

Un silencio y luego, dolorosamente, Syliane contestó bajando ostensiblemente la voz:

—He nacido en Argel, *Monsieur le Président*.

La cara de Burguiba se iluminó con la violencia de un fuego de artificio.

—¡Ah! Pero entonces... ¡es usted árabe!

Syliane pareció petrificarse de los pies a la cabeza.

—¿Árabe? —protestó indignada—. De ninguna manera, monsieur Burguiba. Soy *algéroise*, es decir, nacida en Argel de padres europeos. Pero que yo haya nacido allí no significa en modo alguno que yo sea argelina, ¡ni que corra por mis venas sangre árabe alguna!

—*They are getting cross*... —comentó la inglesa sentada a mi izquierda.

Para una francesa, el matiz existente entre *algéroise* —nacida en Argel— y *algérienne*, o sea, de sangre árabe, tenía en Argelia una importancia social enorme. Para los franceses que se consideraban *pieds noirs*, es decir, los nacidos en cualquier lugar de Argelia pero sin lazos de sangre con los habitantes del *pays*, el ser tratado de árabes se consideraba la mayor parte de las veces como un insulto mortal.

—¡Todo eso —se encrespó Burguiba— no son más que prejuicios colonialistas basados en el desprecio a otras razas!

—*You are right, they are getting very cross* —comentó la segunda inglesa.

—Yo no desprecio a nadie, *Monsieur le Président* —le contestó Syliane con demasiada calma—, ¡pero no admito que me tomen por lo que no soy!

—¿Y qué es usted entonces?

—Una franco-italiana convertida en española por vía del matrimonio.

Burguiba no tuvo tiempo de reaccionar porque en aquel mismo instante se le acercó por detrás un esquelético anciano que le puso una mano en el hombro. Burguiba se revolvió airado por la falta de respeto, pero cuando vio al venerable personaje que caía de rodillas ante él no pudo menos que emocionarse:

—Por favor, maestro, levántate, levántate.

El anciano, que sólo llevaba un andrajoso taparrabos y el resto del cuerpo cubierto por una frondosa barba blanca, le anunció, tras besarle las manos tres veces, que venía desde muy lejos a recitarle un poema que llevaba componiendo en su honor desde hacía muchos años. Burguiba trató de levantarse de su sillón, pero el viejo le ordenó bruscamente:

—Siéntate y escucha.

Y Burguiba obedeció como un niño chico. Se trataba nada menos que del célebre Alí Ahmed Amba, el poeta más venerado de la nación.

De repente el anciano poeta levantó los dos brazos al cielo y bramó: «Oh padre y hermano mayor de todos los tunecinos, tú que...» y a continuación fluyó de su garganta algo parecido al furioso sonido de un torrente arrasando todo a su paso. El árabe —yo ni lo hablo, ni lo entiendo— es una lengua de sonoridades hermosas que a mí me recuerda el fragor de cien caballos galopando por un pedregal. El poema de Ahmed Amba transcurrió lento y majestuoso durante media hora larga. Cuando el poeta cayó de nuevo de rodillas, exhausto, algunos ministros e incluso Burguiba tenían los ojos llorosos. Syliane había aprovechado el tiempo pintándose de nuevo los labios y poniendo en su sitio un par de pestañas que se habían desmadrado.

Mientras acabada la cena nos dirigíamos hacia los salones donde esperaban los demás poetas, Pierre Laville, mi productor, se me acercó con aire preocupado.

—Esto va mal, José —me dijo—. Me acabo de enterar de que mañana no habrá rodaje porque lo de esta noche va a acabar muy tarde y Burguiba necesitará descansar. Hay que hacer algo porque, según lo convenido, todo el equipo tiene que estar de vuelta en París dentro de exactamente tres días y hasta ahora sólo tenemos rodadas dos horas y media sobre el jodido san Agustín de las que sólo son aprovechables diez o doce minutos. Hay que hacer algo, José.

En aquel preciso momento se nos acercó Olivier Clement Cacoub, un viejo conocido mío de París y excelente amigo de Burguiba al que había convencido de que me concediera la entrevista que estábamos realizando.

Olivier Cacoub era el arquitecto tunecino que había levantado de la nada los palacios de casi todos los nuevos potentados africanos y, por consiguiente, también era responsable de la más que discutible modernización del viejo palacio de Cartago. Olivier no era, a pesar de sus éxitos, un arquitecto feliz, porque, siendo personalmente un hombre de gusto, había puesto su talento al servicio de unas gentes detestables que en cierto modo le habían obligado a prostituirse. Olivier no era feliz pero se había hecho muy rico a fuerza de vaciar una y otra vez los almacenes de Jansen en París para llenar sus nuevos palacios de muebles, cuadros, esculturas, tapices y alfombras que ningún francés habría querido ver en su casa.

Le pusimos en pocas palabras al corriente de nuestro problema. Burguiba nos hacía perder un tiempo precioso en inútiles e interminables «lecciones de cosas» a propósito de su infancia, de sus padres, de sus profesores, etcétera. Yo siempre he pensado que la infancia es la prehistoria del hombre y que para estudiarla hay que ser paleontólogo y no un periodista con plazos muy fijos para entregar su trabajo.

—Nosotros, lo que pretendemos —le explicamos a Cacoub— es que Burguiba nos hable de sus relaciones personales con Abdel

Nasser, con Numeiry, con Gaddafi, con todos los que están poniendo patas arriba el mundo, ¿comprendes, Olivier?

Cacoub, que nos había escuchado atentamente, me dijo:

—Supongo que te habrás dado cuenta de la fascinación que ejerce tu mujer sobre Burguiba.

No me gustó el comentario.

—Sí, ¿por qué? Syliane fascina a mucha gente.

—Pues cuando Wassilah se entere del interés que Syliane ha suscitado en Burguiba ya verás qué deprisa se acortará el tiempo que os han concedido para realizar la entrevista.

—¿Quién es Wassilah?

—La mujer de Burguiba. Una vieja gorda, fea y mala como la bruja de Blancanieves, pero la única mujer que Burguiba respeta y teme porque además de perversa es inteligente y muy influyente en la política interna del Neo-Destour. —Y Olivier, poniéndose muy serio, añadió—: Wassilah es la única persona que se atreve a levantarle la voz, y a veces la mano, al padre y al hermano de todos los tunecinos, como a él le gusta que le llamen.

—¿Y quién le va a decir a Wassilah que…?

—… No te preocupes. Mañana por la mañana la mitad de las mujeres de Túnez la llamarán para informarle de la indecorosa conducta de su marido con una extranjera que se pinta la cara y que habla de los árabes como si fueran pura mierda.

El recital poético que siguió a la cena —casi medio centenar de hirsutos bardos venidos de lejanas provincias— fue para quienes ni hablábamos ni entendíamos el árabe, de un aburrimiento inenarrable. Pero siguieron ocurriendo cosas que ni a mí ni a nadie nos parecieron ser del todo normales. Cada vez que un poeta acababa de recitar sus versos, una delegación de su pueblo natal, compuesta exclusivamente por jóvenes mujeres, se acercaba a Burguiba y depositaba a sus pies unos preciosos ramos de jazmines dispuestos en forma de apretada corola que despedía ese intenso olor al que no era fácil acostumbrarse. Cuatro veces durante el transcurso de la velada Burguiba ordenó a un servidor que cogiera el ramo que venían de ofrecerle y que fuera a depositarlo en el suelo ante Syliane, sentada entre Cacoub y yo al otro extremo del inmenso salón. El primer ramo entregado solemnemente a la «extranjera» causó entre los invitados un silencio mortal. Pero la entrega del segundo, del tercero y del cuarto levantaron en el público tanto femenino como masculino una oleada de murmuraciones, todas ellas en árabe cuyo sentido todavía creo que no tuvimos la suerte de comprender.

—Me parece que el viejo ha perdido la cabeza —murmuró Cacoub francamente preocupado.

Cuando al final del festejo, ya muy entrada la madrugada, nos despedimos del presidente y salimos a pie del palacio en busca del coche de Cacoub, varios grupos de mujeres se acercaron a Syliane para preguntarle en árabe algo que, traducido a lo bruto en castellano, sonaría como «pero tú ¿quién coño eres?». Cacoub les dio en árabe una serie de explicaciones que no parecieron convencer a nadie.

Sin embargo alguien debió de tomar cartas en el asunto aquella misma noche —probablemente Masmoudi— porque a la mañana siguiente temprano el conserje del hotel nos telefoneó para avisarnos de que el presidente Burguiba estaría dispuesto para rodar a las once y media en punto en el patio de los naranjos.

Tan cansados estábamos la noche anterior que no tuvimos fuerzas ni para comentar lo ocurrido durante la extraña ceremonia de los poetas. Pero me pareció sabio aconsejarle a Syliane que no viniera conmigo aquella mañana a la cita presidencial. Pero ella, tan reacia a levantarse temprano por la mañana, me contestó:

—Tú no conoces a esta gente. Con los árabes si no les plantas cara desde un principio tienes perdida la batalla de antemano.

Tras beber uno tras otro dos cafés muy fuertes, cosa que nunca hacía en París, Syliane salió rápidamente del cuarto de baño, se puso unos vaqueros muy ceñidos con una camisa a juego y se cargó al hombro un bolso de Hermés en el que llevaba todo lo necesario para cambiarse de maquillaje varias veces al día.

En el jardín de los naranjos, Burguiba, con su trajecito oscuro de oficinista francés, bebía ya agua fresca rodeado de sus habituales ministros. Se levantó para saludar a Syliane pero esta vez se abstuvo, casi ostensiblemente, de besarle la mano. Antes de que mi mujer tomara asiento en la silla de tijera que le habían reservado junto a la cámara que había frente a Burguiba, se le acercó el encantador Chatty y en el tono más suave que supo emplear, le advirtió:

—*Chère* madame de Vilallonga, nuestro protocolo no permite que ninguna mujer se presente ante *Monsieur le Président* llevando pantalones.

Antes de que Syliane le contestara —y sólo Dios sabe lo que le iba a contestar—, Burguiba que había oído a su ministro, intervino:

—Chatty, ésa es una regla que sólo rige para nuestras compatriotas ya que son muy pocas las que estarían presentables con esos pantalones. Siéntese, madame de Vilallonga, y pídale a Allalá lo que desee beber.

Cacoub y yo nos miramos de soslayo pensando seguramente lo mismo: o bien la terrible Wassilah había perdido parte de su poder o al viejo se le había ido irremediablemente la cabeza.

Desentendiéndose de todo el asunto protocolario, Burguiba comentó jovialmente:

—Tengo entendido que andan ustedes escasos de tiempo. Así que pongámonos a trabajar. ¿De qué desearía que habláramos esta mañana?

Pero antes de que yo pudiera formular una primera pregunta, Burguiba me recordó:

—Ayer quiso usted saber en qué momento me sentí por primera vez tunecino, *n'est-ce pas?* Fue en Sadiki, un establecimiento fundado por el general Jeredin para que los chicos de las familias pobres pudiéramos cursar estudios gratuitamente. Como puede usted imaginar, la selección de los muchachos era muy dura y exigente. Pero yo fui uno de los primeros en ser admitido. Al enterarse, *n'est-ce pas?*, mi madre rompió a llorar. «¡Ya puedo morir tranquila!», sollozó. «A partir de ahora, Habib, Sadiki será tu madre.» Mi padre no hablaba nunca. Llevaba treinta años en el ejército del bey y sólo sabía decir «sí, señor». Pero esta vez hizo una excepción y al abrazarme murmuró: «Pan para uno menos...». Tenía razón mi madre. Sadiki iba a pagar mis estudios, iba a darme de comer y vestirme e incluso a veces me pagaría el peluquero y el hammam. Y pasaron seis largos años hasta que conseguí mi diploma de intérprete.

»A los tunecinos, *n'est-ce pas?*, los franceses nos tenían vetados los estudios superiores. Sólo podíamos aspirar a ser intérpretes. El Protectorado consumía ingentes cantidades de intérpretes. Intérpretes para el residente, la máxima autoridad francesa, para el controlador civil, para los ministros del bey y para el propio bey que hablaba el francés mucho mejor que su propia lengua. Pero los intérpretes, *n'est-ce pas?*, se convertían muy pronto en espías, espías que se enteraban de todo lo que necesitaba saber el controlador civil. Los espías sabíamos quién leía qué periódicos, quién hablaba con quién, quién se acostaba con las mujeres de las autoridades militares, quién prefería relacionarse con los muchachitos de los burdeles y quiénes eran capaces de influir en la política interior a favor o en contra de los franceses.

»Los intérpretes lo sabíamos todo y yo era uno de los mejores de entre ellos. Pero lo que usted quiere saber, *n'est-ce pas?*, es cuándo me sentí tunecino por primera vez. Fue en Sadiki, naturalmente. Yo era el primero de mi clase en composición francesa. Escribir bien en francés siempre ha sido muy importante. ¿Sabe usted por qué Georges Pompidou acabó siendo un hombre tan importante? Porque un día el general De Gaulle, poco satisfecho por la interpretación de unas notas para un discurso que había hecho uno de sus escribientes, se enfadó y pidió que le buscasen a alguien que redactara bien en francés. Y ese hombre fue Georges Pompidou, un antiguo maestro de escuela, que ya sabe usted hasta dónde llegó. Pero como le iba diciendo, yo era el primero de mi clase en composición francesa, en matemáticas y en historia. Había en mi clase muchos franceses, hijos de obreros agrícolas, bastantes españoles, algunos italianos y unos pocos judíos. Pero yo era el único *bicot** al que ciertos profesores trataban con respeto. Cuando me entregaban mi certificado de primero en composición francesa iba inmediatamente a enseñárselo a Mahmoud, mi hermano mayor, que después de mirarlo me decía: "Está bien". Sólo está bien. Nunca ni una palabra más. Pero me abrazaba muy fuerte porque lo que me quería decir con ese "está bien", *n'est-ce pas?*, era "sigue así porque tú eres el único que un día podrá salvarnos".

»¿Quiere usted saber cuándo me sentí por primera vez un tunecino, es decir alguien humillado, vejado y tratado como un ser aparte? En Sadiki, naturalmente. Yo era allí el primero en casi todo. Incluso había profesores que me apreciaban lo bastante para tratarme de *monsieur*. Monsieur Burguiba, ¿se da usted cuenta? Pero en cuanto salía a la calle, *n'est-ce pas?*, yo ya no era nadie. Sólo un *bicot* más

* *Bicot*, término despectivo equivalente al «moro» español.

que tenía que ceder el paso en las aceras a los franceses. Tampoco podía entrar en cualquier café porque nos estaba prohibido relacionarnos con otros que no fueran *bicots* como nosotros. En la calle hasta mis compañeros de clase franceses fingían no reconocerme. Jamás puse los pies en casa de ninguno de ellos. Jamás me presentaron a sus hermanas. Y un día en el puerto, a la caída del sol, tuve una iluminación. Me dije que si yo podía superar en clase a los franceses en hablar y escribir su propia lengua mejor que ellos, no había razón alguna para que en la calle, en una calle de mi ciudad, yo sólo fuera, *n'est-ce pas?*, un ciudadano de segunda clase. Y aquel día comprendí también que todas nuestras desgracias venían del Protectorado de los franceses y del sistema de castas impuesto por ellos. ¡Es decir, del colonialismo!

Furioso, rabioso, airado, Burguiba era de una gran belleza física. Incluso Syliane, que desde pequeñita odiaba a los árabes, pareció conmocionada por el cambio físico de aquel hombre cuando se dejaba habitar por la pasión.

—Ese día, en el puerto, frente al mar —concluyó Burguiba—, tuve la certeza de que un día yo echaría de mi país a los franceses.

Al pronunciar estas últimas palabras, el presidente, sin falso pudor, se puso a llorar, como un hombre, y todos hicimos lo posible por fingir que no nos dábamos cuenta.

—Luego murió mi madre —añadió Burguiba tras un largo silencio—. Sólo cuando muere la madre se entera uno de lo que significa la soledad. La espantosa y terrible soledad del hombre que todavía se creía que era niño cuando ya no lo era. —Burguiba tardó unos momentos en serenarse. Luego con la voz ya más tranquila, dijo—: La muerte de mi padre, que siguió casi de inmediato a la de mi madre, no me afectó tanto. Nunca tuvimos una relación verdaderamente íntima. Él nunca creyó que ni Túnez, ni las demás colonias, se librarían jamás de los franceses y mucho menos que un hijo suyo tuviera nada que ver con ello.

En aquel momento, el jefe del equipo pidió unos minutos de descanso para recargar las cámaras. Todo el mundo se puso en pie y Syliane, con ánimo de aligerar la atmósfera, le preguntó:

—Señor presidente, ¿por qué no va usted siempre vestido como anoche con aquella maravillosa chilaba blanca? ¡Estaba usted espléndido!

Incluso a los hombres inteligentes les gusta que a veces los halaguen.

Sonriendo Burguiba señaló con un gesto al grupo de ministros que siempre le acompañaban y le explicó a mi mujer:

—Verá, señora, yo ya sé que cuando me visto de francés pierdo parte de mi magia, *n'est-ce pas?* Pero cuando éstos, para imitarme, se ponen chilaba, se aprovechan, ya que nadie los ve, para rascarse continuamente donde usted se puede imaginar y como luego, *n'est-ce pas?*, tengo a veces que darles la mano, pues me da mucho asco.

Las cámaras estaban de nuevo listas para rodar y Burguiba volvió a tomar asiento frente a ellas.

Muertos sus padres Burguiba continuó sus estudios, esta vez pagados por Mahmoud, su hermano mayor, que seguía creyendo ciegamente en él.

Se instaló en el Quartier Latin, de París, estudió la carrera de Derecho y descubrió un mundo fascinante contra el que se preparó a luchar a brazo partido. Pero los estudios de Derecho en París habían marcado indeleblemente el espíritu del futuro hombre de Estado. En 1932 escribió en *L'action tunisienne*: «El país que contamos liberar será el de todos aquellos que sin distinción de razas, ni de religiones, quieran habitar una patria en la que viviremos bajo la protección de unas leyes ante las cuales todos seremos iguales». El que esto escribió ya no era un árabe, era un romano. Durante el resto de su vida, por más que a veces Burguiba se sintió atraído por la *Umma* musulmana siempre acabó prevaleciendo en su espíritu el *consensus latino* por el que sentía pasión.

—Han pasado muchos años —murmuró Burguiba absorto en la contemplación del mar que se vislumbraba a través de los naranjos—, y han pasado muchas cosas que ya son parte de la memoria colectiva, la rebelión en nuestras calles, la guerra, la descolonización, la victoria...

Y todo ello debido a un solo hombre: Burguiba. Y él lo sabía. Y como nadie discutía ni su sabiduría, ni su lucidez, ni su experiencia, Burguiba se convirtió en el «gurú» del mundo africano.

—Soy el hombre al que todo el mundo escucha y al que muy pocos hacen caso. Y sin embargo, *n'est-ce pas?*, resulta evidente que siempre tengo razón.

Lo dijo convencido y con tristeza. Cuentan que una vez en Londres, durante la guerra, De Gaulle, muy enfadado con sus compatriotas, exclamó: «¡Ah! ¡Si yo fuera rey de Inglaterra!». Burguiba debió también de lamentar en más de una ocasión no ser el rey de Marruecos, o el señor de turno de Argelia o el dueño de esa Libia perfumada de petróleo que los últimos monarcas senusíes abandonaron entre las manos de los italianos y que Burguiba, sabiendo que iba a ser un regalo envenenado, rehusó el día que el joven coronel Gaddafi le propuso que unieran sus dos países.

Ahora ya no es necesario que yo le haga preguntas a Burguiba. Con gesto brusco ha desbaratado el nudo de su corbata y a una simple insinuación de Syliane se ha quitado la chaqueta barata y se ha quedado en mangas de camisa sin perder un ápice de su dignidad. Ya no me habla a mí, ni a sus ministros, ni tampoco a las cámaras que hacen prodigios para que no se les escape de la pantalla el rostro de aquel emperador romano que habla como un jurista francés y se indigna como un italiano.

—He visto —nos dice temblándole la voz— a todos los grandes señores del mundo africano heredar o apoderarse por la fuerza del poder. A Nasser, a Bumedián, a Hussein, a Faisal, a Numeiry y al joven coronel Gaddafi. Cada uno de ellos, uno tras otro, han venido a verme para pedirme consejos. ¡Sólo Dios sabe cuántos consejos habré dado! Pero casi nadie los ha seguido. A cada uno de ellos les dije más o menos lo mismo: un verdadero jefe de Estado es aquel que sabe crear desde el minuto mismo en que accede al poder una inmediata relación de amor entre el pueblo y él. Lo que Mao llamaba «sentirse en el pueblo como pez en el agua». Pero el chino no dominaba como yo el arte del compromiso y el poder sólo funcionó a fuerza de masacres y de genocidios. El chino creía que esa íntima relación entre el pueblo y él se crearía a base de *ucases* y de *diktats*. Yo nunca haré nada parecido para mantenerme en la cúspide de una pirámide que he creado con mis propias manos.

Entre Burguiba y los que venían a pedirle consejo existían a menudo diferencias abismales. La edad, el estatus social, el pensamiento político —cuando lo había—, y por encima de todo la propia concepción de lo que significaba el poder y la manera de acceder a él.

—Esas diferencias, a veces insalvables eran, *n'est-ce pas?*, lo que más envenenaba nuestras relaciones. ¿Cómo podían comprenderme un Hussein o un Faisal cuando yo les decía a la cara que un país no se puede heredar como si se tratara de un huerto? ¿Que a un gran rey le puede suceder un tipo execrable o un imbécil que será rey por el solo mérito de ser el hijo de su padre?

Burguiba se exaltaba a medida que escuchaba el sonido de sus propias palabras.

—El modo como Gaddafi se apoderó de Libia me chocó profundamente. Irritó en mí al jurista preocupado por la autoridad del Estado, es decir, por su legitimidad. Un país tampoco se roba como el bolso colgado del hombro de una señora, *n'est-ce pas?*

Burguiba se bebió uno tras otro dos grandes vasos de agua helada y siguió diciendo:

—Yo condeno los golpes de Estado bajo todas sus formas. El poder tomado por asalto por una junta militar, ya sea de derechas o de izquierdas, hace mella dramáticamente en la autoridad del Estado y desautoriza al rebelde creando un precedente del que el propio golpista será la próxima víctima.

A propósito de Libia —un país que ha ejercido siempre en la vida de Burguiba la fascinante atracción de una mujer poco recomendable—, el presidente nos hace de Gaddafi un retrato a grandes rasgos surrealistas.

—¿Quién es Gaddafi? Un joven coronel que siempre será demasiado joven, víctima de sus entusiasmos más que de su razón. A partir de una cierta edad, *n'est-ce pas?*, hay que saber dosificar la intensidad de la fe, en lo que sea, porque si se desboca nos puede hacer creer a veces en la realidad de nuestros propios sueños. Pero no quiero hablar mal del coronel Gaddafi porque estoy convencido de que a pesar de sus errores es un hombre sincero. Sin embargo... —Burguiba alzó los hombros desconsolado— es un discípulo de Abdel Nasser. Y yo me pregunto: ¿cómo se puede ser el discípulo de un hombre que se apropia de un país libre e independiente y que a su muerte, tras haber fracasado lamentablemente en política, deja ese mismo país, su país, prácticamente a merced del enemigo? Formado pues en la escuela de Nasser, la peligrosa escuela de la impaciencia, el joven coronel sueña con la unidad del mundo árabe. Me parece muy loable porque ése ha sido también el sueño de toda mi vida. Pero Gaddafi quiere conseguir esa unidad a marchas forzadas y empleando a veces unos métodos más que dudosos. ¿Se acuerdan ustedes del incidente que tuvo lugar en el Palmarium, aquí en Túnez?

Pocos que no sean tunecinos guardaban memoria de aquel hoy lejano episodio. Así que dirigiéndose casi exclusivamente a Syliane y a mí, Burguiba nos explica en detalle lo ocurrido. Dos de las cámaras cambian rápidamente de posición para captar la perplejidad en el rostro de mi mujer.

—Yo había invitado, *n'est-ce pas?*, al coronel a venir a visitarnos por pura amistad y porque me interesan los jóvenes de cuyos desvaríos he sacado a veces conclusiones muy provechosas. Llega pues a Túnez el coronel. Desfiles militares, fanfarrias, ceremonias y abrazos fraternales. Gaddafi viene vestido de una manera extravagante tal como se imaginan a los árabes en las películas del Hollywood de los tiempos de Valentino. Aquella noche misma, durante la cena de gala en su honor, el joven coronel me pide que le permita dirigirse en público a los tunecinos y le ofrezco el Palmarium, un lugar apto para congregar multitudes a pocos kilómetros de la capital. Se decide y se anuncia por la radio que el coronel Gaddafi se dirigirá a los tunecinos al día siguiente en el Palmarium. De acuerdo con mi visitante, decido no acudir al acto para dejarle en exclusiva todo el protagonismo. Pues bien, imagínese, señora, que al día siguiente mientras estoy desayunando, al mismo tiempo que sigo por la televisión las actividades de mi invitado, oigo cómo de repente Gaddafi les anuncia a mis compatriotas que dentro de poco Túnez y Libia iban a unir sus destinos política, social y militarmente. Y yo, el presidente de la República de Túnez, ignoro absolutamente todo de tal resolución. Así que me visto deprisa y corriendo y a ciento sesenta kilómetros por hora mi coche oficial me lleva hasta el Palmarium donde Gaddafi sigue perorando delante de miles de atónitos tunecinos que le escuchan en un tenso silencio. Al verme llegar, Gaddafi se descompone, me subo de un salto a la tarima que ocupa mi invitado y le hago seña de que siga hablando. Pero el hombre apenas si consigue tartamudear. Casi me dio pena. Dejando bruscamente la cuestión de la unión entre nuestros pueblos. Gaddafi se pone a hablar de religión, de la China, del comunismo, de la China otra vez. El pobre discurría a tontas y a locas sin lograr recuperar la serenidad. La televisión captaba cada uno de sus gestos y de sus palabras y yo sabía que la estaban escuchando hasta los límites de la Tripolitania. Cuando Gaddafi, sin aliento, dejó de hablar cogí el micrófono de entre sus manos y pronuncié un discurso improvisado, que son los que siempre mejor me salen, quizá porque son siempre los más sinceros. Empecé diciendo: «Si soy presidente de la República de Túnez, no se lo debo a ninguna revolución. Sidi Lamine Bey siguió viviendo tranquilamente en Túnez hasta su muerte y nadie ha sido ejecutado por haber sido amigo suyo. Si soy lo que soy se lo debo únicamente a cincuenta largos años de continua lucha contra un gran país, contra un gran imperio...». Gaddafi me escuchaba muy pálido. Los libios que le acompañaban, casi todos ellos militares, se levantaron para marcharse en cuanto yo empecé a hablar, pero Gaddafi les hizo seña de que volvieran a sentarse. Me gustó ese gesto suyo. Entonces, dulcificando el tono y dirigiéndome directamente a él, continué diciendo: «Sí, señor presidente, la unidad árabe es un sueño común a todos nosotros, que un día, estoy seguro, se hará realidad. Pero por el momento conviene que mantengamos la cabeza fría. Esas fronteras que usted pretende borrar de un plumazo, o quizá a cañonazos, llevan mucho tiempo vigentes. Cuando "reinventé" en este país la palabra "patria", yo sólo pensaba en la patria de los tunecinos y solamente en ella. Para que esa palabra signifique un día la unión de nuestros dos países con Egipto, Sudán, Marruecos, Irak y Argelia, habrá que esperar mucho tiempo, probablemente siglos. Señor presidente, empecemos ante todo a conocernos, a comprendernos, a trabajar juntos y quizá un día acabaremos por apreciarnos y, si no a querernos, por lo menos a soportarnos. Un día, mi querido coronel, el Gran Magreb existirá, no me cabe la menor duda. Pero si no quiere que esa idea se la lleve el viento del desierto (como ya ha ocurrido con las uniones con Egipto, Siria y Sudán) ponga freno a su pasión, controle sus impaciencias y aprenda el arte de medir el tiempo. Burguiba no es, se lo aseguro, un adversario de la unidad de los árabes, pero Burguiba tiene la obligación de advertirle que ese gran sueño colectivo no se realizará durante nuestras vidas. Ni probablemente durante la de nuestros hijos. Las grandes ambiciones son así. Hay que aprender a creer en ellas sin esperanza».

»Cuando acabé mi discurso, el Palmarium entero puesto en pie, incluidos algunos libios refugiados en Túnez, me saludó con una cerrada ovación.

»Durante los días siguientes recibí centenares de telegramas de felicitación por haber puesto en su sitio al coronel. El embajador sudanés vino a verme al día siguiente con este mensaje del presidente Numeiry: "Dígale a Burguiba que Gaddafi también ha venido a verme para hacerme proposiciones parecidas y que me lo he quitado de encima como he podido". Numeiry lo tenía más difícil que yo, *n'est-ce pas?*, porque él depende en gran medida del petróleo libio. Yo no. Yo soy un hombre libre. A mí me basta con el petróleo que me proporcionan los franceses, mis antiguos enemigos, que al igual que yo tienen profundamente enraizado *le sens de la mesure.*

Por la tarde, después de un almuerzo aún más rápido que el del día anterior, nos pusimos todos de nuevo ante las cámaras y Burguiba la emprendió con bastante dureza contra Gamal Abdel Nasser.

—Es un hombre del que se puede decir en su honor que estaba obsesionado por la injusticia social, por la mentalidad clasista de los pachás, por el servilismo de las clases altas hacia la Corona cuyos reyes tuvieron más sangre turca que egipcia en sus venas y sobre todo por el *laissez-faire* de Faruk, más interesado en sus placeres que en los asuntos de Estado. Derrocado por un grupo de jóvenes oficiales, Faruk pudo abandonar tranquilamente Egipto en el yate real llevándose consigo entre sus bienes personales una de las bibliotecas eróticas más completas del mundo. A Nasser le costó poco convencer al general Naguib, un militar palatino que había proclamado la república prácticamente a punta de pistola de sus jóvenes oficiales, que le cediera el poder, lo que Naguib hizo de inmediato como quien se quita una carga de encima. En cuanto nacionalizó el canal de Suez, Nasser se convirtió en un dios para los jóvenes egipcios. —Burguiba, haciéndole a Syliane un guiño malicioso, le confió bajando la voz—: Gamal, *n'est-ce pas?*, rima con canal, incluso para los egipcios. —De nuevo dirigiéndose a todos nosotros, Burguiba acusó—: Al joven dictador se le subió muy pronto la gloria a la cabeza. Perdió *le sens de la mesure* del que yo hablo tanto porque cuando se carece de él se carece al mismo tiempo de todo sentido común. Fundó, junto con Siria, su propia República Árabe Unida. Se enzarzó militarmente con los yemeníes en cuyos desiertos dejó que se desangrara una gran parte del ejército egipcio. Se hizo amigo de Ben Bella, un sargento desertor del ejército francés en Argelia, y acogió con los brazos abiertos en su territorio a los disidentes saudíes lo que le valió la tenaz inquina de la poderosa Casa de Saud. Financió insensatas revoluciones, sembró el desorden y la confusión y creyó de buena fe que todos los árabes del mundo respaldaban sus locuras. En 1965, rompió las relaciones diplomáticas con los alemanes por haber reconocido al Estado de Israel y pretendió que yo siguiera su ejemplo, a lo que naturalmente me negué, entre otras cosas porque los israelíes pueden ser muy malos enemigos cuando les pisan los callos. Nasser consiguió hacerme pasar por un traidor a los ojos del mundo árabe más radical y fanático. Lo mismo ocurrió cuando reconocí la soberanía de Mauritania, que Marruecos consideraba parte integrante de su territorio. Naturalmente, él se puso de parte de Marruecos. Mi respuesta fue apadrinar en la ONU a Mauritania lo que provocó mi ruptura definitiva con Nasser. Hoy, tal como yo lo había predicho, incluso Marruecos reconoce la soberanía de Mauritania. —Burguiba se tomó un respiro y luego, dirigiéndose exclusivamente a Syliane, continuó diciendo—: Nasser, *n'est-ce pas?*, era un ser totalmente infantil y no voy más lejos porque el pobre ya ha muerto. Entró en guerra con Israel sin apenas darse cuenta de lo que hacía, gracias a lo cual los judíos se apoderaron de gran parte de Egipto. ¿Recuerda, señora, lo que ocurrió en Sharm al-Sheik? —Syliane hizo un vago gesto de asentimiento con la cabeza y un par de rizos cayeron sobre su frente—. Nasser —continuó diciendo Burguiba— empezó exigiendo que U Thant retirara de allí sus cascos azules. Pero, teniendo en cuenta que Sharm al-Sheik controlaba el golfo de Tiran y el acceso al puerto de Eilath, se negó.

—Naturalmente —le oí sentenciar a mi mujer en el tono de alguien acostumbrado a tratar a diario temas de alta diplomacia.

Me quedé de piedra porque yo sabía que Syliane no tenía ni puñetera idea de quién era U Thant, ni de dónde estaban Sharm al-Sheik, el puerto de Eilath y mucho menos quiénes eran aquellos cascos azules que incordiaban con su presencia al coronel egipcio.

—Pero Nasser se puso tan violento —continuó recordando Burguiba— que U Thant acabó retirando sus cascos azules y abandonando Sharm al-Sheik a su suerte. Y Nasser, *n'est-ce pas?*, cayó en la trampa que le habían tendido magistralmente los israelíes. Los servicios de inteligencia judíos habían hecho correr oportunamente la voz de que Israel iba a atacar a Siria. Nasser, flamante presidente de la República Unida, se sintió personalmente amenazado y montó una gran operación militar cuyo colofón sería la retirada de los cascos azules de U Thant. Sharm al-Sheik, una vez abandonado por los onusianos —esta palabra hizo que mi mujer levantara una ceja—, fue inmediatamente ocupado por el ejército egipcio. Convencido de ser el dueño del terreno recién conquistado, Nasser ordenó interceptar los barcos judíos que se dirigían a Eliath. Ése era el *casus belli* que esperaban impacientemente los judíos para atacar a su vez a Egipto. El pobre Nasser, totalmente ignorante del derecho internacional, no sabía lo que era un *casus belli*. Los israelíes, ya en su derecho, atacaron a los egipcios y penetraron profundamente en el Sinaí amparándose de la orilla izquierda del canal. Sorprendidas, las fuerzas de Nasser (los egipcios son unos pésimos soldados) se desbandaron en todas las direcciones dejando miles de muertos y una enorme cantidad de material bélico sobre el terreno. Nasser dejó al morir un Egipto vencido, ocupado en parte por Israel y también, en cierto modo, por los rusos. Todo esto porque un hombre joven e ignorante había querido convertir su sueño en realidad prescindiendo del *sens de la mesure*. Ése era Nasser. ¿Qué le parece, señora?

Syliane hizo un gesto que lo quería decir todo sin que la comprometiera en nada. Cuando dimos por terminada la sesión de trabajo, Burguiba me cogió del brazo y, apartándome de los demás, me dijo:

—Tiene usted una mujer que lo haría mejor que Chatty en su ministerio. Ella, por lo menos, parece entender el mundo en que vivimos.

Cuando algún tiempo después, en Madrid, Luis García Berlanga quiso ofrecerle a Syliane un papel importante en su *Patrimonio Nacional II* me preguntó si la creía capaz de protagonizar un personaje que no era todo lo fácil que parecía ser. Le contesté sin dudarlo un instante que mi mujer era capaz de interpretar cualquier papel por difícil que fuera. Me lo había demostrado en Túnez haciéndole creer a Burguiba que conocía a fondo los entresijos de aquel mundo árabe en perpetuo estado de efervescencia y del que nuestro anfitrión era una de las pocas cabezas pensantes.

Aquella misma tarde, ya en el coche que el palacio había puesto a nuestra disposición para ir al aeropuerto a coger el avión de París, le pedí al chófer que pasara antes por el palacio de Cartago donde yo quería depositar unos libros para el presidente. La puerta principal del palacio estaba cerrada sin que ningún centinela la guardara.

—Hay una puerta en la parte trasera que da a los jardines —me indicó el conductor— por la que suelen entrar los amigos de la familia.

Esa puerta, más pequeña, también estaba cerrada, pero había un timbre al que tuve que llamar varias veces antes de que me abrieran. Por fin se oyó un ruido de cerrojos y la voz de alguien que refunfuñaba en voz baja. Por fin se abrió la puerta y apareció una vieja gorda y desgreñada envuelta en un caftán descolorido y con los pies desnudos en unas desgastadas chanclas. Me miró de arriba abajo y gruñó:

—¿Qué quiere?

—Solamente dejar estos libros para el señor presidente. Mi tarjeta está dentro.

—Ya sé quién es usted. Démelos a mí. Yo misma se los entregaré. Soy su mujer. —Y antes de entrar de nuevo en la casa y cerrar la puerta, me dijo—: Espero que no le hagan decir demasiadas tonterías en la televisión francesa. Esas gentes siempre hacen lo posible para que quede en ridículo.

De vuelta al coche, Syliane me preguntó:

—¿Quién era esa vieja?

—Wassilah. La mujer de Burguiba.

Syliane se quedó callada hasta llegar al aeropuerto. Y mientras bajábamos las maletas del coche, me dijo:

—Será vieja y fea, pero por lo menos sabrá dónde está el puerto de Eilath y el golfo de Tiran.

Y se puso a reír como a mí me gustaba que lo hiciera. De ella misma.

La primera vez que Syliane y yo estuvimos en Hammamet poco tiempo antes de que Burguiba perdiera el poder, esa pequeña localidad que todavía no pretendía compararse ni con Capri ni con Saint-Tropez, era apenas un pueblecito de pescadores con sus casas cuidadosamente encaladas y sus puertas y ventanas pintadas del mismo azul celeste que el de los uniformes de los policías de tráfico, un tráfico que por otra parte apenas si existía.

A la playa de Hammamet —en ese mar aprendió a nadar mi hijo Fabricio— sólo acudían los pocos extranjeros —por lo general escritores, pintores y gente aburridamente rica— que vivían en sus recoletas villas perdidas entre la exuberante vegetación. Los autóctonos —y aún menos sus mujeres— todavía no se atrevían a bañarse públicamente en el mar. Yo bajaba cada mañana a caminar solo por la playa sin ver un alma hasta pasado el mediodía. Sin embargo nunca faltaba el consabido muchachito que tras haberme ofrecido a su hermana, a su madre y finalmente a él mismo, se marchaba sorprendido de haberse topado con un extranjero que no era maricón. Lo mismo ocurría en aquella época en las playas de Tánger y de Marruecos donde tan felices fueron Pierre Loti y André Gide y donde lo es hoy todavía un escritor español que se jacta —no en vano— de conocer a fondo el fascinante mundo árabe.

Poco después de nuestro primer viaje a Túnez para entrevistar a Burguiba me enteré de que el presidente, tras una enfermedad que lo mantuvo en cama durante varios meses, había empezado a perder rápidamente la cabeza. La cosa fue tan preocupante que siendo el general Alí Ben Alí el primer ministro de Burguiba se reunieron en secreto varios afamados médicos franceses quienes dictaminaron que debido al cansancio y a la edad, Habib Burguiba ya no estaba en condiciones de seguir gobernando. El general Ben Alí depuso a su presidente sin que el país sufriera la menor conmoción. A ese cambio de mandatarios los tunecinos lo calificaron de «golpe de Estado médico». A Burguiba, que había ido perdiendo rápidamente la memoria pero conservando intacto hasta el final su famoso *sens de la mesure*, lo instalaron en una confortable villa de Monastir, su pueblo natal —tal como él mismo había hecho con Sidi Lamine, el último bey reinante—, y el general Ben Alí, nuevo presidente de la República, tuvo la elegancia de permitir que Burguiba presidiera varios consejos de ministros perfectamente ficticios como si nada hubiese ocurrido. Dicen que Burguiba llegó incluso a nombrar desde la cama varios nuevos embajadores los cuales, *n'est-ce pas?*, ni se molestaron en hacer las maletas.

Burguiba vivió hasta su muerte en el dulce limbo de los grandes ancianos a los que se sigue respetando por los múltiples servicios prestados. Pocos pueblos que presumen de civilizados han sabido ser tan agradecidos y generosos con su antiguo mandatario como lo ha sido el pueblo tunecino.

Tiempo después de la muerte de Burguiba, volvimos Syliane y yo a pasar un verano en Hammamet con Loris Azzaro y su mujer, que viajaban muy civilizadamente con sus respectivos amantes, dos guapos mozos que se parecían extrañamente entre sí, lo que facilitaba ciertos cambios y recambios nocturnos en cuyos detalles no voy a entrar porque a mi edad me estoy volviendo bondadosamente comprensivo y también un poco puritano, que es lo que parece que se lleva ahora con los gobiernos de centro derecha.

Alquilamos al borde del mar una enorme y destartalada casona —también viajaban con nosotros Fabricio y las hijas de los Azzaro— colindante con la de Sofía Loren y Carlo Ponti, su marido, a los que frecuentábamos asiduamente en París. Sofía organizaba unas cenas íntimas a orillas del mar evitando las noches de luna llena que, según ella, traían a menudo mala suerte. Alguna razón tenía porque los ingleses que asesinan niñas suelen hacerlo las noches de luna llena. Ataviada con túnicas árabes de alta costura y con turbantes de no menos alta fantasía, Sofía nos servía en grandes platos de barro unos espaguetis al dente que obviamente mantenían vivo el amor que Carlo Ponti sentía por ella. Eran momentos mágicos. Los espaguetis en su punto, el murmullo del mar y el perfume de los jazmines. ¿Qué más se podía pedir?

Todo eso, como tantas otras cosas, se acabó. Burguiba ya no es más que un recuerdo en los libros escolares y Hammamet se ha convertido en un Benidorm árabe con gallinas que se pasean por las calles, cristales rotos en las ventanas y las piscinas de los hoteles de lujo abiertas al pueblo los sábados y los domingos para recordarnos que el socialismo del general Ben Alí no es menos efectista que el de su predecesor. Proliferan los *fast-foods* y en los cafetines del antiguo barrio árabe son ya muy pocos los que, con el café turco, piden un narguile, esa reliquia del Imperio otomano que permitía soñar con los ojos abiertos. La última persona a la que vi llevarse a los labios la boquilla de nácar de un narguile fue María Vidaurreta, una todavía joven potranca que siente un interés infinito por todo lo que no tenga el color ceniciento de nuestra civilización.

Yo he vuelto a mis antiguos amores en el sentido más radical de la palabra y las Baleares me parecen ser de nuevo las únicas islas en el mundo que merecen seguir flotando.

1977

A nuestra vuelta de Túnez yo tenía ya programado un viaje para ir a Jaipur con Syliane a entrevistar a la rajhmata* que por lo visto tenía muchas cosas que decir acerca de la política prosoviética de la señora Gandhi. Durante mis largas conversaciones con esta última en Nueva Delhi sólo una vez la oí decir: «Cuando se tiene como yo la responsabilidad de cientos de millones de vidas humanas, a veces se puede pensar que quizá el comunismo fuera la última solución».

La Gandhi, nadie lo puede negar, flirteó descaradamente durante un tiempo con los comunistas rusos, pero justo lo necesario para inquietar a los estadounidenses y a los chinos que tardaban en cumplir sus promesas de ayuda. Lo que no puedo negar es que la oí despotricar a menudo contra los maharajás, los rajás y demás príncipes que habían aceptado sin resistencia, desde los tiempos de la reina Victoria, la presencia de los ingleses en la India. «¡Son todos unos colaboracionistas! —se indignaba la Gandhi—. Para ellos Inglaterra significaba el orden y la tranquilidad que les permitía disfrutar en paz de sus inmensas riquezas! ¡Pero acabaré con ellos! ¡Le juro que acabaré con ellos!» Nunca lo consiguió. Los príncipes unieron sus fuerzas en el famoso Sindicato de los Príncipes y entablaron una paciente lucha a muerte contra un poder central que, a solo cien kilómetros de Nueva Delhi, se deshilachaba como una manta vieja.

Años más tarde en una recepción en Roma de los ejecutivos de la FAE, el maharajá de Patiala —turbante de color pálido, bigotes encerados y traje cortado en Savile Row— me explicó desdeñoso:

* Reina madre.

«La señora Gandhi es una resentida social. Nos reprocha haber colaborado con los ingleses, pero gracias a nosotros la India conoció la paz y la tranquilidad, hasta que llegó el hombrecito ese que se empeñaba en andar desnudo con un trapo sucio entre las piernas».

La verdad es que se me hacía muy cuesta arriba ir a pasar una semana a Jaipur para escuchar a una señora decir pestes de otra que pretendía desbaratarle el negocio. Por otra parte, a Syliane tampoco le hacía ninguna gracia volver a dejar a Fabricio con sus abuelos, por más que el microclima de Mónaco le sentaba mejor que el frío y la humedad de París.

—No estoy para historias de indios —le dije a André Bernheim—* y además Gilbert Bécaud y el *préfet* Amade** insisten en que nos pongamos a trabajar cuanto antes en el guión de nuestra película.

Tras rezongar un rato, el *Renard Argenté* concluyó:

—Bueno, yo te puedo retrasar el viaje a Jaipur, pero para compensarme tendrás que ir, aunque sólo sea durante cuarenta y ocho horas, a Estoril para ver a don Humberto de Saboya que, según los de Springer Verlag, está muy enfermo.

Quedé de acuerdo con mi agente que volaría a Lisboa el lunes de la semana siguiente. Syliane me agradeció que le ahorrara el viaje a la India comprándose un maravilloso vestido de noche de Loris Azzaro que haría aullar a todos los lobos de la estepa parisina.

El viaje de Lisboa a Estoril en un viejo taxi destartalado duró casi tanto como el vuelo de París a Lisboa. Portugal es triste cuando brilla el sol, pero cuando llueve y sopla el viento del Atlántico se convierte en el escenario ideal de uno de esos suicidios que nadie se explica. Empezando por el hotel Palace, del que yo guardaba esplendorosos recuerdos, todo el país parecía caerse en pedazos. No hay nada como las dictaduras pobres para estropear el paisaje.

Cené en solitario en aquel espacioso comedor que yo había conocido cuando aún parecía posible que los alemanes ganaran la guerra. Un comedor en el que se sentaban a comer, codo con codo,

* Mi agente.

** El prefecto de policía de París, autor de las letras de las canciones de Bécaud.

los espías de ambos bandos, todos pendientes de la mesa donde cenaban Bijou Gabor y sus hijas Zsa-Zsa, Eva y Magda de las que los envidiosos decían que eran unas putas baratas. Pero los que hablaban con conocimiento de causa sabían que eran carísimas. Pobres chicas. Lo único que pretendían era salir huyendo de Europa para no acabar sus días en una cámara de gas. «¡Yo me las he cepillado a las tres!», afirmó rotundo, un día que se había excedido en copas el inquilino de Villa Giralda, lo que, naturalmente, sonaba a mentira, porque era bien sabido que con los hombres que carecían de fortuna las hermanas Gabor eran muy comedidas. Don Juan sólo se había beneficiado a una, Zsa-Zsa, que de las tres hermanas, era la única que cedía a veces a un esnobismo irrefrenable. Pero hubo problemas porque él creía que aquello iba a ser de balde y ella, que algo, aunque fuera una joyita, le iban a dar. No sé ni quién ni cómo se arregló el asunto pero el eterno pretendiente a rey estuvo varias semanas sin aparecer por el Palace.

Después de cenar pasé por el bar donde en otros tiempos João* le servía cafés a crédito a un barón de Rothschild de la rama austríaca. Ahora había un jovenzuelo granujiento que me confeccionó el peor whisky sour que he bebido en mi vida. Cuando le pedí un puro me contestó que había que ir a comprarlo al estanco y que a estas horas estaban todos cerrados.

—Pruebe en el Casino —me sugirió.

En mala hora le hice caso. Mi visita al Casino fue el golpe de gracia. Ni una mujer aceptable, ni un hombre medianamente bien vestido. Los portugueses suelen ser por lo general pequeños y feos salvo algunos especímenes de las clases altas que llaman la atención por su apostura, lo que prueba una vez más que lo único que cuenta de verdad es comer caliente dos veces al día y que aquello de que todos nacemos iguales es una engañosa teoría. Jugué y perdí unos escudos al black jack y me metí en la cama con un libro del que ni recuerdo el título ni el nombre del autor.

Al día siguiente llegué a Cascais a las once de la mañana, hora que me había fijado por teléfono el conde Olivieri, uno de los dos ayudantes de don Humberto. Cascais era un pueblecito de pescadores que antes de volverse pardo y negruzco había sido de color de

* Véase *La cruda y tierna verdad.*

rosa. Atracción del lugar: la Boca do Inferno —qué exagerados son los portugueses—, una estrecha fisura en el acantilado de rocas por la que se precipita con furia el mar. Todo es gris en Cascais, el cielo, el Atlántico, las nubes que pasan a ras de tierra y el rostro de las mujerucas que tejen grandes chales negros de áspera lana con largos flecos trenzados y suntuosos manteles de ceremonia realzados con bordados barrocos que los ingleses compran por docenas.

A un centenar de metros de la Boca do Inferno había una gran casa cubierta de hiedra que se elevaba en el centro de un parque de modestas proporciones. La verja de la residencia estaba ampliamente abierta. Ni portero ni guardián. Un jardinero me vio pasar sin preguntarme nada. Unos segundos más tarde llamé a la puerta de Villa Italia, donde vivía retirado don Humberto de Saboya, el último, verdaderamente el último, rey de Italia.

Don Humberto me recibió en su saloncito privado, en el cual nunca concedía audiencias. Era una clara señal de que me recibía como amigo. Hacía ya años que nos conocíamos. Exactamente desde el día que compré en Roma un caballo que le había pertenecido. Me llamó por teléfono a París para preguntarme a qué pensaba dedicarlo. Cuando le contesté que sólo a pasear por el Bois de Boulogne se quedó tranquilo. «Tiene las manos muy frágiles —me explicó—, se las rompió las dos el mismo día en una de aquellas bajadas salvajes de Tor di Quinto.* Lo montaba un amigo de tu padre, el marqués de los Trujillos. Nunca se lo he perdonado.»

Las raras veces que pasaba por Villa Giralda para ver a mi rey, le iba a hacer después una visita a don Humberto.

El antiguo rey de Italia había sido en su tiempo un hombre muy guapo. Fellini no lo pasó por alto en su película *E la nave va*. Siendo todavía príncipe de Piamonte, don Humberto se había ocupado mucho de las mujeres, pero en *dilettante*, como quien se ocupa de arte clásico, con pasión y escepticismo. La única mujer que nunca le gustó fue la suya. *«Elle est tellement belge...»*,** le decía a su padre cuando éste le recriminaba su falta de atenciones conyugales.

Más tarde, siendo un hombre ya mayor se dijo de él que era homosexual. Don Humberto se reía. «Podría haberlo sido, pero de

* Escuela de caballería.

** «Es tan rematadamente belga...»

joven, porque durante toda la guerra, Mussolini, que me odiaba, me tuvo confinado en siniestros y lejanos cuarteles de provincia donde no faltaban muchachos de buen ver. Siempre lo más lejos posible de la guerra, no para protegerme de ella, sino para impedir que me luciera. Hitler hizo lo mismo con los príncipes reales alemanes. No convenía que el pueblo pudiese admirarlos.»

De eso ya habíamos hablado en ocasiones anteriores. Pero entonces me preocupé discretamente de su salud. La respuesta fue florentina:

—A partir de una cierta edad, ¿sabes?, la vida en sí se convierte en una enfermedad en fase terminal. Pero tú todavía no puedes comprender eso.

Desde que tuvo lugar años atrás nuestra primera conversación, don Humberto me había tuteado. Pero a diferencia de los Borbones que tutean a todo el mundo sin dar explicaciones, don Humberto sólo lo hizo después de haberme pedido cortésmente permiso.

—¿Por qué has venido a verme, José Luis?

Le dije la verdad. Porque había oído decir que estaba enfermo, muy enfermo y había ido a ver hasta qué punto era verdad.

—¿Para contarlo?

—Para que no circulen las mentiras.

Me miró largamente antes de contestar.

—Si el cansancio es una enfermedad, entonces sí, estoy enfermo, muy enfermo.

—¿Por qué está aquí, en Portugal, en este pequeño país que es un poco el extremo del mundo, en lugar de estar en París o en Londres donde hay buenos médicos y buenas clínicas?

Me escuchó hablar sin impaciencia alguna.

—Estoy aquí porque quiero a Portugal. La gente es amable, como sucede a menudo en los países muy pobres. El invierno es largo y triste pero la tristeza forma parte de la vida de los exiliados. Nos obliga a permanecer dentro de nosotros mismos. Para mí, que soy tan italiano de temperamento, esta introspección forzada es una experiencia apasionante. —Cruzó sus largas piernas de jinete y agregó como si quisiera consolarme—: Cuando termina el invierno y llega la primavera empieza a aparecer gente que como tú vienen a ver qué tal me encuentro. Tú has tenido el mérito de hacerlo en pleno invierno. Los otros llegan cuando ya crecen las flores más bonitas de

Europa. En cuanto al verano, es sencillamente suntuoso. —Por el momento la lluvia batía con furia las ventanas que dan sobre el parque sumido en la sombra—. Además, no creas que paso la vida aquí jugando al ermitaño. Viajo mucho (en fin, he viajado mucho hasta ahora) a Londres, España, al sur de Francia. Villa Italia es mi refugio cuando de repente la soledad se me hace necesaria. —Y añadió casi en un susurro—: Villa Italia es la antesala de la nada.

El antiguo rey de Italia prosiguió pacientemente desde hacía ya muchos años un estudio minucioso de las causas de la caída de la monarquía en Italia.

—Tengo aquí —me dijo— unos archivos muy completos que ayudarán a los que después de mi muerte quieran poner en claro este período de nuestra historia.

—¿Tiene, señor, la intención de escribir algo al respecto?

—No. Demasiada gente está viva todavía, gente que desempeñó en aquellos momentos papeles poco relucientes. No me toca a mí arrojarles ni la primera ni la última piedra. No es mi estilo, ni está en mis intenciones. Pero otros vendrán, más calificados que yo, que podrán, gracias a la documentación que he ido clasificando pacientemente a lo largo de estos años, «redescubrir» la historia italiana de la posguerra. Una historia de la que no siempre hay por qué estar orgulloso.

Con una serenidad en gran parte fruto de la amargura, el antiguo rey me habla de los acontecimientos que acabaron con su partida de Italia. El referéndum. Para Humberto de Saboya son recuerdos muy frescos.

—El referéndum fue naturalmente falseado. Piensa en los trescientos mil soldados que estaban fuera de Italia, prisioneros en los campos rusos y en los de los aliados. Ninguno de esos trescientos mil italianos pudieron votar. Lo mismo ocurrió en provincias enteras que se dejaron de lado con una mala fe evidente. A medida que los aliados reconquistaban la península italiana, las autoridades de ocupación, sobre todo las estadounidenses, ponían en su lugar a los prefectos y a los síndicos, a quienes sólo se les exigía ser notoriamente antifascistas. Fue así como muchos comunistas se convirtieron en organizadores del referéndum. Ya sabes cuál fue el resultado. Los ingleses (yo diría que con más cinismo que los estadounidenses) fueron de una mala fe evidente. Según ellos los monárquicos habían pactado, y te aseguro que no fue así, con el régimen fascista de Mussolini. Era pues necesario abatir a la monarquía. Las verdaderas razones eran menos puras. Los ingleses sabían que la caída de la monarquía iba a desorganizar la vida italiana durante un largo período, retardando así su renacimiento. Para Inglaterra la regla es debilitar tanto a sus amigos como a sus enemigos. Nosotros éramos lo uno y lo otro. Eso no nos ayudaba en nada. Con los estadounidenses era otra cosa. Eran de una terrible buena fe por no decir de una completa ignorancia. Para ellos, reyes y dictadores éramos de la misma calaña. Nosotros los Saboya sólo podíamos ser unos malvados tiranos. Entonces *«via, via la Monarchia...»*. Echándonos, fusilándonos o colgándonos, todo se arreglaría. *Tutto democratico, tutto bello*. Pobres, pronto se darían cuenta de su error.

Don Humberto se levantó y salió unos segundos de la habitación; volvió con un pequeño libro en la mano en el que me dijo que encontraría su pensamiento político en lo que concierne a la monarquía. No lo leí porque el pensamiento político de don Humberto respecto a la monarquía no puede ser más que el de un rey convencido de que son los otros lo que se han equivocado.

En los breves segundos en los que me dejó solo en ese salón amueblado con la mayor banalidad, comprobé una vez más que el gusto de las familias reales se asemeja en muchos detalles al de los burgueses sedientos de respetabilidad y de tradición. Miré a mi alrededor y me pareció haberlo visto ya todo en otras residencias de exiliados reales. Chimeneas de mármol, alfombras descoloridas por el uso y el tiempo, grandes sillones sin estilo, pero «ingleses», y naturalmente una gran mesa sosteniendo cantidad de libros de arte que repiten en portada una vez más las grandes obras emblemáticas de las ciudades italianas: el *David*, la *Pietá*, *Gattamelatta*, il *Colleone*, la *Gioconda*, etc., etc. Colgados en las paredes de cada habitación había una serie de cuadros de familia pintados por el Macarrón local. Todos los Saboya estaban allí. La reina Elena, inmensa mujer con una diadema de brillantes prendida en sus cabellos de ébano; el rey Víctor Manuel, hombrecillo de exigua talla con el collar de la Annunziata colgándole del cuello; la reina María José, esposa de Humberto, *«elle est tellement belge, papa...!»*, pintada por un Boldini local, joven y quizá demasiado atractiva para ser reina, sosteniendo un abanico de nácar entre los dedos. Sólo había un retrato de gran calidad, el de la infanta española Luisa Fernanda, tatarabuela de Humberto, pintado por Perrin, un *petit maître* francés apenas conocido de los siglos XVIII-XIX. Entre cuadro y retrato estaban expuestos los banderines de los distintos regimientos donde sirvió el príncipe de Piamonte, y protegida por un cristal bastante polvoriento había una bandera italiana lacerada por las balas. Recuerdos heroicos de lo que ya nadie se acordaba.

Saliendo al poco rato del salón donde habíamos estado hablando, don Humberto se detuvo ante el retrato de gran tamaño de un niño de aspecto bobalicón con el pecho cruzado por una gran banda azul celeste.

—Mi hijo Víctor Manuel, el príncipe heredero —me anunció simplemente el antiguo rey.

En las altas esferas de la sociedad italiana todo el mundo sabía que el joven Víctor Manuel no era hijo de don Humberto, sino del duque de Aosta, hijo de aquel Duque de Hierro que murió en Libia prisionero de los ingleses. Los cortesanos mejor enterados iban más lejos afirmando que la única hija legítima del último soberano italiano era la princesa María Pía, casada en un principio con Alejandro de Yugoslavia y que todas las demás hijas fueron fruto del azar y del espíritu vengativo de la reina María José.

Nos volvimos a sentar en el salón donde don Humberto me había recibido y suavemente le llevé a hablarme de él. Fue una tarea difícil porque el hombre era de una modestia realmente enfermiza. Se defendió con una voz que parecía sorprendida:

—¿Y a quién le pueden interesar hoy los avatares de mi vida?

Insistí con prudencia y acabó accediendo a hablar de él por pura gentileza.

—Me levanto temprano por la mañana. Detesto quedarme en la cama una vez despierto. Es el resultado de la educación recibida en mi juventud: «Un rey —decía mi padre— nunca debe dormir más de lo estrictamente necesario. Lo demás serían horas robadas a la patria». Eran cosas que se decían entonces y que ahora moverían a risa. Pero yo, aun en el exilio, aun lejos de mi patria, me atengo a esas normas. Bebo con el desayuno dos o tres tazas de café a la italiana, muy negro y muy fuerte. No es exactamente lo que me recomiendan los médicos, pero es el único placer al cual no renunciaré jamás. Una vez vestido, salgo de Villa Italia hacia las nueve para mi paseo cotidiano con el pobre Olivieri.

El «pobre Olivieri» era el conde Olivieri, un gentilhombre de cámara al servicio permanente de don Humberto desde las primeras horas del exilio. Era un encantador y viejo señor de ochenta y tantos años, extremadamente cuidadoso de su persona, con un bigotito blanco finamente recortado y con hermosos cabellos blancos peinados a la moda de principios del siglo XX.

—Digo el pobre Olivieri —explicó el rey—, porque dudo mucho que le guste andar. Pero es un hombre de corte a la antigua que confunde sin pestañear sus deseos con los míos. Ha sido durante toda su vida el secretario particular de mi madre, la reina Elena, y antes de eso, siendo todavía un jovencito, sirvió ya a mi abuelo. Es un hombre maravillosamente fiel a la dinastía.

Los otros gentilhombres al servicio del ex rey son el conde Pianzola y el barón Golizugarú.

—Son mucho más jóvenes que Olivieri, pero su tarea los obliga a menudo a estar viajando lejos de mí. El pobre Olivieri es el amigo de siempre, el confidente, el último «gran fiel». Durante esos paseos que a veces duran dos horas casi no nos hablamos. ¡Olivieri y yo nos lo hemos dicho todo desde hace tanto tiempo! Yo aprovecho sus largos silencios para ordenar mis ideas con vistas al trabajo que haré por la tarde. Todos los días hacemos el mismo camino al borde del mar. El Atlántico es cada día (¡qué digo, cada hora!) diferente a sí mismo. Soy sin embargo un ferviente del Mediterráneo, pero sólo a la orilla de este océano, siempre enfurecido, siento de verdad la existencia de un dios ordenador de grandes magnificencias... Esta caminata cotidiana es el único deporte al que me dedico todavía. Antaño, ¿sabes?, montaba mucho a caballo. Un rey, en Italia, está obligado a ser un buen jinete aunque sólo sea para posar convenientemente para las estatuas ecuestres. Nunca he sido ni jugador de golf, ni tenista, ni nada de eso. Me gustaba bailar, con ciertas mujeres también podía ser a veces un deporte violento, ¿no? Pero esos tiempos han pasado ya... —Sonrió burlándose de sí mismo con un humor tierno, patrimonio exclusivo de ciertos italianos—. De vuelta a casa me instalo en la biblioteca y leo mucho, enormemente. Las suficientes novelas para estar en la onda. Me las envían de todas partes, de Italia, naturalmente, pero sobre todo de Inglaterra y de Estados Unidos. Cuando no leo, trabajo con mis colaboradores. Siempre hay alguien que se instala por unos días en Villa Italia para estudiar mis archivos. Italianos, franceses, norteamericanos... Casi siempre almuerzo en casa con unos pocos invitados y por la tarde recibo en audiencia a muchos visitantes. Sobre todo a italianos que vienen a verme durante todo el año. Es emocionante, a veces te pone a prueba ver cuántos compatriotas me consideran presente en su memoria. Son casi siempre personas muy sencillas que vienen a manifestarme su adhesión. A veces vienen algunos políticos. Raras veces. Y los que vienen lo hacen pegándose a las paredes. A los políticos siempre les da miedo quemarse. Visitar a su antiguo rey puede costarles una mala nota, así que hay que comprenderlos.

Ninguna amargura en sus declaraciones, pero sí una cierta diversión, irónica, de hombre que planeaba desde hacía mucho tiempo no sufrir por las cobardías ni por las hipocresías de los demás.

La lluvia había cesado. Don Humberto me propuso salir a caminar un rato. Estaba ya a punto de anochecer. El parque se iba sumiendo poco a poco en la penumbra.

Aproveché las sombras para preguntarle:

—¿Qué es lo que le resulta más duro del exilio, señor?

Como buen italiano se escapó por la tangente.

—Todos somos exiliados de algo. No soy especialista en el asunto.

—Admito que su exilio, señor, no es un exilio corriente.

—No, no lo es. Es un exilio dorado. Hay exilios muy pobres. Hay exiliados que no hablan la lengua del país que los recibe. Hay exiliados para quienes morir en tierra extraña es algo parecido a una maldición. Los musulmanes por ejemplo.

—¿Lamenta algo muy en especial, señor?

El rey acortó el paso. Tardó unos instantes en responder.

—Sí. Mi tierra. Italia. —Después, de golpe, se echó a reír. Una risa velada y lejana—. Oh, no creas que me gusta hacer grandes frases. Hay cientos de miles de italianos que viven en el otro extremo del mundo, lejos de su patria, en América del Sur, por ejemplo. Pero se han llevado con ellos su Italia y mantienen vivos sus recuerdos. El exilio sólo es la falta de las pequeñas cosas a las que uno está acostumbrado, el olor del pan, el sonido de una campana, una voz familiar. En suma, eso que llamamos patria.

Sentí de pronto un gran afecto hacia ese hombre tan visiblemente abandonado.

—Si no viviera tan solo, señor, quizá...

—No, no —me interrumpe—, no es una cuestión de soledad... Al contrario, cuando se la ama como yo la amo, la soledad es un consuelo. Uno está todavía más solo rodeado de seres amados cuyos recuerdos no son los míos y menos aún sus aspiraciones.

El drama íntimo del último rey de Italia estaba en esas palabras. Estaba solo —o mejor dicho, abandonado— físicamente pero mucho más aún moralmente. Para comprenderlo basta con echar una mirada lúcida sobre el conjunto de la antigua familia real italiana.

La reina María José, hermana del rey Leopoldo de Bélgica, esposa de don Humberto, estaba separada de su marido desde hacía ya largos años. Era ciertamente arriesgado para una mujer enfermizamente celosa casarse con un hombre cuya belleza física cortaba el aliento. Los éxitos femeninos de su marido la llevaron a veces al borde de la locura. María José hizo de su matrimonio un drama permanente, transformando su hogar en un infierno. De discusión en pelea, terminó por abandonar definitivamente a su marido, pero no antes de que él se viera obligado a renunciar a la Corona de Italia. La reina María José se instaló entonces en Suiza, en el castillo de Maerlingues, donde vivía desde entonces dedicándose a estudios históricos más o menos apreciados por los especialistas del género. Era una mujer altiva, fría, vengativa, minuciosa y enamorada del protocolo. De ahí aquella frase de don Humberto a su padre: «¡No la soporto! ¡Es tan rematadamente belga!».

La pareja se veía de cuando en cuando tratando de evitar, tanto el uno como el otro, los *tête-à-tête* que duraran más allá de unos minutos. El hijo mayor de Humberto, el príncipe heredero Víctor Manuel, era un joven alto y rubio que paseaba sobre el mundo una mirada opaca y desilusionada. Ocupó unas vagas funciones en un banco ginebrino hasta que se puso a trabajar en la compra y venta de armas para el sha de Irán. Acabó casándose con una eterna novia campeona de esquí acuático. Sus ideas sobre la monarquía italiana eran diametralmente opuestas a las de su padre. Las disputas entre éste y su hijo eran cada vez más frecuentes. El príncipe no creía en una posible restauración monárquica en Italia. No vivía pues como un príncipe heredero sino como un «particular» que nunca se tomó en serio sus deberes dinásticos. A tal punto se desentendería de estas cuestiones que don Humberto pensó más de una vez en nombrar heredero a don Amadeo de Aosta, hijo del célebre Duque de Hierro que combatió junto a Graziani en el desierto libio durante la última guerra. El duque de Aosta era un oficial de la Armada casado con una hija del conde de París. Si un día don Humberto hubiera llegado a aceptar que su heredero no era, como se dice, hijo suyo, sino de ese duque de Aosta en el que de vez en cuando pone todas sus esperanzas, las cosas se complicarían dinásticamente hasta unos extremos impredecibles.

Del lado de las mujeres el cuadro no era mucho más reconfortante. La mayor, María Pía, casada con el príncipe Alejandro Karageorgevich de Yugoslavia, hijo del regente Pablo, vivía separada de su marido en compañía de un primo suyo Borbón-Parma.

Ya nadie sabe muy bien quiénes son los hijos del primer matrimonio y quiénes los del segundo.

La princesa María Beatriz, llamada Titi, es universalmente conocida por sus continuas trastadas. Flirteando en Madrid con un torero de segunda fila, fue víctima de un equívoco accidente y recibió una herida de bala en el pecho que provocó un escándalo solo superado cuando se casó en segundas nupcias con un oscuro actor de películas bíblicas que al poco tiempo la indujo al suicidio, empeño en el que también fracasó. Fue detenida por la policía y el rey Humberto no se atrevió durante una larga temporada a mirar los titulares de los periódicos. En 1970 se casó con Luis Reyna, que murió en extrañas circustancias en Cuernavaca en 1999.

En cuanto a María Gabriela, la hija preferida de Humberto y la más guapa, fue durante largo tiempo el gran amor del príncipe don Juan Carlos. Pero el general Franco se opuso radicalmente a esa boda arguyendo, entre otras cosas, que «esa chica sale demasiado de noche». María Gabriela terminó casándose con el señor Baklany —a quien se da el título de conde—, hombre de negocios judío de origen supuestamente húngaro.

Sabiendo todo esto y mucho más me abstuve de preguntarle por sus hijos a don Humberto. Fino y sutil, supo agradecérmelo. A un centenar de metros de la reja del parque, justo sobre el abismo de la Boca do Inferno, un pequeño bodegón ofrecía comida a los pocos turistas de paso. De pronto una voz lejana se elevó en la noche acompañada por una guitarra.

Un canto plañidero, lúgubre, desesperado. Un fado. A mi lado don Humberto se estremeció. Se dice que amaba apasionadamente esa música.

Todo el mundo conocía en Portugal la amistad que le unía desde hacía ya varios años a la mejor cantante de fados del país, Amalia Rodrigues. En algún momento corrió el rumor —falso probablemente— de que el ex rey pensaba casarse con ella. Aún hoy, personas «bien informadas» aseguran que la cosa podía haber sido posible. Las noches que don Humberto y Amalia Rodrigues cenaban juntos en Tavares, ella llevaba en las orejas dos enormes esmeraldas de una extraordinaria pureza, regalo de su gran amigo. Se las llamaba en todo Portugal «Las esmeraldas del rey».

1977

La otra noche cenando en La Coupole con Georges Belmont, el traductor de Becket, oímos decir en una mesa vecina que Charles Bukowski había muerto. No me importó mucho la noticia, porque la obra de Bukowski no es mi *trip*, como se dice ahora. Cuando le conocí hace unos años en los estudios de no recuerdo qué cadena de la Televisión francesa, el personaje me resultó francamente repelente. A los sesenta años Bukowski parecía tener ochenta bastante mal llevados.

Ojos llorosos, barba dura de macho cabrío y un aliento fétido de borracho empedernido. Acababa de publicar en Francia *Los nuevos cuentos de la locura ordinaria* y andaba camino de convertirse en un escritor tan conocido como Henry Miller. El periodista que acababa de entrevistarle nos invitó a tomar una copa en el bar de los estudios. Bukowski se bebió dos whiskies dobles sin agua y sin hielo y acto seguido pidió una cerveza especificando que la quería templada. Como le miré con cierto asombro, me dijo:

—Soy un alcohólico por razones profesionales. Al revés que la droga, el alcohol es creador. No sabes lo sorprendente que me resulta leer por la mañana lo que he escrito la noche anterior sin saber del todo lo que hacía. Es como descubrir un vecino que uno lleva dentro y con el que nunca se podrá discutir.

—Ahora que has caído en manos de los franceses —le dije— los críticos acabarán tomándote en serio.

—Aquí en Europa no se toma en serio más que a los escritores que pretenden resolver los problemas de la humanidad. A mí la humanidad y los problemas de la humanidad, me importan un carajo. A mí lo que me importa es beber y escribir. Pero no tengo gran cosa que decir y de eso en Estados Unidos todavía no se han enterado.

—No he leído tu último libro y es posible que no lo lea jamás. Describes un mundo tan desesperante, tan sórdido...

—El mío. Yo gano dinero con mis libros desde hace muy poco. Antes siempre estaba ocupado en no morirme de hambre. Además, la verdad es que en América abundan los borrachos, los asesinos en serie, los locos y los marginales. Pero son gente en el fondo menos peligrosa que los presidentes de la General Motors o del Pentágono e infinitamente más interesantes. A los «grandes» escritores norteamericanos no les gusta ocuparse de esa gente. Incluso a Miller le molesta hacerlo. A mí, la verdad, Miller me aburre. Fornicar le ha parecido siempre una especie de milagro. A mí me parece algo tan normal como dormir, comer o respirar. Y no comprendo por qué las mujeres me odian tanto. Yo las adoro. Representan más del cincuenta por ciento de la humanidad. Y sin ellas... Es una situación de interdependencia muy difícil de equilibrar. —Pidió una segunda cerveza y un vasito de schnapps—. En el fondo —murmuró— soy un hermano espiritual de Scott Fitzgerald. Sólo que él era un señorito y yo soy un golfo.

—¿Y Hemingway?

—¿Hemingway? Era un borracho, pero del género viril. No pensaba más que en matar. Animales, peces, pájaros. Un buen día se miró en un espejo y se voló la cabeza, lo que en un hombre como él me pareció una reacción perfectamente lógica. Creo que una vez dijo: «Si viera a mi madre pasar por el cielo confundida en un vuelo de patos salvajes no habría nada en el mundo que me impidiera apretar el gatillo».

—Ahora —le dije cuando se tragó el schnapps— con un poco de suerte los franceses te convertirán en un genio.

—¿Un genio? —se sulfuró—. ¡Soy un genio! Lo que los franceses harán de mí es un genio comercial. Pero si lo consiguen dejaré de escribir.

Bukowski se apoderó de la botella de vino de su vecino de barra y se puso a beber a morro cerrando los ojos. En cuanto vació la botella me invitó:

—Anda, vente conmigo a Pigalle. Las putas francesas son únicas en el mundo. Te piden el dinero antes de saber lo que vas a exigir de ellas.

Me disculpé como pude. Bukowski salió del bar de los estudios dando tumbos. Pensándolo bien, es posible que sea cierto que haya muerto.

1977

Una noche, en París, cinco o seis años antes del final del franquismo, me encontré cenando en casa de unos amigos comunes con Mauricio Torra-Balari, el eterno tercer secretario de la embajada de España en la capital francesa, quien apenas apurado el café se despidió diciendo que a la mañana siguiente salía de viaje muy temprano.

—¿Adónde vas? —le pregunté.

—A Saint-Martin-le-Beau, a ver a Tarradellas.

¡Tarradellas! Casi doy un respingo. Era el hombre del que oí contar a mis padres durante la guerra que había vaciado las cajas fuertes de los bancos de Barcelona de todo lo que de valor había en ellas, dinero, acciones y joyas, alegando que puesto que los titulares de dichas cajas habían huido al extranjero todos aquellos bienes habían pasado a ser propiedad de la República. «¡Un rojazo!», decía mi madre. «¡Un ladrón!», precisaba mi padre indignado por el expolio. Acabada la guerra con el resultado que todos sabemos, todo lo que de valor se habían llevado los servicios del señor Tarradellas, tanto del palacio Falguera, de Sant Feliu de Llobregat, como del palacio Maldà de la calle del Pino, fue recuperado intacto por mi padre en el castillo de Figueras, perfectamente embalado y catalogado a nombre del marqués de Castellvell, su legítimo propietario. El señor Tarradellas debía de ser un ladrón muy cuidadoso, ya que cada cuadro llevaba pegada una etiqueta con el nombre del pintor, el año y la época en la que la obra había sido ejecutada y su valor probable en los mercados del arte en Londres y en París. Descubrimos con sorpresa que algunos cuadros de tema religioso, que nos parecían no tener interés alguno, eran obras importantes, entre ellas una *Adoración de los Reyes Magos* de Jaume Serra, que me tocó en herencia al morir mi madre.

—¿Tú eres muy amigo de Tarradellas? —le pregunté a Mauricio.

—Tengo esa suerte, porque es un hombre maravilloso. Le voy a ver de vez en cuando, a él y a su mujer, porque los catalanes los tienen muy abandonados.

De repente vi pasar ante mis ojos uno de esos trenes que suelo coger en marcha sin saber adónde van.

—¿Podría ir yo también mañana contigo a visitarlos? Me interesaría mucho conocer a ese señor.

A Mauricio pareció sorprenderle un tanto mi curiosidad.

—No creo que Tarradellas y tú tengáis mucho en común, pero si tanto te interesa...

Yo sabía muy poco acerca de Tarradellas, excepción hecha de los improperios que había oído en mi casa y que en cierto modo hicieron que, en principio, me cayera más bien simpático. Sabía que junto al teniente coronel Macià había creado la Federació Democràtica Nacionalista que se convertiría más tarde —cuando don Alfonso XIII le dio la coz de la mula a Primo de Rivera con la consiguiente caída de la monarquía— en Esquerra Republicana. Yo tenía por aquel entonces once años y estaba internado en un colegio francés, lo que contribuyó en gran parte a que el nombre de Tarradellas se borrara de mi memoria.

Fuimos en tren hasta Amboise porque a Mauricio le aburría conducir y porque yo no quería dejar a Syliane sin coche en París. Durante el viaje, Mauricio me puso al corriente de la andadura política de Tarradellas, quien en 1936, al sublevarse Franco contra la República, se puso incondicionalmente a las órdenes de Lluís Companys. En el año 1939, derrotado el ejército republicano, Tarradellas huyó a Francia y tuvo la suerte de no caer, vía Gestapo, en manos de Serrano Súñer que lo habría devuelto a España para que acabara como Companys fusilado en los fosos de Montjuïc. Tras pasar un tiempo en un campo de refugiados en Suiza, Tarradellas recuperó la libertad gracias al gobierno mexicano y en 1954 fue elegido en el exilio presidente de la Generalitat de Cataluña.

—Y desde entonces vive en Francia, en su casa de Saint-Martin-le-Beau.

—¿Y cómo es que no está instalado en París siendo un político tan importante?

—Porque vivir en París sale muy caro y los Tarradellas son pobres.

¿Pobres?, me sorprendí. Pues sí, lo eran y de verdad, porque cuando entré en el salón del Clos Monny lo primero que vi fue una palangana en el suelo que recogía el agua que caía de una gotera del techo. Al percibir mi sorpresa, Tarradellas sólo hizo un gesto, muy catalán, con los dedos de la mano derecha, que sólo podía significar que no había dinero.

Saint-Martin-le-Beau está en el corazón de la Turena, una de las regiones más bonitas de Francia en la que abundan hermosos y antiguos castillos que se reflejan ondulantes en las aguas del Loira, rodeados de viñedos dispuestos en el orden perfecto de los jardines a la francesa.

Mauricio quiso, antes de llegar conmigo al Clos Monny, llamar por teléfono para avisar que venía con un visitante. También se cuidó de que nuestra llegada no coincidiera con la hora del almuerzo para no ocasionar dispendios innecesarios. Tanto había insistido Mauricio a propósito de las estrecheces económicas que padecía el matrimonio que me quedé desconcertado al constatar que los Tarradellas habitaban un precioso palacete del siglo XVII que superaba en belleza y elegancia a algunos de los castillos vecinos donde a todas luces no faltaba el dinero.

—Además —comenté deslumbrado por la belleza del paisaje— tienen la suerte de que el otoño les salga gratis.

El matrimonio nos esperaba paseando frente a la casa. Tarradellas era un hombre de mi estatura, de gestos lentos y comedidos. Afable y cortés pero un tanto distante, era la viva imagen de un viejo monarca en el exilio recibiendo la visita de unos fieles que, aunque con toda la buena intención del mundo, venían a molestarle. Su mujer, Antònia Macià, quien con el paso de los años se convirtió en una gran amiga mía, no le quitaba ojo de encima, como una madre vigila a un niño, cogiéndolo del brazo para que no tropezara en el pequeño escalón que había en la entrada de la casa.

Sentados en el salón y después de insistir en que veníamos almorzados, el presidente comentó que había conocido a mi abuela, la baronesa de Maldà, cuando Primo de Rivera era capitán general de Cataluña.

—Con nosotros —me dijo—, el general siempre se comportó como un gran señor.

No me aclaró, ni yo se lo pregunté, quiénes eran «nosotros» porque apenas acababa de conocerle y me resultaba difícil colocarle en el espectro político de la época. Durante aquella insólita visita yo guardé largos silencios porque el presidente me hablaba en catalán, lengua que yo entendía perfectamente pero que hablaba mal y con dificultad como así acabé explicándoselo. Durante los pocos años que viví en Barcelona en casa de mi abuela Dolores, con mis padres y mis hermanos, se hablaba siempre en castellano porque la llamada «buena sociedad» consideraba que el catalán era la lengua que utilizaban las clases medias y bajas y que por lo tanto no era la forma adecuada de expresarse de la gente «bien». Qué idiotas.

Recuerdo que años después, durante el rodaje de *El gatopardo* al que asistí dos o tres veces en calidad de periodista, los diálogos entre el príncipe Salina y Pepe Merda, su guardabosque, se doblarían más tarde al siciliano porque, como me explicó el propio Luchino Visconti, los grandes señores italianos de la época siempre se expresaban en la lengua o en el dialecto al uso de la región donde vivían. Eso es lo que también se esforzaba por hacer mi padre con sus payeses, lo que hacía sonreír a Josep Pla, que le decía: «Marqués, usted habla un catalán bastante bueno, pero lo habla con acento inglés». Es cierto que lo hablaba con un acento extraño, pero lo curioso es que mi padre no sabía ni una palabra de la lengua de Shakespeare.

Como todos los grandes solitarios, Tarradellas, más que conversar, monologaba. Acabado el último, que fue muy largo, preguntó sin dirigirse a nadie en particular:

—¿Ustedes creen que todavía hay alguien en Cataluña que se acuerda de mí?

—¡Ay, Josep, otra vez! —suspiró su mujer alzando los ojos al cielo.

Mauricio tardaba en contestar, supongo que porque a veces resulta muy difícil, sobre todo para un diplomático, decir la verdad. Para remediar ese largo y embarazoso silencio, me atreví a contestar preguntando a mi vez:

—Imagino, señor presidente, que usted volverá a Cataluña en cuanto Franco desaparezca.

Tarradellas se enderezó en su sillón y me contestó con sequedad:

—Yo sólo volveré a Cataluña cuando los catalanes reclamen mi presencia.

Y lentamente, separando cada palabra, añadió:

—Aquí estamos a muchos kilómetros de Cataluña y las distancias contribuyen mucho a borrar la memoria.

A la hora del té fue imposible negarse a probar los bollos con nata que hacía la dueña de la casa y a tomar unas tazas de té, ese insípido líquido que aprendí a odiar en Inglaterra.

—Supongo —me dijo de repente Tarradellas— que usted conocerá personalmente al que, si la suerte no le es adversa, será un día el próximo rey de España.

—Pues sí. Le conocí en Estoril cuando todavía era un niño y recuerdo que un periodista francés, poco al corriente de los usos del protocolo, le dio erróneamente el tratamiento de *Majesté*, a lo que el chico respondió secamente: *«Le Roi, c'est papa»*.

—Ésa es una frase que por lo visto ya ha olvidado —murmuró Tarradellas con compungida ironía.

—Eso es precisamente lo que muchos le reprochamos —le contesté.

Tarradellas se tomó un tiempo antes de volver a preguntar.

—Usted, siendo quien es, será naturalmente monárquico.

—Lo soy, señor presidente, pero no por meras convicciones políticas. Soy un monárquico genético porque, antes que yo, lo han sido mis padres, mis abuelos, mis tatarabuelos y así hasta el Gran Capitán de quien mi madre es descendiente.

Tarradellas reflexionó unos instantes antes de contestar:

—Ser fiel a nuestra sangre es de gente bien nacida. Yo soy fiel a mi sangre republicana que se remonta en el tiempo tan lejos como la suya. Pero, aunque de una manera muy bonita, usted no ha contestado a mi pregunta. Así que se la haré de nuevo: ¿usted cree en la monarquía?

—Me han acostumbrado desde pequeñito a creer en ella.

Tarradellas alzó las manos a la altura de los hombros como dando por imposible conseguir que yo le contestara con franqueza a si me parecía que la monarquía tenía un futuro en España. Sin embargo insistió una vez más:

—No hablemos pues de monarquía, sino de personas. A mí, el Príncipe, me tiene muy intrigado.

—Y a muchos de nosotros también, señor presidente.

—Ha sido educado desde muy jovencito en todas las academias militares posibles y, a la edad que tiene ahora, esa educación habrá hecho mella, una mella indeleble, en su carácter y en su mentalidad. Así que lo que vamos a tener es un rey-soldado, un militar. Y no creo que tenga razón alguna para poner en duda su derecho a ser rey. ¿O me equivoco?

Asentí con la cabeza pues sobraban las palabras.

—Por otra parte —continuó diciendo Tarradellas—, no sabemos apenas nada de él. Ni cómo piensa, ni cómo siente. Pero a mi entender, si la lógica tiene un peso en la vida de un hombre, este muchacho debe de ser un franquista convencido.

Tuve la cobardía —o mejor dicho la sinceridad— de admitir que mis temores eran los mismos. Mauricio, que de repente se había puesto muy nervioso, intervino diciendo:

—Aunque no lo fuera, el Príncipe tiene que hacer creer que es un franquista de buena ley, porque si Franco lo dudara, ya lo habría sustituido por su primo.

Como si no hubiese oído las palabras de Mauricio, Tarradellas me explicó:

—Aquí, en Saint-Martin, he recibido a monárquicos catalanes (los hay, ¿sabe?) que me han asegurado que el Príncipe es un hombre muy inteligente. La verdad es que no me lo creo mucho, porque si hay algo difícil de disimular es precisamente la inteligencia. Pero en las relaciones con su padre ha demostrado ser muy astuto. Lo traicionó sabiendo que el conde de Barcelona no saldría del burladero para enfrentarse con el toro. Usted conoce la frase de Maurice Sachs, aquel judío que escribía un francés tan bonito: *«On ne trahit bien que ceux qu'on aime»*.*

—*Ai, Josep, quines coses que dius!* —se lamentó Antònia Macià.

Como si no la hubiera oído, Tarradellas continuó diciendo:

—Yo, al conde de Barcelona, no lo conozco, pero si fuera monárquico no lo querría como rey. Es un hombre que, como las veletas, obedece a los vientos que soplan a su favor, sin tener en cuenta lo bruscos que pueden ser los cambios climáticos. Creyó en las promesas de Churchill pese a las advertencias de Mountbatten y se tomó

* «Sólo traicionamos bien a los que amamos.»

a broma a Truman porque era un camisero. Siendo como soy republicano y tan genético como usted, prefiero al hijo por conocer que al padre ya conocido. —Vació de un sorbo lo que quedaba en su taza de té y añadió—: Si el hijo peca de silencioso, el padre ya se ha condenado por hablar demasiado.

Llegadas las ocho de la noche, Antònia Macià nos propuso que nos quedáramos a cenar con ellos. Mauricio y yo dijimos los dos que no, porque teníamos que estar de vuelta en París por la mañana temprano y el último tren salía de Amboise justo a tiempo para que lo cogiéramos.

Ya en la puerta de la casa —en Turena puede hacer mucho frío en cuanto cae la noche— Tarradellas me dijo:

—Venga usted a vernos cuando estemos en París. Nos alojamos siempre en el Hotel du Mont-Thabor. Mauricio le avisará de nuestra llegada.

Me dio un apretón de manos que se alargó innecesariamente y su mujer se impacientó:

—Entra en casa, Josep, que me vas a coger un catarro.

Aquella noche tras cenar en una *auberge* cercana a Saint-Martin —donde nos sirvieron un estupendo *civet de lièvre* y un borgoña con ciertas pretensiones— tomamos dos habitaciones en el hotel del pueblo con orden de despertarnos a las seis de la mañana.

Durante el viaje de vuelta a París, Mauricio me recordó lo mucho que parecía preocuparle a Tarradellas la personalidad del joven Príncipe.

—«¿Qué sabrá ese chico de Cataluña?», debe de preguntarse. Seguramente pensará, porque lo habrá oído decir en casa, que Cataluña es el gran problema de España cuando en realidad España es desde siempre el único problema de Cataluña.

Pasó por el pasillo del tren un camarero ofreciendo bebidas y a pesar de la hora nos hicimos servir un par de whiskies con mucho hielo.

—Yo le he oído asegurar a Tarradellas —continuó diciendo Mauricio— que él no se considera para nada un nacionalista, lo que no significa que renuncie ni un ápice a su catalanidad. Como ni tú ni yo renunciaríamos a la nuestra. ¿O me equivoco?

El whisky era de mala calidad y yo lo bebía a grandes sorbos para acabar cuanto antes con él.

—Mi catalanidad, Mauricio, es muy incierta, porque yo soy un catalán pasado por agua, de madre castellana y nacido en Serrano 9, la calle más pija de todo Madrid. Yo sólo me siento de verdad un europeo porque es el mundo en el que he vivido la mayor parte de mi vida, lo que hace que me resulte difícil tomarme en serio esas supuestas diferencias tribales que se resumen en inacabables disputas de patio de vecinos.

—Pues algo parecido, aunque de forma menos drástica, es lo que debe de sentir Tarradellas. Por eso su gran acierto ha sido no querer participar en esas querellas de corrala a las que tan aficionados somos en España.

—Cuando Tarradellas nos preguntaba si creíamos que todavía hay gente en Cataluña que cree en él...

—... Lo decía —me interrumpió Mauricio— porque es muy consciente de que apostar por la lejanía y no salir en la foto todos los días es una elección peligrosa en un país de zascandiles como el nuestro en el que todo el mundo se mata por ser noticia. Pero yo, que desde París viajo muy a menudo a Barcelona, te puedo asegurar que los jóvenes catalanes de hoy, aun sabiendo muy poco de Tarradellas, intuyen que en algún lugar del extranjero existe un personaje mítico que encarna a Cataluña con todas sus virtudes y alguno de sus defectos. Esa certidumbre es una fuente de esperanza. En cuanto a la gente de nuestra edad con una memoria histórica todavía fresca, saben que el exiliado de Saint-Martin-le-Beau es un ejemplo de intransigencia tranquila, un hombre sensato que sabe que por más vueltas que dé la vida, siempre vuelve a su punto de partida.

Una señora con una enorme maleta negra pretendió meterse en nuestro compartimiento, pero ante la frialdad de nuestras miradas retrocedió pidiendo excusas.

—Eso también parecen saberlo los Borbones que entran y salen de España como Pedro por su casa —continuó diciendo Mauricio—. Yo le he oído decir al conde de Barcelona, con esa innata frivolidad con la que se gana la simpatía de los incautos, que «vivos o muertos, nosotros volvemos siempre». Tarradellas aunque finja ignorar cuál será su futuro sabe muy bien que, aunque no sea «por la gracia de Dios» como los otros él también volverá porque a Cataluña es España quien la necesita. —Tras un largo silencio y moviendo la cabeza al compás del traqueteo del tren, Mauricio me dijo señalando con el dedo el paisaje que desfilaba ante la ventanilla—: Mira esos campos, esas colinas, esos valles. Éste no es un país de simples agricultores, es un país de jardineros que han descubierto que la eficacia depende en gran parte de la armonía. Un país donde es más fácil esperar que en el nuestro. Tarradellas dice, pero muchas de sus frases son de doble sentido, que aquí él está muy lejos de Cataluña. Pero más lejos estaría exiliado en la isla de Mallorca. Él lo sabe y por eso se ha montado su Palau de la Generalitat en esta región de Francia cuyos habitantes tienen defectos y virtudes muy parecidos a los catalanes. Son fríos, desapasionados y saben esperar.

Después de aquella insólita visita a Saint-Martin-le-Beau yo nunca creí que los Tarradellas y yo volveríamos a vernos como no fuera por casualidad. Pero una mañana temprano me llamó Mauricio Torra-Balari para anunciarme que los Tarradellas estaban en París y que el presidente quería verme. Habían pasado muchas cosas desde mi visita al Clos Monny. El Príncipe ya era Rey y Arias Navarro había dimitido tras haber puesto el paciente trabajo de don Juan Carlos al borde del colapso. Ahora mandaba —o mejor dicho, recibía las órdenes del monarca— un hombre joven criado en el serrallo del franquismo y que hasta hacía poco llevaba los arneses del Movimiento Nacional. Su nombramiento, puesto a punto por Torcuato Fernández-Miranda, había levantado un clamor de protestas y de lamentaciones. «No es esto, no es esto...», parodiaban a Ortega unos políticos que se sentían descabalgados. «Ahora —había dicho un conocido general de la Guardia Civil— tenemos a la cabeza del Estado a dos traidores: el Rey, que se la ha jugado a su padre con malas artes y el tal Suárez que se ha vendido al mejor postor olvidando todo lo que le debía al franquismo.» Sería interesante escuchar a este propósito las opiniones del presidente. Así que, como convinimos, acudí a verle a su hotel un poco antes de mediodía.

—Te quiere ver a ti solo —me había advertido Mauricio—, así que yo no te acompañaré.

Creí notar un cierto resquemor en su voz que él trató de disimular haciendo una broma:

—Estará pensando en incluirte en su próximo gobierno el día que vuelva a Cataluña.

Más que un hotel, el Mont-Thabor era una fonda con pretensiones porque a veces pasaban allí unas noches, además de los consabidos viajantes de comercio, algunos obispos españoles en sus viajes de ida y vuelta a Roma. Tarradellas me esperaba solo en el único salón del hotel, sentado en un sillón mecedora junto a una mesita cubierta de periódicos. Quiso levantarse para saludarme y me costó mucho trabajo impedírselo porque era un hombre fornido en quien la vejez no había causado todavía estragos irreparables. Nos pusimos a hablar enseguida como si nos hubiéramos visto el día anterior.

—¿Por qué cree usted —me preguntó Tarradellas de sopetón— que Mitterrand cree que en España tienen más peso los hombres de Carrillo que los socialistas?

—Supongo que porque Carrillo lleva haciendo aquí desde hace muchos años una promoción muy inteligente de su partido y además porque en Francia nadie sabe todavía quién es Felipe González.

—Habrá que desengañarle.

—¿A quién, señor presidente?

—A Mitterrand y a todos los que piensen como él, porque los que un día cambiarán España hasta los forros serán los socialistas.

—Yo pienso como usted, señor presidente, pero de aquí a que lleguen...

—Llegarán antes de lo que usted se imagina.

—¿Por qué lo dice, señor presidente?

No me contestó pero cuando habló de nuevo fue para preguntarme:

—Usted recordará que cuando vino a verme a Saint-Martin-le-Beau yo tenía una muy pobre opinión del entonces Príncipe. Pues he ido cambiando rápidamente de manera de pensar. Desde que es Rey, ese muchacho lo ha estado haciendo muy bien. No solo tiene cabeza sino que sabe controlar la prisa que tiene por hacer las cosas bien. Quizá tuvo demasiada paciencia con Arias Navarro, pero su elección de Suárez como jefe de Gobierno ha sido un gran acierto. Al principio los socialistas se le cerraron en banda, pero él hará lo necesario para ponerlos de su parte porque sabe que con la derecha nunca podrá sacar a España de la caverna.

—Pero ¿no le parece, presidente, que tal como están ahora las cosas sería una insensatez...?

Tarradellas me interrumpió bruscamente.

—*Miri*, a mí las insensateces de los hombres jóvenes me parecen casi siempre actos de valentía. Además... —Pero se quedó callado, como ensimismado, antes de decir—: Yo no sé cómo será la mujer del señor Suárez, pero la del Rey me parece muy inteligente y sobre todo muy prudente porque, claro, ella también ha pasado lo suyo. —Una pausa larga y, como *à contrecoeur*, dijo—: Es importante saber cómo son las mujeres de los que mandan. ¿Sabe?, yo antes de confiar responsabilidades a quien sea, siempre procuro enterarme de cómo es la mujer con la que convive, ya sea la esposa o la amante. Las mujeres (y me parece que las amantes más que las legítimas) son mucho más importantes, para bien o para mal, de lo que creemos. Aquí, en Francia, nadie lo pone en duda. A Luis XV la Pompadour consiguió que lo llamaran el Bien Amado y al pobre Luis XVI se puede decir que fue su mujer, María Antonieta de Austria, la que le llevó de la mano hasta la guillotina. Y los franceses creyendo matar a un rey, sólo mataron a un relojero. Ya me dirá... —Otra larga pausa y otra pregunta—: ¿Qué dicen los franceses aquí en París del Rey de España?

—Por el momento, esperan.

—Yo también he esperado pero ahora sé que cuando llegue el momento nos entenderemos. Por cierto, ¿ha tomado ya contacto con el monarca?

—Sí, y de un modo bastante curioso.

—¿Le ha llamado él?

—No, ¿por qué iba a hacerlo? Yo he sido un juanista furibundo, no porque creyera demasiado en don Juan, sino por aquello de respetar el orden dinástico. Y además de todo lo que he escrito sobre el asunto, he aparecido en la televisión francesa junto a Carrillo para augurarle a don Juan Carlos un reinado que le valdría el mote de «el Breve». Dadas las circunstancias, ¿para qué iba a querer verme ese señor?

—Pues porque es lo suficientemente inteligente como para no perder con los amigos un tiempo que se pueda dedicar a convencer a los enemigos. Pero cuénteme entonces cómo y por qué tuvo lugar el encuentro.

—Ocurrió en Lucio, un restaurante muy de moda en Madrid al que el Rey va a menudo a cenar con sus amigos. Yo estaba allí cenando una noche con Emilio Romero y con una de sus amigas en una mesa colocada al pie de la escalera que conduce al segundo piso. Estábamos ya tomando el café cuando, de repente, empezó a bajar por la escalera un grupo de gentes entre las cuales vi al Rey. Cuando llegó al pie de la escalera se encontró frente a nuestra mesa. Emilio y yo nos levantamos y la mujer, que era una pelandusca cualquiera, se quedó sentada. El Rey saludó a Emilio y estuvo hablando con él unos segundos y luego se volvió hacia mí y me preguntó:

—Y tú, ¿cómo es que todavía no has venido a verme?

—¿Y usted qué le contestó?

—Pues, ¿qué le iba a contestar? Hice ruidos de tartamudo. Fue él quien me dijo: «Llama mañana a Mondéjar y pídele una audiencia». Luego nos dio la mano a Romero y a mí, saludó cortésmente con la cabeza a la impresentable que se había quedado sentada y se fue en compañía de las personas con las que había cenado.

—Y al día siguiente llamó usted a Mondéjar.

—Claro. Es un amigo de mi familia de toda la vida. Un franquista puro y duro, pero un hombre leal al Rey hasta los tuétanos.

—Un militar.

—Sí, de los de siempre. Me fijó una audiencia en la Zarzuela para unos días más tarde. Inútil decirle que acudí a ella *dans mes petits souliers*,* como dicen los franceses. Y como a mí se me suelen ocurrir las cosas en el último momento, entré en el despacho del Rey, que estaba de pie y con la mano ya tendida, diciendo: «Señor, vengo a pedir el *aman*». «¿El *aman*?», preguntó el Rey sonriendo. «¿Qué es eso?» «El perdón que le pedían los turcos al sultán antes de que les cortaran la cabeza.»

»El Rey dejó de sonreír y se puso muy serio. "No digas tonterías, José Luis. Yo os estaré siempre muy agradecido a todos los que le fuisteis fieles a mi padre hasta el último momento. Y no os puedo guardar rencor porque todas vuestras reacciones, por violentas que fueran, obedecían a una falta de información veraz sobre lo que estaba ocurriendo desde hacía tiempo entre bambalinas. Las cartas estaban dadas desde hacía mucho tiempo. Así que no hablemos más del asunto. Y ahora cuéntame, José Luis, ¿cómo está tu madre, tan cariñosa y ocurrente...?"

* «Con mis zapatos pequeños» (que son los que duelen).

»No creo que me lo hubiese preguntado si hubiese sabido que en la intimidad le llamaba el Idiota.

Tarradellas había escuchado en silencio hasta el final.

—Un gran tipo —dijo—. Un hombre como los que a mí me gustan. Sabe escuchar y luego perdonar sin demasiados aspavientos. Eso que le dijo de que ustedes los monárquicos no estaban informados quiere decir que entre su padre y él todo estaba pactado desde hacía tiempo y todo también con el beneplácito de Franco.

Cinco minutos después apareció en el salón Antònia Macià y desde lejos nos señaló con el índice su reloj de pulsera.

—Vaya —gruñó el presidente—, ha llegado la hora de comer. ¿Almorzará usted con nosotros?

Yo siempre tenía una excusa preparada para rechazar la invitación. Si los Tarradellas eran pobres en Saint-Martin, a mayor razón lo serían en París. Antònia Macià siempre venía en mi ayuda diciendo:

—En este hotel se come demasiado mal para invitar a nadie, Josep.

Cuando más adelante Antonio de Senillosa pasaba por París, venía conmigo a visitar al presidente. Entonces las cosas eran diferentes porque algunas veces —muy pocas— Antonio conseguía que el matrimonio aceptara su invitación a comer en alguno de los buenos restaurantes de los alrededores. Se notaba enseguida que al presidente le gustaba comer bien, pero su exquisita educación —y su dignidad— le impulsaban a escoger siempre entre los platos más baratos. A medida que fui conociéndole mejor, Tarradellas se convirtió en uno de los pocos políticos, por no decir el único, que, como hombre, además de mi respeto, mereció mi afecto y mi cariño.

Fue a los pocos días de un viaje relámpago a Portugal, por encargo de *Paris-Match*, donde debía poner en claro si don Humberto de Saboya estaba tan enfermo como se venía diciendo, cuando me enteré por una radio que el presidente Tarradellas había vuelto a París tras una estancia de dos días en Madrid donde había sido recibido, primero por Suárez y después por Su Majestad el Rey. Sin ni siquiera anunciar mi vista por teléfono me precipité al Hotel du Mont-Thabor para ser uno de los primeros en felicitar a Tarradellas por aquel primer viaje después de tantos años de forzado exilio en

Saint-Martin-le-Beau. En cuanto el conserje del hotel me vio me anunció que *Monsieur le Président* Tarradellas —era la primera vez que lo llamaba así— ya no se hospedaba en el Mont-Thabor porque desde su vuelta de Madrid se albergaba en el Hotel Crillon, place de la Concorde. «Vaya, pensé, esto quiere decir que el viajecito ha dado buenos resultados.» Llamé desde allí mismo por teléfono a André Bernheim y a Herr Prinz, el director de *Jasmin*, para explicarles que un personaje catalán del que iban a oír hablar mucho en los próximos días, era amigo mío. «Es un hombre —les dije— que puede cambiar el curso de la historia de España.» Inmediatamente me pidieron sendas entrevistas lo más amplias posibles.

En el Crillon, cuando pregunté en recepción por Tarradellas, me hicieron saber que tenían órdenes muy estrictas de la embajada española de que no se importunara innecesariamente a *Monsieur le Président* Tarradellas. Pero en el Crillon me conocían bien porque yo iba allí a menudo a tomar copas en el bar con Sam White, el decano de la prensa extranjera, así que me pusieron al habla con un tal señor Guasch, secretario de *Monsieur le Président*. Cinco minutos más tarde vino a buscarme un hombre joven todavía que se presentó como el secretario particular del presidente desde su vuelta a París. Al pasar junto a unos de los salones de la planta principal vi a un nutrido grupo de señores de una cierta edad que hablaban alto y fuerte en catalán.

—¿Quiénes son? —pregunté.

El señor Guasch levantó los ojos al cielo diciendo:

—Son médicos. Desde que hemos vuelto de Madrid no cesan de acosarle.

Dios mío, pensé, ¿cómo va a soportar esto un hombre acostumbrado a tantos años de soledad en el Clos Monny? Pero cuando el secretario me abrió la puerta del salón donde me esperaba Tarradellas, vi de pie ante mí al mismo hombre de Saint-Martin-le-Beau, pero rejuvenecido veinte años. En cuanto me vio me abrió los brazos. Nos estrechamos con fuerza y cuando nos soltamos me di cuenta que, tanto el uno como el otro, estábamos al borde de las lágrimas.

—¡Por fin, señor presidente, por fin!

—Sí, José Luis, por fin. ¡Por fin vamos a poder hacer cosas!

Antes de retirarse, Guasch le recordó a Tarradellas que abajo le esperaban desde las diez de la mañana aquellas gentes a las que yo había oído hablar en catalán.

—Que esperen —le contestó el presidente.

Y en cuanto nos quedamos solos, con aquella sonrisa burlona con la que Tarradellas trataba de disimular su desprecio, me contó:

—Hace un par de años, Antonieta se puso muy enferma y me insistió mucho en que la tratara un médico catalán, así que llamé a algunos de los que yo conocía, pero ninguno de ellos pudo venir a Saint-Martin. El uno daba una serie de conferencias en Suiza, al otro lo habían llamado en consulta a Bruselas, y otro más había tenido un accidente de tráfico y no le era posible caminar. Así que a Antonieta la trató (y la salvó) el doctor Beaudoin, el médico de Saint-Martin, un francés muy amable que durante varias semanas vino a visitarla dos o tres veces al día. Ahora que vuelvo a ser para ellos el presidente de la Generalitat de Cataluña, ninguno tiene que dar conferencias en el extranjero y todos pueden caminar. —Tras un suspiro y sin que se le borrara la sonrisa del rostro, Tarradellas añadió—: El poder degrada a veces a quien lo ejerce, pero degrada siempre a todos los que se le acercan.

Yo tenía ya con Tarradellas la suficiente confianza para ir directo al grano.

—Señor presidente, antes de lo que usted se imagina, toda la prensa francesa hará cola delante de su puerta. ¿Me puedo permitir ser el primero en pedirle una entrevista?

Tarradellas hizo un amplio gesto con ambos brazos.

—¿Para cuándo la quiere?

—Para cuanto antes, señor presidente.

No lo pensó ni un segundo.

—Le prometo que será usted el primero en hacérmela. Le diré a Guasch que nos reserve dos horas mañana por la mañana. ¿Le parece bien de once a una?

Nos volvimos a dar un abrazo y de nuevo a los dos se nos humedecieron los ojos.

En mi coche fui víctima de un ataque de risa nerviosa que no pude controlar hasta llegar a mi casa. El «ladrón» que había vaciado las cajas fuertes de mi familia, convertido en presidente de la Generalitat de Cataluña, me había dado una prueba más de su amistad.

Al día siguiente a las once en punto de la mañana el señor Guasch me hizo entrar en el salón de la suite presidencial. Tarradellas me recibió de pie junto a una gran ventana desde la que pude admirar una vez más —pero desde un ángulo nuevo— la plaza quizá más bella del mundo. Quedaba de repente muy atrás la época oscura del Mont-Thabor durante la cual el poco clarividente marqués de Nerva, embajador de España, nunca invitó a comer en su embajada a «ese rojo cabrón que pretende separar a Cataluña de España». Ahora el rojo se ha convertido en un *interlocuteur valable*, con dos *mossos* de escuadra vestidos de paisano haciendo guardia ante la puerta de sus habitaciones.

Tarradellas iba vestido de oscuro —podría ser un presidente de la General Motors o de la Shell— con corbata negra a topos y un pañuelo blanco emergiendo apenas del bolsillo superior de su chaqueta.

Antes que nada le pregunté por Antònia Macià y me contestó con aire preocupado:

—Está muy cansada, la pobrecita... Tantas novedades, tantas emociones después de años y años sin que nunca pasara nada.

Nos sentamos en sendos sillones el uno frente al otro con las rodillas casi tocándose. Convinimos desde un principio que el fotógrafo de *Paris-Match* que había traído conmigo —un yerno de Jean Anouilh, el autor de *L'Alouette*— se quedara fuera hasta que termináramos de hablar.

—Quizá le diga cosas que no conviene que oigan los franceses —se excusó Tarradellas.

—Cierta prensa —le dije de entrada a Tarradellas—, esa que se empeña en desestabilizar lo que todavía no está estabilizado, dice de usted que es un hombre de Suárez.

Ante la súbita crispación de su rostro, me apresuré en decirle:

—A mí no me parece posible que sea usted el hombre de nadie.

—*Exacte!* —me responde, vibrante, en catalán—. Ni lo he sido ni lo seré nunca. Jamás he sabido hacer zalemas. Y para hacer reverencias soy demasiado mayor. *Miri*, amigo Vilallonga, yo estuve desde los diecisiete años junto a Macià. Me llamaban su niño mimado. Durante la República fui su secretario, antes de serlo de Esquerra.

Y sin embargo acabé peleándome con él. Y claro, me echaron de Esquerra. Quizá fue una gran suerte porque, como usted sabe, Esquerra acabó muy mal. Su impopularidad fue tremenda. Y naturalmente perdía las elecciones. El hablar siempre fuerte y claro me ha costado muchos disgustos. Companys, al final de su presidencia, ya ni me hablaba. El 19 de julio yo no lo saludaba ni a él, ni a Gassol, ni a Pi Suñer. Yo me había convertido en un diputado *franc-tireur*, sin dueño ni señor. Siempre me acordaré de aquella mañana, eran las cinco precisamente, en que me presenté en la Jefatura de Policía para ver a Companys que estaba completamente solo. Cuando me vio entrar en su despacho me dijo: «¿Y tú qué haces aquí?». Aquel día empezó una nueva etapa política en mi vida.

Tarradellas contaba todo eso como si las cosas hubiesen sucedido ayer por la mañana. No precisaba horas, ni fechas. Se suponía que uno debía estar al corriente de la historia de Cataluña minuto a minuto. Porque así es como él la vivía desde hacía más de setenta años.

—Señor presidente, ¿es usted un hombre autoritario?

Me miró como diciendo: «Sí... ¿y qué?». Pero era demasiado astuto para decir ciertas cosas que no estaban de moda en la época mediocre en la que vivíamos. Se salió por la tangente diciendo:

—*Miri*, Vilallonga, a los catalanes no les gusta mandar más que en sus negocios. Y menos que mandar les gusta obedecer. —Una corta vacilación y añadió—: Y sin embargo ahora habrá que mandar y habrá que obedecer. —Otra vacilación, esta vez un poco más larga, y dijo—: Creo que fue Voltaire quien escribió que para ejercer la autoridad hay que distinguirse de los demás y que por eso los curas y los magistrados llevan esos sombreros tan extraños.

Cuando se reía le brillaban los ojos como a esos payeses expertos en dar gato por liebre.

—Y dígame, presidente, ¿cómo le fue con Suárez?

Tarradellas reflexionó —ya no reía— antes de contestar:

—Bien. Bien. Ya ve usted el resultado. Suárez es un chico muy inteligente. Y simpático, ¿eh? Pero duro. Muy duro. Ayer domingo, 9 de octubre, hizo un año que empezaron mis contactos con Suárez. Usted no lo sabía, ¿verdad? Aunque no me crea, ya en tiempos de Arias ciertas gentes empezaron a interesarse por el «caso Tarradellas». «¿Quién es», se preguntaban, «¿ese hombre que vive pobremente en el exilio y que nunca pide nada?»

Ante mi estupefacción por lo que acababa de oír a propósito de esos contactos de los que nunca había oído hablar, Tarradellas explicó:

—Para hacer política hay que ser pobre. El dinero distrae. A don Francesc Cambó, que era un hombre asombrosamente inteligente, el dinero y la Compañía Hispano Americana de Electricidad le reventaron una carrera política que podría haber sido brillante. Pero volvamos a nuestros asuntos. Como le digo, en tiempos de Arias había gente que no comprendía muy bien quién era ese Tarradellas que desde hacía tantos años trabajaba en eso de la Generalitat. Porque ahora a la Generalitat la quiere todo el mundo. Pero durante veinticinco años nadie quería ni oír hablar de ella. Yo debía de ser un loco, un perverso o un tarambana. No creían en mí más que unos cuantos catalanes del interior y algunos otros en América. Fueron tiempos de una gran soledad... —Me guardé muy mucho de interrumpir el largo silencio que siguió a estas palabras. Tarradellas repitió una vez más en voz muy baja—: Tiempos de una gran soledad... —Después recompuso la voz y dijo—: La primera persona que se interesó por mí fue el conde de Motrico, cuando era el embajador de España en París. Hombre interesante, Motrico. Un día, quizá pronto, volverá a ser alguien. A Motrico le expliqué que yo no volvería nunca a Cataluña más que como presidente de la Generalitat. De eso, ¿sabe, Vilallonga?, yo nunca he dudado. A pesar de los momentos difíciles, muy difíciles que he pasado. Mire, yo a mi peor enemigo sólo le condenaría a sufrir la humillación y a veces la miseria que hemos sufrido en el exilio Antonieta y yo.

Se le agudizó la quijada y se le enfriaron los ojos y pensé que a los enemigos de Tarradellas más les valía poner campo ancho entre ellos y el humillado.

—Pero volvamos a Suárez. Antes de conocerle, tuve contactos con gentes muy allegadas a Carlos Arias y a Fraga. Vinieron a verme a mi casa de Saint-Martin-le-Beau en tres ocasiones. La primera vez vinieron a verme cuatro personas, usted me perdonará el que no cite nombres, que se pasaron todo el día discutiendo conmigo. Entre los visitantes había un señor que hoy es general. Le preocupaba mucho saber por qué Tarradellas no había formado un gobierno catalán en el exilio. Al hombre le parecía que allí había gato encerrado. Le expliqué que cuando acepté el cargo de presidente (cargo que nadie quería) fue con esa sola condición: la de no formar gobierno. Los vascos lo hicieron y ya ve usted qué error tan grave cometieron. «¿Por qué?», me preguntó el futuro general. «Porque cuando sube otra generación que la del exilio, no le cabe en la cabeza que sean los derrotados de ayer los que pretendan llevar la voz cantante otra vez. Y si se empeñan en hacerlo, sale ETA.» Yo les expliqué a mis visitantes que el problema de Cataluña era fundamental para España. Que yo no pretendía volver al Estatut del 32 (la cosa me parecía quimérica) y que lo que yo pretendía era encontrar una fórmula de gobierno provisional para que los catalanes se fueran acostumbrando a la idea de que allá en 1976, o 1977, o quizá en 1980, tendrían un Estatuto y un Gobierno que podría fortalecer al régimen español de modo que el país no cayera de nuevo en los viejos errores del pasado. En definitiva, les dije, los catalanes somos les *emmerdeurs* de España desde hace muchos años y es ésta una situación con la que hay que acabar.

»La primera visita fue un desastre. No nos entendimos. Hablábamos lenguajes diferentes. Ellos encastillados en lo suyo. Yo, decidido a no ceder ni un paso. Y sin embargo, créame, hice lo que pude...

—¿De verdad?

—Mire, Vilallonga, usted lo sabe igual que yo. Los catalanes somos gente sensata. Poco vanidosa, diría yo. Tenemos muchos defectos, sí, pero somos gente con la que se puede discutir, llegar a un acuerdo sin necesidad de dar puñetazos en la mesa. Y yo, en eso, soy más catalán que nadie. Todas las reuniones que yo he presidido de los organismos del interior, todas han acabado dándome un voto de confianza, un voto unánime. —Y como si volviera a su preocupación inicial, Tarradellas añadió—: Yo creo que gracias a mi actitud personal y, sobre todo, al hecho de no haber querido nunca formar un gobierno en el exilio, ni un consejo nacional, hemos evitado el tener una ETA en Cataluña.

—Cuando se constituyó en diciembre la Comisión de los Nueve, usted tuvo sus dificultades, ¿verdad?

—Sí, yo estaba en contra. Porque yo no soy partidario de pactar con los que pierden o con los que no pueden dar nada. Yo no pacto más que con los que tienen algo que ofrecer. Estuve enfadado con Jordi Pujol durante cuatro largos meses. Porque a mi entender, Pujol cometió un error. El Partido Comunista se podía legalizar sin la intervención de Pujol. El problema comunista es siempre un problema en todas partes. Pero no lo es en Cataluña. Acuérdese que yo fui elegido con los votos de los diputados comunistas. Mis relaciones con el Partido Comunista han tenido sus altos y sus bajos, como pasa siempre en política, pero han sido siempre cordiales. A Carrillo le conozco desde hace muchos años y todo el mundo sabe lo que pienso de él.

Sonó el teléfono en la habitación de al lado y se oyó la voz de Guasch diciendo que el presidente había salido.

—Es impresionante —dijo Tarradellas—, me vienen a ver por docenas. Cogen el Talgo y se presentan en París sin avisar. Tendré que verlos a todos, pero no sé ni cómo ni cuándo.

El presidente tenía manos de actor italiano. Las movía bonitamente.

—Yo —me dijo tras una corta reflexión—, yo nunca pedí ver a Suárez. Al que quería ver era al Rey. Porque, con todos los respetos debidos al señor Suárez, la clave de todo en España es el Rey. Ya sabe usted que yo he sido, soy y seré siempre republicano. Pero también soy muy pragmático. Y la solución del problema catalán sólo podía dárnosla el monarca. Pero claro, para ver al Rey había que pasar por Suárez, lo que yo acepté muy gustosamente.

»A Suárez le vi por primera vez el 28 de junio. Tuvimos una discusión que duró más de dos horas. Fue una discusión dramática. Suárez tiene carisma y también una especie de simpatía fácil y adormecedora de la que nunca se desconfía bastante. A los catalanes, la gente de Madrid está acostumbrada desde hace siglos a enredarlos. Ya sabe usted, un whisky, unas sonrisas, muchas promesas, aquellos salones, aquellos tapices… y el catalán cae en la trampa como una mosca en la miel. Además, el catalán, en Madrid, tiene fama de pedigüeño. Yo no pido nunca nada. Empecé mi conversación diciendo: "Señor presidente, yo no vengo a pedirle a usted nada". "¿Cómo?" "No. Yo vengo para saber dos cosas. La primera: ¿qué es lo que piensa usted de Cataluña? Y la segunda: ¿va usted a escuchar lo que pienso yo de Cataluña?"

»Así empezó la cosa. Suárez creía que yo iba a pedirle el Estatut, la Generalitat, la abolición del decreto de Franco, etc., etc. Pero yo había decidido no pedirle nada. ¿Para qué? Suárez sabía perfectamente para qué había ido yo a La Moncloa. Él sabía muy bien lo que nosotros queríamos. Yo no quería enzarzarme en discusiones de esas que acaban en folclore. El problema para mí no era pedir, era otro: ¿qué era lo que Suárez pensaba hacer y, sobre todo, qué era lo que estaba dispuesto a hacer? Suárez me hizo muchas proposiciones, algunas bastante interesantes. Pero no acepté ninguna. Suárez concebía una Generalitat con un Consell muy restringido. Dije que no. A Suárez le fastidió mucho mi intransigencia. Él sabía que el problema catalán, de no resolverse, se iba a convertir en el problema número uno de España. Suárez tenía muchas ganas de encontrar una solución, porque sabía que la única garantía seria que tendría su régimen sería Cataluña. Porque si en Cataluña empezamos a movernos como en los años 17 y 21, entonces, entre los vascos y nosotros, la verdad, ¿eh? Yo también hice propuestas. Suárez tampoco aceptó ninguna. Aquello acabó muy mal. Salí de La Moncloa de muy mal humor. En la escalera les dije a los periodistas que esperaban: "Yo represento aquí una institución cuyo último presidente fue fusilado por orden de Franco". La cosa sentó como un tiro.

»Antes de que nos despidiéramos, Suárez me había dicho: "Vamos a hacer una nota para resumir nuestras conversaciones". "Hágala usted. De todas maneras, no veo qué se puede decir puesto que no hemos llegado a ningún acuerdo", le contesté.

»Suárez insistió diciendo que Martín Villa en persona me traería el borrador de la dichosa nota para que yo la aprobara.

Lo que Tarradellas no me contó pero yo sé por alguien de su *entourage* es que en el momento de despedirse de Suárez, Tarradellas le dijo:

—Aprovechando este viaje a Madrid, me gustaría visitar, o recibir en mi hotel, a varias personas.

—¿Quiénes son esas personas?

—El conde de Motrico, Gil Robles y el general Gutiérrez Mellado.

—Bien.

El presidente Suárez dio unos pasos y cambió de idea.

—Mire, Tarradellas, mejor es que no visite ni reciba usted a nadie mientras las cosas entre nosotros no estén más avanzadas.

A Tarradellas le sentó muy mal la negativa de Suárez. Consideró que a un señor al que se le invita y al que se le recibe oficialmente no se le puede negar la libertad de ver a unos amigos. De ahí la verdadera razón del malhumor de Tarradellas al salir de La Moncloa.

—Volví a mi habitación muy deprimido —dijo Tarradellas— pero me consolaba saber que al día siguiente me iba a recibir el Rey. Pero ese día, a las cuatro de la tarde, me llamaron de La Zarzuela para decirme que la entrevista con Su Majestad se había anulado. No me dieron ninguna clase de explicación. Más tarde me enteré por unos amigos que el capitán general de Madrid, acompañado de varios militares, había visitado al Rey para pedirle que no me recibiera. A Dios gracias el monarca no hizo sino retrasar la visita. Lo contrario hubiese sido un desastre. Los catalanes me esperaban con la Generalitat y yo me volvía a Francia con las manos vacías. Ya le digo, un desastre. A la mañana siguiente nuevo telefonazo. El Rey me esperaba a las diez. Y esa mañana empezó otra etapa de la historia política de Cataluña.

»El Rey me recibió muy calurosamente. A su lado, un oficial oriundo de Palma de Mallorca, el marqués de Mondéjar, me dio la bienvenida en catalán. La entrevista duró tres cuartos de hora en presencia de un taquígrafo. Me sorprendió lo bien enterado que estaba el Rey de las cosas de Cataluña. Francamente, no me lo esperaba. Lo sabía todo, en fin, casi todo porque de repente me dijo: "La Generalitat sufrió en un momento dado una vacante de poder".

»—¿Ah?

»—Sí. Usted fue elegido en 1954. En 1952 había dimitido el presidente Irla. Por lo tanto entre el año 52 y el 54 no hubo presidente.

»—Vuestra Majestad está mal informado —le dije al Rey—, porque en la Constitución...

»—¿Qué Constitución?

»—La nuestra, señor. El Estatut tiene su Constitución interior y esta Constitución dice que el presidente de la Generalitat puede delegar sus funciones ejecutivas. En 1952 el presidente Irla me delegó esas funciones, lo que me convirtió en presidente interino de la Generalitat. Por lo tanto, señor, nunca hubo vacante de poder.

»—¡Pues eso no me lo había dicho nadie! —me contestó el monarca con cierto mal humor.

»Entonces continué explicando:

»—En 1954 fui elegido en México por la mayoría (pese a lo que diga hoy la prensa) menos un voto, de los veintiocho diputados que podían votar.

»Naturalmente, no le dije al Rey que si no me votaron más diputados fue porque no estaban los tiempos como para ir a ver a Franco y decirle: "Acabe usted con esto y deme un visado para México que tengo que ir a votar a Tarradellas".

»Pero volviendo a don Juan Carlos: su acción fue decisiva. Mi nombramiento saldrá esta semana. Pero el Rey ha hecho algo muy importante para mí. Cuando me marché de Madrid le mandé un telegrama al marqués de Mondéjar rogándole hiciera presente al Rey el agradecimiento de los catalanes y el mío.

»Un Borbón había liquidado la Generalitat, otro Borbón le daba nueva vida. Son cosas que vale la pena recordar. Don Juan Carlos (hacía falta coraje para hacerlo) le había dado la vuelta a una página negra de la historia de España. Pues bien, el Rey me contestó con un telegrama dirigido al Honorable Josep Tarradellas, presidente de la Generalitat de Catalunya, Hotel de France, Perpiñán. El texto era muy afectuoso e iba firmado Juan Carlos Rey. Pues bien, amigo Vilallonga, esto es muy gordo, porque, como usted sabrá mejor que yo, el Rey no manda telegramas firmados con su nombre más que a otros jefes de Estado.

Tarradellas cruzó sus largas piernas visiblemente satisfecho.

—Bien, señor presidente, como dirían en Madrid, se ha salido usted con la suya.

Con gran sencillez Tarradellas me contestó:

—Sí, por fin. Y estoy muy contento.

Nos dimos un tiempo para beber sendos vasos de agua y continué interrogando.

—¿Cuáles son en la actualidad los problemas catalanes que más le preocupan?

—Más que los problemas de Cataluña, a mí, los que me preocupan, como le dije a Suárez, son los problemas de España. Le dije: «¿Para qué vamos a hacer la Generalitat si en España no resuelven ustedes sus propios problemas? Porque mire, nosotros los catalanes no los podremos resolver. Nosotros no tenemos Banco de España, ni controlamos la Economía y las Finanzas. Todo esto depende del Gobierno central».

—¿Y qué le contestó?

—Nada. En ese momento no me podía decir nada.

—Todos esos problemas a los que usted aludía, ¿no serán problemas de Suárez más que de España?

—Bueno, *miri*, resulta lo mismo, ¿no le parece?

Y como si prefiriera no seguir tocando el tema Suárez, Tarradellas me dijo:

—Claro que me preocupan los problemas de Cataluña. Pero en Cataluña no hay problemas sin solución. En España sí.

—¿Sin solución? ¿Cuáles?

—El problema principal de España es que el país no tiene confianza. Es más, tiene miedo. Miedo de todo. De lo que puede pasar y de lo que no puede pasar. Miedo de los militares, de los terroristas, del paro, de la inflación, de los políticos. Ya le digo, tiene miedo de todo. Es una psicosis terriblemente destructiva. Hay que buscarle una nueva imagen a este país. La cosa, más que urgente, es urgentísima. Hay que reconocer (y esto se lo he dicho a él mismo) que Suárez hasta ahora lo ha hecho muy bien. Ha destruido hasta las raíces el régimen franquista.

—¿Eso le ha dicho usted?

Tarradellas me miró entre bonachón e inocente.

—Claro que se lo he dicho, porque, de verdad, eso lo ha hecho muy bien. Pero no basta. Después de destruir hay que construir. Eso es lo que esperamos de Suárez. Que construya. Si lo hace, le ayudaremos. A nosotros, como decía Xènius, nos gusta *«el treball ben fet»*.

—Me hablaba usted de dos problemas casi sin solución.

—Bueno, el otro ya lo conoce usted. Los vascos. Es un problema político que no se puede comparar con el nuestro. En Cataluña no hay atmósfera de violencia. En el País Vasco hay un problema, de guerra civil.

»La Generalitat no nos ha costado ni un muerto. En el País Vasco existe un fanatismo minoritario que ha hecho ya docenas de muertos. Y sin embargo, los nacionalistas no han sacado ni un solo diputado, ni por Navarra, ni por Álava…

—La autonomía catalana va a despertar muchas esperanzas en otros pueblos de España y…

Tarradellas me detuvo con un gesto.

—Mire, Vilallonga, yo no soy federalista. Es decir, lo soy de Europa y del mundo. Como usted. Pero de España no. Yo soy partidario de todas las autonomías que quieran los españoles, pero específicamente, como catalán, esos problemas me son ajenos. Porque ninguno de ellos se puede comparar al problema catalán.

—Dígame, presidente, usted que es un hombre de visión internacional gracias a los años de exilio, ¿cómo cree que se va a entender con los políticos catalanes que a veces son tan, digamos... locales?

—Mire, en Cataluña los políticos son como los vendedores de azafrán. Todo lo venden por gramos. Bueno, ya veremos. Si es necesario cambiaré provisionalmente de pesas.

Tarradellas echó una rápida mirada a su reloj y se levantó. Hicimos entrar al fotógrafo diciéndole que tenía diez minutos para hacer su trabajo. El hombre refunfuñó pero era muy rápido e imaginativo. Mientras me llevaba hacia la puerta cogido por el brazo, el Honorable me dijo:

—El próximo día 23, después de una breve visita de cortesía al Rey, estaré en Barcelona. Voy a constituir un Gobierno muy limitado pero que será la representación de lo que es actualmente Cataluña. Y vamos, por fin, a poder ocuparnos de algo a lo que los catalanes no le han dado hasta ahora demasiada importancia.

—¿La Comisión mixta de los Treinta?

—*Exacte!* Eso para mí es casi más importante que la Generalitat. Espero encontrar las quince personas que necesito, lo bastante sensatas para comprender «el problema Madrid». Allí no hay que ir nunca más a pedir nada. Ni a exigir tampoco, entiéndame. Hay que ir allí para plantear los problemas tal cual son en realidad. Ya sé que en España esto no le gusta a nadie. Pero así habrá de ser. Cataluña le puede hacer mucho bien a España. Cataluña, por ejemplo, puede ser el intermediario ideal entre el Gobierno y los vascos. Porque en definitiva, nosotros los catalanes, sin muertos hemos llegado a esto. Y ellos con tantos muertos no han llegado a nada.

¿Ellos? ¿A quién se refería el honorable presidente de la Generalitat?, ¿a los vascos? ¿O a los madrileños?

El día 23 de octubre de 1977, cómodamente sentado en el salón de mi casa en París y rodeado de amigos catalanes, le oí gritar a Tarradellas en la pantalla del televisor su famoso *«Ja sóc aquí!»* que volvió locas a las miles de personas que se apiñaban en la plaza Sant Jaume, y la verdad, me emocioné. Me emocioné mucho. Syliane, que me observaba por el rabillo del ojo sentada a mi lado, comentó en voz baja: «No sabía que le querías tanto...».

Pasó el tiempo. Yo seguía viviendo gran parte del año en París, pero cada vez que iba a Barcelona a ver a mi madre, avisaba de antemano a Senillosa y juntos nos íbamos a pasar un rato con el President. Yo le contaba cosas de París que le divertían y el Seni le comentaba los últimos chismes políticos de Madrid que lo descorazonaban.

Y un buen día, como estaba previsto en el Gran Libro de la Vida, Tarradellas, ya muy anciano, murió. Pude ir a su entierro, pero no lo hice. Nunca voy —salvo si es imprescindible— a los entierros de la gente que he querido.

Tarradellas murió habiendo cumplido una parte importante de las cosas que se había propuesto en la soledad del Clos Monny. Según otro catalán de gran envergadura amigo mío, el doctor Antoni Puigvert, Tarradellas había sido demasiado ambicioso: «Don Josep estaba hecho a la medida de un gran país y Cataluña sólo es un pueblo grande lleno de *botiguers*. Por eso le va tan bien a Jordi Pujol. Porque está hecho a la medida de Cataluña».

Muerto el presidente, su viuda viajaba a veces a París en compañía de Marta Borràs, su sobrina. Nunca dejaba de llamarme desde Barcelona para anunciar su llegada. Nos citábamos para almorzar los tres en algún restaurante cercano a los Champs Elysées. La primera vez, cuando me presentaron la cuenta, Antònia me la arrancó de las manos diciendo: «¡Por favor! Déjeme que esta vez le invite yo en recuerdo de todos aquellos almuerzos frustrados en el Mont-Thabor».

Doña Antònia Macià tenía la virtud de ser curiosa. Quería saberlo todo, estar al tanto de todo. La mujer silenciosa de Saint-Martin-le-Beau hablaba ahora con una especie de ansia por hacerse escuchar. «¡Es que he estado tantos años callada!», decía sin dar a sus palabras ningún aire de reproche. En vida del President, el que hablaba era él. El silencio al que se creyó obligada debió a veces de pesarle mucho porque nunca fue mujer que no tuviera nada que decir. Era lectora de muchos libros, culta, ingeniosa y siempre muy enterada de lo que convenía saber. En 1992, cuando Josep Benet tuvo la bajeza de asegurar que los problemas económicos de la familia Tarradellas fueron los que motivaron su pacto con Suárez («¡Mi marido

—se indignaba Antònia— nunca pactó con Suárez! ¡Pactó con el Rey!») y que apenas unos pocos catalanes levantaron la voz para protestar contra el insulto, Antònia Macià empezó a sentir en carne propia la falta de reconocimiento que su marido halló entre los catalanes y especialmente entre los partidarios de Pujol, que no se recataban en querer borrar cuanto antes el recuerdo de aquel hombre «grande» a cuya sombra ellos se sentían tan pequeñitos. Durante una de aquellas sobremesas en París, la viuda del President me dijo: «Usted sabe que Suárez y mi marido se llevaban en principio muy mal. Suárez era todavía muy joven, con un reciente pasado muy difícil de olvidar, orgulloso y probablemente temeroso de perder pie frente a aquel gigante al que la vida y el exilio le habían enseñado mucho. Al President no le importaba ni poco ni mucho lo que Suárez pudiera pensar de él. Lo que mi marido quería decirle al Rey, sabiendo que la clave de todo estaba en sus manos, era algo que, una vez conocidas sus palabras, sus enemigos no le perdonarían nunca. Tarradellas quería decirle al Rey que a él, más que el problema de Cataluña, le preocupaba el problema de España. ¡Anatema! Un President de la Generalitat más preocupado por España que por Cataluña, les hizo a los enanos el efecto de una traición. Esas palabras dichas a un Borbón dispuesto a deshacer el entuerto cometido por un Borbón anterior dejaron muy claro cuáles eran las intenciones del President si un día volvía a Cataluña. Primero España. Nada podía tranquilizar más al Rey.

»En los últimos momentos de su primer viaje a Madrid, Suárez y los suyos hicieron todo lo posible para que la entrevista con el monarca no tuviera lugar. Echaron incluso mano del capitán general de Madrid. Pero el Rey ya sabía quién era Tarradellas y cuáles sus intenciones. La verdad es que, salvo don Juan Carlos, eran muy pocos los que trataron de comprender a mi marido. A Motrico, Josep le decía: "Cataluña puede hacer mucho por España. Puede ser, entre otras cosas, el intermediario entre el Gobierno y los vascos. Porque en definitiva, los catalanes, sin muertos, hemos llegado a esto. Y ellos con tantos muertos no han llegado a nada"».

Ya tenía yo oídas esas palabras. A la viuda de Tarradellas sí que me atreví a preguntarle:

—¿A quién se refería el President? ¿A los vascos o a los madrileños?

—Motrico —me contestó Antònia Macià— también le hizo esa pregunta a mi marido.

Antònia Macià murió en Barcelona a los noventa y siete años. Me mandaba decir que se hacía leer todos los lunes mis artículos de *La Vanguardia*. Era una gran señora por la que yo sentía una profunda admiración y un gran afecto. La conocí y la traté en los momentos más difíciles de su vida, los del exilio, la soledad y el olvido. Son momentos en los que cada uno de nosotros se revela tal cual es. La soledad debió de pesarle menos que a otras mujeres, pues siempre tuvo junto a ella el hombre al que amó toda su vida.

1978

Cuando me casé con Syliane Stella, ella y mi hijo mayor, John, tenían la misma edad. Veinticinco años. Las relaciones entre los dos, sobre todo por parte de John, fueron desde un principio muy frías. Que Syliane hubiera irrumpido en mi vida como un ciclón trayendo además con ella un bebé que todavía no hablaba y por el cual yo me desvivía no le hizo ninguna gracia. Sin embargo, ese vuelco radical en mi vida no cambiaba en nada sus relaciones conmigo, ya que cada cual vivía por su cuenta, salvo en lo económico, pues a los veinticinco años John seguía dependiendo de mí para sus gastos, alquileres, mensualidades, ropa y dinero de bolsillo.

Cuando me separé de Pip Scott-Ellis, John y su hermana Carmen estaban internos en un colegio de Villars-de-Lans, a unas pocas horas en coche de Cannes, que con el tiempo se convertiría en una conocida estación de esquí. Tras conseguir sacarlos, casi a la fuerza, de los colegios ingleses en los que se habían educado casi todos los parientes de mi mujer, nos había parecido una buena idea que nuestros hijos vivieran todo el año al aire libre y practicando deporte al mismo tiempo que cursaban el bachillerato. Yo subía en automóvil una vez al mes a verlos desde Montecarlo —y a veces desde París— por unas carreteras de montaña en las que era emocionante poner a prueba los motores del Alfa Romeo descapotable que me había comprado en Roma después del rodaje de *Una vergine per il principe*, junto a Vittorio Gassman y Virna Lisi.

Cada vez que le anunciaba a Pip mi intención de subir a ver a los chicos, pasábamos mucho tiempo comentando las muchas quejas que recibía de los profesores de John. Era nulo en matemáticas, se interesaba poco por las letras y el trato con sus compañeros dejaba mucho que desear. Era un niño antipático, como antes había sido un bebé reacio al menor gesto de afecto. Una de las últimas veces que subí a verlos, Pip me pidió que hablara muy seriamente con el director del colegio para encontrar una solución a los problemas de John.

—Trata de saber lo que se puede hacer.

—Nada —fue la contestación que me dio monsieur Bonmati cuando le hice esa pregunta.

La fría y dura respuesta me dejó desconcertado.

—¿Cómo... nada?

Monsieur Bonmati me miró apenado.

—Mire usted —me dijo—, a su chico no es cuestión de aplicarle sanciones, ni privarle de asuetos, ni de amenazarle con vetarle las pistas de esquí.

Monsieur Bonmati se tomó su tiempo y esta vez midiendo cada una de sus palabras, me dijo:

—John no da más de sí porque digamos que sus capacidades son bastante limitadas.

Me sentí terriblemente ofendido.

—¿Me está usted diciendo que tengo un hijo tonto?

Monsieur Bonmati tuvo la valentía de mirarme a los ojos.

—Tonto no sería la palabra adecuada. Pero digamos que tiene ciertas limitaciones.

—Corto, entonces. No es un consuelo.

A monsieur Bonmati no le gustaba que le empujaran contra las cuerdas.

—A ver si nos entendemos, señor. John no es un chico deslumbrantemente inteligente. Pero tampoco es tonto. Ocurre simplemente que no le interesa nada que suponga un mínimo esfuerzo. Sería un buen esquiador pero no lo será nunca porque no se la juega. Lo mismo ocurre en los estudios. Está convencido de que nada vale la pena cuando hay que sudar por ello. Ni en el deporte, ni en los estudios.

Ante mi aire consternado, monsieur Bonmati hizo una pausa. Luego, cuando consideró que me había serenado, me dijo:

—Hace unas semanas, en este mismo despacho, le estaba yo echando un rapapolvo cuando levantó una mano para hacerme callar y con una sonrisa en los labios, entre cínica y burlona, me dijo: «Cuando se mueran mis abuelos seremos gente muy rica. Así que para qué tanto esfuerzo».

Como me quedé sin habla, monsieur Bonmati añadió:

—Esa parece ser su única filosofía en la vida, dinero, dinero, sobre todo dinero que caiga del cielo.

Yo estaba anonadado.

—¡Pero es que eso es incluso mentira! —le protesté—. Su abuelo inglés, lord Howard, es inmensamente rico, pero a su muerte, según las leyes británicas, todo irá a parar a manos de su hijo mayor que es el heredero. A mi mujer, la madre de John, le tocarán unas migajas.

—Migajas importantes, según John.

—Pues no lo sé, pero en todo caso no lo suficiente como para tumbarse a la bartola y vivir sin hacer nada. En cuanto al otro abuelo, mi padre, un hombre rico pero sin comparación con lord Howard, no solamente cuenta con muchos años por delante sino que además tiene tres hijos entre los que se repartirá su herencia una vez fallecida mi madre. Y luego John tendrá que esperar a que me muera yo para heredar lo poco que quede. Ésta es una conversación sórdida, monsieur Bonmati.

Nos quedamos los dos callados un largo rato.

—Póngalo cuanto antes a trabajar —me dijo de repente el director del colegio.

—¿A trabajar en qué?

—No lo sé. Démosle tiempo a que acabe el bachillerato, si es que puede, y mientras tanto búsquele una actividad de acuerdo con sus capacidades. Yo también le hablaré.

Cuando volví a Villars-de-Lans al mes siguiente, John, después de almorzar conmigo y con su hermana, me cogió del brazo y paseando por el gran patio de recreo, me dijo:

—Monsieur Bonmati y yo hemos hablado mucho acerca de mi futuro. Ya sé lo que quiero ser en la vida, papá.

—Ah.

—Quiero ser como tú... escritor.

Nunca hasta entonces había sabido lo que quería decir sentir el corazón en la garganta. Dominé como pude mi irritación y le dije:

—John, escribir, escribir como yo lo entiendo, es un trabajo muy duro. Un trabajo solitario de cada hora del día. Con mucha disciplina, mucho rigor y sobre todo mucha suerte, pueden pasar años antes de que alguien reconozca tu talento. Si es que lo tienes.

Como no me contestó continué diciendo:

—Además, para escribir, no sólo hay que tener algo que decir sino que hay que saber decirlo creando entre el lector y tú una complicidad afectiva que coincida con el punto álgido de vuestras emociones. Además...

El pobre diablo no debía de comprender ni una palabra de lo que le decía.

—Bueno —suspiró—, por lo que veo no me vas a ayudar.

Me enfadé.

—¡Te voy a ayudar a acabar tus estudios aunque sea a patadas en el culo!

Me miró con aquellos ojos azules que se helaban súbitamente aumentando su palidez. Pero no dijo nada.

Aquella misma tarde, antes de que subiera al coche para volver a Montecarlo, Carmen, mi hija, me susurró al oído:

—Parece que no quieres que John sea escritor. —Y sin darme tiempo a contestar, añadió—: Ha leído un libro de cuentos de Somerset Maugham y dice que eso lo puede hacer él cuando le dé la gana.

John estaba peor de lo que monsieur Bonmati y yo creíamos. Cinco minutos después, con un pie dentro del coche, hice la pregunta ritual:

—Chicos, ¿necesitáis dinero?

Esa pregunta me la echarían en cara innumerables veces en los años venideros. «Tú siempre lo arreglabas todo ofreciendo dinero.» No sé si arreglaba nada, pero el dinero nunca lo rechazaban. Ya sentado al volante le sugerí a John:

—¿Por qué no escribes algo, un cuento corto por ejemplo, para que yo lo pueda leer cuando venga a veros el mes que viene?

Pero no hubo mes que viene porque me tuve que quedar en París rodando una película en la que me había metido Charles Boyer, aquel francés tan elegante que según decía Michèle Morgan «tenía voz de luz de gas».

Años más tarde, estando ya casado con Syliane, John vino un día a casa con un mamotreto debajo del brazo.

—Son —me dijo— las primeras ciento cincuenta páginas de mi primera novela.

El manuscrito no llevaba título pero el seudónimo de su autor estaba escrito en grandes letras negras en lo alto de las tapas de la carpeta: John Seaford. Había usado el nombre de la segunda baronía de su abuelo inglés. Aquella misma noche me puse a leerlo. Era un magma de ideas confusas escritas con cierta ácida gracia al estilo de Evelyn Waugh —un pariente de Pip—, de P. G. Wodehouse y naturalmente del autor de *Ashenden* [Maugham]. Todo muy *british*, muy educado y muy mal escrito.

Al día siguiente John pasó por casa para recoger el embrión de su primera obra pero no me preguntó lo que me había parecido. Le di mi opinión lo más cobardemente posible.

—Hombre, así leído a toda prisa, parece interesante...

—Papá, hablas como un francés.

No podía hacerme peor reproche.

—Bueno, casi lo soy, ¿no?

Se fue con el libro debajo del brazo luego de haberle preguntado a Syliane que cómo estaba *the bratt.** Nunca llamaba a Fabricio por su nombre, lo que sacaba de quicio a Syliane que se quejaba.

—*The bratt!* Yo no hablo inglés, pero eso ¡suena tan despectivo!

Entre Syliane y John la antipatía mutua iba en aumento a medida que pasaban los días. Él la consideraba una intrusa y ella tenía de él una opinión que, como padre, me dolía. Una tarde, estando yo ausente y al parecer sin que viniera a cuento, John le dijo de repente:

—Si a mi padre le ocurriera algo te daría cinco minutos para salir de esta casa con las maletas hechas y *the bratt* debajo del brazo.

—Te agradezco el aviso —le contestó Syliane—. Mañana mismo tomaré las precauciones necesarias.

En cuanto Syliane me contó lo sucedido llamé a Jacques Kam, mi abogado, y decidimos poner el piso con todo su contenido a nombre de mi mujer. Tomé también las disposiciones necesarias para que en caso de desgracia sólo ella pudiera tener acceso a la caja fuerte de mi banco.

—Tu hijo —me decía Syliane—, además de ser una mala persona, es un idiota.

No tuve más remedio que darle la razón.

Poco tiempo después le pregunté a John que cómo andaba su

* «El rorro.»

libro. Me contó sin inmutarse que había perdido el manuscrito en un taxi y que como no había hecho fotocopias le daba pereza empezar a escribir de nuevo su novela.

Así acabó la carrera literaria del futuro émulo de Somerset Maugham.

Llegadas las Navidades de aquel mismo año decidí regalarle a John la Honda de color rojo que yo usaba muy poco en París, una moto que yo sabía que a él le haría una tremenda ilusión. Esta vez casi se emocionó. Me dio una fuerte palmada en la espalda, diciendo: *«Thanks a lot, old chap!»*.

Un par de semanas más tarde dejó la moto junto a la acera frente a un bar de Saint-Germain-des-Prés con las llaves del contacto puestas y, naturalmente, se la robaron. John no se tomó la molestia de ir a denunciar el robo a la policía y dos años más tarde me pusieron una multa por haber abandonado el esqueleto de una Honda, que podía haber sido roja, en un barrio periférico de París.

El robo de la moto fue la gota de agua que colmó el vaso. Syliane se puso muy seria, una actitud a la que me tenía poco acostumbrado.

—No creo que le hagas ningún favor a John pagándole el alquiler de su piso, vistiéndole en Dorian Guy y dándole además dinero para que viva a la altura del hijo de un hombre rico. Tú no eres un hombre rico. Tú eres un hombre que vive bien porque trabajas más de lo que debieras y no hay razón alguna para que te creas obligado a mantener a un hijo de veinticinco años, fuerte y con buena salud. ¿A ti tu padre te daba el dinero que tú le das hoy a tu hijo?

—No, claro que no…

Estuve a punto de contarle la historia de las botas de montar pero Syliane me interrumpió cada vez más enfadada:

—Además de John, que yo sepa, tienes otros dos hijos.

—Carmen vive todavía con su madre.

—Pues ahora tienes además a Fabricio, al que nunca te permitiré que maleduques como haces con John.

Si hay algo que me agota los nervios es esta clase de discusiones del que nunca se ve el final. Con Syliane me había equivocado porque me dijo:

—No te preocupes por lo que haya que hacer con John. Yo lo tengo ya todo arreglado.

Syliane, mejor persona de lo que le gustaba aparentar, siempre te tendía una mano cuando te llegaba el agua al cuello. Además, como buena italiana, sabía dosificar con un arte supremo la comedia, la tragedia y a veces el drama.

—He hablado largamente con Gerard —me dijo—, que está dispuesto a ofrecerle un puesto de trabajo en su agencia.

Gerard era un judío argelino que se había enamorado locamente de Ivana Stella, la hermana de Syliane, y se había casado con ella sin apenas darle tiempo a decir que sí. Había montado una agencia de prensa, Aza-Press, que más tarde se haría famosa en el mundo de la comunicación y con la cual colaboré asiduamente hasta que nos instalamos en España.

El *Renard Argenté* se estaba haciendo viejo y desde que se había casado con *la belle* Helène Rochas, viuda del magnate dueño de los perfumes del mismo nombre, se había aficionado a una vida más relajada: frecuentaba los ambientes más frívolos de París, las grandes *premières* teatrales, los cócteles, las cenas e incluso los *garden-parties* del 14 de julio en los jardines del Elíseo. Así que poco a poco me distancié de André Bernheim y me puse a trabajar con Gerard Sakon, que me organizaba los grandes reportajes en países extranjeros por cuenta de Axel Springer Verlag. Me entendí siempre muy bien con Gerard porque a los dos nos gustaba lo mismo: trabajar y ganar dinero.

Le fui a ver con Syliane a la mañana del día siguiente, esta vez para hablar exclusivamente de John. Cuando llegamos a su despacho nos llevamos la sorpresa de ver que John ya estaba allí. Gerard, un hombre alto, delgado, moreno y con esos grandes ojos femeninos que a veces tienen los árabes, abrió rápidamente el fuego sentado tras la mesa de su despacho.

—Bien. Estamos aquí reunidos para buscar la mejor forma de encauzar correctamente la vida de John de Vilallonga.

John saltó de inmediato. Señalando a Syliane con un dedo que temblaba, preguntó:

—¿Qué tiene que ver esta señora con mi vida?

Estuve a punto de levantarme para pegarle un guantazo. Pero ni era mi estilo ni Syliane me lo permitió.

—Tu vida y lo que hagas con ella —le respondió a John— me importa muy poco. Pero la vida de tu padre y su tranquilidad me importan mucho. Así que o te avienes a trabajar con Gerard o te olvidas de nosotros y te las arreglas como puedas.

En pocas palabras Gerard le explicó a John lo que esperaba de él.

—No es gran cosa, de acuerdo, pero en estos oficios hay que empezar siempre desde abajo.

—Si comprendo bien —dijo John—, voy a ser algo así como el chico de los recados de la agencia.

—Algo así —corroboró Gerard.

—Con lo que ganaré al principio no tendré ni para pagar mi piso.

—Cambia de piso —le contestó fríamente Gerard.

John vivía en L'Île-Saint-Louis, frente a Notre Dame, en los bajos de un edificio que ya hubiera querido yo para mí en mis primeros tiempos de París.

—Para comer —continuó diciendo Gerard— podrás hacerlo en la cantina con los demás empleados y a veces conmigo mismo. En lo que voy a ser muy estricto es en el cumplimiento de los horarios. Abrimos las oficinas a las ocho y las cerramos cuando ya no queda nada que hacer. Me dice tu padre que hablas cuatro lenguas. Eso te dará la oportunidad de hacer algún trabajo en el extranjero y de ganar un poco más de dinero. Y ahora, si no te importa, déjanos solos.

Me dio pena ver a mi hijo salir del despacho evitando mirarnos. Pero tuve al mismo tiempo la convicción de haberme hecho un enemigo que nunca me perdonaría la humillación sufrida. En cuanto John hubo salido del despacho Gerard se inquietó:

—¿He estado demasiado duro?

Syliane y yo convinimos en que había hecho exactamente lo que le habíamos pedido.

—Ahora lo importante —opinó mi cuñado— es que tú, José, no intervengas para dulcificar las cosas. Se acabó lo de darle dinero por una razón o por otra. Que aprenda a vivir de su trabajo.

Yo creo que en aquellos momentos fui el único en intuir el odio intenso que habíamos encendido en el corazón de aquel ser amargo y orgulloso, un odio del que yo iba a pagar las consecuencias a muy corto plazo. Cuando de vuelta a casa le hice partícipe a Syliane de mis temores me contestó:

—Yo no creo que John te haya querido nunca. En cuanto a mí, sencillamente no me puede ver, así que en lo que me concierne las cosas están igual que antes.

Como era de esperar, John dejó de aparecer por casa. Un par de semanas más tarde el propietario del piso de L'Île-Saint-Louis me hizo saber que John le había devuelto las llaves y que se había marchado en una furgoneta llevándose todas sus pertenencias. Poco después, Gerard me informó de que John se había instalado en el piso de una de las secretarias de la agencia con la que parecía mantener vagas relaciones erótico-sentimentales.

—Paga la mitad del alquiler con lo que gana aquí —me explicó Gerard— y almuerza todos los días en la cantina con los demás empleados. He probado en vano de entablar con él un vínculo de amistad, pero John se cierra como una ostra ante todo lo que pudiera parecerse a un trato de favor por ser tu hijo. Lo cual por una parte me parece triste y por otra nos facilita muchos las cosas. Me imagino que el tiempo irá limando asperezas.

Pero Gerard se equivocaba porque el tiempo no hizo sino empeorar las cosas.

He escrito en el primer tomo de estas memorias —lo que me ha valido acerbas críticas— que John, antes de convertirse en un hombre reacio a toda muestra de afecto, había sido un niño huraño y antipático enrocado en su orgullosa soledad. Su madre pretendía que en John prevalecía su sangre inglesa y que como es sabido los ingleses, al revés de los españoles, son poco dados a toqueteos, besuqueos y otras cariñosas manifestaciones. Ellos se lo pierden. «Los españoles —me repetía Pip— no comprendéis que lo que llamáis frialdad en los ingleses es simple buena educación.» Faltando a la mía, la mandé una vez más a la mierda.

A pesar de su especial comprensión, Pip no tardó ella también en alejarse de su hijo mayor. John no le perdonaba su desmedida afición a la bebida y su propensión a rodearse de parásitos que vivían a su costa.

Con su familia inglesa —abuelos, tíos, tías y primos— John apenas mantenía contactos esporádicos. La familia inglesa había perdido todo interés en él desde que lo sacamos de aquel colegio inglés donde yo tenía la convicción de que acabarían convirtiéndolo en un maricón aficionado a recibir palizas. En cuanto a sus relaciones con mi familia, las cosas se habían presentado difíciles desde el primer día. Siendo ya un muchacho de quince o dieciséis años, John había optado por dejarse crecer el pelo —un pelo rubio precioso— que le llegaba hasta los hombros, lo que a mi padre le ponía frenético. «¡Que no se le ocurra venir a Barcelona con ese pelo!», me repetía cada vez que lo veía.

A Casa Falguera lo invitaban cada vez menos y dejaron de hacerlo definitivamente cuando durante su última estancia John le pidió a un amigo catalán que le presentara a una chica de buena familia que no fuera virgen. El rostro del amigo se demudó. «Yo no conozco a ninguna chica de buena familia que no sea virgen», le contestó. La petición de John corrió de boca en boca y se organizó un cisco de inconmensurables proporciones. ¿Una chica de buena familia que no fuese virgen? Ese espécimen no existía en Barcelona. En Barcelona, oficialmente, había más vírgenes que en toda la obra de Jardiel Poncela. Amigos de mis padres llamaron indignados a Casa Falguera para quejarse de las extrañas peticiones del nieto inglés. Mi padre me llamó por teléfono a París —donde por cierto yo andaba enredado con una hija de buena familia que había dejado de ser virgen desde que las faldas se habían parado en la rodilla— para avisarme de que me mandaba de vuelta a John con la esperanza de no verlo nunca más por Sant Feliu. Yo traté en vano de hacerle comprender que lo que John pretendía era no meterse en líos dejando embarazada a la hija de una familia amiga. «¡Para lo que quiere tu hijo —gritó furibundo mi padre al teléfono— existen las putas!»

A mí, para defender a mi hijo no me hubiese costado mucho citarle a mi padre los nombres de hijas de familia bien que no dudaban en encamarse cuando la operación podía desembocar en un fructuoso matrimonio forzado por las circunstancias.

John tuvo que salir por pies de Barcelona, amenazado por los hermanos de varias supuestas vírgenes ofendidas en su honor. En cuanto John llegó a París tuvimos una conversación trascendental entre padre e hijo.

—Menuda la has armado en Barcelona.

—Yo sólo pretendía conocer a una chica con la que pudiera hacer el amor sin comprometerme a nada.

—Bueno, eso lo puedes hacer fácilmente en París o en Londres.

Pero Barcelona es Barcelona. Allí las vírgenes, al igual que todo producto del que se anda escaso, están muy cotizadas.

—¿Sabes lo que te digo, papá? Que estoy encantado de ser inglés.

—Y yo de que lo seas, hijo, yo de que lo seas.

Era evidente que «El Continente seguía aislado».

1979

En París, durante el invierno, Syliane y yo teníamos la costumbre de quedarnos los domingos hasta muy tarde en la cama —hablo de cuando Fabricio tenía apenas tres años— con el niño cómodamente instalado entre su madre y yo. No era para nada un niño llorón o quejumbroso, pero no soportaba que no se ocuparan de él y en cuanto se sentía abandonado, iniciaba, para llamar la atención, largos y monocordes monólogos que a la larga crispaban los nervios. Una mañana, estando encendido el televisor, apareció en la pantalla uno de mis violinistas preferidos, Itzhak Perlman, que tocaba con la Filarmónica de Viena un adagio de Mozart. El monólogo de Fabricio se detuvo en seco. Se quedó escuchando la música con los ojos y la boca muy abiertos apretándome fuertemente al mismo tiempo con la mano derecha uno de mis dedos. Cuando Perlman acabó de tocar, el silencio que siguió pareció inquietar al niño que se puso a hablar de nuevo más agitadamente que de costumbre. Pero cuando segundos después Perlman empalmó con un rondó el adagio de Mozart el niño volvió a caer en un beatífico silencio.

—Le gusta la música —le susurré a Syliane que todavía estaba medio dormida.

—No puede ser. Es demasiado joven. Lo que pasa es que le distrae el ruido.

Acabado el rondó, Fabricio me miró con sus grandes ojos verdes como queriendo decir «¿y ahora qué?».

Me levanté de la cama y me fui a escoger dos discos en la biblioteca. Uno de Mozart y otro de Louis Armstrong. Puse este último en el tocadiscos que estaba en una mesa baja junto a la cama y de inmediato se oyó la áspera y entrañable voz que cantaba *Mack the knife*. El niño escuchó unos segundos y luego, parloteando de nuevo, pareció desentenderse de lo que escuchaba. Sin darle tiempo a reaccionar puse en el tocadiscos la *Serenata Haffner* de Mozart y Fabricio volvió a sumirse en una total y silenciosa quietud. Al escuchar a Armstrong me había soltado el dedo, pero enseguida que cambié de disco me lo volvió a coger.

—No sólo le gusta la música —le dije a Syliane—, ¡sino que le gusta Mozart!

—¡No digas tonterías! ¿Cómo quieres que a su edad pueda hacer esa clase de distingos?

—Pues los hace.

A partir de aquel día y durante los siguientes tres o cuatro años siempre que estábamos juntos en París, en Madrid o donde fuera, Fabricio y yo escuchábamos música juntos siempre que podíamos. Poco a poco el niño fue depurando mis gustos. Los suyos eran muy seguros. Mozart siempre el primero. Bach —las *Variaciones Goldberg* de Glenn Gould le volvieron loco enseguida— después, Beethoven sólo de vez en cuando y siempre que estuviera de humor triste. Cuando Fabricio llegó a la edad en la que pudo expresar sus propias opiniones le bastaba con escuchar los primeros compases de un disco para adivinar quién era el autor del embeleso. Tuvo enseguida una predisposición muy marcada por Brahms y por Schumann; más tarde, escuchando a Verdi, descubrió la ópera. No le llevé a ver ninguna porque no quería herir su sensibilidad haciéndole escuchar a una Mimi interpretada por una ballena vestida de terciopelo. Ese golpe tuve que encajarlo yo siendo un niño cuando mi abuela me llevó al Liceo por primera vez.

Fabricio tuvo la suerte de descubrir al mismo tiempo la ópera y María Callas. Fueron desde un principio para él una sola y misma cosa. En casa se oía a todas horas la voz de la diva y había retratos de María colgados de las paredes entre las raquetas de tenis. En Mónaco y en la época de mi gran amistad con Onassis, Fabricio venía apenas de nacer, de modo que no me fue posible hacerle conocer a la mujer que quizá fuera la primera gran pasión de su vida.

Fue durante una de esas sesiones musicales, metidos los dos en la cama, siendo Fabricio todavía un bebé, cuando una mañana le oí respirar con una cierta dificultad, como si estuviera a punto de ahogarse por falta de aire. Cuando se lo hice notar a Syliane ésta se inquietó.

—Sí, a mí también me ha parecido que a veces respira con dificultad, como si se ahogara. Esta misma tarde me lo llevo al médico.

Nuestro pediatra, un viejo amigo mío abuelo de tres o cuatro nietos, era, además de buen médico, un hombre sensato. Tras examinar al niño largamente recogió su estetoscopio y nos dijo:

—No tiene nada. O mejor dicho tiene lo que tenemos todos como consecuencia de vivir en esta ciudad tan bella pero tan prolija en interminables inviernos con fríos intensos, lluvias, humedad y polución. Lo que yo llamo «la enfermedad de París». A los norteamericanos les encanta volver a casa presumiendo de haber cogido *the Paris disease*.

—Pero ¿qué podemos hacer?

—Nada. Marcharse o quedarse aquí respirando veneno puro.

—Pero si nos quedamos, ¿qué puede pasar?

—Pues que su precioso niño se convierta con el tiempo en un francés más de tez verdosa, con problemas gástricos o hepáticos, un humor de perros y una afición congénita a complicar la vida de los demás y la suya propia rellenando papeles en las oficinas del Estado. —Y enseguida añadió—: No les receto medicinas porque ninguna sirve para nada.

Aquella visita al médico coincidió con una llamada telefónica de Senillosa que me llamó desde Madrid aquella misma noche.

—Deberías estar aquí —me dijo de entrada—. Pasan cosas que tú podrías contar mejor que nadie a tus lectores alemanes y a los abonados de *Paris-Match*. Suárez se tambalea. Su partido es una jaula de grillos, sus amigos le dan la espalda y el Rey parece estar muy preocupado porque corren por Madrid rumores inquietantes.

—¿Ruido de sables?

—Todavía no, pero ruido de espuelas sí, porque hay algunos generales que ya pisan fuerte. Sería por tu parte un error profesional no estar aquí durante las próximas semanas.

Le prometí a Antonio que le volvería a llamar al día siguiente.

En cuanto colgué el teléfono y con todas las precauciones posibles le dije a Syliane:

—Es probable que tenga que irme unos días a Madrid.

Mi mujer se engalló:

—¿Tú solo a Madrid? Ni lo pienses. Si vas tú, vamos todos. Y además iremos cumpliendo una prescripción médica.

A Fabricio el clima seco de Madrid le haría un gran bien. Aquella misma tarde fui a ver a Gaston Bonheur, el director de *Paris-Match*, para proponerle una serie de reportajes españoles. Me los aceptó todos insistiendo en que no me olvidara de hablar del Rey, de la Reina y del resto de la familia real. Axel Springer, desde Hamburgo, reaccionó de una manera muy parecida, así que aquella misma noche llamé por teléfono a Senillosa para decirle que iríamos a Madrid en cuanto tuviéramos solucionado el problema de la vivienda.

—Yo me ocupo de todo —me prometió el Seni.

—Sí, pero que no sea ni en el Ritz, ni en el Palace. Conozco tus lujosas aficiones. Además yo no voy con ninguna mujer a la que tenga que subyugar. Voy a trabajar.

En el teléfono la risa de Senillosa sonaba como si tuviera veinte años menos.

De repente todo ocurrió muy rápidamente. Decidimos dejar abierto el piso de París por si nos pasaba lo que en Barcelona, cuando tuvimos que salir huyendo. De todas maneras, en ningún momento pensamos que nos íbamos a instalar en Madrid una larga temporada. A lo sumo el tiempo suficiente para que los bronquios de Fabricio se recuperaran de la insalubridad del Bois de Boulogne.

Yo tenía contraídos demasiados compromisos de trabajo en París y además, después de casi treinta años de residencia en el ombligo del mundo, no era probable que renunciara, a cambio de un buen clima, a todo cuanto ello significaba. Siempre recordaría las palabras de mi padre volviendo a pie una noche a su hotel por la avenue Montaigne: «Ésta es una ciudad en la que se vive, en las demás sólo se vegeta». Lo dijo de un modo más bonito, pero el sentido era el mismo.

Senillosa volvió a llamar al día siguiente para decirme que nos había reservado un piso de tres habitaciones con cuarto de baño, un salón y cocina en un apartotel de la calle Orense.

—Cuando estéis aquí y con más tiempo buscaremos algo mejor.

Quién nos iba a decir que pocos meses después estaríamos instalados en un espléndido ático de dos niveles en el paseo de la Castellana que se convirtió al poco tiempo en el *check-point-charlie* de todos los noctámbulos de la movida madrileña, toreros, actores, flamencos, poetas, políticos de todas las ideologías, fulanas, duquesas y hasta un cura de paisano que nos dijo ser el confesor del Rey. A Castellana acudían gentes a pasar unos días, a veces unas semanas y en el caso de Peloncho Dominguín, sobrino de Luis Miguel, un poco más de un año. El día que Peloncho se marchó, toda la casa lloraba a lágrima viva. No sólo había llevado los paquetes de mi mujer, de la cual se había enamorado, conducido mi coche a través de toda España, sino que, después de llevarlo y traerlo todos los días del Instituto Francés, había emprendido la educación golfa de Fabricio, que se había iniciado en los misterios del arte de Cúchares asistiendo con pantalón corto a las tertulias taurinas de la Cervecería Alemana.

Syliane había caído rendida a los pies de Madrid y de sus gentes, de los sinvergüenzas que parecían señores y de los señores que les daban cien vueltas a los sinvergüenzas de verdad. Fue una época muy divertida. A principios de nuestra estancia, Senillosa nos abrió infinidad de puertas, muchas de las cuales yo me apresuraba a cerrar inmediatamente después. Le pedí que se abstuviera de presentarme a los numerosos parientes y primos por parte de madre que yo tenía en Madrid porque, como ya he dicho en otras ocasiones, no tengo espíritu tribal y nunca he comprendido por qué hay que tener afecto y simpatía a alguien por el mero hecho de ser miembro de algo tan confuso y conflictivo como una familia. Mi propia madre me dio en parte la razón cuando, al anunciarle que pensábamos instalarnos durante largas temporadas en Madrid, se puso muy seria para decirme:

—En Madrid tienes infinidad de primos Cabeza de Vaca, Carvajal, Fernández de Córdoba y Jiménez de Molina. Son por lo general personas encantadoras. Pero tienes unos primos, quizá los más simpáticos de todos, con los que te ruego encarecidamente que no intimes.

—¿Por qué?

—No sabría decírtelo. Pero tú sabes que mis intuiciones raras veces me engañan. Acuérdate de tu apendicitis. —Y añadió bajando la voz—: Son gentes que acabarán mal.

—¿Cómo se llaman?

—Prado y Colón de Carvajal.

Fueron, naturalmente, los primeros primos con los que me encontré en Madrid. Eran todos ellos personas simpáticas y divertidas. Pero tal como lo profetizó mi madre fueron cayendo uno tras otro al correr de los años en diferentes traspiés, fracasos y desgracias. El más famoso de ellos, el que todavía circula, es el Manco, llamado así porque le falta un brazo, lo que le da el aspecto de alguien que siempre lleva metida una mano en el bolsillo de la chaqueta, como si fuera armado. El Manco ha pasado ya a la historia como «el amigo del rey», su embajador extraordinario, su banquero, su administrador, una especie de Fouquet a la española servidor de un Borbón que al revés que Luis XIV no les tiene rencor a los que se hacen a su servicio mucho más ricos que él. El Manco es un hombre alegre y dicharachero, siempre en fase terminal de una grave enfermedad que empeora cada vez que se estrecha a su alrededor el cerco de sus perseguidores, que por lo general, pertenecen a los tribunales de justicia. Cuando esto ocurre, el Manco coge un avión y vuela a Suiza donde se refugia en una clínica desde la que hace correr la voz de que se está muriendo. Pero en cuanto sus abogados logran —y lo logran siempre— alejar a los alguaciles, el Manco se pone bueno y vuelve a España a gozar de los lujos y comodidades de su magnífica finca andaluza en compañía de su joven mujer, sus amigos, sus perros y sus caballos. Al Manco se le recordará siempre por ser el único que logró que el «financiero» Javier de la Rosa siguiera seriamente un régimen de adelgazamiento en la cárcel de Can Brians por haber estafado a la familia al-Sabah, los muñidores legales del reino de Kuwait.

Entre los demás primos que yo tenía en Madrid también había alguno que no brillaba precisamente por su perspicacia. Uno de ellos se encontró sentado a mi lado en una barrera de la plaza de toros de Madrid. No nos habíamos visto nunca.

—Tú eres Vilallonga, ¿verdad? —me preguntó después de haberme mirado fijamente durante un rato.

—Sí.

—Yo soy Valdueza. Un primo de tu madre.

—Vaya.

—Tú eres comunista, ¿verdad? No lo niegues.

La derecha española seguía pensando lo que me dijo una tarde el general Muñoz Grandes en un hotel de Suiza: «Todos los antifranquistas sois comunistas».

—Sí —le contesté—, me hice comunista cuando dejé de ser vegetariano. Algo había que ser, ¿no te parece?

Me miró furibundo unos segundos, se levantó y se marchó. Lo sentí por él porque aquella tarde Rafael de Paula hizo un par de milagros de los que no se esperaba nadie.

Muy pronto me pareció normal el continuo ir y venir entre Madrid y París por cuestiones de trabajo, unas veces con Syliane y otras sin ella. Los últimos años en París habían sido literariamente muy fructíferos.

Editions Stock me había publicado *Femmes*, un libro con un gran retrato de Sophia Loren en portada, en el que contaba a grandes rasgos la vida de varias mujeres que en 1975 representaban cada una lo mejor en su particular actividad. Indira Gandhi ejerciendo el poder absoluto en la India y la majaraní de Jaipur representando la casta de los príncipes que venían de perderlo. A Sophia Loren la elegí como el tipo ideal de la mujer latina en toda su fuerza y diversidad y a Jeanne Moreau para personificar la inteligencia de la que hizo gala en todas sus actuaciones. Dediqué bastantes páginas a Grace Kelly que se había hecho famosa en *Alta sociedad* antes de convertirse en princesa de Mónaco. No podían faltar en mi lista ni la célebre Regine, soberana absoluta de las noches de París, ni tampoco mi amiga Madame Claude que gobernaba la red de prostitución de lujo más importante de Europa siguiendo las mismas reglas que imperaban en el colegio de monjas en el que se había educado. Poco tiempo después Stock me publicó *A pleines dents*, unas sarcásticas notas de sociedad con la colaboración de Guy Monreal. Poco después, Albin Michel sacó una edición muy cuidada de una novela escrita prácticamente como un guión de cine pero que desgraciadamente nadie pensó en llevar a las pantallas. Jean-Claude Simoen, un joven editor amigo de Gerard Sakon, se arriesgó a publicar *Les gangrènes de l'honneur*, la historia de la sublevación de Jaca y de la subsiguiente caída de Alfonso XIII, un tema que en principio no debía apasionar a los franceses y que sin embargo obtuvo el éxito de ventas inesperado. Ya por aquel entonces tenía a medio terminar *Le gentilhomme européen*, una de mis novelas por la que siento mayor cariño, y que Beatriz de Moura me publicó en Tusquets, en una espléndida traducción de Juana Bignozzi que desmentía rotundamente aquel topicazo de *traduttore tradittore*.

Fixot, mi editor francés de la época, me llamó una mañana para anunciarme alborozado que me habían concedido el Saint-Simon, un premio muy codiciado por los autores de obras históricas, y como hacía pocas semanas que el mismo Fixot había sacado a la venta la versión francesa —que era la original— de mi biografía de don Juan Carlos de Borbón, fui a recibir el premio convencido de que lo había logrado gracias a *Le Roi*.

Recibí el premio de manos del ministro Maurice Schuman, el gran europeísta, quien en su discurso de presentación empezó diciéndome: «Si su abuela de usted estuviera todavía en vida daría cualquier cosa por conocerla, no sólo por haberle prohibido escuchar a Mahler cuando todavía era un jovencito, sino por aquello que dijo a propósito del *Retrato de una dama*, de Tintoretto. ¿Recuerda la frase? "Nunca la serenidad de un pintor se ha enfrentado a la voluptuosidad de su modelo con tanta exactitud y sinceridad." Yo también siento veneración por Tintoretto, porque...». Y el ministro se explayó sobre sus preferencias más allá de lo necesario. ¿Qué tendrían que ver mi abuela y Tintoretto con la biografía de don Juan Carlos de Borbón? Tardé más de lo debido en comprender que no era a la biografía real a la que estaba destinada el Prix Saint Simon sino al *Le gentilhomme européen*. Le expliqué al ministro durante el almuerzo que siguió que mi abuela había muerto hacía ya muchos años y que yo, desde entonces, escuchaba a Mahler con el embeleso de quien está cometiendo todavía algo parecido a un pecado. El ministro me felicitó y a mí me pareció cortés enrojecer de gusto. La anécdota de Tintoretto la mencionó también Mitterrand en su elogio al concederme el rango de oficial de la Legión de Honor francesa pocos meses antes de que muriera de un cáncer de próstata.

Llevaba apenas unos meses instalado en Madrid cuando una tarde vino a verme a mi casa Enrique Meneses, un periodista que había sido reportero de guerra o algo parecido y que, según él, nos habíamos conocido en Biarritz cuando éramos niños. Era un hombre muy abierto, muy simpático y locuaz, gran bebedor de lo que fuera y fumador empedernido de unos pestilentes cigarrillos de tabaco negro con los que llenaba los ceniceros. Venía a verme, me dijo, con el beneplácito de José Manuel Lara, el fundador y propietario de la Editorial Planeta, para proponerme una larga entrevista de varias horas de duración que luego se plasmaría en un libro que la editorial presentaría al premio Espejo de España. Nunca he sido un perseguidor de premios, que por lo general no son más que el resultado de un apaño entre las editoriales y los medios de comunicación. Yo ya sé que escribo bien y no necesito que otros vengan a decírmelo. Empecé pues por demostrar poco entusiasmo por el proyecto del que me hablaba Meneses. Pero éste, con un entusiasmo renovado, insistió:

—Tú sólo tendrás que hablar delante de una grabadora contestando a mis preguntas. Luego, cuando tengamos el material necesario, yo mismo me encargaré de ponerlo todo correctamente por escrito y si el resultado te satisface el libro saldrá, naturalmente firmado por ti. —Iba a decirle que yo nunca había firmado nada que no hubiera escrito personalmente, pero Meneses me interrumpió diciendo—: Habrá que buscarle un título con garra ya que sería la historia de un hombre que ha pasado casi treinta años de su vida en el exilio sufriendo a diario la terrible nostalgia de su país.

—¡Eso no es cierto! —protesté—. Yo estaba exiliado muy a gusto en París. Además, la nostalgia es un error.

Meneses casi salta de su asiento:

—¡La nostalgia es un error! ¡Ahí tienes tu título! Un magnífico título. ¡No busques más! Es un título que le irá como un guante al ganador del premio Espejo de España.

Convinimos —o mejor dicho, Meneses convino— que nos pondríamos a trabajar al día siguiente. Supuse que andaba corto de dinero y que tenía prisa por realizar cuanto antes lo que obviamente era un encargo de la editorial. Llegó a las cuatro de la tarde con una vieja grabadora y una docena de casetes recién comprados.

—A Lara le ha encantado el título —empezó diciéndome Meneses—. Dice que *La nostalgia es un error* equivale a una bofetada a los que siempre miran hacia atrás, un título optimista digno del premio Espejo de España.

Yo no conocía a José Manuel Lara personalmente, pero a los pocos días de mi llegada a Madrid fui, acompañando a Carmen Díaz de Rivera —una parienta mía de *la main gauche*— a la presentación en el Ritz de un libro de Manuel Vázquez Montalbán de quien yo no había leído nada todavía. El presentador de la obra era naturalmente el propio José Manuel Lara, su editor, el cual, según me contó Carmen, había sido capitán de la Legión durante la Guerra Civil y bailarín —boy, para qué vamos a disimular— en los espectáculos de Celia Gámez durante los primeros años de la posguerra. Todo un tipo que había tenido el mérito de haber levantado de la nada una de las editoriales más importantes del país. Era un hombre grande, macizo, ordinariote, que se expresaba en un castellano rudimentario condimentado por un fuerte acento andaluz.

Sentado detrás de una larga mesa cubierta con un tapete verde entre el autor del libro y un personaje que de vez en cuando les pasaba notas escritas en las hojas de un bloc, Lara, tras imponer silencio con un gesto de la mano, alzó la voz para decir:

—Tengo er guzto de prezentarles a uztedes el autor de czte eztupendo libro, mi amigo el zeñor Sánchez Corvalán…

El autor del libro, a todas luces un hombre tímido, le interrumpió para puntualizar con voz inaudible:

—Me llamo Vázquez Montalbán, señor Lara, Vázquez Montalbán.

La sala entera prorrumpió en una prudente carcajada.

—¡Dioz mío, dónde tengo la cabeza! —se excusó el gran editor sin darle más importancia a la cosa.

—Me parece —me susurró al oído Carmen Díaz de Rivera— que Sánchez Corvalán es el nombre del capo del Partido Comunista de Chile o algo parecido.

Me pareció inadmisible que un editor serio cometiera esa clase de errores. Más tarde comprobé en carne propia que Lara no sólo se equivocaba en los nombres sino que también en los hombres. Era un verdadero patán que me cayó profundamente antipático desde el primer momento en que lo conocí.

Enrique Meneses y yo estuvimos trabajando a razón de tres o cuatro horas diarias durante varias semanas, hasta que una tarde Syliane se plantó y me dijo:

—O ponéis punto final a estas sesiones de trabajo o buscáis otro lugar para veros porque este despacho, por no decir todo el segundo piso de la casa, incluido nuestro dormitorio, apesta a whisky y a esa porquería de tabaco que fuma tu amigo.

Finalizamos pues nuestra labor en un rincón del bar que estaba junto a la entrada de mi casa. Meneses se marchó por fin con un par de docenas de casetes en los que yo le había hablado sobre todo de mis andanzas en la Junta Democrática, de mis tratos más bien difíciles con Trevijano, de mis contactos con don Juan de Borbón en París mientras esperábamos los dos la noticia de la muerte de Franco, de mi primer encuentro con el Rey y de mis relaciones personales con Santiago Carrillo. Estas relaciones mías con el jefe comunista le habían interesado mucho a Meneses y como a mucha gente le había parecido, si no aberrante, por lo menos curioso que yo hubiera iniciado una sólida amistad con el asesino de Paracuellos del Jarama donde habían muerto, como ya he dicho, varios parientes de mi madre. Meneses se fue tras asegurarme que cada semana me mandaría el resultado de su trabajo para que yo aportara las correcciones que me parecieran necesarias. Pero pasó casi un mes sin que yo recibiera nada de lo prometido. Por fin tras varias llamadas telefónicas bastante airadas, Meneses vino a verme y antes de que yo pudiera pedirle que me enseñara el resultado de su trabajo, Meneses, evitando mi mirada, me dijo precipitadamente:

—No te traigo nada escrito porque José Manuel Lara y yo hemos decidido que no hay por qué escribir lo que tú cuentas en las casetes, que basta con transcribir tal cual los casetes registrados.

—¡Pero qué dices!

—Pues eso, que queda más fresco, más natural, más...

—¡Pero eso no se ha hecho nunca!

—Precisamente. Será más original. Tú hablas muy bien y cuentas cosas muy divertidas, que una vez escritas por otro perderían mucho de su sabor, de su sinceridad.

Comprendí demasiado tarde que Meneses era un vago a quien se le hacía muy cuesta arriba escribir un libro basado en unos largos monólogos que había que ordenar cronológicamente para que cobraran algún sentido. Una tarea muy pesada y, tratándose de la vida de otro, muy aburrida. Nada convencido por las explicaciones de Meneses, me fui a ver a Lara. Resultó que él también estaba convencido de que no valía la pena perder el tiempo escribiendo el libro.

—En lugar de capítulo uno, capítulo dos, capítulo tres —me dijo—, pondremos grabación número uno, número dos, número tres. Será más moderno, más original.

Hice una última tentativa:

—Pero es que yo en mi lenguaje hablado suelto muchos coños, mucho joder, mucha hostia...

—¡Mejor que mejor! A eso, hasta ahora, no se ha atrevido nadie.

Me di por vencido y me desinteresé por completo del libro. Pensé que a la larga cambiarían de opinión o que incluso se olvidarían de todo el asunto. Decidí no preocuparme más del engendro. Un mes más tarde recibí un voluminoso paquete de la Editorial Planeta. Eran las galeradas de *La nostalgia es un error*.

Me puse a leerlas inmediatamente. Era mucho peor de lo que había imaginado pero, curiosamente, a medida que fui avanzando en la lectura iba cayendo bajo el hechizo de aquellos monólogos tan vivos, tan punzantes y, por qué no decirlo, a veces tan soeces. Alfonso Castro, el marido de Tessa de Baviera, la única princesa falsa que hay en España, fue el primero en llamarme cuando *La nostalgia es un error* salió a la venta.

—He leído tu libro; me he reído mucho, pero no deja de ser una guarrada.

Bueno, pensé, si a aquel señor tan relamido —*anche un po troppo*— no le había gustado, lo más probable era que el libro cayera bien en el resto de la población.

Recién leídas las galeradas acudí como habíamos convenido al despacho de José Manuel Lara. Apenas llegado me encontré en uno de los pasillos de la casa con Rafael Borràs, el director literario de Planeta y prolífico autor de obras tendenciosamente republicanas que con el tiempo se convirtió en uno de mis más sólidos amigos catalanes. Rafael, con esa chispa de ironía que le alegra a veces la mirada, me dijo:

—Supongo que vendrás a negociar el anticipo sobre tu libro.

—Pues sí, entre otras cosas.

—Pues pídeles cien para que te den diez, pero no flaquees porque entonces sólo te darán cinco.

Lara me recibió muy amablemente. Tuve que aguantar con la sonrisa en los labios una andanada de viejos chistes andaluces antes de entrar en materia. Hablamos naturalmente del anticipo. Pedí un poco más de cien para que me dieran un poco más de diez. A mi hijo Fabricio, que desde hace años es mi eficiente agente literario, todavía se le revuelven las tripas cada vez que cuento en su presencia esta historia.

Lara, repantigado en el sillón directorial, tras mirarme largamente con una sonrisa cómplice en los labios, me dijo:

—Me gusta tu libro, me gusta mucho. —Y tras una pausa añadió—: Te voy a dar el premio Espejo de España.

—Ah... pero ¿y si no le gusta el libro al resto del jurado?

Lara me miró como si fuera un idiota. Barrió el aire con un gesto de la mano, pero no me dio ninguna explicación. Sólo me dijo:

—Tú confía en mí. Te garantizo que obtendrás el Espejo de España. —Cambió de posición en el sillón y endureciendo la mirada, añadió—: Eso sí, con una condición.

—¿Qué condición?

—Que suprimas íntegramente todo lo que dices a favor de Santiago Carrillo. Es más, no quiero ni siquiera ver su nombre impreso en las páginas del libro.

Respiré hondo y le dije:

—Eso no me parece posible.

—¿Por qué?

—Primero porque es mi amigo y segundo porque como español considero que le debemos mucho a Santiago Carrillo.

Lara perdió los estribos.

—¡Ese hombre es un asesino! ¡De haber podido le habría matado con mis propias manos!

—Allá usted. Pero yo no suprimiré ni una coma de lo que está escrito a su propósito en el libro.

—¡Pues entonces no habrá Espejo de España! —gritó Lara furibundo.

Me levanté para marcharme, pero Lara se quedó sentado con el ceño fruncido y pálido de rabia. Mientras me dirigía a la puerta del despacho le oí que me decía:

—Publicaré tu libro porque ya nos hemos metido en muchos gastos. ¡Pero no esperes que Planeta te haga ninguna publicidad!

Rafael Borràs me esperaba en un recodo del pasillo.

—¿Has conseguido lo que querías? —me preguntó.

—Sí, en una proporción muy parecida a la que me habías anunciado.

—Bien. Me ocuparé personalmente de que el talón te llegue en los próximos días.

Le tendí la mano diciendo:

—Pero no habrá Espejo de España.

No me pareció que Rafael se sorprendiera mucho. Le expliqué cuáles habían sido las exigencias del editor para, cómo decirlo... regalarme el premio Espejo de España.

—Y naturalmente me he negado en redondo a que Carrillo desapareciera de las páginas de mi libro.

Borràs me apretó la mano con fuerza.

—Cuenta conmigo para todo lo que yo pueda hacer por ti en esta casa.

No acabaron allí mis relaciones con la Editorial Planeta. Fui durante unos meses editor del *Playboy* español que perteneció a Lara hasta que tuvo que cerrarlo. Más adelante contaré las peripecias de esta operación de acoso y derribo de la revista, en su género, más prestigiosa del mundo. Pero antes quisiera recordar que mucho después de que la prensa anunciara que Plaza y Janés iba a publicar la versión española de *El Rey* —traducida del francés con notable acierto por Manuel de Lope— recibí un telegrama de Lara que guardo como oro en paño cuyo escueto texto era el siguiente: «Querido amigo, le ofrezco un millón de dólares por los derechos de su libro *El Rey*. José Manuel Lara». Le contesté a vuelta de telegrama: «Ni soy su querido amigo ni me interesa su millón de dólares. José Luis de Vilallonga».

—Dudo mucho que hubieras visto nunca un céntimo de ese dinero —comentó Rafael Borràs cuando se enteró de este intercambio telegráfico.

1980

—¿Usted conoce bien a Farah Diba, *nicht war*?

Despertarse a las siete de la mañana escuchando ladrar en el teléfono la teutónica voz de Dieter Münch, uno de los adláteres de Axel Springer, en Hamburgo, no era la mejor manera de empezar el día.

—Sí, la conozco. ¿Por qué?

No era del todo verdad que la conociera porque mantener con alguien un diálogo de apenas cinco minutos no da ni para hacerse una ligera idea de con quién se está hablando. Sin embargo las pocas palabras que intercambié en Persépolis con la mujer del Sha de Irán se habían quedado grabadas, indelebles, en mi memoria.

—El Sha se está muriendo en El Cairo —me informó herr Münch—. Tiene usted que volar allí para entrevistar a la futura viuda. Queremos saberlo todo sobre lo que está ocurriendo. Necesitamos medio centenar de folios de los cuales treinta al menos se publicarán en *Jasmin*. Saldrá usted de viaje mañana por la mañana.

Daba gusto, profesionalmente, trabajar con los alemanes. Arrogantes pero eficientes. Lentos en el pensar pero rápidos en actuar. Antes del mediodía tenía en mi casa los billetes de avión y una reserva para dos personas en el Mena House, aquel maravilloso hotel al pie de las pirámides donde uno se puede encontrar con todo lo que cuenta en el mundo, escritores, actores, agentes de toda clase de servicios y señoras que nunca viajan solas más de unas horas. Alerté inmediatamente, mientras que Syliane hacía las maletas, a Gerard Sakon y al redactor jefe de *Paris-Match* por si podíamos sacarle algún provecho más a mi viaje.

Mi primer y único contacto hasta entonces con Farah Diba había tenido lugar diez años atrás durante las esperpénticas celebraciones del 2500 aniversario de la fundación del imperio persa. Fui uno de los doscientos invitados a aquellos festejos que hicieron correr ríos de tinta en la prensa del mundo entero.

Mi amigo Robert Caillé, el director del *Vogue* francés, me había citado en su despacho de la plaza del Palais-Bourbon para ofrecerme una corresponsalía en Irán mientras duraran los festejos.

—Quiero —me dijo Robert— que me hagas algo como un *Journal de voyage*, unas reflexiones insolentes y agresivas sobre este acontecimiento que va a levantar ampollas tanto en los sectores de la izquierda como en los de la derecha. Así que mézclate con las gentes del país, sobre todo con los burgueses que son los que ahora hacen las revoluciones, y escribe unos rápidos perfiles de todos los VIP que participen en el evento. Trátalo todo con un trasfondo político pero sin hablar nunca de política. Tú me comprendes, ¿verdad?

Robert Caillé, un antiguo paracaidista, entendía el periodismo como una escaramuza sin fin.

—Quiero sangre —insistió—. Vas a viajar allí con gentes cuidadosamente escogidas por Alain Duchemin entre lo más granado del *tout Paris*. Pásalo bien diciendo lo que todos pensamos pero no nos atrevemos a decir a propósito de esa fauna tan particular.

—Son todos lectores del *Vogue* que tú diriges —le recordé.

—Precisamente. Los conozco bien. Les encanta que los fustiguen. Diviértete.

Me divertí. Alain Duchemin —un gran diplomático metido a relaciones públicas—, quien con Georges Cravenne tiraba de los hilos que hacían bailar a todos los que se creían importantes en París, palideció al enterarse de que iba a ser yo quien redactaría el *Journal de voyage* de *Vogue*.

—No te preocupes —le tranquilicé—, sólo se cabrearán aquellos de los que me olvide citar el nombre.

El más tarde controvertido *Journal de voyage* salió íntegramente publicado en un libro de Guy Monreal, *Vilallonga a pleines dents*, publicado por Stock en 1973.

Los interminables y variados festejos de Persépolis —desfiles militares con soldados ataviados a la antigua usanza, espléndidos espectáculos *son et lumière*, visitas a las ruinas de lo que fue un gran imperio— culminaron en una gran cena de gala presidida por la emperatriz Farah y de la que por oscuras razones protocolarias el Sha estuvo ausente. Un banquete que parecía no tener fin durante el cual echamos en falta el esperado caviar iraní por haber sido saqueados por la soldadesca la noche anterior los locales refrigerados donde se almacenaba.

A mí me tocó sentarme entre Hélène de Turckheim, la redactora de la sección notas de sociedad de *Le Figaro* y una belleza local que a falta de conversación prodigó con generosidad sus luminosas sonrisas. Como aquella cena parecía no terminarse nunca, Hélène se preocupó por saber a qué hora empezaría el baile.

—En cuanto se ausente la emperatriz —le informó un autóctono.

Por lo visto, el protocolo tampoco permitía bailar en presencia de Su Majestad Imperial. Así que seguimos mordisqueando toda clase de pastelillos rezumando miel y azúcar y bebiendo un café capaz de levantar a un muerto.

Ya muy entrada la noche, Farah se puso en pie y con ella los centenares de invitados que se alinearon a lo largo de la gran alfombra roja por donde iba a pasar la emperatriz. Vista de cerca, Farah era una mujer más atractiva que bella. Llevaba aquella noche un vestido de media cola color marfil y prendida sobre la frente una diadema de fulgurantes diamantes azules.

Rodeada de edecanes uniformados, la emperatriz se dirigió lentamente hacia la salida de la inmensa carpa donde iba a tener lugar el baile.

Caminando junto a ella, Alain Duchemin, convertido en maestro de ceremonias, le deslizaba de vez en cuando unas palabras al oído y la emperatriz se detenía para hablar unos segundos con la persona elegida que se henchía como un pavo. Nunca pensé —no tenía razones para hacerlo— que aquella diosa viviente se pararía al pasar frente a mí para decirme en francés:

—*J'ai lu dernièrement votre livre et je souhaite de tout mon cœur que votre pays ne connaisse plus jamais de si terribles évènements.**

Quién iba a decir que poco tiempo después aquella frágil mujer iba

* «He leído recientemente su libro y deseo de todo corazón que su país no conozca nunca más hechos tan terribles.»

a conocer en su propio país una de las más cruentas, salvajes y povorosas revoluciones, de la que se pudo salvar su vida y la de su marido, perdió la de numerosos parientes y amigos que murieron en indignas circusntancias por el solo hecho de conocerla. El abyecto asesinato del primer ministro Hoveyde siguió atormentando sus noches una vez a salvo en París.

La mano que me dio a besar olía a jazmín y me pareció diminuta. No supe hasta años más tarde a qué libro se había referido cuando se detuvo ante mí para hablarme durante el baile de Persépolis. Se trataba de *Furia*, el relato de la muerte de García Lorca que Robert Hossein pretende montar como un espectáculo en el Théâtre Marigny de París.

Despegamos muy temprano de Orly en un vuelo de Air France rumbo a El Cairo. Llovía en París, el día era triste y feo y me alegró pensar que volábamos hacia el sol y el calor. Syliane, que se había visto obligada a hacer los equipajes a toda prisa, estaba preocupada porque creía haberse olvidado de meter en su maleta un vestido negro.

—¿Y para qué quieres un vestido negro en pleno mes de julio?

—Imagínate —me contestó— que se muere el Sha y que tenemos que asistir a sus funerales. ¿Qué me voy a poner si me he olvidado de traer un vestido negro?

—No creo que si se muere el Sha nos inviten a sus funerales y además no estoy muy seguro de que el negro sea el color de luto en Egipto.

Syliane sólo se quedó tranquila cuando le dije que en El Cairo había una calle en la que, como en la rue de la Paix, encontraría todo lo que necesitara.

En el *hall* del Mena House nos encontramos con Peter O'Toole, más descarnado y flaco que nunca, que estaba rodando una película por los alrededores. En recepción me entregaron un mensaje que acababa de llegar en el que se especificaba que la emperatriz de Irán me recibiría en el palacio Kubbah a las seis de la tarde y que un coche vendría a recogerme tres cuartos de hora antes. Teníamos pues el tiempo necesario para darnos un chapuzón en la piscina, almorzar tranquilamente en la terraza del hotel e incluso para dormir una corta siesta.

Tal como lo había imaginado, hacía en El Cairo un calor abominable. Las pirámides, envueltas en una especie de bruma transparente, parecían temblar sobre sus cimientos. Llegado el momento de vestirme dudé entre ponerme o no una corbata pero acabé renunciando a ella pensando que aquella atmósfera tan asfixiante permitía saltarse el protocolo incluso siendo mi entrevistada una majestad imperial. Había quedado con Syliane en que aquel primer día acudiría solo a mi cita de trabajo y que según fuera el ambiente le pediría permiso a la emperatriz para traer conmigo, al día siguiente, a mi mujer, pretextando que colaboraba muy de cerca en mi trabajo.

—Tienes al lado del hotel —le expliqué para consolarla de su decepción— unos mercadillos donde encontrarás unas chilabas mucho más bonitas que aquellas que no pudiste comprar en Marruecos.

El coche vino a buscarme puntualmente a la hora fijada y sentado junto a un chófer de provecta edad, vestido de impecable lino blanco, atravesé una de las ciudades más caóticas y polvorientas del mundo.

Hay pocos egipcios que se parezcan a las esbeltas figuras que aparecen siempre de perfil en los bajorrelieves de los templos y de los monumentos. Visto de frente, el egipcio normal suele ser mofletudo y barrigón. Camina por la ciudad con los pies desnudos, abanicándose sin descanso para espantar las moscas y parándose a menudo para beber minúsculas tazas de té en los tenderetes callejeros protegidos del sol por unas lonas hechas jirones.

Llegados a un barrio curiosamente silencioso, el coche cruzó una verja de hierro forjado y penetró en un parque en cuyo centro se levantaba un suntuoso edificio de mármol blanco.

—*Kubbah's palace, sir* —me anunció el chófer en tono solemne.

Antes de llegar al pie de la escalinata donde montaban guardia dos centinelas con los fusiles apoyados en el suelo, pasamos junto a un árbol alrededor de cuyo enorme tronco daba vueltas sin parar, montada en una moto, una jovencita que llevaba pantalones tejanos y una camiseta blanca.

—*Princess Leila, sir* —me informó el anciano chófer con acento afectuoso, aunque enseguida añadió como quien habla de un enfermo—: *She turns and turns all day long around that tree.**

La noticia me pareció inquietante y me volví para mirar de nuevo

* «Constantemente da vueltas y vueltas alrededor de este árbol.»

a aquella niña que daba vueltas alrededor del árbol —creo que era un magnolio— como si tratara de poner fin a un maleficio. Más tarde me enteré de que la princesa Leila iba cada mañana a limpiar con unos trapos las alas de una avioneta —aparcada por orden del presidente Sadat en un claro del parque por si la familia imperial se veía obligada a salir huyendo— en la que la joven princesa creía que un día volaría hacia su casa de Teherán.

«El palacio Kubbah —escribí aquella noche en mi cuaderno de notas— es una antigua residencia del Rey Faruk de Egipto puesta a la disposición del Sha de Irán y de su familia por el presidente Anuar-al-Sadat. Tiene un vago parecido con el casino de Montecarlo visto por un arquitecto formado en Turquía. El conjunto es frío y vagamente pretencioso como suelen serlo los palacios levantados a la gloria de los grandes de este mundo. El parque que lo rodea es inmenso y con el aire polvoriento y deteriorado común a la mayoría de los jardines orientales.»

La primera vez que la vi —durante las fastuosas fiestas de Persépolis—, Farah era una reina joven y atractiva que jugaba a ser despreocupada de una manera perfecta. Ahora sigue siendo joven —apenas cuarenta y pocos años— pero ya está marcada para siempre por esos sentimientos que degradan implacablemente los rostros: el miedo, la angustia, la incertidumbre. Pero se trata de una degradación tan discreta que se podría decir de Farah que ha envejecido mejor que cualquier otra mujer.

Ha guardado, de cuando estaba permanentemente en una especie de escaparate, el gusto por la perfección en el vestir cotidiano. Va apenas maquillada y no lleva joyas, excepción hecha de un maravilloso rubí en el dedo anular y unos tréboles de oro y brillantes en las orejas. Conserva —me habían impresionado mucho la primera vez que los vi— los pies más bonitos que uno pueda imaginar.

—¿Cómo está el Sha esta mañana, señora? —le pregunto mientras se instala frente a mí en una butaquita tapizada de terciopelo verde.

—Esta mañana —me dice— las noticias son malas.

En realidad hablamos del Rey —ella nunca dice el Sha, o el emperador, siempre el Rey— como si sólo sufriera una enfermedad pasajera. Pero tres semanas más tarde el Sha habrá muerto.

—Señora, ¿cuál ha sido exactamente la cronología de la enfermedad del Sha? ¿Estaba ya muy enfermo en Irán?

—No. En Irán estaba todavía bastante bien. Los primeros síntomas de la enfermedad aparecieron en 1974, pero el Rey no hizo mucho caso. Se encontraba bien y trabajaba sin notar la menor fatiga. Montaba todos los días a caballo, viajaba y hacía la vida de cualquier persona normal. Fue al comenzar nuestro exilio en Marruecos cuando descubrimos por primera vez la existencia de un tumor grave. Se podría pensar que la enfermedad fue reactivada brutalmente por el estado de estrés moral y físico que padecía el Rey desde hacía meses. —Farah guardó un corto silencio antes de añadir—: Es curioso lo que me pasa, ¿sabe? Tengo la impresión de estar viviendo un mal sueño. No exactamente una pesadilla, sino simplemente un mal sueño. Los personajes, hombres o mujeres, que están a la cabeza de un país, raras veces salen vivos de una revolución como la que azota en estos momentos Irán. En general se los ejecuta o se los asesina en las horas que siguen al estallido. Y nosotros todavía estamos vivos, cuando con toda lógica deberíamos estar muertos.

—Me molesta, señora, tener que recordarle tantas cosas desagradables...

—Son recuerdos penosos, es verdad. Pero necesito hablar. Para mí es una especie de terapia, ¿sabe? Es preciso que todo salga... Si no voy a acabar volviéndome loca.

Y seguimos la conversación. Farah va desgranando sus recuerdos entre sorbo y sorbo de unas bebidas heladas que nos ha traído un mayordomo.

—Desde 1978 se notaba cómo en Irán iba aumentando el descontento. No solamente entre los obreros, sino entre aquellos que en Europa ustedes llaman «los cuellos blancos». No se trataba de nada en concreto. Eran quejas por todo y por nada. A menudo con razón, pero muchas veces, sobre todo entre los miembros de la burguesía, por el puro placer de complicarle la vida al Gobierno. Lo que personalmente me preocupaba era el sentimiento de indiferencia general que asolaba al país. Era como si la gente se preguntase para qué servía trabajar, para qué estudiar, para qué preocuparse del destino de Irán.

—¿Cuáles eran las causas de ese descontento, de esa indiferencia?

—Creo que desde el momento en que su majestad puso en marcha la «revolución blanca», todo iba demasiado rápido, demasiado... —Farah sonríe como excusándose y dice—: Perdóneme si le parezco exagerada, pero el país había entrado, *sans crier gare*, en la abundancia. Las fortunas se acumularon. Y eso sucedía en el seno de familias que nunca habían soñado con tanta riqueza. Debo admitir que la discreción dejó de ser una virtud. Para los otros, para los obreros y los campesinos, las cosas cambiaron también demasiado deprisa. Se sintieron de pronto como alejados de sus costumbres, de su manera de vivir tradicional.

—¿Y por qué tantas prisas, señora?

—El Rey sabía que estaba enfermo ya en 1974. Quería reformar a fondo el país para legar a su hijo un Irán sólido y fuerte. —Vacila unos segundos y concluye—: El Rey obró siempre como si fuese a faltarle el tiempo... —Cuando habla del Rey, Farah lo hace siempre en un tono convincente—. Las inquietudes y las angustias del Rey estaban más que justificadas. Todo comenzó a ir de mal en peor sin que se supiera muy bien por qué. Vivimos los últimos meses del reinado sin saber en quién confiar. Amigos que dejaban de serlo sin dar explicaciones, pero también gentes totalmente desconocidas hasta entonces que resultaban ser leales a toda prueba. No era sencillo saber quién era quién en esa atmósfera de incertidumbre. Además, los rumores se hacían cada vez más inquietantes. Las noticias nos llegaban, o bien exageradas, o bien curiosamente neutralizadas. Recibíamos también apoyos incondicionales (por ejemplo de los embajadores de Inglaterra y de Estados Unidos) en los que no sabíamos si podíamos confiar. Una misma persona nos daba a veces consejos contradictorios. En un mismo día, Nelson Rockefeller, amigo personal del Rey, ofrecía la ayuda sin condiciones de Estados Unidos, mientras George Lambrakis, primer secretario de la embajada norteamericana, le informaba a un amigo nuestro que dentro de muy poco habría un nuevo jefe de Estado en Irán.

A medida que va desgranando sus recuerdos la voz de Farah se va alterando. Sus gestos dejan de ser apacibles. Habitada por la cólera, la emperatriz parece rejuvenecer mientras se endurece el contorno de su rostro.

—No se puede esperar que todo el mundo le dé a uno la razón, ¡pero la prensa ha dicho tantas falsedades y tantas estupideces!

—¿Por ejemplo?

—Le podría citar miles. Por ejemplo, que nosotros teníamos encarcelados a más de cien mil presos políticos.

—¿Y no era verdad?

—En absoluto. Era totalmente falso. No se pueden leer, sin sentir asco, semejantes tonterías. Sobre todo cuando no se dispone del derecho de réplica.

—Ahora lo tiene, señora.

—Lo sé y se lo agradezco. A veces pierdo los estribos, ¿sabe? Pero es que no llego a acostumbrarme a la mentira y a la calumnia, incluso sabiendo que siempre ha sido así. Mire, el otro día en el artículo sobre Solzhenitsin de Raymond Aron... —Busca febrilmente entre los papeles dispuestos frente a ella en una mesita—. Aquí está. Hablando de las cárceles zaristas, Solzhenitsin escribe: «Nunca existieron campos de concentración en tiempos de los zares. Incluso la idea era desconocida. En cuanto a prisioneros políticos había muy pocos. Por eso los detenidos políticos, a excepción de los terroristas, eran enviados a un exilio más que confortable, donde además de ser alimentados por el Estado nadie los obligaba a trabajar, lo que facilitaba el poder organizar su huida al extranjero».

—Se trata de un panorama idílico sin ninguna relación con lo que contaba Dostoievski sobre Siberia. ¿Podía ocurrir algo parecido con los prisioneros iraníes?

—Ninguna prisión en el mundo es agradable. —Y añade, irónica—: ¿Supongo que ahora me hará preguntas acerca de la SAVAK?

—En efecto, señora. ¿Qué quiere decir esa palabra exactamente?

—Organización para la Seguridad y la Información del Estado.

—¿Puede ser considerada la SAVAK como algo equivalente a la NKVD soviética?

—Se la puede considerar también equivalente a la CIA, el FBI, el MI5 inglés y el SDECE francés.

—Sí, pero la reputación de la SAVAK es tan siniestra como la de la NKVD.

—Escuche, personalmente considero siniestros todos los servicios secretos y todas las policías políticas del mundo. Pero son servicios necesarios. La prueba es que todos los países, incluso los democráticos, poseen estructuras parecidas.

—¿Es cierto que más de cincuenta mil personas estaban trabajando para la SAVAK en Irán?

—En su libro *Respuesta a la Historia*, el Rey reduce esa cifra a cuatro mil y lo menos que se puede decir es que mi marido era un hombre bien informado.

La ironía es fría, casi agresiva. El tono empleado por Farah Pahlavi quiere quizá decir: «Atención: estamos penetrando en un terreno muy resbaladizo».

—¿Se inspiró el general Bajtiar en la CIA para crear la SAVAK?

—No sabría responderle. Aunque sé que numerosos funcionarios de la SAVAK hicieron cursillos en Langley, Estados Unidos.

—Asociaciones como Amnistía Internacional han hecho graves acusaciones contra la policía secreta iraní. ¿Tiene, señora, motivos suficientes para dudar de esas afirmaciones?

—Yo sólo sé que cuando un terrorista o un incendiario caía en manos de la SAVAK, entidades como Amnistía Internacional se inquietaban por el delincuente, así como la totalidad de la prensa occidental llamada progresista. Pero esas mismas entidades y asociaciones, por no mencionar la prensa, reaccionaron con tibieza cuando se asesinó de una manera atroz al señor Hoveyda, antiguo primer ministro del Rey, o a una mujer, la señora Parse, antigua ministra de Cultura, acusada de algo tan burdo como de haber organizado redes de prostitución en su propio ministerio. Nosotros éramos unos asesinos, pero por lo que veo los seguidores de Jomeini son los defensores de los derechos humanos y los campeones de la libertad. Me parece de una mala fe profundamente chocante... —Me pide con un gesto que le llene de nuevo su vaso vacío y murmura—: Es preciso tener mucha paciencia y esperar a que las cosas se asienten. La gente nos juzgará con más imparcialidad dentro de unos años. Ya hay señales, en la prensa occidental, que revelan un cambio de la opinión pública en nuestro favor. Quienes eran ayer nuestros más feroces adversarios empiezan ya a abrir los ojos.

Farah parece repentinamente fatigada y considero preferible llevarla a recordar momentos más agradables.

—¿No fue en París, señora, donde se encontró con el Rey por primera vez?

Farah asiente con la cabeza. Era el 27 de mayo de 1958 y el Rey estaba de visita privada en la capital francesa. Gérard de Villiers cuenta la anécdota en su libro *L'irresistible ascension de Mohamed Reza, Sha d'Iran.* «El Sha pide que le presenten a los mejores estudiantes iraníes en París. El embajador reúne a una docena de jóvenes. Entre ellos una tal Farah Diba. Delante de su soberano, los estudiantes, intimidados, se quedan mudos cuando el Sha se dirige a ellos. Pero Farah Diba pide la palabra y le dice al emperador: "Majestad, perdóneme por tomarme la libertad de protestar contra la medida recientemente tomada de disminuir las becas de los estudiantes iraníes en el extranjero. Conozco la difícil situación en la que se encuentra actualmente nuestro país, pero ¿cómo quiere Vuestra Majestad que Irán tenga los directivos que necesita si el Estado no nos permite a los estudiantes aprender en las universidades europeas y americanas lo que en las nuestras todavía no se enseña?". El Sha sonríe. El atrevimiento de Farah le ha gustado. Le explica a la joven parte de los problemas existentes y le promete resolver el problema lo mejor posible. Luego sigue conversando con ella sobre temas generales. Cuando el emperador se marcha, Farah queda rodeada por los estudiantes que no se han atrevido a hablar con el Sha. Todo el mundo la felicita. Siete meses después, el 21 de diciembre de 1958, Farah Diba se convertía en la tercera esposa del emperador iraní. Las dos esposas precedentes no habían podido darle lo que la Constitución le exigía al Sha: los hijos que garantizaran la sucesión dinástica.»

Veinte largos años después, el exilio.

—Excepción hecha del presidente Sadat, quien siempre estuvo de nuestra parte —me explica Farah—, el primero en ofrecernos la hospitalidad de su país fue el príncipe Rainiero de Mónaco. Fue una sorpresa pues no éramos lo que se puede considerar como grandes amigos.

—¿Qué otros jefes de Estado les ofrecieron asilo?

—Los rusos, desde luego, y también el presidente Ceaucescu. Pero también hubo jefes de Estado que habrían colocado a la familia imperial iraní frente a sus verdugos. Estoy pensando en...

—Por favor, no cite a nadie. Ellos tendrían sus razones...

—El petróleo... bueno, son razones que yo no quiero conocer. Han sido los más quienes se comportaron con nosotros muy generosamente. El Rey de España no nos pudo ofrecer asilo por razones de seguridad, pero nos mandó un telegrama ofreciéndose a ayudarnos en la medida de sus posibilidades. La Corona inglesa hizo lo mismo. Pero nosotros no hemos querido crear problemas a nuestros amigos.

Me pide un cigarrillo y luego, con una gallardía que me parece un poco artificial, pregunta:

—Pero ¿por qué hablar únicamente de los jefes de Estado? Han sido las gentes sencillas, los desconocidos, quienes se han comportado extraordinariamente con nosotros. Hemos recibido miles de cartas del mundo entero. Unos nos aconsejaban tener fe, otros nos hacían partícipes de su filosofía de la vida, otros nos contaban sus propias experiencias. Tarjetas postales escritas torpemente por niños pequeños, simples regalos de nada... Ha sido maravilloso, verdaderamente maravilloso.

Su mirada se empaña unos segundos.

—Señora, seguro que conoce el proverbio chino que dice: «Cuando un perro se pone a ladrarle a una sombra, diez mil perros la convierten en algo real». Señora, de todo cuanto ha destruido la revolución, ¿qué es lo que le parece más grave?

—La manera en que se ha reducido a la nada todo lo que habíamos hecho en favor de la mujer. ¿Sabe usted que Jomeini ha comparado públicamente los movimientos de liberación de la mujer a la prostitución? El paso atrás ha sido gigantesco. Antes de la «revolución blanca» del Rey, la ley electoral iraní prohibía el voto a los mendigos, a los malhechores salidos de la cárcel, a los enfermos mentales y... a las mujeres. Pues bien, esa mentalidad que consideraba a la mujer al mismo nivel que a los delincuentes, los criminales y los locos es otra vez la de los que ahora pretenden gobernar Irán. Es una actitud completamente contraria a los principios coránicos. En el islam, la mujer tiene más derechos de los que la gente puede imaginarse. Puede administrar su propia riqueza, representar al marido ante la justicia, ejercer la tutela de un hijo abandonado por el padre e incluso, en casos excepcionales, reemplazar a un clérigo.

—¿Estaba la «revolución blanca» inspirada en algún mandato islámico?

—Sí, en la palabra del profeta que recomendaba: «Educad a vuestros hijos según vuestra generación». En Irán ha habido mujeres en los ministerios, secretarias de Estado, diplomáticas. Han accedido a puestos hasta entonces reservados a los hombres: senadoras, alcaldesas, diputadas... todo eso se ha terminado. Incluso el deporte ha sido declarado diabólico. Por otra parte, ¿cómo van a poder llevar el *chador* las mujeres que tengan que conducir un coche, operar a un enfermo o simplemente trabajar en una oficina? Nunca prohibimos el uso del *chador*, como Kemal Ataturk prohibió en Turquía el porte del fez a los hombres, porque habríamos ido contra las convicciones religiosas de las mujeres ya ancianas. Pero lo desaconsejábamos cuando se trataba de ciertas actividades que podían hacer peligrosa su utilización. Los ayatolás quieren que las mujeres lo lleven obligatoriamente. Desde mi punto de vista, tan grave es prohibir como obligar.

Fuera del palacio brilla un sol implacable. Un centinela suda copiosamente al pie de la gran escalera de mármol. Pero, delante de mí, la shabanú tirita como si estuviera muerta de frío.

—¿Sabe?, Irán era un país grande y maravilloso. Y el Rey lo quería aún más grande, más fuerte, más...

—... más independiente. Quizá ahí esté el origen de todos los males.

Farah me mira, estupefacta.

—¿Independiente? ¡Pero si siempre hemos sido independientes! Jamás fuimos colonizados, ¡jamás! Es por eso por lo que los iraníes no han sufrido nunca, de cara a los extranjeros, los complejos que padecen algunos pueblos de África y Asia. Recuerdo que la mujer de un jefe de Estado africano en visita oficial me preguntó: «¿Cuándo celebran ustedes su fiesta de la Independencia?». No sabía, la pobre, que existen países para los que la palabra «independencia» no quiere decir nada.

—Si nos olvidamos de las injerencias angloamericanas, por no hablar de otras, ¿cuáles han sido, a su parecer, los errores cometidos por el régimen del Sha?

—Hemos cometido errores como los cometen todos los regímenes del mundo, ya sean de izquierdas o de derechas. Creo que una de nuestras más grandes equivocaciones fue, en cierto sentido, nuestra modestia. No, no sonría. La monarquía de los Palhavi heredó un país inmenso sumido en las tinieblas de la Edad Media. Los esfuerzos realizados para introducirlo en el mundo moderno han sido enormes. Hicimos mucho, pero cometimos la negligencia de no hacer saber cuáles habían sido esos esfuerzos y mostrar los resultados. Fuimos modestos en el sentido de haber olvidado el impacto de la propaganda. No hemos sabido tener en cuenta el valor positivo de unas buenas relaciones públicas.

Intento continuar interrogándola, pero de pronto me doy cuenta de que la jornada de trabajo ha llegado a su fin.

—Me siento fatigada —suspira Farah—. ¿No le importa volver mañana a la misma hora?

La acompaño hasta la puerta del pequeño ascensor que lleva al primer piso donde se encuentran los aposentos privados de la pareja imperial. Antes de que ella cierre la puerta del ascensor, le pregunto de nuevo por la salud del Sha.

—Está bien, gracias. Verdaderamente bien.

Esta mañana la emperatriz de Irán me ha recibido al pie de la gran escalera de mármol rosa. Damos en silencio unos pasos por el vasto parque más y más quemado por el sol.

—El otro día —me dice— paseaba por aquí con la reina Farida de Egipto, que había sido propietaria de este palacio. Hoy, ella vive en Francia y yo estoy exiliada en esta casa que fue la suya... Condenada a muerte y asediada por los asesinos del ayatolá Jaljali.

Farah se dirige hacia unos butacones de mimbre en los que nos instalamos a cubierto del sol.

—Es una trivialidad decir que la Historia se repite —me dice—. Sin embargo, a veces, no me parece posible negar esa realidad.

Enciende el primer cigarrillo de la mañana y me explica:

—Cuando en 1907 los rusos y los ingleses se repartieron Persia, contaban con la falta de autoridad del Sha Mohamed Alí para poder controlar la situación. Pero el Sha, penúltimo Kadjar reinante, provocó un golpe de Estado el 23 de junio de 1908. Es lo que suele ocurrir con los débiles. Hubo redadas, motines, pillajes e incendios que convulsionaron el país. Rusos e ingleses tuvieron miedo. Querían, como ahora, una Persia debilitada por desórdenes esporádicos, pero no un país en estado de revolución permanente. Hizo falta emplear todos los medios para acabar con los rebeldes. La flota inglesa penetró en el golfo Pérsico y la caballería cosaca llegó hasta Tabriz. También se sublevó Teherán, con lo que Mohamed Alí fue depuesto y reemplazado por su hijo Sultán Ahmed, un niño de doce años. Iba a ser el último Sha de la dinastía Kadjar. Esa situación es bastante parecida a la presente. Reemplace a los rusos y a los ingleses por los americanos y se encontrará, perplejo, de cara con un Jomeini que ya no controla nada. ¿Dónde está el poder islámico fuerte con el que soñaba el señor Brzezinski?

—A propósito de los Kadjar, señora, al Sha Reza Pahlavi se le acusa a menudo de pertenecer a una dinastía de usurpadores y de ser él mismo un...

—¡Eso es ridículo! —me interrumpe Farah con insólita violencia—. Nadie acusa a los Borbones, en España, de ser unos usurpadores porque en un momento dado reemplazaron a los Austrias. Es preciso para comprender las cosas remontarse a los orígenes de Persia. Allí convivieron una serie de dinastías. Casi ninguna provenía de nuestro suelo. Los Palhavi no son los únicos en haber reemplazado a otros en el trono del Pavo Real. En los comienzos de nuestra historia fuimos gobernados por los selyúcidas, arsácidas y sasánidas. Tras éstos, Persia estuvo bajo el poder de los califas turcos, jefes temporales y espirituales del islam. En el siguiente período estuvimos bajo la autoridad de los árabes, que nos dominaron durante seis siglos. A comienzos del siglo XI, los selyúcidas echaron a los árabes y reunificaron el imperio. Nueva invasión: los mongoles de Gengis Khan, que fueron expulsados por los safávidas, sucedidos a su vez por una dinastía afgana. En 1774, Agá Mohamed Khan es coronado como primer Sha de los Kadjar. Se trataba de un eunuco célebre por su crueldad y por sus dotes de administrador. Llegó a reunificar el país con mano de hierro, pero sus sucesores acabaron entregando Persia a los rusos y a los ingleses. A esta dinastía decadente sucederá el primero de los Palhavi, Reza Khan, conocido hoy como Reza el Grande.

El termómetro marca cuarenta y seis grados centígrados. El Cairo está bañado en una bruma color de miel. El Nilo fluye bajo un cielo de un azul intenso, sin una sola nube. La moto de la princesa Faranaz, otra de las hijas de Farah, está apoyada contra la fachada del palacio cubierta por una lona. Por una ventana del primer piso del palacio nos llega el sonido de una música rockera amortiguada por la distancia.

—Mi hija posee todos los viejos discos de Elvis Presley —murmura Farah sonriendo. Esta mañana Farah parece estar de mejor humor. Me entero de que acaba de recibir una carta de su primogénito, el príncipe Alí Reza, que continúa sus estudios militares en

Estados Unidos—. Adora pilotar aviones de caza —dijo Farah con una sombra de preocupación en la mirada.

—¿Piensa, señora, en su hijo como futuro emperador de Irán?

—Creo que un día, cuando las cosas se calmen, cuando el recuerdo del Rey no levante tantas pasiones, los iraníes recordarán que la grandeza de mi país se realizó bajo la monarquía.

Tras unos pasos en silencio le pregunto:

—¿Qué piensa el joven príncipe de todo esto?

—Se extrañará seguramente si le digo que nunca hemos hablado de ello. Para Alí Reza se da por hecho que un día será Rey. Ha sido educado para ello y para nada más. Creo que si nunca habla de ello es porque sería olvidar que hasta ahora su padre no ha abdicado y que sigue siendo el Sha de Irán.

Esta vez Farah ha dicho «el Sha», como si la palabra guardara todavía una fuerza secreta que la hiciera invulnerable ante el destino.

Para evitar la mordedura del sol, Farah camina a grandes pasos hacia la puerta de entrada del palacio. Como se detiene unos instantes a la sombra de un enorme magnolio, le pregunto:

—¿Ha pensado alguna vez en suicidarse?

Sin mirarme, habla en voz baja, como para sí misma:

—Sí, lo he pensado. Pero en abstracto, ¿comprende? Y nunca durante mucho tiempo. Ha ocurrido siempre en estado cercano a la locura, provocado por la fatiga física, el estrés moral. Pero siempre he sabido que no tengo derecho a desaparecer, a abandonar la escena por voluntad propia. Hubiera sido lo fácil, lo que haría cualquier ser débil y sin carácter. Pero yo me debía a los míos, a mis amigos e, incluso, a gentes que yo no conocía pero que creían en mí. A fin de cuentas, ¿sabe?, yo soy alguien muy positivo. No consiste en ser optimista, es algo mucho más serio y más importante. Siempre me digo, aunque las cosas vayan de mal en peor, que todo acabará arreglándose. Incluso teniendo alrededor gente que puede ayudarme, en definitiva siempre se está solo para salir adelante. Es como cuando se hunde uno en el mar y llega al fondo. Hace falta dar una patada contra ese fondo para salir de nuevo a la superficie. Y hay que hacerlo con tu propio pie, no con el de otra persona.

Sorbe un poco de té helado, traído hasta donde estamos por un criado nubio negro como el ébano.

—Pienso con frecuencia —sigue diciendo Farah— que en esta

vida solamente podemos contar con nosotros mismos. Si se cuenta con la fuerza y el coraje de los demás no se es nada. Peor aún, uno se convierte en un inútil y deja de existir. Cuando las cosas iban verdaderamente mal, yo pensaba en la gente que llevaba una vida normal y me sentía muy desgraciada. Yo estaba pagando, de alguna manera, tantos momentos maravillosos, tanta suerte, tanta felicidad. Me decía que, pese a todo, no era tan terrible lo que me estaba pasando. Me habrían podido matar, como ha ocurrido con tantos otros. Pero continuaba estando viva, junto a mi marido y mis hijos. Era un regalo real con el que, créame, yo no contaba. O sea, que no hay que ser ingrato con la vida. Es por todo esto por lo que yo no habría podido suicidarme, porque no soporto la idea de que se hubiese dicho después: «La pobre no ha aguantado el golpe y nos ha fallado». Entremos en la casa, si no le importa.

El palacio se nos aparece color de rosa bajo la luz todavía ruda del crepúsculo. Un centinela, de pie junto a una mata de geranios color de rosa, se pone firme y presenta armas cuando pasa junto a él la emperatriz. Un avión del ejército de las Fuerzas Aéreas egipcias atraviesa el cielo haciendo un ruido de seda desgarrada.

—Ahora ya ni siquiera pienso en suicidarme. Nos ayudamos mucho entre exiliados. Nos llamamos por teléfono, nos escribimos, nos vemos también cuando estamos en la misma ciudad. Nos esforzamos por simular que no ha pasado nada. Pero en realidad toda esta comedia no sirve para mucho. Hemos sufrido heridas que no se curarán jamás. En Nueva York, al ver delante de la clínica donde estaban operando al Rey a todas aquellas gentes que rezaban en voz alta para que muriese, tuve una conmoción tremenda. Una gran fatiga se apoderó de mi cuerpo y de mi alma. Cualquier cosa, buena o mala, me resultaba indiferente. Una amiga me llevó a su médico y tuve que contarle las circunstancias en las que me debatía, el exilio, la enfermedad del Rey, los asesinatos de mis amigos, el permanente peligro en que vivían mis hijos, la ignorancia de lo que iba a ser nuestro futuro inmediato... Cuando terminé de hablar, el doctor dijo: «No se preocupe, lo que tiene usted es una depresión». Me quedé con la boca abierta.

—¿Es usted creyente, señora?

—Sí, lo soy. Felizmente, pues no es nada bueno sentirse solo cuando hay que afrontar problemas como los míos.

—¿Piensa con frecuencia en la muerte?

—No. La última cosa en la que pensaría sería en la muerte.

—Y sin embargo vive bajo una permanente amenaza.

—Es cierto, y somos totalmente conscientes de ello el Rey, mis hijos y yo misma. Pero no pensamos nunca en ello. Creo que era aquel Rey de ustedes, don Alfonso XIII, quien decía cuando le hablaban de los peligros de un atentado: «Son gajes del oficio». Pues bien, nosotros tenemos que acostumbrarnos a vivir como perpetuos condenados a muerte.

—¿Piensa, señora, que algún día podrá llevar una vida normal?

—¿Una vida normal? ¡Pero si jamás la he tenido! Incluso le diré que me resulta dificilísimo imaginar lo que es una vida normal.

—Estaba pensando en una vida sin amenazas de muerte.

—Supongo y espero que con el tiempo las cosas acabarán por calmarse. Pero ni yo ni mis hijos podremos vivir nunca sin servicio permanente de seguridad que nos proteja. Después de todo lo que se ha contado acerca de la fortuna del Rey, no será solamente de nuestros enemigos políticos de quienes habrá que protegernos. ¿Cuánta gente rica está obligada hoy día a vivir rodeada de guardaespaldas?

—Señora, ¿cree de verdad, al ciento por ciento, que el Sha ha sido víctima de una manipulación a escala internacional?

—Digamos que en un ochenta por ciento. Sí, estoy convencida de ello.

—Entonces, la dinastía de los Palhavi ha sido eliminada de su país por extranjeros.

—Absolutamente.

—Señora, ¿cree que si hubiera manipuladores que pretendieran acabar con el trono inglés lo conseguirían?

—No sería fácil, lo admito. Pero todo dependería de los medios con que se contara para la operación.

—En su caso, señora, no han faltado los medios.

—Por supuesto que no.

Farah se inclina hacia mí y me dice bajando la voz:

—¿Sabe usted lo que declaró en su proceso ante un tribunal revolucionario islámico el comandante en jefe del Ejército del Aire iraní? Dijo textualmente: «El general Huyser echó al Rey del país como una rata muerta».

—¿Quién era exactamente el general Huyser, señora?

—El comandante adjunto de la OTAN. Llegó a Teherán a comienzos del mes de enero de 1979, sin pensar en advertir al Rey, lo cual era inhabitual, por no decir descortés.

—¿Un general norteamericano de esa categoría podía llegar a Irán como un simple turista sin que nadie fuese informado?

—Como los militares norteamericanos llegaban directamente a sus bases no tenían necesidad de someterse al control de aduanas o de la policía. El general Huyser podía desplazarse en el país con toda tranquilidad. Pero en esta ocasión su presencia le pareció extraña al Rey. ¿Por qué no se hizo anunciar? ¿Por qué no pidió audiencia como era habitual? El Rey estaba intrigado por el misterio que rodeaba esa visita, casi clandestina. Nosotros supimos que estaba allí por la prensa soviética, que anunció en grandes titulares: «El general Huyser llega a Irán para fomentar un golpe militar». El editorial añadía que «el golpe de Estado no podía estar dirigido más que contra el Sha». La prensa americana reaccionó vivamente ante esa noticia. En París, el *International Herald Tribune* explicaba que los soviéticos actuaban de mala fe y que era preciso reemplazar la palabra «fomentar» por el verbo «impedir». Esa rectificación no tranquilizó a nadie en Teherán. El Rey, pese a las opiniones contrarias de muchos de sus generales, no creía en la posibilidad de un golpe. El Ejército era en su totalidad fiel a la Corona y lo seguiría siendo mientras el régimen respetase la Constitución.

—¿Hizo bien el Rey en abandonar Irán?

—Depende...

—¿Depende de qué, señora?

—De las opiniones.

—¿Cuál es la suya?

—Hay quien piensa que debíamos haber hecho todo lo posible para continuar y quienes creen que si el Rey se hubiese quedado habría enturbiado aún más las cosas. Mi opinión... Mi opinión personal no cambiaría en nada algo que ya pertenece a la Historia.

—No creo, señora, que su opinión carezca de importancia.

—Bien. Le voy a decir, pues, lo que opino yo de este asunto. El Rey podría haber aplicado con todo rigor la ley marcial. Es posible que el orden se hubiese restablecido. Pero ¿cuántas vidas humanas habría costado eso?

—En 1931, el Rey de España, Alfonso XIII, se negó a utilizar la fuerza para imponer orden en la calle y pronunció una frase que se hizo célebre: «No quiero que sea vertida ni una sola gota de sangre española en defensa de mi persona». Y se exilió a Roma. Seis años después, esa mansedumbre real hizo correr en España ríos de sangre.

Farah me mira largo rato antes de responder:

—Los reyes saben muy bien que ningún trono se ha salvado jamás por la fuerza de las bayonetas. El papel de un Rey no es imponer una ideología. Cuando lo hace, rompe una alianza tácita entre él y su pueblo. Iré más lejos. El objetivo de un Rey no es guardar la corona, sino transmitirla. Ése ha sido siempre el deseo de Reza Pahlavi. Durante las últimas semanas de su presencia en Irán, el Rey no hacía más que repetir: «Hay que evitar a todo precio que se derrame sangre».

—¿Cuál fue la postura de los jefes militares?

—Yo no asistía a las reuniones del Rey con los jefes militares. —Rápidamente, antes de que yo pueda hacerle una nueva pregunta, la shabanú encadena—: No se puede juzgar la actitud del Rey sin recordar que durante aquellas semanas trágicas el gobierno cedía por todas partes, incapaz de aguantar el maremoto. El Rey se sentía cada vez más abandonado.

—Podía haber recurrido al Ejército.

—Ya le he dicho que eso significaba sangre, mucha sangre. Entre las fuerzas de las armas y el diálogo con los políticos, el Rey eligió el diálogo.

—Mal le fue.

—No me gustan los juicios de valor, ni los reproches a posteriori. Pero, en efecto, el diálogo no dio demasiado de sí.

—¿Cree, señora, que de haber estado en mejores condiciones de salud el Rey habría actuado de un modo diferente?

Tengo la impresión de que Farah no me ha escuchado. Insisto:

—Las personas que vieron al Sha durante esas semanas terribles han dicho que parecía incapaz de tomar decisiones y que estaba desbordado por los acontecimientos. Parece ser que...

Farah me interrumpe con violencia:

—¡El Rey luchó hasta el último momento! Y lo hizo con las armas que había elegido. Otros, con menos escrúpulos morales, habrían actuado de manera diferente. Pero, repito, ¿de qué sirve juzgar ahora?

—¿Hasta qué punto cree que el Rey estuvo mal aconsejado?

—No solamente estuvo mal aconsejado, sino que se le engañó. Se jugó con él, despreciando su vida. Se le hicieron promesas que nunca fueron cumplidas...

Busca palabras que no encuentra. Intervengo:

—Claramente y sin rodeos: lo torearon.

Farah me mira unos instantes, estupefacta. La emperatriz no tiene costumbre de escuchar este tipo de expresiones. Pero admite:

—No podía expresarlo de mejor modo.

Enciende un nuevo cigarrillo y me habla con pasión:

—Entre 1978 y 1979, los ingleses y los americanos empujaron al Rey a liberalizar el régimen. Esa política entraba desde hacía ya mucho tiempo en los proyectos personales del Rey. Pero era preciso que esa apertura se hiciera simultáneamente con mucha prudencia y tomándose el tiempo necesario. El país estaba en estado de ebullición, amenazado por desórdenes que iban aumentando hora tras hora. En Oriente se toma fácilmente por debilidad lo que en Occidente sería interpretado como una normalización de las relaciones entre el individuo y el Estado. Cuando la URSS, mediante un artículo en *Pravda*, nos hizo saber que «toda intervención en los asuntos interiores de Irán sería considerada como un atentado contra su propia seguridad», nosotros esperábamos una reacción de Estados Unidos que clarificase su posición. Esa respuesta llegó el 7 de diciembre en una declaración oficial en la que el Gobierno americano afirmaba que Estados Unidos no intervendría de ninguna manera en los asuntos de Irán. Al mismo tiempo, el embajador norteamericano en Teherán, como ya lo había hecho el inglés, le decía al Rey cada vez que lo visitaba: «Esté tranquilo, Majestad, nosotros le apoyamos».

Me levanto para despedirme hasta el día siguiente. La tarde se ha llevado los últimos rayos de sol y la atmósfera se ha hecho respirable.

—Si se encuentra usted con algún iraní, diga que rezo por ellos. Por todos ellos.

Las palabras quedan en el aire. Como un perfume. El perfume del islam. El verdadero.

Anoche, al llegar a Mena House, donde nos hospedamos, a dos pasos de las Pirámides, me encontré con un gran sobre a mi nombre y una breve carta de la emperatriz en la que me decía: «Aquí le mando las fotocopias de una serie de documentos. Léalos con atención porque en ellos hallará las pruebas de que lo que está ocurriendo en mi país no es una mera revolución de los iraníes».

Me he pasado, pues, gran parte de la noche revisando los documentos en cuestión que me han recordado aquellas novelas de espionaje que hicieron la fortuna de John Le Carré. Los documentos afirman que la Muslim Brotherhood (Asociación de los Hermanos Musulmanes), que controla todos los actos de Jomeini y de su Consejo de la Revolución, es pura y simplemente un instrumento de acción en manos de los servicios secretos ingleses, americanos e israelíes. Queda también claramente explicado que desde el derrocamiento del Sha y la toma del poder por Jomeini, el gobierno iraní está manipulado por un grupo de hombres que controlan enteramente a la Muslim Brotherhood y que los verdaderos amos de Irán son los ingleses, representados por lord Caradon, sir John Bagott (el célebre Glubb Pachá, que fue comandante en jefe de la Legión Árabe al servicio de los reyes hachemitas), sir Harold Beeley, el archiduque Otto de Habsburgo, el alemán Franz Joseph Strauss y la Unión Pan Europea.

Otro fajo de documentos —siempre impresos en papel verde claro— aporta detalles verdaderamente inquietantes sobre: *a*), la estrategia internacional respecto a Irán, el juego angloamericano que determinó la ocupación de la embajada estadounidense en Teherán y una visión general de las actividades de la red norteamericana de los llamados *Iran Experts*; *b*), la composición de la red de agentes internacionales al servicio de Bani Sadr, especialmente en Francia; *c*), la trama de las relaciones secretas Irán-EE.UU., que demuestra cómo el presidente Carter apoyó desde un principio a los servicios de inteligencia jomeinistas y también cómo la SAVAK se ha integrado totalmente en el Gobierno Jomeini-Chamram-Bani Sadr.

Según estos documentos explosivos —reunidos bajo el título de *Special Report* y firmados por Robert Dreyfus— la estrategia de Londres consiste en frenar las actividades del sistema monetario europeo. «No se puede concebir —dice uno de los documentos— el motivo por el cual Gran Bretaña y Estados Unidos destruyen la nación iraní, primero sosteniendo el movimiento fundamentalista de Jomeini y luego provocando la crisis del 4 de noviembre, sin conocer el papel crucial del Irán de los Palhavi en el contexto internacional. El éxito de los estrategas anglonorteamericanos se debe en gran parte a la abismal ignorancia por parte de las élites iraníes de las realidades políticas y financieras del mundo durante los últimos veinticinco años.»

El número del 19 de noviembre de *Business Week* define la situación que indujo a los angloamericanos a ordenar la ocupación de la embajada en Teherán en un artículo titulado «The Petrocrash of the 80's», donde se dice: «Podría ocurrir que un sistema bancario árabe, que canalizara los petrodólares a través del sistema monetario europeo, reemplazara el actual sistema monetario europeo dominado por los bancos americanos y por el Fondo Monetario Internacional. Existe otra posibilidad que muchos se niegan todavía a admitir: una guerra abierta en la que el Oeste industrial, o Estados Unidos solo, dejen de negociar con la OPEP y decidan invadir las zonas petrolíferas del golfo Pérsico. A medida que la OPEP acorrala al Oeste hacia los límites de su supervivencia económica, la opción de la respuesta militar parece cada vez más razonable».

El artículo manifiesta el temor angloamericano de que un nexo entre el Sistema Monetario Europeo y la OPEP pudiera reemplazar el sistema bancario de Estados Unidos y el mercado centrado en Londres por un nuevo sistema monetario basado en París y en Bonn. La pena con que se castigaría esa alianza sería la invasión militar. Es decir, en Irán, los angloamericanos están decididos a arriesgarse a una tercera guerra mundial para no perder el control financiero del petróleo.

En cuatro hojas más de papel verde se explica detalladamente que el asalto a la embajada norteamericana en Teherán por la policía secreta de Jomeini —y no por los estudiantes como generalmente se cree— fue el resultado de una decisión tomada en los despachos del secretario de Estado Cyrus Vance y del señor Brzezinski.

La shabanú me recibe esta mañana en un saloncito del entresuelo del palacio Kubbah. Enciende el primer cigarrillo de la veintena que fumará durante el día. Un viejo *maître-d'hotel* de tez oscura nos sirve refrescos de mango y té de menta. En cuanto nos quedamos solos, Farah Palhavi me pregunta por lo que pienso de los documentos que me fueron confiados la noche anterior.

—No se equivocaba, señora, al suponer la existencia de una manipulación ajena a los iraníes. Queda claro que la captura de los rehenes americanos en Teherán fue el resultado de un plan concebido en Belgrado, en septiembre del 79, durante la reunión del Fondo Monetario Internacional.

—Sí, fue exactamente durante ese *meeting* cuando tuvo lugar un enfrentamiento muy violento entre los angloamericanos y el bloque constituido por Francia, Alemania Occidental y sus aliados árabes no alineados. Fue también entonces cuando se dio la luz verde para que se realizara la operación rehenes de Teherán. Pero eso solo hay que considerarlo como un incidente. A mí, lo que personalmente me interesó muchísimo fueron los aspectos económicos que ha provocado la crisis mortal que asola a mi país. Resulta cómico pensar que cualquier lector de la prensa americana podría haber profetizado lo que iba a ocurrir en Irán. Bastaba estar abonado a cierta prensa especializada en asuntos financieros para sacar conclusiones. Eso estaba al alcance de cualquier lector medianamente inteligente. *Business Week*, por ejemplo, publicó el «Proyecto 1980» (obra conjunta de los señores Cyrus Vance, Brzezinski, Harold Brown y Richard Falk), donde se propone abiertamente «la desintegración controlada» de la economía mundial. Es decir, el establecimiento de una serie de bloques regionales: la zona del dólar, la del franco, la del yen, etcétera. Zonas todas ellas bajo el control del FMI, que conservaría una autoridad supranacional sobre el otorgamiento de créditos. El dólar abandonaría su papel central en las finanzas mundiales, cuya reserva serían los *Special Drawing Rights* del FMI. El bloque angloamericano estudiaba esta estrategia desde la crisis de 1960 y la ruptura del sistema de Bretton Woods, en 1971. Pero no todo ocurrió tal y como lo deseaban los angloamericanos. Esta última crisis determinó la bancarrota pública del sistema monetario de la posguerra y el comienzo de una política angloamericana de austeridad y de depresión mundial. Los puntos básicos de esa política eran las finanzas y el petróleo. Por tanto, debían crearse dos autoridades supranacionales que controlaran las transacciones financieras (el FMI) y las de energía (la International Energy Agency). Funcionarían de este modo: una brusca reducción del petróleo debido a la interrupción del suministro de Oriente Medio impondría una transformación radical del nivel de vida en Estados Unidos y también en el mundo entero, lo que significaba un régimen de austeridad a escala universal. Usted se preguntará: ¿cuál era el papel asignado a Irán en esta vasta estrategia planetaria? —La shabanú saca de una carpeta de piel roja una serie de hojas sueltas anotadas de su propia mano—. Para comprender lo que ha ocurrido en Irán es necesario leer con atención lo que escribe Robert Dreyfus con relación a este tema. Queda absolutamente claro que los autores del plan de desestabilización de Irán se proponían desencadenar: *a*) la escasez mundial de petróleo; *b*) un dramático aumento de los precios de la OPEP de treinta o cuarenta dólares por barril mediante presiones de la Mobil Oil, la Shell, BP y otras empresas de la misma importancia; *c*) una demostración militar ante la URSS; *d*) la extensión a todo el Tercer Mundo de una política antiindustrial de tipo genocida, como la de Pol Pot en Camboya, proyecto aceptado por el propio Bani Sadr. —La shabanú ordenó los papeles que había sacado de la carpeta y los fue consultando uno a uno—. Ya a mediados de octubre el Departamento de Estado creo una Task Force destinada a preparar a los americanos para una reducción brusca del suministro de petróleo. La crisis de Irán sería utilizada para justificar el colapso industrial norteamericano provocado por la reducción de los créditos. El precio del petróleo empezó a subir al día siguiente de la ocupación de la embajada en Teherán. Era el precio necesario para justificar, a juicio de los americanos, la inversión de otros proyectos como la gasificación del carbón, la energía solar, etcétera. Como se habrá dado cuenta, los puntos *a* y *b* destacan una estrategia de guerra del petróleo contra Europa y Japón. Los angloamericanos habían previsto un Mercado Común norteamericano que incluía a Inglaterra, Canadá, Estados Unidos, México y Venezuela. Esta entidad, con carácter de autosuficiencia, prevalecería sobre Francia, Alemania y Japón, totalmente dependientes del golfo Pérsico. Y la eliminación de Irán aumentaría esa ventaja relativa.

—¿El Gobierno iraní, o mejor dicho el Sha, nunca tuvo conocimiento de lo que se tramaba contra su país?

—Sabíamos, pero eran cosas de las que casi nos enterábamos por los periódicos, que hombres como Brzezinski y Cyrus Vance creían cada vez más en la implantación de un poder islámico fuerte que sirviera de barrera a las ambiciones expansionistas de la Unión Soviética en el golfo Pérsico. Parecían olvidar que ése era precisamente el papel que jugó el Sha durante años y que lo jugó bien.

—Quizá demasiado bien.

—Quizá. Lo que no sabíamos, aunque nos lo imaginábamos, era que las cartas con las que nos invitaban a jugar estaban marcadas desde hacía ya mucho tiempo. Lo que se deseaba no era nuestra colaboración en ese polvorín que ha sido siempre el Oriente Medio, sino la destrucción de Irán por los motivos de los que acabamos de hablar. Pero para destruir Irán era necesario ante todo deshacerse de la dinastía de los Palhavi, esa dinastía de hombres fuertes que habían arrancado al país de la oscuridad de la Edad Media, convirtiéndolo en una nación poderosa, económicamente independiente y, por tanto, cada vez más difícil de manipular. La campaña antisha, orquestada por la BBC de Londres, desencadenó el principio del fin. Esta campaña empezó inmediatamente después de que el Rey anunciara su intención de reintegrar al patrimonio nacional iraní catorce de las compañías petroleras dominadas por la British Petroleum bajo el nombre de Consortium. La BBC alentó día tras día la huelga de los obreros del petróleo que amenazaba con poner de rodillas al país, tratando así de imponer al Rey la renovación del tratado con dicho Consortium que, naturalmente, sólo beneficiaba a los ingleses. Pero no todo ha ocurrido según los deseos de los angloamericanos. El Conejo de Seguridad, con sede en Washington, ha puesto en órbita, con la colaboración de Jomeini, un paniranismo violentamente shií, perfectamente capaz de desintegrar la nación iraní, convirtiéndola en una serie de pequeños estados de carácter puramente tribal. Hasta aquí todo funcionó según los planes previstos. Pero Jomeini se les ha ido de las manos y está animando a las minorías shiíes de Irak, del Líbano, de Arabia Saudí y de los Emiratos del golfo a sublevarse contra sus regímenes respectivos. Cuando Estados Unidos, Inglaterra y la OTAN se esfuerzan por reunir su poderío y establecer sólidamente una Organización del Tratado de Oriente Medio (OTOM), lo hacen contando con las influencias de la Muslim Brotherhood en esas regiones. Pero los Hermanos Musulmanes se independizan cada vez más y, actuando por su propia cuenta, anuncian su intención de acabar con los regímenes sirio e iraquí, así como con la monarquía saudí. Por extraño que parezca, los angloamericanos dejan hacer, aunque ya no sean capaces de disimular su inquietud.

—Todo eso suena a una planificación fríamente calculada de destrucción del golfo Pérsico.

—También pudiera ser que estuvieran planificando con la misma frialdad la destrucción del mundo. Porque según fuentes de la inteligencia americana, Estados Unidos y la URSS se lanzaron, a partir de la crisis del 4 de septiembre, a una demostración de la fuerza nuclear mucho más peligrosa que la crisis de los misiles de Cuba.

La memoria de esta mujer es prodigiosa. Apenas si consulta sus papeles para confirmar la exactitud de una fecha.

—Es importante —sigue diciendo Farah— destacar que la URSS no parece desear en Irán una revolución de tipo comunista. Su política, por el contrario, consiste en apoyar una revolución de las clases medias, en estrecha colaboración con los servicios secretos franceses y apoyándose en el ex primer ministro Chapur Bajtiar. Por esto, creían los americanos, la toma de la embajada en Teherán debía fortalecer a Jomeini contra una creciente oposición doméstica inspirada por la URSS, los franceses y los árabes. Pero cinco días después de la toma de la embajada salieron a la luz dos proyectos, sostenido cada uno por una facción distinta de la élite angloamericana. El primer proyecto, llamado el de «los realistas», consistía en favorecer un entendimiento entre la OLP y el Consejo de la Revolución, facilitando la penetración de la OTAN en Oriente Próximo. La mayoría de los americanos siguen apoyando ese proyecto. El segundo, el de la facción llamada *the kooks*, se proponía provocar una crisis mundial en la cual se enfrentasen en el golfo Pérsico la URSS y Estados Unidos. A este proyecto se asociaron Bani Sadr, Henry Kissinger y el general Alexander Haig. —En un cenicero delante de la shabanú las colillas se van amontonando—. Diversas declaraciones de Bani Sadr al *New York Times*, a *Le Monde* y al *Nouvel Observateur* recalcan su intención de lograr en Irán una «kampucheanización» por la persuasión, para no tener que emplear la fuerza. La vinculación de Bani Sadr con ciertos círculos franceses que apoyaron el genocidio de Kampuchea está demostrada. Estos círculos proceden de los departamentos de Antropología, Sociología y Agronomía de la Sorbona, l'École Pratique des Hautes Études y el Centre National des Recherches Scientifiques, así como también de la Bertrand Russell Peace Foundation y del Tavistock Institute. La propuesta de estos círculos para resolver los problemas del mundo es muy sencilla: la desindustrialización del planeta y el logro del crecimiento cero de su población. Entre las personalidades francesas que apoyan esta tendencia se citan los nombres de Michel Foucault, del periodista Jean-Pierre Vigier y del asesor en materia agrícola de Jomeini, André Dumont, notorio ecologista que fue candidato a las elecciones presidenciales ganadas por Georges Pompidou. Cuando Dumont fue elegido asesor de Jomeini, Bani Sadr declaró al periódico francés *Libération* que deseaba instaurar en Irán «un sistema económico islámico» centrado en la sovietización de los medios de producción, con la creación de consejos, al estilo maoísta, en las fábricas, la reducción sistemática de las importaciones y la limitación radical de la producción petrolífera. Días más tarde declaró a otro periódico, *Le Matin*, que se proponía crear en Irán un «anarquismo coránico», lo que significaba un programa de desurbanización y de desindustrialización a ultranza —la shabanú, tras encender un cigarrillo más, saca sus propias conclusiones—. Pienso que todo esto son quimeras y que mientras Jomeini esté en el poder nadie puede pretender saber *de quoi demain sera fait*. El ayatolá, sin ninguna preparación política para ejercer un liderazgo y con muy escasos conocimientos geográficos, no escuchaba a nadie y menos aún a aquellos que pensaban controlarlo por haberle facilitado la toma del poder. Mientras que los angloamericanos tratan por todos los medios de consolidar una nueva Organización del Tratado de Oriente Medio, Jomeini desbarata todos los planes del Pentágono proclamando que «Irán no podrá tolerar durante mucho tiempo más la presencia en el golfo de emires y reyezuelos». Y para que las cosas queden claras, anuncia su intención de instalar en esos países «un islamismo de estilo iraní». Para no ser menos que su amo, Abou Sharif, jefe de la Guardia Revolucionaria Islámica, declara que sus tropas no conocerán el descanso hasta que no hayan «liberado» Palestina, Líbano, Afganistán, Eritrea, Irak y ¡las Filipinas! Estas amenazas, que podrían parecer cómicas, han sido tomadas muy en serio por los interesados. Arabia Saudí e Irak han firmado un acuerdo de defensa mutua con Francia. Me parece inútil señalar que Washington ha hecho conocer de inmediato que consideraba el pacto como un desafío encubierto a los planes intervencionistas de la OTAN.

—Después de todo lo que me acaba de decir, no creo, señora, que les tenga una gran simpatía a sus antiguos aliados.

La shabanú, sin que la menor sonrisa se dibuje en sus labios, me dice:

—Usted conoce, naturalmente, la célebre frase del doctor Kissinger: «Es peligroso ser el enemigo de Estados Unidos. Pero resulta más peligroso aún ser su amigo».

La shabanú me recibe por última vez en un pequeño salón del palacio Kubbah con las paredes recubiertas de doradas reproducciones de la media luna del islam. Farah lleva un vestido malva salido de los talleres de Hubert de Givenchy. Luce cuatro o cinco anillos muy finos surcados de diamantes en el dedo anular. Se sienta junto a mí en un vasto sofá del más puro estilo árabe. El viejo servidor nubio nos sirve un café turco muy azucarado y el consabido té de menta.

—Tengo el sentimiento —dice la shabanú entrando directamente en el único tema que le interesa— de haber participado en un juego del que no he acabado de comprender las reglas. Y, en una situación como la nuestra, uno tiende a apiadarse de sí mismo: «Ay, si hubiéramos hecho tal cosa; ay, si hubiéramos hecho tal otra». También se interroga uno con bastante frecuencia: «¿Qué deberíamos haber hecho en lugar de lo que hicimos?». Pero, en último término, me doy cuenta claramente de que hemos sido utilizados. ¿Con qué fines? A la vista está.

—¿Cuál ha sido en su opinión el papel de los medios de comunicación europeos y americanos en este asunto?

—A mi parecer, ha sido capital. La campaña antisha se remonta a 1958 y da la impresión de que un único cerebro centralizaba todas las operaciones. Es curioso que la mayor parte de los periodistas haya visto siempre las cosas bajo una misma óptica. Estallaba una revuelta y había una decena de muertos: la prensa anunciaba una terrible represión a cargo de la policía del Sha «que ha producido centenares de muertos entre la población inocente». En 1973, cuando el Rey quiso que el petróleo iraní fuera pagado a su justo precio, la prensa mundial se desencadenó contra él. En Europa, la subida de los precios y el paro fueron achacados al Sha de Irán. Se olvidaba, en París, Roma y

Londres, que cuando el precio del petróleo aumenta, el fisco de cada país y los estados revendedores hacen un negocio formidable.

—Lo mismo que las grandes compañías petroleras.

—Exacto. La prensa pecaba por omisión cuando trataba el tema de la monarquía iraní. Cuando fuimos el Rey y yo a Estados Unidos en 1977, pasamos una noche en Williamsburg donde centenares de estudiantes iraníes vinieron a recibirnos entre vítores y aplausos. Separados de la masa, un par de docenas de individuos enmascarados gritaban eslóganes hostiles al Rey enarbolando banderas rojas con la hoz y el martillo. La prensa sólo habló de estos contestatarios. Los otros, los que nos habían recibido con una ovación, no existieron nunca en las páginas de los periódicos.

—Se ha hablado mucho más tarde de la acción revolucionaria de los estudiantes. ¿Y la SAVAK? ¿Qué hacía la SAVAK?

—¿La SAVAK? Sólo le haré observar que la televisión iraní, repleta de comunistas, pudo siempre mostrar las manifestaciones antisha que se desarrollaron durante semanas en Teherán. La radio hablaba con la misma libertad en los meses previos a nuestra salida del país. Los periodistas atacaban abiertamente al Rey sin ser molestados en lo más mínimo. Así que me pregunto: ¿para quién estaba trabajando la SAVAK? Para el Rey no, por supuesto. Ahora la SAVAK era más eficiente que nunca bajo las órdenes de Jomeini.

Mientras la shabanú llena de nuevo nuestras tazas de té, le pregunto:

—¿Está segura, señora, de que Irán va a seguir existiendo?

—¿Por qué me pregunta usted eso?

—El otro día hablamos, señora, del informe Dreyfus. En sus páginas se explica que el régimen de Jomeini, en estrecha colaboración con el Consejo de Seguridad de Washington, ha puesto en marcha un paniranismo violentamente shií y perfectamente capaz de desintegrar Irán en una multitud de miniestados de carácter estrictamente tribal.

—¡Eso es contra lo que la dinastía de los Palhavi ha luchado durante toda su existencia!

—Pero las cosas van más lejos todavía al envalentonar Jomeini a las minorías shiíes de Irak, Líbano, Arabia Saudí y los Emiratos Árabes Unidos. Cuando Estados Unidos, Gran Bretaña y la OTAN se esfuerzan en establecer sólidamente una Organización del Tratado del Oriente Medio, tienen muy en cuenta la potencia de la Muslim Brotherhood en esa zona. Y esa «solidaridad islámica» ha anunciado ya su intención de acabar, por todos los medios, con los regímenes sirio o iraquí, así como de adueñarse por la fuerza de Arabia Saudí.

—Es la planificación fríamente calculada de un caos total en el golfo Pérsico —dice Farah. Y al cabo de un momento añade—: Como ya le he dicho, es la planificación de la destrucción del mundo que conocemos.

Volvamos la vista atrás para comprender mejor aún a esta extraordinaria mujer que acompañó al «Rey de Reyes» hasta el umbral de la muerte. ¿De dónde salía? ¿Quién era aquella mademoiselle Diba? Muchos eran los que se lo preguntaban en el entorno del trono del Pavo Real. Antes de desposarla, el Sha le encarga al general Ardechir Zahedi una investigación a fondo acerca de aquella muchachita que tuvo el talento de sorprenderlo.

El general pone manos a la obra y se entera de que Farah Diba, de veintiún años, pertenece a una vieja familia iraní originaria del Azerbaiyán y que pasa cada verano con su tío el gobernador general Solfaar. Se murmura también que Farah podría descender de los Kadjar, puesto que su padre se decía el hermanastro del doctor Mosaddeq, quien lo era a su vez de un príncipe Kadjar. Pero se demostró que ese rumor era falso. El padre de Farah Diba era demasiado joven para ser el hermanastro del turbulento doctor.

Mademoiselle Diba nació el 15 de octubre de 1938 en Rumanía donde su padre, un diplomático de carrera, estaba destinado. A los dieciséis años entró en el instituto Razi, tras haber hecho sus estudios primarios en el College Jeanne d'Arc. Sus estudios secundarios terminan en 1957. Entonces su tío le aconseja que pida una beca para estudiar en Europa. La cuantía de la beca es de poca importancia ya que la familia Diba es lo suficientemente acomodada como para no preocuparse de semejantes menudencias. Farah se inscribe en septiembre de 1957 en la Escuela de Arquitectura del boulevard Raspail, en París.

El general Zahedi se entera también de que la futura emperatriz mide 1,74, tiene una cintura de 59 centímetros y una medida torácica de 88 centímetros. El general intenta saber si, en ella o en su familia, existe alguna tara congénita que la impidiera ser madre. El espectro de Soraya y su repudio ensombrecen todavía la corte imperial. Uno de los médicos encargados de la encuesta oficial desaconseja al Sha desposar a la joven: una de sus bisabuelas era estéril. Pero Zahedi informa al Sha que la bisabuela de Farah quedó estéril de resultas de un accidente.

El 10 de noviembre de 1958, Farah Diba aparece en un palco de la Ópera de París con una magnífica capa de visón blanco, regalo de su prometido. El sábado 21 de noviembre Farah desciende del avión en el aeropuerto de Teherán: la esperan sus tíos y tías, junto a numerosos miembros de la familia imperial. El Sha, por exigencias del protocolo, no estaba presente.

—Después de ese cuento de hadas, señora, ¿se esperaba ese huracán de odio en su país?

—No, aunque pienso que eso era un error por mi parte. El odio no es más que el resultado de una sabia manipulación de las masas. Y eso ocurrió en Irán en nuestras mismísimas narices. El hecho no es nuevo. Ya en la crisis provocada por Mosaddeq, las gentes gritaban por las calles «¡Muera el Sha!». Tres días después gritaban «¡Viva el Sha!». Ahora sabemos lo que valen las injurias y los vivas. Todo es cuestión de propaganda. Nuestros enemigos, he de decirlo, eran muy inteligentes.

—¿Se sintió verdaderamente abandonada durante sus últimas semanas en Teherán?

—No, jamás. Incluso durante las últimas horas que pasamos en tierra iraní recibimos toda clase de muestras de profunda fidelidad.

—He visto fotos en las que los generales besaban, llorando, las manos del Sha.

—Sí, y entre ellos hubo algunos que fueron ejecutados por haber tenido ese gesto.

—Luego vino el largo exilio. La etapa del Caribe fue especialmente penosa según he oído decir.

—Es cierto. Fue allí donde nos dimos cuenta por primera vez de la amplitud de la represión decretada por Jomeini. El Gobierno de Panamá había puesto como condición para recibirnos que no hiciéramos el menor comentario sobre lo que estaba ocurriendo en Irán. Esa promesa era, para nosotros, bastante difícil de cumplir, puesto que día tras día íbamos conociendo los nombres de las víctimas entre las que se encontraban amigos muy queridos, parientes y personas que nos habían sido fieles en circunstancias muy difíciles. Mucha gente se extrañó entonces de nuestro silencio, sin saber que era un silencio impuesto por razones políticas. Teníamos las manos atadas y nos cuidábamos mucho de provocar cualquier tipo de incidente. Para el Rey fue un choque terrible enterarse de las ejecuciones masivas en las cárceles, el asesinato de muchos de sus ministros, generales y funcionarios de la corte. El primer ejecutado del que tuvimos noticia fue el anciano general Pakravan, acusado de haber dirigido la SAVAK ¡quince años antes! Pakravan era un viejecito de una entereza moral a toda prueba y que había intervenido incansablemente ante el Rey para obtener la gracia de los presos políticos y sobre todo de los mulás, puesto que era una persona de gran fe religiosa. —Tengo la impresión de que la voz de Farah se ha puesto a temblar ligeramente—. Lo de Panamá fue terrible porque nos sentimos totalmente incapaces de hacer cualquier cosa en favor de los que se habían quedado en Irán. No solamente nos sentíamos encerrados físicamente en aquella isla de Contadora que la propaganda turística califica de paradisíaca, sino también moralmente humillados al no poder gritar con todas nuestras fuerzas y hacernos oír por el mundo entero. Entonces comencé a odiar el mar, el cielo, el sol, las playas de arena blanca y hasta los inocentes turistas que venían a observarnos de lejos y que a veces nos saludaban con la mano. —Farah entrelaza sus dedos alrededor de una rodilla y murmura—: He aprendido mucho sobre la humanidad en estos últimos tiempos.

—¿Piensa todavía, señora, que Estados Unidos había pensado en entregarlos a las nuevas autoridades iraníes?

—Escuche… muchas cosas raras ocurrieron durante aquellos días horribles. Oficiales americanos, cuyos nombres han sido publicados por la prensa, vinieron a Contadora desde Washington para pedir, y en qué tono, que nos quedásemos en Panamá, rehusando la generosa hospitalidad del presidente Sadat. Cuando yo les hablé de una posible extradición del Rey, se rieron en mis propias narices. Su insistencia en que no viajáramos a Egipto me pareció de lo más sospechoso. Cuando comprendieron que estábamos firmemente decididos a marcharnos, llegaron a amenazarnos. Ya conoce usted todo lo que ocurrió después.

La emperatriz se ha puesto en pie. En el parque vecino están sus hijos jugando. Gritos infantiles, risas, el rugido de una moto por entre los magnolios.

Farah me dice, sonriendo tristemente:

—Voy a echar de menos nuestras charlas.

No lo tomo como una simple amabilidad. La conozco ahora lo suficiente para saber que no miente. Sabe que yo no soy uno de sus enemigos, ni un periodista con ideas preconcebidas. Tampoco soy uno de los que siguen mansamente al rebaño manipulado desde las altas esferas de un mundo occidental en plena confusión. Ella sabe ahora que yo soy simplemente alguien que intenta comprender.

1980

Fue durante un almuerzo en mi casa de Madrid cuando Paco Fernández Ordóñez me preguntó si conocía personalmente a Felipe González. Le contesté que no.

—Pues deberías. Es un hombre muy interesante. Invítale a almorzar. A ser posible con poca gente, para que pueda hablar.

No entraba en mis costumbres invitar a comer en mi casa a personas a las que apenas conocía de vista. Pero Paco insistió tanto que al día siguiente llamé por teléfono a Alfonso Palomares, un gran amigo de Felipe González, y le dije que tenía gran interés en conocer al secretario general del Partido Socialista Obrero Español. Le di a entender que quizá le podría hacer una entrevista para *Paris-Match* y también para Springer Verlag de Hamburgo, la empresa alemana para la que yo trabajaba.

—¿Podrías organizar con él un almuerzo en mi casa? —sugerí.

Cinco o seis días más tarde Alfonso me llamó para decirme que el martes de la semana entrante estaría en mi casa a las dos y media de la tarde con Felipe González y una invitada.

—Avisa al portero —me aconsejó Syliane— porque con la pinta que tiene tu amigo Isidoro a lo mejor no le deja subir.

Antonio, el portero de Castellana 70, era un fascistón con el que alguno de mis invitados ya había tenido problemas. A Santiago Carrillo, el primer día que vino a casa, el portero quiso hacerle subir por la escalera de servicio. Santiago ni se enteró porque la mujer del portero, más civilizada que su marido, intervino a tiempo.

Felipe González llegó a mi casa a la hora convenida con Alfonso Palomares y Helga Soto, una alemana a la que se veía a menudo en el entorno del secretario general. Era una mujer de aspecto indefinido, poco habladora, pero que sabía escuchar y que parecía estar siempre tomando notas mentalmente.

Felipe nada más entrar en la casa me dio un abrazo diciendo:

—¡No sabes las ganas que tenía de conocerte!

Si mentía, lo hacía bien. Luego miró a Syliane unos segundos en silencio y murmuró:

—Los fotógrafos no te rinden toda la justicia que debieran.

Con dos frases aquel individuo se había hecho con los dueños de la casa. Felipe llevaba todavía la melena larga y vestía como si tuviera diez años menos de la edad que aparentaba, pantalones de pana clara, cazadora de simil ante y botas de media caña.

Enseguida se puso a hablar de París y de la suerte que yo había tenido por haber vivido allí los años de mi exilio. Había leído —me dijo— algunos libros míos. No especificó cuáles pero supe que no mentia porque citó algunas frases que por lo visto le habían impactado. Felipe —se ha dicho ya infinidad de veces— es un encantador de serpientes, pero me gustó de él que supiera preguntar como si de la respuesta que le dieran dependiera su tranquilidad. Su sonrisa era sincera y su mirada, persistente. Daba la impresión de ser alguien al que uno conociera de toda la vida.

Como de vez en cuando, para dejar las cosas claras, yo me dirigía a Syliane en francés, Felipe me preguntó:

—¿Cuántas lenguas hablas?

—Cuatro. Español, francés, italiano e inglés. Y a veces, de madrugada, cuando estoy muy borracho también hablo en ruso.

—Harías un buen embajador —comentó Felipe.

Es posible que esta frase, repetida por alguno de los comensales, diera pábulo al rumor de que cuando los socialistas llegaran al poder me nombrarían embajador de España en París. Pero nadie se interesó por saber si yo habría aceptado.

Felipe comía parcamente y bebía poco. Entre plato y plato me preguntó si conocía a Mitterrand. Al contestarle que sí se sorprendió de que aquel hombre supuestamente mejor informado que nadie, creyera que en España los comunistas tenían en la oposición mucho más peso que los socialistas.

—Ese tremendo error, ¿no te parece curioso?

—Yo, con Mitterrand, sólo he hablado de literatura —le contesté—. Pero supongo que si cree eso que dices será porque en Francia todo el mundo sabe quién es Carrillo y que de vosotros, los socialistas, nadie ha oído nunca decir nada.

—Hombre, me parece que en Suresnes hemos dejado las cosas claras, ¿o no?

—Desde luego, pero quizá no le hayáis dado suficiente publicidad al cambio.

Acabados los postres nos levantamos de la mesa para ir a tomar el café en el salón vecino. Fue allí donde al cabo de un rato me di cuenta de la ausencia de Felipe. Pensé que se había detenido un momento en el lavabo ubicado entre el salón y el comedor, pero como el tiempo se fue alargando sin que Felipe se reuniera con nosotros, volví al comedor desde donde oí la voz de mi invitado que hablaba en la cocina. Yo tenía por aquel entonces a mi servicio en Castellana 70 a una pareja ya bastante anciana, Francisco y Josefina, un antiguo criado de Casa Falguera y su mujer que oficiaba de cocinera. Los dos escuchaban embobados a Felipe González quien, de pie junto al fregadero, les explicaba que si en las próximas elecciones le votaban a él España se modernizaría y los trabajadores sabrían por fin lo que es la libertad.

—Cuando los socialistas estemos en el poder —les arrullaba Felipe con su cálida voz andaluza— ya nadie podrá explotaros como os ocurre hoy en día...

—¡Hombre! —protesté—. ¡Yo no exploto a nadie! Y además...

—Ellos saben muy bien de lo que hablo —me interrumpió Felipe al tiempo que le daba la mano a Francisco antes de besar en la mejilla a Josefina que se puso colorada.

Fue una tarde muy interesante. Con el primer puro en una mano y un balón de Armagnac en la otra, Felipe se dolió de que Adolfo Suárez, que venía de anunciar su retirada de la vida política, no hubiese tenido tiempo de poner la guinda a una transición de la que se consideraba el autor, olvidando a veces de mencionar la colaboración del Rey.

—Se queja, al parecer, de que ya no goza de la confianza de su principal valedor —apunté.

—No creo que sea ésa la causa de su desánimo. A Suárez los ocho millones de españoles que votaron a la UCD, más que beneficiarle le han perjudicado. Adolfo lo hizo muy bien mientras fue un «mandao» del monarca. Después...

Felipe dejó de hablar para beber un sorbo de su Armagnac y después, como si se dirigiera exclusivamente a Syliane que le escuchaba embebecida, dijo:

—Además, quizá lo que os voy a decir os asombre: no es cierto que Adolfo y el Rey sean los únicos responsables de la pajolera transición.

Felipe se tomó su tiempo, como un actor deseando causar su efecto.

—La transición —dijo separando las palabras— empezó su andadura cuando Franco nombró a Carrero Blanco presidente del Gobierno.

Helga Soto fue la única que no alzó las cejas.

—Sí —continuó diciendo Felipe—, en términos sociales, políticos y económicos, la transición empieza a finales de la década de los sesenta porque se puede afirmar que ya entonces la sociedad española empieza a vivir más o menos democráticamente.

—Pero…

—Sí, ya sé que dicho así puede parecer una barbaridad. Pero yo estoy convencido de que fue así. Personalmente, nunca tuve ninguna clase de relación con aquel aparato del poder. La única deducción que me hace llegar a esa clase de conclusión es que Carrero Blanco montó un servicio de información que, por primera vez, empezó a preocuparse, no tanto de saber quiénes eran los elementos peligrosos para el régimen, como de enterarse de quiénes eran los elementos que podían desempeñar un papel importante en el posfranquismo.

Felipe fumaba como a mí me gusta que lo hagan quienes tienen entre los dedos una de esas grandes joyas que nos llegan de Cuba. Tomando su tiempo entre bocanada y bocanada y suavizando sus gestos para que la ceniza llegue compacta y entera al final de su camino.

—Naturalmente —prosiguió diciendo Felipe— , también se hizo lo necesario para controlar a esos elementos e incluso, aunque sin éxito, para manipularlos. Esa actitud constituía una variante histórica considerable. Ya no se trataba de perseguir a los antifranquistas, sino de saber quiénes podían ser representativos en el posfranquismo, es decir, un proceso de adaptación del franquismo a algo que ya no podía ser lo de antes, una vez desaparecido Franco. Y todo eso pese a que Carrero siguiera desempeñando la jefatura del poder.

Felipe, con el habano en el aire, nos miró a todos en silencio durante unos segundos y luego bajando la voz, como se hace para asustar a los niños que escuchan un cuento, murmuró:

—Lo que me hace llegar a la siguiente conclusión: ¿por qué murió Carrero Blanco?

—Uno se puede hacer preguntas muy inquietantes. De facto es ETA quien mata a Carrero pero manipulada por poderes ocultos.

—No me manifiesto porque no tengo datos —concluyó Felipe—, pero es bastante corriente que un atentado se realice con absoluta autonomía respecto a unos intereses precisos, sin que se pueda suponer que a otros intereses les convenga que se deje hacer. El atentado que le costó la vida a Carrero es espectacular teniendo en cuenta los meses de trabajo y de esfuerzos difícilmente ocultables en un Madrid supercontrolado por las fuerzas de seguridad. De verdad que sigo sin creerme que aquellos vascos, con sus boinas y su acento, podían haber llegado a sus fines sin contar con una ayuda hasta ahora ignorada. Aunque tampoco hay que olvidar que no era aquél el primer atentado cometido por ETA. Ya se sabía que, como movimiento revolucionario, ETA era capaz de realizar actos de naturaleza semejante, aunque este al que nos referimos fuese de una peculiar magnitud.

Felipe apuró su copa y guardó silencio mientras yo se la volvía a llenar. Luego continuó diciendo:

—Cualquier clase de explicación a este terrible acontecimiento seguirá siendo una especulación política y nada más, por lo menos en lo que me concierne. Yo soy un político del posfranquismo. Nunca tuve, repito, contacto alguno con el aparato franquista. Nunca conocí a Carrero, como nunca vi físicamente a Franco, lo cual es bastante raro si se tiene en cuenta que todos los niños de los colegios tenían que salir a la calle para verlo pasar. A mí no me tocó nunca esa «suerte». Pero pese a ser una persona del posfranquismo, sí debo decir que en aquella época es cierto que personas afectas al servicio de información de Carrero tomaron contacto conmigo. No en el sentido en el que lo había hecho repetidas veces la policía, que siempre lo hizo para detenerme. Los hombres de Carrero sólo querían saber lo que pasaba y sobre todo qué es lo que iba a pasar en el futuro. El tono y el trato de aquellos hombres no se parecía en nada al tono y al trato al que me tenían acostumbrado los policías. Los hombres de Carrero tenían como especial preocupación el enterarse seriamente de cómo se presentaba el futuro. Había en aquellos servicios de información destellos de inteligencia política. No solo entraron en contacto conmigo sino que lo hicieron también con muchas personas que son hoy políticamente representativas. Los hombres de Carrero supieron pulsar con bastante habilidad la opinión pública. Yo pienso incluso que en aquella manera de hacer las cosas había una cierta elaboración intelectual que los llevaba a pensar que después del franquismo cualquier proceso de democratización en España conduciría necesariamente a la llegada al poder de un socialismo de corte europeo.

—¿Es eso lo que pensaba Carrero?

—Carrero quizá no. No creo que diera para tanto. Pero lo pensaban algunas personas de su entorno.

—¿Ya en aquella época?

—Sinceramente, creo que sí. Claro que habría que investigar entre las personas que por aquel entonces estaban en contacto directo con el poder. Sería una tarea importante para reconstruir la historia de la transición española.

Hacía ya un rato largo que Syliane manifestaba visiblemente sus ganas de hablar. Lo hizo explicándole a Felipe que al enamorarse de España lo hizo sobre todo de gentes y de cosas muy enraizadas en Andalucía, los toros, el flamenco y una cierta manera mágica de practicar la religión. Acabó preguntándole a Felipe si se consideraba un andaluz de pura cepa.

—De pura cepa —le contestó Felipe acentuando su sonrisa— sólo hay algunos vinos. Muy pocos.

Felipe aceptó el segundo puro que le ofrecí y tardó tanto como yo en encenderlo. Luego le dijo a Syliane:

—Mi padre era santanderino y mi madre nació en Huelva. Mi padre cayó por Sevilla en 1929 cuando estábamos, no los andaluces en particular, sino los españoles en general, empeñados en una de esas tareas maravillosamente contradictorias que jalonan permanentemente la historia de España. Cuando el mundo entero se hallaba en una de las más espantosas crisis económicas, cuando en Wall Street se suicidaban los banqueros tirándose por la ventana, cuando los americanos hacían cola para que les ofrecieran gratuitamente un plato de sopa, nosotros, en España, preparábamos la Gran Exposición Iberoamericana. Mientras el mundo se hundía en la miseria nosotros alzábamos en el parque de María Luisa unos estupendos edificios que nos costaban un ojo de la cara. Bien. Mi padre apareció por aquella exposición por un azar muy típico de las biografías montañesas. Un tío mío, unos años mayor que mi padre, acababa de llegar de Cuba formando parte de la delegación que iba a representar a la isla en aquella exposición. A mi tío, que había emigrado a Cuba años atrás y que volvía por primera vez a España, le impactó una expresión que todavía se utiliza en Sevilla: «La América del Norte de España es Andalucía». Creo que eso fue lo que le decidió a quedarse precisamente en Sevilla. Y lo primero que hizo fue recuperar a mi padre. A su vez, mi padre no sólo se instaló en Sevilla sino que también se casó allí. Ésas fueron las circunstancias que hicieron de mí un sevillano. Y desde entonces me siento profundamente andaluz, porque es mi nación, en el sentido cervantino de la palabra, sentido mucho más noble que el que se está utilizando ahora y porque Andalucía es capaz, en muy poco tiempo, de tragarse a quien sea, venga de donde venga, y convertirlo en andaluz. Los ingleses han estado años y años en la India y nunca han dejado de ser ingleses. Pero los ingleses que han caído por los campos de Jerez se han convertido en andaluces. La segunda generación ha sido siempre infinitamente más andaluza que inglesa. Yo creo que éste es el único caso en que los ingleses han perdido su identidad para abrazar otra tan distinta como la andaluza.

Viéndole tan a gusto entre nosotros, saboreando café tras café, le pregunté al que algunos, entre bromas y veras, seguíamos llamando Isidoro, si había nacido y sido educado en un ambiente de adictos al socialismo.

—¡No, qué va! Mi padre era azañista. Un gran admirador de don Manuel. Pero se dio el caso bastante contradictorio de que siendo mi padre un hombre de Azaña, llegó sin embargo a presidir una Casa del Pueblo en Andalucía, exactamente en Puebla del Río. Porque, aunque azañista, mi padre era de la UGT. Es decir, que presidió una Casa del Pueblo sin ser socialista. Normalmente los que presidían una Casa del Pueblo siempre eran socialistas. Pero mi padre nunca fue socialista. Fue, sencillamente, un republicano de izquierdas.

—Entonces, ¿cómo fue tu primer contacto con el socialismo?

—Bueno, eso es como preguntarle a un poeta cuándo empezó

a gustarle la poesía. A pesar de lo que fuera o no mi padre, yo estuve inmerso en una atmósfera socialista desde que nací. Empecé a pensar en el socialismo cuando era todavía un adolescente. Yo he vivido veinte años en Bellavista, un barrio en el que la mayoría de la gente era pobre de solemnidad. Además de ser un barrio obrero del cinturón industrial de Sevilla, fue el barrio en el que se quedaron a vivir muchos de los hombres que cumplieron, después de la Guerra Civil, largas condenas de trabajos forzados. Fueron esos hombres los que construyeron el canal del Bajo Guadalquivir. Tanto los de Bellavista como los condenados del cercano pueblo de Dos Hermanas se referían siempre al canal llamándolo «el canal de los presos». Un nombre perfectamente legítimo porque fueron ellos realmente quienes lo construyeron a fuerza de pico y pala, en unas condiciones de trabajo verdaderamente infrahumanas. Se quedaron en Bellavista porque en sus lugares de origen eran considerados como unos apestados. La crueldad de la posguerra les impidió volver a los pueblos donde habían nacido. En Bellavista se aglutinaron pues, en una extraña mezcla social, los campesinos que huían de la tierra para acercarse a la ciudad y emplearse en empresas que había allí, como Uralita, Elcano, etc. Y aquellos hombres sombríos, habiendo cumplido sus condenas, se quedaban allí, malviviendo del trabajo que encontraban en empresas constructoras a veces subsidiarias de la empresa madre que construía «el canal de los presos». Ése es el entorno en el que viví durante mi juventud. Un entorno que, como bien os lo podéis imaginar, me ha marcado para toda la vida. A veces pienso que mi compromiso moral con Bellavista, mi «pacto de sangre» en términos gitanos, durará hasta que me muera.

—Así que hubo pacto.

—Lo hubo. Lógicamente. Pacto con mi entorno, compromiso moral que no tiene nada de ideológico con los trabajadores de mi barrio, con los chicos de mi edad que no tenían más destino que el de ir a trabajar a Uralita o a Elcano y que sabían que yo estaba acabando el bachillerato para poder estudiar más tarde la carrera de Derecho. Eran mis amigos de todos los días. Todos sabíamos que un día u otro yo iba a ser abogado y todos creían que, lógicamente, iba a dedicarme a los asuntos que dieran dinero. Me decían, lo cual me turbaba mucho: «Cuando seas abogado te dedicarás como todos los abogados a ganar dinero». Lo cual en otras palabras quería decir «y a nosotros nos olvidarás». Yo sabía que eso no iba a ser verdad porque mi compromiso moral con aquella gente, con aquellos amigos míos, me obligaba desde aquel mismo momento a ocuparme de ellos y les decía: «Sí, seré abogado, pero utilizaré el Derecho para protegeros a vosotros, con los que he vivido tantos años». Algunos me creían, pero la mayoría no. Después, claro, los incrédulos tuvieron que cambiar de opinión.

Cuando Felipe se marchó eran ya casi las ocho de la tarde. Las horas se habían pasado volando. Con Francisco sosteniéndole la puerta abierta Felipe le pidió excusas a Syliane por haber hablado tanto y a mí me instó a que le llamara cuanto antes para que concertáramos una fecha «para esa entrevista que me quieres hacer para los alemanes». Y enseguida añadió con una sonrisa: «Los alemanes son mis grandes valedores».

En cuanto Felipe se hubo marchado subí a mi despacho para anotar en mi libreta negra del mes: «Si tuviese que resumir la primera impresión —el primer impacto físico— que produce la persona de Felipe González diría de él que se trata ante todo y sobre todo de "un hombre cálido". De un hombre que no sonríe porque sí, sino porque es su modo espontáneo de tomar contacto con el prójimo. Su sonrisa no es pues superficial. Es una sonrisa seria, profunda, un pasaporte para lo que pudiera ser un día una futura vieja amistad. Cuando esa sonrisa desaparece de su rostro, continúa brillando en su mirada, una mirada franca y directa que dura lo que dura la de su interlocutor. Llaman después la atención sus manos. Unas manos morenas vivas, nerviosas, de esas que se les suponen a los pianistas pero que casi nunca tienen. Le sirven a su dueño para puntualizar una idea, para negar otra, para subrayar la importancia de una palabra o minimizar la agresividad de un adjetivo. Luego, naturalmente, está su voz. Una voz serena, pausada, a veces tierna y muy raras veces brusca. Una voz con la que debe de ser fácil leer poemas de Miguel Hernández, hablar de amor a las incautas o convencer a los niños. Tiene además Felipe González una importante cualidad poco común entre los españoles y aún menos entre los políticos: sabe escuchar. Incluso diría que le gusta, que goza escuchando. Es una prueba de infinita cortesía y también de inteligencia, porque como decía aquel abate francés autor de *Manon Lescaut* "casi todos escuchamos mal. Hasta en la conversación con otra persona no escuchamos casi más que nuestras propias palabras". Tengo la impresión de haber conocido hoy a un ser humano importante, a un hombre que sabe lo que quiere, por qué lo quiere y cómo conseguirlo».

1980

Una mañana, el 24 de noviembre de 1980, sonó el teléfono de mi biblioteca apenas pasada la medianoche. Era mi hermano Alfonso quien con voz trémula me anunció que mamá había muerto durante su primer sueño. Me quedé sin voz.

—Ni se ha enterado —murmuró Alfonso para darme ánimos.

No lo dudé un instante:

—Ahora mismo cogemos el coche y salimos hacia Barcelona.

—Ten cuidado en la carretera. Aquí hace muy mal tiempo.

—Aquí también.

Estuve a punto de preguntarle si hacía frío. De haberme contestado afirmativamente le habría dicho que en Madrid no se podía salir a la calle sin abrigo, bufanda y guantes. Todo menos quedarme callado. Pero afortunadamente tanto mi hermano como yo éramos parcos en palabras cuando cedíamos a las emociones.

Desperté a Syliane para darle la noticia. Se volvió hacia mí en la cama, me abrazó con fuerza y me dio un beso en la mejilla, como si fuera un niño. Me puse a llorar.

Minutos más tarde, cuando volvía del cuarto de baño, mi mujer me dijo:

—Durante nuestra última visita a Casa Falguera tu madre me anunció que pensaba morirse muy pronto y cuando le pregunté que por qué me decía eso, me contestó: «Porque me aburro».

A mí también me había dicho algo parecido la última vez que me despedí de ella:

—Todas mis verdaderas amigas —las verdaderas amigas de mi madre eran siempre las de Madrid— se han muerto hace tiempo y aquí sólo viene a verme de vez en cuando Isabelita Girona,* que es una cursi, para explicarme lo bien que se lleva con los Barcelona, como si yo no los conociera más que de oídas.

Hacía ya tiempo que mi madre se negaba a ver la luz del sol. Vivía sin salir nunca de aquel saloncito blanco y oro que le había decorado Manolo Muntañola recién acabada la guerra, escuchando en la radio noticias que no podían interesarle. A mi hermana María Antonia no la soportaba porque estaba empeñaba en tratarla como lo que era, una señora muy mayor, lo que mi madre se negaba a ser pese a sus años. Insistía siempre en que tenía la misma edad que la Lamadrid, una de las mujeres más guapas y elegantes de Barcelona, aunque yo creo que le llevaba por lo menos diez o quince años.

—¿Qué edad tenía? —me preguntó Syliane como si leyera mis pensamientos.

Tardé unos segundos en admitir que no estaba seguro de saberlo.

—Supongo que entre ochenta y ochenta y cinco. Se quitaba años, claro, como hacen todas las mujeres. Pero ella se los quitaba, a veces más, a veces menos, según como iba vestida. A la luz del día, con una falda escocesa y un cárdigan de cachemira, acusaba sin reparos su edad, pero de noche, vestida para matar y maquillada, todavía hacía su efecto.

Sin dejar de empaquetar sus cosas en una maleta, Syliane quiso saber cuántos días íbamos a quedarnos en Barcelona.

—Si te parece bien —le contesté—, nos volveremos a Madrid enseguida, después del entierro. Ahora mismo llamaré al Ritz para reservar habitaciones porque no tengo la menor intención de pasar ni una sola noche en Casa Falguera. Durante los próximos quince días aquello estará lleno de gentes que vendrán a darles el pésame a mis hermanos, gentes de las cuales muchas odiaban a mamá por sus impertinencias y sus chistes demoledores.

Ya dispuestos a salir de casa nos fuimos a dar un beso a Fabricio que estaba profundamente dormido. Lo dejábamos al cuidado de Ascensión Gómez, una heroica y paciente mujer oriunda de un pueblo de Albacete que se ocupaba del pequeño salvaje desde que llegamos a Madrid.

* Su cuñada, la condesa de San Miguel de Castellar.

—Ascen —le recomendé—, no le diga a Fabricio que su abuela ha muerto porque la quería mucho y se llevaría un disgusto tremendo. Ya se lo diremos nosotros a nuestra vuelta de Barcelona.

En la calle hacía un frío terrible. El marqués del Duero, montado en su caballo de bronce, desafiaba incólume los rigores de un mes de noviembre particularmente inclemente. Los jinetes de los monumentos ecuestres, excepción hecha del Colleone y del Gattamelata, siempre me han parecido estúpidamente inhumanos.

Cruzamos Madrid en silencio con la calefacción del Mercedes a su máxima potencia. Llevábamos ya varios kilómetros de autopista recorridos cuando Syliane comentó:

—Por lo menos vas a poder asistir al entierro de tu madre.

Syliane y yo estábamos juntos en Marraquech cuando la mañana del 25 de febrero de 1974 sonó el teléfono en nuestra lujosa habitación de la Mamounia y oí la británica voz de mi hijo John que me decía:

—*I am afraid that your father has just passed away.**

Había en su voz la solemnidad de los que anuncian un acontecimiento grave cuyas consecuencias no siempre son del todo nefastas. Posiblemente estaría pensando ya —como todo lo que hacía, a destiempo— en la remota posibilidad de que su abuelo lo mencionara en su testamento.

No pude asistir al entierro de mi padre pese a que José María de Areilza le pidiera personalmente al Gobierno que me concediera un permiso de cuarenta y ocho horas para entrar y salir del país y poder acompañar a mi padre hasta su última morada. El permiso, me hizo saber Motrico, había sido denegado *en haut lieu*,** que es como él se refería a El Pardo en su lenguaje diplomático. Cierto es que mis dos condenas por la publicación en París de *Les Ramblas finissent à la mer* y *Fiesta* seguían vigentes.

No recuerdo exactamente a qué hora llegamos a Sant Feliu, pero Casa Falguera estaba ya llena de gentes que iban y venían con trazas en el rostro de haber llorado. Alfonso, mi hermano, nos recibió al pie de la escalinata rodeado por varios perros que lo miraban como si estuvieran enterados de la tragedia familiar. Alfonso estaba muy

* «Me temo que tu padre ha pasado a mejor vida.»

** «En las altas esferas.»

pálido y su gran nariz aguileña parecía aún más grande entre las dos profundas ojeras que le comían la cara.

—No tengo traje negro para ir al entierro —fue lo primero que me dijo antes de abrazarnos a mí y a Syliane.

—Yo tampoco. Iremos de gris o de azul marino. No pasa nada.

—Alfonso, no sabes cómo lo siento —le dijo Syliane a mi hermano mientras se soltaba de su abrazo.

Lo dijo en un tono que me hizo dudar un momento si lo que sentía era la muerte de mi madre o que ninguno de los dos hermanos tuviera el traje adecuado para ir a un entierro.

—¿Dónde está mamá? —pregunté.

—La hemos instalado en el salón de los Austrias para que la gente no tenga que subir al segundo piso.

Mi madre, de cuerpo presente en aquel gran salón rodeada por aquellos enormes cuadros, copias todos ellos de la misma época en la que fueron pintados los originales, era una idea que le habría encantado a Luchino Visconti, siempre tan fascinado por las glorias pasadas. Menos mal que al viejo marqués de Castellvell se le ocurrió decorar su salón con aquellos ocho retratos de unos señores que tenían el aire y el aspecto de ser lo que eran en la realidad, reyes y emperadores. Si en su lugar el marqués hubiese colgado a ocho Borbones, que salvo raras excepciones, son unos engendros, aquello habría parecido el decorado de una película de Buñuel.

—¿Queréis ir a verla...? —sugirió Alfonso.

Syliane me miró acobardada.

—No, ahora no —me zafé—. Vamos primero a deshacer las maletas y a refrescarnos un poco. ¿De quiénes son todos esos coches aparcados alrededor del estanque de Neptuno?

—Pues no lo sé. Ha venido ya mucha gente que no sé ni cómo se han enterado de la muerte de mamá. La primera en llegar, casi al alba, ha sido el Ciprés* seguida de cerca por las chicas Monsolís y unos Fontcuberta.

Alguien me había cogido del brazo mientras me decía:

—Estoy desolado, José Luis. Yo la quería mucho a tu madre. Fue siempre una gran señora.

* Mote que le había puesto mi madre a su cuñada por su marcada afición a los entierros y funerales.

Era Antonio de Senillosa vestido de luto riguroso. Le devolví el abrazo agradeciéndole que estuviese allí.

Subimos a nuestras habitaciones dando un rodeo por las terrazas; por el camino nos cruzamos con Paco Baltasar, el alcalde de Sant Feliu con el pelo recién cortado, con José María Pi Suñer y con Vicente Assens y Carmen Bori, su mujer. Todos me dijeron lo mismo. No sabes cómo lo sentimos, era una gran persona, había que conocerla para apreciar sus enormes virtudes, etc., etc.

En cuanto pudimos, Syliane y yo nos encerramos en nuestra habitación hasta casi la hora de almorzar. De repente, mi mujer, tomando las riendas de la situación, me dijo:

—José Luis, no busquemos más excusas. Tienes que bajar a ver a tu madre.

Me acompañó escaleras abajo cogiéndome del brazo como si me fuera a caer. Yo habría dado cualquier cosa por no tener que ver a mi madre muerta. En la entrada del gran salón nos dimos de bruces con mi hermana María Antonia. Ella también, como Alfonso y probablemente como yo, estaba pálida y ojerosa.

—Está en el cielo, José Luis, está en el cielo...

Me lo dijo como esperando que la contradijera y, para no darme tiempo a contestarle, añadió:

—El duque de Prim presidirá el duelo en representación de Su Majestad el Rey.

El catafalco estaba en el centro del salón ante la mirada de aquellos caballeros prognatas, de lívida palidez y ojos acuosos. En realidad, catafalco en este caso resulta una palabra presuntuosa porque lo que en realidad se había hecho fue colocar el féretro de mi madre sobre el mármol de la gran mesa ovalada que en general servía de soporte a un gran jarrón lleno de flores flanqueado por dos grandes retratos dedicados a mis padres de don Alfonso XIII y de doña Victoria Eugenia coronada de perlas y de rubíes.

Mamá estaba preciosa. Diminuta y preciosa con sus frágiles manos entrelazadas alrededor de un rosario de grandes cuentas de amatista. Llevaba un vestido de seda negra con una amplia falda que la cubría hasta los pies y algo parecido a un chal de espesos encajes que le arropaba el torso hasta la cintura. Alguien la había peinado con demasiado esmero y alguien también le había quitado la laca roja con la que solía pintarse las uñas. Era mamá, pero al mismo tiempo ya no lo era. Lo único verdadero que quedaba de ella era el bosquejo de aquella tenue sonrisa que aparecía en sus labios cuando ya había decidido decir algo que iba a incomodar a todo el mundo.

A mi lado y mirando a mi madre, Syliane lloraba en silencio. Habían sido las dos muy amigas y se habían divertido juntas jugando al black jack y haciendo trampas en el casino de Biarritz. Mi madre le agradecía a Syliane que me hubiera hecho feliz.

Quise rezar, pero no pude. La verdad es que nunca, ni aun de niño, he sabido hacerlo. Rezar equivale a pedir protección y yo no sé pedirle nada a quien no le vea la cara. Y si por azar la veo me resulta aún más difícil porque ocurre que tampoco sé pedir.

A medida que pasaban las horas iba llegando más y más gente. Muchos Sentmenat, los Güell —ciento y la madre—, los Vidal-Quadras, los Mata Satrústegui, Luis Munter con una de esas señoras extrañas que le suelen acompañar y los Castelldosrius, menos Félix, el jefe de la tribu, que por haberse portado cobardemente conmigo temía seguramente que me negara a darle la mano. Y no le faltaba razón, porque se la hubiese negado.

Yo esperé que don Juan Carlos de Borbón se convirtiera en Rey de España para pedir la Carta de Sucesión al título de marqués de Castellvell, con grandeza de España, vacante desde la muerte de mi padre en 1974. No lo hice inmediatamente después de su fallecimiento para no tener que pedírsela al general Franco, que probablemente me la habría denegado, pero sobre todo para no tener que deberle mi propio título a un dictador que se arrogaba atribuciones que, a mi entender, sólo correspondían a un monarca reinante. Así que en cuanto don Juan Carlos se convirtió en Rey reuní la documentación pertinente y la hice llegar a la Diputación de la Nobleza de Cataluña para que la trasladara a manos de Su Majestad. Pero Félix de Sentmenat, marqués de Castelldosrius, ostentaba por aquel entonces no recuerdo exactamente qué cargo en la Diputación, lo que le permitió colocar mi expediente bajo un montón de otros documentos similares y allí lo tuvo escondido hasta que el señor Díaz Ambrona, un amigo de mi hermana, logró recuperar la documentación necesaria para que el Rey pudiese firmar a mi favor la correspondiente Carta de Sucesión el 22 de junio de 1979. Entre una cosa y otra, pasaron cuatro años antes de que yo pudiera usar legalmente el título que me correspondía. Félix Castelldosrius no soportaba la idea de que un hombre al que los propios franceses habían apodado *le marquis rouge* pudiera ostentar una grandeza similar a la suya. Es evidente que de haber acudido a darnos el pésame por la muerte de mi madre, yo ni siquiera le habría saludado, pero no porque hubiese puesto pegas a mi sucesión al título que me correspondía, sino porque siempre he sido alérgico a tender la mano a los imbéciles que ocultan sus cobardías bajo un supuesto respeto a unas normas que interpretan a su antojo.

De pronto entre los grupos de gente que no paraban apareció Axel Malowan, con corbata negra y aire compungido. El mismo Axel Malowan que con los años se convertiría en el más querido de esos dos o tres amigos que presumo tener.

—Axel, ¿cómo te has enterado?

—La radio lleva toda la mañana anunciando la muerte de tu pobre madre.

Hijo de un austríaco cosmopolita y de una dama panameña, nacido él mismo en aquel improbable país y sobrino de Agatha Christie, Axel sabía más de música que la mayoría de los grandes directores de orquesta, había estudiado Derecho en Bolonia, canturreaba ópera como quien suspira tangos y se hablaba de tú con Pippo di Stefano, el último gran partenaire de Maria Callas antes de que ésta decidiera entrar en decadencia. No pudiendo ser perfecto en todo, Axel montaba a caballo con la pata larga y la mano un tanto alta, pero era sin embargo el único de mis amigos con quien de vez en cuando me atrevía a hablar en serio.

El duque de Prim llegó a Casa Falguera para presidir el duelo en representación del Rey luciendo bajo su chaqueta un llamativo jersey rojo lo que nos pareció a todos poco adecuado para asistir a una ceremonia fúnebre que le tocaba presidir. «¿Quién es ese paleto?», preguntó en voz alta una señora poco acostumbrada a tamañas excentricidades vestimentarias. No fue la única que reaccionó airada ante la zafiedad del duque. Alfonso, mi hermano, quiso pedirle que se marchara por donde había venido. Le disuadieron de hacerlo porque el gesto equivaldría a echar de casa al Rey. «Don Juan Carlos —arguyó mi hermano— nunca se pondría un jersey rojo para asistir a un entierro, y si lo hiciera también le pediría que se marchara.» La cuestión se zanjó diciéndole al duque que después de la brevísima ceremonia religiosa que iba a seguir sólo la familia acompañaría a mi madre hasta el cementerio.

Desaparecido el duque tras la corta plática del capellán que oficiaba, mi mujer, mis hermanos y algunos amigos muy íntimos nos subimos a los coches para ir al cementerio en seguimiento del carruaje mortuorio en el que iba mi madre cubierta de flores. Yo me instalé junto a mi primo Juanito Esplugas que iba en cabeza de la caravana. Syliane nos siguió junto a María Antonia, Alfonso y Axel. Nadie sabía muy bien ni cómo se llamaba el cementerio ni dónde estaba. Los chóferes se interpelaban a través de las ventanillas a medio abrir para impedir que penetrara en el interior de los vehículos la lluvia helada de aquel inhóspito mes de noviembre. Lo único que sabía mi primo Juanito es que el panteón familiar se hallaba en el cementerio del Este porque allí estaba también enterrado su padre.

—¡Eso está en Poble Nou! —nos indicó un mecánico.

—Justo en pleno barrio de Sant Andreu —precisó un compañero.

Juanito Esplugas se equivocó dos veces de camino antes de llegar por fin al cementerio, un siniestro lugar rodeado de viejos hangares de tranvías y autobuses y de naves destartaladas en las que se amontonaban toda clase de mercancías de las que se desprendían inusitados olores. Salió a recibirnos a la puerta del cementerio un cura sin afeitar apestando a sudores antiguos. De muy mal humor nos explicó que teníamos que abandonar los coches y cruzar a pie el camposanto y que, como seguía lloviendo, llegaríamos al panteón calados hasta los huesos.

Cuatro individuos vistiendo viejos monos azules de trabajo sacaron del coche mortuorio el féretro de mi madre y se lo cargaron al hombro sin demasiadas delicadezas. A cada resbalón o tropezón que daban se oían lindezas del estilo «me cago en la leche» o «la hostia puta». El cura ni se inmutaba. Él también debía de hablar así cuando perdía al mus. De no ser porque Syliane no paraba de llorar y porque Axel me sujetaba con fuerza el brazo, yo habría dado media vuelta y me habría ido.

—Aquí es —dijo de pronto el cura.

El panteón de los Castellvell era el remedo de un pequeño Partenón con las columnas descascarilladas. El cura sacó de las profundidades de su sotana un hisopo herrumbroso con el cual trazó varias veces la señal de la cruz sobre el ataúd de caoba en el que dormía mamá. Luego pronunció en catalán una corta oración, acabada la cual les hizo seña a los cuatro obreros de que se pusieran a trabajar. Sólo tres o cuatro personas ajenas a la familia —Axel Malowan, el Seni, Marta Echegaray, la eterna amiga de mi hermano Alfonso a la que llamábamos Mandela por sus pronunciados rasgos negroides y alguien más que no recuerdo— fueron los testigos de la macabra escena que tuvo lugar a continuación.

—Como el panteón está lleno a rebosar —me explicó el cura— tendremos que depositar el féretro de su señora madre en lo que son los sótanos del pequeño edificio, hasta que ustedes decidan hacer obras para ampliarlo.

Miré a mis hermanos como pidiendo explicaciones. Pero los dos estaban rezando con los ojos cerrados.

Uno de los obreros levantó con una palanca un redondel de hierro como los que cubren en las calles las entradas de las cloacas, dejando al descubierto un agujero circular por el cual se deslizó otro de sus compañeros, el más delgado de los cuatro. Los tres que quedaron al aire libre cogieron el ataúd y lo colocaron en vertical junto al agujero por el que había entrado su compañero.

—¡Cómo! —me indigné—. ¿La van a meter ahí dentro?

—¿Dónde si no? —me contestó desabrido el cura secándose la cabeza con un pañuelo mugriento.

Los tres hombres amarraron una soga alrededor de la caja de caoba y le preguntaron al que estaba bajo tierra si estaba listo para recibir «el paquete».

—¡Claro que estoy listo! ¡Bajadlo ya, coño!

Poquito a poco y zarandeándolo más de lo conveniente, los tres hombres fueron deslizando el ataúd dentro del agujero.

—¡Más despacio, leche, más despacio! —gritó el recipiendario de la pesada caja.

Aquella horrenda escena duró diez largos minutos. Yo imaginaba a mi pobre madre echa un montoncito de encajes y de seda negra en el fondo de aquella especie de baúl de brillante madera con manijas de plata labrada.

—Si hacen falta tres hombres para bajar el féretro hasta el sótano —le pregunté al cura—, ¿cómo se las va a arreglar uno solo para colocarlo en su sitio?

El cura se alzó de hombros.

—No pase pena. Es un chico muy fuerte. Además, lo único que

puede hacer con la caja es dejarla en el suelo hasta que ustedes decidan empezar a hacer obras.

Cinco minutos más tarde el chico fuerte sacó la cabeza por el agujero y les pidió a sus compañeros que lo ayudaran a salir.

En cuanto emergió del agujero hizo varias flexiones para desentumecer los músculos.

—¡Vaya pestilencia que hay allí abajo! —se quejó—. La próxima vez bajarás tú, Eladio.

—¡Y una leche! ¡Yo ya no estoy para estos trotes!

El que había abierto el paso hacia el sótano con una palanca volvió a colocar la tapa de hierro en su sitio y se dio por terminada la operación.

Carmen Cabeza de Vaca y Carvajal, marquesa viuda de Castellvell, dama del Real Cuerpo de la Nobleza de Cataluña y de la Soberana Orden de Malta reposaba ya en su última morada. *Sic transit gloria mundi.*

—Vámonos —dijo Alfonso con una voz que temblaba.

De repente Syliane dejó de llorar y se enfadó.

—*On va tout de même pas la laisser toute seule! C'est ignoble!**

Tuve que cogerla por la cintura y arrastrarla a través del camposanto hasta los coches. Seguía lloviendo, esta vez a cántaros.

En cuanto Syliane estuvo sentada en el coche y yo esta vez junto a ella, me dijo entre dos sollozos:

—Júrame que si me muero antes que tú me harás incinerar.

—Te lo juro. Y tú prométeme que harás lo mismo conmigo.

Syliane se enjugó las mejillas bañadas en lágrimas con un pañuelo mientras que murmuraba sin dejar de llorar:

—Qué horror... Nunca olvidaré lo que he visto esta tarde... Un día habrá que ir a sacar a tu madre de allí y llevarla a otra parte.

No pude menos que recordar mientras que volvíamos a casa a Federico Fellini explicándome el impacto que le causó la visión del cementerio en el que enterraron a su abuela, cerca de Rimini. «Era la primera vez —me contó sorbiendo café tras café en el Greca de la via Condotti— que yo ponía los pies en un cementerio. Había flores encima de las tumbas, casi todas artificiales. Inmensas rosas de cerámica color malva, anémonas negras de terciopelo, azucenas

* «¡No le vamos a dejar aquí abandonada! ¡Es innoble!»

de vidrio hilado y siguiendo un orden preestablecido por alguna hermética intención, muchos cipreses afilados como espadas clavadas en el cielo. Eché a correr como un loco por entre las sepulturas. Había en algunos de los túmulos viejas fotografías amarillentas que recordaban a los vivos los rostros de los muertos. Hombres de todas las edades, barbudos, barbilampiños, ceñudos o sonrientes, rostros altivos, casi huraños y también algunos casi risueños porque todavía no habían pensado en morirse. También había fotografías de mujeres, algunas muy bellas, otras de mirada rencorosa, la mayoría adorables y hasta alguna con aire apasionado o terriblemente vacío. Vi a un general con uniforme de gala, a una condesa con enormes mofletes, a un anciano caballero con bicornio y a una joven con vestido de baile, los senos hinchados de importancia. También había muchos aldeanos en traje de domingo enseñando el botón del cuello de la camisa bajo la nuez. Era un lugar paradisíaco, maravillosamente alegre. El sol de mediodía hacía llamear la tierra y hacía tanto calor que incluso las cigarras habían callado.»

—¿En qué piensas? —me preguntó Syliane.

—En la suerte que tuvo Fellini el día que enterró a su abuela.

Juanito Esplugas negoció lentamente la ancha curva que nos depositó al pie de la escalinata donde nos esperaban los perros. Al bajar del coche me encontré frente a frente con mi hermana.

—¿Tú estabas al corriente —le pregunté— del estado en que se encontraba el panteón en el que venimos de enterrar a mamá?

—Pues claro que no —me contestó poniéndose a la defensiva—. Cuando enterramos a papá, hace apenas seis años, estaba todo en muy buen estado.

—No te creo. Lo que he visto hoy no te lo perdonaré nunca. Se supone que eres tú quien se ocupa de estas cosas.

Le di la espalda y cogí del brazo a Syliane para subir la escalinata. Medio centenar de personas se paseaban por las terrazas en grupos de cinco o seis personas hablando en voz baja. De vez en cuando se oían risas rápidamente acalladas.

—¿Qué hace todavía aquí esta gente? —preguntó Syliane.

—Esperan a que les echen de comer y de beber porque saben que mi hermana es maestra en organizar ágapes funerarios.

Entramos juntos en la casa. El salón de los Austrias estaba vacío pero en el suelo yacían algunas flores caídas del ataúd de mi madre.

Recogí las que pude y las coloqué encima de la mesa donde había estado colocado el féretro.

—Vamos a hacer las maletas y marcharnos a dormir al Ritz —le propuse a Syliane.

—No podemos hacer eso, José Luis. Tenemos que quedarnos aquí un rato, aunque sea sólo por tu hermano Alfonso.

—Pues quédate tú. Yo le pediré a Axel que me lleve en su coche.

Como Syliane se quedó callada, le rogué:

—Compréndeme, Sissi, esta casa se me cae encima.

—Bueno, si aquí vas a sufrir, márchate cuanto antes.

Al pasar junto a la puerta del *office* vi a Ramón que ayudado por dos criados desconocidos transportaba una gran bandeja de plata cargada de copas de champán sin estrenar.

—¿Qué estáis haciendo? —pregunté.

—Estamos montando en el comedor el servicio para el cóctel.

La palabra le había salido a Ramón espontáneamente. El cóctel. Mi hermana daba un cóctel para todos aquellos que habían venido a darle el pésame. Aquello acabaría hacia las dos de la mañana con la gente de bastante buen humor, contando chistes.

—Yo no quiero que mi hermana tenga nada que ver con mi entierro —le dije a Syliane mirándola a los ojos.

—Ni yo tampoco.

Mientras llenaba mi maleta, le dije a Syliane, que se había sentado al borde de la cama:

—Sissi, es posible que esta noche me emborrache.

—Yo también lo haría si pudiera.

—Pues vente conmigo.

—No, yo me quedo aquí, aunque sólo sea por Alfonso.

La cogí en mis brazos y la besé. Un beso desesperado que la asustó.

—No bebas demasiado —me dijo.

Bajamos por la escalera de servicio hasta las cocheras. Como si lo hubiéramos hablado de antemano, allí estaba Axel esperándome junto a la puerta abierta de su coche.

—¿Adónde vamos?

—Al Ritz a dejar el equipaje y después al bar del grill donde hacen unos *bloody mary* que te hacen olvidar lo que nunca más querrás recordar.

Entré en el coche mientras que Syliane murmuraba algo al oído de mi amigo.

—¿Qué te ha dicho? —le pregunté a Axel en cuanto cerramos las portezuelas.

—Me ha pedido que pase lo que pase no te deje solo ni un instante.

Saqué un brazo por la ventanilla para darle un último adiós a Syliane que nos miraba alejarnos convertida en estatua de sal.

—Qué guapa es... —murmuré.

—Y cómo te quiere, cabrón —puntualizó Axel con ese enervante acento cantarín del que los sudacas, sean de donde sean, nunca consiguen librarse.

La primera parada la hicimos en la plaza Francesc Macià para tomar unas copas en Sandor, el bar donde ejercía Antonio, el mejor limpiabotas de España. A aquellas horas de la tarde había un público más bien abigarrado compuesto de hombres solos o en grupos de tres o cuatro y de algunas mujeres bastante atractivas pero de una vulgaridad tipo Tita Cervera de los primeros tiempos, que simulaban sin mucha convicción estar esperando a alguien. Pedimos unos whiskies sour porque en el Sandor había un *barman* que los hacía buenos y fuertes sin más limón que el necesario.

—Lo de esta tarde... —comenzó a decir Axel.

Lo paré en seco.

—Lo de esta tarde, Axel, no ha existido, así que por favor no hablemos de ello.

Pobre Axel. La bondad en su estado puro. Algo muy difícil, en según qué momentos, de soportar.

—Te entiendo —dijo—, perdona.

—Anda, bébete eso y vámonos al Marfil.

Axel no pudo disimular su sobresalto.

—Hoy no podemos ir allí, José Luis, te conoce todo el mundo.

Fuimos al Marfil. En el bar del Marfil las putas eran de más categoría. Tres o cuatro de las que estaban en la barra me reconocieron y se miraron entre molestas y sorprendidas. Una de ellas, con la que me había acostado varias veces en tiempos inmemoriales, vino a decirme en voz baja:

—Ya nos hemos enterado. No sabes cómo lo siento, chico.

—Gracias. Pero si no te importa hablemos de otra cosa.

—Claro.

El Marfil, como saben mis lectores de una cierta edad, era un establecimiento que sólo podía existir en Barcelona, donde la gente civilizada es mucho más civilizada, aunque a su manera, que en cualquier otro lugar del mundo. Me refiero a la amable amoralidad que prima sobre todas las ideas preconcebidas, los usos y costumbres. No creo que necesite ser más claro. El lugar, acogedor e incluso anodinamente elegante, estaba dividido en dos partes por una puerta de cristal opaco que a nadie se le ocurría nunca cruzar. El bar era el territorio reservado a las fulanas de lujo y el salón de té a las respetables señoras al corriente de que en todos sitios cuecen habas. Era un local que monseñor Danielou habría frecuentado sin inmutarse.

Al salón de té se entraba por la Rambla de Cataluña y al bar por el vecino pasaje de la Concepción. En el salón de té fue donde mi madre pescó una tarde a mi padre consumiendo el dorado líquido de Ceilán con la guapísima esposa de don Antonio Goicoechea, el presidente de Renovación Española, el partido monárquico del que a su vez mi madre era la presidenta. Le resultó difícil a mi padre convencer a su mujer de que sólo estaba allí para hablar de la política del partido. Parece que fue un encuentro bastante desagradable que sólo quedó en eso por un exceso de buena educación.

La muchacha del pésame me preguntó si podía beber algo y pidió una copa de champán.

—¿Adónde vais a cenar? —preguntó.

—Donde nadie nos conozca —aclaró Axel de inmediato.

—Mi amiga Mireya, aquella pelirroja que está sentada al extremo de la barra, conoce un lugar muy discreto de sólo cinco o seis mesas donde se come maravillosamente bien. —Y enseguida añadió—: Y además en el piso superior hay unas habitaciones muy bien puestas.

—Vaya, vaya... ¿Por qué no llamas a tu amiga?

Puesta en pie, Marietta —¿me había olvidado de decir que se llamaba así?— tenía unos bajos corporales que algunos considerábamos pasmosos.

De más en más inquieto, Axel intervino:

—José Luis, no pretenderás...

Metí la mano en el bolsillo del pantalón, saqué un fajo de billetes y se los entregué a Axel diciendo:

—Ten, tú administra la noche, porque lo que yo pretendo es beber hasta perder el sentido.

—Pues yo me voy —se enfurruñó el panameño.

—No puedes. Se lo has prometido a Syliane. Y además no te me pongas jesuítico.

Cuando Marietta volvió nos dimos cuenta enseguida que a su amiga le olía el aliento.

—Antes de ir a cenar —dije enseguida— mi amigo y yo tenemos un par de cosas que hacer.

Las dos mujeres se miraron, conocedoras del cuento. Para apaciguarlas le pedí al *barman* que sacara de la nevera, para entretenerlas, una botella de champán supuestamente francés y Axel, sin que tuviera que decirle nada, pagó la cuenta.

En la calle, a punto de entrar en el coche, Axel comentó irónico:

—La noche se anuncia cara.

—Olvidar siempre ha sido un lujo que cuesta dinero.

En mi habitación del Ritz abrí la maleta y saqué un par de camisas limpias.

La que le ofrecí a Axel le iba estrecha y tuvo que dejar sin abrochar el último botón del cuello.

—Pareces un torero rico que se ha dejado la corbata en México.

El bar del grill estaba lleno a rebosar. De nuevo hubo gente que enarcó las cejas al reconocerme. El único que disimuló con elegancia su sorpresa fue Ramón Lamiaco, un marqués bilbaíno que un par de horas antes se paseaba compungido por las terrazas de Casa Falguera. Lamiaco andaba enredado con una francesa que lo explotaba como si fuera una mina de oro. Fue en el Ritz donde yo empecé a perder conciencia del tiempo.

Una italiana muy guapa que no tenía aspecto de ser lo que era, pero que lo era, se sentó junto a nosotros en el bar y pidió nueve vodkas bien heladas.

—¿Por qué nueve?

—Porque después de tres vodkas cada uno haremos migas con más facilidad. A mí me gustan los hombres por parejas. En solitario sois todos muy aburridos. Os haré un precio.

Y nos tendió la mano diciendo:

—Me llamo Donatella.

Nos bebimos las tres vodkas una tras otra sin respirar. Fue justo el momento que escogió un individuo en el que creí reconocer a uno de los que se quedó en Sant Feliu para asistir al cóctel que daba mi hermana después del entierro.

—Tú —me dijo aquel tipo poniéndome el dedo índice en el pecho— no deberías estar aquí esta noche. Tu pobre madre...

—¡La tuya! —le contesté pegándole un puñetazo entre los dos ojos.

Cayó de espaldas sobre una mesa ocupada por dos parejas que pusieron el grito en el cielo que es donde pone los gritos la gente exagerada. Sentí que alguien me agarraba por debajo de los sobacos y que me sacaban en volandas del grill. Recuerdo muy vagamente haber estado tumbado en una cama mientras Axel me quitaba los zapatos y que Donatella me hablaba en un italiano muy dulce que no supe en qué provincia situar. Lo último que oí claramente y que tenía un cierto sentido fue la voz de Ramón Lamiaco que decía:

—No le deis nada ahora, ni aspirinas, ni tilas. Dejadlo dormir hasta mañana y en cuanto se despierte que se beba un par de cervezas heladas. No hay nada mejor para paliar los efectos de una borrachera como ésta.

Creo que inmediatamente después me desmayé. Cuando me desperté seis o siete horas más tarde, Axel roncaba plácidamente despatarrado sobre la alfombra. En la cama, junto a la almohada, bien a la vista, había unas delicadas bragas de mujer con la etiqueta de una conocida marca italiana.

—Axel.

—Sí...

—¿Por qué no pedimos el desayuno?

Axel se incorporó trabajosamente, descolgó el teléfono y marcó el numero del *room-service*. Le oí pedir que nos trajeran varias cervezas heladas y mucho café.

A las dos en punto de la tarde sonó el teléfono. Era Syliane.

—Estaré con vosotros dentro de media hora.

Syliane era así. Nunca llegaba sin avisar. Lo que le ahorró en su vida conmigo muchas sorpresas desagradables.

La pobre había dormido poco y mal. Se le notaba en la cara y en la dificultad que tenía para sonreír. Como se lo hice notar me contestó:

—Pues a vosotros dos también se os nota que habéis pasado una noche agitada.

—Sí, la verdad es que hemos bebido un poco más de la cuenta —admitió Axel fijando la mirada en el techo.

Syliane no pidió ninguna clase de explicación. Unas horas más tarde ya de regreso en el coche, me dijo:

—¿Sabes?, yo no puedo dejar de pensar en tu madre metida en aquel agujero.

—Yo tampoco.

—¿Qué vamos a hacer?

—Sacarla de allí e incinerarla.

No lo hicimos nunca. El tiempo acaba siempre con las mejores intenciones.

A veces hay amigos que me preguntan que por qué le tengo tanta antipatía a mi hermana María Antonia. No les puedo contestar a todos que, entre otras razones, porque consintió que a mi madre la enterraran como a un perro. A veces esa profunda antipatía que siento por mi hermana puede parecer exagerada. Pero un día hizo algo que acabó de convencerme de que era fundamentalmente una mala persona.

Yo viví durante mis primeros años de matrimonio con Syliane con el continuo temor de que alguien le dijera a Fabricio que yo no era su padre, que su padre de verdad era un señor que vivía en Mónaco y que en cualquier momento podría hacer lo imposible para llevárselo a vivir con él. El niño tenía por mí tal adoración que durante mucho tiempo pensé que esa clase de noticia podía causarle un trauma difícil de superar. Syliane pensaba que lo mejor sería que se lo dijéramos nosotros mismos en su momento. Yo estaba de acuerdo con ella, pero el momento oportuno no se presentaba nunca. «Esperemos a que tenga unos años más», le decía yo a Syliane, quien finalmente aceptaba mis razones porque la pobre sufría los mismos temores que yo.

Fue mi hermana María Antonia quien precipitó las cosas cuando, ya muerta mi madre, fuimos a pasar unas Navidades a Barcelona. Mi hermana organizó una cena en el piso de la calle Muntaner que le habíamos regalado mi hermano Alfonso y yo cuando tuvo que abandonar Casa Falguera al quedarse sola en el pretencioso e inhóspito caserón. Mi hermana siempre ha vivido de gorra.

«De los regalos de los niños me ocupo yo», nos había dicho, así que Syliane y yo habíamos quedado en dejar nuestros regalos para Fabricio en Madrid donde se los entregaríamos a nuestra vuelta.

Acabada la clásica cena de Nochebuena con Alfonso y sus hijos llegó el momento de los regalos. Mi hermana había esparcido los paquetes a los pies del árbol de Navidad que había montado en el salón. Un árbol lleno de bolas de plata, de estrellas doradas y de velitas que se encendían y se apagaban sin ton ni son. Cada paquete llevaba escrito en letras grandes el nombre del destinatario. Fabricio buscó el suyo y al no encontrarlo le preguntó a mi hermana:

—¿Y mi regalo? ¿Dónde está mi regalo?

—¿Tu regalo? Tú no tienes regalo. Tú no eres de la familia —le contestó mi hermana.

Desconcertado y lloroso, Fabricio —apenas tenía seis años— se me acercó para decirme:

—Papá, yo no tengo regalo porque la tía Tony dice que yo no soy de la familia.

Fue una de las pocas veces en mi vida en que sentí la irresistible tentación de matar a alguien. Cogí en brazos a Fabricio y le dije a mi mujer:

—Recoge los abrigos que ahora mismo nos vamos de esta casa.

—Pero ¿qué pasa? —quiso saber mi hermano Alfonso.

—Pregúntaselo a María Antonia —le contesté abruptamente saliendo del piso.

Ya en el ascensor le conté a Syliane lo ocurrido. Se le incendiaron los ojos y quiso parar el ascensor para subir de nuevo al piso de mi hermana. Mientras tanto y por segunda o tercera vez, Fabricio insistía en saber:

—¿Por qué ha dicho la tía Tony que yo no soy de la familia?

¿Cómo explicar a un niño de corta edad lo que es la maldad por la maldad, por el gusto de hacer daño, por el placer de herir? Fue como siempre Syliane quien encontró las palabras justas para explicarle al niño lo inexplicable. No sé ni cómo lo hizo ni de qué palabras se valió. Fue ella también la que, estando yo de viaje y considerando llegado el momento oportuno, le explicó a Fabricio la diferencia existente entre un padre biológico y otro que sólo lo es por amor. El niño lo comprendió muy bien porque hoy, veinticinco años después, sigue valorando a mi favor la diferencia.

1981

José Mario Armero y yo nos conocimos en Madrid durante una cena en la Embajada de Francia, siendo entonces embajador el barón Henri de Coignac, un hombre de gran cultura y exquisito trato. No recuerdo la fecha de aquel primer encuentro pero puedo asegurar que Suárez daba ya muestras de un cierto desaliento, no porque se oyeran en lontananza inconfundible ruido de sables, sino porque según había confiado a sus íntimos había perdido la confianza del Rey. Yo no creo para nada que el monarca le hubiera retirado su confianza sino que, más sencillamente, habiendo levantado en junio del 77 ocho millones de votos como presidente de UCD, Suárez había dejado de ser un «mandao» del soberano para convertirse en alguien con el peso necesario para no tener que decir sistemáticamente «sí» a cuanto le sugiriera el monarca.

Ya no se entendían como dos «quinquis», según la expresión que oí más de una vez en mi entorno familiar barcelonés. El Rey nunca habría legalizado el Partido Comunista en plena Semana Santa. Ésa fue una decisión personal de Adolfo Suárez empecinado en demostrar que no les temía a los militares. Pero fue don Juan Carlos quien tuvo que apaciguarlos para que volvieran a enfundar los sables.

Lo que recuerdo es que después de la cena en cuestión nos reunimos varias personas para tomar el café y poder charlar con tranquilidad en un saloncito contiguo al despacho del embajador. Estaba entre nosotros Alexandre Baudoin, un periodista francés que por encargo del general De Gaulle había viajado a Brasil para convencer a Bernanos, el autor de *Los grandes cementerios bajo la luna*, que se había refugiado allí durante la guerra, de que volviera cuanto antes a París. Uno de los allí presentes le pidió al antiguo periodista que relatara cómo había transcurrido el encuentro entre el general De Gaulle y el gran escritor. El periodista aceptó repetir casi palabra por palabra lo que había escrito Malraux, testigo privilegiado del acontecimiento.

—A las dos horas de su llegada, De Gaulle recibe a Bernanos en su despacho del Elíseo. Los dos hombres se dan la mano. Los dos son altos, pesados, inmensos. Silencio. En la chimenea del despacho presidencial chisporrotea una fogata. El palacio es muy húmedo y la calefacción funciona mal. Bernanos se acerca lentamente a una de las ventanas y echando una ojeada distraída a los jardines, murmura: «Qué manera de llover…». De pie junto a su mesa de trabajo, De Gaulle asiente: «Sí, este invierno llueve mucho». Y no dijeron nada más. Totalmente incapaces uno y otro de romper la barrera de sus respectivas timideces.

—Bien —dijo alguien—, es una bonita mentira al estilo de Malraux.

—Incluso me parece una pena que no sea verdad —dijo una señora a la que yo había visto disertar en la televisión francesa sobre temas históricos.

Armero, con su taza de café en la mano, intervino con voz pausada:

—Yo creo que a los hombres de acción y aún más a los grandes creadores, sólo les gusta escuchar. De haber hablado, no creo que ni De Gaulle ni Bernanos lo hubiesen hecho «libremente». Los grandes hombres siempre están convencidos de que hablan para la posteridad. Y ya que hablamos de Malraux, no recuerdo en qué libro suyo leí una frase a propósito del general De Gaulle: «Si bien el hombre que hace Historia tiene testigos, es raro que tenga conversaciones». Napoleón con Roederer, san Luis con Joinville. Son dos ejemplos perfectos.

Un hombre de cabellos blancos y aspecto de intelectual —más tarde me enteré de que era un antiguo embajador italiano— intervino con un inconfundible acento florentino:

—Ya que hablamos de Malraux, no recuerdo si en el primer tomo o en el segundo de sus *Antimemorias*, afirma que nada se sabe de las tremendas broncas que estallaron entre el papa Julio II y Miguel Ángel bajo la bóveda de la Capilla Sixtina, como tampoco existen diálogos conocidos entre los hombres que hicieron la Historia y los grandes artistas que fueron sus contemporáneos.

—Sería interesante —intervino Coignac— saber de qué hablaron en los campamentos militares de Asia Menor Alejandro Magno y los filósofos que lo acompañaron en sus conquistas. En cuanto a Voltaire —añadió el embajador—, parece querer ignorar todo cuanto pudo decirle Federico de Prusia durante sus largos paseos por los parques glaciales de sus palacios alemanes. Y Diderot no ha dejado rastro de sus conversaciones con Catalina la Grande. El propio Napoleón, tan aficionado a los monólogos, hablaba con parquedad con Philippe de Ségur que, más que su confidente, fue el intérprete de unos hechos históricos que presenció en calidad de testigo.

—A mí —dijo de nuevo el embajador italiano— me habría gustado mucho saber lo que le dijo Napoleón a Goethe cuando se vieron por primera vez, porque hay encuentros entre grandes personajes en los que uno se pregunta si eran tan inteligentes como nos lo quieren hacer creer. ¿Usted sabe, Coignac, qué fue lo único que le preguntó Carlos X a Chateaubriand cuando lo recibió en su presencia? ¿No? Pues le preguntó: «Y dígame, monsieur de Chateaubriand, ¿cómo es el Santo Sepulcro?».

Aquella conversación entre gente que parecía estar enterada de lo que hablaba duró hasta muy pasada la medianoche. Una vez que nos despedimos de nuestros anfitriones, Armero, que había coincidido conmigo en la puerta de la embajada, me preguntó si tenía coche.

—Sí, pero he preferido venir en taxi.

—Yo he hecho lo mismo. No sé conducir y por lo general siempre voy a todos los sitios con mi mujer. Pero esta semana, Ana está en el campo.

Le cogí de inmediato una gran simpatía a aquel hombre que no sabía conducir. Hacía una noche serena y templada y tanto Armero como yo habíamos salido a cuerpo.

—¿Le parece que vayamos dando un paseo hasta que encontremos un taxi? —propuse.

—Buena idea. Me encanta pasear.

Echamos los dos a andar por la calle Serrano que, a la altura de la Embajada de Francia, estaba desierta.

—Salgo raras veces de noche porque me gusta levantarme muy

temprano —me explicó Armero—. Además evito en lo posible las invitaciones a las embajadas porque sólo suelen ser acontecimientos sociales sin el menor interés. Pero siempre hago una excepción con las invitaciones del embajador Coignac porque estoy seguro de encontrarme con gente a la que vale la pena escuchar. —Dejó pasar un tiempo antes de añadir sonriente—: Me temo que mi cultura histórica no va mucho más allá del tiempo en que vivimos. Así que yo tampoco sé lo que se dijeron Napoleón y Goethe cuando se vieron por primera vez.

—Lo más probable es que hablaran del tiempo, como hacen los ingleses y la gente bien educada. Sin embargo usted ha citado a Roederer y a Joinville, el biógrafo de san Luis, rey de Francia, como ejemplos perfectos de personajes poco comunicativos.

—También me gusta, de vez en cuando —dijo Armero ampliando su sonrisa—, tirarme un farol.

Recorrimos en silencio casi una manzana más hasta que Armero dijo:

—He leído un libro suyo, *La caída*, que me había recomendado Ramón Tamames y que me interesó mucho. Por lo que cuenta en él, su familia, o mejor dicho, su padre, tuvo durante muchos años una intensa relación con don Alfonso XIII.

—Mi padre era un cortesano. Era además gentilhombre de Su Majestad «con ejercicio y servidumbre».

—Lo dice usted con un dejo de ironía.

—Me molesta la palabra «servidumbre», sobre todo cuando se trata de servir a un rey. Pero no lo digo con ironía sino con una cierta melancolía porque hablamos de unos tiempos lejanos y al mismo tiempo tan cercanos que parece que nos referimos a unos dinosaurios que hubiesen jugado con nosotros en el jardín.

Pasaron varios taxis sin que ni Armero ni yo hiciéramos el menor gesto para detenerlos.

—También he leído un libro suyo que…

Armero se interrumpió en seco y me preguntó:

—¿Te molestaría que nos habláramos de tú?

—¡Por favor! —protesté.

—Era un libro sobre el exilio.

—En todos mis libros planea siempre la sombra del exilio, aunque a mí no me gusta usar esa palabra. Treinta años de mi vida en

París difícilmente se pueden resumir en la palabra «exilio», sobre todo cuando los he vivido como una bendición.

Armero se detuvo para decirme:

—Me gustaría que un día pudiéramos hablar largo y tendido sobre el tema del exilio. Hace mucho que voy tomando notas sobre ese tema con la esperanza de que un día se conviertan en un libro.

No lo dudé ni un instante:

—Pues cuando tú quieras. —Y enseguida me atreví a añadir—: A cambio de lo que yo pueda decirte sobre el exilio, me gustaría que tú me explicaras cómo te las arreglaste para traer de vuelta el *Guernica* a España.

—De acuerdo.

—Con grabadora naturalmente.

—Naturalmente. Pero todo eso nos puede llevar un cierto tiempo.

—El mío está a tu disposición.

Creo que fue aquella noche cuando empezó a cimentarse entre nosotros una amistad parecida a la de Rick y Claude Rains en *Casablanca* después de haber matado al general alemán.

Seguimos caminando en silencio hasta Juan Bravo donde por fin cogimos un taxi.

—¿Dónde vives? —me preguntó Armero.

—En Castellana, 70.

—Entonces te dejo yo a ti. Porque vivo mucho más lejos.

Quisimos intercambiar direcciones y números de teléfono pero ni Armero ni yo llevábamos «recado de escribir».

—No te preocupes, mañana mi secretaria se ocupará de eso.

Armero era por aquel entonces presidente de la agencia Europa Press.

El taxi se detuvo en Castellana esquina con María de Molina.

—Por aquí vive también Lola Flores —comentó Armero.

—Sí, al lado de casa. Y las noches de verano, cuando dejamos las ventanas abiertas, se oyen las fantásticas broncas que la Lola le monta noche tras noche a su marido, el pobre Pescaílla.

Desde el primer encuentro con Armero en la Embajada de Francia traté de obtener toda la información posible sobre aquel hombre que me había impresionado por una innata sinceridad que no estaba del todo en contradicción con su propensión al silencio y al misterio. Algunos conocidos —más que amigos— le habían apodado la «Pantera Rosa del poder» por la facilidad con que entraba y salía de los despachos ministeriales, ya fueran de la derecha o de la izquierda. Armero era un negociador nato y sin duda alguna el hombre mejor informado del país. Fue un admirador incondicional de don Juan Carlos de Borbón cuando éste era todavía príncipe de España y nadie —y menos que nadie los banqueros— hubiera apostado un duro por su futuro como rey. A falta del dinero de los financieros, José Mario Armero hizo valer sus contactos y su amistad con influyentes miembros de la prensa norteamericana. Fue también él quien hizo posible la vuelta a España del *Guernica* de Picasso pese a las trampas que tendió en su camino Roland Dumas, a la sazón abogado de la familia del pintor. Se cuenta que el propio Franco había dicho en cierta ocasión: «Si Armero hubiese ido a Munich en lugar de Chamberlain, probablemente no habría habido una Segunda Guerra Mundial». La primera vez que le pregunté si era monárquico, Armero me contestó: «Yo no he sido programado para ser monárquico. —E inmediatamente después, refiriéndose a don Juan Carlos añadió—: Pero me gusta mucho ese hombre y desde un principio he creído que tenía que hacer todo lo posible para ayudarle».

Armero tenía el don de resumir claramente en unas cuantas frases problemas tan intrincados como las relaciones entre don Juan Carlos y el dictador.

—Para comprender esas relaciones —decía— hay que volver a los últimos años del franquismo. Desde 1969, después de haber sido nombrado «sucesor a título de rey», don Juan Carlos sabe que su padre no tiene posibilidad alguna de reinar en España. Afianzado en esa certidumbre sólo tiene una idea en mente, yo diría incluso que una obsesión, que dicta todos sus actos: el retorno de la monarquía aunque deba ser a costa de su padre. En lo que se refiere a Franco, éste necesitaba un heredero capaz de salvaguardar las estructuras del régimen surgido de su victoria sobre la República en 1939. Pero si bien Franco había depositado toda su confianza en el joven príncipe, al que creía haber educado adecuadamente, tengo la impresión de que al final de sus días estuvo tentado de retirársela en más de una ocasión. ¿Por qué? El Príncipe había desempeñado su papel a la perfección y nos había engañado a todos. Pero creo que a Franco no, o por lo menos no del todo. El gallego era un hombre extremadamente desconfiado. Apremiado por todos aquellos que pretendían descabalgar al Príncipe, Franco empezó a dudar de él. Sabía que don Juan Carlos mantenía a diario largas conversaciones telefónicas con su padre. Para Franco aquello significaba que padre e hijo seguían siendo uña y carne. Es, pues, más que probable que Franco pensara a veces en dar marcha atrás. Los miembros de su familia, instigados por su yerno, el marqués de Villaverde, le instaban a destituir a don Juan Carlos a favor de su primo, el mediocre Alfonso de Borbón-Dampierre que se había casado con la nieta del dictador. Los Franco, aunque cueste creerlo, consideraron muy en serio instaurar en España una nueva dinastía, la de los Borbón-Martínez Bordiú. Pero Franco nunca daba marcha atrás en sus decisiones y además tenía un morboso sentido del ridículo. Debilitado por la enfermedad, Franco se preocupaba por el porvenir de su familia y sobre todo por su seguridad. Así que don Juan Carlos permaneció en su sitio porque Franco sabía que al joven príncipe no le animaba el espíritu de revancha ni el rencor.

—Me pregunto —quise saber— qué sintió el conde de Barcelona el día que su hijo ocupó por fin el trono que no le correspondía.

—Pues yo —me contestó Armero— me he preguntado más de una vez qué es lo que sintió el propio don Juan Carlos sustituyendo a su padre, que esperaba desde hacía cuarenta largos años el momento de ceñirse la corona. Yo creo, es más, estoy convencido, de que todo estaba pactado de antemano (no sabremos nunca ni cómo ni cuándo), pero que nada se hizo alegremente y que esos dos hombres de excepción han debido de sufrir cada uno un tremendo drama personal. Aunque para mí, lo importante es que la monarquía haya sido restaurada. Te he dicho antes que yo no había sido programado para ser monárquico. Ni por educación y todavía menos por tradición, pues jamás he vivido entre monárquicos, ni en mi familia, ni en el colegio, ni más tarde en la universidad. Es más, he crecido en un ambiente de franca hostilidad hacia la monarquía. Franco no hizo absolutamente nada para impedir las abyectas campañas desatadas contra don Alfonso XIII, quien tanto hizo a favor de su carrera militar además de haberle nombrado gentilhombre de cámara. Como tampoco hizo nada para impedir que la prensa atacara con una mala fe y groserías inauditas la figura del conde de Barcelona. Así que ahora, si soy monárquico, lo soy por profunda convicción. —Armero se quedó en silencio unos instantes y añadió en un tono curiosamente confidencial—: Cuando se es monárquico por tradición como tú no creo que te hagas muchas preguntas. Por ejemplo, ¿qué significa para un hombre ser rey? Gobernar (y reinar es gobernar al más alto nivel) se parece cada vez más a ponerse al frente de una multinacional. Pero las multinacionales investigan a fondo a la persona que debe ponerse a su cabeza. Yo conozco muy bien al director de mi banco, pero no estoy seguro de saber quién es el Rey. En todo caso no puede ser un hombre como tú y como yo. Cuando Luis XIII decía: «No sería digno de ser rey si cediera a mis sentimientos personales» se segregaba a sí mismo del mundo de la gente común como nosotros. Así que a veces, ¿sabes?, me pregunto si no tienen razón los que creen que en la monarquía hay un trasfondo de esencia divina...

Y Armero se puso a reír en silencio mientras que sus ojos claros me miraban fijamente esperando que yo estuviera de acuerdo con sus últimas palabras. No lo estaba.

Días más tarde, en un pequeño restaurante en el que almorzamos *tête-à-tête* para fijar las fechas de las conversaciones acerca del exilio que José Mario quería grabar, me dijo:

—Yo siempre he creído más en el poder de la información que en el del dinero. Dinero se puede hacer a cualquier hora del día o de la noche. Pero para estar bien informado hay que levantarse temprano.

Muchos son —entre ellos yo mismo— los que se preguntan todavía quién era José Mario Armero. ¿Era de derechas? Sí, si solamente se le juzga por los lugares donde le gustaba comer. Pero se sabe que fue el hombre que más hilos movió para que se legalizara el Partido Comunista de Santiago Carrillo. ¿De izquierdas entonces? Traerse de vuelta a España el *Guernica* de Picasso fue durante muchos años una de las grandes ambiciones de la *gauche divine*. Al conseguirlo Armero dejó en mantillas a Ramón Hermosilla con su Greco de las hermanas Segal.

Armero era amigo de hombres que se agitaban bajo toda clase de banderas. Estaba más y mejor informado que la mayoría de los grandes banqueros y desde luego mucho más que cualquier ministro en ejercicio, porque cuando el español medio se levantaba Armero ya había terminado de leer la prensa nacional y la extranjera. Les ganaba a todos por la mano. Fue también el primero en captar a fondo la personalidad del futuro Rey. Con su conocimiento de varias lenguas y sus relaciones privilegiadas, Armero era un hombre irrepetible.

—Sólo soy —explicaba sonriendo— un hombre que nació inquieto y que dedicó muchas horas a su inquietud. Me interesan por igual los problemas universitarios y los sindicales, me fascinan con la misma intensidad mundos tan dispares como el del teatro, el circo y los toros.

Cuando un día le pregunté si le parecía que la discreción era una virtud fundamental para moverse en los círculos del dinero y del poder casi se enfadó.

—¡No, no, en absoluto! A mí los discretos me fastidian. Al discreto yo lo identifico con el funcionario público que se cree más importante de lo que es en realidad y para quien todo ha de ser un secreto celosamente guardado. Yo creo, al contrario, que hay que ser descaradamente indiscreto porque la vida consiste ante todo en comunicarse y por lo tanto es fundamental contar cosas y cambiar impresiones. Sólo hay que ser discreto en relación con los demás, pero en lo que respecta a uno mismo conviene ser de una total indiscreción.

—Muchas mujeres —le dije— rechazan de plano cualquier trato con un hombre indiscreto.

—Y tienen razón. Pero a mí ese problema no me atañe. Mi vida, por ser la que es, nunca ha sido compatible con las obsesiones sexuales. Yo soy un marido fiel. No lo soy ni por principios religiosos o morales, sino porque cuando vuelvo a mi casa después de un día de trabajo en mi despacho de Europa Press o en mi despacho de abogado, vuelvo derrengado. Lo único que tengo ganas de hacer es leer un buen libro o a lo sumo mirar la televisión. Si esta llegada a mi casa fuera a la de una «amiga» con la que tuviera que guardar las apariencias, decirle «qué guapa estás» o «qué bien te sienta ese vestido», sería para morirse. A veces pienso que si yo hubiera sido distinto, si hubiera sido un funcionario de nueve y media a una y de cuatro y media a seis, creo que entonces me habría conformado al tipo de español medio con «querida» y todo. Felizmente, dependo de una dinámica que no tiene nada que ver con la del español común y corriente. Si me dejaran abandonado durante quince días en una isla paradisíaca es posible que me convirtiera en un español como los demás. Pero mientras tenga un teléfono, entre el teléfono y la señora me quedo con el teléfono, cosa que naturalmente cabrea mucho a las señoras. Pero así son las cosas.

Nuestra primera cita de trabajo tuvo lugar unos días más tarde en mi casa de la Castellana. Syliane se había ido al cine con Fabricio y Peloncho para dejarnos tranquilos. Armero se quitó el impermeable empapado y lo colgó cuidadosamente en el respaldo de un sillón de la entrada. Era la primera vez que Armero venía a mi casa. Antes de que le propusiera que subiéramos a mi biblioteca, que es donde yo siempre estoy más a gusto para hablar, él ya se había dejado caer en uno de los butacones del salón azul y blanco que para mí sólo era un lugar de paso. Fuera la lluvia arremetía violentamente contra los cristales de las ventanas. De repente Armero señaló con el dedo un gran dibujo enmarcado en madera dorada colgado en la pared que tenía enfrente.

—¡Un Picasso! —se sorprendió.

—Un dibujo de la serie *El Circo*.

—¿Tienes otros?

—No, sólo éste. Luego te contaré la historia de este dibujo.

No me parecía cauto empezar explicándole a José Mario que el dibujo era obra de mi amigo Montfort, uno de los falsarios más cotizados del mundo, quien me lo regaló a su salida de la cárcel de Fresnes, en París.

Como Fellini, como el fallecido Jean Renoir, como Arthur Rubinstein, Armero era un fanático del circo. Se levantó casi de un salto para observar de cerca el personaje barbudo y paticorto, la bailarina gorda y la bailarina flaca entrecerrados en un arco de metal dorado. Le oí murmurar: «Qué maravilla…».

—¿Sabes? —me dijo al cabo de un momento—, a mí siempre me ha fascinado la creación. Pero no cualquier clase de creación. Por ejemplo, la perfección me deja frío. Para mí los grandes genios de la época son Braque y Picasso. Pero sobre todo Picasso. ¿Tú le has conocido?

—He conocido —contesté— a Picasso cuando vivía en Vallauris tras la ruptura con Françoise Gillot. El hombre no me gustaba.

Le conté a Armero que un día le oí decir a Picasso que todo creador es en realidad una mujer encerrada contra su voluntad en el cuerpo de un hombre. Picasso recordó que Paul Éluard solía decir: «A veces me siento como una mujer penetrada». A Éluard, que no era ni mucho menos homosexual, le parecía perfectamente natural que a un creador de sexo masculino le atrajeran los hombres. Hablando de Picasso y de sí mismo —a los dos les gustaban exageradamente las mujeres—, Éluard decía: «Picasso y yo somos dos viejas lesbianas».

Armero sonrió apenas. Estaba ensimismado en la contemplación del dibujo.

—¿Sabes cuál era —me preguntó sin moverse— la exclamación favorita de Picasso? «¡Es una cosa muy rara!» Ésa era su eterna contestación a todos los misterios del mundo, las estrellas, el sol, la luna, los niños, las mujeres, las flores, el calor, el frío...

Se sentó de nuevo frente a mí sin dejar de echar unos últimos vistazos a las dos bailarinas y el barbudo. Se me antojó de repente que Armero tenía una cabeza de cónsul romano —no una cabeza de cónsul estadounidense, como la de Antonio Garrigues— sino una verdadera, con su ancha frente, su boca enmarcada por grandes surcos, sus ojos claros como de mármol ciego.

—Tú ya sabes —me dijo— que desde hace años me ocupo activamente de conseguir el retorno a España del *Guernica* de Picasso. No sería capaz de precisarte cuándo nació exactamente ese afán mío. Probablemente durante uno de mis viajes a Nueva York, visitando por enésima vez el Museo de Arte Moderno. Es muy posible también que la idea naciera durante una conversación con los exiliados del franquismo. Pero creo que fue a principios de los años setenta, cuando un grupo de amigos pertenecientes al mundo artístico y cultural decidimos preparar un escrito en el que proponíamos que Fernando Morán nos representara para conseguir del Gobierno norteamericano que el *Guernica* de Picasso, sin salir de la ciudad de Nueva York, fuese trasladado del Museo de Arte Moderno al Consejo de Seguridad de las Naciones Unidas, de manera que la obra de un español presidiera aquellas sesiones donde se decidía la paz o la guerra, la vida o la muerte, el ser o no ser del mundo.

—¿No se os ocurrió nunca abogar porque el *Guernica* volviese a España?

—¿En tiempos de Franco? Hubiese sido perder el tiempo. Como Hitler y como Stalin, Franco tenía, en lo tocante al arte, sus bestias negras. Picasso era una de ellas. Además, existía la prohibición del pintor: en ningún caso el cuadro debía entrar en España mientras Franco permaneciese en la Jefatura del Estado.

—¿Qué resultados dio vuestro escrito?

—En realidad nunca llegamos a firmarlo. Por aquel entonces escribí un artículo firmado en *ABC*, fue el primer artículo jamás escrito con relación al *Guernica*, en el que yo explicaba que el cuadro de Picasso ya no era únicamente representativo de la Guerra Civil española. A mi modo de entender, el *Guernica* de Picasso era un grito de dolor, un grito de rebeldía contra la violencia universal, como el terrorismo, contra la guerra, contra las guerras, desde Vietnam hasta Rodesia. Insistí una vez más en que nada podía ser tan bonito como que ese cuadro estuviese colgado en el Consejo de Seguridad de las Naciones Unidas. Mi artículo cayó más o menos en el vacío. La gente tenía otra clase de preocupaciones. Unos por ignorancia, otros por pura indiferencia, el caso es que a nadie le preocupaba verdaderamente el asunto. Los únicos que se preocupaban por el *Guernica* querían a toda costa que el cuadro volviese a España. De haber sido colgado en el Consejo de Seguridad lo hubiese visto mucha más gente que en el Museo del Prado. Pero este detalle no pareció llamarle la atención a nadie.

—¿Qué te incitó a ocuparte tan activamente del cuadro de Picasso?

Armero me miró, como sorprendido.

—España fuera de España no podía sino preocuparme. ¿Y qué podía ser más representativo del alma española que ese tremendo y extraordinario cuadro?

—En Francia corrió hace muchos años el rumor de que Picasso había pintado ese lienzo mucho antes de que tuviera lugar el bombardeo de Guernica por los alemanes. ¿Es eso verdad o mentira?

—Según como se interpreten las cosas. En 1937, el entonces director general de Bellas Artes de la República Española, Josep Renau, un cartelista valenciano de renombre universal, viajó a París previa cita con Picasso. Fue además para encargar a Picasso, en nombre de su gobierno, un fresco que habría de exponerse en el Pabe-

En cuanto el coche pasó bajo la verja de Casa Falguera, el verde paraíso de mi infancia se abrió de nuevo ante mis ojos, mágico y esplendoroso.

En el llamado Salón de Velázquez de palacio Falguera

Las Ramblas fascinaron literalmente a Syliane, a quien el mercado de la Boquería le recordó los mercadillos de la casbah de Argel.

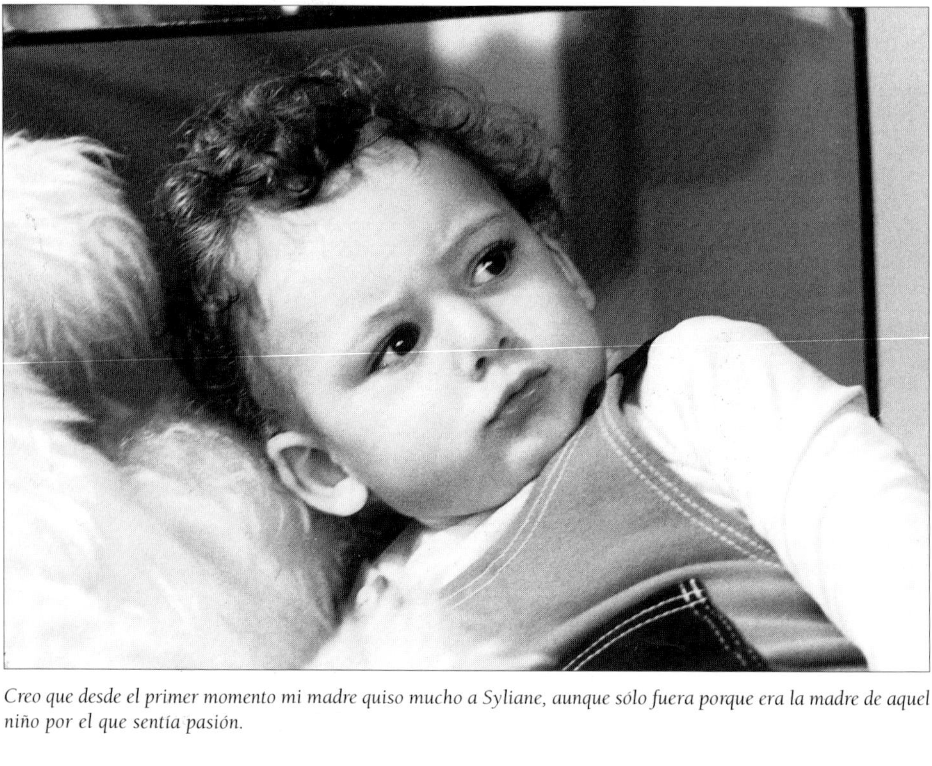

Creo que desde el primer momento mi madre quiso mucho a Syliane, aunque sólo fuera porque era la madre de aquel niño por el que sentía pasión.

Un jovencísimo Adolfo Suárez, el hombre por el cual había apostado el Rey en su nueva andadura de hombre libre. «¡Qué error, qué inmenso error!» había diagnosticado el tontaina de De la Cierva que, como la mayoría de los españoles, se equivocó.

Don Juan (en la foto, junto a Tita Cervera y el autor) *no daba la talla. Era un hombre entrañable pero errático. Un día se ofreció voluntario para ir a luchar junto a los nacionales y al día siguiente se proclamaba el rey de los rojos. Con Franco se comportó servilmente.*

Tarradellas: «No sé cómo será la mujer del señor Suárez pero la del Rey me parece muy inteligente y, sobre todo, muy prudente porque, claro, ella también ha pasado lo suyo». (En la fotografía, doña Sofía en la Universidad Autónoma de Madrid.)

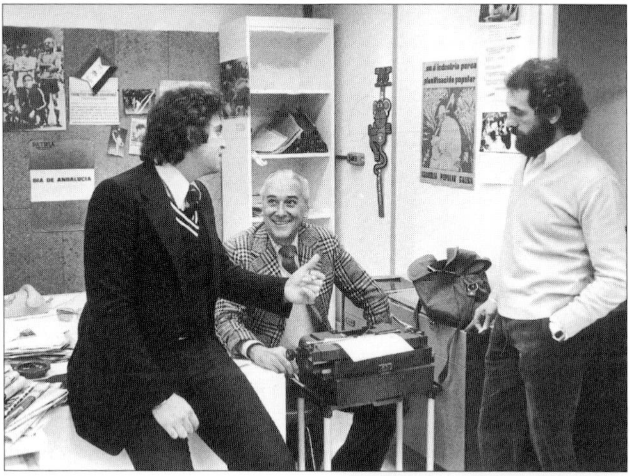

Interviú llegó a ser durante muchos años el buque-insignia del grupo de prensa que montó Antonio Asensio, el cual se convirtió en poco tiempo en uno de los zares de los medios de comunicación: una revista que mezclaba con genialidad la nueva política española, el destape integral y la noticia bomba de última hora.

De todos los miembros de la Junta, Carrillo era de lejos el más preparado políticamente y el más brillante intelectualmente. Era además el más discreto, por no decir el más modesto. Tenía una autoridad innata que siempre trataba de disimular.

Senillosa era un dandi, no sólo en lo concerniente a su vestimenta, sino también, como yo no tardaría en descubrir, en sus actitudes frente a la vida y, lo que era aún más importante, en sus sentimientos más íntimos.

Según Senillosa, Escrivá de Balaguer enmarañó sus orígenes hasta tal punto que actualmente resulta difícil discernir entre la verdad y la ficción.

García Trevijano, un hombre que aparentemente lo ha leído todo, que tiene una memoria prodigiosa, pero cuyo poder de análisis es prácticamente nulo.

En palabras de mi madre, «tienes una mujer muy guapa y muy inteligente, dos cualidades que rara vez van emparejadas. Cuídala mucho y sobre todo ten conciencia, cuando te hagas mayor, de que los dos viviréis en mundos diferentes».

Lo que de verdad me hubiese gustado era cogerla por los hombros, sacudirla y gritarle: «¡Vamos, Grace, suelta ya de una vez eso que no te atreves a decirle a nadie! Que te arrepientes todos los días de haber preferido un príncipe de opereta a hombres como John Ford, Clark Gable, Cary Grant, Bing Crosby, Frank Sinatra y otros que supieron hacer de ti la maravillosa actriz que eres».

Carolina de Mónaco (en la fotografía, con Joaquín Torrens Lladó), *puro producto mediterráneo en el que prevalece, con todas sus impurezas, la sangre de los Grimaldi, antiguas gentes de horca y cuchillo que pirateaban sin alejarse nunca de la costa genovesa. Comparada con la etérea elegancia de su madre, en Carolina se adivinan unos orígenes plebeyos de los que nunca nadie hace mención.*

Philippe Junot, primer marido de Carolina de Mónaco, era el resultado típico de la Francia de los años sesenta y setenta en la que el colmo del placer consistía en vivir civilizadamente.

Carta de agradecimiento del Palacio de Mónaco por la entrevista a Grace Kelly.

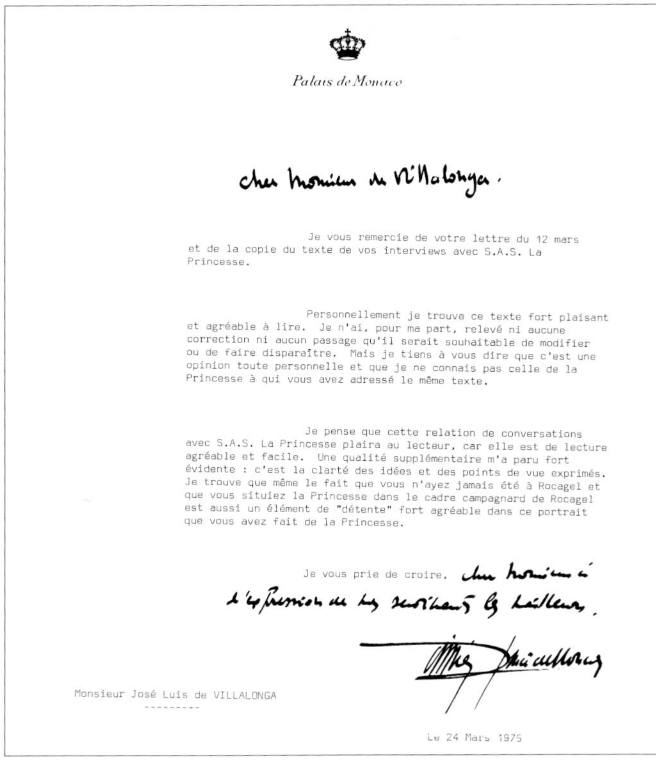

Palais de Monaco

Cher Monsieur de Villalonga.

Je vous remercie de votre lettre du 12 mars et de la copie du texte de vos interviews avec S.A.S. La Princesse.

Personnellement je trouve ce texte fort plaisant et agréable à lire. Je n'ai, pour ma part, relevé ni aucune correction ni aucun passage qu'il serait souhaitable de modifier ou de faire disparaître. Mais je tiens à vous dire que c'est une opinion toute personnelle et que je ne connais pas celle de la Princesse à qui vous avez adressé le même texte.

Je pense que cette relation de conversations avec S.A.S. La Princesse plaira au lecteur, car elle est de lecture agréable et facile. Une qualité supplémentaire m'a paru fort évidente : c'est la clarté des idées et des points de vue exprimés. Je trouve que même le fait que vous n'ayez jamais été à Rocagel et que vous situiez la Princesse dans le cadre campagnard de Rocagel est aussi un élément de "détente" fort agréable dans ce portrait que vous avez fait de la Princesse.

Je vous prie de croire, Cher Monsieur, à l'expression de mes sentiments les meilleurs.

Monsieur José Luis de VILLALONGA

Le 24 Mars 1975

Todo en Burguiba, su mirada, su porte, sus comedidos gestos y la modestia de su atuendo, respiraba respetabilidad.

Creía que aquello de «quedarse con la boca abierta» sólo era una simple frase hecha. Pero así fue como se quedó Burguiba durante unos instantes delante de mi mujer.

En Túnez, ataviada con túnicas árabes de alta costura y con turbantes de no menos alta fantasía, Sofía nos servía en grandes platos de barro unos espaguetis al dente que obviamente mantenían vivo el amor que Carlo Ponti sentía por ella.

La última persona a la que vi llevarse a los labios la boquilla de nácar de un narguile fue María Vidaurreta, una todavía joven potranca que siente un interés infinito por todo lo que no tenga el color ceniciento de nuestra civilización.

Copia de la carta autógrafa de José María de Areilza, embajador de España en París (1960-1964), antes de la publicación de su libro Memorias Exteriores.

Copia de la carta autógrafa que me envió Jose Maris de Areilza, embajador de España en Paris, (1960-1964) antes de la publicación de su libro "Memorias Exteriores".

Hacia el 20 de abril me envió un recado Jose Luis de Vilallonga al que conocí en mi etapa bonaerense cuando se dedicaba a la cría de caballos de raza en una magnífica estancia de su propiedad. Tambien era amigo de sus padres, y en especial de su madre, la sugestiva, graciosa y arrogante Carmen Cabeza de Vaca, Carmen Portago como la llamaban sus amigos. Jose Luis se distanció abiertamente del régimen después de haber luchado como voluntario -casi de adolescente- en las filas nacionalistas. Sus novelas y narraciones escritas en sonoro y bellísimo francés eran saludadas con beneplácito mayoritario por la crítica parisina, tan remilgada y caústica a la hora de proferir elogios. Cada libro era un aldabonazo que resonaba en Barcelona y en toda España como una escandalosa novedad. ¡Un grande de España metido a intelectual propgre!¡ Y escribiendo en francés! Jose Luis se fué convirtiendo "malgré lui" en un exiliado político. Me entrevisté con él fuera de la Embajada para no crearle problemas de incomodidad y me pidió que guardara silencio sobre su intervención en el asunto. A través de una personalidad del campo republicano exiliado Vilallonga había sido puntualmente informado la noche anterior del atentado que se preparaba contra De Gaulle para hacerlo coincidir con la inminente sublevación de los generales en Argel. La confidencia iba mas allá: se había solicitado la colaboración de varios antiguos combatientes de la guerra de España para tomar parte en el proposito. "Nosotros no somos ni mercenarios ni asesinos a sueldo" fué la altiva réplica del líder iberico a los que le hicieron el requerimiento. Pero el plan de atentado siguió adelante con otros participantes.

Agradecí profundamente a José Luis la información que juzgué auten--tica y volví a la Embajada lleno de preocupación. Me pareció un deber de lealtad hacia el Presidente tenerlo al corriente de la grave novedad para que se protegiese. Temía a las filtraciones que se producirían en aquellas horas de altísima tensión en las comunicaciones telefónicas mias. "En las grandes ocasiones hay que confiar en las mujeres", decía Talleyrand. Hablé con la mia y le pedí que llamara desde otro teléfono a la mujer de Burin des Roziers, Secretario General del Eliseo, con quien me unía una buena amistad, pidiendole una entrevista lo mas discreta posible. Aquella misma noche me recibió a deshora en el Eliséo en un despacho contiguo al del Presidente. Le transmití lo que sabía. Me escuchó en silencio. Se levantó y volvio al cabo de unos minutos. "No tengo palabras para calificar nuestro agradecimiento por su gesto en horas tan difíciles". "No habian previsto nuestros servicios especiales -me dijo- esa hipótesis considerandola como improbanle". Se cambiaron urgentemente dispositivos, horarios y desplazamientos relativos al Presidente. Se descubrió la realidad de la amenaza y parte de la trama. No se llevó a cabo el intento de magnicidio en la noche de la sublevación pero sí a los pocos meses en Pont-sur-Seine y un año mas tarde en el Petit-Clamart. De Gaulle se salvo la vida de este ultimo intento de forma milagrosa. No menos de ciento cincuenta disparos fuero hechos contra el coche presidencial cuando se dirigía al aeródromo de Villavoublay.

El drama de Humberto, último rey de Italia, fue estar solo —mejor dicho, abandonado— físicamente, pero mucho más aún moralmente.

Fui víctima de un ataque de risa nerviosa que no pude controlar. El «ladrón» que había vaciado las cajas fuertes de mi familia, convertido en el presidente de la Generalitat de Cataluña, me había dado una prueba más de su amistad.

El 23 de octubre de 1977, cómodamente sentado en el salón de mi casa en París y rodeado de amigos catalanes, le oí gritar a Tarradellas su famoso «Ja sóc aquí!» que volvió locos a los miles de personas que se apiñaban en la plaza de Sant Jaume y, la verdad, me emocioné.

Antònia Macià, mujer de Tarradellas, fue una gran señora por la que yo sentía una profunda admiración y un gran afecto. La conocí y la traté en los momentos más difíciles de su vida, los del exilio, la soledad y el olvido. Son momentos en los que cada uno de nosotros se revela tal cual es. La soledad debió de pesarle menos que a otras mujeres, pues siempre tuvo junto a ella al hombre al que amó toda su vida.

JOSEP TARRADELLAS

Barcelona, 3 de noviembre de 1980

Sr. José Luis de Vilallonga
Marqués de Castellvell
Castellana, 70
Madrid

Querido amigo:

Recibí el ejemplar de su novela "Las gangrenas del honor" que tan gentilmente me ha dedicado y quiero agradecerle, una vez más, el sinfin de atenciones con que me honra.

He leido el libro de un tirón, ya que su lectura no puede hacerse de otra forma. Su ágil estilo lleno de fina inteligencia nos hace vivir situaciones a menudo ignoradas y que es necesario que se conozcan.

Ahora, cuando la situación política del país empieza a hacerme recordar las consecuencias que tuvieron aquellos años que usted nos hace revivir, considero que su libro es más que interesante para comprender y reflexionar sobre lo que sucedió y como se llegó a una situación que para muchos era impensable.

En fin, ya sabe usted que para mi esposa y para mi mismo siempre es un placer tenerle entre nosotros, por lo que no dude en llamarnos cuando venga a Barcelona.

Con la estima cordial de siempre, le saluda,

Carta de Josep Tarradellas al autor.

Cuando me casé con Syliane Stella, las relaciones entre ella y mi hijo John, ambos de la misma edad, fueron desde el principio muy frías.

Francisco Prieto Rodriguez
Abogado del Ilustre Colegio de Madrid
Catedrático

Orense, 62
Tels. 455 39 10 - 455 38 07
Madrid - 20

Madrid, 5 de junio de 1986

Excmo. Sr. D. José Luis de Vilallonga
Marqués de Castellvell
Paseo de la Castellana, 70
MADRID

Muy Sr. mío:

Le escribo esta carta para comunicarle, en relación con la consulta formulada sobre posible alteración del orden sucesorio en el título de Marqués de Castellvell, que la conducta de su hijo John de Vilallonga ante los Tribunales de Justicia franceses en las fechas anteriores y posteriores a su intervención quirurgica, pueden constituir causa de indignidad.

En consecuencia podemos tramitar expediente para que S.M. El Rey le autorice a designar sucesor en las dignidades nobiliarias que actualmente ostenta, excluyendo a su hijo John de la línea sucesoria.

Le significo, si decidiera actuar en el sentido indicado, que razones que cortesía aconsejan exponer personalmente a S.M. El Rey los motivos y razones de su decisión.

Quedando a su grata disposición le saluda atentamente,

Carta en que se informa al autor de los trámites a seguir para excluir a su hijo John de la línea sucesoria del título de marqués de Castellvell.

Syliane cayó rendida a los pies de Madrid y de sus gentes, de los sinvergüenzas que parecían señores y de los señores que les daban cien vueltas a los sinvergüenzas de verdad. Fue una época muy divertida.

Manuel Prado y Colón de Carvajal (el manco) era un hombre alegre y dicharachero, siempre en fase terminal de una grave enfermedad que empeoraba cada vez que se estrechaba a su alrededor el cerco de sus perseguidores que, por lo general, pertenecían a los tribunales de Justicia.

José Mario Armero, un hombre que me impresionó por su innata sinceridad, que no estaba del todo en contradicción con su propensión al silencio y al misterio.

Analía Gadé, una cuarentona guapa, de piel muy blanca, bonitas piernas y un trasero conmovedor que hablaba con un marcado acento argentino pese a los muchos años que llevaba viviendo en España. (Representación teatral de la obra Revistas del corazón.*)*

El reportaje que le propuse a Jaime Peñafiel sobre el cáncer que padecí fue un gran éxito. Casi veinte años después sigo recibiendo cartas de agradecimiento de gente que por lo que pude contarles supieron lo que les convenía hacer. (El autor paseando por París durante el tratamiento.)

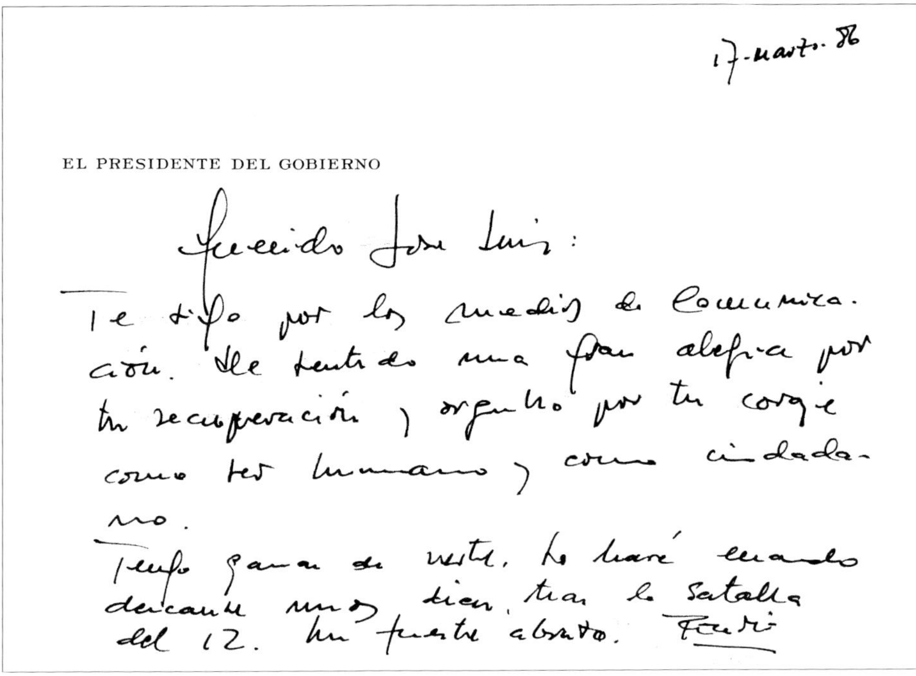

17-marzo-86

EL PRESIDENTE DEL GOBIERNO

Querido José Luis:

Te sigo por los medios de comunicación. He sentido una gran alegría por tu recuperación y orgullo por tu coraje como ser humano y como ciudadano.

Tengo ganas de verte. Lo haré cuando descanse unos días tras la batalla del 12. Un fuerte abrazo. Felipe

Nota de Felipe González felicitándole por su recuperación.

El día que se casaron Carmen Martínez Bordiú y Alfonso de Borbón Dampierre, Franco consiguió lo que Napoleón había soñado el día de su coronación: la asistencia en masa de la vieja aristocracia, que se volcó en el acontecimiento.

Con Syliane, el modisto Pierre Cardin.

Durante la presentación de Gold Gotha.

Durante la presentación de mi libro La nostalgia es un error, *entre Carmen Casas y Rafael Borràs.*

Con Syliane y María Félix.

Silyane cuando fue nombrada la mujer más elegante de París.

J. Antonio Grau, el «autor» de mis mejores Dalí.

Con un joven Vargas Llosa en el festival de cine de San Sebastián.

Roma, presentación del libro L'homme du sang*; a la derecha de la fotografía, Pip Scott-Ellis y Ungaretti.*

Rosa Estera, antigua socia de Pertegaz, una mujer que tuvo la inteligencia, tanto en París como en Barcelona, de decirme «no».

De izquierda a derecha, mi madre; una familiar, la duquesa de Alba, quien le exigió a Jean François Deniau, embajador francés en España, que le jurara sobre la Biblia que don Juan Carlos no era comunista, y mi padre

Con mi hijo Fabricio.

Con Fabricio y Lucio, en el restaurante de este último.

Vista de cerca, Farah Diba era una mujer más atractiva que bella, poseedora de los pies más bonitos que uno pueda imaginar.

Yo le había cogido manía al polaco desde que le oí en televisión durante un viaje a no recuerdo qué país africano dirigirse a una multitud de esqueletos vivientes para recomendarles: «Creced, multiplicaos y confiad en la Divina Providencia».

Yo creo que lo único que le preocupaba a Sabino Fernández Campo (en la fotografía, con los Reyes) *era lo que don Juan Carlos pudiera contarme a propósito del 23-F.*

JOSE LUIS DE VILALLONGA
CASTELLANA [illegible]
[illegible]

12-6-81

Señor:

Quiero informar a Vuestra Majestad de mi ingreso en el PSOE desde donde creo poder servir a mi país y a la Monarquía con mas eficacia que en ningun otro partido. He reflexionado mucho tiempo antes de dar este paso decisivo y creo sinceramente que los socialistas espanoles caminan en el ineluctable sentido de la Historia.

Como monárquico me parece importante prestar mis servicios a un partido que hasta ahora ha valorado la Monarquía mejor que ningún otro. Si un dia dejára de hacerlo yo lo abandonaría inmediatamente.

Con toda fidelidad

Carta del autor a don Juan Carlos informándole de su ingreso en el PSOE y acuse de recibo de Sabino Fernández Campo.

CASA DE S. M. EL REY
EL SECRETARIO GENERAL

Palacio de la Zarzuela
MADRID, 17 de Junio de 1.981

Excmo. Señor
MARQUES DE CASTELLVELL
MADRID

Mi estimado amigo:

Tengo mucho gusto en acusar recibo de tu Tarjeta fecha 12 del presente mes, así como de la carta que he hecho llegar a SU MAJESTAD EL REY, encargándome te diga ha quedado enterado de tu propósito.

Quedo tuyo atento y afectísimo,

SABINO FERNANDEZ CAMPO

El día que conocí a Felipe González tuve la impresión de haber conocido a un ser humano importante, a un hombre que sabe lo que quiere, lo quiere y sabe conseguirlo.

Felipe tiene además una importante cualidad poco común entre los españoles: sabe escuchar, prueba de una infinita cortesía y también de inteligencia.

Fiesta en casa de los Vilallonga, tres meses antes de la victoria socialista del 82.

Felipe con Syliane y el autor en casa de estos últimos poco antes de la victoria socialista del 28 -10.

Cena en la Bodeguiya, a finales de 1986: entre otros, Modesto Cuixart y su mujer, Victoria; Lucía Bosé y su hija Paola; Pirucha Escrivá de Romaní con su marido y el matrimonio Gabilondo.

EL PRESIDENTE DEL GOBIERNO

Madrid, 27 de enero de 1.983

Sr. D. José Luis de Vilallonga
Castellana, 70
MADRID

Querido José Luis:

Gracias por tu amable felicitación y tus cariñosas palabras.

Espero no defraudar tu confianza en mí y poder conseguir que los españoles, en un esfuerzo solidario, trabajemos por la paz y la libertad de nuestro país.

A mí también me gustaría que charlásemos un rato. Te avisaré.

Un fuerte abrazo,

Felipe González Márquez

Saluda a tu mujer

EL PRESIDENTE DEL GOBIERNO

Madrid, 15 de diciembre de 1988

Sr. D. José Luis de Vilallonga
Castellana, 70
MADRID

Queridos amigos:

He recibido vuestra carta y quiero daros las gracias por vuestro testimonio de apoyo.

Recibid un afectuoso saludo,

Felipe González Márquez

Cartas de Felipe González al autor.

EDITADO POR
PRENSA ESPAÑOLA
SOCIEDAD ANÓNIMA
4 DE MAYO DE 1994

ABC

DOMICILIO SOCIAL
J. I. LUCA DE TENA, 7
28027 - MADRID
DL: M-13-58. PÁGS. 136

FUNDADO EN 1905 POR DON TORCUATO LUCA DE TENA

TRISTEZA Y ASCO

Un par de meses antes de que Felipe González ganara las primeras elecciones le hice una larga entrevista en su modesto apartamento del barrio de la Estrella. En un momento dado me aventuré a decirle: «Estoy convencido de que Don Juan Carlos sueña con el día en que reine con un Gobierno socialista en el poder.» «Entre las personas de derechas inteligentes —me contestó Felipe— se lleva la cuestión aún más lejos. Saben que el Rey y la Monarquía estarán definitivamente consolidados el día en que gobernemos en España con Don Juan Carlos a la cabeza. Ese día se cumplirá el viejo sueño de su padre, el Conde de Barcelona, y se convertirá sin discusión en el Rey de todos los españoles.» Felipe González acentuó su sonrisa y añadió: «En la derecha hay incluso gente más sutil que piensa que esa consolidación será definitiva cuando, después de llegados al Gobierno, los socialistas pierdan las primeras elecciones, poniendo así en marcha una alternancia de poder. Será la prueba de que España ha llegado a ser verdaderamente democrática.»

Esa prueba —fundamental— aún está por llegar y no parece que los socialistas hagan gran cosa para convencernos de que España es hoy una verdadera democracia. Cuando el poder se eterniza en manos de unos pocos se convierte sin remedio en abuso de poder. Balzac tenía razón al decir que «todo poder es una conspiración permanente» y, naturalmente, uno cae en la tentación de aceptar que el poder estriba en la posibilidad de abusar de él. Entonces resulta fácil llegar a la cínica conclusión de que un poder del que no se abusara no tiene atractivo alguno.

Monárquico por tradición familiar y por convencimiento propio, siempre fui contrario al régimen del general Franco por ser éste el único obstáculo a esa Monarquía «de todos los españoles» que pretendía encabezar el Conde de Barcelona y también porque un hombre empecinado en sembrar la discordia entre un padre y un hijo no me merecía la menor consideración. Por ésta y otras razones me negué siempre a ser uno de esos monárquicos vergonzantes con un pie en El Pardo y el otro en Estoril. «La gran suerte de esta Monarquía —recuerdo que me dijo Felipe González— es que no haya un partido monárquico para defenderla.»

Fue, pues, la mía, durante los largos años del franquismo, una actitud de dandysmo literario cómodamente ejercido desde mi dorado exilio en París. Volví a España a las pocas semanas de la amnistía general. Los avatares de la UCD, más que preocuparme, me divirtieron. Pero el golpe de Estado del 23-F me heló el corazón. La Monarquía había corrido el riesgo aquella noche de convertirse de nuevo en el monopolio de la derecha, dejando así de ser, automáticamente, la Monarquía de todos los españoles. El Rey lo comprendió mejor que nadie haciendo frente a la conjura que pretendía retrotraernos a nuestro eterno siglo XIX. De haber existido entonces en España una derecha «a la Balladur» habría encontrado en sus filas mi entorno natural, lo que me resultaba imposible en la derecha del señor Fraga, una derecha con resabios de caverna parecida a la que acabó con el reinado de Don Alfonso XIII.

De la mano de mi amigo Alfonso Palomares y con el beneplácito personal de Felipe González, me incorporé al PSOE a las cuarenta y ocho horas del golpe de Estado. ¿Por qué al PSOE? Porque me fascinaban aquellos impresentables muchachos vestidos todavía de pana que, a todas luces, llegarían al poder con un montón de ideas nuevas, mucha audacia, no pocos complejos y unos malos modos que con el tiempo —poco tiempo— se convertirían en una arrogancia insoportable. «¡Los horteras al poder!», ironizó Luis Solana con inhabitual clarividencia. Y los horteras hicieron grandes y buenas cosas de las que nadie quiere acordarse ahora. Sacaron a España de la caverna y la europeizaron según los sueños de Ortega y Gasset. Al revés de lo que muchos se temían, los socialistas nunca pusieron en duda la legitimidad de la Monarquía. Todo fue, pues, viento en popa y los socialistas ganaron las siguientes elecciones por mayoría absoluta. Y fue entonces cuando las cosas empezaron a torcerse.

Recuerdo que durante una de nuestras entrevistas, Felipe González me dijo: «Tú que vives mucho en el extranjero debes de analizar lo que ocurre en España con esa especial claridad que procura la distancia...» Si el presidente del Gobierno me preguntara cómo veo hoy lo que ocurre en España desde un «distanciamiento clarificador», le diría que la imagen de este país está cada día más deteriorada. Y la culpa la tienen esos muchachos que apenas cumplidos los cuarenta años —edad peligrosa si la hay— descubrieron al mismo tiempo tres cosas que, juntas, les resultaron fatales: el poder, el dinero y las mujeres. El poder, sin control alguno. El dinero, a espuertas. Las mujeres, otras, diferentes a las suyas. Al abrirse ante ellos horizontes insospechados, muchos de esos muchachos perdieron la cabeza. Felipe González entró en la era de los bonsais y olvidó el contacto con el mundo real. De innovadores y audaces, los socialistas se abandonaron, apelmazados, a las delicias de Capua. El dinero era fácil, las nuevas mujeres más fáciles aún y el poder llevaba trazas de eternizarse. Unos pocos, presintiendo que un día u otro se podrían perder las elecciones, decidieron arramblar con todo lo que se ponía a tiro. Y empezaron los escándalos, uno tras otro. Juan Guerra, el hermano de su hermano, dio el pistoletazo de salida. Le siguieron, revueltos, Mario Conde, De la Rosa, De la Concha, Salanueva, Roldán y una caterva de politicastros de medio pelo. El caso de don Mariano Rubio es vergonzoso, no por lo que haya podido hacer el ex gobernador del Banco de España, sino por el linchamiento al que lo tienen sometido sus otrora protectores y amigos. Muchos creemos que don Mariano se abandona sin protestar demasiado al martirio tras un pacto con sus antiguos valedores. Porque si don Mariano tirara de la manta podría explicarles a sus jueces de dónde salen las ingentes sumas de dinero que algunos de nuestros mandamases han invertido en Venezuela, sabiamente aconsejados por el sinvergüenza de Carlos Andrés Pérez. O sea que, vista desde fuera —o desde dentro, señor presidente—, España se ha convertido en la olla podrida del refrán. Lo cual me ha impelido a romper mi carné del Partido Socialista con el que verdaderamente ya no sabría qué hacer. Una pena y un asco, señor presidente.

José Luis de VILALLONGA

Artículo del autor en que renuncia a su pertenencia al PSOE, 4 de mayo de 1994.

La idea de realizar una biografía del rey de España en la que la voz cantante fuera la suya me pareció desde un principio descabellada.

Trabajar con el Rey fue para mí una aventura inesperada y muy gratificante. Nunca rehusó contestar a ninguna de mis preguntas pero fue difícil porque a veces me vi obligado a elegir entre mi profesionalidad y la lealtad que le debía a la persona con quien hablaba.

El Rey me pidió sólo un cambio: que dulcificara el tremendo retrato que hice de Alfonso Armada: era un anciano que ya había cumplido condena, con hijos y nietos.

De no haber sido político, Mitterrand se habría dedicado seguramente a la literatura. La última vez que le vi fue cuando el 26 de enero de 1995 me concedió la cruz de la Legión de Honor, con rango de oficial, en uno de los grandes salones del palacio del Elíseo.

Ernest Lluch me pareció un hombre cordial, sin pretensiones, que iba inteligentemente al grano con las palabras precisas.

Mis relaciones con Umbral, si bien nunca fueron cálidas, atravesaron largos períodos de bonanza, durante las cuales yo fui «mi admirado Vilallonga» y él «ese cronista maravilloso que leo cada mañana».

Con el modisto Manuel Pertegaz.

ABC VIERNES 20-4-2001

EDITADO POR DIARIO ABC
SOCIEDAD LIMITADA

ABC

FUNDADO EN 1903
POR DON TORCUATO LUCA DE TENA

Los deberes de un Príncipe

LA Monarquía española está firmemente asentada en el juancarlismo, pero cuando el telón caiga un día sobre el buen hacer de un soberano excepcional, la Monarquía, como Institución, será puesta de nuevo en entredicho por los nostálgicos de las Repúblicas que en España han acabado siempre como el rosario de la aurora. Al heredero de la Corona le tocará entonces convencer a los españoles de que posee las cualidades necesarias —en otras palabras, las cualidades de su padre— para mantener con mano firme el rumbo de una Institución que durante siglos ha sabido mantener la unidad de España. De aquí a que se siente en el Trono, el Príncipe de Asturias deberá de tomar aún más en consideración sus deberes como heredero que sus derechos como persona particular, siendo su primer deber el de dar un heredero a la Dinastía. Para ello esperamos que cuando contraiga matrimonio lo haga, no necesariamente con una princesa de sangre real, que eso ya nadie se lo exige, pero sí con una mujer capacitada por su educación, su carácter y su cultura para ejercer el durísimo oficio de Reina de España.

La gente sencilla, poco al tanto y aún menos preocupada por estos asuntos, suele animar al Príncipe a seguir los dictados de su corazón sin tener en cuenta que desgraciadamente para él, el Príncipe no es un hombre cualquiera. Hace poco leí un artículo de Juan Manuel de Prada en el que éste, con la sana y peligrosa ingenuidad de un chico de pueblo, le instaba a Don Felipe a mantenerse firme y a no renunciar al amor en aras de unas anacrónicas nostalgias cortesanas que ya no tienen curso, pero que sin embargo, cuando se saltan a la torera, tienen por lo general catastróficos resultados. El amor, mi querido Prada, por más grande y sincero que sea siempre tiene un fin y es entonces cuando nos consuela descubrir que la mujer hasta entonces amada posee, además de su atractivo, unos valores y unas cualidades que la pasión nos llevó a desdeñar.

Los Borbones del siglo XX saben mucho de lo que acaban costando los matrimonios llamados de amor. Todos los suyos han acabado en el peor de los desastres. Don Alfonso XIII desoyó los consejos del rey de Inglaterra, quien le advirtió que Victoria Eugenia de Battenberg podía llevar en su sangre el veneno de la hemofilia. Apasionadamente enamorado, Don Alfonso se casó con la bellísima Ena, quien le dio dos hijos hemofílicos y un tercero que se convirtió en sordomudo a los pocos años de nacer. El mayor, el Príncipe de Asturias, tras renunciar a sus derechos al Trono, se casó consecutivamente con dos cubanas y acabó desangrado a las puertas de un cabaret de Miami. Su hermano, el Infante Don Jaime, desoyendo esta vez los consejos del Papa de la época, contrajo matrimonio con una buscavidas italiana de buena familia y tras un penoso divorcio volvió a casarse, esta vez con una pseudo cantante de ópera que sólo resultó ser una vulgar cabaretera debidamente alcoholizada. El hermano más joven, Don Gonzalo, no tuvo tiempo a equivocarse ya que la hemofilia lo mató apenas salido de su primera juventud. Todas estas desgracias familiares pusieron rápidamente fin al gran amor de Alfonso XIII, quien culpó durante el resto de su vida a la princesa inglesa de ser la causante de todos sus males.

> Durante el siglo XX —menos en los países nórdicos, donde quizá a causa del frío nunca ocurre nada— todas las tentativas que se han hecho para incorporar cuerpos extraños a las Casas Reales europeas han acabado casi siempre en aburridos fracasos

En la Monarquía británica ocurrió otro tanto de lo mismo cuando «darling David» tiró la corona de Inglaterra por la ventana para poder casarse —siempre por amor, querido Prada— con una divorciada americana de resbaladizos cascos, ganándose así el desprecio de los súbditos de su imperio.

Años más tarde, dos intrusas consiguieron poner en un brete a la familia real en cuyo seno habían penetrado por la puerta de servicio. Lady Diana Spencer fue la única mujer de Inglaterra que no comprendió que sólo se esperaba de ella que engendrara un heredero al Trono. Lo tenía todo, títulos, dinero, palacios y el derecho a un respeto reverencial. Pero ella quería más. Quería amor, lo que a algunos —entre otros a su propio marido— les pareció mucho pedir. Murió mal, junto a un amante exótico bajo un puente de París. En cuanto a la insoportable Fergie no soportó que su marido, oficial de la Royal Navy, pasara tanto tiempo en el mar. Hoy, la duquesa de York anuncia sopas enlatadas en la televisión americana. Igual de mal puede acabar el actual príncipe de Gales si persiste en sentar junto a él en el Trono a la mujer más odiada de Inglaterra.

Durante el siglo XX —menos en los países nórdicos, donde quizá a causa del frío nunca ocurre nada— todas las tentativas que se han hecho para incorporar cuerpos extraños a las Casas Reales europeas han acabado casi siempre en aburridos fracasos. Posiblemente porque los verdaderos cuerpos extraños sean los propios personajes reales. Mientras trabajaba con Don Juan Carlos en nuestro libro «El Rey», entraba a menudo en el despacho la Infanta Cristina, quien antes de acercarse a su padre siempre le saludaba con un amago de reverencia. Tampoco se olvida nunca Don Felipe de besar la mano a la Reina antes de abrazar a su madre. El discreto y prudente Iñaki Urdangarín, cuando habla de su mujer siempre se refiere a ella como a «la Infanta» y Jaime de Marichalar, con su excepcional sentido del humor, admite que desde que se casó con la hija mayor del Rey «ya no se pertenece». Gestos, palabras y situaciones protocolarias difíciles de comprender cuando se viene «de fuera».

Recuerde el Príncipe que los «monárquicos de toda la vida» serán los primeros en reprocharle su primer paso en falso y Dios no quiera que sea el de su matrimonio. Yo mismo, monárquico genético por no decir endémico, consideraría un error grave una boda que nos pusiera a la altura de los ingleses y quizás empezaría a calibrar las posibilidades de una República que me ahorraría tener que reverenciar a una reina equivocada. Por lo menos, con la República podría despacharme a gusto.

JOSÉ LUIS DE VILALLONGA
Escritor

Artículo publicado en ABC por el autor a raíz del romance del príncipe de Asturias con Eva Sannum y contestación de la Casa Real.

CARTAS AL DIRECTOR

ABC 3-5-2001

Juan Ignacio Luca de Tena, número 7. 28027 Madrid.

☎ Telefax: 913 203 555 • e-mail: cartas@abc.es

Carta del jefe de la Casa de S. M. el Rey

ESTIMADO Sr. Director: Sobre el artículo de D. José Luis de Vilallonga titulado «Los deberes de un Príncipe» publicado el pasado 20 de Abril en la Tercera página del Diario ABC, se han producido, en los últimos días, una serie de comentarios sobre los que me siento obligado a salir al paso.

En primer lugar, creo que es del mayor interés el señalar que la Casa de S. M. el Rey respeta el derecho a la libre expresión de las opiniones, lo que no quiere decir y deba esperarse que estas opiniones, sobre asuntos que le afectan, sean suyas o las comparta aun en el caso en que sus autores o comentaristas, de forma directa o indirecta, así lo puedan sugerir. Este ha sido el caso del artículo del Sr. de Vilallonga. La Casa de Su Majestad desea manifestar que las opiniones en él contenidas son sólo sus propias opiniones y que nadie ha sido autorizado a sugerir que estas sean compartidas por Su Majestad el Rey o Su Casa.

Entendemos que es oportuna esta aclaración, agradeciendo que sea publicada. Le saluda con gran afecto,

El vizconde del Castillo de Almansa.
Madrid.

En mi vida sólo ha contado de verdad una mujer, Syliane Stella, una mujer bella y decorativa que, llegado el momento —un momento «anunciado» como un crimen—, lo tiró todo por la borda como si el haber vivido durante tantos años junto a un hombre mucho mayor que ella le recordara cada mañana lo deprisa que se aproximaba su propia vejez. Sigo sintiendo por ella un gran afecto.

Yo disfruto, por razones evidentes, de una gran cantidad de enemigos que se autocalifican de enemigos mortales. Pero ninguno de ellos tiene como yo las competencias suficientes para escribir, ni mis memorias, ni mi autobiografía. El único enemigo que tengo, implacable y certero, el único con el que a veces temo enfrentarme, soy yo mismo.

llón Español de la Exposición Internacional de París que tendría lugar ese mismo año.

—¿Todo eso en plena Guerra Civil?

—El aparato propagandístico de la República funcionó muy efectivamente hasta la derrota final de las tropas del Gobierno. Importaba mucho, en 1937, que la España republicana estuviese representada en París por dos de sus grandes pintores, Miró y Pablo Picasso. Picasso, naturalmente, aceptó el encargo. Alegando diversas razones técnicas, decidió pintar un lienzo en lugar de un fresco. El tema central del cuadro, los horrores de la guerra, se discutió largamente en el célebre café Aux Deux Magots, en Saint-Germain-des-Prés, entre los miembros de la tertulia a la que solía acudir Picasso. Iban allí André Malraux, gran amigo del pintor, Louis Aragon, Soria, Josep Renau cuando estaba en París, Max Aub y, de vez en cuando, Pablo Neruda. Todos querían que el cuadro condenase el espíritu bélico de los pueblos. Sólo Malraux insistía en que se hiciese alusión al heroico comportamiento de las Brigadas Internacionales. Picasso comenzó a pintar el cuadro en su estudio del quai des Grands Agustins. Yo creo que se negó a pintar un fresco por temor a que el pabellón español fuese destruido al finalizar la Exposición, y con él, la obra del pintor.

»Estaba ya el cuadro muy avanzado cuando saltó la noticia del bombardeo de Guernica por los aviones de la Legión Cóndor. La terrible tragedia conmovió al mundo entero. Instantáneamente, Picasso decidió que su cuadro se llamara *Guernica*. Y ése fue el nombre que le dio al lienzo una fama universal.

»Años más tarde, estaba yo en pleno combate con el *establishment* norteamericano, y me relacioné estrechamente con el profesor Chipps, de la Universidad de California, que ha dedicado una gran parte de su vida al estudio de esa obra de Picasso.

—¿De esa obra, o de la obra de Picasso?

—No, no, de ésa precisamente, del *Guernica*.

Uno diría que a Armero le parecía perfectamente natural esa dedicación tan típicamente anglosajona. Es posible que de haber tenido tiempo, él hubiese hecho exactamente lo mismo.

—Chipps —me explicó— era un tipo muy curioso. Para él, el cuadro de Picasso no era lo importante. Lo importante era saber cómo y sobre todo por qué pintó Picasso precisamente ese cuadro, quizá el más trágico y espeluznante que haya sido pintado en el mundo. No cabe duda de que con su *Guernica* Picasso supera en horror los más temidos esperpentos de Goya. Pero poco antes, o muy poco después, Picasso le hizo tres retratos a Marie Thérèse Walter. Son tres retratos de colores alegres y de una gran serenidad. Esa diversidad emotiva del pintor intrigaba mucho al profesor Chipps. El choque que el bombardeo de Guernica pudiera haber producido en el ánimo del pintor no le satisfacía como explicación. Quería saber, necesitaba saber más. Y Chipps vino a España, una y otra vez. Lo que le interesaba al profesor, convertido en una especie de psiquiatra, era visitar y conocer lo mejor posible las ciudades que quizá le podrían dar la clave del misterio Picasso. Porque Chipps, como tantos otros en el mundo, seguía preguntándose: «¿Quién era Picasso?». Con el rigor de un turista estadounidense, Chipps efectuó el periplo: Málaga, donde nació el pintor; Barcelona, donde vivió; Madrid, donde no hizo sino pasar.

»En Barcelona hay un museo Pablo Picasso. Es una ciudad que siempre se interesó por los hechos y andanzas del pintor. En ella viven miles de sus fanáticos admiradores. En Madrid, en cambio, apenas quedan rastros de Picasso, apenas hay Picassos. Chipps se preguntó entonces si no habría que buscar la solución de los misterios picassianos fuera de España, en Francia, y más precisamente en París. Porque allí fue donde se afincó Picasso cuando era aún muy joven, allí donde tuvo sus mejores amigos (Cocteau, Braque, Apollinaire, Éluard), allí donde vivió hasta su muerte. Picasso, fuerza es decirlo, viajó poco durante su vida. Casi nunca salió de Francia y, si estuvo una vez en Inglaterra, para ver a un amigo, el viaje no tuvo en él la menor incidencia.

—¿Quién era entonces el propietario legal del *Guernica*?

—El Gobierno español, como sucesor del Gobierno de la República que en 1937 se lo pagó a Picasso. Tengo en mi poder la carta original que Max Aub, el entonces agregado cultural de la Embajada de España en París, le escribió a Josep Renau, quien me la regaló, anunciándole que le había pagado personalmente a Pablo Picasso la suma de trescientos mil francos por el cuadro que había de ser expuesto en el Pabellón Español.

—¡Trescientos mil francos de entonces, era muchísimo dinero!

—¡Muchísimo, en efecto!

—¿Y Picasso lo aceptó?

—Bueno, la teoría es que si te encargan un cuadro, hay que pagarlo.

—¡Pero Picasso ya era un hombre muy rico! ¿No se le ocurrió en ningún momento regalar el cuadro a la República española?

—No, pero antes de morir se lo legó.

—No es lo mismo.

—No, no es lo mismo. Pero olvidémoslo, Picasso ha muerto.

Recordé de repente lo que me dijo una noche Boris Vian en un bar de Montparnasse a propósito de un amigo suyo que acababa de fallecer: *«Même mort, un salaud reste un salaud»*.* Pero me callé porque no creí que a Armero le gustara despotricar contra los muertos.

—¿De qué manera llegó el *Guernica* al Museo de Arte Moderno de Nueva York?

—Pues... casi como un intruso. Al acabar la Guerra Civil española y recién empezada la Guerra Mundial, Picasso decidió por su cuenta mostrar el cuadro, primero en Londres, luego en la Exposición Internacional de Nueva York. Y así, sin ninguna clase de documentación, el *Guernica* entró a ocupar el puesto de honor en el Museo de Arte Moderno. Muchos años después, allá por el sesenta y poco antes de la muerte de Picasso, *maître* Roland Dumas, abogado del pintor, estableció una documentación firmada por él mismo, por Pablo Picasso y por los altos ejecutivos del Museo, en la cual se especificaba que el cuadro era legado al pueblo español, pero que sólo entraría en España cuando se instaurara en ella una República.

—Me imagino que ahora entramos en el meollo del asunto.

—En efecto. Porque una vez depositado el cuadro en el Museo de Arte Moderno, su recuperación se hacía verdaderamente difícil. Era evidente que el *establishment* norteamericano veía con muy malos ojos los esfuerzos de aquellos que pretendíamos «llevarnos» el cuadro. En Bellas Artes reinaba una real inquietud. Florentino Pérez Embid, que había sido director general, le escribió una carta a Franco (he visto la fotocopia) en la que le pedía autorización para hacer las gestiones necesarias para el retorno del *Guernica* a España. Franco le contestó que sí, que hiciera las gestiones que quisiera «siempre y cuando ese pintor decadente no entrara nunca en el

* «Incluso muerto, un cabrón es un cabrón.»

Museo del Prado». Terrible frase en boca de un hombre que se hallaba a la cabeza del Estado. ¡Porque Picasso era ya un genio reconocido universalmente!

«Sólo la mediocridad es capaz de ponerse a gobernar prescindiendo de los resortes de la inteligencia», ha escrito, sin pasión, Teresa Berganza refiriéndose al bajísimo nivel cultural del general Franco. Y Antonio de Senillosa, abrupto y feroz, le escribe a Josep Maria Gironella a propósito del susodicho general: «Creía que los españoles éramos como los moros a los que había vencido, comprado o engañado. El tono de sus conversaciones, que nos ha trasladado su primo, el general Franco Salgado-Araujo, era tan vulgar, tan romo, tan chirle, que avergüenza leerlo. Huele a pote gallego o al más ínfimo y degradante cuarto de banderas de antes». Franco era, en verdad, el único hombre que podía atreverse, sin miedo a que lo matara el ridículo, a tachar de «decadente» a Pablo Picasso.

—Como tú sabes —explicó Armero, como si quisiese disculpar al general—, los hombres que de un modo u otro le insultaron, y tú eres uno de los que estaban en sus listas, era a los que Franco más detestaba. Entre ellos estaban Alberti, Madariaga, Picasso y no cito a Arrabal porque en la corte franquista se desconocía a Arrabal. Pero, claro, desconocer a Picasso era imposible. Ni el mismo Franco podía permitírselo.

—Y se vengaba tildándole de pintor decadente.

—Ese calificativo lo emplearon Hitler y Stalin a su debido tiempo, a propósito de pintores alemanes y rusos. Pero no nos andemos por las ramas y volvamos a nuestra historia. Muerto Franco, le expuse a Pío Cabanillas, ministro de Cultura del Gobierno de Suárez, mis deseos de ocuparme profesionalmente, ya que hasta entonces sólo lo había hecho a título privado, del *Guernica* de Picasso. Al poco tiempo y por acuerdo del Consejo de Ministros, el Gobierno Suárez me encargó oficialmente llevar a bien las negociaciones que habían de resolver el destino final del cuadro. Ocurrió que por aquellos mismos días uno de los hombres más interesantes de la política española, Justino Azcárate, republicano de pura cepa nombrado a posteriori senador real, propuso al Senado, y el Senado lo acordó por unanimidad, que se pidiera al Gobierno norteamericano la devolución de la obra de Picasso. Empecé entonces a moverme para que este acuerdo tomado en el Senado con el beneplácito de todos los partidos políticos se tomara asimismo en el Congreso de los Diputados. Intervino entonces Raúl Morodo, miembro de la Comisión Parlamentaria, y propuso al pleno que exigiera el retorno del *Guernica* a España. El pleno, como lo había hecho antes el Senado, adoptó el acuerdo aprobado unánimemente por los partidos políticos. Conseguí que tanto el presidente del Senado como el del Congreso se dirigieran a *maître* Roland Dumas pidiéndole que, como representante de los herederos de Picasso, se ocupara de conseguir la devolución del cuadro.

»He de decirte, antes de ir más adelante, que siempre me he llevado muy mal con Roland Dumas. ¿Por qué razones? Entre otras por la manera de ser del célebre abogado francés que aspira a que se le reconozca como la única gran figura en un asunto que apasiona al mundo entero. Dumas, desde un principio, se ha erigido en el intérprete exclusivo de la voluntad del pintor muerto. Yo, en mi calidad de abogado del Gobierno español, le molesto profundamente. Porque ha pretendido, desde el comienzo de este asunto, que el *Guernica* debe considerarse como un bien totalmente separado del resto de la herencia de Picasso. Cuando murió éste, antes de que finalizase la era franquista, traté por todos los medios de movilizar la opinión pública española. "¡Cuidado —dije—, que los herederos de Picasso se lo quieren repartir todo, el *Guernica* inclusive! ¡Cuidado, que el Gobierno francés reclama una parte importantísima del legado picassiano para cubrir el pago de los impuestos! Cuidado también porque una de las ambiciones de Georges Pompidou, gran conocedor en arte, era que París tuviera su museo Pablo Picasso y en ese museo el *Guernica* quedaría muy bien. Tampoco conviene olvidar —advertí— que en varias ocasiones se le quiso convencer a Picasso para que se naturalizara francés." Personalmente lo que más me preocupaba era que los principales interesados, herederos y Gobierno francés, incluyeran el *Guernica* en la masa hereditaria y que luego se la repartieran. A mi modo de ver, el enemigo verdaderamente peligroso ha sido siempre el Gobierno francés.

—¿Cuál fue la actitud del Museo de Arte Moderno de Nueva York con respecto al problema?

—Su director, mister Robin, siempre ha reconocido ante mí que el *Guernica* pertenece a los españoles y que el cuadro volvería a España cuando el albacea testamentario de Pablo Picasso, es decir *maître* Roland Dumas, considerara que se habían cumplido los requisitos políticos exigidos por el pintor.

—En otras palabras, ¿cuando se hubiese instalado una república en España?

—No. Curiosamente apenas si se habló de república. Creo que todo el mundo se contenta, como probablemente lo haría hoy el propio Picasso, con un proceso democrático a todas luces irreversible. Pero en cambio se hablaba mucho, sobre todo los norteamericanos, de inseguridad y de los posibles actos de vandalismo que se pudieran perpetrar contra la obra maestra de Picasso. A esas elucubraciones sólo se podía contestar que tales actos, que son además poco frecuentes, tienen lugar en todas partes del mundo sin que por ello se cierren los museos o se depositen los cuadros en los bancos. En el Vaticano, no hace mucho, un energúmeno la emprendió a martillazos con la *Pietà* y del Louvre han desaparecido en los últimos años varios cuadros importantes. De verdad, se hacía todo lo posible por una parte y otra para dar largas al asunto y dejar que pasase el tiempo. Las reticencias venían por lo general de los norteamericanos. El *New York Times*, por ejemplo, se ha negado en varias ocasiones a publicar artículos que hubiesen aclarado a la opinión pública estadounidense la posición adoptada por el Gobierno español. En cuanto al Museo de Arte Moderno, la verdad es que, sin el célebre *Guernica*, se convertía en un museo no muy rico en obras magistrales. Eso sin olvidar que, dada la cantidad de público que atraía, el *Guernica* representaba para el museo una entrada anual de varios millones de dólares.

—¿Cuál fue la actitud adoptada por los herederos de Picasso en este asunto?

—Sostenían, como lo ha hecho siempre Roland Dumas, que el cuadro era propiedad del pintor.

—Pero... ¿y los famosos trescientos mil francos?

—Picasso aseguró siempre que ese dinero sólo sirvió para sufragar los gastos de su trabajo.

—¿Qué gastos?

—Supongo que se trataría del alquiler de un taller, de los salarios de uno o dos ayudantes y de lo que pudieran costar el lienzo y las pinturas.

—Pero eso, ¿quién se lo cree?

—Se lo creían Picasso y Roland Dumas. Lo cual bastaba para crear el conflicto.

—Pero vamos a ver, cuando Max Aub le entrega a Picasso trescientos mil francos, ¿en concepto de qué lo hace? ¿En concepto de pago de la obra o en concepto de ayuda?

—En la carta original, que yo poseo, escrita y firmada por Max Aub, sólo se especifica que por orden del Gobierno de la República española, él, Max Aub, agregado cultural de la Embajada de España en París, había hecho entrega a Pablo Picasso de la suma de trescientos mil francos.

—Y en el recibo de Picasso, ¿no se especifica la razón de dicho pago?

—No existe ningún recibo de Picasso y, si lo hay, no lo hemos encontrado nunca. Se han hecho averiguaciones en el Ministerio de Hacienda sin resultado alguno. Yo mismo he hablado del asunto con don Crescenciano Aguado, director que fue de la Renta de la República. Nada. Nadie sabe nada de la existencia de tal recibo.

—Trescientos mil francos de aquella época es muchísimo dinero. ¿Cómo pudo salir de España una suma parecida sin dejar ni rastro?

—Quizá fuera un dinero que se hallaba ya en la Embajada de España, en París.

—¿Y la embajada podía abonar sumas semejantes sin exigir un recibo?

—Así parece que ocurrieron las cosas. Si Picasso firmó o no firmó un recibo, eso sólo podría decírnoslo Max Aub y el pobre ha muerto.

—Luego, el Estado español no posee la menor prueba de haber adquirido el cuadro.

—Así es. Sin embargo, en la época del general Franco se estudió la posibilidad de pedir la devolución del *Guernica* diciendo: la obra es propiedad del Gobierno español porque el Gobierno español la pagó.

—Querrás decir que la pagó el Gobierno de la República.

—Sí, pero ateniéndose a las normas de Derecho Internacional, el Gobierno de Franco reconoció los acuerdos tomados por la República con otros países. Como también reconoció sus deudas. Franco pagó los empréstitos de la República como hoy estamos pagando los empréstitos contraídos por el franquismo. Son muy pocos los países que por un cambio político dejan de reconocer las obligaciones contraídas por el régimen anterior. España no ha faltado nunca a esta norma en ningún período histórico.

—¿Cuáles fueron las reacciones estadounidenses al exigir el Gobierno español la devolución del cuadro?

—Nunca hubo tal exigencia. Yo sólo he dicho «que se estudió la posibilidad de pedir la devolución del cuadro». En realidad, los componentes del Gobierno sabían muy bien que, en el fondo, a Franco no le hacía ninguna gracia que el *Guernica* hiciese su aparición en España. Pero ocurre que si bien a Franco, por animosidad personal hacia Picasso, no le parecía oportuno el retorno del cuadro, a otros españoles —me refiero concretamente al cónsul general de España en Nueva York y a Alfonso de la Serna, director general de Relaciones Culturales— les parecía inadmisible que el *Guernica* estuviera fuera de España. Los abogados estadounidenses consultados por estos señores contestaron que nadie pondría trabas a la salida del cuadro del territorio americano siempre y cuando el Gobierno español fuera capaz de presentar sus títulos de propiedad.

—Y el Gobierno español ni podía, ni puede.

—Exactamente. Cuando empecé a ocuparme oficialmente del tema, pensé en un principio defender la tesis de un gobierno propietario del cuadro por haberlo pagado. Era una tesis que iba en contra del parecer de todos mis adversarios. Iba en contra de todo lo que había afirmado Picasso hasta su muerte. Iba contra las pretensiones de los herederos y contra los intereses del Museo de Arte Moderno de Nueva York, que se consideraba depositario de la obra del pintor. Iba, naturalmente, en contra de la tesis defendida por Roland Dumas. Entonces me pregunté: «¿Cuál es mi objetivo?». Evidentemente, el retorno del cuadro a España. ¿Qué me quedaba a mí por hacer? Negociar con Roland Dumas. Y para facilitar las cosas decidí aceptar su punto de vista y el de los herederos de Picasso: el cuadro siempre había pertenecido al autor y los trescientos mil francos pagados por Max Aub sólo sirvieron para cubrir gastos.

—Entonces, si tu posición y la de Roland Dumas eran idénticas, ¿cuál fue el problema?

—Sólo había uno. Dumas seguía considerando que no había llegado todavía el momento para que el *Guernica* volviera a España. Mi batalla consistía en decirle que sí, que sí, que ya había llegado. Era una batalla que duraba desde hacía ya mucho tiempo. Siendo Suárez primer ministro y estando ya legalizado el Partido Comunista de España. Fui a París a ver a Dumas y traté de demostrarle que España era ya una democracia. No me lo negó, pero me dijo que no estaría totalmente convencido de ello hasta que estuviese aprobada la Constitución. Una vez aprobada ésta, volví al ataque. Entonces Dumas arguyó que en España no habría verdadera democracia hasta que no se resolviese el problema de los vascos. Dumas no se atrevió a decirme esto cara a cara. Me lo hizo saber por intermedio de un amigo común. Cogí un cabreo tremendo. La mala fe de Dumas era evidente. Porque una vez resuelto el asunto vasco podía sacar a relucir los problemas andaluces, valencianos, gallegos...

—Lo que me parece más grave en esta historia es que fuera un francés quien pretendiera decidir lo que es o no es una democracia en España.

—No sólo es grave. Es humillante. Créeme que hubo momentos en que estuve a punto de abandonar profesionalmente el caso. ¿Cómo se puede encargar uno eficazmente de un asunto si la parte contraria se niega a cooperar? Sin embargo, continué removiendo cielo y tierra. Acudí de nuevo a la prensa y me entrevisté con personalidades políticas de alto nivel. Felipe González se portó muy bien conmigo. Habló con Roland Dumas y apoyó muy sinceramente mis puntos de vista. Santiago Carrillo, al contrario, sólo prometió ayudarme a condición de que se prescindiera totalmente del abogado francés, lo cual era prácticamente inaceptable, y que se le asegurara a él, Carrillo, que la obra de Picasso no iría a Guernica, sino directamente al Prado. Éste es un tema que yo me he negado siempre a tratar. Mi misión no consistía en que el cuadro fuese a Guernica o al Prado. Mi misión era conseguir el retorno del cuadro a España. Naturalmente, yo sabía, porque Roland Dumas me lo había repetido en varias ocasiones, que el deseo de Picasso era que su cuadro acabase en el Museo del Prado. En eso Roland Dumas fue muy honesto, pues su opinión personal era que el cuadro debía ir a Guernica.

—¿Qué interés tenía Carrillo en que el cuadro no fuese a Guernica?*

* Santiago Carrillo me ha dado personalmente la explicación a su actitud hace unos días: «Sencillamente, pienso que en el Prado lo verá mucha más gente que en Guernica».

—Nunca lo he sabido. El caso es que quería un documento escrito en el cual se le garantizase que el cuadro iría al Prado.

—¿Quizá Carrillo pensara que no hay lugar en Guernica para recibir un cuadro de tal importancia?

—Ése es un detalle que se puede superar sin dificultad. En Guernica se constituyó una comisión formada por artesanos locales y gentes del pueblo para reivindicar el cuadro así como una reparación por parte del Gobierno alemán en concepto de daños y perjuicios por los destrozos ocasionados por el bombardeo. Parece ser que el Gobierno alemán ha dicho que sí a todo y que incluso se ha ofrecido a construir una especie de monumento conmemorativo en el que el cuadro de Picasso podría hallar su lugar ideal.

Esta tarde nos hemos instalado en mi biblioteca donde me resulta más fácil colocar la grabadora. Armero se deja caer en un sofá como si pretendiera pasar allí la noche. En realidad se levanta cada cinco minutos, una vez para leer el título de un libro que le intriga, otra para poner derecho un cuadro levemente torcido, pero casi siempre por el mero gusto de no quedarse quieto.

—¿Tú le conociste bien a Picasso? —me pregunta.

—No. Le vi innumerables veces en París y sobre todo en la Costa Azul, cuando todavía vivía con Françoise Gillot. Pero no éramos amigos. No puedo menos que recordar aquello que dijo Jean Paulhan a propósito de lo que ganaban ciertas personas al ser tratadas: *«Il est vrai que les gens gagnent à être connus. Ils y gagnent en mystère»**. Para mí el misterio Picasso subsistió sin que apenas le tratara.

»A los que en cambio conocí muy bien —explico— fue a sus hijos Claude y Paloma, porque durante algún tiempo se educaron en el mismo colegio, cerca de Cannes, al que iban los hijos de mi primer matrimonio, John y Carmen. Yo tenía por aquel entonces una casa de campo en Aribeau-sur-Siagne, en las proximidades de Mougins, donde vivía el pintor. Claude y Paloma venían a menudo en bicicleta a pasar el día con mis hijos. Eran unos niños tristes y silenciosos que a mí siempre me hicieron el efecto de estar más o menos abandonados en lo que a la vida afectiva se refiere. Como tú

* «Es cierto que las gentes ganan cuando se les conoce. Ganan en misterio.»

sabes, a raíz de la publicación de las memorias de Françoise Gillot *Mi vida con Picasso*, el pintor se negó rotundamente a volver a ver a sus hijos. De esta ruptura, que se llevó a cabo con una extraña brutalidad, Françoise Gillot me hizo por teléfono el relato de lo acaecido: "Los niños han ido a Mougins como cada domingo a ver a su padre. Se han encontrado con la verja del jardín cerrada. Claude se puso a gritar para llamar la atención del jardinero. El hombre, bastante fastidiado, sólo les pudo decir: 'Monsieur Picasso ha dado orden de que no los dejáramos entrar'. Entonces Paloma, más intuitiva que su hermano, preguntó: '¿Nunca más?'. Aliviado por no ser él quien diera la mala noticia, el jardinero asintió: 'Nunca más' ".

»Naturalmente ni Claude ni Paloma podían comprender lo que había sucedido. No hubo entre ellos y su padre el menor incidente que pudiera explicar aquel rechazo por parte del pintor. Al contrario, Picasso parecía quererlos profundamente. Se divertía con ellos como un niño más. Enseñaba a pintar a Paloma, que parecía tener más dotes para ello que su hermano. En el álbum del fotógrafo americano David Douglas Duncan, *Le petit monde de Pablo Picasso*, hay imágenes familiares que reflejan una serena felicidad. Desgraciadamente, había, sí, una explicación a la actitud del pintor: su violento resentimiento hacia Françoise Gillot, madre de Claude y de Paloma, que se había atrevido a hablar en su libro de Picasso como si se tratase de un ser humano y no de un dios. Que fueran sus propios hijos los que pagaran la osadía de la madre no debió de preocuparle mucho. Por encima de todo estaba su orgullo, su terrible vanidad de macho español y, sobre todo, su desmesurado egoísmo.

—Parece como si el hombre no te gustase.

—Ya te lo he dicho. No me gustaba. No me gustaba nada. Olvidemos al pintor. Que fuera un genio nadie, excepto Franco, lo ha puesto nunca en duda. Yo no soy un entendido en arte. Me gusta la pintura como me gusta la música sin que por ello sea capaz de leer una partitura. Yo colgaría encantado en las paredes de mi casa todos los Picassos de las épocas azul y rosa, pero por nada del mundo querría tener que enfrentarme diariamente a *Les demoiselles d'Avignon*, ese cuadro siniestro que sitúa al sexo a las puertas del infierno y que sin embargo es quizá el cuadro más importante del inventor, o mejor dicho, del descubridor del cubismo. Cocteau, que fue de los pocos que posiblemente comprendió a Picasso, dijo después de mirar uno de sus cuadros: «La belleza es asimétrica», y como Cocteau era ante todo un poeta, añadía: «Es lo que yo llamo cojear. Los ángeles cojean. La belleza cojea». A Alex Maguy, el galerista, le gustaba pensar que quizá la belleza no fuera más que una convención. Pero José Mario, nos estamos apartando del tema. Olvidemos al pintor. El hombre, el ser humano era mezquino, vengativo y aunque parezca mentira, de una mentalidad terriblemente provinciana. Exceptuando su pintura, Picasso no tenía nada de universal.

»También es posible que de haberle conocido en España en su salsa original tendría hoy otra idea de él. Pero le conocí en el exilio. Y creo que en el exilio las virtudes pero sobre todo los defectos de los españoles se magnifican como una planta tropical bajo el sol de mediodía. En el extranjero, por poco que sea alguien, el español tiene una marcada tendencia a jugar "al español". Aquella tontería que dijo José Antonio Primo de Rivera más o menos plagiada de Jorge Guillén a propósito de lo serio que resulta ser español, nos lo hemos creído todos los españoles por lo menos una vez en nuestras vidas.

—¿En qué consiste exactamente jugar a ser español en el extranjero?

—En parecerse lo más posible a lo que los extranjeros, y sobre todo los franceses, creen que somos los españoles. Es decir, en caricaturizarnos, presentándonos sin pudor alguno como los grandes amadores del siglo y naturalmente, como «hijos de alguien», es decir, como hidalgos. Imagínate hasta qué punto pueden exacerbar estas fantasmagorías los complejos de inferioridad de aquel que no es «hijo de nadie, de nada o de casi nada». El complejo español de la hidalguía a toda costa florece en el extranjero con extraña ferocidad.

»Picasso jugó a fondo el juego del "español". Suprimió tan pronto llegó a París su verdadero nombre que era Ruiz y se quedó con Picasso que, a sus oídos, debía sonar mejor. Pero del español idealizado por Mérimée, Montherlant y Waldo Frank, Picasso sólo adoptó por suyos los más banales clichés del folclore ibérico. Picasso se vistió siempre que pudo de picador retirado. Capa, sombrero cordobés y camisa cerrada sin corbata. Y si bien inmortalizó en sus aguadas los gestos sacramentales de la tauromaquia, de toros el hombre entendía muy poco. Una vez, estuve sentado junto a él en la plaza de Arles, en una corrida protagonizada por el Cordobés. Gritaba ¡olé! a destiempo como un turista belga cualquiera. Me consta igualmente que el "cante hondo" le aburría porque también le he visto bostezar con impaciencia en una de esas juergas seudoflamencas que sus turiferarios le organizaban después de las corridas creyendo que le gustaban. Digo turiferarios porque Picasso, hasta que se casó con la que hoy es su viuda, vivía rodeado de una corte, no de amigos, sino de gentes que le bailaban el agua con inútil descaro. Yo no creo que Picasso tuviera verdaderos amigos, y no me cites, por favor a Sabartés, porque Sabartés fue ante todo un esclavo.

—Si fueses pintor yo diría que le tienes envidia a Picasso.

—Soy sencillamente un escritor decepcionado por un hombre que humanamente no supo estar a la altura de su genialidad. Te voy a contar una anécdota ejemplar a propósito de la avaricia de Picasso. Me la contó Françoise Gillot que fue testigo de la escena. La cosa tuvo lugar en París, durante los primeros meses de su vida en común con el pintor. Había ido a verlos un viejo amigo que Picasso decía querer mucho. Al amigo en cuestión las cosas le iban mal. La mujer gravemente enferma, dos hijos sin trabajo y su propia pintura —el amigo de Picasso también era pintor— que apenas si le daba para comer una vez al día. «No habría venido a verte —confió el desgraciado— de no haber sido amenazado por los del fisco que han decidido embargarme de un momento a otro. Como te he dicho, Matilde está en la cama y me temo que para ella lo del embargo pudiera tener consecuencias fatales. Así que he venido a ver si me podías prestar el dinero necesario para pagar mi deuda, dinero que, naturalmente, yo te iré devolviendo aunque sea poco a poco...» Picasso escuchaba al viejo amigo sentado a horcajadas sobre un enorme baúl de cuero negro.

—¿Por qué? ¿Se marchaba de viaje?

—No. Ya sabes que Picasso no ha vivido nunca *dans ses meubles*. Nunca ha tenido lo que se llama una casa verdaderamente montada. Incluso cuando se instaló en esa maravilla que es el castillo de Vauvenargues, siempre vivió como si estuviera de paso, con un par de camastros, cuatro sillas y una mesa de pino en la cocina.

—Sí, ¡pero con Picassos colgados en las paredes!

—Porque no le costaban nada.

—No exageres.

—No exagero. Su colección particular de pintura (tenía los mejores Braque que existen en el mundo) no estaba colgada en las paredes de ninguna de sus casas, estaba encerrada en las cajas fuertes de la Lloyd's y de la Morgan Bank. Yo he comido una vez con Picasso en la cocina de Vallauris. Los platos eran de plástico, las servilletas de papel y el vino de Argelia.

—¿Y eso te parece tan mal?

—En lo tocante al vino, imperdonable. Por lo demás, a cada cual sus gustos, o mejor dicho, sus inclinaciones atávicas. La sencillez me parece muy bien. Pero también me parece muy bien todo lo contrario. Lo importante es comportarse de un modo natural. Las invitaciones a almorzar del duque de Alba, del último, no del cura-consorte de ahora, rezaban así: «El duque se sentará a la mesa a las dos y media en punto...». Al duque le parecía muy natural que ningún invitado faltara nunca a la cita, aunque sus términos me parecen una grosería medieval. Como le parecía natural comer en una vajilla de la Compañía de Indias y que el vino de cada día fuera un vino francés de la mejor cosecha. Y todo ello rodeado de Rembrandts, de Goyas y de Murillos que bien valían los Picassos de las grandes épocas. Me temo en cambio que la simplicidad de Picasso no fuera tan natural como lo era la insolencia del duque. Estoy convencido de que la sencillez de Picasso, que ahora que lo pienso, resultaba tremendamente teatral, no era sino el fruto de un complejo de inferioridad social. Picasso era demasiado inteligente para no saber que «no sabía».

—¿El qué?

—Pues... ni coger correctamente un tenedor. El lujo le asustaba como puede espantarle a un impotente la belleza de una mujer dispuesta a acostarse con él. El vivir como un gañán era para Picasso como una rebelión contra los modos y modales que desconocía, pero que al parecer estaban al alcance de cualquier chisgarabís de esos que llaman «de la buena sociedad».

Armero se impacienta. Toda parrafada que exceda medio minuto le suena a tiempo muerto.

—Bueno —dice—, volvamos a lo nuestro. ¿Cuánto le prestó al amigo?

—Nada.

—¿Cómo nada?

—Lo que te digo. Picasso le dijo que no, que lo sentía mucho pero que en aquel momento no podía.

—Pero ¿de qué suma se trataba?

—De unos pocos miles de francos.

—¿Y cuáles fueron los argumentos de Picasso para explicar su negativa?

—Lo ignoro. A Françoise Gillot le daba demasiada vergüenza comentar el asunto. Personalmente siempre he sentido una gran curiosidad por saber cómo un señor muy rico le dice que no a uno muy pobre que le pide dinero.

—Por lo general, las excusas son de carácter moralista: «Tengo por principio no prestar nunca dinero, porque eso nos rebaja al demandante y a mí». Y añaden siempre que antes de prestarlo, prefieren regalarlo. Pero eso no lo hacen nunca.

—A mí los avaros me producen una especie de temor físico, porque creo que la avaricia esconde defectos y vicios mucho más graves. Sequedad, avidez, indiferencia. A veces, incluso, odio. Es terrible porque, en realidad, vivimos rodeados de avaros. No solamente es avaro aquel que siente un amor desmedido por el dinero, lo es también aquel que amasa cuadros, joyas, objetos de arte, etc. En cierto modo, el primero puede ser útil a la sociedad. El segundo no lo es a nadie.

—Pudiera ser, en el caso de Picasso, que éste fuera de verdad un hombre sencillo.

—Creo más bien que la avaricia, al prohibir la realización de ciertos deseos, simplifica mucho la vida. De ahí un aire de simplicidad que no es más que una trampa.

Armero se vuelve a impacientar.

—¿Así que al pobre y viejo amigo, Picasso no le dio ni un franco?

—No le dio nada. Es más, en cuanto el visitante salió de la habitación, Picasso empezó a reírse, primero muy quedamente, luego más y más fuerte hasta acabar sofocando una homérica carcajada.

—»¿De qué te ríes? —le preguntó Françoise, sin comprender las causas de aquella hilaridad.

»Picasso sacó una llave del bolsillo y abrió el baúl.

—»Mira —gritó.

»El baúl estaba lleno hasta los topes de billetes de banco. Francos franceses, libras esterlinas, marcos alemanes, coronas suecas, liras, dólares e incluso algún papel moneda de origen soviético. "Eran —me explicó Françoise—, billetes viejos, enmohecidos, algunos de ellos como con los bordes comidos por las ratas. Estoy segura de que muchos de ellos no estaban ya ni en circulación".

»—¿Cuánto dinero hay aquí? —le preguntó Françoise al pintor.

»Picasso se encogió de hombros con fingida indiferencia.

»—¡Yo qué sé! Cien millones. Quizá doscientos.

»—Pero ¿por qué no está todo eso en un banco?

»A Picasso se le cerró el rostro.

»—No me fío de los bancos —gruñó—. Proporcionan intereses, de acuerdo, pero eso les da derecho a jugar con tu dinero. Prefiero mil veces un baúl.

»—¡Cómo has podido! —se indignó Françoise—. ¡Negarle tu ayuda a ese pobre hombre con el culo encima de esa fortuna!"

»Picasso cerró el baúl de un golpe.

»—¡Qué culpa tengo yo de que su pintura sea una mierda! —aulló—. ¡Que cambie de profesión y que trabaje como todo el mundo!

»Françoise me dijo que a raíz de ese incidente estuvo casi una semana sin dirigirle la palabra. Lo sorprendente es que ese hombre tan despiadadamente avaro le entregaba todos los años al Partido Comunista francés una suma de dinero que superaba la cantidad contenida en el baúl.

—Digamos —dice Armero sin sonreír— que su generosidad tenía un carácter abstracto.

—Yo diría que era uno de esos inquietantes personajes que tanto abundan en la izquierda, angustiados por el devenir de la Humanidad pero a los que el individuo en sí les importa un carajo. Mira, años más tarde, cuando Claude Picasso decidió instalarse en Nueva York para iniciar una carrera de fotógrafo junto al célebre Avedon, le escribió a su padre pidiéndole que le ayudara financieramente durante los primeros meses de su estancia en Estados Unidos. Picasso le contestó que daba las instrucciones necesarias a sus banqueros estadounidenses. La primera vez que Claude se presentó en la Banca Morgan, el director, evidentemente molesto, le explicó que Picasso le había dado orden de entregarle a su hijo, cada primero de mes, una suma equivalente a diez mil pesetas de hoy. Según Françoise Gillot, el muchacho salió del despacho directorial dando un portazo y olvidando recoger el sobre que le tendía el banquero.

—Pobre chico. Dime, ¿qué tipo de mujer es Françoise Gillot?

—Yo diría que el prototipo de la clásica pequeñoburguesa francesa «liberada» de las servidumbres de su clase gracias a un talento, un pequeño talento, en el que ella cree a pies juntillas. Una vez me dijo, muy ufana, que a pesar de haber vivido varios años junto a Picasso, «éste no había en modo alguno influido en su pintura».

—Lo cual, seguramente, fue una lástima, ¿no?

—Qué duda cabe. Personalmente, no creo que a Picasso le importara un bledo lo que hacía Françoise con un pincel en la mano.

—¿Y qué hacía?

—Cosas bonitas. Flores, niños, paisajes, todo ello sobre un fondo decorativo de pretensiones surrealistas. Nada.

—Entonces, ¿qué era lo que los unía?

—A mí siempre me pareció evidente que lo que verdaderamente los unía era el sexo. Françoise era una mujer de aspecto sensual, de piel muy blanca, un poco fondona, con un rostro más bien grácil, unos ojos luminosos y una boca de esas que los escritores populares gustan de llamar «jugosas». No era de cabos finos. A mí me recuerda una de esas mujeres de Maillol con carisma erótico, que es lo contrario de la distinción. En resumen, una especie *d'animal d'amour* sin otra ambición que la de gustar a los hombres que le gustaban a ella. Picasso era uno de esos hombres. Cuando se fueron a vivir juntos mediaba entre ellos una diferencia de casi cuarenta años. A pesar de su edad, Picasso seguía siendo muy atractivo. En Vallauris, me confió Françoise, hacían el amor varias veces al día, «*Mais sans tendresse, tu sais, comme des bêtes*».

»La verdad es que Picasso era también un "animal erótico" en perpetuo estado de celo. Las pocas veces que le vi en su casa andaba siempre con el torso desnudo y los pies descalzos. Tenía la piel muy morena y era increíblemente fuerte.

—¿Se cuidaba mucho?

—Comía siempre sin sal y apenas si bebía alcohol. Cuando ponía la mirada en una mujer, tenía unos ojillos negros, móviles e inquisidores, ésta se revolvía inquieta como si se sintiera violada. Las grandes escenas de celos entre Picasso y Françoise estuvieron siempre motivadas por una de esas miradas.

Tengo la impresión que desde hace unos segundos Armero está pensando ya en otra cosa. No me equivoco, porque me pregunta:

—¿Tú has podido comprender alguna vez el comunismo de Picasso?

—A decir verdad, siempre he creído que el franquismo de Salvador Dalí era mucho más sincero que el comunismo de Pablo Picasso. Dalí clamó *urbi et orbi* su satisfacción por los fusilamientos de Burgos, pero que yo sepa Picasso nunca felicitó a los rusos por haber acabado a cañonazos con la primavera de Praga.

—¿Tú crees que los franceses se tomaban en serio el comunismo de Picasso?

—Lo que sí es cierto es que Picasso figuraba en los registros del Partido Comunista desde el año 1940. Lo que no creo es que Picasso estuviese muy enterado de lo que era el comunismo. Lo veo difícilmente leyendo *El Capital*, de Karl Marx. Y mucho menos a Gramsci. Hay una contradicción total entre la personalidad picassiana y el universo dogmático, casi medieval, de los comunistas, sean franceses, rusos o chinos. Picasso, a mi entender, era el prototipo de anarquista ibérico. Araquistain dice, tratando de explicar las opciones políticas del pintor, que Picasso «se afilió tal vez al comunismo por creer que era la escuela política más avanzada, del mismo modo que se afilió a la escuela artística de Apollinaire».

—Antes que Picasso, muchos artistas cayeron en la misma trampa, fascinados por una doctrina que les parecía ser la más moderna y progresista de su tiempo.

—Araquistain señala también que «muchos hombres pertenecientes, como los españoles, a razas que durante cientos de años sólo conocieron la injusticia y la opresión del Estado, tienen una marcada propensión a entusiasmarse por unos ideales que preconizan la justicia social y la paz internacional». Para muchos de estos hombres, por lo general tan primarios como lo era Picasso en política, Rusia personificó durante años el Estado de libertad humana, el Estado anarquista por excelencia, el Estado anti Estado.

»Pero el ardor comunista de Picasso se enfrió mucho a raíz del escándalo que provocó el retrato que hizo de Stalin a la muerte del dictador. El dibujo, publicado por orden de Louis Aragon, director de *Les Lettres Françaises*, disgustó muy profundamente, por razones incomprensibles, a los gerifaltes del Partido Comunista francés. Era un retrato puramente picassiano, inspirado en una fotografía tomada en 1903, que representaba un Stalin aún joven con unos tremendos bigotazos negros y espesa cabellera. Los jefes comunistas franceses consideraron que Picasso había desprestigiado la imagen de marca del dictador. Pierre Daix, dirigente por aquel entonces del Partido y redactor jefe de *Les Letres Françaises*, cuenta que apenas salida la publicación a la calle, el edificio de la rue du Louvre donde se imprimía entró en ebullición.

«"Acabamos de atentar —escribió— contra la imagen de Stalin."

»Era la reacción del aparato que se disociaba netamente de la de los militantes de base del edificio, más bien contentos de que Picasso hubiera deseado dar testimonio de su duelo. Los camaradas de los diferentes servicios se comportaban como ateos, como librepensadores. El culto correspondía al aparato. Y esa reacción no me extrañaba. El aparato identificaba la conciencia de su superioridad con la preeminencia de Stalin. Picasso, al devolvernos al joven Stalin, el terrorista, actuaba también él como un ateo. El secretario del Partido emitió un comunicado vengador. Aunque con ciertas precauciones, censuraba a Picasso y a Aragon y sobre todo felicitaba a los camaradas que inmediatamente habían hecho conocer al Comité Central su reprobación. Se ordenaba al camarada Aragon que publicara en su semanario todo lo que en la numerosa correspondencia recibida contribuyera a una crítica positiva. Aragon decidió publicar el comunicado en el número de *Les Lettres Françaises* del día siguiente, lo que significaba la aceptación de la decisión. Hubieran podido invocar razones técnicas para no deshacer en el último minuto la primera página del periódico y publicar el comunicado una semana más tarde. El resultado habría sido muy diferente. La prisa de Aragon anuló toda posibilidad de resistencia. Más tarde, cuando le pregunté por qué había cedido con tanta ligereza, me dijo que no podía arriesgarse a un conflicto con el Partido a causa de la situación de su cuñada Lili Brik, la viuda de Maiakovski, en Moscú.

—Es un *affaire* típicamente comunista.

—Sí, por lo absurdo. Y la falta de dignidad y de valor de Louis Aragon frente al aparato del Partido es una prueba más, entre otras muchas, de la servidumbre a la que estaban sometidos personajes de la importancia del ilustre poeta.

—Dices que el dibujo de Stalin le fue inspirado al pintor por una fotografía. ¿Significa eso que Stalin y Picasso no se conocían personalmente?

—Exacto. Picasso, al parecer, nunca sintió la curiosidad de conocer a Stalin. Pero el dictador ruso tampoco hizo gran cosa por encontrarse con el pintor más popular de su tiempo.

—Probablemente tendría de su pintura la misma opinión que el general Franco.

—Seguro. Araquistain señala que «pocos comunistas habrían encontrado tantas facilidades como Picasso para visitar a Stalin, uno de los hombres más inaccesibles que ha habido jamás».

—La falta de curiosidad por parte de Picasso implica quizá —dice Armero— un cierto recelo, porque tratándose de un creador de su envergadura no me atrevo a pensar que fuera mera indiferencia.

—Es posible también que Picasso tuviera ya sus dudas acerca del respeto de los comunistas a la libertad de sus creadores. Picasso no podía ignorar que, en Rusia, su pintura no entraría en los museos y que a él mismo le tratarían de pintor decadente o degenerado. Esa clase de dudas no le quitaron nunca el sueño a Dalí, que se movía en el franquismo como pez en el agua, pese al poco respeto que el régimen le tenía a los creadores que no hicieran obra de académicos.

»A propósito del *affaire* Picasso-Stalin, hay un comentario muy curioso de Pierre Daix que salió publicado hace un tiempo en una revista española. El dirigente comunista francés escribe que "Picasso habría preferido con mucho que su pintura, su arte, complaciera a los camaradas". Y le habría gustado, sin duda alguna, que su Stalin hubiera recibido un homenaje. Pero a partir del momento en que ése no era el caso, en que ahora sucedía lo mismo que con su pintura en la Unión Soviética, él no iba a enfermar por eso. La verdad de la pintura pasaba para él por delante de toda política. Y no le consolaba que su "paloma de la paz" hubiera sido difundida por todo el mundo. Su paloma era una litografía. Aragon había confeccionado un afiche y el afiche había tenido un gran éxito. Pero todo se hizo con un poco de trampa. Como se hace trampa con las palomas, que son animales crueles, cuando se las presenta como símbolo de la paz. Picasso ha detestado siempre las mentiras, sobre todo cuando el arte está envuelto en ellas. Una tarde hablamos de la famosa paloma en su casa de Vallauris. Picasso, en el intervalo entre la paloma de la paz y el retrato de Stalin, había realizado una maravillosa litografía representando el estallido de una paloma dentro de un arco iris. Al

Partido no le gustó. "Imagínate —murmuró Picasso—, una paloma en pedazos..." Picasso conservaba todavía la litografía rehusada. La miró tomando distancia. Había pintado maravillosamente el movimiento del ave. El arte de Picasso era inconfundible. Señaló la pintura con el dedo y suspiró: "Y sin embargo, vuela... La otra es la paloma cruel. Nadie sabe hasta qué punto son crueles". Un día Picasso puso una paloma nueva en una jaula y las demás le sacaron los ojos. Picasso dijo: "Ésta es la realidad. Mi paloma de la paz, mata. Y todo el mundo me dice gracias. Gracias por la paloma de la paz, camarada Picasso...".

—En el fondo —dice Armero—, el comunismo de Picasso fue un comunismo de salón.

—Sí, pero sincero. No creo que fuera un hombre que se comprometiera a nada sin reflexionar. Era un artista con ribetes de intelectual. Lo contrario se da menos.

La sonrisa de Armero se hace escéptica.

—En definitiva —pregunta—, ¿qué es un artista?

—Hay muchas maneras de definir lo que es un artista. Max Jacob solía decir una cosa que me parece importante: *«C'est au moment oú l'on triche pour le beau, que l'on est artiste»*. Eso es lo que hizo Picasso toda su vida. Trampas y más trampas en aras de la belleza. El comunismo debía de parecerle algo como una posibilidad de regeneración del género humano, algo como una teoría bella y generosa en la que sólo podían creer los poetas y los propios comunistas. Es posible también que Picasso, que era un hombre más intuitivo que inteligente, supiera que nunca se ha hecho en el mundo nada verdaderamente importante al margen de las grandes creencias colectivas. El marxismo, como lo fueron antes el cristianismo de las Cruzadas y en cierto modo el colonialismo de estilo inglés, ha sido, entre 1900 y 1970, la gran creencia colectiva de nuestro siglo. Pero en el fondo yo no creo que Picasso fuera un «animal comunista» convencido. Mucho más sincero fue el franquismo de Dalí. Y mucho más generosa para con el Partido la actitud de Picasso. Nunca he oído decir que Dalí le diera un duro al general Franco.

—Dada esa avaricia de la que me hablabas antes, el desprendimiento financiero de Picasso me parece muy meritorio.

—Sí, porque para un hombre de su mentalidad, darle dinero al Partido Comunista francés era como tirarlo por la ventana, cosa que nunca se le ha ocurrido hacer al hijo del notario de Cadaqués, prototipo de catalán de clase media para quien el dinero es esencia divina.

»David Douglas Duncan cuenta una anécdota que me parece reveladora. Visitando un día con el maestro los inmensos salones del castillo de Vauvernargues, Duncan vio cientos y cientos de telas sin encuadrar apoyadas contra las paredes desnudas. "¿No tiene usted miedo", le preguntó al pintor, "de que una noche entren aquí unos ladrones y se lleven todos estos cuadros a punta de metralleta?" Picasso contestó socarrón: "¿Y qué harían con ellos? No tienen ningún valor". Y como el otro se asombrara, el pintor añadió: "Todavía no son Picassos. No he tenido tiempo de firmarlos".

»Pero si a Picasso le divertía hacer gala en privado de un cinismo de *bon aloi*, no soportaba que se discutiera delante de él el alcance de su obra. Estaba el pintor una tarde en la galería de Alex Maguy cuando entraron dos señoras que se detuvieron como paralizadas frente a un caballete en el que estaba expuesta una naturaleza muerta (*Crâne avec des oignons*), pintada en el año cuarenta y cinco. Sin darse cuenta de que Picasso estaba a unos pasos detrás de ella, una de las señoras dijo en voz alta: "Por nada del mundo colgaría yo esto en mi salón. No comprendo, no comprendo en absoluto esta clase de pintura". Picasso se acercó silenciosamente a las visitantes y sin apenas levantar la voz, dijo: "Perdón, señora, ¿comprende usted el chino?". "No", contestó la señora, sobresaltada al descubrir la personalidad de su interlocutor. "¿Por qué me lo pregunta?" "Porque hay seiscientos millones de chinos que comprenden el chino", contestó Picasso. Y dando la vuelta se metió en el despacho privado de Alex Maguy.

—Es curioso que te gusten tanto las anécdotas.

—Las anécdotas son la trastienda de la Historia con mayúscula y a mí nada de lo que se escribe con mayúscula me impresiona.

Armero echa una ojeada a su reloj. Se levanta y me anuncia:

—No te podré llamar en los próximos días. Mañana me voy a Pekín.

—Llámame cuando vuelvas.

Mi estudiada indiferencia le altera durante unos segundos. Pero en cuanto comprende que es un juego me abraza con fuerza como si la China siguiera estando muy lejos.

Pasamos Semana Santa en la casa que los Armero poseen en Roquetas de Mar, a pocos kilómetros de Almería. El paisaje es tunecino. Mar y cielo son africanos. Los pescadores tienen perfiles piratas. Las barcas recostadas sobre la arena están todas pintadas de azul moro.

La casa es cómoda, llena de luz, encalada y fresca. Armero es hombre acostumbrado a madrugar. Caminamos por la playa, solitarios, como esos suecos recién llegados que se echan a la calle en cuanto sale el sol. La arena pedregosa me hiere la planta de los pies. El agua está helada.

—El otro día —me dice de repente Armero— me dijiste que Picasso jugó a fondo en Francia el papel «del español». En cierto modo, me parece a mí que ese papel también lo has jugado tú. No puedo decirte exactamente cuándo oí hablar por primera vez de ti. Lo que sí recuerdo es haberte visto en un cine de Nueva York, creo que era el Radio City, ese local inmenso donde salen unas *girls* que parecen diminutas vistas de lejos, en una película en la que haces de novio español de Audrey Hepburn.

—*Desayuno con diamantes,* de Blake Edwards. En realidad hacía de novio brasileño.

—Es igual, haces de latino, o más precisamente de *latin lover.* Recuerdo muy bien que le dije a Ana, mi mujer: a éste lo han escogido para ese papel porque representa a la perfección el típico aristócrata español.

—Es curioso lo que me dices, porque cuando estoy en el *hall* de un hotel español y llaman por teléfono a un extranjero, siempre vienen a buscarme a mí.

—Eso sólo te ocurrirá en España porque eres alto y flaco y los españoles, por lo general, son pequeños y fornidos. No creo, sinceramente, que contribuyas a la caricaturización del aristócrata español, creo al contrario que la dignificas. Los aristócratas que yo conozco no son casi nunca como me gustaría que fueran. Preferiría que fuesen como tú.

Me inquietan las últimas palabras de Armero. Sus amabilidades son a veces de dos filos.

—No parece que tengas muy buena opinión de la aristocracia española —le digo.

—No, no la tengo.

—Pues a Picasso le ocurría lo mismo. Cuando se enteró de que sus hijos venían a mi casa de Auribeau, montó en cólera: «¡Os prohíbo terminantemente que pongáis los pies en casa de ese señor!». «¿Por qué, papá?» «¡Porque es un aristócrata!» Parecía como si en boca del pintor no cupiera mayor insulto.

—¿Cómo te explicas esa actitud tan... represiva?

—Quizá tenga su razón en la falta de comunicación, de contacto y de entendimiento que ha existido durante siglos entre la aristocracia tradicional y las demás clases sociales españolas. Para el hombre medio, socialmente, Picasso lo era, el aristócrata no puede ser sino arrogante, avasallador, altivo. Las gentes tienen de la aristocracia una idea muy curiosa y en el fondo totalmente falsa. En el teatro de los hermanos Quintero siempre hay un marqués que va vestido de marqués, es decir con pantalón rayado, chaqueta ribeteada de seda, botines y hongo, lo cual constituye un error de vestimenta garrafal. Recuerdo que poco antes de la Guerra Civil entré un día con mi padre en la iglesia del Pino —que era nuestra parroquia en Barcelona— mientras peroraba un famoso predicador vasco de la época; «¡Vosotros», vociferaba, «vosotros que bebéis champán francés, recostados en lujosos cojines mientras suenan a vuestros oídos lascivas músicas orientales...» «Vosotros» éramos nosotros, los aristócratas. Los hermanos Quintero y una cierta Iglesia nos veían bajo el mismo prisma.

Pasamos delante del Hotel Aguadulce en el que vivió Brigitte Bardot mientras rodaba aquella idiotez llamada *Shalako*, con un Sean Connery disfrazado de *cowboy*.

—¿Cómo se arreglaron las cosas con Picasso? —pregunta Armero.

—Unas semanas después de que les prohibiera a sus hijos venir a mi casa, Françoise Gillot me lo presentó en Arles al salir de una corrida. Sin darme la mano, Picasso me escudriñó largamente.

»—¿Usted es pariente de ese Vilallonga que conocen mis hijos? —inquirió.

»—Soy el mismo.

»Picasso se volvió entonces hacia Françoise Gillot y le preguntó como si yo no estuviera delante:

»—¿Es, de verdad, el escritor?

»—En persona, *mon chéri*.

»Picasso pareció desconcertado. Sin volver a mirarme, murmuró:

»—Pues no me lo imaginaba a usted así.

No, claro, me imaginaba con chistera, vestido de chaqué, con una botella de Dom Perignon en la mano y el pie puesto en el cadáver de un obrero muerto. Picasso era un hombre de ideas preconcebidas. Pero no era el único. Algo parecido me ocurrió años más tarde con el rector de la Universidad de Burdeos. Me había escrito una carta pidiéndome amablemente que fuera a dar una charla sobre poesía española en el Aula Magna de su universidad. Le contesté que de acuerdo. En la fecha convenida tomé el tren y me presenté en el feudo de Jacques Chaban-Delmas. Un ujier me introdujo en el despacho del rector, el cual me recibió con un gruñido mientras seguía firmando los documentos que le iba entregando una secretaria. Cuando por fin levantó la vista, me miró como extrañado de verme allí y me preguntó lo que quería.

—Soy Fulanito de Tal —le contesté—, y vengo a dar la charla que me pidió usted sobre poesía española.

»El rector se quedó unos segundos con la boca abierta y luego, meneando varias veces la cabeza, murmuró sombrío:

»—¡Ah, no, no, no... no...!

»Di media vuelta dispuesto a marcharme. El rector se levantó de un salto y vino a cogerme por el brazo. Parecía estar confundido.

»—¡Usted perdone, monsieur de Vilallonga... el caso es que yo no me lo imaginaba a usted así!

»Como Picasso, el buen señor tenía la cabeza bien ordenada, sus ideas hechas, sus prejuicios y sus obsesiones. Le parecía totalmente inconcebible que un hombre joven, bien vestido y bien lavado pudiera dar en su universidad una charla sobre poesía española. La di, fue un éxito y desde entonces el rector me envía tarjetas de Navidad.

—¿Y tú le contestas?

—Lo hice durante años. Luego, si bien recuerdo, nos cansamos los dos al mismo tiempo.

—Tú protagonizaste —me recuerda Armero— un extrañísimo personaje español junto a Giulietta Massina.

—Sí. En la película de Federico Fellini llamada *Giulietta degli Spiriti*.

—Eso es. Me hizo el efecto, al verte, que te identificabas bastante con el personaje del filme.

—Al proponerme Fellini aquel papel, me había dicho: «Quiero que ese personaje seas tú». A pesar de que en el filme me llamé José, sólo lo fui a medias. Yo no entiendo demasiado de toros y tuve que explicar lo que es una corrida. Me gusta el vino y tuve que hacer una sangría. En fin, lo importante era que yo representara lo que Fellini imaginaba que era un aristócrata español.

—¿Nunca te han pedido que protagonizases un español corriente y moliente?

—No.

—En el fondo —murmura Armero extrañado—, los aristócratas siguen fascinando a la gente.

—Lo que sí te puedo decir es que fascinaban a Fellini. Un día, durante una pausa en el rodaje de *La Dolce Vita*,* Fellini, que rodaba unas escenas con auténticos aristócratas romanos, me pidió varias veces consejo «porque yo no entiendo nada de aristócratas».

—¿En qué tono decía eso?

—En un tono agresivo, pero como disculpándose.

—Qué curioso.

—Sí, muy curioso. Y recuerdo que hablando un día de su infancia, me explicó, casi orgulloso: «En mi región, la de Rímini, abundan los grandes hombres. Yo nunca he frecuentado a los aristócratas porque siempre he temido la compañía de seres que viven en otro mundo que el mío. Los evito como evitaré mañana a los marcianos si desembarcan en la Piazza del Popolo. Sin embargo, me encantan los nombres que llevan los aristócratas italianos. Son nombres suntuosos, de una gran belleza. Cuando era niño, me los repetía en voz alta, casi a gritos, una y otra vez: ¡Ordelatti da Forse! ¡Pallavicini da Piacenza! ¡Bentivoglio da Bolonia! ¡Malatesta da Rimini! Malatesta era el nombre que yo prefería entre todos. ¡Había que ser un hombre extraordinario, un gran guerrero, un gran amador para llamarse así! Sus armas eran un elefante y una rosa». Súbitamente pensativo, Fellini añadió: «Jugando entre las ruinas del castillo de Malatesta comprendí que las fuentes del poder, del poder que perdura, dependen ante todo de la posibilidad que tenga uno en retirarse eficazmente tras las murallas protectoras de un castillo. Quizá por eso le he tenido siempre un gran respeto a los castillos y a los que habitan en ellos».

Armero me mira encender un puro con la misma cara de asombro que pone cada vez que repito la operación.

* Yo asistía al rodaje en calidad de periodista.

—No cabe duda —dice al cabo de un momento— que el tema de la aristocracia, lejos de ser frívolo, es un tema importante.

—Debe de serlo. De lo contrario no se le daría tanta importancia en libros y filmes. Berlanga, que es uno de los hombres menos dados a tópicos y tabúes que yo conozco, al comentar conmigo ciertas escenas de su *Escopeta nacional* me pareció estar fascinado por el mito de la aristocracia, como lo estaba Fellini durante el rodaje de *La Dolce Vita.* Cuando me habló de su próximo filme, cuyo tema principal, como sabes, es precisamente la aristocracia española, le propuse que le pusiera por título *Los mongólicos.* Aquello, a Berlanga le chocó mucho. A decir verdad, me parece que casi le disgustó el que fuera yo quien le propusiera tal cosa.

—Era una broma.

—Sí, de acuerdo, pero feroz.

—La verdad siempre es feroz.

Cuando Armero quiere evitar la discusión se toca siempre la nariz, con un gesto furtivo, como de masón.

—¿En qué concepto tienes a los aristócratas, personalmente? —me pregunta.

—Mira, yo hago un distingo muy grande entre nobleza y aristocracia. En la conferencia que di en el Club Siglo XXI, recién llegado a España después de mi largo exilio, expliqué que he recibido, y sigo recibiendo, cartas anónimas en las que se me acusa de descastado. Según los diccionarios, descastado es aquel que traiciona a su casta. Yo rechazo de lleno esa acusación. Yo nunca he traicionado a mi casta. Es mi casta la que, traicionándome a sí misma, me ha traicionado a mí. Se nace aristócrata. Nada más sencillo. Basta tener un padre que lo sea. Pero no se nace noble. La verdadera nobleza se adquiere viviendo. La nobleza requiere ciertas virtudes entre las cuales la principal es la fidelidad. Fidelidad ante todo a sí mismo y fidelidad a la institución monárquica, fuera de la cual la aristocracia pierde su sentido, no significa nada. Sin esa fidelidad, sin esa virtud, la nobleza no existe y la aristocracia es poca cosa.

»Durante las campañas electorales del antiguo primer ministro inglés lord Hume, sus presentadores lo anunciaban como "el duodécimo barón Hume", a lo cual su contrincante, el jefe del Partido Laborista contestó diciendo: "Yo, que soy el decimocuarto mister Wilson...". Ni el uno ni el otro podían estar muy convencidos de lo que decían. La pureza de la sangre depende muy a menudo del desliz de una abuela, de la osadía de un cochero y, en ciertas familias reales, de la apostura de un general y, a veces, de la de un sargento. En resumen, que la antigüedad de un Pérez está sujeta a los mismos avatares genéticos que la de un Alba, un Osuna o un Medinaceli.

»No cabe duda de que el franquismo fue (en un principio) el principal obstáculo al retorno de la monarquía. Y sin embargo, salvo raras y honrosas excepciones, la aristocracia sirvió al franquismo con celo desmedido, lo cual la despojó del poco prestigio que le quedaba. Pero antes de servir al franquismo, y repito que hubieron honrosas excepciones, la aristocracia había abandonado en su peor trance a Alfonso XIII, dejándole en una orfandad absoluta. ¿Dónde estaban el 14 de abril de 1931 los orgullosos grandes de España, los engolados duques, los vistosos marqueses, condes y barones, amén de los vizcondes? Mi padre, que estuvo de servicio en el Palacio durante la última y peligrosa noche que la familia real pasó en Oriente, no vio a casi ninguno.

»En su libro *Así cayó Alfonso XIII*, don Miguel Maura escribe: "Ellos son, los monárquicos españoles, junto a los políticos de turno, los auténticos responsables del desmoronamiento de la institución monárquica, porque ellos fueron los que cuidaron celosamente de evitar que entrase en Palacio el aire de la calle. Fueron los trogloditas del siglo XX los que reducían su credo ciudadano al aforismo cerril y estúpido de 'tranquilidad viene de tranca' ". Entre los consejos póstumos de don Miguel Maura "a un futuro rey de España" figura éste: "Cierre V. M. las puertas de su casa a eso que se llama ¡la gente bien! Rodéese V. M. de gentes cultas, inteligentes, modestas y sencillas, que le traigan un chorro de aire de la calle...". El actual monarca parece haber seguido al pie de la letra este sabio consejo. Lo que sí sé es que si la aristocracia fuera un club, y teniendo en cuenta los socios que han sido admitidos en estos últimos años, yo me daría de baja. Porque no me negarás que los aristócratas de hoy ya no son los de ayer. Ya no hay, como diría un torero, "ni temple, ni poderío". Tampoco hay "señorío". Cuando se desciende demasiado bajo, es casi imposible *refaire surface*. Y la aristocracia española, en su gran mayoría, cayó muy bajo durante los cuarenta años de mediocridad franquista. Socialmente, los aristócratas españoles están a la altura de cualquier clase media europea y su nivel cultural es francamente ugandés. Oriana Fallaci, la periodista italiana, dijo refiriéndose a la duquesa de Alba al salir de una visita al palacio de Liria: «Esa señora apenas sabe hablar». En cuanto a ellos, sácalos de las perdices, los perros y los caballos y casi todos se quedan mudos.

—Son buenas razones para darse de baja de un club si lo frecuentan esas gentes.

—Tengo otras razones. No acepto que se me considere un igual de esos títulos franquistas con nombre de sociedad anónima, o de la duquesa de Franco y familiares.

—Esnobismo puro.

—¿Y por qué no? ¿Por qué han de ser solamente los obreros o los pequeños burgueses los que tengan el monopolio de la conciencia de clase? Yo tengo conciencia de la mía y no admito que, como dicen los franceses, se confundan los trapos con las servilletas. En el fondo, ¿sabes?, yo tengo la nostalgia del aristócrata que fue mi padre. Era el prototipo, en lo físico y en lo moral, de lo que hoy se trata a toda costa de olvidar.

—Nunca lo conocí. Pero oí hablar mucho de él cuando aún era el barón de Segur.

—Hubieseis hecho buenas migas, porque era un hombre al que le gustaba mucho escuchar. Cierto es que cuando no le interesaba lo que oía, se dormía, lo que era una manera como otra cualquiera de despedir a su interlocutor dándole a entender que era un imbécil.

—¿Hombre violento?

—Podía serlo. Pero por lo general bastaba una de sus heladas miradas para poner fin a cualquier peligrosa situación. Recuerdo que poco después de finalizar nuestra Guerra Civil, vinieron dos señores de Madrid, creo que eran dos militares de alta graduación, para proponerle de parte de Franco la gobernaduría civil de Barcelona. Sentado en un sillón frente a ellos, mi padre los miró fijamente sin pronunciar palabra. Al cabo de unos segundos los dos mensajeros se levantaron y, sin apenas despedirse, se marcharon.

—Físicamente, ¿cómo era?

—Más bien pequeño. Tenía los ojos verdes y fríos como los de un lagarto. Usaba siempre monóculo. Montaba y saltaba con él a caballo sin que nunca se le cayera. Era cortés hasta la exageración. De niño le he visto quitarse siempre el sombrero cuando se cruzaba con alguna criada de la casa. Tenía un ayuda de cámara al que siempre llamó de usted «por no hacer nada», decía, «como esos señoritos de Jerez que tratan a sus gentes como animales». Iba siempre admirablemente vestido y nunca salía a la calle sin sombrero y guantes, que llevaba puestos, nunca en la mano «como esos franceses que no tienen ni idea». Conocida es la anécdota que protagonizó con don Alfonso XIII. «¿Cuánto tardas en vestirte, Salvador?», le preguntó con cierta sorna un día el monarca. «De dos a tres horas, señor.» «Qué barbaridad. ¡Yo me visto en diez minutos!» «Ya se ve, señor, ya se ve», le contestó mi padre sacando del bolsillo una gamuza para limpiar el monóculo.

»Moralmente, mi padre fue aquello que hoy no tiene ya significación alguna: un gran señor. Fue la fidelidad personificada. A él mismo, a su casta, a su familia y a la institución monárquica, a la que sirvió toda su vida. Monárquico lo fue sin hacerse nunca ninguna clase de preguntas y, sobre todo, sin *arrierè-pensée.* Mi amigo Antonio de Senillosa escribió en una ocasión: "Los monárquicos de verdad somos como Sísifo, héroes oscuros a los que no nos asusta comenzar una y otra vez la pesada ascensión, llevando a cuestas la enorme carga. Somos Sísifos que no piden ni prebendas ni privilegios. Nuestra lealtad es químicamente pura, no tiene ni principio, ni fin". Yo no creo que existan en España muchos monárquicos de este tipo, ni creo que los reyes merezcan fidelidades y lealtades de este calibre. Mi padre sí lo creía. Era, cito una vez más a Senillosa, "un monárquico de devoción", uno de esos monárquicos de siempre, atávico, de los que nunca pidieron ni esperaron nada.

—No lo necesitaba.

—Cierto. Pero eso no lo sabía más que él. Los poderosos siempre creen que a su alrededor sólo pululan ambiciosos. Pero a veces no es así. Raras veces, pero a veces.

—Es fidelidad de tu padre, ya no es la tuya, ¿por qué?

—Sí que lo es. Pero ya no es cierta. Mi padre fue fiel a ideas que ya no se cotizan en Bolsa. Fue fiel ante todo a la idea que se hacía de sí mismo. Él nunca habría aceptado ser embajador de Franco, proposiciones no faltaron, como lo fue en Inglaterra el duque de Alba. Mi padre no sirvió más que a señores semejantes a él, y esto es un decir. Porque, si vamos al fondo de las cosas, mi padre, a lo que era fiel era a un estilo de vida.

—Serle fiel a un estilo de vida cuando se está en la oposición a un régimen es oneroso. Hay que ser rico.

—Mi padre lo era. Pero lo era con naturalidad. Sin necesidad de yates, ni de cuadras de carreras, ni de queridas enjoyadas como cualquier banquero de hoy.

—El dinero ilumina la mediocridad, decía Abel Bonnard.

—Nada más cierto. Pero del dinero se han dicho también muchas tonterías. Eurípides afirmó que «la nobleza no es nada y que el dinero lo es todo, porque el oro eleva a la cúspide al más despreciable de los hombres».

—Durante el franquismo, eso fue verdad.

—No sabes lo que me alegra no haber estado aquí para comprobarlo.

—¿De dónde le venía a tu padre el dinero?

—De sus tierras. De los cientos de censos que heredó de su madre. De los terrenos que poseía en la ciudad de Barcelona.

—¿En qué ocupaba su tiempo?

—En vigilar blandamente a sus administradores.

—Blandamente.

—Muy blandamente. De haber sido un hombre verdaderamente duro no habría tenido administradores.

—¿Nunca se le ocurrió hacer negocios? ¿Por qué me miras con cara de asombro?

—Para mi padre, hacer negocios era algo parecido a robar.

—No andaba desencaminado el hombre.

—A un amigo que precisamente le preguntaba un día por qué no se metía en negocios, mi padre, con su peculiar ceceo, le contestó: «Mire uzted, hay que elegir entre ganar dinero y gaztarlo. No hay tiempo para las doz cozaz».

—Tú le tienes gran admiración a tu padre.

—Está presente en casi todas mis novelas. Además, ya lo sabes, me gustan los personajes. Mi padre lo era de los pies a la cabeza. Se levantaba por la mañana pensando «soy fulano de tal» y no se olvidaba de ello ni un segundo.

—Era un señor que ejercía veinticuatro horas al día de aristócrata.

—No. De aristócrata no. De señor.

—A ti te importa mucho esa diferencia, ¿verdad?

—Sí, porque la considero esencial.

Armero hace una pausa. Reflexiona unos momentos y pregunta:

—De algún modo, ¿eres consciente de haber interpretado el papel de tu padre en el exilio?

—No, en absoluto.

—Pero, de una manera u otra, el personaje de tu padre habrá influido en ti.

—Influido, quizá sí, pero entonces, negativamente. A pesar de la admiración que le tenía, mi ambición no fue nunca la de parecerme a mi padre. Representaba, a mis ojos, algo muerto, un estado de cosas contra las que yo hubiera luchado de haber vivido en su época. Además, de haber influido en mí, sólo lo habría hecho muy superficialmente. En realidad, nos conocíamos muy poco.

—¿Cómo es eso?

—De los ocho a los dieciséis años estuve en un colegio francés. De los dieciséis a los diecinueve y pico hice la guerra. A los veintitrés me marché de España y no he vuelto hasta después de la amnistía. Mi primera conversación con mi padre, me refiero a una conversación «normal», de potencia a potencia, la tuve a los cuarenta y cinco años, cuando mis hijos eran ya mayores.

—Pero en tu infancia, y luego durante tu juventud, hablarías con tu padre.

—Muy poco. De niño, al darle los buenos días, le besaba la mano. Nunca tuve con él ninguna especie de contacto carnal, es decir, nunca he dormido en su cama, como lo hace a menudo mi hijo pequeño. No recuerdo, por ejemplo, haber estado nunca en sus brazos. Ya te digo, era un hombre muy frío y, probablemente, muy tímido. Mira, una vez, en una casa de campo que poseemos en Castellterçol, salió a caballo con mi hermano Alfonso, que debía de tener allá por los diecisiete años. Al volver a casa le dijo a mi madre, como asombrado: «Oye, Carmen, ¿sabes que este chico es muy simpático?». Acababa de descubrir a su hijo menor.

—¿Qué hizo tu padre durante la guerra?

—Fue ayudante del general Monasterio.

—¿El que mandaba la caballería?

—Exacto. Monasterio, que yo conocí muy bien, era un hombre muy curioso. Su madre, o quizá fuera su mujer, no recuerdo bien, era inglesa. Él era un hombre muy culto, muy fino, muy civilizado.

Sentía como una repugnancia instintiva hacia toda clase de violencia. Una vez, en un pueblo que la caballería acababa de ocupar, mataron a uno de sus oficiales en una emboscada. Eso ya había ocurrido otras veces, en otros pueblos. Mi padre no había hecho nunca el menor comentario. Pero esta vez no se pudo contener: «Mi general», dijo, «si me da usted carta blanca no pasará nunca más una cosa parecida». Yo creo que Monasterio nunca se encontró verdaderamente «a gusto» con mi padre. «Con el barón —solía decir medio en broma, medio en serio—, nunca se sabe lo que puede ocurrir». A la sugerencia de mi padre, el general contestó: «Haga usted lo que mejor le parezca, Salvador, pero que no me maten a nadie más.» La semana siguiente, la caballería de Monasterio ocupó, aquello que entonces se llamaba «liberar», un pueblo grande de tres o cuatro mil habitantes. Mi padre fue inmediatamente nombrado comandante de la plaza. El susodicho pueblo tenía la reputación de ser muy «rojo». Esto ocurría en el frente de Aragón, unas semanas antes de la batalla del Ebro. Apenas instalado, mi padre hizo comparecer en su despacho al alcalde del pueblo.

»"Señor alcalde —le dijo—, mañana por la mañana temprano saldrán hacia el frente, por la carretera de Zaragoza, dos coches: en uno viajará conmigo el general Monasterio, en el otro irán sus ayudantes. Haga usted lo necesario para que a esa hora estén las calles despejadas." A la mañana siguiente, media hora antes de que los coches del general se pusieran en marcha, mi padre convocó de nuevo al alcalde a la salida del pueblo. Y entabló el siguiente diálogo:

»—¿Está usted casado?

»—Sí, señor.

»—¿Tiene usted hijos?

»—Sí, señor. Dos.

»—Pues haga venir a toda su familia.

»El alcalde obedeció sin rechistar. A los pocos minutos estaban allí la mujer del alcalde, una cuarentona guapa de aspecto decidido y dos muchachos de dieciséis y dieciocho años. Mi padre señaló con el dedo una carretilla de albañil que acababa de traer un soldado, y ordenó al alcalde:

»—Dígale usted a su mujer que se siente en la carretilla.

»—Pero…

»—Haga usted lo que le digo.

»La mujer del alcalde, muy pálida, se sentó en la carretilla, con aire de desafío.

»—Diga usted a sus dos hijos —ordenó de nuevo mi padre— que se ponga cada uno a un lado de la carretilla.

»Los dos hijos del alcalde, sin decir palabra, obedecieron.

»—Ahora —añadió mi padre calzándose un par de guantes blancos— coja usted la carretilla y tire carretera adelante, señor alcalde.

»El hombre estaba lívido.

»—Haz lo que te dice el señor capitán, Juan —dijo quedamente la alcaldesa.

»El alcalde echó a andar empujando la carretilla con su mujer dentro y un hijo a cada lado. Mi padre seguía a diez pasos, observado en silencio por un centenar de curiosos. A medio kilómetro del pueblo, el alcalde se detuvo.

»—¿Por qué no sigue usted? —preguntó tranquilamente mi padre.

»Uno de los hijos, el menor, señaló con un dedo que temblaba un hilo de cobre tendido a través de la carretera. De haber pasado por allí el coche del general habría saltado destrozado por los aires. Mi padre ordenó que se fusilara al alcalde. A partir de ese día, nunca hubo, en ninguno de los pueblos que tomó la caballería, el menor incidente.

Armero se queda absorto unos instantes. Luego dice:

—Lo menos que se puede decir de tu padre es que era un hombre muy eficaz.

No hay ninguna ironía en sus palabras. Es una mera constatación.

—Ya sé —contestó— que resulta difícil juzgar con ecuanimidad al personaje a base de un par de anécdotas. Además, estas historias que te he contado hay que situarlas en el contexto de la época y, sobre todo, en unas circunstancias muy particulares. Yo, que me había educado en Francia de los ocho a los dieciséis años, quizá los años más importantes en la formación de un hombre, admitía muy difícilmente como normales cosas que divertían y hacían reír a los españoles «en estado crudo». Hubo durante mucho tiempo entre mi padre y yo, precisamente por historias como las de la carretilla, algo parecido a una barrera psicológica que ayudó mucho a que no nos comprendiéramos. Cuando tú me preguntas si he tratado de caricaturizar a mi padre…

—Yo nunca te he preguntado tal cosa —protesta Armero.

—Lo has hecho con otras palabras, pero lo has hecho. Pues bien, puedo asegurarte que me he esforzado toda mi vida en no parecerme a él. Soy, a lo mejor lo habrás notado, una persona terriblemente tímida, terriblemente introvertida. Soy a veces de una amabilidad exagerada con gentes que no lo merecen y otras altanero y distante con aquellos que tienen tendencia a extralimitarse conmigo en una familiaridad que no pretendo. Mi padre también era así. Amable e impertinente. Altivo y en realidad de una gran modestia, aunque si me oyera decir tal cosa me mataría.

»Una vez enterraron a un amigo suyo, grande de España con no sé cuántos títulos, en un ataúd de madera de pino, vestido con un sayo frailuno. La noticia necrológica que daba parte del entierro hacía resaltar la voluntad de sencillez del muerto. Mi padre gruñó malhumorado: "Esto no lo harán nunca conmigo. Yo no soy un hombre sencillo". Y no lo era. Pero orgulloso, tampoco. Era quien era y muy consciente de serlo. Esa inmodestia al estado natural, a mí me resulta admirable.

—Esto podría traernos a un tema importante y es la razón de tu exilio. ¿Puede tu exilio estar justificado por jugar un papel distinto al de tu padre e incluso distinto al que jugaron las gentes de tu clase?

—En cierto modo, sí. Pero sólo en cierto modo.

—Uno de los temas que siempre me han interesado, no sólo históricamente sino también humanamente, es el problema del exilio. He conocido a muchos exiliados en el transcurso de mi vida. Sé cuáles eran sus dificultades, sus esperanzas, sus ambiciones. Contigo, la cosa resulta diferente. Tú eres un exiliado muy particular.

—Particularísimo —admito.

—Pertenecías al campo de los vencedores.

—Dejé de pertenecer a él en cuanto se consumó la victoria. Un día, almorzando en París en el restaurante Lasserre, Malraux me preguntó por qué me había marchado de España, ya que perteneciendo como tú dices al campo de los vencedores, *«vous pouviez tirer d'immenses avantages de la nouvelle situation»*.* Los franceses, aunque se llamen Malraux, nunca pierden de vista el sentido práctico de

* «Usted puede sacar inmensas ventajas de la nueva situación.»

la vida. Le contesté lo que dice el personaje de una de mis novelas: «Puedo vivir entre gentes que odio, pero no puedo hacerlo entre aquellos que desprecio». Malraux, que estaba comiendo una trucha, se volvió hacia Louise de Vilmorin, sentada a su derecha, y murmuró: *«La haine c'est l'amour qui a sombré».** Y a mi intención, añadió tras un largo carraspeo: *«Je suis persuadé que les anges ne méprisent pas tant les hommes, que les hommes se méprisent les uns les autres».*** Y con el vaso de Sauternes en la mano aclaro: «Es una frase de Montesquieu con la cual no estoy del todo de acuerdo».

—Pero tu desprecio no iba al país entero, sino a una de sus clases sociales.

—Sí. Precisamente, la mía. Siendo Franco el único obstáculo a la Monarquía, la aristocracia española apoya a Franco y le da el espaldarazo.

—No fue solamente la aristocracia la que aceptó a Franco. Fue la derecha entera.

—Sí, pero a mí sólo me atañe la actitud adoptada por la aristocracia. La aceptación de Franco suponía el abandono del conde de Barcelona, único heredero legítimo del trono de España.

—Ese abandono, Franco se lo premiará a la aristocracia española a lo largo de su reinado.

—A Franco debían de gustarle los traidores.

—No lo sé —sonríe Armero—. Lo que sí te puedo decir es que para Franco, perteneciente a una clase media más bien baja, la aristocracia tenía carisma. Trató desde un principio de apoyarse en ella, como en una elegante muleta. No le fue siempre fácil. Cuando puso de largo a su hija Carmen, la aristocracia remoloneó. Sólo acudieron al ágape unos cuantos títulos, no muchos. Los Franco eran todavía unos *parvenus*. Pero en cuanto el general se afianzó, con el beneplácito de Estados Unidos, en cuanto se hizo evidente que su poder personal cobraba cariz de eternidad, las relaciones entre la aristocracia española y los moradores de El Pardo cambiaron radicalmente. Buena prueba de ello fue la boda de Alfonsito Borbón con una de las nietas del Caudillo. Allí, la aristocracia se volcó.

* «El odio es el amor que se ha hundido.»

** «Estoy convencido de que los ángeles no desprecian tanto a los hombres como éstos se desprecian entre sí.»

—Muchos pensaron quizá que de esa *mésalliance* nacía la posibilidad de una nueva dinastía, la de los Borbón-Martínez.

—Qué duda cabe. El caso es que a esa ceremonia, que fue la horterada del siglo, acudieron todos. Franco consiguió aquel día lo que Napoleón Bonaparte había soñado el día de su coronación: la asistencia en masa de la vieja aristocracia tradicional. Ya te digo que allí estaban todos, los Alba, los Baviera, infinidad de Borbones, de esos que tú llamas del Corte Inglés, amén de toda una retahíla de títulos de menor importancia. Yo, que no tenía razones para no asistir a esa ceremonia, me considero como el único invitado que decidió no ir. Mi decisión no tenía nada que ver con la política. Sencillamente, aquello no me iba.

—Evidentemente, Franco fue el gran corruptor de la aristocracia española. La hizo suya y la violó de forma descarada. La trató como a una puta, pero una puta agradecida cuya humillación satisfacía sus viejos rencores de provinciano acomplejado y mal querido. Por todo eso rechazo la acusación de descastado que se me hace. Yo siempre he considerado que la aristocracia, más que privilegios, confiere responsabilidades.

—Bueno, tampoco hay que exagerar las cosas, no toda la nobleza española se puso a cuatro patas. No creo que lo hiciera en mayor proporción que la nobleza italiana bajo la dictadura de Mussolini, o la alemana, amenazada de extinción por Hitler. A Franco, no creas, se le hicieron muchos feos. Y, ¿sabes?, lo curioso es que los tomaba muy a pecho. Yo sé que tu padre, cuando Franco llegaba a Barcelona, se iba de viaje.

—No, se quedaba en su casa y daba una gran comida para que todo el mundo se enterara. Pero eso lo hacía también un pariente nuestro, el marqués de Sentmenat.

—Y lo harían otros muchos.

—No, otros muchos no. Sólo lo hacían mi padre y Sentmenat.

Armero hace una pausa lo suficientemente larga como para cambiar el tono de la conversación.

—Tú —me pregunta—, ¿por qué te marchaste de España?

—Te puedo contestar lo que a Malraux: «Puedo vivir entre gentes que odio, pero no puedo hacerlo entre aquellos que desprecio».

—La frase es muy bonita y, aunque literaria, me parece sincera. Pero seguramente hubo otra razón.

—La hubo, claro. Fue la que me empujó a hacer inmediatamente lo que de otro modo hubiese hecho quizá mucho más tarde. Estaba yo en un bar de Sitges con Ignacio Agustí, a la sazón director de *Destino*, César González Ruano, su mujer Mary, el pintor Prim y creo que también José Miguel Serrano. Nos pusimos a hablar de política. Dije en voz alta no sé qué impertinencia sobre Franco. Entonces, de una mesa vecina, se levantó un tal Miguel Utrillo, personaje que evitábamos todos por su catadura moral, y se puso a gritar desaforadamente: «¡Aquí acaban de insultar a Franco! ¡El Salvador de la Patria! ¡Nuestro Caudillo! ¡Nuestro Señor!». Aquello duró lo suficiente para que, dirigiéndome al energúmeno, le dijera: «Mira, Miguel, lo mejor es que te vayas a la mierda». Y como hizo el ademán de abalanzarse sobre mí, le solté un tortazo. Naturalmente, se armó la marimorena. Todo el mundo intervino en la batalla campal, menos César González Ruano, quien con la elegancia de un caballero del Greco continuó bebiendo tranquilamente su café. Aquello acabó como acaban siempre casi todas las broncas. Alguien se llevó a Utrillo y nosotros nos marchamos a nuestras casas, después de haber dejado en la suya, como teníamos por costumbre, a César González Ruano, falso marqués del Cajigal, pero verdadero gran señor en el menor de sus gestos.

»A la mañana siguiente el Utrillo se personó en el cuartelillo de la Guardia Civil de Sitges y formuló contra mí una denuncia por insultos al jefe del Estado, delito que se consideraba muy grave en aquellos tiempos. A Ignacio Agustí, que días más tarde le echaba en cara la mezquindad de su comportamiento, Utrillo le contestó cínicamente: "Mira chico, yo juego a fondo la carta de Franco porque esto va para largo". No sé la carta que jugará ahora, pero es probable que juegue como todo el mundo a ser un demócrata de toda la vida. Avisado por un concejal del Ayuntamiento de Sitges, amigo mío, me volví aquella mañana a Barcelona y por la tarde pasé la frontera. Veinticuatro horas después se lanzaba contra mí una orden de busca y captura.

—Fue tu primer *affaire* con los Franco, pero no fue el único.

—En efecto. Al correr los años, tres de mis libros, *El hombre de sangre*, *Allegro bárbaro* y *Fiesta*, suscitaron las iras del régimen, lo cual me valió tres querellas más por el mismo delito que el anterior. Mucho más tarde, en las postrimerías de la dictadura, pero cuando la familia era aún muy poderosa, escribí un artículo feroz contra Martínez-Bordiú en el *Lui* francés. El inefable médico-marqués tuvo la imprudencia de querellarse contra mí ante los tribunales franceses.

»La publicidad que se le dio al caso, hice todo lo necesario para que así fuera, fue excepcional. La prensa de todo el mundo recogió párrafos enteros de mi artículo, que fue exactamente lo que yo pretendía. Martínez-Bordiú pedía varios millones por daños y perjuicios. La justicia francesa sólo le otorgó un franco simbólico que todavía no le he pagado. Muy últimamente, el siniestro Serrano Suñer así como el pobre duque de Cádiz, molestos por la opinión que me merecen, tratan también de sacarme un montón de calderilla.

—¿Cuánto tiempo duró el exilio?

—Desde el incidente de Utrillo hasta la última amnistía.

—Son muchos años. ¿Pudiste haber vuelto antes, de haberlo querido?

—Mira, siendo Motrico embajador en París, me dijo un día que mi situación era absurda, que yo tenía que volver a España y que él personalmente me garantizaba que no me ocurriría nada «porque en España las cosas habían cambiado mucho y que el régimen se había vuelto muy liberal». A las pocas semanas de esta conversación detuvieron a un pariente suyo, hijo, me parece, de un general en activo, y le condenaron a muchos años de cárcel por actividades comunistas. Pero mientras tanto, José María de Areilza había escrito al general Camilo Alonso Vega una carta en mi favor. Don Camilo le contestó diciendo que yo podía volver a España cuando quisiera siempre que me comprometiera a no criticar nunca más ni al régimen ni a sus personajes. Ni me tomé el trabajo de contestar.

—Ahora, después de tantos años y pensándolo serenamente, ¿crees todavía que hiciste bien marchándote de este país?

—Sólo puedo decirte que en las mismas circunstancias y existiendo las mismas razones, yo volvería a hacer exactamente lo mismo que hice.

—¿Y no tuviste nunca nostalgia de tu patria?

—Existen varias definiciones importantes de lo que es la patria. Renan, el autor de *Los orígenes del cristianismo*, escribe que «la patria es un conjunto de prejuicios y de ideas sin alcance». Por su parte, Stendhal cree que la «verdadera patria es aquel lugar donde uno vive rodeado de personas con las cuales la convivencia resulta un verdadero placer». Y no te olvides que, en cierta ocasión y siendo presidente del Consejo, don Antonio Cánovas del Castillo dijo que «son españoles todos los que no pueden ser otra cosa». A los judíos se les achaca el decir que la patria está ahí donde se gana el dinero, pero yo creo que los judíos son demasiado inteligentes para pensar semejante sandez. Yo creo muy sinceramente que la patria se encuentra ahí donde uno puede expresarse libremente. En ese sentido y durante los últimos cuarenta años, España no pudo ser en modo alguno para mí esa «verdadera» patria de la que habla Stendhal. Mi verdadera patria fue Francia y muy especialmente París.

—Vuelvo a preguntarte. ¿hiciste bien o hiciste mal marchándote de aquí?

—Hice bien. Nunca hubiera sido quien soy de haberme quedado en España. Además, no olvides que políticamente nunca dejé de combatir, con mis libros, mis artículos, mis conferencias...

—Algunos pueden pensar que resultaba muy fácil hacer antifranquismo en París.

—Yo creo que resultaba aún más fácil ser franquista en Madrid.

Armero, irónico:

—Sí, supongo que tienes razón.

Y de nuevo, pregunta:

—¿Tú crees que de haberte quedado en España te hubieses integrado fácilmente en la sociedad de la posguerra?

—No, en absoluto. Yo no tuve de la Guerra Civil la misma visión que la de un señorito español que defendía fusil en mano los intereses de su casta. A mí no me habían educado ni en Deusto ni en ninguna de aquellas cárceles-colegio que regentaban los jesuitas en España. A mí me habían educado los padres dominicos de Arcachon, que eran unos magníficos educadores a la par que unos progres redomados. A los dieciséis años yo me podía considerar como un europeo civilizado, con una cultura muy superior a la de los chicos españoles de mi edad. Y si la Guerra Civil me pareció una pesadilla, la paz, con su estilo revanchista y sus ansias de represión, me pareció mucho peor.

—La represión no debió de sentirse mucho entre las gentes de tu ambiente.

—Mira, había que estar ciego y sordo para no enterarse de lo que ocurría alrededor de uno. Claro que hubieron infinidad de ciegos y sordos voluntarios. Y ya que hablas de las gentes de mi ambiente, déjame que te explique cómo vivíamos. La sociedad de Barcelona estaba constituida por diferentes capas sociales totalmente impermeables las unas de las otras. La alta burguesía no se mezclaba a la mediana, ni ésta a la pequeña. La clase obrera no tenía por aquel entonces la menor esperanza de acceder a una clase social superior, ni creo que lo quisiera, ya que todas las clases superiores eran «opresoras». En la cúspide de la escala social reinaba la nobleza catalana, nobleza que en algunos casos era muy antigua, el título de barón de Segur que llevaba entonces mi padre se remonta al siglo XII, y en otro, de una agresiva modernidad, como en el caso de los Güell. Recuerdo que un industrial que mi padre conocía de vista fue ennoblecido por don Alfonso XIII por méritos de carácter económico. A los pocos días dejó de aparecer por el Círculo Ecuestre y corrió la voz entre sus amigos que una extraña enfermedad le había cubierto el cuerpo de granos. «No os preocupéis», les dijo mi padre, «será el cambio de sangre». La «buena sociedad» barcelonesa sólo la componían veinte o treinta personas que vivían y se recibían entre ellos en circuito herméticamente cerrado. Recuerdo que hace unos años, visitándome en París, mi padre asistió conmigo a una cena muy divertida en casa de los Onassis. Había allí mujeres muy guapas, hombres brillantes, artistas en boga, etc., etc. Mi padre, de repente melancólico, murmuró: «Qué suerte tienes, hijo, tú por lo menos te diviertes. Yo, en Barcelona, cada vez que salgo, como con la misma señora a mi derecha, la misma a mi izquierda y la misma enfrente. Y las tres son horrorosas». Yo creo que mi padre ha sido uno de los hombres que más se ha aburrido en su vida.

—Y los intelectuales, ¿en cuál de las capas sociales se integraban?

—A ninguna. Los intelectuales eran, por antonomasia, unos golfos. La primera vez que mi padre invitó a comer a Josep Pla casi se extrañó de que no comiera con los dedos. Yo, que era amigo de Pedro Pruna, de Ignacio Agustí, de César González Ruano, de Prim, de Serrano, de Manolo Muntañola y de los Gili, tuve en mi casa toda clase de problemas por frecuentar a «esa gente».

»Había también otra categoría social de la cual conviene hablar, pues en aquella época constituían para nosotros un complejo misterioso. Eran los "fabricantes", una raza social aparte, cuyos miembros, aunque viviendo en Barcelona, se iban cada mañana a sitios tan absurdos como Terrassa y Sabadell, donde tenían sus fábricas. Nunca se decía hablando de ellos "el señor Feliu o el señor Vila, o el señor Tous". Se decía sencillamente, y en un tono ligeramente despectivo, "los fabricantes". Se sabía que viajaban a Londres y a Manchester, por aquello de las lanas, que se hacían construir casas al borde del mar y que en sus salones "colgaban Picassos y hasta cuadros franceses". Después de la guerra, la aristocracia catalana tuvo a bien percatarse de la existencia de aquellos señores cuyas mujeres se vestían en Balenciaga y compraban sus sombreros en París. Se aceptaron, tímidamente, y se devolvieron invitaciones.

»Cuando mi madre conoció en una comida a Alberto Puig Palau, uno de los fabricantes más conocidos de Barcelona, le dijo a mi padre al volver a casa: "Qué raro, ¿sabes que casi habla bien el francés?". Y a mi padre, cuando se enteró que aquellas gentes montaban también a caballo, casi le dio un ataque. Poco a poco se les fue admitiendo "en sociedad" y algunos se convirtieron con el tiempo en amigos. Pero para que las cosas quedaran claras siempre se los tachó de "nuevos ricos".

—Supongo que hoy esa diversidad de clases ya no existe en Barcelona.

—Las cosas deben de haber cambiado mucho porque ahora cuando me presentan al hijo de alguno de aquellos personajes muy *collet-mouté* siempre va vestido de fontanero.

—Aquellos ciegos voluntarios de los que me hablas no quisieron enterarse de muchas de las realidades de la posguerra. ¿Por qué contigo ocurrió lo contrario?

—Cuando se acabó la guerra y resultando imposible restaurar el inmenso caserón en el que siempre habíamos vivido, en el número 5 de la calle del Pino, destrozado por numerosas ocupaciones, nos instalamos en una antigua casa de campo, el Palacio Falguera* que mi padre poseía en Sant Feliu de Llobregat, a una docena de kilómetros de Barcelona. Era y sigue siendo una casa preciosa de estilo italiano edificada en el siglo XVII y rodeada de un parque de varias hectáreas. Hoy, el campo ha desaparecido alrededor del palacio y Casa Falguera está prácticamente rodeada de casas baratas.

»Cuando nos instalamos allí yo acababa de cumplir los veinte años y empezaba en la universidad unos estudios de Derecho que

* Casa Falguera es actualmente el Ayuntamiento de Sant Feliu de Llobregat.

acabé años más tarde en la Argentina. Mi padre, al que no le gustaba tirar el dinero por la ventana salvo cuando se lo pedía mi madre, me asignó una pensión de mil pesetas mensuales "con las que te arreglarás hasta que tengas carrera", me dijo. Mi padre, ¿sabes?, era muy dado a las frases hechas. Así que yo, en mi casa vivía en lo que entonces se podía considerar un lujo asiático. Pero en la calle, no tenía un duro. Comparándome con los hijos de los "fabricantes" yo era un pordiosero.

»En casa teníamos varios automóviles y un par de mecánicos, pero los "niños" no teníamos derecho ni a los unos ni a los otros. Así que cada mañana yo tomaba el tren de Barcelona para ir a la universidad y por la tarde hacía lo mismo para volver a casa. Dos veces al día, de mi casa a la estación y de la estación a mi casa, yo atravesaba a pie el pueblo de Sant Feliu de Llobregat, polvoriento, sucio, miserable, seguido por muchas miradas torvas, las que merecía el señorito que pertenecía al clan de los vencedores. El aspecto de la gente con la que me cruzaba por las calles era terrible. Niños demacrados, mujeres de aspecto famélico, hombres todavía jóvenes con miradas muy viejas en el fondo de las órbitas ojerosas. Había hambre en Sant Feliu de Llobregat, mucha hambre. Como en tantos otros pueblos de España. Una tarde vi a una mujeruca que arrancaba las malas hierbas de una cuneta. Al verme pasar levantó la cabeza y con voz hosca me dijo: "¡Para la sopa!".

»De repente llegaba yo delante de una verja altísima con escudo de armas rematado por una corona. Tocaba el timbre y me abría un portero uniformado que se quitaba la gorra y se inclinaba diciendo: "Buenas tardes, señorito", como lo haría hoy un portero de caricatura en una mala película de Berlanga, si Berlanga supiera hacer películas malas. Traspasada la verja empezaban los contrastes. Detrás quedaba el polvo, el ruido, la suciedad, los rostros sombríos. Ahora todo era paz, silencio, murmullo de fuentes, sombra de árboles majestosos, flores por doquier, los pavos reales en sus inmensas jaulas, los cisnes bogando como naves en los estanques, los rostros obsequiosos de todos aquellos, entre quince y veinte personas, que estaban a nuestro servicio "de toda la vida".

»Comíamos como habíamos comido siempre, aunque un poco menos que en los tiempos de mi abuela, tres o cuatro platos, amén del sacrosanto cocido de los jueves. Pescado, huevos, carne, toda clase de verduras, una infinidad de postres además, naturalmente, de la fruta que daban los frutales que mi padre poseía a la orilla del Llobregat. Una sola comida de las nuestras le habría bastado a una familia de Sant Feliu para sobrevivir un mes, pero no creo que a ninguno de los míos se le ocurriera pensar en ello. Yo no podía hacerlo en otra cosa. No porque yo sea una persona extremadamente bondadosa. No, no es eso. Yo sufría por aquel estado de cosas por puro egoísmo. Nunca he podido ser feliz a costa de las desgracias de otro. Es posible también que los puñeteros dominicos de Arcachon se equivocaran conmigo forjándome una sensibilidad totalmente inadaptable a la forma de vivir española. Inútil decirte que toda aquella comida venía en su mayor parte del mercado negro y costaba una fortuna. Un día le pregunté a mi padre: "¿Cómo puedes comer tranquilamente todo esto sabiendo que alrededor de nosotros hay gente que se muere de hambre?" Mi padre enarcó una ceja y con su peculiar ceceo me contestó, enervado: "Ezto ziempre ha zido azí y zeguirá ziendo azí". Yo nunca he abogado por que nada "ziga ziendo azí". Y si no he sido nunca conservador es porque no creo que existan muchas cosas que merezcan ser conservadas. Al contrario, creo que hay mucho por destruir.

»No vayas a pensar que mis padres eran gentes sin corazón. No, no. Tenían sus pobres. Pero eran de aquellos que pensaban que al pueblo se le puede hacer discursos sin rebajarse nunca a hablar con él. Mi padre, que había leído más de lo que daba a suponer, me citó un día una frase de Gaboriau que resumía toda su filosofía respecto al problema de la lucha de clases: "*C'est dans l'arrogance de la valetaille qu'il faut chercher le secret de la haine du peuple pour les aristocraties aimables et polies*".* En realidad no tenía ni la menor idea de lo que era el pueblo. Como quizá no la tenga yo.

»Un día mi madre recibió la carta de una mujer que vivía cerca de casa en la que decía que estaba muy enferma y sin medio alguno para pagar un médico. Mi madre llamó enseguida por teléfono a Diego Moixó, que era el médico de la familia, para que fuera a verla. Diego cumplió su cometido y vino a comer a casa aquella misma

* «Es en la arrogancia de la servidumbre donde es preciso buscar el secreto del odio del pueblo por las aristocracias amables y educadas.»

noche. "¿Qué le pasa a esa pobre mujer?", preguntó mi madre. "Nada, Carmen, no te preocupes, sólo tiene un poco de anemia." El buen doctor había recomendado a la paciente que tomara mucho caldo de gallina y carne roja en todas las comidas. "Ah, bueno", dijo mi madre. Y se pusieron a hablar de otra cosa. Moixó no era ni mucho menos un cínico. Era un español de su época y de su casta, pero poco al corriente de las realidades de la vida. En cuanto a mi madre, por más esfuerzos que hiciera, le habría resultado imposible imaginar lo que era la verdadera pobreza.

»Esto que te cuento y otras muchas cosas parecidas me produjeron una profunda angustia. Me dije (siempre ese egoísmo latente en el fondo de mi carácter): yo no puedo seguir viviendo aquí, ni viendo lo que estoy viendo, ni escuchando lo que cotidianamente escucho, ni aceptando la infinita crueldad, natural, de la gente con quien vivo, sean o no de mi propia familia, ni aceptándome a mí mismo como espectador de un espectáculo que me repugna.

—Y te marchaste.

—Sí. Me casé y me marché.

—¿Adónde?

—A Inglaterra, que era el país de mi primera mujer.

—No me digas que en el año 43 se vivía mejor en Inglaterra que en España.

—Por supuesto que no. Se vivía mucho peor. Y en peligro permanente. Pero se vivía civilizadamente.

—Además, en el año 43, también allí se moría la gente de hambre.

—Es cierto. Pero se morían de hambre todos, los pobres y los ricos. Los ingleses estaban solidariamente hambrientos. No se comía en las chozas, pero tampoco en los castillos. Y eso no es ni un cuento romántico, ni una exageración. Mira, yo tenía un tío* en la embajada española en Londres. Un día, almorzando con él, le dije que me iba a pasar el *week-end* al campo a casa de una de mis cuñadas. «¿Tiene niños?», me preguntó mi pariente. Le contesté que sí, que tenía cinco. Entonces mi pariente me hizo preparar un enorme paquete en el que había de todo: mermeladas, azúcar, naranjas de Valencia, quesos y latas de todas clases. Cuando llegué a casa de mi cuñada y quise entregarle el paquete, se negó a aceptarlo: «No pue-

* Carlos Sartorius, marqués de Mariño.

do —me dijo, secamente—. Muchos de mis vecinos tienen niños que no han probado una naranja en lo que va de guerra y que probablemente han olvidado el sabor del chocolate». Y como insistí para que por lo menos abriera el paquete y cogiese lo imprescindible, me dijo con estas palabras admirables: *«No, it wouldn't be decent»*.* No sería decente. Pensé fugazmente en mi padre, que se comía cada día su *beefsteak* con patatas fritas, sin imaginarse siquiera que a su alrededor la gente comía hierbas. Le propuse entonces a mi cuñada que repartiese el contenido del paquete entre los vecinos más cercanos. Tras un momento de reflexión aceptó, con reticencia, pensando quizá en los vecinos más lejanos que no iban a participar en la distribución. Eso era Inglaterra y así eran los ingleses. Gente maravillosa, con un sentido profundo de la solidaridad. Gentes que nunca hacían esto o aquello «porque nadie se va a enterar».

—Bien. Te comprendo perfectamente. Quiero decir que entiendo los impulsos que hicieron que dejaras este país. Pero, más tarde, ¿no hay un momento en el que sientes el deseo de volver a España para participar en la vida nacional?

—No. No lo hay.

Siento que Armero quisiera creerme. Entre irónico y agresivo, sugiere:

—¿Te sentías ya ciudadano del mundo?

—No, en absoluto. Estaba sencillamente en un país que conocía bien y que era como me habría gustado que fuese el mío. Un país respetuoso con el ciudadano, sus derechos y su libertad. Pero allí se acababa la cosa. Madame Bidault, mujer del que fue presidente del Consejo y ministro de De Gaulle, antes de convertirse en uno de sus enemigos más acérrimos, me preguntó en una cena si me gustaría obtener la nacionalidad francesa, porque de ser así ella se encargaría en el quai d'Orsay de que me la concedieran. Le contesté que no, que se lo agradecía muchísimo pero que en ningún momento de mi vida había yo considerado la posibilidad de dejar de ser español. Madame Bidault me contestó escuetamente: *«Je vous comprends parfaitement. Je vous aurais méprisé un peu si vous m'aviez dit le contraire»*.**

* «No, no sería decente.»

** «Le comprendo perfectamente. De haber aceptado mi ofrecimiento le hubiese despreciado.»

—¿Cuándo ocurría eso?

—Allá por los años sesenta. Porque como sabes, antes de instalarme en París, pasé cinco años en Argentina criando caballos.

—Al llegar a París te pusiste naturalmente en contacto con los españoles del exilio.

—No. Hice todo lo contrario. Decidido a vivir en Francia, corté todo contacto con los españoles del exilio.

—¿Por qué?

—Ante todo porque quería vivir en Francia como un francés. Siempre he creído que la nostalgia es un error. No quería pasar el resto de mi vida comiendo queso manchego, bebiendo vino del Priorato, hablando de «mi» batalla del Ebro y de la caída de Barcelona, como uno cualquiera de los personajes de *El hombre de sangre*.

—A propósito de tus libros escritos en el exilio. Menos uno de ellos, creo que es *L'Homme de Plaisir*, todos ellos tratan del tema español. Y en casi todos ellos entreveo algo como una acusación a los que nos quedamos en España. ¿Nos juzgas culpables de la colaboración con el franquismo? No me refiero a los treinta y cinco millones de españoles sin el apoyo de los cuales Franco no hubiera podido mantenerse en el poder, me refiero a gentes que, como yo, habrían podido marcharse.

—No recuerdo haber hecho esa acusación a nadie en ninguno de mis libros. En realidad, yo nunca he acusado a nadie de nada salvo, claro está, de mediocridad con premeditación y alevosía, a un grupo social muy definido. Yo he sido siempre lo suficientemente lúcido y liberal para no exigir, ni esperar, que nadie haga nunca de héroe, o para que se exilie, que viene a ser lo mismo. ¿Y por qué fomentar acusaciones contra el pueblo español? ¿Qué tiene que ver el pueblo español con todo lo que ha pasado? Para sostener una dictadura como la de Franco bastan unos miles de personas colocadas en puestos clave. Los pueblos no son casi nunca responsables de los regímenes que fagocitan a los estados. Por eso mi desprecio siempre fue dirigido hacia unos individuos que nada tenían que ver con el pueblo. A los pueblos, eso lo saben muy bien aquellos que aspiran a los grandes liderazgos, se los domina siempre excitando sus pasiones y casi nunca ocupándose de sus verdaderos intereses.

—Esos individuos que tanto desprecias y que a veces odias, ¿quiénes son? ¿Los monárquicos que se pasaron a la dictadura?

—Mejor será que no hablemos de los monárquicos.

—Entonces, ¿a quién te refieres?

—A los de siempre. A los que traicionaron a mi casta.

—«Casta» es una palabra poco usual en boca de un demócrata.

—Pero es una palabra que ahora usan mucho los biólogos.

—Ese furor tuyo contra ciertas gentes pudiera ser, ¿no crees?, una especie de obsesión.

—Esa gente me ha obsesionado durante años, es verdad. Mis libros me han servido para cortar el cordón umbilical que me unía a ellos.

—Tu primer libro *Las Ramblas acaban en el mar*, publicado, creo, en 1951, te valió una querella por insultos al jefe del Estado.

—Sí, y *El hombre de sangre* me valió una segunda. Lo mismo ocurrió con el sexto y el séptimo, *Allegro bárbaro* y *Fiesta*. Si los leyeses ahora, después de todo lo que se ha publicado, no comprenderías ni las iras que desperté ni la saña con que me persiguieron.

—Me has dicho que no sentiste en el exilio deseo de participar en la vida nacional. Pero ¿no sentiste nunca la nostalgia de tu país?

—No, muy sinceramente, no. Por lo menos durante los primeros veinte años. Si me hubiese ido a vivir a Suiza, a Inglaterra o a Alemania, quizá habría sido otra cosa, porque me habría sentido en el extranjero. Pero, en Francia, yo estaba en mi casa. Hablaba la lengua como si fuera la mía propia y la sigo escribiendo mejor. Pero, si te interesa saberlo, es ahora aquí, en Madrid, donde empieza mi verdadero exilio. Cuando me llamas por la mañana para anunciarme que vas a venir a trabajar conmigo, casi doy saltos de alegría. Porque sé que durante unas horas voy a poder hablar con alguien. Aquí, en Madrid, estoy un poco como una monja de clausura. A Salvador de Madariaga, poco antes de que muriera, un periodista suizo amigo mío le preguntó si pensaba instalarse definitivamente en España. Rápido, Madariaga contestó: «¿Para hablar con quién?». Yo comprendo muy bien lo que quería decir el pobre viejo. Tengo aquí amigos, gente que quiero de verdad, pero con los cuales, a partir de ciertos límites, ya no tengo ningún contacto. Porque pertenezco a otra civilización. No pretendo que sea mejor. Pero es otra. Ya sabes aquello tan inteligente que dijo Thoreau: «Cuando un hombre no camina al mismo ritmo que sus compañeros, es porque oye otro tambor».

—¿Con quién hablas entonces, exceptuándome a mí?

—Con Antonio de Senillosa, que es como una gran ventana abierta al exterior. Con alguna mujer que otra, porque las españolas tienen una dimensión muy superior a la de sus compañeros masculinos. Con algún político de esos que han pasado muchos años de exilio.

—¿Por ejemplo?

—Por ejemplo, con Carrillo, porque aunque políticamente estemos muy lejos el uno del otro, hemos respirado durante años aires parecidos. Santiago es el autodidacta tipo, inteligente y capaz, con un inmenso sentido del humor y una concepción muy clara de lo que es la amistad. Me entiendo bien, naturalmente, con casi todos los hombres que volvieron del exilio, pero ello se debe a que nuestros problemas pasados y futuros son los mismos. Pero, en el fondo, no me interesan mucho los exiliados, ni cuando están fuera de su país, ni cuando están de vuelta. Somos todos una especie de apátridas con pasaporte.

—Sinceramente, ¿qué crees que serías hoy de no haberte desvinculado tan joven de la vida española?

—Pues probablemente un señor de Barcelona con fincas, acento catalán, una cuenta en Suiza y una querida. Y probablemente también gordo y calvo, pues no hay nada que envejezca más a un hombre que el aburrimiento y el hastío de sí mismo.

—¿Hubieses escrito?

—Qué duda cabe. Escribo por necesidad física. Pero el problema no es ése. El problema es saber quién me habría publicado.

—A muchos novelistas españoles los han publicado durante los años del franquismo.

—Sí, pero ¿quién los conoce fuera de sus respectivos pueblos? El divorcio entre los novelistas españoles que se quedaron aquí durante los años del franquismo y la realidad europea, por no decir la realidad del mundo, es total y absoluto. Mira, ser un Vizcaíno Casas no puede ser nunca la ambición de un escritor.

—Gana mucho dinero.

—Yo también. Pero tocando otro tambor.

—Bueno, tampoco todos los escritores españoles han sido, ni son, Vizcaíno Casas. También hay Celas y poetas de la calidad de Aleixandre.

—A Dios gracias. Cuando hablo de Vizcaíno Casas es con ánimo de caricaturizar, como cuando un francés habla de Guy des Cars. Pero el asunto es otro, José Mario. De haberme quedado en España, el problema del escritor frustrado habría sido un problema entre muchos otros. Ante todo, me habría visto obligado a pasar por muchos aros, entre otros por el de mi propia familia que, como la mayoría de las familias españolas, era concienzudamente castradora. Son familias que te imponen matrimonios o que están en contra, lo que resulta ser lo mismo, carreras, estilos de vida, modos de pensar, de comportarte, de vestirse y si me apuras, de morirte.

»Yo tengo un hermano que ha pasado por todos esos aros. Es quizá la persona que yo más quiero y estimo en el mundo. Es un hombre más joven que yo, comedido, cortés, encantador y de una tristeza infinita. No se parece en nada a mí, ni ha tenido nunca, por lo menos eso espero, las ambiciones que siempre han sido las mías, pero creo que es perfectamente consciente de haber vivido durante cuarenta años encerrado en un país en el que nunca pasaba nada («el orden —decía Nietzsche— es la virtud de los mediocres»), y en el que no había ningún contacto con el resto del mundo. Y la vida no es eso. La vida es curiosidad, acción, peligro.

Armero da un respiro.

—La fórmula es casi fascista.

—Sí, la inventó el conde Dino Grandi di Mordano, aquel individuo de la barbita en punta que provocó la caída de Mussolini. Los fascistas, sobre todo los italianos, tenían mucho talento para inventar fórmulas preciosas. «Más vale estar muerto que vivir de rodillas», etc., etc. Pero nunca vivieron de acuerdo con ellas. Sólo hacían literatura.

—Los comunistas también hacen literatura.

—Sí, pero mala. Porque han comprendido que es más fácil vivir a la altura de la mala literatura que de la buena. Son muy lúcidos y poco dados a romanticismos fáciles.

—A ti te interesan mucho los comunistas, ¿verdad?

—Me interesan porque viven de acuerdo con su fe.

—¿La fe de los religiosos u otra?

—Otra mucho más realista. No recuerdo qué obispo le preguntó a un colega, refiriéndose a un mandamás del Opus Dei: «Pero ese señor, ¿cree en Dios o está en el secreto?». Eso no lo habría preguntado nunca un comunista. Para ellos, creer en Stalin y estar en el secreto es una misma y sola cosa. Los comunistas son gente seria.

—¿Cómo vivía Carrillo en París?

—Mal. Y que yo sepa, todavía no vive en Puerta de Hierro. A mi modo de ver, eso tiene mucho mérito.

—¿Conoces a muchos políticos españoles?

—No. Para qué.

—¿No te interesa ninguno?

—Me interesa Felipe González. Un día, almorzando en mi casa con Helga Soto, dijo una cosa que me llamó la atención. Dijo que los verdaderos políticos son aquellos que están dispuestos a jugarse la piel en la plaza. ¿Quién se juega hoy la piel en España? Felipe González es, de toda evidencia, uno de los hombres que se la juega.

—Tú, ¿has votado al socialismo?

—Sí.

—Pero sin creer en el socialismo.

—Mira, a mí, de verdad, me gustaría vivir en la Edad Media, a condición de hacerlo en un castillo. Pero como eso ya no puede ser, creo que el socialismo es la única solución a un universo de masas.

—En uno de tus artículos señalaste que Lloyd George había dicho que «un socialista es un hombre que no ve la diferencia entre una sombrilla y un bastón porque los dos salen del mismo paragüero».

—Sí, pero hoy nadie usa ni sombrilla, ni bastón y los paragüeros se arrinconan en los desvanes. Si yo le tuviera que hacer un reproche al socialismo diría que todavía siguen prefiriendo el menor de los males al más grande de los bienes.

—Y sin embargo, has votado socialista.

—No veo la solución a los problemas del mundo en una óptica de derechas.

—Caricaturizando a la derecha, como lo has hecho tú hace un rato con Vizcaíno Casas, ¿qué piensas de Blas Piñar?

—Me dicen que es un buen notario.

—Pero ¿comprendes su lenguaje?

—¿Quién apreciaría hoy la danza de los plátanos de Josephine Baker o los suspiros de Francesca Bertini? Blas Piñar es un hombre consecuente con un pasado que el viento se llevó y cuyas acciones ya no se cotizan en Bolsa.

—Pero ¿te parece honrado?

—¿Es eso tan importante en un político? Balzac decía que «un político honrado es como un piloto de barco que le hace el amor a una pasajera mientras sostiene el timón con una mano».

—En el fondo, ¿qué opinión te merecen la mayoría de los políticos españoles?

—Los de antes del socialismo me la merecían pobre, Joaquín Garrigues publicó en *El País* un artículo que molestó a mucha gente, en el que decía que España tiene difícilmente remedio porque no hay gente, ni aun a nivel de ministros, lo suficientemente competente para hallar la solución a los problemas cotidianos. Añadía Garrigues que la misma incompetencia reina entre los abogados, los médicos, los arquitectos, etc., etc. En resumen, Garrigues les echaba en cara a los españoles su mediocridad. Pero se olvidó señalar el ministro que nada de todo eso es culpa de los españoles. Cualquier pueblo, por glorioso e inteligente que haya sido en el pasado, se descompone y rezuma estupidez tras haber pasado cuarenta años encerrado en algo parecido a un colegio de tercera categoría. Porque si algo hay que espante a los dictadores son los hombres de calidad. Montherland, que era un hombre de derechas, escribió en sus *Carnets* que «los dictadores nacen siempre en casas en las que nadie se atreve a dar órdenes a la criada». Cuando hay criada.

—¿Adónde te parece que puede ir ahora este país? O mejor dicho, ¿adónde te parece que debiera ir?

—Si nos arreglamos para impedir que ocurra un nuevo drama de tipo ibérico, este país tendría que desembocar, lógicamente, en una socialdemocracia.

—Una socialdemocracia acaba siendo la gestora del capitalismo.

—Bien, ¿y dónde está el obstáculo? Günter Grass, el escritor alemán amigo y partidario de Willy Brandt, declaró en una reciente entrevista: «El capitalismo, el socialismo y el liberalismo son ideas jóvenes. Las tres vienen de la tradición de la Aufklärung europea. Al principio, el capitalismo fue una fórmula progresista: relevó el mercantilismo de la Edad Media y la burguesía que, como contraposición a la nobleza, escogió la opción capitalista, se consideró progresista. Capitalismo, socialismo y liberalismo están muy interrelacionados. Hasta tal punto que el socialismo no es pensable sin relación con el capitalismo. Esto pretendieron negarlo en la Unión Soviética. ¿Cuál ha sido el resultado? Que ahora tienen un capitalismo de Estado mucho más difícil de controlar que el capitalismo privado». A mi modo de ver, el gran mérito de Felipe González consiste en haber comprendido y aceptado que, ante esta interrelación socialismo-capitalismo, la etiqueta marxista del PSOE no podía interpretarse más que negativamente. Felipe luchó contra un socialismo utópico, porque la utopía es siempre una huida hacia adelante. Precisamente, Günter Grass, comentando en la misma entrevista la ruptura en el Partido Socialista Obrero Español que provocó la retirada de Felipe González, la califica de «típica huida hacia adelante».

1982

Estaba una mañana en pleno trabajo cuando suena el teléfono en la biblioteca.

—¿Quién es?

—Soy Felipe. Felipe González.

Me da cita a las once de la mañana siguiente en su domicilio particular de la calle del Pez Volador, 32, en el barrio madrileño de la Estrella. Me paso el resto del día alertando a los técnicos del equipo que ha de filmar la entrevista bajo la dirección de Gonzalo Herralde. A las doce de la noche ya he conseguido localizarlos a todos y dedico las dos horas siguientes a completar la lista de preguntas que le voy a hacer al que será, dentro de unos meses, el presidente del primer gobierno socialista del reinado de don Juan Carlos I de Borbón.

El piso en el que vive la familia González en Pez Volador es de una extrema modestia. El salón, muy pequeño, tiene una vista sin interés sobre la casa de enfrente. Hay libros por todas partes —muchos de ellos en francés—, discos y casetes de música clásica y de flamenco y en un rincón una pila de cajas de habanos que miro con codicia. Se oyen risas de niños en las habitaciones interiores y una voz que pugna por ser autoritaria —la de Carmen Romero— que trata de imponer silencio.

Felipe tiene en la mano un bastón porque según explica se ha hecho un esguince la noche anterior y le duele mucho el tobillo al caminar. Me recibe sentado en una butaquita de aspecto incómodo frente a una mesa baja en la que está abierto por la mitad el último libro de Raymond Aron junto a los periódicos del día.

Instaladas las cámaras y los focos que iluminarán la escena, todo está listo para empezar la entrevista. Felipe enciende un Cohiba —«Me los manda Fidel Castro»— y propone:

—Nos tuteamos como en la vida, ¿verdad? Ya sé que en estas ocasiones el usted es de rigor, pero a mí me impide hablar con naturalidad a mis amigos.

A Gonzalo Herralde le parece bien lo del tuteo y a mí también. El secretario general sonríe complacido:

—Bueno, pues cuando queráis.

Es el momento elegido por Carmen Romero para entrar en escena. Es una mujer guapa, con una gran facha y una mirada inteligente. Retira la mano que pretendo besar y me ofrece una mejilla. Tiene un cutis muy fino y muy pálido como el de alguien que le temiera al sol. Le tiende a Felipe un gran sobre blanco mientras le dice:

—Convendría contestar a esto hoy mismo.

—¿Qué es?

—Una invitación de La Zarzuela.

Felipe abre el sobre, lee en silencio durante unos segundos y luego murmura:

—«Hombres, corbata blanca.» ¿Qué quiere decir esto de la corbata blanca?

—Que los hombres tenéis que ir de frac —le aclara su mujer.

Felipe se revuelve incómodo en la butaquita.

—El frac es eso que cuelga por detrás, ¿verdad? Pero ¿por qué lo de la corbata blanca?

—Porque si la llevaras negra te confundirían con un camarero.

A Felipe no le gusta el cariz que toma la conversación.

—De todas maneras —dice— yo de pingüino no voy a ninguna parte.

—Piénsalo —aconseja Carmen Romero—. A partir de ahora tus ausencias tendrán siempre un significado... en esta ocasión, negativo.

—¡Tú sabes muy bien que yo no tengo frac! —se impacienta Felipe.

—Pues llama a Carrillo y pregúntale cómo irá él.

—Yo creo —intervengo— que se contentarán con que vayas de oscuro.

—Pues claro —suspira Carmen, agradecida.

Felipe se vuelve a impacientar.

—Carmen, por favor, déjanos trabajar.

Carmen Romero se marcha del saloncito exagerando su andar de puntillas. Se detiene en la puerta, agita en el aire el sobre blanco de La Zarzuela y pregunta:

—Contesto que sí, ¿verdad?

Felipe asiente con la cabeza mientras rezonga:

—Pero a Carrillo llámale tú.

Un silencio y luego la voz de Gonzalo Herralde que pide:

—¡Motor!

Mi primera pregunta al secretario general parece formar parte de una conversación que dura ya desde hace un tiempo:

—¿Qué fue lo que pasó exactamente en Suresnes? ¿Fue simplemente el encuentro entre los socialistas jóvenes del interior con los viejos del exilio o fue algo más?

Felipe González sacude la ceniza del puro.

—No, no —dice—, fue algo más. Mucho más. Fue la culminación de un esfuerzo de renovación del Partido que a todos nos parecía absolutamente necesaria. Esa culminación era lógicamente el resultado de ese encuentro al que aludes y que venía madurando desde el año 70. Luis Gómez Llorente había hecho ya, una década atrás, un ensayo bastante meritorio que Indalecio Prieto, en su calidad de líder histórico del socialismo, había impedido drásticamente. Nosotros, lo que pretendíamos era traer de nuevo a España la dirección del Partido. Queríamos adaptarlo a la nueva situación política española, a la nueva situación económica y social y, sobre todo, a las nuevas actitudes del país. Eso es lo que significaba para nosotros Suresnes. Uno de los problemas principales era el de cubrir la vacante del cargo de secretario general del Partido, vacío que existía desde el año 72, año en el que Llopis no quiso ni asistir al congreso del Partido, ni legitimarlo. Fue entonces cuando se creó un órgano colegiado, y en el 74 se planteó el problema de quién iba a ser el nuevo secretario general. La verdad es que todos los datos indicaban que éste debía ser Nicolás Redondo. Era el hombre puente, el hombre fuerte del Partido en el interior. Y también era el más representativo de los sectores obreros. Nicolás Redondo era, realmente, el hombre indicado. Pero el hoy secretario general de UGT apuntó que su opción era sindical y no política. Que no quería de ninguna manera asumir el cargo, pese a haber pertenecido durante los últimos dos años anteriores al 74 a la dirección del Partido, como secretario político. Se organizó pues un debate, y por exclusión, cosa que siempre les duele a mis compañeros que diga y sobre todo les duele a los que piensan en marketing político y no en decir las cosas como son, por exclusión, repito, pues aparecí yo.

—¿Hubo alguna oposición?

—Sí, claro que la hubo. Personas de mucha edad que llevaban años de militancia en el Partido sintieron cierto recelo ante un hombre de treinta y tres años que se iba a hacer cargo de una responsabilidad histórica con más de un siglo de antigüedad. Tampoco estaban muy de acuerdo algunos compañeros que se consideraban por lo menos con los mismos méritos que yo, y tenían razón, para ocupar la Secretaría General del Partido. Muchos de ellos llevaban largo tiempo desempeñando cargos de suma importancia. Pero Nicolás Redondo no sólo se negó a que le nombraran secretario general, sino que dijo que la Secretaría General la tenía que asumir Felipe González. Por ser Nicolás depositario de la máxima confianza del congreso, sus palabras inclinaron totalmente la balanza a mi favor.

—Y entonces tú vuelves a España ya como secretario general.

Felipe niega con la cabeza mientras enciende el Cohiba que se ha apagado.

—No, no es exactamente así. Eso de volver a España de secretario general resulta casi divertido si tenemos en cuenta que por aquel entonces yo estaba procesado y que pendía sobre mi cabeza una petición fiscal de ocho años de prisión. También conviene señalar que, aunque yo no estuviera ya en la clandestinidad, seguía estando en la ilegalidad. No, verás, yo creo sinceramente que la transición empezó mucho antes.

Y Felipe repitió casi palabra por palabra lo que me había dicho en casa a propósito de «la transición de Carrero Blanco».

Nos hemos detenido unos minutos para que se pueda rectificar el juego de los focos. Felipe los aprovecha para encender un segundo Cohiba luego de haber ofrecido a su alrededor la caja de habanos abierta.

—¡Motor! —anuncia en voz baja Gonzalo Herralde.

—Háblame —le pido a Felipe— de aquel famoso congreso que

tuvo lugar en el Meliá Castilla, y en el que estando como estabais en la absoluta ilegalidad, os protegía sin embargo la Policía. Allí acudieron Mario Soares, Olof Palme…

—… Sí, y Willy Brandt, y creo que también Bruno Kreisky; en fin, todo lo que era entonces el socialismo europeo. Vinieron también algunos personajes de América Latina. Fue lo que la prensa del momento llamó «el abrazo de Europa». El acontecimiento tuvo un enorme interés pese a la ambigüedad, que yo calificaría de explosiva, muy representativa del momento que vivíamos. El congreso tenía que haberse celebrado en octubre, en octubre se cumplían dos años de lo de Suresnes y eso, en el Partido, se intenta llevar a rajatabla, pero no fue posible por razones diversas, así que se retrasó la cosa hasta diciembre.

—Por cierto, se dice que os costó mucho trabajo conseguir que Mitterrand acudiera a Suresnes.

—Sí, es verdad. Nos costó mucho trabajo. En aquel momento Mitterrand confiaba más en los comunistas españoles como fuerza de oposición que en nosotros. Sostenía relaciones muy seguidas con Santiago Carrillo y, según me dijeron, los dos hombres se entendían muy bien. Mitterrand, como otros líderes europeos, pensaba que el Partido Comunista jugaría en España el mismo papel que el Partido Comunista de Berlinguer juega en Italia. Esa distorsión óptica se producía fundamentalmente porque los comunistas tuvieron siempre la habilidad de subrayar su presencia, independientemente de que tuvieran más o menos peso específico que nosotros, cosa que se discutía mucho en la oposición española, ya que es cierto que en algún momento los comunistas han pesado mucho y en otros mucho menos. Yo les concedo el peso de la duda en su favor. Les favorecía mucho también el que Franco llamara comunista a todo aquel que se oponía a su régimen. El caso es que muchos políticos europeos, y entre ellos muchos socialistas, creían que el Partido Comunista español iba a ocupar el espacio que hoy ocupamos nosotros. Mitterrand, de muy buena fe, creía lo mismo. Estaba convencido de que Carrillo tenía más claves políticas en España que ninguno de nosotros. Vino a nuestro congreso un poco en contra de su voluntad, pensando que sería un congreso de jubilados, un congreso de exiliados de la Guerra Civil. Se asombró mucho al descubrir que la media de edad de los asistentes era de unos treinta y cinco años. No podía imaginar, nos explicó, que esa gente venida de España pudiera ser tan joven. Sólo entonces comprendió que existía una especie de vacío generacional en el exilio. La generación que el franquismo machacó concienzudamente es la que, todavía hoy, se puede situar entre los cuarenta y cinco y los sesenta y cinco años. Éstos fueron los que de verdad pagaron el precio del posfranquismo. La generación que tanto asombrara a Mitterrand era la de aquellos hombres que fueron los estudiantes conflictivos de los años 54-55, generación a la que pertenece por ejemplo Enrique Múgica, y que inició la lucha contra el franquismo. Eran casi todos ellos hijos de la burguesía franquista que se rebelaron contra la ideología y el modo de hacer de sus propios padres.

—En resumidas cuentas, la educación impartida por el franquismo a muchos de vosotros os ha sido muy benéfica.

Felipe tarda unos segundos en reírse.

—¡Es terrible poder afirmar una cosa así! —dice por fin—. ¡Es como aconsejar un cierto tipo de educación para provocar las rebeldías a una dictadura!

Visto el buen humor del secretario general, insisto:

—Vosotros habéis sido el fruto de una educación franquista, y eso es precisamente lo que ha hecho de vosotros lo que ahora sois.

—Paradójicamente, algo hay de verdad.

—Si el franquismo hubiera sido de mano blanda, es posible que hoy no hubiese tantos socialistas en España.

La sonrisa desaparece del rostro de Felipe.

—Las posibilidades —dice— siempre son relativas y discutibles. —El bastón cae al suelo con ruido metálico. Felipe lo recoge y lo coloca de nuevo entre sus rodillas—. Yo hago una reflexión distinta que no me parece exenta de interés: si los socialistas, en el año 31, cuando acceden al poder en una conjunción republicano-socialista, hubieran tenido una perspectiva histórica de cincuenta años, en vez de dos años de gobierno, ¿en dónde estaríamos hoy? ¿A qué nivel con respecto al resto de Europa? Ésa es una reflexión que a mí me parece verdaderamente interesante. No le pudo conceder al franquismo, porque no sería justo, ningún elemento positivo. Ni aun pensando en la generación rebelde de la que hablamos, esa generación que ha hecho posible que exista hoy una plataforma socialista completamente nueva. Si el proyecto histórico socialista, del cual somos históricamente responsables, hubiese contemplado una perspectiva de cincuenta años, es probable que hubiésemos evitado las consecuencias dramáticas de la Guerra Civil. La mayor parte de la responsabilidad sigue siendo, no de la izquierda, sino la de una derecha recalcitrante que jamás ha optado por los comportamientos europeos. Pese a todo, los socialistas debimos ser más lúcidos frente a esa perspectiva de cincuenta años que tanto me ha hecho reflexionar.

Suena el teléfono y por lo visto se trata de algo lo suficientemente importante como para interrumpir el trabajo de las cámaras. Felipe se levanta con cierta dificultad y desaparece en la habitación contigua durante unos minutos. Tiene, cuando vuelve, el rostro crispado y la mirada sombría. ETA, nos anuncia, ha vuelto a actuar. Esta vez las víctimas han sido dos guardias civiles, en un pueblecito costero de la provincia de Guipúzcoa. El secretario general se sienta de nuevo, se acomoda junto al bastón y le hace un gesto a Gonzalo Herralde pidiendo que continúe el trabajo interrumpido. Cambiando de tema, le pregunto:

—¿Qué clase de contactos tuviste con el actual monarca antes de la muerte de Franco?

—Ninguno, no tuve ninguno. Ni con don Juan Carlos, ni con su padre. Resulta algo original y casi hasta bonito si se tiene en cuenta la cantidad de gente que trataba de acercarse a los dos personajes en los últimos meses que precedieron al fallecimiento del general. Se había montado por aquel entonces aquella plataforma política llamada la Junta Democrática a la cual perteneciste tú como figura independiente. Aparentemente, y por más que se nos haya querido hacer creer lo contrario, la Junta nunca estuvo realmente ligada al padre del Rey. Yo creo que don Juan es un hombre lo suficientemente inteligente para trazar líneas políticas que le permitan guardar las distancias convenientes. Dicho esto, recuerdo que a mí me invitaron varias veces, a través de ciertos contactos con la Junta Democrática, a alguna de esas reuniones que tenían lugar en Estoril, precisamente en la Villa Giralda, domicilio particular de don Juan de Borbón. Se me explicaba por aquel entonces que el demócrata era don Juan, en tanto que su hijo, como heredero evidente de la dictadura, ni era ni podía ser nunca un rey democrático. ¡Fíjate en la visión política que tenían aquellas gentes! Insistían en que había que legitimizar cuanto antes al padre, lo que significaba obviamente que había que deslegitimizar al hijo. Yo me negué desde un principio a entrar en ese juego. Porque nunca me creí que aquellas suposiciones, tan fáciles como arbitrarias, fuesen ciertas.

—Pues has sido uno de los pocos españoles que no cayeron en esa trampa.

—Sí, ya lo sé. Fui, como tú dices, uno de los muy pocos. Por eso lo recuerdo todo con tanta nitidez. Yo estaba convencido de que no tenía nada que hacer en Estoril. Sustituir la posibilidad que personificaba don Juan Carlos por la hipotética posibilidad de un reinado del conde de Barcelona, me parecía jugar a un juego peligroso, en un terreno desconocido y con reglas dictadas por otros. Yo no creía, por ejemplo, que don Juan se interpusiera nunca entre el trono y su hijo. Y si tuviera la intención de hacerlo, habría seguramente una madre, una reina madre que no estaría de acuerdo con que esa operación se llevara a cabo.

—En parte, eso fue exactamente lo que ocurrió.

—No lo sé. Yo no he entrado nunca en la intimidad de esa familia. Sólo he hablado una vez en mi vida con el conde de Barcelona, siendo ya su hijo el jefe del Estado. Por consiguiente y como te decía, yo nunca viajé a Estoril. Entre otras cosas, porque aquel juego que se traían entre manos constituía desde un principio un error histórico monumental. Me parecía absurdo, dada la situación en España, montar una operación «padre contra hijo». Eso pertenecía a la historia medieval de la realeza, pero no a su historia moderna. Las sociedades son lo que son, incluso para los reyes. Tampoco tuve contacto alguno con don Juan Carlos antes de que fuera Rey. El primer contacto entre la monarquía española y el socialismo tuvo lugar después de las elecciones del 77. No fui yo quien se entrevistó personalmente con don Juan Carlos, sino un personaje representativo del socialismo español.* Fue la primera vez que un rey de España tomaba contacto con alguien del Partido.

—En efecto, porque don Alfonso XIII, que se había entrevistado en París y en Londres con socialistas franceses y laboristas ingleses, jamás, jamás tuvo contacto alguno en Madrid con los socialistas españoles. Su entorno no se lo permitió nunca.

* Luis Solana.

—Tampoco creo que en aquella época los socialistas españoles insistieran mucho en verse con el monarca.

Felipe hace un gesto amplio en el que toman parte la cabeza y las manos, y que viene más o menos a significar que a Dios gracias vivimos ahora en otros tiempos.

—Es curioso —le digo— que tú hayas comprendido tan claramente desde un principio lo que se cocinaba en Estoril. Porque, incluso los actores de aquel drama con relentes decimonónicos se movieron con recelo por terrenos peligrosamente pantanosos. Yo estuve con don Juan precisamente el día anterior a la muerte de Franco.

—¿En París?

—Sí, en París. En casa del marqués de Marianao, un catalán que le prestaba el piso al conde de Barcelona cuando éste visitaba la capital francesa.

—¿Para qué, exactamente, fuiste a verle?

—Porque pese a los numerosos mensajes escritos y telefónicos que le habían mandado Antonio García Trevijano y Calvo Serer, don Juan evitaba todo contacto con los miembros de la Junta. Dadas las circunstancias, Carrillo, que se las sabe todas, me había dicho: «Pídele audiencia tú. En tu calidad de grande de España no te la negará. Cuando le veas le dices...».

—¿... que a ver qué pasa? —me interrumpe Felipe con socarronería.

—No exactamente. Querían que le dijese que al negarse a hablar con ellos estaba malgastando su última oportunidad.

—¿De qué oportunidad se trataba?

—Querían que don Juan anunciase públicamente su próxima entrada en la Junta Democrática de España. Según ellos, ésta y no otra era la puerta de acceso al trono que le esperaba en el Palacio de Oriente.

Felipe ríe sosegadamente:

—¡Me imagino la cara que pondrían las gentes de don Juan al anunciar éste su afiliación al club al que Santiago Carrillo era uno de los miembros principales!

—El caso es que le fui a ver. Me recibió con esa simpatía arrolladora tan particular de los Borbones. Estuvimos hablando largamente de la situación que se avecinaba en España. «Señor —le dije—, mañana se muere Franco y para nosotros los monárquicos el dilema va a ser considerable, porque nos vamos a encontrar con dos reyes: Vuestra Majestad —a don Juan siempre le llamábamos el rey— y el Príncipe. La pregunta es: ¿qué hacemos?» Don Juan me miró muy serio y, contundentemente, me contestó: «Al Príncipe hay que ayudarle a fondo». Yo pensé que si el señor decía esto es porque él también pensaba ayudar a su hijo «a fondo». De lo contrario no tendría ningún sentido lo que acababa de decir. Y, en efecto, le ayudó «a fondo». Dejando primero el camino libre y abdicando después sus derechos dinásticos. A fin de cuentas, el deslegitimizado fue el pobre don Juan. Y su hijo, aquel al que en un principio se le negaba la posibilidad de ser un rey democrático, nos dio la gran sorpresa. En España nos equivocamos todos con respecto a don Juan Carlos. Yo el primero. Porque se tragó en silencio todos los sapos que se tuvo que tragar, nosotros creímos que le faltaba carácter, que era un poco «corto» y por lo tanto poco apto para reinar. Los «cortos» éramos nosotros. Porque aquellos silencios del entonces Príncipe, aquella discreción de la que hacía gala, aquella casi ominosa indiferencia ante las ordinarieces y los desaires que le prodigaba la gentuza que rodeaba a Franco, solo podían disimular, hoy lo sabemos, un carácter férreo, una voluntad de espera sin límites, una voluntad de poder verdaderamente prodigiosa. En la vida debe de ser un jugador de póquer de primera magnitud.

Felipe asiente varias veces con la cabeza antes de contestar:

—Tienes toda la razón. Son ésos unos datos caracterológicos que nunca se han destacado bastante cuando se ha tratado de definir la personalidad del Rey. Es cierto que nos equivocamos todos. A este propósito te voy a contar lo que me ocurrió hace apenas quince días. Cenaba yo en un restaurante madrileño con varios personajes pertenecientes al mundo de las finanzas, cuando uno de ellos me reprochó, ¡después de tanto tiempo!, que nosotros, los socialistas, recibiéramos sentados al Rey en su primera aparición en las Cortes. «Además», añadió el personaje, «fuisteis también los únicos que se abstuvieron de aplaudirle».

—¿Qué le contestaste?

—Le dije que tenía razón, que en efecto así fueron las cosas, pero le recordé que cuando don Juan Carlos terminó su discurso fuimos los primeros en levantarnos y aplaudirle por lo que acababa de decirnos. Expliqué que aquella actitud nuestra no fui ni gratuita ni caprichosa. Habíamos discutido previamente lo que nos parecía tener que hacer. La decisión final la tomamos sabiendo pertinentemente que nos enfrentábamos a un problema de Estado. Es verdad que los socialistas habíamos recibido al Rey sentados. Pero tengo la impresión de que treinta y ocho millones de españoles esperaron también sentados las palabras que iba a pronunciar ante la nación aquel joven monarca para todos prácticamente desconocido. Hoy es justo concederle a don Juan Carlos, y no es un halago, el mérito de haber puesto en pie a esos treinta y ocho millones de españoles, bueno, no tantos, porque se ha ganado la enemistad de los que creían que la monarquía estaba al servicio de unos pocos, que se han levantado, pero que, como nosotros, se han levantado *después*. —Felipe reflexiona unos instantes antes de añadir—: Quizá la gran fortuna de esta monarquía sea el que no haya monárquicos organizados para defenderla.

—A Dios gracias.

—Sí, quizá sea su gran fortuna histórica. En definitiva lo que existe hoy en España, a nivel nacional, es el respeto de un pueblo por la tarea de un hombre. Me parece a mí tremendamente importante. Por eso cuando a veces se discute acerca de la importancia de la institución comparada a la importancia de la persona real, a mí me suena a discusión sin fundamento. Sin fundamento y perfectamente innecesaria. La institución no es separable de la persona. Yo no aceptaré nunca la argumentación de ciertos monárquicos «de toda la vida» que sostienen que «la monarquía es lo sustancial y la democracia lo accidental». Yo creo que lo sustancial para el sistema monárquico reside en que esté profundamente ligado, como lo está, con el ansia de libertad y de convivencia en democracia de este pueblo. Esto y no otra cosa es lo verdaderamente importante. No se trata de ningún modo de anteponer la institución a la persona o viceversa. Quien se ha ganado el respeto del pueblo español ha sido un hombre y este hombre encarna la institución. Porque no nos engañemos, no es una institución en abstracto la que se ha ganado ese respeto.

—¿Existía en España un sentimiento monárquico a la muerte de Franco?

—No. No lo había.

—¿Lo hay en la actualidad?

—Lo que hay en la actualidad es un sentimiento de respeto y de admiración por el Rey de España.

—¿Cabe la posibilidad, cuando los socialistas estén en el poder, de que surja de nuevo el viejo problema monarquía o república?

—Evidentemente, no. Antes de mi primera entrevista con el Rey, no creo que sea indiscreto contarlo aquí, habíamos discutido en el equipo de dirección del Partido sobre la posibilidad de que surgiera la cuestión monarquía o república. La habíamos desechado porque nos parecía que, desde la jefatura del Estado, el Rey no iba ni siquiera a plantear el tema. Cuál fue mi sorpresa cuando al cabo de unos minutos de conversación, el Rey, con una naturalidad desconcertante, me preguntó: «Bueno, y vosotros, ¿por qué sois republicanos?». Admito que me quedé mudo unos instantes. Luego, se me ocurrió contarle a don Juan Carlos una anécdota que me había impresionado mucho. Creo, aunque no estoy muy seguro, que a mí me la contó Olof Palme. La cosa ocurrió en Suecia con la llegada al poder de la socialdemocracia que, durante la campaña electoral, había abogado por un régimen republicano. El monarca sueco, esto ocurría allá por los años 37 o 38, convocó al primer ministro *in pectore* y le dijo: «Señor primer ministro, aquí existen dos posibilidades. La primera es que cumplan ustedes su programa electoral y que por consiguiente, dada la mayoría de que disponen ustedes, el cambio no sea sólo político, sino también de régimen, de tal manera que proclamen ustedes la República. La segunda posibilidad es que sigan ustedes acatando el régimen institucional monárquico. Yo le he convocado, señor primer ministro, para asegurarle que en cualquiera de los dos casos estoy decidido a obedecer la voluntad popular. Pero le propongo a usted un compromiso: funcionemos durante un año más tal como estamos, para no añadir un drama más al que la sociedad sueca está padeciendo debido al cambio de fuerzas políticas. Si nos va bien, dentro de un año volveremos a hablar. Pero antes de que se marche, señor primer ministro, quiero añadir una cosa: la monarquía le sale siempre mucho más barata al pueblo que una república. Conmigo en la jefatura del Estado, se ahorrarán ustedes las elecciones presidenciales que, en todos los países de régimen republicano, cuestan un verdadero dineral». Pasó un año, pero el primer ministro socialdemócrata nunca volvió a hablar del tema con el monarca sueco. Y así, hasta hoy. Don Juan Carlos me había escuchado atentamente, sin dejar de sonreír. Creo que no me equivoqué al contestar de esta manera a su desconcertante pregunta.

»Porque, aunque el Rey pareció divertirse, yo sé que comprendió perfectamente que no se trataba de un mero "divertimento" y que yo había elegido la tangente de la anécdota para contestar profunda y seriamente a su pregunta.

—Supongo, sin embargo, que sería un poco atrevido afirmar que el PSOE es hoy monárquico.

—El PSOE no ha sido monárquico porque hasta ahora la monarquía española siempre ha sido antisocialista. Por lo menos lo era el entorno del monarca. Como tú mismo has dicho hace un momento, el último rey de España nunca tuvo contacto alguno con el socialismo. Es más, estoy seguro de que sentía hacia el Partido una cierta repulsión, cuando no un cierto temor. Una vez superado ese trauma histórico, lo que ha figurado tradicionalmente en el programa del PSOE hasta el año 31 y que volvió a recuperarse durante la época de la clandestinidad, es el régimen transitorio del que tanto se ha hablado, sin signo institucional alguno, de manera que fuera el pueblo español el que, soberanamente, tomara una decisión sobre este asunto. —Felipe añade enfatizando repentinamente sus palabras—: No hay una esencia republicana en el Partido Socialista Obrero Español. Hubo, sí, fundamentalmente, un proyecto republicano durante la época del general Primo de Rivera, e incluso en la época anterior, porque era la única posibilidad de alternativa a un régimen de dictadura o de semidictadura. ¿Estás de acuerdo?

—Felipe, yo no soy un político, sino un mero escritor y como tal puedo decir cosas que tú, en tu posición, no te puedes permitir.

—¿A qué te refieres?

—A esto: pienso que en la actualidad el Rey sueña con que gobiernen en España los socialistas. Estoy convencido de ello.

Felipe se concentra unos segundos antes de contestar:

—Mira, entre la gente de la derecha inteligente se afina aún más. Se dice, lógicamente desde una óptica de derechas, que el Rey, y con él la monarquía, quedarán definitivamente asentados cuando haya un gobierno socialista. Pero lo dicen aún mejor: eso ocurrirá cuando los socialistas pierdan las primeras elecciones.

—Así de claro.

—Así. Es una elaboración intelectual muy bonita, porque sugiere la aceptación del asentamiento de la monarquía pasando por una alternancia en el poder. Pero el pensamiento de la derecha se completa añadiendo: una alternativa en el poder que produzca o provoque, cuanto antes, una derrota de los socialistas. Me estoy refiriendo, naturalmente, a una derecha inteligente, que no es la usual.

Se produce una nueva pausa, esta vez para que los técnicos puedan tomar café o beberse una cerveza. Felipe aprovecha los breves minutos de descanso para hacer varias llamadas telefónicas, una de ellas a Alfonso Guerra, que le debe de contar algo divertido porque Felipe suelta una carcajada a la vez que repite «¡Pero qué *barbaridá*...! ¡Qué *barbaridá*!». Su risa parece que lo desarma, que le quita de encima un peso que no se merece, que lo rejuvenece y lo convierte en algo tan vulnerable como un niño feliz.

Gonzalo Herralde nos hace una seña de que está dispuesto a rodar.

—Dime, Felipe, cuando corrió la voz por Madrid que Franco había muerto por fin, víctima de la tercera o cuarta autopsia a la que le había sometido su yerno, ¿tú dónde estabas?

—Yo estaba aquí, precisamente donde estamos ahora sentados y, naturalmente, pegado a mi radio. Me había preocupado siempre mucho el que la muerte de Franco me cogiera viajando por el extranjero. Y fíjate lo que son las cosas, yo llegué en vuelo a Madrid desde París a las diez y media de la noche del día 19, y Franco murió a las cinco y media de la madrugada del 20 de noviembre. En París me había entrevistado con Santiago Carrillo, y el día anterior había asistido a un congreso del SPD. La cosa fue bastante complicada porque aquí me habían dado un pasaporte válido para sólo un viaje de ida y vuelta a Alemania. Esto ocurría cinco días antes de la muerte de Franco. Los españoles no querían dejarme salir, pero los alemanes intervinieron a nivel de jefatura del Estado, la de ellos, y por fin, en Madrid cedieron. De vuelta a casa me detuve en París, donde quería tomar contacto con ciertas personas que no vienen a cuento aquí, y también, claro, con Carrillo. Tuve con él una larga conversación. Cuando nos despedimos me dijo, con esa mirada maliciosa y penetrante de zorro viejo que siempre impresiona: «Felipe, al día siguiente de morirse Franco, yo aterrizaré en Barajas». «Allí te estaré esperando», le contesté. Y añadí: «Pero no creo que lo hagas». Naturalmente, no lo hizo. Vino a Madrid más tarde, y como todos sabemos, en otras circunstancias. La muerte de Franco no significaba en absoluto la solución a nuestros problemas. Yo no era lo suficientemente ingenuo como para creer en una revolución de los Claveles, al estilo portugués. Llegué a mi casa a las diez y media de la noche en el último vuelo de París. Me pegué inmediatamente a la radio. Franco estaba ya agonizando. A las cinco y media de la madrugada me llamaron desde la clínica donde Franco acababa de morir. Hacía meses que esperábamos esa noticia. Dos meses cargados de tensiones, de inquietud y a veces, por qué no decirlo, de miedo. Dos meses durante los cuales nos sentimos continuamente vigilados. Recuerdo una frase de Pablo Castellano, que a Dios gracias no se cumplió, pero que como muchas de las frases de Pablo era muy inteligente y llena de ingenio: «Nos enteraremos de la muerte de Franco porque en un momento determinado nos encontraremos muchos de los que sólo nos vemos de vez en cuando en los sótanos de la Dirección General de Seguridad. Iremos llegando, uno tras otro, hasta que alguien diga: "¡Coño! Aquí se va a dar a conocer una noticia importante". Y será la muerte de Franco».

—Tiene gracia, en efecto. Es muy cierto que las cosas podían haber ocurrido así. Pero tal no fue el caso. ¿Por qué? Había mucha gente en Madrid que creía en la posibilidad de una «noche de cuchillos largos». José Mario Armero me decía el otro día que él, personalmente, vivió aquellos últimos días del franquismo en un estado de miedo permanente. ¿Te ocurrió lo mismo a ti?

—No. Yo nunca dejé de dormir en mi casa. Lo cual no quiere decir que, como cualquier hijo de vecino, no tuviera yo mis temores. Pero siempre me esforcé en razonar ese miedo latente en cada uno de nosotros. Yo soy una persona que razona, aunque muchas veces los acontecimientos tengan poco que ver con la razón. España, pensaba yo, es un país complejo, pero tiene un aparato de Estado que funciona. Más o menos bien, pero funciona. En previsión de la muerte de Franco se había montado una operación bastante sofisticada, con una serie de alertas numeradas: Alerta 1, Alerta 2, Alerta 3, etc. Según los acontecimientos se fueran produciendo, se pondrían en funcionamiento las alertas 1, 2, 3, o las que fueran necesarias. Yo, naturalmente, tenía mi hipótesis: Franco se iba a morir y punto. Gentes del régimen, muy a su pesar, pensaban lo mismo. A mí, la posibilidad de que se detuviera a una serie de líderes políticos o que se los pasara a cuchillo me parecía una insensatez. Yo estaba convencido de que Franco se iba a morir y que al día siguiente la gente iría a su trabajo sin que ocurriera nada verdaderamente espectacular. Podían pues funcionar las alertas 1 y 2, pero nunca las siguientes. Eso era para mí lo racional, lo que a mí me parecía que iba a pasar. Lo cual no quita, claro, que me sintiera inquieto. Pero, repito, siempre pensé que un Estado como el nuestro no puede moverse impulsado por elementos de pura irracionalidad, aunque fueran importantes, como lo era en efecto la muerte de Franco, mil veces anunciada, a tal punto anunciada que uno tenía la impresión de que ya se había muerto hacía tiempo. La gente estaba ya habituada a esa idea. Yo también. Por eso pude dormir cada noche en mi casa.

—¿Cuánto tiempo hacía que estabas instalado en Madrid?

—Bueno, yo soy uno de esos madrileños que algunos llaman de adopción y otros de «aluvión». Casi prefiero creer que soy del aluvión. Yo viví siempre en Sevilla hasta los treinta y tres años. Cuando fui elegido secretario general del Partido, en octubre del 74, no tuve más remedio que admitir que no era lo mismo vivir en Sevilla que en Madrid. Por exigencias lógicas del cargo tuve que trasladarme con mi familia a Madrid. Eso tuvo lugar a principios del curso del 75, por razones obvias: el trabajo de mi mujer y los estudios de mis hijos. Pero antes estuve aquí viviendo solo durante unos meses. Vivía en un lugar muy curioso. Una habitación muy pequeña que me había cedido un compañero, en la Gran Vía, precisamente en el edificio de la Asociación de la Prensa. Allí había vivido antes que yo, y allí había muerto, una pintora cuyo nombre no recuerdo ahora. En esa minúscula habitación viví los inquietantes y dramáticos momentos de la segunda enfermedad de Franco, así como la primera asunción, transitoria, del Príncipe a la jefatura del Estado. Allí me enteré de los debates, mejor sería decir la lucha, de los jerarcas del régimen que no se ponían de acuerdo sobre si aquellos poderes debían o no convertirse en definitivos. Los más reaccionarios, entre los cuales la propia familia del general, se oponían a la toma del poder por el Príncipe, con la esperanza puesta en una utópica supervivencia de Franco, cuya muerte no estaba programada en sus cerebros. Allí, pegado a la radio, me enteré de las ejecuciones de los miembros del FRAP y de ETA que tanto revuelo provocaron en el mundo. Todo eso y mucho más lo viví yo en aquella pequeña habitación de la Gran Vía madrileña. Recién llegado a Madrid me di de alta en el Colegio de Abogados y monté una pequeña oficina desde donde traté de dirigir lo mejor que pude la política del Partido que se hallaba todavía en una situación muy angustiosa. Curiosamente, Madrid siempre había sido para mí una ciudad de paso, a la que sólo se venía a conspirar. Solo muy de vez en cuando, tengo que remontarme a los años sesenta, pude mezclar aquí el trabajo y el placer. Pero era un Madrid que no se parecía en nada al de ahora. Era todavía un Madrid sereno, tranquilo, de talante provinciano y lo digo empleando esta palabra en su sentido más noble. Más tarde nos instalamos aquí, en el barrio de la Estrella, en el undécimo piso de este bloque que tiene cuarenta y cuatro. A algunos de mis vecinos les he hecho la vida relativamente difícil y a otros se la he facilitado. A los primeros habría que pedirles un poco de perdón.

—¿Por qué?

—Hombre, pues porque la transición ha sido lo que ha sido. Mi portero, que tiene la desgracia de llamarse González y que en la guía telefónica aparece como F. González (se llama Francisco), ha recibido las consabidas llamadas en las que le decían que iban a acabar con él, o que una bomba estaba a punto de estallar, etc. Para los vecinos que no son de mi ideología, mi presencia en este bloque ha provocado a menudo ciertas inquietudes. También ha habido compensaciones. Éste es el bloque del barrio mejor vigilado por la policía. Desde que vivimos aquí nunca ha habido ni un atraco, ni un robo. Se pueden dejar abiertas las puertas de los pisos sin temor a que nadie se lleve los televisores.

Gonzalo Herralde detiene el rodaje durante una hora para que los técnicos puedan bajar a comer algo. Felipe recoge su bastón, y poniéndose de pie trabajosamente me indica con un gesto que le siga a la habitación contigua. Es un despacho de pequeñas proporciones con las paredes cubiertas de libros, menos una, de la que cuelga un mapa del mundo semejante a los que se usan en las clases de geografía. No hay más muebles que los imprescindibles. Una mesa de trabajo cubierta de papeles, un par de butaquitas, un televisor y la consabida pila de cajas de puros arrimada contra la pared. Felipe se sienta detrás de la mesa y estira lentamente la pierna herida.

—En este despachito —dice sonriente— trabajo más tranquilo y más a gusto que en mi despacho oficial del Partido.

Al seguir mi mirada, señala con el pulgar el mapa del mundo que ha quedado a sus espaldas.

—Estoy intentando dar una explicación válida a la geoestrategia que parece dominar las relaciones entre el Este y el Oeste. La zona que ves enmarcada en rojo es la que se halla bajo influencia soviética. Como te darás cuenta, penetra hasta el corazón del Caribe. Me queda aún por delimitar la zona exacta de influencia americana. Digamos que se trata de un pos Yalta, de un nuevo reparto de influencias en el mundo. Aquí está sin duda alguna la explicación de la política internacional que se sigue actualmente. Más que una explicación, habría que decir una contradicción. Para mí, la política internacional remodelada debería cimentarse principalmente en las relaciones Norte-Sur.

Aprovecho la pausa en el trabajo para poner sobre la mesa de Felipe un mazo de fotos de archivo, algunas de las cuales se han de intercalar en la entrevista que estamos realizando cuando se lleve a cabo el montaje definitivo.

—Varias de estas fotos —le digo— merecen una explicación. Por ejemplo, esta en la que estás sentado junto a Nicolás Redondo. Los dos parecéis muy tensos.

—Me parece, aunque no estoy muy seguro, que fue tomada en un congreso de UGT, quizá en el año 77 o en el 78. Nicolás estaba mucho más delgado. Es cierto que se nos ve muy tensos. Eran épocas todavía de mucho trabajo y, por qué no decirlo, de bastantes angustias.

Le paso la segunda foto.

—Aquí estoy junto a Mario Soares. Me parece que fue muy poco después de la revolución de los Claveles.

—Parecéis dos capitalistas americanos, con esos formidables puros entre los dientes.

—Creo recordar que el encuentro tuvo lugar en Badajoz. Mira, aquí en el fondo, a la izquierda, está Alfonso. Se le ve mucho más joven. Esto debió de ser también en el 77 y quizá no fuera en Badajoz, sino en Portugal. Soares tiene el aspecto de un señor que está recibiendo en su propia casa. Además, los puros no son de la marca que yo fumo.

—En esta otra foto parece que les estás firmando autógrafos a unos números de la Guardia Civil.

—Sí, efectivamente. Sí, me los pidieron y yo, naturalmente, se los di. Luego me enteré por la prensa de que algunos de ellos habían sido sancionados por haberme pedido esos autógrafos. Eran otros tiempos.

—Mira, Felipe, ésta es una foto verdaderamente curiosa. Se ve en ella a un hombre que está llorando.

—Es una foto impresionante, sí. A este hombre lo recuerdo muy bien. Se trataba de un asturiano que se quedó cojo durante la revolución del 34, en Asturias. Era la primera vez que el hombre asistía a un acto público de los socialistas en Asturias. Es una pena que no se vean bien los rostros de los compañeros que lo rodean. Yo recuerdo todavía aquellas caras tensas y dramáticas, las caras de unos veteranos vencidos por la emoción. También recuerdo que había entre nosotros muchos jóvenes para quienes aquel acto no tenía la misma carga emocional. Ellos, al contrario, estaban sonrientes y alegres. Y era lo lógico. El *shock* de una democracia que iniciaba su marcha era muy emocionante para los viejos. No podían, seguramente, dejar de pensar en la República y en la Guerra Civil. Para los jóvenes que no tenían esa clase de recuerdos, aquel acto nuestro significaba ante todo una especie de liberación que provocaba en ellos una profunda alegría. Cuando me tocó hablar durante aquel acto público, me esforcé por dirigirme sobre todo a aquellos hombres mayores, tan tensos, tan dramáticos, tan emocionados. Se lo merecían, ¿sabes?

—Aquí te veo bajando de un autobús con bastante mal aspecto.

—Esta foto fue tomada durante la campaña electoral. Recuerdo que acababa de celebrar ciento cinco mítines en veintiún días. Es decir, que salíamos a tres mítines diarios. Mira, aquí estoy en Nantes, con Mitterrand, inmediatamente después de las elecciones del 77. Los franceses no se lo podían creer. El Partido Socialista les había impactado tremendamente con su treinta por ciento, cosa que ellos jamás habían soñado alcanzar y que nunca se les ocurrió que fuera a pasar en España. Los socialistas franceses se percataron, pero ya era demasiado tarde, de que ellos le habían prestado toda su atención política a un Partido Comunista que sólo había obtenido un diez por ciento, descuidando reiteradamente a un Partido Socialista al que sólo se le había prestado solidaridad.

—Aquí veo a Fidel. ¿Esto era en Cuba?

—En el año 76. Fidel todavía me lo recuerda: «Felipe, antes de que nadie imaginara cuál iba a ser el resultado de las elecciones, yo había mantenido ya contigo una larga conversación...».

Le paso una fotografía de un formato superior a las demás.

—Aquí estás junto al mariscal Tito.

—Sí, en Yugoslavia. Fue la última vez que vi a Josip Broz. Murió un año más tarde. Tito era ya un hombre de mucha edad. Había previsto tener conmigo una entrevista de cuarenta y cinco minutos. Pasados esos tres cuartos de hora, me sugirió que siguiéramos hablando. La entrevista duró pues una hora y media más. Después me pidió que me quedara a almorzar con él. Terminamos de hablar a las cinco y media de la tarde. El mariscal acabó contándome los chistes que se hacían en el país acerca de su persona.

—En esta foto estás haciendo un discurso rodeado de mucha gente. En una esquina aparece incluso Santiago Carrillo.

—Esta foto despierta en mí muchos recuerdos. Se tomó durante un acto en el Consejo de Europa en el que pedíamos la incorporación de España. Primero intervino Álvarez de Miranda, por aquel entonces presidente de las Cortes. Su intervención se me antojó quejumbrosa. «Comprendan ustedes», dijo a los que nos escuchaban en un pétreo silencio, «que todavía no tenemos Constitución, estamos haciendo todos un gran esfuerzo..., etc., etc.» A mí aquella actitud de Álvarez de Miranda me molestó. Cuando me tocó el turno, me levanté de muy mal humor, en la foto se percibe que puedo tener mal genio, y dije que nosotros no estábamos allí para pedir nada, sino para ocupar un espacio que era el nuestro y que nadie tenía derecho a juzgarnos, a excepción de nosotros mismos, ya que estábamos construyendo la democracia en España. Álvarez de Miranda me escuchaba evidentemente temeroso de que mis palabras pudieran tener un efecto negativo. Fue una de las pocas ocasiones en que tuve una reacción de hipernacionalismo.

—Aquí te veo con los pies en la nieve y la cabeza cubierta con un gorro de astracán.

—Sí, en Moscú, durante una visita que realicé a la Unión Soviética quince días después de haber viajado a Estados Unidos. Fue una visita que trajo cola. Todavía hoy se afirma en cierta prensa española que allí se firmaron no sé qué pactos secretos en los que los soviéticos se comprometían a ayudarnos a tomar el poder en España. Ni que decir tiene que en Moscú no se firmó pacto alguno.

—En esta foto también se ve mucha nieve.

—Esta vez estamos en Alemania. Es una foto bastante inusual ya que el canciller alemán, que tenía fama de ser un hombre muy serio, se está riendo. Me estaba haciendo una broma porque siendo él sensiblemente más bajo que yo, disponía de un intérprete, alemán también, que era casi un enano. Me estaba diciendo textualmente que él «eso de la supremacía de ciertas razas» no lo tenía muy claro.

Le paso una instantánea un poco borrosa en la que se le ve hablando con López-Portillo, a la sazón presidente de México.

—Fue durante mi primera visita oficial a México. Antes sólo habíamos podido ir allá en calidad de «clandestinos».

Pasamos rápidamente sobre unas fotos con Cyrus Vance, Olof Palme y Ceaucescu, el polémico líder rumano.

—A propósito de Ceaucescu —le cuento a Felipe— recuerdo que durante un viaje que hice a El Cairo le comenté a la mujer del sha de Irán, que agonizaba en la capital egipcia, lo terrible que debía de haber sido el verse rechazados durante tantos meses por todos los países del mundo. «No», me contestó la emperatriz, «eso no es exacto. Siempre hubo un país dispuesto a recibirnos con los brazos abiertos: Rumanía.»

—Es curioso —me contesta Felipe— que yo también tenga algo que contar a ese respecto. Y te lo voy a contar en homenaje a la memoria de mi amigo el general Omar Torrijos. Recuerdo que pocas semanas después del derrocamiento de los Pahlavi, el general me dijo: «Mira, voy a llamar al sha y le voy a ofrecer la hospitalidad de mi país a él y a su familia. Cuando tuve que negociar con los americanos el tratado del canal de Panamá, el sha se puso ostensiblemente de mi lado. Además, me parece indecente que a un hombre al que tanto se aduló cuando era emperador, se le trate ahora como a un perro rabioso». Así era Torrijos.

—Felipe, aquí estás departiendo amigablemente con la Reina. ¿Qué opinión te merece doña Sofía?

—A mí me parece una persona muy inteligente. Es también, en el sentido cervantino de la palabra, una persona muy discreta. La discreción, a mi modo de entender, es un componente poco usual de inteligencia y de «saber estar». Me parece que está todo dicho.

Nos quedan todavía unas pocas fotografías. Se las voy pasando rápidamente. Felipe las va comentando.

—Willy Brandt, con aspecto demacrado. Esto debió de ser cuando salió de una clínica de Vancouver donde estuvo internado por un problema de corazón. Es un hombre gastado por muchos años de exilio y de luchas políticas. Y éste es Léopold Sedar Senghor, un hombre maravilloso, el hombre de la africanidad con más cultura europeísta que la que uno se pueda imaginar. Él habla siempre de africanidad, pero su cultura es francesa al ciento por ciento. Otra vez Mario Soares, y Enrique Tierno Galván, el hombre de los bandos...

Pongo sobre la mesa la última fotografía.

—Felipe, en esta foto el Rey te está cogiendo cariñosamente por el brazo. Me gustaría que me la dedicaras.

—Lo haré encantado.

Saca un bolígrafo del bolsillo, se inclina sobre la mesa y escribe. Antes de tenderme la foto, me lee en voz alta la dedicatoria: «Al compañero José Luis de Vilallonga, con mi afecto». Le doy las gracias.

—No se puede pedir más.

Felipe sonríe y dice:

—En todo caso, no puede ser más significativo.

En cuanto los técnicos acaban de almorzar, Felipe y yo reanudamos nuestra conversación ante las cámaras.

—A medida que se acerca uno al poder crecen las inquietudes. Eso es lo que me has dicho hace un momento en tu despacho.

—Es cierto. Sobre todo cuando se tiene la ambición de que cambien las cosas. El poder tiene efectos curiosos sobre quienes lo ejercen. Te voy a contar una anécdota muy significativa que tiene como protagonista a Emiliano Zapata, el revolucionario mexicano. Tras una larga lucha con las armas en la mano, Zapata consigue que el presidente lo reciba en su palacio al frente de un grupo de campesinos. «Así que es usted algo parecido al embajador de estos señores», le dice con cierta sorna el mandatario mexicano. Zapata contesta que sí y se enfrenta al presidente, exigiendo con palabras muy duras justicia para esos hombres miserables que tanto confían en él. El presidente le interrumpe para preguntarle cómo se llama. Zapata se lo dice. Volviéndole la espalda, el presidente ordena que lo detengan y lo metan en la cárcel, acusado de desacato a la máxima autoridad de la nación. Años más tarde, estando ya Zapata en el poder, recibe en su despacho oficial a un grupo de campesinos desarrapados que vienen a quejarse de sus míseras condiciones de vida. Al frente del grupo está un hombre que increpa violentamente a Zapata. Este se enfada y le pregunta cómo se llama. El hombre se lo dice. Zapata lo manda detener. Y en ese mismo instante Zapata se percata de que el poder ha hecho de él alguien diferente. Se ha convertido en un presidente como los demás. Esto le produce una tremenda angustia. Lo que hoy se llama un trauma. Pocos días después, sin que nadie comprenda por qué, Zapata abandona el poder.

—Abandona el poder y se echa de nuevo al monte. ¿Así ocurrieron las cosas?

—Bueno, ésa es la versión de una de las películas que se han hecho sobre Zapata. En realidad, las cosas ocurrieron de otra manera. El valor de la anécdota es puramente simbólico. Zapata creía haber hecho una revolución. De repente se dio cuenta de que sólo había destruido una superestructura de poder, para sustituirla por otra. Y que, inmediatamente, esa nueva superestructura de poder había adquirido los hábitos de la anterior. Ese descubrimiento fue la gran frustración de Emiliano Zapata.

—¿Tú crees que se puede ejercer efectivamente el poder distanciándose personalmente de él?

—Sí, yo creo que es posible. Claro que se pueden producir situaciones tremendamente contradictorias. Pero pienso que el distanciamiento personal del poder es un problema de salud mental, e incluso física. Sería muy positivo, por ejemplo, que uno fuera capaz de pronunciar un discurso en la tribuna y que al mismo tiempo pudiera «verse» pronunciando ese discurso. Es decir, que pudiera enjuiciarse como actor. Ése sería un distanciamiento de signo positivo. Pero el distanciamiento que se produce normalmente no es ése. El distanciamiento que se produce, por lo general, es aquel al que se llega a través de la ambición de poder, o de la realización de la propia persona por el ejercicio y el uso de ese poder. Yo creo que así actuó Stalin. Ejercía el poder y punto. Esa clase de distanciamiento me parece muy peligroso porque provoca la pérdida de la sensibilidad ante los problemas reales e inmediatos de la sociedad. Se pierde ese pálpito que debe sentir todo hombre político dispuesto a sufrir con la gente sus problemas cotidianos.

—A este propósito, tú experimentaste algo bastante extraño en el Club Siglo XXI. Si mal no recuerdo lo contaste en una entrevista que te hizo Rosa Montero.

—Bueno, no fue algo extraordinariamente extraño. Consistió en un problema, llamémosle, de desdoblamiento. Suele ocurrir, no diré a menudo, pero ocurre a veces. Es como... como un agujero en el vacío. Te quedas mudo. No sabes muy bien dónde estás, pero en cambio te «ves». Resulta terriblemente angustioso. Me ha ocurrido algunas veces en la tribuna de las Cortes. Quizá porque todavía no me he acostumbrado. Es difícil, ¿sabes?, subirse a la tribuna y ver a las gentes que están abajo escuchando a la persona que de pronto «se distancia». Me recuerda aquellas palabras tan machadianas que les dice a los alumnos de su clase don Juan de Mairena: «Tengan cuidado y no se suban a la tribuna, porque van a perder la dimensión de su estatura». Es una frase bellísima. Y es una gran lección. Porque, lo importante, es recuperar tu estatura. Resulta peligroso imaginar que porque uno se sitúe por encima de los demás en una tribuna, uno sea necesariamente más importante que los que están abajo. Pero todo esto no tiene gran cosa que ver con lo que me ocurrió en el Club Siglo XXI. Lo que pasó aquel día fue, sencillamente, que de pronto perdí el hilo de mi discurso. Me había pasado otras veces y siempre conseguí salir airoso. Pero esa vez fue diferente. Porque esa vez, en lugar de hacer un esfuerzo para recuperar el hilo, entré en un juego completamente diferente. Me puse a observar la angustia de aquella gente que se angustiaba por mí.

—Como pasa en el teatro cuando un actor pierde la memoria.

—Exactamente. Ese día y en aquella ocasión, no pensé para nada en lo que me estaba pasando a mí. Sólo me preocupaba por saber cuánto tiempo podría aguantar aquel público la tensión que yo había provocado. Durante un tiempo indefinido, probablemente muy largo, dejé de ser el actor en una situación difícil para convertirme en el observador en mí mismo y, a ver si me comprendes, totalmente «fuera de mí mismo». Fue una experiencia muy curiosa. La verdad es que me encontré muy solo. Terriblemente solo.

—La soledad. ¿Es ése el gran problema del poder?

—Yo creo que sí. Pero no sé si a los que están en el poder les preocupa como me preocupa a mí ese problema. Es una situación muy difícil de concebir o imaginar lo que ese problema puede ser. Porque en la cúpula de cualquier tipo de organización, ya se trate de una multinacional o de un gobierno, por muy democráticamente que funcione, por mucho que se tomen colegiadamente las decisiones, siempre hay una persona que en última instancia se responsabiliza por lo que ha de ser la decisión final. Porque esa decisión *siempre* le corresponde tomarla a una sola persona. Y ese mecanismo que le obliga a uno a tomar decisiones, muchas veces de una extrema gravedad, crea un sentimiento de soledad terrorífico, absolutamente intransferible, que no se puede compartir con nadie, ni aun con la mujer de uno. Existe una total soledad para aquel que se ve obligado a tomar decisiones. Y cuando eso ocurre con mucha frecuencia, ya sea en la jefatura del Gobierno, o en la jefatura de la oposición, uno se siente completamente solo, aislado y casi me atrevo a decir que abandonado.

—¿Puede el poder llegar a cortarte de la realidad?

—Sí. Y yo creo que con muchísima frecuencia. Pienso que para aquel que ejerce el poder existe la perenne tentación de establecer un colchón de seguridad que impida que le lleguen directamente, porque sabe que muchas veces no podrá resistirlo anímicamente, las quejas de la sociedad, los gritos de reivindicación de los marginados, o las veladas amenazas de los llamados poderes fácticos. También le puede apartar de la realidad ese tamiz constituido por las gentes que normalmente rodean al político y que le obligan a ver esa realidad más bien en función de los intereses del grupo político al que pertenece, no en función de los verdaderos intereses de la sociedad.

—¿Tú tienes la impresión de que a veces se impide que lleguen hasta ti ciertas informaciones que te puedan resultar desagradables? O dicho más brutalmente, ¿tienes la impresión de que se te miente para facilitarte las cosas?

—Hombre, siempre hay gente que, aunque quizá inconscientemente, lo intenta. Pero en mi caso, engañarme no es fácil. Yo no tengo un aparato burocrático que levante barreras a mi alrededor. No tengo ni siquiera un aparato tecnocrático que me aísle de los problemas en los que no tengo competencia. Yo, por ejemplo, me doy perfectamente cuenta de que al militante de base le resulta prácticamente imposible comunicarse personalmente conmigo. Si ese problema existe cuando todavía estoy en la oposición, imagínate lo que será si llego algún día a ser jefe de Gobierno. Es mucho más difícil entrar en la Moncloa que encontrarse conmigo en un aeropuerto.

A veces, el saber que una persona que me quiere ver no lo consigue por más esfuerzos que haga, me crea un sentimiento que, intelectualmente, me pesa de una manera curiosa. Yo a veces siento que hay una persona que me quiere ver, a la que yo también quiero ver, y pasan los meses sin que nos podamos encontrar, porque hay tareas que dificultan o impiden ese encuentro. Son tareas difícilmente mensurables en su importancia. Uno no puede jerarquizar las tareas de tal manera que se llegue a saber cuáles son las principales y cuáles las secundarias, porque ahí intervienen mecanismos que son puramente subjetivos. A veces, pues, me tengo que encontrar con una persona sabiendo que existe otra que tiene muchos más poderes resolutivos que la que tengo sentada en mi despacho. Eso me ocurre con cierta frecuencia. Y me imagino que con la detentación del poder desde el Gobierno, me va a ocurrir muchas veces más.

—Tú has dicho en cierta ocasión una frase que me ha llamado la atención. Has dicho que ahora tú vives en libertad vigilada.

—Bueno, yo a esas palabras no quiero darles ningún cariz peyorativo, pero el caso es que yo llevo muchos años intentando vivir en libertad, intentando que vivan en libertad todos los españoles, intentando también superar el trauma que a mí me ha producido muchas veces el cruzar la frontera del Pirineo, desde Francia a España, pasando de un ambiente en el que me sentía libre a otro en el que me sentía oprimido. Cuando pasaba la frontera en sentido contrario, de España a Francia, me ocurría al revés, respiraba tranquilo, sin sentir temor a nada. En España tenía que vivir consciente de que en cada momento me podían detener. Entonces, resulta que mi biografía está plagada de contradicciones. La idea de libertad me obsesiona desde los diecisiete años. A partir de los veintidós lucho por ella activamente. Y ahora que todos los españoles han accedido a esa libertad tan ansiada, resulta que yo me siento más prisionero que nunca, necesariamente protegido del 1 de enero al 31 de diciembre, añorando en cierto modo mis años de lucha contra la dictadura, años durante los cuales, también en cierto modo, me sentía personalmente más libre. Libre de hacer pequeñas cosas que no parecen importantes, pero que lo son, y mucho, como bajar a comprar cigarrillos, ir al cine, tomar unas copas con los amigos. Ahora vivo permanentemente rodeado de personas que me protegen pero que, lógicamente, me protegen vigilándome. Luego, tengo un cierto sentimiento de vivir en «libertad vigilada».

—En efecto, tú vivías más a gusto cuando combatías a Franco, que ahora que somos libres.

—Ésa es una buena versión, un magnífico contrapunto a ese grito de guerra que dan los nostálgicos del franquismo cuando dicen que «con Franco se vivía mejor». Yo, lo que puedo decir es que contra Franco me sentía más libre. Ahora, en un régimen de libertades, yo personalmente he perdido una cuota importante de mi propia libertad. Por supuesto que la libertad de la que gozan ahora mis conciudadanos me compensa el que haya perdido gran parte de la mía. Ahora, por fin, puedo pensar y hablar en voz alta, pero esta noche no puedo ir al teatro con mi mujer, como tampoco puedo salir ahora mismo a la calle para darme un paseo contigo.

—¿No lo puedes hacer?

—Hombre, sí, pero tendríamos que salir en compañía de las cuatro o cinco personas que se dedican noche y día a protegerme. Que no es lo mismo, me parece, que si saliéramos tú y yo solos. No lo es, entre otras cosas, desde el punto de vista psicológico.

—Tú serás dentro de muy poco jefe del Gobierno, y es posible que recuerdes la poca libertad de que gozas ahora como un tesoro inapreciable. ¿No te angustia el pensar que existe otra clase de vida y que esa vida es precisamente la que estás perdiendo?

—Claro que me angustia. Me angustia terriblemente.

—Y dime, Felipe... ¿vale en verdad la pena?

—¿El qué?

—El perder esa vida para vivir la otra. La del hombre público. La del hombre amenazado y protegido. La del hombre vigilado. La del hombre en el poder. ¿Esto te lo debes de preguntar seguramente más de una vez?

—Claro. Eso es algo que se lo debe de preguntar toda persona razonable. Si la vida del individuo está orientada, en prioridad, por la ambición de poder, entonces creo que sí, que vale la pena. Pero si en la escala de valores del individuo existen cosas más importantes que la ambición de poder, entonces, la verdad, no creo que valga la pena. Por supuesto que también se pueden hacer otro tipo de análisis, menos rotundos, más flexibles. Yo, por ejemplo, llevo muchos años luchando por que se pongan en práctica algunas de mis ideas, no todas, naturalmente, porque eso sería para mí lo ideal y, como la felicidad, lo ideal no alcanza nunca una plenitud duradera.

Además, el tiempo, o si lo prefieres, la edad, lo relativiza todo, incluso el valor de ciertas ideas. A mí me gustaría que la sociedad cambiara y que cambiara profundamente. Yo sé muy bien lo que debería ser esa sociedad. Pero una vez más esa idea mía es perfectamente utópica. Ahora bien, si dentro de algunos años me pidieran cuentas de mi gestión como hombre político y si yo pudiera contestar: «Mire usted, lo que yo he conseguido es que sus hijos puedan votar con libertad...», pues, ¿qué quieres que te diga?, estaría muy satisfecho. No plenamente satisfecho, pero sí muy satisfecho. Si yo consiguiera que dentro de diez o quince años los muchachitos de hoy no pudieran concebir otra forma de vida que la convivencia en absoluta y total libertad, pues me parecería haber dado un paso de gigante, me parecería haber hecho algo muy importante por España, después de ciento cincuenta años de historia traumática, con la libertad como excepción y la dictadura como regla. Invertir las reglas del juego histórico de manera que el ciudadano no pudiera ni imaginar lo que significa vivir en dictadura, ésa y no otra sería la gran revolución que hay que desearle a este país en los próximos años.

—¿Tú concibes o piensas en lo que podría ser tu vida dentro de esos diez o quince años?

—Si quieres que te sea sincero, yo creo que la vida media, a un cierto nivel de responsabilidad, de un político europeo occidental, no excede casi nunca los diez años de ejercicio. No tiene absolutamente nada que ver con la edad. Sólo que no hay nadie que haya permanecido más de diez años en el gobierno de ningún país de Europa. Nadie. No solamente en un gobierno, sino ni siquiera en un puesto importante de la administración, pongo por caso, como ministro de Economía. No lo consiguió ni el propio Erhard, el padre de la economía alemana. Lo cual significa que como tengo ahora cuarenta años, es más que probable que a los cincuenta yo haya agotado mis posibilidades de seguir gobernando. Dentro de diez años, y en cierto sentido eso me parece esperanzador, ya estaré jubilado. Jubilado como hombre político. Pero dispuesto para ejercer otras tareas que me ayudarán a recuperar ciertos valores que no existen en la escala de valores de los hombres públicos. También puede ocurrir otra cosa. Puede ocurrir que dentro de diez años, si es verdad que hayamos conseguido que los españoles no conciban otra forma de vivir que no sea en libertad, aunque sea verdad eso, otros hombres de mi propia ideología, pero más jóvenes que yo, aparecerán en la escena política y me dirán: «Todo lo que hasta ahora has conseguido está muy bien. Pero hay que conseguir más cosas. Hay que seguir adelante». Y tratarán de conseguirlo prescindiendo de mí. Lo cual me parece lógico y normal. Algo sano. Yo espero el momento de mi defenestración con toda tranquilidad. Pero espero también que sea una defenestración cariñosa.

—Felipe, yo tengo la impresión de que tú te consideras sencillamente como un político más. Pero yo no creo que te des cuenta de tu importancia como político carismático, como líder. Es más, en España existen hoy dos hombres clave: el Rey y tú. Si vinierais a faltar el uno o el otro, este país se va a hacer gárgaras.

—Eso me parece un poco exagerado.

—Quizá, pero es lo que piensan muchos millones de españoles. Suponte que mañana desapareciera el Rey. Nos quedamos en camisa.

—Eso es evidente.

—Suponte que desaparezcas tú. ¿Quién hay detrás? ¿Quién tiene tu carisma en el Partido Socialista? ¿Quién tiene tu credibilidad a nivel internacional? Yo estoy convencido de que tú eres el hombre clave de la política española. Y para un hombre clave, diez años me parecen muy poco. Apenas un suspiro.

Felipe sonríe con una tristeza apenas disimulada y dice:

—O sea, que no me das alivio, vamos.

—Sigo pensando que diez años son muy pocos.

—Pues no lo sé. Yo te hablaba fundándome en estadísticas que están al alcance de cualquiera, aunque claro, las estadísticas engañan mucho. Diez años, repito, es el tiempo con que cuenta en Europa un político normal.

—Tú eres algo más que un político normal.

—Te agradezco la opinión pero no me voy a dejar influir por ella. Personalmente, yo no tengo el sentimiento de ser imprescindible en la medida que tú lo planteas. Hay en mi entorno personas que podrían estar haciendo exactamente lo que hago yo. No me puedo olvidar de que a mí me eligieron secretario general por exclusión. Porque en aquel momento no había otro.

—¿Y quién te garantiza que habrá otro dentro de diez años?

—Nadie. Pero lo puede haber dentro de un mes. O dentro de

seis. O dentro de un año. Lo creo y además quiero pensar que soy, como todos los demás, un producto de la sociedad española de nuestro tiempo. Y la sociedad no produce en exclusiva individuos no repetibles. Hay mucha gente, créeme, que podría estar haciendo lo mismo que yo y que además lo haría conscientemente. Todo lo demás son consideraciones de marketing político en las que, a decir verdad, creo muy poco.

—Hace un momento, hablando de cómo te gustaría que fuese la sociedad española, has pronunciado la palabra «utopía». ¿Tiene el socialismo mucho de utópico?

—Sin duda alguna. Además, así tiene que ser. Pero hay que saber definir correctamente la utopía. No es fácil. En el último congreso del Partido hubo una discusión muy curiosa que a mí me ha hecho pensar mucho, pese a no ser yo quien la provocó. Se discutió sobre si el socialismo persigue como meta la felicidad de las personas. Para mí, esa definición del socialismo resulta ser demasiado ambigua, ambivalente, abstracta o como la quieras llamar. Pero también la libertad es un concepto abstracto. Felicidad y libertad son conceptos tremendamente difíciles de concretar. El debate en el Partido fue, como te digo, curioso. La mayoría pensó que se trataba de un concepto absolutamente superestructural, una abstracción de tal magnitud que no puede definir la acción de un partido. Yo creo que la utopía, cualquier visión utópica de lo que uno quiere que sea la sociedad del futuro, es también una abstracción. Pero si hay algo que le preste un valor humano al socialismo es precisamente el hecho de que sea capaz de provocar esa tensión utópica. Para mí, lo importante es fijar objetivos, objetivos que casi siempre resultan utópicos a largo plazo. Lo importante es no caer en la tentación de creer que los medios para conquistar esos objetivos son medios que vienen dados como las Tablas de la Ley y que desde el siglo XIX, algunos lo piensan así, son medios perfectamente prefijados, impermeables a toda variabilidad. Dice, por ejemplo: para conseguir una sociedad socialista hay, por fuerza, que hacer una política de nacionalizaciones. Yo creo que eso es falso. Para conseguir que una sociedad sea más justa, que el hombre sea más feliz, que gane más dinero (hay mucha gente todavía que sólo gana lo necesario para sobrevivir), para conseguir esos objetivos hay que tener la suficiente frescura intelectual para saber cuál es la estrategia idónea, sin caer en ningún tipo de esquematismo y aún menos de dogmatismo. Yo creo que el combate socialista moderno tiene que estar totalmente impregnado de esa frescura intelectual que permite ir salvando los obstáculos que una sociedad egoísta, en el sentido múltiple de la palabra, va alzando para impedir que se llegue a conseguir ese objetivo un tanto utópico: una sociedad de igualdad, pero con derecho a la diferencia, no de una igualdad que consista en uniformar al individuo para que todo el mundo coma, haga, piense y desee lo mismo.

—En el fondo, esa posibilidad de sueño que tiene el socialismo es lo que le falta a la derecha. La derecha no sueña. La derecha no es utópica. La derecha es realista y por lo tanto cruel.

—Nada más cierto. El papel histórico que encarnó la doctrina liberal del siglo pasado era el papel histórico de la utopía. Grabó en letras de oro aquello de «libertad, igualdad, fraternidad», que era el lema de una revolución utópica que se proclamaba desde los frontispicios. Lo que ocurre es que el liberalismo, tal y como se plantea en el siglo XIX, fue fagocitado por los intereses puramente económicos. La teoría liberal se ha convertido en una teoría básicamente económica y no liberadora, como tenía que haber sido. Si hubiese sido liberadora, habría llegado a la comprensión de algo que me parece irrefutable: que esas ideas de igualdad y de fraternidad, que tanto brillaban en las fachadas de los edificios públicos, exigen necesariamente que los intereses económicos se sometan a los intereses de las personas. O mejor dicho, de las colectividades humanas. Al no conseguirlo, el liberalismo quedó irremediablemente anquilosado. Ahora existe eso que se llama el neoliberalismo y que a mí me suena a diabólico, porque no significa otra cosa que la vuelta a las ideas del siglo XIX. El retorno a una sociedad salvaje, fundamentalmente influida por las teorías económicas que permiten que los grandes depredadores se traguen a los más pequeños y a los más débiles. Porque los débiles, para que esa sociedad se considere a sí misma «sana», tienen necesariamente que desaparecer.

—El nazismo puso en práctica ideas muy parecidas.

Felipe alza los hombros sin contestar.

Algo me dice que hay que cambiar de tema, porque resulta evidente que a Felipe le aburre repetirse.

—El otro día en mi casa —le digo— hablamos mucho acerca de tu padre. Pero ¿y tu madre? ¿Quién y cómo era tu madre?

A Felipe se le ilumina la cara.

—¡Mi madre —dice— era una mujer fenomenal! Políticamente no era nada, pero como persona tenía una tremenda energía vital y una gran y acertada visión para todo, incluso para los negocios. Podría haberse hecho millonaria regentando un restaurante, explotando una finca o dedicándose a cualquier otra cosa. Pero aunque entendía de todo, nunca llegó a tener dinero. Poseía esa visión generalizada de las cosas bastante común en las mujeres andaluzas y mi madre era típicamente andaluza. Era creyente, aunque tuviera un marido agnóstico, pero no practicaba. Sabía poner una prudente distancia entre sus creencias y las prácticas religiosas. En fin, tanto mi madre como mi padre han sido siempre para mí unos seres excepcionales. No lo digo para ensalzarlos, ni porque queda bien decir tales cosas de los padres. Lo digo, sencillamente, porque estoy convencido de ello.

—¿Qué fueron para ti los primeros años de tu vida?

—El entorno en el que viví de pequeño era más bien austero y el trabajo, muy duro. Recuerdo muy bien las historias que escuché siendo un niño sobre la lucha por la supervivencia en los terribles años cuarenta. Mis padres se fueron asentando económicamente muy poco a poco. Pero nuestro estatus fue siempre el de la clase media baja. En el año 52 nos trasladamos a un barrio en el que la mayoría de la gente era pobre de solemnidad. Entre aquellos vecinos miserables, nosotros éramos unos privilegiados. Me estoy refiriendo al barrio de Bellavista, en el cinturón industrial de Sevilla. Es un barrio que ha significado mucho en mi vida.

—¿Ha sido para ti muy importante el haber vivido allí?

—Absolutamente. Yo he vivido allí desde los diez hasta los treinta años. Bellavista era un barrio obrero, pero era también el barrio de Sevilla en el que se quedaron a vivir muchos de los hombres que cumplieron, después de la Guerra Civil, largas condenas de trabajos forzados.

Felipe enmudece unos instantes, ensimismado en sus recuerdos.

—¿Por qué te hiciste abogado? ¿Fue ése un deseo de tu padre?

—¿Mi padre? ¡Mi padre ni siquiera podía concebir que uno de sus hijos acabara en la piel de un universitario! Los medios económicos de los que disponía, e incluso los medios culturales que habían sido los suyos, le impedían imaginar que yo pudiera ser otra cosa que alguien que le ayudara a cuidar las vacas y a seguir adelante con el negocio. Fue la energía vital de mi madre, su tesón y su poder de influencia lo que decidió que las cosas no podían seguir así. Sus hijos tenían que estudiar. No consiguió ver sus deseos realizados enteramente. Fui el único universitario de sus cuatro hijos.

—¿Tú eras el mayor?

—No, el segundo. Ser abogado no fue nunca mi vocación. Yo quería estudiar Filosofía. Llegué incluso a matricularme en esa disciplina. Pero mi padre y mi madre eso de la filosofía no lo comprendían muy bien. A la filosofía, hace veinte años, no se dedicaban más que los locos. Estoy hablando del año 58. No era lo mismo estudiar filosofía en el año 58 que en el 68, cuando ya se había convertido en una carrera asumida por todos. Sin embargo, como te he dicho, me matriculé en Filosofía. Pero las presiones sobre mi familia, por parte de amigos, y sobre todo de un secretario de juzgado que era abogado, fueron muy fuertes. Me preocupaba mucho la idea de darles un disgusto después de todos los sacrificios que habían hecho por mí. Así que me puse a estudiar abogacía. Pero lo hice desde un principio con una visión instrumentalista del Derecho. Ya durante el segundo año de la carrera, organicé con Pepe Cabrera, hoy senador, una serie de conferencias sobre el derecho de huelga en los sótanos del mismísimo palacio arzobispal. Tratábamos, para evitar que la policía nos acusara de subversivos, de dar a nuestras conferencias un tono de moderación universitaria, aunque creo que no engañábamos a nadie. También estudié a fondo la historia del movimiento obrero y, al acabar la carrera, mi obsesión fija era la de montar lo antes posible un bufete especializado en defensas laborales.

—¿Me imagino que empezarías tus estudios en un colegio de curas?

—Bueno, en aquella época no había otros. Hice el bachillerato en un colegio de claretianos que estaba a doscientos metros de mi casa, en Heliópolis, junto al campo del Betis. Más tarde, a los once años, cuando nos instalamos en Bellavista, recorría en autobús los cuatro kilómetros que me separaban del colegio.

—Por lo tanto, tu primera educación fue profundamente católica.

—Católica de la de entonces.

—De aquel nacionalcatolicismo de siniestra memoria.

—Sí. En mis primeros años de colegio, del 48 al 51, nos formaban todas las mañanas en el patio, se izaba la bandera y se cantaba el *Cara al sol*. Después, las cosas fueron cambiando poco a poco. Pero durante aquel tiempo, aquel ritual de corte marcial seguido de misa cotidiana nos parecía como algo absolutamente lógico.

—¿Cuál fue tu primer contacto con el socialismo?

—Yo estuve inmerso en una atmósfera socialista desde que nací. Empecé a «pensar» en el socialismo cuando era todavía un adolescente. Por eso he recalcado la importancia que el barrio de Bellavista tuvo para mí. Los presos del canal, por más temor que les tuvieran a los chivatos y a la policía, no habían renunciado ni mucho menos a sus ideas. Y esas ideas impregnaban el ambiente del barrio. Yo las respiré desde pequeñito. Y de acuerdo con ellas, me fui formando. Pero era una transformación muy difícil de explicar, muy difícil de entender para los que no vivían allí. Por ejemplo, Rodolfo Llopis, secretario general del Partido, no lo entendió nunca. En la década de los sesenta y principios de los setenta, vio aparecer a una serie de jóvenes educados casi todos en colegios religiosos, hijos de militares, de médicos y de abogados, que pretendían luchar por el socialismo, que se querían integrar en el PSOE, el partido histórico de Pablo Iglesias, el partido obrero por excelencia, con un historial político de más de un siglo. Eso Llopis no podía ni quería entenderlo. Para él, entre la España del 39 y la del 70 existía un vacío total. Él estaba convencido de que España era una especie de desierto en el que era imposible que hubiera brotado una nueva generación de muchachos preocupados por la política, que hacían antifranquismo y que querían luchar contra la dictadura. Para Llopis, la resistencia al régimen de Franco sólo podía venir de una resistencia a nivel internacional. No podía creer en nosotros. Y nosotros no podíamos explicar nuestras trayectorias sin referirnos a cada caso en especial. En mi caso particular, era un problema de entorno social. Pero en el de Manolo Chávez, hijo de militar, el problema no era social, era otro.

—¿Un problema de rebeldía, quizá?

—Yo creo que sí. De rebeldía contra el propio medio social. También podría ser el resultado de una elaboración, o mejor dicho, de una deducción intelectual. ¿Cómo se desarrolla ese proceso? Me lo he preguntado muchas veces. Y también me lo han preguntado otros a mí. Lo primero que uno se planteaba en aquella época era algo muy sencillo: «¿Tengo o no tengo que luchar contra la dictadura?». Algunos tomaron la decisión de integrarse en los mecanismos del régimen y eso llevaba a mucha gente a adherirse a los sindicatos verticales. Otros se veían obligados a tomar una decisión mucho más traumática: «¿Mantengo mi independencia en esta lucha contra el régimen o me integro en un partido político?». A partir de ahí, si realmente pretendías enfrentarte activamente al régimen, pues la verdad es que los partidos de derechas ofrecían muy pocas posibilidades de presentar batalla a la dictadura. A las personas que, como yo, vivíamos en el entorno social del que te he hablado, nos parecía mucho más lógico defender unos intereses de clase perfectamente identificados con la ideología comunista o socialista. Pero ¿cómo se opta por el socialismo o por el comunismo? Aquí entramos de lleno en un proceso de elaboración intelectual. Existía un reflejo, casi estético, de inclinación hacia el comunismo. Porque, como el propio régimen lo afirmaba día tras día en su propaganda, lo antitético al franquismo era el comunismo. Así que cualquier persona medianamente formada optaba por el comunismo por ser éste lo opuesto, lo absolutamente opuesto al franquismo. Y hay que admitir que había una mayor presencia de intelectuales en las filas del comunismo que en las del socialismo, precisamente por haber llegado a la lucha contra el régimen a través de esos mecanismos que, como te digo, tenían mucho de estético.

—Supongo que muchas de esas personas no eran realmente comunistas, sino meros compañeros de viaje.

—De esta cuestión resulta apasionante hablar con Jorge Semprún, quien, como tú bien sabes, era un militante muy activo. Personalmente insisto en creer que se trataba más bien de un reflejo estético que de una verdadera opción política. Éste es un problema que se han planteado gente como Ramón Tamames y que en cierto modo está desgarrando excesivamente al Partido Comunista. Porque aquella opción en favor del Partido Comunista por parte de ciertos intelectuales no era una opción auténtica en el sentido profundo de la palabra, en su sentido semántico. La opción auténtica, la verdadera, una vez superada la dictadura, es la reelaboración que se está operando actualmente en muchas gentes, entre las cuales hay incluso personas que se van a la derecha. Esa elaboración de tipo intelectual se produjo en mí al entrar en la universidad. Paradójicamente, y digo paradójicamente porque los conocí mucho más tarde, me chocó profundamente la polémica, que se inicia en el 62 entre Semprún, Claudín y Santiago Carrillo. Estaba en juego la visión del eurocomunismo de entonces, o mejor dicho, la anticipación del eurocomunismo que estructura Claudín y que le cuesta la expulsión del Partido en compañía de Jorge Semprún. Más tarde, Carrillo retoma esas ideas, las remoza y las ofrece a los militantes como otras tantas ideas del secretario general del Partido, es decir, del propio Carrillo. Fue una manipulación que a mí me produjo una cierta repulsión. Lo digo sinceramente y sin ánimo de ofender a nadie. En esa operación se habían puesto en marcha unos mecanismos que no eran en absoluto democráticos. Al no ser democráticos, a mí no me pareció consecuente luchar contra la dictadura mediante procedimientos dictatoriales, por lo menos en su estructura orgánica. Y eso me decanta hacia el socialismo. Tomé contacto con las Juventudes Socialistas al mismo tiempo, o quizá un poco antes, que con el FELIPE, el de Liberación Popular. Lo de FELIPE me trajo muchos disgustos porque cuando la policía llamaba por teléfono preguntando por Felipe, se producía una confusión entre mi nombre y el del Frente, y a menudo acabábamos dando explicaciones en la comisaría. La cuestión es que finalmente opté por el Partido Socialista.

—¿Qué edad tenías?

—Si mal no recuerdo, estaba yo en segundo o tercero de Derecho. Por lo tanto debía de tener veinte años.

—¿Es entonces cuando nace el famoso Grupo de Sevilla?

—Exacto. Fue entonces cuando nos pusimos a trabajar Alfonso Guerra, Yáñez, Galeote y algunos otros más. Como unos cinco años más tarde se unió a nosotros Rafael Escuredo, hoy presidente de la Junta de Andalucía. Nuestra metodología era muy clásica, no demasiado interesante y quizá un tanto fría. Había que partir prácticamente desde cero. Había que crear el partido en Sevilla, luego en Andalucía y más tarde, por expansión, en el resto de España. Nuestro primer descubrimiento fue la necesidad de establecer un enlace entre el norte y el sur. Nos fue gratísimo comprobar que en el norte industrial, tanto en el País Vasco, como en Asturias, el ideario socialista se había mantenido vivo, yo creo que únicamente por transmisión familiar. Como te decía, fue para nosotros una gran sorpresa.

—¿Cómo ocurrieron las cosas en Cataluña?

—Bueno, en Cataluña el socialismo había evolucionado de un modo muy particular, hasta llegar a la creación del PSUC. Luego, con la creación del PSC y la separación del PSC (Reagrupament) de Raventós-Pallach, se produjo una nueva situación. Nosotros nos relacionábamos con el socialismo catalán, además de tener allí un esquema de federación del partido, como otra formación política más de la época. Fueron tiempos muy difíciles de olvidar. Tiempos muy excitantes. Alfonso y yo viajábamos en un solo día de Sevilla a Oviedo a bordo de su R-8, atravesando Extremadura, Castilla y León, hasta llegar a Asturias. Esto ocurría en la década de los sesenta. A medida que tragábamos kilómetros, yo iba pensando: «Llegará el día en que podamos pasar por estos pueblos y nos encontremos en cada uno de ellos con un compañero del Partido». No era, me parece, una aspiración excesiva el podernos encontrar con alguien que nos recibiera con cordialidad. Hacíamos Alfonso y yo aquellos recorridos sabiendo que en los pueblos que atravesábamos sin detenernos vivían compañeros nuestros, pero no los conocíamos. No teníamos con ellos ninguna clase de conexión. Poco a poco y con una gran prudencia fuimos creando la organización del Partido a lo largo y ancho de la Península. Hasta que llegó el día en que, por primera vez, pasamos la frontera. Te estoy hablando del año 69.

—¿Era verdaderamente tan difícil pasar la frontera por aquella época?

—Si quieres que te sea sincero, en lo que a mí respecta, nunca fue muy difícil. No llevábamos pasaporte, pero presentábamos unos pases que sólo eran falsos a medias, pues estaban firmados por quien había de firmarlos. Pasábamos la frontera así, sin que nunca ocurriera nada. En las pocas ocasiones en las que dispusimos de pasaportes, pues la pasábamos con pasaporte sin que nadie nos dijera nada.

—Pasaportes falsos, naturalmente.

—No, qué va. Pasaportes perfectamente legítimos. Pero esa primera vez que pasé la frontera a mí me supuso un trauma tremendo. Yo tenía la intención de casarme cuatro días después, el 17 de julio de 1969. Teníamos una reunión en Toulouse el día 14 de julio, que como bien sabes es la fiesta nacional de los franceses. Allí me encontré por primera vez con Llopis y con los miembros de la cúpula del Partido Socialista en el exilio. Yo entré en Francia con el sentimiento de correr el riesgo de no poder volver a Madrid, convencido en cierto modo de que a mi regreso me detendrían en la frontera. Ése es un condicionamiento psicológico que se supera fácilmente cuando ya has pasado clandestinamente la frontera una docena de veces. Pero, para mí, era la primera vez. De no poder volver, no me podría casar en la fecha convenida. Y para colmo, yo sabía que aquel primer contacto con los hombres del exilio no iba a ser fácil, sino que al contrario, podía ser muy duro.

—¿Lo fue?

—En algunos momentos sí. Pero allí estaban Nicolás Redondo y Enrique Múgica que llevaban mucho tiempo manteniendo contactos con el exterior, principalmente entre Asturias, el País Vasco y Toulouse. La primera discusión con Llopis, que duró desde por la mañana temprano hasta el mediodía, fue bastante violenta. Yo salí de la habitación donde había tenido lugar la reunión con un semblante por lo visto bastante ceñudo. Nicolás Redondo y Múgica temieron que tuviera la intención de marcharme sin continuar el diálogo. Trataron de calmarme, pero yo fui quien los calmó a ellos, asegurándoles que no pensaba marcharme, que en efecto me sentía un tanto frustrado, pero que comprendía perfectamente que no se podía esperar otra cosa de aquella primera reunión.

—¿Había mucha incomprensión por parte de unos y de otros? O dicho en otras palabras, ¿los socialistas del exilio comprendían a los socialistas del interior?

—A los asturianos y a los vascos los comprendían muy bien. Lo mismo que a los que quedaban en Madrid de la antigua generación. Pero a las nuevas generaciones que se incorporaban al socialismo, y a nosotros los andaluces en particular, nos comprendían bastante menos. Los tres años que siguieron fueron de lucha continua, no en el sentido de enfrentamiento, sino en el del esfuerzo cotidiano que teníamos que hacer para entendernos los unos a los otros. Había que invertir nuestra actitud anímica e incluso la relación de fuerzas. Nosotros, los del interior, ganamos votaciones en diferentes congresos gracias a la participación de los hombres del exilio. Existía pues, existió siempre, un nexo entre nosotros. Cierto es también que hubo un grupo que se autodenominó PSOE Histórico, que no quiso, o que no pudo, entendernos nunca. Tenían sus razones para ello. Y como el sectarismo no ha sido nunca mi defecto fundamental, yo comprendí siempre el que esos hombres no nos comprendieran a nosotros.

No podían, no querían comprender que fuéramos socialistas. Unos sospechaban que éramos comunistas infiltrados y otros que éramos infiltrados del franquismo. En la cabeza de aquellos hombres no cabía que el franquismo hubiera producido una generación de jóvenes que se identificaban con los ideales de Pablo Iglesias.

—Suena a lógico y a evidente.

—Y lo era. Absolutamente. Nosotros, para combatir esa incomprensión, sólo teníamos un arma, un instrumento: la palabra. Había que hablar y hablar y hablar. Había que explicar nuestra realidad, la realidad de la sociedad en la que vivíamos. Y esa realidad había que explicarla mediante mecanismos distintos de aquellos que tuvieron mal informado durante tanto tiempo, y por lo tanto engañado, a Santiago Carrillo. No se trataba pues de darles satisfacción explicándoles lo que les gustaría oír, sino todo lo contrario, había que chocarlos, era necesario joderlos intelectualmente. Había que convencerlos de que la sociedad había cambiado, que era totalmente distinta de la que ellos habían conocido. Que era una sociedad nueva, una sociedad industrial, fruto del crecimiento económico de los años sesenta. Y claro, esto ellos no lo querían admitir. ¿Por qué darle siquiera al franquismo la posibilidad de que existiera un *boom* económico, aunque fuera desordenado y nocivo? No se la querían dar de ninguna manera. Ellos querían seguir pensando, confortablemente, que el franquismo sólo podía generar miseria y desolación.

—Es evidente que el exilio corta muchísimo de la realidad. Uno de los hombres de Estado que mejor lo comprendió fue Luis XVIII, rey de Francia, que se negó a dar responsabilidades de Estado a los exiliados que volvían de Inglaterra y de Alemania.

—Es verdad. El exilio y la realidad no hacen buenas migas. Nosotros, los socialistas del interior, teníamos que decirles a los exiliados, incluso con cierta brutalidad: «Están ustedes engañados. La España en la que siguen pensando ya no existe». En el Partido Comunista la elaboración de los informes se hacía de manera distinta. La persona que informaba se mantenía o no en los aledaños del poder, según dijera o no lo que a Carrillo le hubiese gustado que pasara en la realidad. Acuérdate de las famosas huelgas de las que tanto ha hablado Semprún y que nunca tenían lugar por más que las anunciara a bombo y platillo. La realidad no es casi nunca el producto de los sueños. Nuestro realismo fue lo que nos permitió renovar el Partido Socialista antes de la muerte de Franco. Los comunistas, en cambio, querían que la realidad española fuese la que ellos soñaban. Y así les ha ido.

—Ese irrealismo está siempre en la base de todos los dogmatismos.

—Sí, pero yo creo que el irrealismo, en política, es sobre todo el producto de una mala información. Cuando a Carrillo le explicaban que era posible organizar una huelga general en España, yo estoy seguro de que Carrillo se lo creía de buena fe, no porque le informaran convenientemente, sino porque quería creérselo. Nosotros, en cambio, teníamos la absoluta convicción de que era una tontería provocar una huelga general en el año 65. Hubo huelgas en los años 62 y 63, no porque nadie las preparara, sino porque sencillamente «estallaron». Estallaron las minas de Asturias en el año 62, y en el año 63 estalló la industria vasca. No fue debido a una organización preconcebida, sino a la existencia del caldo de cultivo que genera esa clase de dinámica espontánea y casi siempre irreversible.

—¿Cuándo y de qué manera te conviertes en Isidoro?

Felipe sonríe largamente antes de contestar. Mira hacia atrás por encima del hombro y alza un poco la voz:

—Nos está escuchando Carmen, mi mujer, que es la verdadera responsable de esa broma.

—¿Broma?

—Sí. Mira, yo tenía que volver a Toulouse después de habernos casado el 17 de julio. Sí, ya sé, ese ir y venir de Toulouse suena a monomanía. Pero así eran las cosas. A Carmen le pareció una buena idea que hiciéramos un viajecito por Francia. A mí también. Teníamos un Dyane 6, así que nos montamos en él y pasamos la frontera. Iba a ser un viaje de novios durante el cual tendríamos que mezclar inexorablemente la política y el placer. En Toulouse me vi obligado a asistir a una reunión de las Juventudes Socialistas. Allí estaba, entre otros, Rodolfo Llopis. Hablando con él en presencia de Carmen, Llopis me dijo de repente: «Tu nombre de guerra es Felipe, ¿verdad?». «No —le aclaré—, no es mi nombre de guerra. Yo me llamo Felipe.» Llopis me miró atónito. Su desconfianza se hizo evidente. «¿Cómo se explica que no utilices un seudónimo para trabajar?», me preguntó un tanto agresivamente. Yo le iba a contestar que porque nunca se me había ocurrido, cuando Carmen intervino: «Bueno, la verdad es que tiene uno. Le llaman Isidoro».

—¿Se lo acababa de inventar?

—En cierto modo

—¿Los hombres del exilio utilizaban siempre un seudónimo?

—Los del exilio y los del interior, salvo Curro López Leal, que no se cambió nunca de nombre, porque Curro era lo más anodino que se podía ser en Andalucía.

—¿Y por qué Isidoro?

—Más que una invención, era una broma un poco particular. Había un personaje en la familia, el hermano de un cuñado mío, y a Carmen se le ocurrió identificarme con él. Se trataba de un adolescente un tanto desgarbado y orejón. Era una idea que nos divirtió a los dos. Carmen me colocó ese nombre un poco para disipar la desconfianza de Llopis, y otro poco para reírse. El nombrecito de marras tuvo su éxito.

»Muchos creyeron que era una alusión a Isidoro de Sevilla. El caso es que a partir de aquel día yo aparecí con el nombre de Isidoro en cualquier relación con la cúpula del Partido. Nombrado ya secretario general, la policía de Madrid ya no me llama Felipe, me llama Isidoro. Esa broma de mi mujer se convirtió en el alias que me hizo célebre en mi clandestinidad.

Desde hace unos minutos Felipe da señales de cansancio. Su voz se ha hecho imperceptiblemente más baja. Su sonrisa parece, de pronto, forzada. Nos pide, no sin antes excusarse, que le dejemos descansar hasta mañana por la mañana. Le duele mucho el pie y además lo han atiborrado de analgésicos para aliviar el dolor. «Me estoy durmiendo despierto», murmura.

Nos despedimos de él y de Carmen Romero hasta las diez y media de la mañana siguiente.

Gonzalo y yo hemos tenido una idea. La hemos discutido largamente durante el desayuno que hemos tomado juntos en una cafetería próxima a Pez Volador. «Si Felipe acepta —dice Herralde con ilusión— podemos generar un documento que algún día se calificará de histórico.» Le digo que no veo razón alguna para que Felipe se niegue. «Además —añade Gonzalo—, dentro de un par de meses ese hombre será presidente del Gobierno y entonces ya no le podremos pedir nada parecido.» Tiene razón. Ahora o nunca. Lo que queremos proponerle a Felipe, nadie, que yo sepa, se lo ha pedido nunca.

Felipe nos espera ante una taza de café, sentado en el mismo butacón de ayer, con la pierna extendida y el pie reposado blandamente sobre un almohadón. Ha pasado una mala noche y tiene el semblante fatigado y ojeroso. Sin embargo ya está fumando el primero de esos estupendos habanos que le regala Fidel Castro. Hablamos durante unos minutos de nimiedades. Nervioso, Gonzalo Herralde me hace una seña que Felipe percibe de inmediato. Sonriente, el secretario general me interroga:

—¿Qué pasa? Parecéis dos conspiradores.

Paso al ataque:

—¿Tenéis un vídeo en casa?

—Sí. Tengo uno en mi despacho.

Me siento frente a Felipe y le explico:

—Gonzalo y yo hemos tenido una idea, y espero que a ti también te guste.

—¿De qué se trata?

—Hemos traído con nosotros el vídeo del asalto al Congreso, el 23 de febrero. Nos gustaría que lo viéramos juntos mientras haces los comentarios pertinentes.

—Y, claro, nos estarán filmando.

—Exactamente. Supongo que nadie te ha pedido nunca nada parecido.

—Pues no. Y ahora que lo pienso, resulta curioso.

—¿Qué te parece la idea?

—Me parece interesante. Pero habrá que ver el resultado.

—Entonces, ¿lo hacemos?

—¿Por qué no?

Gonzalo Herralde deja escapar un suspiro de alivio. Yo disimulo el mío. Trabajar con hombres como Felipe da gusto. Nunca provoca falsos problemas. No se escuda en estúpidos escrúpulos. Siempre capta el interés del tema en un abrir y cerrar de ojos.

Mientras que los técnicos disponen los focos en el despacho adyacente de manera que iluminen debidamente el rostro de Felipe, éste me pregunta:

—¿Y tú, dónde estabas cuando lo del tejerazo? ¿En París?

—No, aquí en Madrid. Me enteré de lo ocurrido por lo que decía la gente a la salida de un cine. Volví corriendo a casa y nada más entrar oí, no recuerdo si fue el *Oriamendi* o el *Cara al sol* que sonaba en una radio. En mi despacho estaba Syliane con unos amigos sentados delante del televisor. Pero a mí, más que toda aquella confusión, aquellos gritos y aquellas escenas, lo que de verdad me heló la sangre en las venas fueron aquellas músicas militares del año 36 repetidas una y otra vez hasta la saciedad. «¡Dios mío», pensé, «otra vez un salto atrás y de nuevo a la caverna!» «¿Y el Rey?», pregunté. «¿Se sabe algo del Rey?» Si aquella gente sabía lo que hacía, tenía a la fuerza que haber neutralizado al Rey. Pero tuvimos la suerte de que todo lo hicieran mal desde un principio. Traté de hablar por teléfono con varios amigos que podían haberme dado noticias coherentes de lo que estaba pasando pero todos los teléfonos sonaban ocupados. Por fin me contestó Enrique Meneses. «No pasará nada», me dijo. «Se han olvidado de tomar Campsa y sin gasolina no se gana un golpe de Estado.» Le colgué el teléfono pensando que estaba borracho. Y fueron pasando las horas hasta que apareció el Rey en la televisión vistiendo uniforme de capitán general y nos dijo lo que todo el mundo esperaba que nos dijera. Pero no te negaré que hasta que nos habló el Rey lo pasamos todos muy mal. Aquella gentuza era capaz de montar una noche de los cuchillos largos y empezar a cargarse gente indiscriminadamente. Yo tenía en casa un par de pistolas y estaba decidido a usarlas si las cosas se ponían críticas. No sé si recordarás que, a la semana siguiente del golpe, una revista, creo que fue *Tiempo*, publicó una lista de las personas que aquella gente pretendía neutralizar y allí, entre otros muchos, estaba mi nombre. Así que...

—Ya estamos listos —nos anuncia Herralde.

Felipe entra en el despachito y para que el peso de su cuerpo no recaiga sobre su tobillo dolorido, se sienta en el borde de su mesa de trabajo.

—¡Motor! —ordena Gonzalo sin apenas levantar la voz.

La cámara ronronea como un gato. La pequeña pantalla se ilumina. Tejero aparece en un primer plano, empuñando una pistola, el bigote irreal y el tricornio de charol brillando bajo la luz de las arañas. El silencio en el despacho es de una rara intensidad. Lo rompo preguntando:

—¿Qué sientes, Felipe, al ver de nuevo esta terrible escena que tan mala imagen le creó a España en el resto del mundo?

Felipe tarda unos segundos en contestar. Tiene los labios crispados y la mirada súbitamente dura.

—Este vídeo —dice por fin— me lo enseñaron por primera vez al día siguiente del asalto. No lo había vuelto a ver más a pesar de que lo tengo grabado, aquí en casa. Yo...

Parece buscar con dificultad las palabras que pronuncia a continuación:

—No te puedo explicar exactamente por qué, pero para mí la superación de ese trauma fue rapidísima. Sin que pueda por otra parte negar que fue un trauma importante, tanto para mí, como para los que vivimos aquellos... aquellos terribles instantes.

—Pues yo, a pesar de haber visto este vídeo una docena de veces, en cuanto lo veo de nuevo siento el mismo asco, la misma vergüenza. Eso de ver a España convertida de pronto en una república bananera...

—No, no se trata de una república bananera —me interrumpe Felipe con cierta vehemencia—. Esto es un golpe a lo Malatesta, o mejor, esto pertenece, por sus ingredientes, al siglo XIX. Y, sin embargo, parece cine y Tejero parece un actor, un actor de vodevil...

—... chaplinesco.

—Sí. Se recrea en su personaje minuto a minuto. Mira, mírale ahora...

En la pantalla Tejero se acerca disimuladamente a Gutiérrez Mellado que ha abandonado su escaño, hasta situarse a espaldas del general.

—... Ese regodeo del que te hablo se hace evidente mientras trata de hacerle una zancadilla al general. Es una escena que supone la falta de dignidad llevada a su último extremo. Yo, el primer sentimiento que tuve cuando se produjo la entrada de Tejero en el hemiciclo, fue también de asco. Tuve ganas de vomitar. De verdad. Ésa fue mi primera reacción física.

El vídeo desgrana lentamente, imagen tras imagen, el abyecto dramón. Suenan tiros de metralleta. Y gritos. Voces aguardentosas, soeces. Alguien ordena a los diputados, histéricamente, que se tiren al suelo. Los únicos que no obedecen son Adolfo Suárez y Santiago Carrillo.

—¿Suárez se quedó sentado en todo momento? —le pregunto a Felipe.

—No. Suárez se levantó después de la segunda intervención de Gutiérrez Mellado, pero le obligaron a sentarse a punta de metralleta. Un poco más tarde, se levantó otra vez. Yo creo que había tomado la decisión de jugarse el todo por el todo.

—¿Tuviste personalmente la sensación, o el presentimiento, de que todo aquello podía acabar en una matanza general?

—Sí. A qué negarlo. Sí. Es alucinante la velocidad a la que trabaja el cerebro en un caso semejante. En unos pocos segundos desfilaron ante mis ojos imágenes de todo tipo. La familia, claro, mis padres, mi mujer, mis hijos. Tuve tiempo de pensar en mi trabajo de todos aquellos años. Pensé en que nos iban a matar en cualquier momento. Pero, curiosamente y aunque te parezca mentira, también hubo un espacio para el humor. Cuando nos dieron la orden de tirarnos al suelo, ocurrió que Gregorio Peces-Barba, debido a su volumen, no pudo hacerlo, o más exactamente, no pudo llegar al suelo.

Felipe señala la pantalla con el dedo.

—Fíjate, se le ve la espalda, allí, justo detrás de nosotros. No podía llegar al suelo y eso nos produjo, a Alfonso Guerra y a mí, una cierta reacción que tenía mucho que ver con el humor, con la risa... Es extraño, ¿verdad?

Por la pantalla circulan hombres armados que gritan órdenes contradictorias y que gesticulan airadamente sin que se sepa muy bien por qué.

—A medida que fueron pasando las horas, ¿se fue relajando la tensión?

—Yo no te lo puedo decir con exactitud. A mí, luego de un lapso de tiempo bastante corto, me sacaron del hemiciclo. Suárez había exigido hablar con alguien...

—¿Con quién?

—No lo sé. Probablemente con Tejero. Accedieron a su deseo llevándoselo, no sabíamos exactamente adónde. Al cabo de un rato se me acercó un sargento de la Guardia Civil y me dijo: «Don Felipe González, haga usted el favor de seguirme». Naturalmente, obedecí y le seguí. Y cuando me llevaba por ese pasillo que está ahora frente a nosotros, precisamente en ese momento, me interpeló el presidente del Consejo de Estado para despedirse de mí. Me volví hacia él. Estaba muy pálido. Me dijo: «Bueno, Felipe... adiós». No se atrevió a decirme nada más y me dio la mano. Fue un rasgo humano sencillamente maravilloso. En el momento en que me paré para saludarle, noté contra mi espalda el cañón de la metralleta del guardia civil que me conducía fuera del hemiciclo, al que ya no volví más.

—¿Adónde te llevaron?

—A lo que se llama el Salón del Reloj.

—¿Para qué? ¿Para incomunicarte?

—Eso, creo yo, que pertenece al secreto del sumario. Al sumario de ellos, claro. Digo secreto del sumario en el sentido ficticio, porque claro, resultaba evidente que aquella gente actuaba según un programa preconcebido. Conmigo, eran cinco las personas que habían sacado del hemiciclo. Quizá tuvieran la intención de eliminar a los que podíamos ser considerados como los líderes de opinión de la Cámara, con vistas a descabezar a ésta. También podían haber pensado en hacerse con unos rehenes privilegiados, por si tenían que acabar cediendo, en cuyo caso constituiríamos una baza bastante valiosa. Podían tener también la intención de matarnos.

—¿A quiénes sacaron contigo?

—El primero que salió fue Suárez, por deseo propio. No lo veremos más en el vídeo éste, porque lo sacaron después de que se interrumpiera la grabación. Pidió ver a alguien, no sé exactamente a quién. Salió del hemiciclo casi a empujones. Después, me tocó a mí. Me siguió el general Gutiérrez Mellado, minutos después Alfonso Guerra y Santiago Carrillo y por fin, en último término, Rodríguez Sahagún, por aquel entonces ministro de Defensa.

Aparece de nuevo en la pantalla Antonio Tejero con el tricornio ligeramente ladeado. Habla a gritos con los guardias que le rodean. Ha perdido mucho de la aparente frialdad que se esforzaba en demostrar al comenzar el asalto.

—Tejero —digo— estaba esperando la llegada de un alto mando militar que no llegaba. Que no llegó nunca. Él no debía de comprender muy bien lo que estaba pasando. ¿En qué medida se fue desintegrando y perdiendo los nervios?

—Era evidente que Tejero no acertaba a comprender lo que estaba ocurriendo. Seguramente confiaba en que, fuera de las Cortes, los acontecimientos se estuvieran desarrollando tal y como él y sus cómplices los habían planeado. Pero estaban sucediendo cosas muy distintas. Y claro, se iba poniendo cada vez más nervioso. Entraba y salía con cierta frecuencia del Salón del Reloj, donde estábamos nosotros. Su actitud nos iba informando con bastante precisión de la marcha de los acontecimientos. Vuelvo a repetir que tenía todas las apariencias de un actor de vodevil. Nos miraba uno a uno, con gesto teatral, luego miraba al techo unos segundos y, por fin, salía del salón, muy erguido, mascullando palabras ininteligibles. Se fue descomponiendo, ya sin ningún reparo, hacia las dos de la mañana. No fue el único. A medida que pasaban las horas, unas horas que fueron muy largas, no sólo para nosotros, para los asaltantes también, se fueron desmoronando todos ellos, física y moralmente. Muchas de aquellas gentes tenían trazas de haber bebido demasiado. Se oían gritos, insultos, amenazas.

—¿Qué clase de amenazas?

—Amenazas de muerte. «¡De aquí no salimos ninguno! ¡Matamos antes a toda esta gente!», etc., etc.

—¿Todo esto lo oíais en el Salón del Reloj?

—Sí, porque estábamos prácticamente al lado del bar, que era donde ocurría casi todo.

Aunque en la pantalla no se ve al personaje, alguien está anunciando desde la presidencia del hemiciclo la llegada inminente de un alto mando militar «que dirigirá la palabra a los diputados para impartirles las órdenes pertinentes». La voz se quiere castrense y dura, pero al mismo tiempo conciliadora. «Estén ustedes tranquilos, aquí no va a pasar nada...» Pide calma a las señorías, a las que se ha permitido levantarse del suelo, en el tono que emplearía un maestro de escuela para poner orden en su clase.

—¿Vosotros imaginasteis quién podía ser ese importante militar, al que más tarde la prensa llamó el Elefante, tan esperado por los golpistas?

—Yo, personalmente, no me lo podía imaginar. No tenía ni idea de quién podía ser el personaje que tenía que aparecer en el Congreso. Además, en el Salón del Reloj nosotros estábamos prácticamente incomunicados. Nos enteramos del anuncio de esa llegada mucho más tarde. En el hemiciclo, como era natural, muchas personas dieron su opinión acerca del misterioso personaje. Pero, aparentemente, todos se equivocaron.

—¿Sería posible que los propios golpistas no lo supieran?

—Yo creo que no lo sabía nadie. Los asaltantes se animaban los unos a los otros intercambiando informaciones cada vez más confusas. Hablaban en voz muy alta, para que pudiéramos oírlos, de la Región Militar bajo el mando de Milans del Bosch. Se gritaban noticias entre ellos, probablemente para crear una psicosis de pánico entre los diputados secuestrados: «¡Está con nosotros la tal o cual Región...! ¡Ha llamado de Valencia el general Milans para decirnos que os felicita...! ¡Se ha levantado tal regimiento...! ¡La Brunete marcha sobre Madrid!». Muy pocas de aquellas cosas eran ciertas, por no decir ninguna, y ellos debían de saberlo. Pero era un modo como otro cualquiera de darse ánimos y de no aceptar ante nadie el hecho de que estaban abandonados.

—¿En qué momento tuvisteis noticia de la intervención del Rey?

—Dentro del hemiciclo se enteraron casi de inmediato, porque algunos diputados llevaban consigo transistores de bolsillo. En el Salón del Reloj, donde estábamos nosotros, no nos enteramos absolutamente de nada hasta las ocho de la mañana. No hay que olvidar que estábamos totalmente incomunicados.

—Tejero y sus hombres se debieron de enterar enseguida.

—¿De la intervención de don Juan Carlos? Inmediatamente. Tenían a su disposición todas las radios y todos los televisores de la Cámara.

Por la pantalla desfilan hombres armados, con las metralletas apuntando a ministros y diputados.

—El espectáculo del secuestro del Congreso —murmura Felipe— fue una verdadera vergüenza nacional. Se ha discutido mucho acerca de la importancia de este vídeo. Yo, como siempre he creído que la realidad es lo único que aclara las cosas, pienso que es muy importante. Porque era necesario que la gente, fuera y dentro de España, supiera lo que pasó exactamente. Y que supiera también que existen individuos capaces de llevar a cabo actos como éste.

Se oyen en el televisor gritos roncos, imprecaciones. Como si adivinara cuál iba a ser mi próxima pregunta, Felipe me explica:

—En general, la reacción de los que estábamos allí no fue de miedo. Fue de consternación, de asco. Pero no de miedo. Lo que sí resultaba impresionante eran los sentimientos que se podían leer en ciertos rostros. Por ejemplo, en el del teniente general Gutiérrez Mellado. Para él, como militar, lo que estaba sucediendo ahí era algo horroroso. Creo que de todos nosotros, el que más sufrió fue Gutiérrez Mellado. Ocurrió también algo psicológicamente muy interesante. La parte derecha del hemiciclo estaba, por lo general, ocupada por personas que nunca habían luchado contra la dictadura. Por primera vez esas personas se sintieron totalmente identificadas con cosas que nunca habían comprendido, sobre todo cuando éramos nosotros los que hablábamos de ellas. Muchas de esas personas lo admitieron más tarde sin ninguna dificultad. Se había producido un fenómeno de identificación muy importante entre ellos y nosotros. Porque, por primera vez en sus vidas, esas personas se estaban preguntando qué es lo que iban a perder. Esa reflexión que nunca se habían hecho antes, se la hicieron brutalmente durante aquellas largas y mortales horas. —Felipe sonríe fugazmente, y añade—: Claro que desde entonces han pasado muchas otras cosas y la línea divisoria vuelve a estar a veces demasiado clara.

—¿Quién era la mujer que desde un principio salió del hemiciclo entre dos guardias?

—Ana Balletbó. Estaba embarazada y en cuanto se dio cuenta de lo que ocurría, se levantó de su escaño y anunció en voz alta: «Yo estoy embarazada y no me quedo aquí». Yo creo que fue la decisión de esta mujer, que tiene un gran carácter, lo que dejó paralizados a los secuestradores. Salió del Congreso y desde una cabina telefónica llamó al Rey. Se ha creado un nexo curioso entre la Balletbó y el Rey, precisamente por haber sido la primera persona que pudo contarle lo que estaba pasando allí dentro. Hubo también otros gestos personales muy bonitos, como el del presidente del Consejo de Estado, que se metió con nosotros en el hemiciclo por pura solidaridad. También hubo algunos compañeros que habiendo llegado tarde a Madrid, por haberse retrasado sus aviones, entraron en el hemiciclo después de haberse producido la ocupación.

Felipe señala la pantalla con el dedo:

—Mira, ahora mismo estamos presenciando un incidente que llamó mucho la atención. Ese hombre que se está sentando junto al presidente del Gobierno en la escalera, era uno de sus ayudantes. Dentro de un momento se le va a acercar Tejero y le dirá: «Hombre, Fulano, no se preocupe usted, que estamos entre amigos». Y el ayudante de Suárez le contestará secamente, mirándole a los ojos: «De amigos, nada».

»Desde el punto de vista de la técnica del golpe de Estado del siglo XIX —dice ahora Felipe— fue una operación perfecta. Si a todo lo que ocurrió allí aquella noche se le añade la ausencia del Rey, viajando fuera de España... pues qué quieres que te diga, con todo el poder de la nación allí atrapado...

—¿Cómo se portaron con vosotros los guardias?

—Había de todo. Hay quien dice que, en general, se portaron correctamente. Es cierto que yo no vi que a nadie le dieran con la culata en la cara, pero la verdad es que la prepotencia, la agresividad, el lenguaje barriobajero de muchos de ellos, las ráfagas de metralleta disparadas al aire, todo, todo eso fue de una brutalidad absoluta, total. Qué duda cabe de que había guardias que no entendían muy bien lo que estaban haciendo allí. Pero otros muchos lo sabían perfectamente. Había también, a qué negarlo, muchos nervios. Yo siempre tuve la sensación de que podía pasar cualquier cosa en cualquier momento. Mira, cuando me hicieron entrar en el Salón del Reloj, pusieron inmediatamente a un guardia de vigilancia. El hombre estaba en tal estado, sudaba copiosamente y sostenía la metralleta con manos temblorosas, que el propio sargento que lo había metido allí se asustó y le ordenó que se marchara. Fue una escena muy corta, pero tremenda. Observamos unos minutos en silencio el ir y venir de aquella gentuza armada, cuyos gestos cada vez más histéricos y desordenados anunciaban el próximo fracaso del golpe. El lenguaje soez que Antonio de Senillosa comentaría más tarde, ese «¡Se sienten, coño!», era el lenguaje de una autoridad en plena descomposición.

»Pasaron así horas y horas —comenta Felipe, ensimismado—. Desde las seis de la tarde del 23, hasta las doce de la mañana del 24 de febrero.

Cuando por fin se acaba el vídeo, nos quedamos los dos largo rato sin saber qué decirnos. Otra de las ideas de Gonzalo Herralde ha sido que nuestra conversación continuase en el Congreso de los Diputados, sentándome yo en el lugar que ocupa habitualmente Alfonso Guerra, y Felipe González en el suyo propio. El secretario general ha aceptado la sugerencia sin crear la menor dificultad. «Cuestión de ambiente, supongo...», ha comentado con su suave e indefinible ironía.

Yo me imaginaba el Congreso de los Diputados mucho más grande, vasto y majestuoso. Resulta ser todo lo contrario. Parece una bombonera, con sus tapices de la Real Fábrica, sus cueros patinados y sus maderas relucientes. Cuesta trabajo imaginar a los forajidos de Tejero irrumpiendo en tal lugar con sus voces soeces y sus metralletas.

Me siento, pues, junto a Felipe y me convenzo una vez más de lo incómodo que resulta a veces medir casi dos metros.

—Así es que aquí —le digo a Felipe— es donde han tenido lugar ciento cincuenta años de la traumática historia de este país, y como tú dijiste el otro día «con la dictadura como regla y la libertad como excepción».

—Bueno, el Parlamento, entre otras cosas, es un poco el escaparate de la Historia. Es también, desde luego, algo mucho más importante. Pero durante amplísimas épocas ha sido algo así como una representación abstracta, puramente teatral, porque no hubo, en realidad, ninguna actividad parlamentaria. Lo que hubo durante los últimos cuarenta años, por ejemplo, fue una dictadura y un Parlamento sometido a la voluntad del dictador.

—El caballo de Pavía, ¿por dónde entró?

—No entró nunca. Eso es una leyenda, una imagen que le da un cierto colorido a ese suceso histórico. Pero la verdad es que el caballo de Pavía se quedó en la puerta. —Y Felipe añade sonriendo—: Suceso histórico que, como sabes, se repitió hace un año por estas fechas.

Nos acomodamos ambos en nuestros puestos respectivos y perdemos unos instantes en encendernos nuestros respectivos puros. Felipe va vestido de *tweed* marrón claro, con corbata de lana y mocasines. Hay en él una elegancia natural, o mejor dicho una elegancia interior, muy andaluza, que tiene poco que ver con la falsa elegancia de los señoritos de la derecha, vestidos de azul, encorbatados de gris y oliendo a violeta.

—A mí me gustaría —le digo— que me hablaras de lo que realmente ocurrió en España entre la época del rupturismo y el momento actual.

La palabra «ruptura» provoca en Felipe un breve movimiento de impaciencia.

—Yo creo —explica— que no se ha interpretado correctamente un concepto que nosotros los socialistas acuñamos los primeros: la ruptura democrática. Frente a una dictadura, lo único que podíamos ofrecer era la alternativa de una liquidación de dicha dictadura y, como consecuencia, el establecimiento de la democracia. Ese concepto, sea o no sea traumático, equivale etimológicamente a ruptura. Nosotros siempre planteamos nuestra estrategia, incluso antes de la legalización de los partidos, de cara a la conquista de parcelas de libertad. Pero existe un punto culminante, me parece a mí, que separa definitivamente a la dictadura de la democracia. Ese punto culminante pasa por las libertades públicas y por las libertades individuales, mediante una confrontación electoral. Esto ocurre en el período que va desde marzo del 77 hasta junio del mismo año. Una vez establecido un sistema de libertades básicas, aunque ello no haya tenido el arraigo necesario, se pasa a una nueva etapa de la historia, donde lo necesario es construir un sistema democrático y donde lo fundamental no es, ni mucho menos, el estar discutiendo acerca de lo que se ha desmontado del régimen anterior.

—Algo bastante misterioso ocurrió, si mal no recuerdo, en agosto del 76.

—¿A qué te refieres?

—A una entrevista que tuviste con Adolfo Suárez y de la cual no se dijo absolutamente nada en la prensa. ¿Podemos hablar ahora de esa entrevista?

—Podemos hablar. Claro que sí. En primer lugar no fue una entrevista secreta. Fue, más sencillamente, una entrevista discreta. Y fue discreta porque la representación que ostentaba Adolfo Suárez no era todavía una representación nacida de la voluntad popular, sino de una designación del jefe del Estado que esperaba de Adolfo que llevase a cabo la transición de la que tanto se podía temer. Por consiguiente, nosotros los socialistas nos resistíamos, y yo creo que con cierta lógica, a legitimar a Suárez reconociéndole un protagonismo que nos parecía todavía como algo muy hipotético. Recuerda que estamos hablando de agosto del 76. En el mes de mayo se había sobreseído el expediente penal incoado contra mí y en el que el fiscal pedía una pena de ocho años de cárcel. O sea, que estamos en un momento de indefinición política verdaderamente curioso. Yo creo que Suárez estaba tratando de provocar esa conversación conmigo desde bastante antes de que fuera presidente del Gobierno. La entrevista a la que tú te refieres consistió en una larga conversación conmigo durante la cual Adolfo me explicó cómo veía él la transición de la dictadura a la democracia, hecho lo cual, me preguntó, con la curiosidad lógica de un político bastante alejado de nuestra ideología, que cómo la veíamos nosotros, los socialistas. Yo estoy convencido de que Suárez, en aquel momento, no pensaba siquiera en unas Cortes Constituyentes como las que se pusieron en marcha un año más tarde. Él pensaba en una simple reforma, tal y como se había propuesto en las Cortes del franquismo. Nosotros, en cambio, pensábamos en unas Cortes Constituyentes como elemento de ruptura entre un pasado dictatorial y un porvenir democrático. —Felipe expele una densa bocanada de humo y añade, sonriente—: Ése fue el trasfondo de nuestra misteriosa conversación, conversación durante la cual se habló también de otros temas importantes, como por ejemplo, el de la futura legalización de los partidos. Nosotros sostuvimos la tesis, tesis que luego fue tergiversada, de que no era posible legitimar un sistema democrático sin el beneplácito y la aceptación de todos los partidos existentes, amén de todos los que quisieran inscribirse. Sobre el tema de la inscripción de los partidos, así como también el de la legalización de los sindicatos, discutimos largo y tendido. Yo traté de dejar muy claro cuál era nuestra concepción de lo que había de ser una alternativa democrática. Nos despedimos cordialmente, pero sin habernos convencido el uno al otro.

—Bien, vayamos ahora más adelante. Se aprueba la Constitución, y en las segundas legislativas los socialistas perdemos las elecciones. Sin embargo, al PSOE le interesaba mucho ganar esas elecciones.

—Sí, nos interesaba mucho, a qué negarlo.

—Sin embargo, las perdimos.

—Yo prefiero decir que no las ganamos.

—¿No es lo mismo?

—Es lo mismo, sin serlo. Un sector muy amplio de la sociedad española estaba convencido de que íbamos a ganar las legislativas. La opinión pública, en su gran mayoría, apostaba a nuestro favor. En el partido pasaba lo mismo. Muchos de nosotros estábamos seguros de que el resultado electoral nos sería favorable. Y se hizo una campaña desde una «posición de gobierno» y no desde una posición de partido que aspira a gobernar. Ése fue, a mi entender, el error fundamental que cometimos. Existieron también, claro está, otros factores que contribuyeron a que no ganáramos esas elecciones. Entre otros, sobre todo durante las últimas cuarenta y ocho horas, el factor miedo. Ahora bien, si hemos de ser sinceros, es cierto que hicimos una campaña para ganar y que esa campaña no dio los resultados apetecidos.

—¿Tú crees realmente que el miedo influyó mucho en el voto de los españoles?

—En el 79 el miedo seguía siendo un factor negativo importante. La historia de los pueblos es mucho más lenta que la voluntad de los responsables políticos. En el 79 no estábamos todavía suficientemente distanciados del pasado como para que los españoles se plantearan, sin temores de ninguna clase, una alternativa de poder socialista. Esto no ha ocurrido solamente en España. Ha pasado lo mismo en otros países de Europa. En Francia, en Grecia, en Italia. Aquí, a partir de la liquidación de la dictadura, la gente sólo ha aceptado la alternativa socialista al tercer intento.

—Estamos ahora a pocos meses de las elecciones que le van a dar el poder al Partido Socialista Obrero Español. Yo tengo la impresión de que alguien, aunque soterradamente, está poniendo de nuevo en marcha esa eterna e indestructible campaña del miedo que la derecha se saca de la manga cada vez que lo cree necesario. ¿Es así, o me equivoco?

—La verdad es que la derecha española se ha adaptado mal, se ha organizado mal, para vivir en democracia. Creo que lo que la derecha teme fundamentalmente es que la llegada al poder de un partido como el Partido Socialista acabe con una cierta colusión de intereses que define desde hace siglos nuestra historia: la colusión de la derecha económica con el poder político y con el control del aparato de la Administración del Estado. Esos tres conceptos unidos entre sí, esos tres factores estrechamente ligados los unos a los otros es lo que la derecha teme que desaparezca. Teme la pérdida de ese entramado de intereses que ha ligado permanentemente a la derecha española con el poder político y con el control del Estado. A eso le teme la derecha española mucho más que a cualquier alternativa programática del Partido Socialista. Hace unos días, la derecha se ha escandalizado porque he dicho que no considero fundamental que el Partido Socialista haga una política de nacionalizaciones. Se ha escandalizado profundamente, se ha escandalizado de verdad.

—Lo que no te perdona la derecha es que estés traicionando la imagen de marca que ella misma te ha fabricado. Pero volvamos a nuestro tema inicial. No perdisteis las elecciones legislativas, sino, como tú prefieres decirlo, no las ganasteis. Pero en cambio, ganasteis inmediatamente después las municipales. Y eso provoca una situación curiosísima.

—Ahí existe una imagen que me parece a todas luces falsa. Nosotros no ganamos las elecciones municipales con relación a las generales. Eso, aunque ciertos personajes se nieguen a admitirlo, eso no es verdad. Los resultados de esas elecciones rozaron el empate. Lo que ocurre es que en España existe, es una vieja tradición que funcionó incluso durante la República, esa especie de extraña compensación, específicamente española, que consiste en contrarrestar la autoridad de un gobierno conservador mediante una respuesta de izquierdas a nivel de la Administración local. Las excepciones a esa situación son escasas, por no decir rarísimas. Y está claro que éste ha sido uno de los elementos más dramáticos de la historia de España: el enfrentamiento entre el poder central y el poder local. Porque estando la representación del Estado en manos antagónicas, se ha utilizado, y lamentablemente se sigue utilizando, al poder central para «castigar» a la izquierda representada en el poder local.

Gonzalo Herralde suspende unos instantes el rodaje para pedir que se detenga el funcionamiento del aire acondicionado que produce un ronroneo parecido al de un avión a punto de despegar. En cuanto Gonzalo ordena de nuevo «¡Motor!», le digo a Felipe:

—En el XXVIII Congreso del Partido Socialista pronunciaste una frase que tuvo un enorme impacto en España. Dijiste, creo que textualmente: «Hay que ser socialista antes que marxista».

Felipe se mira largamente las manos, y ríe quedamente.

—Sí. Fue una frase que hizo mucho ruido. Pero mira, fueron unas palabras que, además de su significado puramente semántico, tenían otra vertiente: la del carácter andaluz, que yo malamente podría negar que es el mío. En Andalucía, cuando se dice que hay que ser esto antes que lo otro, siempre vamos un poco más allá de una mera afirmación. En este caso preciso, yo quise significar que antes que plantearse si se es o no marxista, si se es o no cristiano, existe algo mucho más importante: es el haber asumido los objetivos, las tareas y la ética del socialismo, incluso desde el punto de vista de los comportamientos personales. Me parece secundario el debate acerca de si se es o no marxista. Lo importante, lo fundamental, es saber si se está o no de acuerdo con los objetivos capitales del socialismo.

—¿Se puede decir hoy que la ejecutiva del Partido Socialista está compuesta por gentes de talante generalmente moderado?

—Yo creo que la ejecutiva del Partido Socialista es perfectamente representativa de la voluntad mayoritaria de los miembros del Partido y, sobre todo, me parece que es representativa de la voluntad mayoritaria del sector de la sociedad española que ha votado por el Partido Socialista. Y pienso que a la sociedad española, actualmente, se la puede calificar con toda justicia de sociedad moderada. Pero que nadie se equivoque: la moderación, digamos que en su dimensión bíblica, es la virtud de los fuertes.

—Tampoco estaría de más recomendar que hay que tener moderación en la moderación.

—Exacto. Hay que asumir la moderación desde la fortaleza. No hay que asumirla nunca desde la debilidad. Éste es el grave riesgo, la trampa en la que no hay que caer: confundir la moderación con la debilidad.

—Que es precisamente lo que ocurre hoy con demasiada frecuencia.

—A veces ocurre, en efecto. Pero creo también que eso empieza a superarse, lo cual, como es natural, provoca un cierto nerviosismo en las filas de la derecha. Porque la derecha empieza a comprender que la actitud del Partido Socialista, en su conjunto, es moderada, pero que esa moderación responde a una dimensión histórica del proyecto político socialista que antes no existía y que ya no permite el juego de bloques derecha-izquierda que tanto les gustaría que continuase a ciertos elementos de la derecha.

—Bien. En el ochenta, que se puede llamar «el año de la oposición a Suárez», acaba el pacto constitucional, tiene lugar la moción de censura, dimite Adolfo Suárez, se celebra la investidura de Calvo Sotelo y se produce el golpe del 23 de febrero [del ochenta y uno]. Y a partir de entonces, el PSOE se convierte en el partido de oposición mayoritario.

—Bueno, eso ya lo era desde un principio, exactamente desde el año 77. Pero la verdad es que desde el año 77 hasta el momento en que estamos hablando, el Partido Socialista ha hecho un esfuerzo tremendo renunciando a lo que podríamos llamar «la estética de la oposición», que tiene una gran importancia en política, lo que le ha permitido colaborar eficazmente a la construcción de un Estado democrático, fortaleciendo de paso al poder ejecutivo. Los acuerdos de la Moncloa son un claro ejemplo de ese esfuerzo. Luego se produce un despegue, un alejamiento progresivo entre el poder y la oposición, despegue y alejamiento provocados por el gobierno de Suárez y no, como algunos pretenden creer, por el Partido Socialista. Hay cosas muy importantes que la gente ignora todavía en España. Por ejemplo: después de las elecciones municipales, el Gobierno le ofrece al Partido Comunista un acuerdo de mayoría para aislar al Partido Socialista en los municipios. Eso no lo sabe nadie y es probable que cuando esta noticia llegue a sus oídos, el Gobierno lo niegue airadamente. Pero eso fue exactamente lo que ocurrió en aquellas circunstancias. Más tarde se produjeron otros hechos lamentables de los que el español de a pie tiene pocas noticias. Un ejemplo entre muchos otros: luego de haber pactado, por consenso, con todos los partidos políticos un determinado proceso de autonomía para Andalucía, el Gobierno se echa atrás y Suárez rompe el compromiso sin siquiera avisar anticipadamente a los interesados de sus intenciones. Suárez lo hace porque cree, erróneamente, que ha llegado el momento de desmarcarse de los partidos, golpeando de paso al Partido Socialista en un afán de convertir en mayoritario a su propio partido. ¿Qué hacemos entonces los socialistas? Pues distanciarnos también, pero distanciarnos responsablemente. Y lo hacemos hasta que, ineluctablemente, llega el momento en que se plantea la moción de censura, punto culminante en la historia de la transición según todos los estudios sociológicos y de opinión.

—¿Que significó exactamente para los socialistas la moción de censura?

—Significó ante todo que había llegado el momento de informar al Parlamento del estado de ánimo de la calle. Era necesario que supiera lo que pensaba una gran mayoría de ciudadanos españoles. Más que un intento de acoso y derribo al Gobierno, no hicimos ningún esfuerzo por componer una nueva mayoría, nuestro empeño era conseguir, a través de un instrumento constitucional, que el Parlamento tomase acta de lo que era ya un sentimiento de descontento general. Y, naturalmente, lo conseguimos.

Una de las secretarias del Congreso le hace señas a Gonzalo Herralde para que detenga el rodaje, y se acerca a Felipe para decirle que le llaman por teléfono del extranjero. Aprovecho su ausencia para repasar mis notas y en cuanto vuelve a tomar asiento a mi lado, le pregunto:

—Actualmente, tú eres el vicepresidente de la Internacional Socialista. Tu voz tiene un peso específico en el ámbito internacional. ¿Sería correcto decir que eres, en cierto modo, el negociador entre Estados Unidos y Centroamérica, el mediador ideal para poner fin a los dramas que todos conocemos?

—No, no sería correcto. No sería correcto en absoluto. Incluso te diré que en este caso, el término de negociador, o el de mediador, serían términos abusivos. Ocurre que yo, como responsable político español, creo firmemente que el continente latinoamericano tiene para nosotros una importancia histórica decisiva y que el futuro de España es difícil de concebir si no se tienen en cuenta esos trescientos millones de personas que comparten con nosotros, además de la lengua, muchas más cosas de las que creemos. Esta convicción me ha llevado a observar siempre que he podido una actitud de presencia activa en muchas de las situaciones difíciles que se producen en el continente iberoamericano y, sobre todo, en esa zona altamente conflictiva que es Centroamérica. Mi facilidad de acercamiento a los líderes centroamericanos y la posibilidad de que dispongo, no creo que haya muchas personas en mi caso, de cubrir en un solo viaje países como Venezuela, Panamá, México y Cuba, cosa que no pueden hacer otros por razones obvias de política interior, me han permitido creer que poseo una aproximación real a la política centroamericana, como me ha permitido también cooperar en la búsqueda de una solución política y pacífica. Política que necesariamente habrá de ser de signo progresista, porque las causas estructurales del proceso de enfrentamiento centroamericano las provoca fundamentalmente un reparto medieval de la riqueza. Esto ocurre dentro de un *soi-disant*, sistema moderno. Yo, francamente, no creo que podamos hablar aquí de modernidad, pero sí de una economía más o menos moderna, profundamente influida por diversos factores internacionales. Todo ello me ha llevado a tomar una posición que me permite hablar eficazmente con unos y otros. Y creo que, a fuerza de paciencia, llegaremos un día a encontrar, o por lo menos, yo lo intento, una solución global de esos tremendos conflictos.

—¿Has dicho una solución global?

—Sí. Global. Porque no se puede, por ejemplo, hablar de una solución específica para El Salvador, aislando a este país de lo que es el contexto centroamericano, o si prefieres, el contexto del Caribe. Yo creo que para buscar y encontrar vías de salida a estos problemas no es suficiente encontrar soluciones de tipo regional. Porque no existe la posibilidad de separar el caso de El Salvador del de Nicaragua, ni el de este último país, del de Guatemala.

—Hablemos, si te parece, de otro país que se halla en el ojo del huracán desde hace ya mucho tiempo: Polonia. ¿Cuál es la posición del secretario general del PSOE frente a los acontecimientos polacos?

—Si no me equivoco, y no creo que me equivoque, soy la primera persona del mundo socialista en haber condenado lo que siempre me ha parecido ser un fracaso histórico de un proceso comunista de primera magnitud. Esta clase de fracaso ya se ha producido en otros momentos de la Historia. Pero el fracaso polaco me parece ser el más representativo, el más simbólico de todos los que han tenido lugar hasta ahora. Y digo el más simbólico, cuando quizá debiera decir el más surrealista. Resumamos la situación: un comandante en jefe de las Fuerzas Armadas que es, además, el presidente del país, provoca un autogolpe de Estado con la excusa de defender los derechos de los trabajadores. Pero estos trabajadores ya se habían pronunciado mayoritariamente contra el Gobierno de dicho presidente. Lo cual no impide a éste liquidar, a la sombra de los cañones, la estructura que había querido darse el movimiento obrero polaco. Todas estas contradicciones son tan flagrantes que resulta difícil analizar los hechos sin un profundo asombro.

—Kafka.

—Kafka, efectivamente, por decirlo de una manera amable. Mira, ya que estamos ventilando esta clase de problemas, quisiera decirte que lo que yo no soporto es lo que el otro día llamaba, con mucha lucidez, el ministro de Asuntos Exteriores danés «la doble moral», esa moral con dos caras que a veces llega a permitirse el lujo de tener la derecha mundial. Esa «doble moral» que permite que algunos afirmen sin sonrojarse que las dictaduras son malas cuando son de izquierdas, pero menos malas cuando son de derechas. Yo pienso que un golpe de Estado que lleva a una dictadura es, en sí, condenable aunque sólo sea porque supone la anulación por la fuerza de la voluntad soberana del pueblo. A mí me parece tan condenable en Polonia, como en Turquía, o como en Chile. La existencia de esa «doble moral» me estremece. Lo que ocurre en Polonia es condenable a todas luces, pero no menos que lo que ocurre en Guatemala o en El Salvador. Por lo tanto, esa doble moral de la que te hablo no es más que puro cinismo. La vida humana, me parece, tiene el mismo valor en cualquier lugar del mundo.

Gonzalo Herralde interrumpe unos minutos el rodaje para que uno de los técnicos revise el micrófono de mi interlocutor, que por lo visto funciona mal. Cuando oigo la voz de Gonzalo ordenando de nuevo «¡Motor!», le digo a Felipe:

—Estamos en pleno período de precampaña electoral. Las elecciones las vamos a ganar los socialistas por mayoría absoluta. Por lo menos eso dijo la otra noche en una cena el propio Rodolfo Martín Villa...

—Se trata de un hombre por lo general bien informado —sonríe Felipe sacudiendo la ceniza de su cigarro.

—La victoria socialista te llevará pues al poder dentro de unos pocos meses. Y tú me dijiste el otro día algo que me llamó mucho la atención. Sobre todo, porque esas palabras venían de ti.

—¿Qué te dije? —pregunta Felipe, intrigado.

—Me dijiste textualmente: «El aislamiento de la realidad, común a muchos hombres políticos, se puede agravar peligrosamente en el ejercicio del poder».

—Sí, recuerdo que te lo dije. Porque eso es lo que creo. —Unos segundos de vacilación y Felipe añade—: Eso es lo que temo.

—¿Qué se puede hacer contra ese peligro? ¿Qué es lo que harás tú personalmente?

Felipe tarda unos segundos en contestar. Cuando lo hace, su tono es grave.

—Yo creo —dice— que es muy difícil combatir ese riesgo. Tan difícil, que el Estado-Nación, éste es un pensamiento bastante herético, tal como surge en el siglo XIX, histórica y conceptualmente, está en crisis entre otras razones por problemas de incomunicación entre el Estado y el ciudadano. Hoy, el hombre de la calle que reflexiona unos instantes, puede observar que existe más distancia entre él mismo y el gobernante moderno, incluso en un sistema democrático, que la que podía existir entre el ciudadano de una monarquía absoluta y el propio soberano. La verdad es que cada vez existen menos posibilidades de comunicación, en el sentido estrictamente humano de la palabra, entre el ciudadano y el gobernante. La complejidad de un Estado moderno es de tal magnitud que el dirigente de un país, pongo por ejemplo España, que se halla en la Presidencia del Gobierno, se encuentra, debido a su propia dinámica, terriblemente distanciado de la realidad concreta y cotidiana de sus conciudadanos. Como reacción a esta situación, el ciudadano exige, cada vez más, unos niveles de representación mucho más próximos a la realidad de sus problemas. Lo cual provoca, entre otras cosas, esa ansia de descentralización que desemboca irreversiblemente en la explosión de las autonomías. Y no se trata de un fenómeno específicamente español. Francia, que siempre fue un modelo de Estado centralizado, ha sufrido también el proceso de descentralización que venían reclamando los franceses desde hace años. A los ingleses, aunque de un modo diferente, les ocurre otro tanto. ¿Cómo puede luchar un dirigente político contra ese peligro de distanciamiento de sus conciudadanos?

—Pues la verdad, no lo sé. Yo creo que depende mucho del carácter de cada uno. Pienso que el día que eso me ocurra a mí, trataré por todos los medios de no dejarme encerrar en una torre de marfil.

—¿La Moncloa?

—Pongo por caso. Trataré de llegar directamente, cada vez que pueda hacerlo, aunque ya sé que eso no va a ser fácil, a las personas afectadas por problemas que esté en mis manos solucionar. Creo que ése será mi único medio de comunicación. El directo.

—¿Contactos con la gente, como los que tuviste hace unos días en las calles de Tres Juncos?

Durante la visita relámpago que hicimos juntos unos días antes a dicha localidad, me fue dado apreciar, no sin cierta sorpresa, el tremendo poder carismático de Felipe González. A los cinco minutos de nuestra llegada —sin haber avisado previamente a nadie—, las calles de Tres Juncos se llenaron de hombres, mujeres y niños que abrazaban y vitoreaban al secretario general del PSOE. Cuando desde la Casa del Pueblo Felipe dirigió la palabra a la multitud, muchos hombres viejos se pusieron a llorar.

—Sí —sonríe Felipe—, como en Tres Juncos. Contactos que tengan el mayor grado de espontaneidad. Yo no quisiera, como dirigente político, caer en la trampa en la que cayó Zapata, que al llegar al poder adoptó los hábitos contra los que tanto había luchado cuando estaba en la guerrilla. Hay que intentar ser permeable a la preocupación popular, incluso cuando esa preocupación te pueda parecer desviada.

—¿Desviada?

—Sí. Te voy a dar un ejemplo: yo recibo multitud de cartas en las que se me pide un puesto de trabajo. Y siempre me hago la misma reflexión: hay un millón ochocientas mil personas en situación de pedir trabajo, pero pienso que una de las taras con las que hay que acabar radicalmente es la mecánica del enchufismo. Sin embargo, conocer a una persona concreta, a un amigo en paro, no es lo mismo que tener una estadística del paro en la mesa de tu despacho. Las dos visiones son necesarias. Hay que considerar el problema en su amplitud abstracta, es decir, hay que tener del problema una visión global. Pero la persona concreta afectada por el paro, o por el síndrome tóxico, esa es la que, de verdad, te hace reflexionar. Personalmente, esa visión humana del problema es la que me mantiene en comunicación con mis conciudadanos. La otra visión, la global, es la que te incomunica del problema. Cuando trabajas basándote en estadísticas, sabiendo que muchas de ellas son falsas, te enfrías mucho, te distancias mucho. Esa frialdad es necesaria para gobernar, pero si pierdes el contacto popular, estás cometiendo, a mi juicio, un grave error, un error que incluso puede resultar perjudicial a la tarea rectora del país.

—Esto me lleva a pensar en otra frase que dijiste antes: «Al fin y al cabo, las decisiones importantes acaba por tomarlas una persona, no el Partido».

—Bueno, ésa es una manera de resumir las cosas. Pero no es del todo exacto. Las decisiones se elaboran colectivamente, así como las líneas generales de comportamiento. Pero siempre se llega a un punto, y esto ocurre prácticamente en cada problema, en el cual el líder político se encuentra acosado por un sentimiento de tremenda soledad. Es un sentimiento fácil de comprender. Se explica por el hecho de que incluso el colectivo, que se supone debe ayudarte con sus consejos, está esperando que seas tú el que tome la decisión final. Así que esa decisión se toma en solitario, sabiendo que es una responsabilidad personal e intransferible. Es una responsabilidad tuya y sólo tuya. Tú eres el que decides del si «sí» o del «no». Y aunque después tus compañeros te arropen, dándote la razón por lo que has decidido, esa responsabilidad no la puedes compartir con nadie. Yo creo que ése es uno de los traumas importantes que sufren casi todos los líderes políticos. Porque esas decisiones unipersonales hay que tomarlas prácticamente todos los días.

—Y, naturalmente, esa decisión depende mucho del carácter o del estado de ánimo de la persona que la toma.

—Nada más cierto. Y nada más inquietante. Se han hecho unos estudios muy interesantes sobre la influencia de ciertas enfermedades sobre los hombres que gobiernan el mundo. Se hizo, muy particularmente, un estudio bastante escalofriante acerca de los estados anímicos de los hombres que se encontraron en Yalta. Estaban todos enfermos, tremendamente enfermos. Y el hecho de estar enfermo influye en la condición psicológica de cada uno, así como, naturalmente, en el propio comportamiento intelectual.

—Existe un libro escrito por un inglés cuyo nombre no recuerdo, en el que se explica lo que fue la reunión de Yalta. Detalla en particular los menús de las comidas ofrecidas a Roosevelt, a Churchill y a Stalin, así como las bebidas preferidas por cada uno. Menos el presidente norteamericano, que se hallaba ya a las puertas de la muerte y que sólo bebía agua, la cantidad de alcohol ingerida por el primer ministro inglés y por el dictador ruso era francamente aterradora. Winston Churchill bebía champán y coñac, amén del vino que acompañaba cada comida. Stalin sólo tocaba del vodka que había traído en su equipaje. De la lectura del libro se saca la conclusión de que el inglés y el soviético estaban, siempre, prácticamente medio borrachos. Y esos tres hombres, el agonizante y los dos alcohólicos, se repartieron el mundo como mejor les pareció, sin consultar a nadie, según sus gustos y manías. Decidieron el porvenir de miles de millones de seres humanos sin que les importara un ardite lo que éstos podían pensar o desear. ¿Se puede imaginar algo más terrible?

—Difícilmente. No cabe duda de que a nivel de máxima representación política, cuando de la decisión de un hombre depende el futuro y muchas veces la vida, de tantísimas personas, la situación, sea cual fuere, siempre aparece como algo terriblemente dramático.

Porque cualquier personaje político, como el juez a la hora de dictar sentencia, está condicionado por su propia realidad psicofísica. Pero, sinceramente, yo creo que las cosas han progresado mucho desde la época de Churchill y Stalin. El liderazgo de un hombre político exige hoy un cierto nivel de distanciamiento con lo que pudieran ser sus problemas personales. Naturalmente que todavía hay gente que se deja arrastrar por su ambición o por su ego. Pero eso ocurre cada vez menos. Si no el mundo sería mucho más caótico de lo que es.

Gonzalo Herralde nos ha pedido que nos situemos frente a las cámaras en la tribuna desde donde hablan los señores diputados. Le pregunto a Felipe:

—¿Qué se siente al hablar desde esta tribuna? ¿Resulta ser tan difícil como uno se imagina?

—Pues sí. Éste es sin duda uno de los foros más impresionantes y te voy a decir por qué. Cuando apareces en un acto público de tu propio partido sabes de antemano que la gente está de tu parte, lo cual te da una cierta facilidad de palabra para dirigirte a ella. Además, sabes que se trata de un público que te va a entender, que quiere entenderte. Y cuando pronuncias una conferencia, casi siempre has establecido un estudio previo de los temas que piensas tratar. Aquí no ocurre nada de todo eso. Aquí están representadas todas las sensibilidades que existen en el país, desde la más hostil a lo que estás diciendo a la más favorable, lo cual, naturalmente, crea una cierta distorsión porque tú nunca sabes muy bien a quién te estás dirigiendo. Aunque normalmente, si estás en la oposición, te estás dirigiendo al gobierno y a la derecha, tanto para convencerlos, como para criticarlos. Todo eso produce una gran dosis de dificultad por no decir de angustia. Don Manuel Azaña, hablando de los parlamentarios, decía: «Se le puede permitir a un parlamentario que no sepa hablar. Lo que no se le puede permitir es que no sepa de qué hablar». A mí me parece un principio básico. Pero todavía hay bastantes parlamentarios que no saben, o saben muy poco, de lo que hablan. Pero aun así hay que reconocer que el esfuerzo de subir a esta tribuna para defender una tesis, sea ésta cual fuere, ante un público tan variopinto, causa un respeto infinitamente superior a cualquier otra actividad similar, ya sea hablar en una clase, en un mitin o en una universidad.

—¿Cómo se demuestra por lo general la hostilidad?

—El Parlamento español es, tanto de formas como de contenido, bastante moderado. Yo creo que ello es debido a que por fin hemos asumido nuestra historia que, a decir verdad, ha sido bastante traumática. Hace cincuenta años, en este mismo Parlamento, se han repartido bofetadas y se han sacado a relucir pistolas y otras armas. Aquí ha habido escenas de violencia de todo tipo. Pero, actualmente, pienso que nuestro Parlamento es mucho más moderado que cualquier otro Parlamento europeo.

—Y más aburrido también.

—Sí. En ese sentido, más aburrido.

—Durante la República, aquí hablaron oradores de gran categoría. Gentes como Indalecio Prieto y José Calvo Sotelo, por no mencionar a Dolores Ibárruri la Pasionaria.

—Mira, yo creo que eso de que cualquier tiempo pasado fue mejor es algo muy relativo. Se oye decir que durante la República fueron mejores incluso las corridas de toros. Yo creo que no es verdad. No hay más que leer ciertos discursos de aquella época para convencerse de que también hablaban aquí personajes muy mediocres. Lo que no hemos conseguido todavía, y habría sido importante conseguirlo, es que dejen de subir a la tribuna oradores de esos que llevan escrito su discurso en un papel. Si en el Parlamento se leen los discursos, el Parlamento deja de serlo. Aquí hay que «parlar», no leer, porque entre otras cosas le quita gran vivacidad a los debates. Pero, como te digo, eso todavía no lo hemos conseguido. Lo cual no quiere decir que haya disminuido la calidad media de la gente que sube a esta tribuna. Sería un juicio histórico erróneo afirmar lo contrario. Si lees la prensa de la época republicana, verás que se hacían las mismas críticas que las que se hacen ahora. Y lo mismo ocurría cuando se trataba de toros.

—¿Quiénes son en la actualidad los buenos oradores de esta cámara?

—Bueno, yo creo que convendría hacer una distinción, en base a aquello que decía don Manuel Azaña, pero ampliándola. Aquí, más que saber quiénes son aquellos que pueden pronunciar un discurso perfecto en su forma y en su fondo, lo importante sería saber quiénes son los oradores, y no soy yo quien vaya a dar sus nombres, que suben a esta tribuna y que consiguen provocar un silencio expectante en toda la Cámara.

—¿Hablas de ese silencio que provocan a veces ciertos toreros?

—Sí. A ese silencio me refiero. A esa «música callada», como diría José Bergamín. A mí me parece que el número de esas personas capaces de concitar la atención de toda la Cámara va siendo cada vez menor. Como ya quedan muy pocas personas capaces de inspirar un profundo respeto. Hay gentes que, al principio, conseguían instalar en esta Cámara un silencio respetuoso y que ya no lo consiguen porque se han quemado, supongo que irremisiblemente. Pero todavía hay algunos oradores de gran calidad, oradores que desde esta tribuna provocan una reacción importante, porque saben mostrarse duros, saben hacer de «látigo». Puedo citar a uno de mi propio partido, a Luis Gómez Llorente, un gran orador en el sentido clásico, capaz de exponer con brillantez sus ideas y de engarzar bellamente sus frases una tras otra. También los hay, como Ciriaco de Vicente, que se conocen los temas al dedillo y que son capaces de hablar durante horas dando siempre la impresión de que les falta tiempo. Ese no es quizá el concepto de orador clásico, pero sí el de un buen especialista capaz de enfrentarse con dos o tres ministros a la vez. En las filas del Gobierno, Herrero de Miñón era un orador de envergadura, con cierta gracia mordaz. Digo «era» porque, como sabes, se ha pasado a las filas de Coalición Democrática. Resumiendo: muchos de los que se suben a esta tribuna lo hacen muy bien.

—¿Es Carrillo uno de los oradores que suscitan ese interés expectante del que hablábamos hace un momento?

—Sí. Normalmente los líderes de los partidos mayoritarios, o de los partidos más representativos, provocan siempre un cierto grado de curiosidad, cuando no de respeto. Carrillo ha tenido muy buenos momentos. Todavía los tiene. Pero a veces comete el error de repetir excesivamente su discurso y eso hace que los que le escuchan prevean lo que va a seguir a su frase anterior, lo que naturalmente provoca en los oyentes un cierto distanciamiento y a veces unas determinadas actitudes que no tienen nada de respetuosas. Pero en fin, Carrillo ha sido sin duda alguna un orador que ha captado en no pocas ocasiones la atención «expectante» de esta Cámara.

—¿Existen todavía muchos oradores capaces de hacer reír a los diputados?

—Estarás pensando en gente como Antonio de Senillosa, ¿verdad? Pues sí, los hay. Senillosa interviene poco, pero cuando lo hace se gana casi siempre la simpatía de amigos y enemigos. Otro de los parlamentarios que nos hace reír mucho es Ernest Lluch, que cuando sube a la tribuna nunca deja de hacer gala de un humor casi anglosajón. Dice frases que quizá no sean inteligibles fuera de este recinto, pero que a nosotros nos divierten mucho. Cuando se formó el nuevo Gobierno, Lluch tomó posesión de la tribuna para decir que nunca había sido mejor empleada la expresión de «banco azul» al referirse al lugar donde estaban sentados los miembros del Gobierno. Hacía una crítica explícita y deliciosa de los representantes de la banca y del origen falangista de algunos de los componentes del Gobierno. Allí se detenía la agresividad de Lluch, que todo lo dice de manera que la Cámara siempre esté pendiente de él.

—Felipe, a propósito de banco azul. A mí me gustaría terminar esta entrevista guardando de ti una imagen que dentro de muy pocos meses se convertirá en una imagen banal. Me gustaría verte sentado unos segundos en ese banco azul donde dentro de poco habrás de sentarte a menudo.

Felipe se ríe y niega con la cabeza.

—No, no... Incluso desde un punto de vista puramente simbólico, sería algo así como una agresión a la voluntad popular que todavía no se ha expresado en las urnas. Cuando haya un número suficiente de españoles que me obliguen, moralmente, a que me siente en ese banco, entonces lo haré.

La voz de Gonzalo Herralde pone fin al ronroneo de las cámaras. Pone fin también a un diálogo que, de ser por mí, podría haber durado indefinidamente.

Unas semanas después de haber entrevistado a Felipe González en el Congreso de los Diputados le pedí a Alfonso Palomares que me ayudara a obtener el carnet del Partido Socialista. Alfonso acudió directamente a Felipe y unos días más tarde recibí el documento que hacía de mí un miembro más del Partido Socialista Obrero Español. ¿Por qué tantas prisas? Porque siendo evidente que Felipe iba a arrasar en las elecciones yo no quería tener que pedir el carnet una vez que los socialistas se hubiesen alzado con el poder. Mi antifranquismo aparte, yo era, por aquel entonces, totalmente apolítico. Forzado a veces a pronunciarme, sólo admitía ser un «liberal escéptico». Pero ahora, aunque sólo fuera con un voto, yo quería ayudar a aquellos chicos que iban a sacar a España de la más recóndita de las cavernas. Sabía que mi toma de posición me iba a crear muchas enemistades y a despertar muchas inquinas, como así fue y, en cierto modo, sigue siendo. Por otra parte yo iba a ser el primer grande de España que iba a votar a favor de los «rojos». Tenía pues, ante todo, que poner las cosas en claro con el Rey. Por más seguro que estuviera de que el monarca anhelaba, por las mismas razones que yo, el triunfo de los socialistas, no estaba muy seguro de cuál iba a ser su reacción personal ante una decisión tan inesperada como la mía. No es que me preocupara mucho lo que iba a pensar el Rey, porque mi mentalidad no ha sido nunca la de un cortesano y además porque en mi relación con las personas reales siempre he tenido en cuenta aquello que los vasallos de los reyes de Aragón recalcaban en el momento de la investidura del monarca: «Nos, que valemos tanto como Vos, presentamos juramento a Vos que no valéis más que Nos, etc., etc.». Mi necesidad de poner al Rey al corriente de mi decisión tenía su origen en la buena educación y en la mera cortesía. Así que el 12 de junio de 1981 le escribí: «Señor, quiero informar a Vuestra Majestad de mi ingreso en el Partido Socialista desde donde creo poder servir a mi país y a la Monarquía con más eficacia que en ningún otro partido. He reflexionado mucho antes de dar este paso decisivo y creo sinceramente que los socialistas españoles caminan en el ineluctable sentido de la Historia. Como monárquico me parece importante prestar mis servicios a un partido que en los momentos presentes ha valorado a la Monarquía mejor que ningún otro. Si un día dejara de hacerlo, yo lo abandonaría inmediatamente. Con toda fidelidad, Fulanito de tal». El 17 de junio del mismo mes, es decir once días más tarde, recibí una carta de puño y letra de Sabino Fernández Campo, que decía: «Mi estimado amigo: tengo el gusto de acusar recibo de tu tarjeta fechada el 12 del presente mes, así como de la carta que he hecho llegar a Su Majestad el Rey, encargándome te diga que ha quedado enterado de tu propósito. Queda tuyo, etc., etc. Sabino Fernández Campo».

Rememorando más tarde este asunto con don Juan Carlos mientras trabajábamos juntos en nuestro libro *El Rey*, le conté que al enterarse Felipe González de que le había pedido permiso por escrito al Rey para incorporarme al PSOE, me había preguntado, intrigado, por qué razón había tenido que escribirle esa carta a don Juan Carlos.

El Rey, que me escuchaba atentamente, comentó sorprendido:

—Pero, José Luis, tú nunca me has pedido ese permiso.

—Señor, se lo pedí implícitamente, porque si Vuestra Majestad hubiese respondido a mi carta poniendo un pero cualquiera, yo hubiese dado marcha atrás. El caso es que Felipe quería saber por qué había tenido que escribirle al Rey.

—¿Y qué le dijiste?

—Pues que hasta no hace mucho los grandes de España siempre ponían al Rey al corriente de sus decisiones importantes. Eso es, por lo menos, lo que hacía mi padre con don Alfonso XIII. Felipe quiso saber si era una obligación. Le dije que no, que sólo era una tradición que hundía sus raíces en la cortesía debida a nuestro señor natural. Naturalmente a Felipe le interesó saber lo que me había contestado Vuestra Majestad. Le expliqué que había recibido una carta del general Fernández Campo —que a la sazón era secretario general de la Casa del Rey— diciéndome más o menos que Vuestra Majestad «había tomado nota». «Eso —comentó Felipe sonriendo— puede significar que a partir de ahora quizá estés ya en una lista negra.»

Don Juan Carlos se puso a reír de buena gana.

—¿Qué otra cosa podía haberte contestado, José Luis? Yo no tenía por qué aprobar o desaprobar tu decisión. Vivimos otros tiempos. Pero quizá, «tomar nota» no sea la fórmula ideal para responder a una carta como la tuya.

Siendo ya presidente del Gobierno, Felipe González me recibió varias veces en La Moncloa para que le hiciese unas entrevistas que saldrían publicadas tanto en la prensa francesa como en la alemana.

Felipe era un hombre fácil de entrevistar porque enseguida olvidaba —o por lo menos eso me hacía creer— tanto la grabadora colocada entre nosotros como la presencia del gran César Lucas que inmortalizaba nuestros encuentros. «Hazle reír —me pedía el fotógrafo mientras nos encaminábamos hacia el palacio— porque cuando alguien se ríe se ve enseguida si es tonto o si es listo.»

Más que entrevistas lo que yo pretendía grabar eran unas conversaciones entre dos hombres que se encontraban a gusto hablando juntos porque tenían inclinaciones y fobias parecidas y porque consideraban la ironía como el paliativo ideal de muchos dramas. La verdad es que nunca tuve la impresión de perder el tiempo hablando con Felipe. De vuelta a casa, con un par de horas de conversación en la grabadora, mi trabajo consistía en separar el polvo de la paja, lo que no era tarea fácil, porque tanto las bromas de Felipe como sus afirmaciones más serias tenían a menudo un doble sentido no siempre fácil de dilucidar. Todo era cuestión de adivinar cuáles de las palabras de Felipe González merecían ser tenidas en cuenta y cuáles no. El mismo problema tuve que plantearme más tarde cuando me tocó transcribir lo que me contaba el Rey mientras poníamos a punto lo que yo siempre he llamado «nuestro libro».

Felipe era lo que en principio se llama un hombre culto, con una señalada predilección por el mundo de los poetas. No sé de dónde sacaba tiempo para leer pero raras veces olvidaba durante una conversación hacer mención de lo que en aquellos momentos estaba leyendo. Si bien hablaba el francés con un fuerte acento, gramaticalmente apenas cometía errores, lo cual pasmaba a Mitterrand. Pero lo que resultaba aún más curioso es que captara los ocultos sentidos —*les nuances*— del llamado *esprit* del que tan orgullosos están los franceses y al que muy pocos extranjeros —y aún menos los de habla latina— tienen acceso.

Tanto Syliane como yo nos entendimos muy bien con Carmen Romero, una fina y bella andaluza muy consciente de quién era su marido. Se notaba enseguida —por sus modales, por su modo de hablar— que no pertenecía a la clase media baja de la que Felipe era originario. Sabía cosas que o se nace sabiéndolas o no se aprenden nunca. Al poco tiempo de conocernos, Felipe y Carmen venían a casa a escuchar flamenco y a cambiar impresiones con nuestros amigos del mundo del toro y de la literatura. A Pepe Bergamín —aquel vejete iconoclasta que me levantó una novia en París— le llamaba mucho la atención mi amistad con Felipe. «No estáis hechos para entenderos —me decía— porque tenéis demasiadas ilusiones en común.»

Felipe me recibió más a menudo en La Moncloa durante su segundo mandato que durante el primero. Cuando el tiempo era bueno y aunque hiciera frío, el presidente insistía en que nos instaláramos para hablar en el jardín, sentados en unos sillones de madera pintada de blanco que a mí se me antojaban incomodísimos. Cuando la entrevista era para *Interviú*, César Lucas merodeaba sin descanso a nuestro alrededor tratando de captar la imagen de un Felipe González riendo a carcajadas, un Felipe al alcance de la mano, distendido y sincero, más que conmigo, consigo mismo. Durante todos nuestros encuentros nos tratábamos de tú aunque luego en el texto de la entrevista se imponía el usted y el tratamiento de presidente.

En el último encuentro en el que a continuación aludo Felipe era muy consciente de la crispación generalizada en el que estaba inmerso el país. Unos temían y muchos deseaban que el socialismo se radicalizara. Para los que deseaban la radicalización, el cambio —el cambio en todo— iba cada vez más lentamente. Había gente, sobre todo entre los jóvenes, que se impacientaba. Flotaba en el aire, aunque irreal, la palabra «revolución». Cuando se lo mencioné a Felipe, tuvo un gesto de cansancio.

—Revolución —suspiró—. Recordarás aquello que dijo Malraux hablando de la revolución: «Un día de fuego y cincuenta años de humo». Hay también una reflexión muy clarificadora de Olof Palme sobre el tema en uno de sus últimos libros. Dice, cito más o menos de memoria, «nosotros los suecos hemos llegado a nuestro tipo de sociedad con dos ventajas adicionales sobre los que han hecho una revolución de tipo marxista-leninista. Estas ventajas son: tenemos un nivel de desarrollo superior y lo tenemos también en lo que atañe a la igualdad. Y lo hemos conseguido sin perder nuestras libertades. Nuestro coste, con relación a esas otras sociedades, ha sido pues muy bajo y nuestro beneficio, en términos de libertad, desarrollo, igualdad y progreso, muy alto».

Siempre que citaba a Olof Palme a Felipe se le crispaba fugazmente el rostro. Eran amigos y veían el mundo con idénticos ojos.

—Radicalizar... —murmuró irónico— ése es un tema preocupante y contradictorio con mi deseo de que la sociedad española siga viviendo pacíficamente. Si se recuperara el sentido noble de la palabra, que significa «ir a la raíz de los problemas y darles una rápida solución», entonces me preocuparía menos. Pero ya sabes el significado que desgraciadamente se le da a esa palabra en este país. ¿Dicen que vamos lentamente? Yo creo que hemos hecho ya mucho.

En lo que afecta, por ejemplo, a la modernización de la defensa, la educación y la justicia. Lo hemos hecho todo lo más rápidamente que nos ha sido posible. El Partido Socialista no sólo no ha renunciado sino que insiste en hacer una política de igualdad y de justicia social. Hay que estar ciego para no verlo. Porque ése y no otro es el destino del socialismo democrático del que hablaba siempre Olof Palme. Claro que estas cosas no se hacen de un día para otro. Ni cuatro ni ocho años son suficientes. Hace falta más tiempo. Hay sociedades europeas, pienso en la inglesa y en la francesa, que han tardado siglos en lograr parcialmente sus fines.

Para interrumpir el silencio que sigue, le pregunto a Felipe:

—Parece ser que en cierta ocasión dijiste que en España se necesitarían por lo menos veinticinco años para hacer el cambio. Si es verdad que se necesitan esos veinticinco años, ¿qué podréis hacer vosotros en el tiempo que os queda?

No me contesta de inmediato. Es una pregunta que se habrá hecho él mismo infinidad de veces y a pesar de ello su propia respuesta sigue en el aire.

—Una vez —dice al fin— les hablé a los militantes socialistas de la transformación de los pueblos y de sus sociedades y les dije que casi siempre se producen a un ritmo que a uno le gustaría que fuese distinto, pero que ése es el ritmo natural de un cambio de sociedad. Les expliqué que un proyecto histórico necesita mucho tiempo para consolidarse. Y no tengo más remedio que referirme de nuevo a Olof Palme. Cuando estuvo aquí en Madrid nos contó cuál había sido el proceso del socialismo democrático en Suecia. Nos lo contó en castellano, haciendo un gran esfuerzo. A pesar de un cierto laconismo, aquella conferencia suya fue muy hermosa en su formulación. Nos explicó lo que era Suecia en la década de los cuarenta. Nos habló de su particular transformación en la década de los cincuenta y de su espectacular metamorfosis durante los veinte años siguientes. Insistió Palme en que comprendiéramos que estaba hablando de un proceso de más de cuarenta años. Yo sólo hablo de veinticinco. Lo que nunca me oirán decir, porque me parecería grotesco, es que mi gobierno va a durar ciento siete años. Ésas son bromas que yo no hago nunca. Lo que sí creo es que un proyecto de progreso en España, después de dos siglos de hegemonía casi absoluta de la derecha, merece un tiempo histórico de por lo menos veinticinco años. Y como estoy convencido de que tengo razón, me parece que también tengo derecho a defender esa idea. Las sociedades no se cambian como nos cambiamos de calcetines. Existen profundas corrientes históricas que producen los grandes cambios y las lentas pero seguras evoluciones. El cambio que ya está transformando a España reside en la existencia, lo que es insólito en este país, de una corriente mayoritaria que entiende que los intereses generales están por delante de los intereses particulares de grupos ligados al poder, como ha ocurrido siempre hasta ahora. Refiriéndome a este fenómeno, yo estoy convencido de que un triunfo conservador habría supuesto, para el proyecto histórico de España, un retroceso de muchos, muchos años.

Me quedo callado mientras Felipe enciende trabajosamente un cigarro puro que no puedo afirmar que sea el primero de la mañana.

—Tú conoces bien a la derecha española —me dice con una cierta sorna mientras echa una primera bocanada—, has vivido muchos años en el exilio y ahora vives aquí. Tú eres, pues, uno de esos españoles que puede juzgar lo que pasa en España desde una doble perspectiva. Te voy a hacer una pregunta muy sencilla: ¿a ti te parece que la democracia española es hoy más sólida que hace unos años?

—Sin duda alguna.

—¿Se puede honestamente negar que estemos hoy en mejores condiciones para enfrentarnos a los problemas económicos de este país? Problemas que por otra parte veníamos padeciendo desde hace muchos años sin que nadie, nunca, propusiera soluciones válidas.

»Yo creo que ahora la posibilidad que tenemos de superar la crisis y de salir por fin del agujero se puede tocar con la mano. —Felipe titubea antes de añadir—: Hemos fallado, sí, en algunas cosas, pero me parece que en las más importante de todas hemos conseguido lo que nos proponíamos. Porque ¿cómo se define políticamente una nación como la nuestra? Se define asentando sus libertades. Hace ya tiempo te dije, y ahora te lo repito, que me gustaría que hubiera una generación de españoles que naciera, viviera y muriera sin que se matasen entre ellos.

Felipe se calla unos instantes mientras que César Lucas le toma varios primeros planos. Luego prosigue en el mismo tono de voz:

—Hay muchas leyes, muchas, que sólo se pueden perfilar cuando su necesidad se hace evidente en la totalidad del cuerpo social. Hay ideas que necesitan ser absorbidas antes de ser comprendidas por todos sin recelos ni antagonismos. Una ley orgánica de derecho a la educación, incluso una ley de aguas, no son leyes que se puedan concretar a la ligera.

Aprovecho el respiro que se toma Felipe para preguntar:

—Presidente, perdona la brutalidad de la pregunta: ¿acabaremos o no negociando con ETA?

Siento que acabo de verter vinagre en una herida abierta. Esta vez no habrá sonrisas en el rostro de Felipe González mientras hable.

—Voy a ser muy claro y contundente. En una sociedad democrática y respetuosa de su Constitución, no se puede en manera alguna negociar con quienes sólo ofrecen como fórmula la violencia y el chantaje. Una negociación, sea cual sea, sólo puede establecerse entre fuerzas políticas representativas. Nunca entre un Gobierno y un grupo minoritario que pretende imponer su ley por métodos que la sociedad entera rechaza. Nosotros, los socialistas, estamos dispuestos, más que nunca, a acabar con el terrorismo que sigue golpeando a nuestra sociedad, como golpea también a otras sociedades occidentales, buscando, obviamente, la desestabilización del Estado. Y como estamos dispuestos a acabar con él, no estamos cerrados al diálogo, que no es lo mismo que la negociación, pero siempre dentro de los límites que nos permite la Constitución, respetando las reglas del juego democrático y por consiguiente no cediendo nunca a ninguna clase de chantaje. Si legitimáramos un chantaje como el de ETA, estaríamos legitimando al mismo tiempo el chantaje del golpismo. Eso podría ser peligrosísimo para una sociedad como la nuestra. Si se utiliza la fuerza como elemento para negociar alrededor de una mesa se está destruyendo implícitamente el concepto de sociedad democrática. Por eso, repito, diálogo quizá y en según qué condiciones. Negociación, nunca.

Ésa fue la última vez que entrevisté a Felipe. Pocas semanas después publiqué en una tercera del *ABC* una crónica titulada «Tristeza y asco», fruto de una larga y dolorosa decepción a la que de un modo u otro tenía que dar salida. Devolví el carnet y dejé de pertenecer al Partido Socialista.

Pasó el tiempo, no mucho, y entraron en escena los GAL, que en un principio captaron la simpatía y la aprobación de mucha gente. Se argumentaba en su favor alegando que los franceses, los alemanes y los italianos habían acudido con éxito a la violencia para acabar con sus terroristas locales. Fue una lucha sucia a cara descubierta. Pero en España nadie —y menos que nadie Felipe— admitió estar en el origen de una guerra que se desarrollaba en la oscuridad de las cloacas. Hoy, si yo tuviera la ocasión de entrevistar de nuevo a Felipe, mi primera pregunta sería: «¿Has dormido tranquilo durante estos últimos años sabiendo que el general Rodríguez Galindo sigue estando en la cárcel?».

1982

Armero y yo hemos dejado de vernos durante algún tiempo. Me dijo que se marchaba a Grecia «para almorzar con un amigo de Karamanlis que tiene cosas importantes que decirme». En realidad, se ha ido a Moscú, probablemente con un amigo de Breznev que también tendrá cosas que confiarle.

A su vuelta, le he preguntado a José Mario por su viaje. Me dice que «todo bien», pero no me aclara si ha estado en Atenas o en Moscú. Él se imagina que se lo voy a preguntar. No lo hago. El misterio «le va» a Armero como el luto a Electra, el crimen a los Kennedy o el dinero a los Rockefeller.

—He pensado mucho en lo que hablamos el otro día —me dice de entrada—. No es que nos debiéramos marchar todos. No. Pero tampoco debíamos de haber consentido que ocurriese todo lo que pasó. Me refiero a la pregunta que te hice a propósito de tu exilio, ¿te acuerdas? ¿Hiciste bien en no volver a España? Me dijiste que sí. Pues bien, los que volvieron a los pocos años y los que nos quedamos desde un principio también fuimos culpables.

—¿De qué?

—De la permanencia del franquismo en el poder durante tantos años. En la medida, claro, de nuestras posibilidades, todos hemos contribuido a mantener a Franco porque la verdad es que ese hombre no estuvo ejerciendo sus poderes absolutos contra la voluntad explícita de treinta millones de españoles. Personalmente, considero que fui de los que se opusieron moderadamente al franquismo. Moderadamente es una palabra sin sentido para muchos españoles. Pero para mí sí que lo tiene.

Armero me conmueve. Es muy difícil disimular la sinceridad cuando se tienen los ojos tan claros.

—Siendo yo un abogado de cierta fama —continúa diciendo Armero—, teniendo amigos ministros, pudiendo influir aquí y allá, predicando unas veces la prudencia y otras la indiferencia, yo he contribuido a mantener vivo el franquismo. Como lo mantenía vivo el señor que hacía negocios respaldado por un miembro del Gobierno, el diplomático que aceptaba puestos sabiendo que no tenía competencia para ocuparlos, el militar que ascendía rápidamente sin librar batalla alguna y el terrateniente que seguía pagando salarios de miseria a sus obreros agrícolas. Franco nos corrompió a todos, sin sutilezas, sin calzarse los guantes, mirándonos a los ojos y calibrando, sin equivocarse nunca, cuál era nuestro precio. Repito que nos corrompió a todos, a los unos con dinero, a los otros con honores, cerrando los ojos a las ilegalidades que se cometían en el mundo de la alta finanza, repartiendo a diestro y siniestro prebendas, puestos o eso que el pueblo llama más sencillamente «enchufes». Unos lo admitirán y otros no, pero tiene que existir un complejo de culpabilidad entre los que se plegaron, como lo hice yo en varias ocasiones, a las exigencias del régimen en que vivíamos...

—Yo de ti, José Mario, he oído decir muchas cosas. Te tachan generalmente de ser una eminencia gris, una especie de Pere Joseph de la política española. Incluso hay quienes han insinuado delante de mí que eres un agente de la CIA. Pero lo que nunca he oído decir es que hayas sido un enchufado del fenecido régimen.

Curiosas risas, las de Armero. Suenan a veces como breves ladridos. Otras, son borborigmos con pretensiones de torrente. Armero se ríe como quien se desinfecta el hígado.

—Eso de la eminencia gris, sí, ya lo había oído decir. Lo de Pere Joseph es muy lisonjero, pero desgraciadamente no había en España ningún Richelieu al que yo pudiera aconsejar. En cuanto a lo de ser un agente de la CIA, es ésa una etiqueta que le cuelgan aquí a uno, como la de marica o la de miembro del Opus, en cuanto te compras unos pantalones en Milán o sostienes relaciones de esas que los horteras llaman «de alto nivel».

Armero reprime un último esbozo de carcajada.

—No —dice—, enchufado no lo fui nunca. Ni podía haberlo sido, porque desde que tuve uso de razón, de razón de adulto, decidí que no participaría jamás en la vida pública del país a título oficial. ¿Por qué? Pues porque es un modo de vida que no me va. No quiero pertenecer a ningún partido político, a ningún gobierno, ni a la derecha, ni a la izquierda.

—Tienes un concepto muy anglosajón de tu libertad personal.

—Es posible. Para mí, la libertad significa, ante todo, responsabilidad. Por eso hay tantos hombres que la temen.

—Tú no quieres estar en ningún partido, no te quieres colocar ni a la derecha ni a la izquierda y sin embargo te las arreglas, con un sentido muy hedonista de la vida, para ser una de las figuras preeminentes del escenario político español.

—Sí. Pero como uno de esos personajes de Pirandello que se sienten más a gusto entre bastidores que en escena. Me gusta poder decir lo que tenga que decir y, después, desaparecer.

—Más que decir, a ti lo que te gusta es susurrar.

—Sí, susurrar es a veces más convincente. Pero volvamos a nuestro tema.

Armero es como un Montgomery vestido de paisano. Cada tema en su tiempo, como cada batalla.

—Salvo una ínfima cantidad de personas que han participado en las espectaculares operaciones de estos últimos tiempos —me dice— nadie tiene hoy derecho a pasearse con la cabeza orgullosamente erguida. Somos todos culpables del franquismo. Franco fue nuestra creación. Nosotros lo hemos hecho y nosotros lo hemos mantenido allí donde estuvo durante cuarenta años. Franco era un pobre hombre que sin nuestro apoyo jamás habría existido. —Armero vacila unos segundos y añade—: Lo peor de todo es que muchos de nosotros sabíamos que no valía nada. Y que iba a ser muy frustrante vivir bajo su jefatura.

—Yo me marché.

—Ya. Pero ésa no podía ser mi solución. El exilio al advenimiento del franquismo no coincidía con mis posibilidades cronológicas. Yo era entonces demasiado joven para poder tomar libremente esa clase de decisión. Pero estoy seguro que de haber tenido tu edad tampoco me habría ido. Como no estoy dispuesto a irme hoy, ni mañana, ni nunca. Yo no tengo más país que éste.

—Tú eres un hombre de dentro.

—Sí. Quizá porque yo siempre he «necesitado» a España. Tú

eras, en cambio, un hombre de «fuera» porque tu educación francesa hizo que no la necesitaras tanto.

—No lo creas. Como tú, yo también he necesitado a España. Pero de otro modo. Quería guardar indemne el recuerdo y la imagen de una cierta España. Una España cervantina, probablemente utópica, irreal, muerta y enterrada. La España de medio pelo que me ofrecían los franquistas con sus Girones, sus peluqueriles Serranos, sus niñas bobas a lo Primo de Rivera, sus obispos cerriles y hasta sus Ridruejos de la primera hora no me interesaban para nada; al contrario, me repelían. Mira, durante los primeros meses de la guerra estuve a las órdenes de un teniente coronel mallorquín, un *butifarra*, amigo de mis padres, llamado Joaquín Gual de Torella. Era un hombre mundano, inteligente y lo suficientemente intrépido como para hacer gala, ¡en aquella época!, de su homosexualidad, así como del profundo desprecio que sentía hacia los arribistas que nos iban a gobernar durante los siguientes cuarenta años.

»Don Joaquín Gual sirvió de modelo a uno de los personajes principales de mi novela *Fiesta*, el coronel La Horca. Un día que estábamos almorzando en una tasca de Mondragón, el teniente coronel Gual se calzó un monóculo y agitando imprudentemente el brazo que llevaba en cabestrillo de resultas de un balazo, nos dijo: "De esta guerra sucia e injusta saldrá un mundo oscuro, triste y feo. Ya no habrá hombres de guerra, sólo habrá militares. Los señores dejarán paso libre a los burgueses. Llevaremos galones y estrellas. Ostentaremos placas y cruces, tendremos rangos y nos abrumarán los honores. Pero por dentro seremos todos igual de mediocres. En cuanto se proclame la paz, los Sancho Panza de España bajarán a la calle y todos juntos degollarán a los pocos don Quijote que nos quedan". Y así ocurrió. Por eso, en cuanto me di cuenta de que la profecía de don Joaquín Gual se estaba cumpliendo día a día, paso a paso, hice las maletas y me marché.

—¿No te ofenderás si te digo que te portaste de manera parecida a la de un hombre que ya no soporta a su mujer y se va dando un portazo?

—No me ofendo. Porque eso fue en cierto modo lo que pasó. Te enamoras de una mujer joven y guapa que de repente se abandona, se descuida, etc., etc. ¿Qué haces? Te marchas.

—No. Por lo general te quedas. Insisto en que si tú también

necesitas a España, la necesitas menos «carnalmente» que yo. Quizá sea presuntuoso lo que voy a decirte, pero ocurre que a veces pienso que España me «necesita» a mí. Mira, cuando las primeras elecciones, yo tenía mi billete de avión para irme a Londres, a un congreso. Repentinamente me dije que yo no podía marcharme de España la noche de las elecciones. Aquella misma mañana yo había entregado un informe en el que interpretaba las posibles combinaciones políticas que podían resultar de las elecciones.

—¿A quién entregaste aquel informe?

—No viene a cuento. Existían, a mi parecer, ocho combinaciones posibles. Alguien podía querer discutir eso conmigo en el último momento. Me entró una gran intranquilidad. Y me quedé. No me llamó nadie. Pero yo estaba aquí.

—Debe de ser algo maravilloso sentirse «necesitado» por España. Jorge Santayana ha escrito, si mal no recuerdo, algo muy profundo sobre el tema. Desgraciadamente, no creo que yo pueda sentirme nunca «necesitado» por España. Porque, me guste o no me guste, yo pertenezco a una clase social totalmente innecesaria. Te parecerá también presuntuoso que te diga que en la época en que yo me marché de aquí, España, a mis ojos, era yo. No, no sonrías. Yo tenía una cierta idea de España, que ya no tengo, y nada de lo que veía y ocurría a mi alrededor coincidía con esa idea que tenía de España, es decir, de mí mismo. La gente no se portaba como yo pensaba que tenía que portarse.

—Te refieres, claro, a una sola clase de gente. La tuya.

—Era la única que a mí me importaba. Esa gente me decepcionó de tal manera que el desprecio que sentía por ella se convirtió en rencor violento. Tú me has preguntado si soy consciente de protagonizar en la vida un cierto papel. Aquí, en España, no necesito hacerlo. En Francia, sí que lo hice. En Francia he dicho, a veces, *«un espagnol ne fait pas cela»*. Se lo dije a madame Bidault cuando me propuso que adoptara la nacionalidad francesa. A los franceses, que son unos grandes nostálgicos de la *grandeur*, les impresionaba mucho eso que ellos llaman *une attitude d'hidalgo*. Lo cierto es que en más de una ocasión yo me he dicho: «Soy español y eso no lo puedo hacer, ni admitir, ni soportar».

—¿No estarías jugando sin querer a algo que queda muy pasado de moda: al aristócrata de fin de siglo?

—Ya estamos en las mismas. Pero ¿qué es un aristócrata?

—Algo como un caballo de carreras.

—Sí. ¿Y qué es un caballo de carreras? Un caballo que ha sido criado y alimentado de un modo muy especial. Cuando se dice: «Qué clase tiene ese señor», se está queriendo decir que el señor en cuestión ha comido caliente dos veces al día durante siglos y que, naturalmente, no ha trabajado nunca físicamente. Es lógico, pues, que tenga otro aspecto, otra piel y otras actitudes que el pobre diablo que ha pasado hambre durante generaciones. El aristócrata-caballo de carreras es una imagen quizá primaria pero que explica bien la razón de ser de ciertas diferencias cuya existencia nadie puede negar. El comer caliente, es decir, la riqueza, no sólo afecta al hombre en el aspecto físico. Mentalmente, un hombre rico no tiene nada que ver con uno pobre. Scott Fitzgerald decía *«rich people are different»*. Mi padre, al final de su vida, tuvo un ataque de hemiplejía que le dejó ambas manos muy hinchadas. A tal punto que apenas podía hacer algo con ellas. Los ejercicios de recuperación a los que se sometía estoicamente no servían para nada. Un día, mi padre le dijo a su médico: «¡Mire, Roldán, estas manos no me sirven para nada!». El médico se alzó de hombros y contestó únicamente: «Hace muchos siglos que no le sirven para nada. ¿De qué se queja?».

—Eso es odio de clases.

—No lo creo. El doctor y mi padre eran muy amigos.

—Eso no importa. El aristócrata molesta porque sus valores, cuando existen, son totalmente diferentes a los del *vulgum pecus*. Creo que fue Montalembert quien dijo que «un aristócrata es aquel que juzga con ligereza los problemas capitales y se toma muy en serio las cosas que no tienen importancia». En otras palabras, el aristócrata es, por antonomasia, un ser frívolo. Sin embargo creo en esos valores.

—Yo también —le digo—, pero a condición de que signifiquen algo para el que esté en condiciones de ejercitarlos. Yo no creo que represente nada un duque de X que, poseyendo unas fincas magníficas, no pone nunca los pies en ellas porque prefiere vivir en Madrid, en su casa del barrio de Salamanca. Pero sigo creyendo en «el señor del castillo» que se considera personalmente responsable de las gentes que dependen de él. El privilegio exento de responsabilidades yo no lo admito. A propósito del «señor del castillo» hay una anécdota preciosa que pone de relieve lo poco que se equivoca la gente del pueblo en estas cuestiones. Unos amigos míos de Barcelona se detuvieron una tarde en el castillo de Perelada, propiedad de Miguel Mateu, embajador de Franco, que se lo había comprado a unos marqueses cuyo nombre no recuerdo. «¿Están los señores?», le preguntaron a un jardinero. «Los señores hace años que ya no viven aquí», contestó el hombre. Y añadió: «Los que están son los amos».

Armero, como si se disculpase de antemano:

—Yo creo mucho en lo que representa todavía la aristocracia de la sangre, porque...

—Perdóname si te interrumpo, pero a mí eso de la aristocracia de la sangre me pone frenético. En toda aristocracia prevalece fundamentalmente el concepto de antigüedad, la cual en realidad no quiere decir nada porque un señor Pérez cualquiera también tiene abuelos, bisabuelos y tatarabuelos. Entonces, ¿en qué se basa ese orgullo a veces desmedido de los que el *ABC* sigue llamando nuestros «próceres»? En la pureza de sangre, en la sangre «limpia». Sobre este aspecto del tema no me parece que se pueda discutir con seriedad. En las genealogías reales abundan los bastardos. De las otras es preferible no hablar. ¿Qué tendrá que ver, en cuanto a limpieza de sangre, la actual duquesa de Alba con el duque que gobernó en los Países Bajos? Muy poca cosa y aún me parece mucho. La teoría de la «limpieza» de sangre le subyugó al señor Rosenberg, especialista nazi de las cuestiones de raza, pero el pobre hombre era un cateto que no veía más allá de sus narices.

—Bien, en realidad estaba ejerciendo de abogado del diablo. Es posible que de ser cierto aquello de que la buena sangre nunca miente, la aristocracia no se hubiese pasado en su mayor parte al bando del Caudillo y casi siempre por razones de interés. Es triste, porque no lo necesitaban. Un obrero, un trabajador cualquiera no podía adoptar una posición antifranquista sin correr graves riesgos, como la pérdida de su trabajo y de su libertad. Pero aquellas gentes de las que hablamos se podían haber permitido el lujo de mantenerse al margen de la pandilla de advenedizos que se adueñó del país. No lo hicieron.

—Créeme, tendrían seguramente los cromosomas adulterados.

Estamos de vuelta en Madrid. Armero tiene una predilección muy marcada por mi biblioteca. Le gusta ir del sofá a mi mesa de trabajo y de allí a los estantes llenos de libros. Abre uno al azar, lee unos segundos, lo cierra y lo vuelve a poner en su sitio. A veces lee en voz alta un par de frases —que casi nunca vienen a cuento con lo que estamos discutiendo— y las comenta con nerviosa brevedad. Hoy ha caído en sus manos un libraco titulado *Retratos de los reyes de España* de F. J. Sánchez Cantón, con un prólogo del duque de Alba.* Lo hojea con fruición. La serie de retratos, desde Gala Placidia, esposa del rey godo Ataúlfo, hasta don Alfonso XIII, comprende obras de Moro, Tiziano, Rubens, Velázquez, Goya, Mengs, Sorolla, Zuloaga, Casas, László y otras de menor importancia. Son casi todos retratos tremebundos, casi esperpénticos.

—Exceptuando al actual monarca —dice Armero con el libro en las rodillas— los Borbones españoles son impresionantemente feos.

—Los franceses no lo eran menos. El condestable de Borbón, el famoso duque Carlos, el de la batalla de Marignan, no tenía nada que envidiarle a la familia de Carlos IV.

—No podía ser más horrendo que Fernando VII, que era un engendro. Los Austrias, quizá porque le tuvieran más afición a las corazas y a los yelmos, tenían un aire de grandes señores que no tuvieron, por ejemplo, los Borbones de Nápoles.

Armero cierra de un golpe el mamotreto y añade:

—Es difícil «amar» a gentes tan horrorosas.

—Hay que ser monárquico. ¿Tú lo eres?

—No lo soy de educación y aún menos de tradición. No viví nunca en ambientes monárquicos, ni en mi casa, ni en el colegio, ni más tarde en la universidad. Es más, me eduqué como casi todos los hombres de mi generación en una atmósfera de hostilidad a la monarquía, fomentada por el régimen franquista. Ahora, sólo ahora, me doy cuenta de la virulencia con que se combatieron las mínimas veleidades del monarquismo. Se trató por todos los medios de desacreditar a los últimos reyes de España, y muy en particular al heredero de la Corona, don Juan de Borbón, conde de Barcelona, y ello sin parar mientes en ninguna clase de injusticia o de grosería. Franco, que en su tiempo fue probablemente monárquico, no hizo nada

* No confundir con el ex cura Aguirre.

por impedir las lamentables campañas contra su máximo benefactor, el rey Alfonso XIII. De jovencito yo llegué a creer de buena fe que los Borbones eran una colección de degenerados que habían conducido a España al borde del abismo. Recuerdo que ya de mayor leí las *Cartas a un escéptico en materia de monarquía*, de José María Pemán, con la intención de «volverme» monárquico. Pero, desgraciadamente, el libro no me impresionó en absoluto.

—Pemán no ha sido nunca un autor impresionante. En un libro de entrevistas de Manuel Vicent, el escultor Cristino Mallo dice de este señor que «es el tercero de los hermanos Quintero». Es una opinión cruel, pero a mí, como casi todas las crueldades, me parece certera.

—Pues, sin embargo, me gustaría volver a leerlo —insiste Armero—, aunque sólo fuera por ver si mi primera impresión resultó equivocada.

—Yo no he leído el libro de Pemán. Nunca he podido tomármelo en serio. Y no creo que pueda haber concomitancia alguna entre una monarquía preconizada por Pemán y la monarquía de don Juan Carlos de Borbón. Yo escribí una vez, y ya sé que no sentó bien en ciertas esferas, que la nuestra es una monarquía de alpargata. Quería decir con ello que la institución ya no pertenece en exclusividad, como lo fue en época de don Alfonso XIII, a una clase social definida, con su corte, sus chambelanes, sus camareras mayores y sus gentilhombres de calzón corto. Esa clase de monarquía nostálgica y decimonónica no habría durado en España ni tres meses. Franco, el austero y monástico Franco, cayó en la misma trampa que Bonaparte y Bokassa. Probablemente acosado por su mujer, quiso tener su corte. Y la tuvo. Fue durante cuarenta años el hazmerreír de Europa. Los Villaverde, los Cádiz y otros cómicos de la misma índole representaron idóneamente la farsa de un franquismo sin corona, cuyas ambiciones imperiales acabaron a manos de un rey moro inventor de marchas verdes. Era lógico, y más que lógico, prudente, que la monarquía que sucedió al franquismo diese a los españoles una imagen de marca parecida a la que dan a sus pueblos las monarquías nórdicas. Y creo que se ha conseguido. La monarquía ya no es el símbolo de una clase social llamada a desaparecer. La monarquía de hoy es propiedad de todos los españoles.

Armero cruza y descruza las piernas, inquieto.

—Sigo pensando —dice— que si releyese el libro de Pemán quizá le sacaría algún provecho. Porque la verdad es que yo, como la mayoría de los españoles, no estoy «programado» para ser monárquico.

—¿Qué quieres decir con eso?

—Sencillamente que para comprender lo que significa la monarquía sería bueno comprender primero lo que son los reyes. O mejor dicho aún, cuáles son las diferencias básicas entre el Rey y, por ejemplo, yo, un simple ciudadano.

—No entiendo bien.

Armero se impacienta.

—No creo que sea tan difícil. El Rey y yo somos los productos de dos clases sociales distintas y hemos recibido formaciones totalmente diferentes. Yo no he servido en la Marina británica, como el conde de Barcelona, ni me he casado con una princesa griega, como lo ha hecho su hijo. A mí no me ha desterrado nunca nadie y cuando he ido al extranjero, he ido de turista. Mi mujer es española y mis gustos los de un español cualquiera.

—No veo adónde quieres llegar.

—A esto: el conde de Barcelona y su hijo no han tenido lo que se llama una vida normal. Estos señores, que me parecen ser hombres muy dispares, han tenido que tomar decisiones y afrontar situaciones que ni yo, ni los míos, conoceremos nunca. ¿Qué sintió el conde de Barcelona el día que su hijo se sentó en el trono prácticamente sin pedirle permiso?

—A lo mejor se lo pidió y lo obtuvo.

—A lo mejor. Nadie nos ha dicho nunca si ocurrió así. Pero vamos más lejos. ¿Qué sintió el propio don Juan Carlos al suplantar, con su permiso o sin él, a un padre que estuvo esperando durante toda una vida el momento de ceñir una corona a la cual tenía todos los derechos? Eso no lo sabemos ni tú ni yo ni el resto de los españoles.

—¿Te parece importante?

—Lo que me parece importante —explica Armero con pasión— es saber hasta qué punto los reyes son seres deshumanizados que se pueden saltar a la torera sentimientos y reglas que para muchos de nosotros siguen siendo sagradas. El día que lo sepamos sabremos también cómo funciona el mecanismo de las monarquías.

—Yo no creo que la monarquía como institución tenga mucho que ver con los sentimientos o la falta de sentimientos del Rey.

—Yo sí. Gobernar un país moderno se parece cada vez más a tomar las riendas de una multinacional. Y las multinacionales indagan a fondo la vida de un hombre antes de sentarlo en el sillón de presidente. Yo sé, más o menos, quién y cómo es el director del banco donde tengo mi dinero. Pero yo no sé quién es el Rey.

—Entiendo que lo que te preocupa es que el Rey pueda no ser un hombre como los demás.

—No, no es eso precisamente. Lo que me fastidia es no saber, porque nadie me lo explica nunca, cuáles son las motivaciones del Rey al resolver o no ciertas situaciones. Te repito que yo no sé quién es el Rey. Por ejemplo: ¿qué piensa el Rey de determinadas personas? Es siempre muy difícil de saber. A mí me ha interesado conocer la opinión de don Juan Carlos sobre tal o cual individuo. A los unos el Rey ha dicho: «Fulano es un mangante». A otros el Rey les explica que Fulano es una persona digna de toda confianza. Te puede desorientar cambiando de opinión como tú te cambias de calcetines.

—Yo creo que el Rey se considera muy por encima de esta clase de contingencias.

—Ahí está. Yo nunca me considero por encima de nada. Aunque me cambie de calcetines tres o cuatro veces al día. A mí el Rey me parece un hombre contradictorio. Para mí un mangante es un mangante, vivo o muerto. Y si se lo digo a uno, se lo digo a otro. Esta manera de contradecirse es, a mi modo de ver, una manera de no darle demasiada importancia a cosas que a veces la tienen, y mucha.

Interrumpimos nuestra conversación mientras nos sirven una taza de té. Armero lo toma sin azúcar, estoicamente (pensando quizá en el doctor Mariscal) o más probablemente sin darse cuenta de lo que bebe.

—José Mario, hace días que quería decirte una cosa. Tu casa de Roquetas me pareció encantadora, uno de esos lugares a los que me gustaría que me invitaran una y otra vez. Pero es una casa que a ti no te va. Entiéndeme, yo creo que tú eres un hombre de asfalto y no de mar. A ti, estoy seguro, el aire puro te sienta mal. ¿O me equivoco?

Armero se ríe y asiente:

—No, no te equivocas. Soy, en efecto, un hombre de asfalto, de ruido y de contaminación.

—¿Qué significa para ti esa casa? ¿Una torre de marfil? ¿Un refugio?

Tras unos momentos de reflexión, Armero contesta con voz grave:

—Hay casas, llámalas refugio o torres de marfil, que son trascendentales. Ésta, para mí, lo es. En ciertos momentos definitivos de la vida de España, Roquetas me ha servido, es verdad, de refugio. Pero también me ha dado la oportunidad, en momentos de total relajación, de enfrentarme a un fenómeno que casi desconozco y que en cierto modo me espanta: la naturaleza.

—No te atrae la naturaleza.

—No me atrae nada.

—Yo hice —le cuento— un viaje en yate con una amiga mía que se pasaba las horas muertas leyendo novelas policíacas. Una tarde que se ponía el sol en la bahía de Nápoles bajé a buscarla a su cabina. Estaba leyendo, como de costumbre. «Sube al puente conmigo. El sol se está poniendo y el espectáculo es magnífico.» Sin levantar la vista de las páginas del libro, me contestó: «Hoy no, otro día». En Capri compramos tarjetas postales. Mi amiga se embelesó. Le gustaban las tarjetas postales, pero no le interesaba para nada la naturaleza.

—La comprendo perfectamente. Ahora hacen unas tarjetas postales estupendas —opina Armero muy seriamente.

—Dime —le pregunto—, ¿cuánto tiempo te puedes quedar absorto ante un espectáculo fabuloso como, pongamos por ejemplo, las pirámides de Egipto o las cataratas del Niágara?

—¿Absorto? No creo que me haya quedado nunca absorto. A menos que se tratara de una pintura. Una interpretación humana de la naturaleza no tiene nada que ver con la naturaleza misma. Interviene la genialidad del hombre, su talento, su personalidad. Un paisaje de De Chirico es mucho más prometedor que el paisaje que le ha servido de modelo. Pero mira, a mí lo que de verdad me atrae son los rascacielos de Nueva York, los supermercados, las cafeterías, el metro. El perfume de los pinos me incomoda, pero me gusta el olor a multitud. Me es más fácil recogerme en un casino que en una iglesia. En realidad, me fascina la civilización del siglo XX bajo casi todos sus aspectos. Un bote de sopa Heinz encierra una carga de belleza semejante a la de un huaco peruano, y Mandrake no me parece que le vaya a la zaga al caballero Bayardo, ni Supermán al arcángel Gabriel.

Armero reflexiona unos instantes y, de repente, como si quisiera resumir lo dicho, me hace esta extravagante confesión:

—A mí me gusta más la mermelada que la fruta.

Me contempla complacido mientras enciendo un Partagás 898 llegado en línea recta de una oscura oficina del puerto de Barcelona.*

—Digamos pues, para no complicar las cosas, que tu casa de Roquetas es un lugar de descanso.

Armero no me parece estar muy convencido.

—Sí, quizá... Yo, en realidad he ido a Roquetas muy pocas veces. Casi siempre en plan de huida. Yo huyo mucho, ¿sabes?

—¿De qué?

—De muchas cosas. De ciertas gentes, de situaciones insólitas, a menudo de mí mismo. Pero de verdad, cuando huyo mi lugar preferido no es Roquetas, es Londres. Allí yo me incorporo totalmente a la vida inglesa. Me encantan los ingleses. Tienen un sentido sumamente civilizado de las interrelaciones humanas. J. B. Priestley dice en una de sus comedias que Inglaterra ha dejado de ser un país industrial para convertirse en algo entre un salón de té en quiebra y un campo de golf. En un país en el que puedes decir cien veces al día *I beg you pardons* y *I am sorry* sin por ello sentirte ridículo. En Roquetas, en cambio, nunca me he incorporado a nada. Apenas tengo relaciones con la gente de Almería. Voy allí porque el mar me sosiega, aunque no me atraiga de un modo especial. A Roquetas he ido en momentos de miedo intenso. A veces también, aunque eso me haya ocurrido muy raras veces, para enfrentarme a mí mismo.

—No te imaginaba practicando retretas espirituales.

—Decir eso significaría por mi parte una pretensión de intelectual y yo no soy en absoluto un intelectual.

—Ni del Opus.

—Ni del Opus, aunque hayan podido decirte lo contrario. A Roquetas he ido también a escribir, pero sin retirarme —Armero ríe fuerte— de la vorágine de la vida. Allí tengo radio, televisor, teléfono, todo lo necesario para estar en contacto con la realidad cotidiana.

* Esta entrevista tuvo lugar en un momento en que los puros habanos escaseaban en España.

—Has dicho hace un momento que a veces has ido a tu casa de Roquetas impelido por el miedo. Hay muy poca gente, sobre todo en este país, que admita tener miedo.

—Yo lo he tenido muchas veces. Miedo físico.

—Pero ¿miedo de qué? ¿De que te peguen? ¿De que te maten?

—Pues sí. Yo no soy un héroe. En absoluto. Bueno, ya hemos hablado del héroe y del antihéroe.

—Me parece que no.

—Bien, entonces hablemos de ello ahora.

—Me interesa muchísimo. Tampoco yo tengo del héroe una altísima opinión. A mí siempre me ha parecido que los héroes son gentes que hacen lo que pueden mientras que los demás se abstienen.

La habitación está llena de humo. Me levanto para abrir una ventana. Cuando vuelvo a sentarme, Armero está tomando unas notas en un trozo de papel.

—Estoy apuntando aquí —me dice— que tengo que hablarte cuanto antes de lo que me ocurrió en el año 1936. Pero ahora, si no te importa, hablemos de los héroes. Repito que yo no me considero un héroe en absoluto. En el año 48 (o quizá fue en el 49) asistí al estreno de una obra llamada *Escuadra hacia la muerte*. El asunto lo habían montado unos muchachos de mi edad, por aquel entonces casi desconocidos. Se llamaban Alfonso Sastre, el autor de la obra, Adolfo Marsillach y Juanjo Menéndez. Sólo hubo una función, que acabó como el rosario de la aurora. Había una escena que tenía lugar en el frente y en la que cuatro soldados charlaban de sus problemas. De repente, uno de ellos decía: «Si matásemos a los héroes, no habría guerras». Se organizó un escándalo monumental. Por aquel entonces España era un país de héroes, vivos y coleando, pero héroes.

—Yo tengo la impresión de que lo sigue siendo. Los pocos héroes que quedan vivos siguen ejerciendo de héroes.

—Sí, pero ahora hay gentes que, como yo, se atreven a decir que no somos ni tenemos vocación de héroes. Yo no he tenido nunca vocación de héroe. Como tampoco tengo vocación de mártir, ni de perseguido. Como te decía el otro día, yo he sido uno de los tantos privilegiados del franquismo. He crecido en el franquismo y he colaborado con él. Y sin embargo yo he pasado miedo. Sobre todo al final del régimen y más exactamente durante la última enfermedad de Franco. Fue una de las épocas de más miedo de mi vida.

—Pero ¿por qué?

—Porque la ultraderecha me había hecho saber que yo era el prototipo de persona sobre el que los usufructarios del poder ejercitarían toda clase de venganzas. Y yo me lo creía porque todo lo que ha ocurrido aquí desde la muerte de Franco no era de algún modo presumible. Yo estaba convencido de que en cuanto desapareciera el general, la ultraderecha tomaría el poder y que inmediatamente se tomarían represalias contra hombres como yo.

—Bien. Muere Franco y a ti no te pasa nada.

El rostro de Armero se altera.

—No, no —protesta—, no es así de fácil, ni así de sencillo. Tampoco es cuestión de si me pasa o no me pasa algo a mí. Lo importante, ya que hablamos de miedo físico, es el clima que vivimos aquellos días. Recuerda que yo ya era entonces presidente de Europa Press y que fuimos los primeros en dar la noticia de la muerte de Franco. Llamé personalmente a Motrico a las cuatro de la mañana para informarle del hecho. Como también desperté a tres o cuatro personas más de la misma importancia. A partir de ese momento se generaliza el miedo. No sólo lo tengo yo, lo tienen muchos otros. La derecha se ha movilizado para a organizar un entierro que tenga carácter de acontecimiento extraordinario. Se anuncia la marcha sobre Madrid de miles de comisiones...

—Perdóname, José Mario, pero tú eras uno de los hombres mejor informados de España. ¿No te parecía un poco utópico la toma del poder por la ultraderecha? En el extranjero nadie creía eso posible. Al contrario, si se creía en algo era en el asalto al poder por una oposición revolucionaria. Entonces, ¿aquí a quién le temíais vosotros? ¿Al ejército? ¿A un general en particular? ¿A la Falange?

—A decir verdad, todavía no lo sé. Por eso insisto en la calidad muy especial del clima, de la atmósfera que vivimos aquellos días. Los fenómenos emotivos son tan importantes que incluso yo llegué a creer que el franquismo tenía probabilidades de sobrevivir durante muchos años.

—¿Sin Franco?

—Sí, sin Franco. En España y muy especialmente en Madrid, la muerte del dictador cobró caracteres de sugestión colectiva. Ocurrió algo parecido a lo de El Cairo cuando murió Nasser, o a lo de Buenos Aires cuando el entierro de Evita Perón. Cuando Arias Navarro leyó en televisión el testamento de Franco yo he visto llorar a un hombre, hoy es un alto empleado bancario, que no era en absoluto un franquista.

—Yo en París descorché una botella de champán y me emborraché. Y no fui el único.

—Es posible que sucumbieras a un fenómeno de sugestión de signo contrario. En Madrid se seguía hablando de Franco como si no hubiera muerto. Ya te digo, vivíamos en un clima totalmente irreal. La radio anunciaba hora por hora la progresión de los camiones cargados de fieles. Fue quizá entonces cuando se generalizó la idea de una «noche de los cuchillos largos».

—¿Quién hablaba de eso?

—La gente del *establishment*. Abiertamente. Amigos míos me decían: «Ten cuidado. Márchate de Madrid. Tú te has aprovechado del franquismo y sabemos que ahora te preparas a traicionarlo. Tú eres uno de esos elementos que perecerán en la "noche de los cuchillos largos"».

—¿Y quién iba a afilar esos cuchillos? ¿Quiénes iban a ser los asesinos?

—¡Yo qué sé! Podían ser elementos oficialmente incontrolados, como ocurre siempre en esas ocasiones. Elementos de esos que los franceses llaman *des pecheurs eneaux troubles*, sabiamente manipulados por aquellos que tenían interés en provocar una conmoción a escala nacional.

—Pero no pasó nada.

—No, no pasó lo que muchos temíamos que iba a pasar. Lo que no quita que el entierro de Franco fuera algo terriblemente impresionante. Hubo quien hizo cola durante más de veinte horas para desfilar ante el cadáver.

—¿Respeto, curiosidad... o alivio?

—¿Qué importancia tiene? Nadie hacía entonces esos distingos. Lo impresionante fue la multitud que pasó por Oriente.

—En París *Le Figaro* publicó fotografías de las colas que esperaban a las puertas del palacio. No me pareció que fueran más importantes que las que he visto con ocasión de los grandes partidos de fútbol.

—Es posible. Pero aquellas noches durmieron fuera de sus casas muchas personas que yo conozco.

—Personalmente, ¿qué clase de mala conciencia tenías tú con respecto al régimen franquista? ¿Habías cometido algo que la ultraderecha podía considerar imperdonable?

—No. Todo lo contrario. Yo había colaborado como uno más en mantener vigente la dictadura de Franco. Tú sabes —añade Armero— que en estas conversaciones creo necesario recalcar el sentido de culpabilidad que tengo por haber adoptado durante años las actitudes que fueron las mías.

—Es un complejo que no comprendo muy bien. Al fin y al cabo, cuando se vive durante casi cuarenta años en un país sometido a un régimen dictatorial, o te sometes tú también a ese régimen o te marginas de la vida nacional. Tú colaboraste con el franquismo, pero ni más ni menos que muchos otros cientos de miles de españoles. Y ahora me dices que al morirse Franco tú llegaste a temer por tu vida. ¿Acaso no estás exagerando? Yo creo que para matar a un hombre hay que tener muchas cosas contra él.

—En España siempre han bastado unas pocas. ¿Tú crees que exagero? Pues no. De verdad que no. A la muerte de Franco la posibilidad de una guerra civil no se podía descartar. Aquellos camiones que avanzaban sobre Madrid cargados de hombres dispuestos a parar en seco cualquier movimiento de la oposición «revolucionaria» preocuparon mucho a las altas esferas castrenses. Se tomaron una serie de medidas de tipo militar.

—¿La famosa Operación Lucero?

—Exactamente. En lo que a mí se refiere, empiezan a llamarme por teléfono a cualquier hora de la noche. Descuelgo el aparato, pero nadie me contesta. Sólo oigo una respiración, a veces un jadeo, como en las películas de terror. Y así una y otra vez. Jamás una palabra ni una amenaza. Sólo la respiración de mi interlocutor. Es un método altamente recomendable para desmoralizar a un hombre y a toda su familia.

—¿En qué les podía interesar desmoralizarte?

—Es difícil a veces comprender por qué le amenazan a uno. Supongo que más que una amenaza se trataba de «advertirme». Ten en cuenta que era el presidente de una agencia informativa de primer plano y que por mi cargo estaba en comunicación constante con toda clase de gente importante, tanto de la oposición como de la derecha más radical. A estos últimos sólo les interesaba una cosa: ¿Quién ve al Rey? ¿Con quién está en contacto el Rey? ¿A quién recibe?

—¿Tú podías contestar a esas preguntas?

—Sí, pero no lo hubiera hecho sin el permiso de los interesados. Eso los franquistas ultras lo sabían muy bien. De ahí sus métodos para «ablandarme».

—¿Estás queriendo decirme que los franquistas temían que el Rey hiciera lo que en efecto ha hecho?

—Eso es. Los franquistas se fiaban muy poco de don Juan Carlos. El Rey mantuvo una posición ejemplar durante el franquismo. Pero entre los franquistas reinaba una gran desconfianza. ¿Qué hará el Rey, se preguntaban, cuando se muera Franco?

A José Mario Armero no parece gustarle demasiado hablar del Rey. Dejo pues de lado el tema.

—¿Qué día te marchaste a Roquetas? —pregunto.

—Es importante —explica Armero— que sepas lo que ocurrió antes de mi huida al Mediterráneo. Los primeros días de octubre de 1975 yo estoy en Washington, donde me entero por una crónica escrita en Rabat para el *New York Times* del asunto de la Marcha Verde El rey Hassan exige que España le entregue el Sáhara. En el caso de una negativa española, el rey Hassan iniciará una marcha pacífica y lo ocupará. Así de claro y de sencillo. Esto ocurría en octubre, un mes antes de la muerte de Franco. Cuando digo que me entero de este asunto por la prensa americana es para recalcar una vez más la total y absoluta falta de información de los servicios españoles de inteligencia en general y de los diplomáticos muy en particular.

—Una operación como la Marcha Verde no podía prepararse sin la ayuda de una logística de gran envergadura. ¿Cómo podían no enterarse de ello los diplomáticos españoles que estaban en Rabat?

—Se enteraron, pero dijeron que se trataba de una broma del monarca alauita. Lo mismo dijeron los que estaban en Madrid y en Washington.

—¿Ninguno de esos señores se lo tomó en serio?

—Ninguno. Yo estaba en la reunión del Consejo de Seguridad de las Naciones Unidas cuando se habló por primera vez del asunto. Los diplomáticos españoles presentes se alzaron de hombros: «Para andar por el desierto se necesitarían cientos de camiones cisterna», dijeron displicentes. Estos camiones cisterna los tenía el rey Hassan. Pero ni nuestros diplomáticos ni nuestros servicios de información se habían enterado. Fue por parte de la Administración española un fracaso total. Un fracaso lamentable. Ten en cuenta, además, que por aquellos días el mundo entero se alzaba airado contra Franco como consecuencia del fusilamiento en Burgos de los cinco militantes de ETA a los que se les negó el indulto. Franco salió en las portadas de casi todas las revistas. Me acuerdo que yo compré en Nueva York *Der Spiegel* porque Franco aparecía por primera vez con gafas. Días más tarde asistí en Washington, en presencia de Gerald Ford, a una reunión de abogados en la que se puso violentamente en entredicho la legalidad de un proceso llevado a cabo por militares sin ninguna preparación jurídica y en el que apenas si se permitió hablar a los abogados defensores. No fue agradable para mí oír los comentarios que se hicieron aquel día sobre la justicia española.

—¿Cuándo volviste a Madrid?

—Una semana más tarde. Al llegar aquí, me enteré de que Franco estaba en la cama con gripe. Aquel mismo día empezaron las llamadas telefónicas a mi casa. Y desde aquel día mi familia y yo vivimos pendientes de aquellas respiraciones misteriosas que nos llenaban de terror.

Armero se queda unos segundos silencioso, como absorto. Luego dice:

—Fue un período muy interesante que algún día habrá que estudiar a fondo, porque, ¿sabes?, la derecha quería de verdad hacerse con el poder.

—Pero no pasó nada. La marcha sobre Madrid no dio ningún resultado. ¿Cómo lo explicas?

—Es difícil hallar una explicación que parezca lógica. El fenómeno de sugestión colectiva y aun el entusiasmo en un Madrid ocupado por cientos de miles de hombres y de mujeres reunidos de todas las provincias para ver a Franco muerto fue verdaderamente impresionante. Lo que faltó fue el aparato militar, el aparato armado, o si prefieres el aparato revolucionario de derechas. A mi modo de ver, eso fue debido a que Franco se preocupó durante toda su vida en estructurar un montaje antigolpista. Él sabía muy bien cómo se organizaba un golpe de Estado y puso toda su experiencia y su empeño en conseguir que nadie le diera el «golpe» a él.

—¿En qué consistía ese montaje?

—En hacer prácticamente imposible toda cohesión entre los mandos militares. Nadie mejor que Franco puso nunca en práctica aquello de «dividir para reinar». Consiguió que los generales se odiaran los unos a los otros. Desorganizó al Ejército hasta el punto de que había regimientos que no tenían munición para su armamento. Resultaba muy difícil conseguir gasolina para los carros armados. Los teléfonos del Alto Estado Mayor estaban todos intervenidos. Pero, sobre todo, no existía ningún hombre, ningún líder, que galvanizara a unos posibles golpistas. Sin embargo, aquellos días fueron muy peligrosos. Al morir Franco hubo un auténtico vacío de poder. Un vacío que podía haber ocupado cualquiera. Pero no ocurrió así. La gente se contentó con llorar, rezar y desfilar ante el cadáver aún caliente del hombre que había gobernado con mano de hierro durante cuarenta años.

—¿Y cómo explicas que, habiendo tanto franquista, don Juan Carlos de Borbón haya podido desmantelar todo el tinglado en tan poco tiempo sin que nadie se echara a la calle para impedirlo? ¿O es que todos esos cientos de miles de hombres y mujeres que acudían de toda España para rendir homenaje al caudillo muerto podían ser otra cosa que franquistas? Por ejemplo, una masa manipulada, o incluso pagada.

A Armero le chocan mis preguntas.

—No —afirma—, yo creo que eran gentes auténticas y nobles que a consecuencia de muchos años de propaganda habían hecho de Franco un dios.

Armero se levanta, da unos pasos, se vuelve a sentar y dice:

—Ahora, el que todo eso que tú llamas un tinglado se haya venido abajo como un castillo de naipes me parece absolutamente normal. Hay regímenes que no soportan la menor crítica y aún menos el aire de la libertad. Hoy, más que un hombre atacado, Franco es un hombre olvidado. Quizá porque todavía no se haya hecho a fondo la crítica de su reinado. Como tampoco se ha hecho todavía la crítica a su modo de conducir la guerra, esa guerra que incomprensiblemente duró tres años. ¿Qué ocurrió para que la contienda durase tanto tiempo?

—El «genio militar» de Franco ha sido muy discutido incluso por sus propios compañeros. En cuanto a los jefes alemanes que intervinieron en la guerra, muchos de ellos han puesto en tela de juicio las capacidades del Generalísimo como estratega. Y si mal no recuerdo, el propio general Aranda cayó en desgracia por emitir más o menos violentamente sus dudas acerca de la competencia militar del Caudillo.

—Aranda no fue el único. Ya sabes que existe una colección de tarjetas postales llamadas «Los forjadores del Imperio», siendo los «forjadores» el propio Franco y veintinueve generales. Pues bien, todos aquellos que en un momento u otro le criticaron fueron suprimidos de la colección de tarjetas postales.

Armero suelta una de sus insólitas carcajadas.

—Hitler —dice— les habría cortado el cuello. ¡Pero me imagino que en un país tan vanidoso como el nuestro, dejar de figurar en esas tarjetas postales equivalía para muchos a una condena de muerte!

Las risas de Armero tienen siempre un fondo de amargura como si en realidad le dieran risa cosas que no tienen gracia.

—Volvamos, si te parece —le sugiero—, a los días que precedieron a la muerte de Franco. ¿Tú llegaste a Madrid procedente de Washington?

—Exacto, y me quedo en Madrid seis semanas en contacto permanente con la radio, la televisión y con mi propia agencia. La noche en que muere Franco yo me quedo en Europa Press hasta más o menos la una de la madrugada. A esa hora me fui a mi casa y me acosté harto de oír si se moría o no se moría, cuando la verdad es que no se moría nunca. Pero de repente suena el teléfono y me dicen que esta vez va de veras, que ya se ha muerto.

—¿Qué sientes entonces?

—Como un inmenso alivio. Pero también un grandísimo temor. Se anuncia que el cuerpo del difunto jefe del Estado será expuesto, embalsamado, dentro de veinticuatro horas. Y la gente empieza a llegar a Madrid desde toda España. Es lo que más tarde se llamó la Marcha sobre Madrid.

—Y para ti... empieza el miedo.

—Sí. Empieza el miedo. A mí me detestaban muchas gentes del franquismo que me reprochaban mis continuos contactos con la oposición. Yo, lo que en realidad pretendía era que la oposición y el *establishment* se conocieran, que dialogaran. Esta actitud mía, en aquellos tiempos resultaba imperdonable. Entre los que más me detestaban se destacaban varios miembros de la familia Franco. El miedo lo pasé sobre todo en Madrid, porque aquí en Roquetas soy un total desconocido.

—En España, cuando te quieren matar, nunca eres un desconocido.

—Bueno, en Roquetas, tras la muerte de Franco no pasó nada. En mi casa de Roquetas dejé de sentir miedo. Desde entonces la veo como una especie de refugio contra las insensateces y la agresividad de Madrid. Allí nunca pasa nada.

Voy a hacerle otra pregunta cuando me interrumpe.

—Ahora que recuerdo, de vez en cuando sí que pasa algo. Allí, en Roquetas, tuvo lugar la presentación en un mitin político de Joaquín Garrigues Walker, un hombre por el que sentía una gran amistad. Esto ocurrió a los pocos meses de la muerte de Franco, en la época del gobierno de Arias Navarro. Garrigues vino a vivir a mi casa. La conferencia que se proponía dar era el primer acto político democrático al que asistíamos tanto él como yo. Ten en cuenta que por aquel entonces no se podía atacar a Franco. No se podía atacar bajo ninguna forma la etapa anterior.

—¿Quién iba a hacerlo? Si no me equivoco, Joaquín Garrigues era un político de derechas.

—Sí, supongo que se le podía clasificar así. Pero al mitin asistieron todas las fuerzas franquistas de la región, más que para aplaudirlo, para vigilarlo. La oposición de izquierda prácticamente no existía. Recuerdo que a la salida del mitin, Garrigues estuvo muy bien, muy moderado, muy comedido, se nos presentó un individuo diciendo: «Estoy aquí en representación de Tierno Galván». Estábamos todavía tan poco acostumbrados a oír en público este género de declaraciones que nos quedamos como estupefactos.

Armero hace una pausa como si tratase de hacer una selección en sus recuerdos.

—A Roquetas —dice por fin— he ido sobre todo para escribir libros. El primero se llamaba *España fue noticia. Corresponsales extranjeros en la Guerra Civil española.* Lo escribí en pocos días y hoy me parece que está hecho muy a la ligera. El segundo libro que escribí fue *La política exterior de Franco.*

—¿Tenía política exterior ese señor?

—Bueno, él lo creía.

Armero me mira cambiar la cinta de la grabadora con cierta impaciencia. Sin darme apenas tiempo a concluir la operación, me dice:

—Te quiero contar algo que ocurrió en Roquetas y que para mí tiene mucho interés. Se trata de un encuentro con el conde de Barcelona en su barco, en alta mar.

—¿Cuándo?

—En septiembre del 75.

—¿Poco tiempo antes de la muerte de Franco?

—Sí, pero por aquel entonces nadie especulaba todavía con su desaparición. Estaba todavía en La Coruña, de vacaciones. Yo, el mes de agosto del 75 lo había pasado en Madrid. Yo siempre paso el mes de agosto en Madrid. Es un mes que te da, si lo pasas en Madrid, algo parecido a un complejo de importancia. Como no hay nadie en la ciudad, si un periódico necesita saber la opinión de alguien siempre llaman al que está *sur place*. Yo he hecho muchas declaraciones durante los meses de agosto que he pasado en Madrid.

Armero se queda absorto unos segundos.

—Yo, ese verano sufrí mucho. Se había pergeñado la Ley contra el Terrorismo que permitía que un tribunal militar, constituido por oficiales sin ninguna preparación jurídica, condenara, en horas, a un individuo acusado de terrorismo. Personalmente, yo no acepto el terrorismo bajo ninguna de sus formas, pero también tengo un gran sentido de lo que han de ser las mínimas garantías legales de un acusado. Yo conocía ya uno de los proyectos de aquella ley que me pareció siempre una monstruosidad. Solo, en Madrid, hice todo lo humanamente posible para que aquella ley no viese nunca la luz del día.

—Pero salió.

—Salió.

—¿Quién aprobó esa ley?

—Pues todos los ministros de Franco de aquella época. Algunos querrían olvidar hoy que tomaron esa responsabilidad. Tengo mis esperanzas de que mis actividades de aquel mes de agosto consiguieran que aquella ley resultase menos implacable de lo que aquellos ministros pretendían. Pero como de todos modos la ley era monstruosa, no puedo tener la más mínima satisfacción.

—¿Había realmente terrorismo en aquellos momentos?

—Lo había. En los dos últimos años del franquismo el terrorismo alcanzó cotas realmente alarmantes.

—¿Qué clase de terrorismo?

—De ETA, del GRAPO, incluso de grupos minoritarios. Pero la Ley de Antiterrorismo que se inventaron aquellas gentes carecía de toda garantía jurídica. A mí, aquello me indignaba. Hasta el punto de que corté toda clase de relación con un amigo que colaboró técnicamente en su preparación. Fue por aquel entonces cuando se le prohibió al conde de Barcelona pisar territorio español. Me fui a verle a Estoril. Estaba muy dolido por esa mezquindad del general Franco. El final de este estaba ya muy próximo y lo que nos parecía importante a los dos era evitar que la dichosa ley permitiera seguir matando gente. Don Juan me explicó que pensaba navegar dentro de poco por el estrecho de Gibraltar. «Señor —le dije—, yo tengo una casa en Roquetas. ¿Por qué no nos encontramos frente a la costa para cambiar impresiones sobre el tema?» Don Juan me contestó: «Conozco muy bien Roquetas. Aunque me lo permitieran, no me sería posible entrar en el puerto. No tiene suficiente calado». Quedamos pues en encontrarnos en alta mar. Llegado el momento, compré un cajón de uvas de Almería y me embarqué con mi hermano Jaime y un amigo en una lancha que debía llevarnos hasta el yate del conde de Barcelona. El mar se movía mucho. Subí al yate con gran dificultad, ayudado por el conde de Barcelona, que tuvo que agarrarme por el cuello para que no cayese al agua. Hablamos largo y tendido. Don Juan me explicó que aquel mismo día su hijo don Juan Carlos viajaba a La Coruña para ver a Franco y pedirle que no hiciese fusilar a los últimos condenados a muerte. Ingenuamente, le pregunté: «¿No puede Vuestra Majestad hacer algo?». Don Juan esbozó una sonrisa amarga. «¿Yo? Bastaría con que yo interviniese para que los fusilaran inmediatamente.» Y al cabo de unos momentos añadió: «Tampoco tengo muchas esperanzas en que la gestión del Príncipe resulte positiva. Últimamente no se lleva nada bien con Franco». Tenía razón. La gestión de don Juan Carlos no dio ningún resultado. Pero a mí, fíjate qué absurdo, más que la muerte de esos hombres me enfurecía el procedimiento por el cual se los había condenado a morir.

—Los juristas nunca os deshacéis completamente de vuestra

segunda piel. Pero hablemos de la muerte de Franco. ¿Estuviste continuamente informado de la marcha de los acontecimientos?

—Sí, claro, por Europa Press.

—¿Y por la familia de los Franco?

—Bueno, en realidad yo sólo era amigo de José María Martínez Bordiú, el barón de Gotor. Pero José María nunca tuvo mucha información. En cuanto a su hermano Cristóbal, hacía ya tiempo que ni me saludaba.

—¿Por qué?

—Porque para él yo era un rojo. Hablaba muy mal de mí en todas partes. Me acusaba de poner micrófonos en mis cenas para comprometer a mis invitados. Me puso muy mal con mucha gente de Madrid. Entre otros con mi propio médico, el doctor Parra, que era a su vez muy amigo del marqués.

—¿Había hombres de izquierda en el equipo que trataba a Franco?

—Sí, los había. Uno de ellos creo que era miembro del PC. Pero el que tenía relación con ellos y que me daba información era Ramón Donato, un médico amigo de Raúl Morodo. Sobre la muerte de Franco te diré que yo participé en aquel acontecimiento sin tener apenas más información que la que tuvo la gente normal. Pero me impresionó profundamente la faceta shakespeariana de aquel drama. Había algo de grandioso y de maléfico, algo como un castigo de los dioses, en la muerte del dictador, literalmente descuartizado por un equipo de cirujanos empeñados en mantenerle en vida aunque sólo fuera unas horas más. Más que a Shakespeare, la cosa recordaba a Valle-Inclán, el Valle-Inclán de *Tirano Banderas*. Al cumplirse el primer año de la muerte de Franco, el *Sunday Times* publicó un montaje fotográfico plagiando el célebre cuadro de los cirujanos, de Rembrandt, con el marqués de Villaverde ayudando a darle la puntilla a su suegro. Eso me recuerda que cuando falleció el general corrió la voz por Madrid de que había muerto víctima de «una tercera autopsia».

—¿Qué explicación se le puede dar a ese empeño de los médicos y de la familia en mantener en vida a Franco a pesar de saber que la gravedad de su estado era irreversible?

—Existen muchas versiones. Una de ellas es que la familia, principalmente el marqués de Villaverde, creía en la posibilidad de que Franco cambiase de idea con respecto a don Juan Carlos y lo desechase en favor del actual duque de Cádiz, marido de una de sus nietas. Era conocer muy mal al dictador, que jamás se volvía atrás en ninguna de sus decisiones. Pero hay una versión que a mí me parece muy clara. La agonía del general coincidía con el inminente nombramiento del presidente de las Cortes. Si la cronología de los hechos hubiese sido distinta, Rodríguez de Valcárcel podría haber sido elegido presidente del Gobierno, lo que, desgraciadamente para los Franco, no ocurrió. Porque para la familia del general, Rodríguez de Valcárcel representaba la seguridad total. Aunque Carlos Arias Navarro era un franquista de tomo y lomo, los Franco no tenían plena confianza en él. En cambio, sí se la tenían a Rodríguez de Valcárcel. Él sí que les aseguraba la permanencia. ¿De qué manera? Pues, según ellos, estableciendo un nuevo franquismo.

—¿Rodríguez de Valcárcel era capaz de conseguir eso?

—Yo creo que no. El tinglado tenía que venirse abajo sin remedio. Pero el caso es que la familia Franco creía, mejor dicho *necesitaba* creer que todavía era posible mantener el equilibrio de aquel castillo de naipes. Ten en cuenta que durante el último año de la vida de Franco, la principal preocupación de la familia y de los franquistas más comprometidos con el régimen fue el tema de su inmediato porvenir. El «qué va a ser de nosotros». Creo sinceramente que, en parte, esta preocupación la tenía también el propio Franco, porque si al principio el dictador puso toda su confianza en el Príncipe, estoy convencido de que al final la había perdido.

—¿Por qué razón? A Franco le gustaba decir que consideraba a don Juan Carlos como su hijo.

—Yo nunca he creído en la sinceridad de esa frase. Queda bien, pero suena a hueca. El Príncipe jugaba su papel a la perfección, pero ya durante su primera enfermedad grave, un año antes de la muerte, Franco se entera de algo que le inquieta muchísimo. Se entera de que don Juan Carlos y el conde de Barcelona se hablan por teléfono casi diariamente. En otras palabras «que el padre y el hijo se entienden». En el pensamiento íntimo de Franco esto quiere decir que el Príncipe se entiende con su peor enemigo. Esto significa que la Operación Príncipe de España tiene fallos graves. Franco pensó probablemente en la necesidad de dar marcha atrás. Quizá llegó incluso a pensar en nombrar sucesor al Borbón Dampierre, aunque no lo creo dada la mediocre imagen del personaje. Es posible que Franco pensara también en proclamar una regencia. Pero, claro, ya era demasiado tarde. No sólo le fallaban las estructuras, sino que también fallaba él, físicamente. Además, la atmósfera general se había enrarecido considerablemente. Estallaban huelgas, los estudiantes salían a la calle en manifestaciones cada vez más nutridas, la Junta Democrática daba abiertamente conferencias de prensa, etc. Vuelvo a insistir: para la familia Franco sólo se trataba de «conservar», de que no los echaran de España. No se trataba ya de una operación política. Tampoco se trataba de salvar los Principios del Movimiento. Se trataba únicamente de una operación de supervivencia. Y mira por dónde, las cosas les salieron bien. No les ha pasado nada. Siguen en España viviendo tranquilamente. Creo que los españoles se han portado con esta familia con mucha más elegancia que Franco con los monárquicos, a los que persiguió en la persona del conde de Barcelona con una saña y una mala fe que dicen mucho en favor de la baja estofa moral del individuo.

Bruscamente Armero se interrumpe y echa una ojeada a su reloj.

—Se hace tarde —me dice—. Tengo una reunión en mi despacho dentro de media hora. Te veré mañana.

Al día siguiente me llama por teléfono la secretaria de José Mario Armero para decirme que éste se ha ido a Londres para negociar la compra de unas tarjetas postales editadas en Cataluña durante la dictadura de don Miguel Primo de Rivera. Armero tarda un par de semanas en volver. De Londres se ha ido a Nueva York, a comprar unos juguetes de hojalata, y, de allí, a Roma, pasando por Zurich y por París. Cuando llega a mi casa para reanudar la conversación interrumpida dos semanas antes, lo encuentro sensiblemente más delgado. Le pregunto si se ha puesto a régimen. «No exactamente —me contesta—; sólo que hace quince días que no pruebo el chocolate. Es lo único que de verdad me engorda. No tengo la suerte de Alfonso Guerra, que come chocolate sin parar y que está tan flaco que siempre parece que camina de perfil.»

Pongo sobre el tapete un par de temas que no parecen llamar la atención de mi interlocutor. Pruebo pues de distraerlo dialogando sobre esto y aquello, a la búsqueda de una palabra o de una idea que despierte repentinamente su interés.

—Tú podías haber sido —le digo— embajador, ministro o director general de lo que te hubiese dado la gana, pero no has querido. ¿Por qué?

—Porque nunca he tenido esa clase de ambición. Además, durante los últimos cuarenta años no se sabía bien en qué consistía ser un político de verdad. Ahora que disponemos de una democracia, ahora que sabemos lo que es un político, pues la verdad, tampoco me interesa mucho. No quiero con esto decir que sienta el menor desprecio por los políticos. Cuando en el libro de Gregorio Morán se insiste sobre la tremenda ambición de Adolfo Suárez, a mí esa ambición me parece natural, es más, me parece muy bien.

—¿Qué opinión te merece el libro de Morán?

—Es un libro muy interesante. Cuenta la biografía de un hombre sin biografía, o mejor dicho, con una biografía sin interés. Es la historia típica de un político. ¿Qué es lo que hace un político? Aspirar al poder. Eso es lo que hace Suárez durante toda su vida: olfatear y seguir el rastro al poder hasta conseguir apropiárselo. Después, su ambición fue otra: conservarlo. Es un auténtico político y el que se rasgue las vestiduras al leer el libro de Morán es alguien que no entiende lo que es un político. Además, yo creo sinceramente que en la atmósfera de corrupción del franquismo, Suárez es menos corrupto que los demás porque nunca ha estado en el meollo de las auténticas fuentes del poder económico. Sólo se acercó a hombres de poca categoría.

—¿Tú crees que, de haberse acercado a los grandes banqueros de la época, Suárez habría podido ser un gran corrupto?

—No, no precisamente. Creo que Suárez fue siempre lo suficientemente inteligente como para acercarse únicamente a poderes económicos que le permitiesen vivir decentemente, que le permitiesen tirar adelante y hacer política, todo ello sin entrar a formar parte de esos clubes que son los grandes bancos, que te ofrecen cargos financieramente importantes pero que te incapacitan para hacer política. Eso debió de intuirlo Adolfo, que sólo se acercó a gentes como Tarruella, gentes que le ayudaron a ganar un dinero fácil. Suárez podía haber sido perfectamente consejero de ocho o diez compañías, pero no lo hizo. A él le interesaba otra cosa, algo que emborracha más que el dinero: el poder.

Armero ha pronunciado estas últimas palabras con demasiada prisa, como si el tema empezara a aburrirle. Cambio pues de conversación sin darle tiempo a que pregunte qué hora es, porque si se lo digo seguro que se levantará pretextando un olvido cualquiera que le obligue a marcharse.

—José Mario, ¿de dónde y de cuándo te viene el gusto, o es una perversión, de «estar en todo»? Porque la verdad es que no se puede dar un paso sin toparse con Armero en los lugares más dispares y relacionado con temas que unas veces tienen que ver con la política y otras con el mundo de los grandes negocios.

—Bueno, verás. Yo soy un hombre que nació inquieto y que dedica muchas horas a su inquietud. Además, soy de los que hacen cosas mientras que los otros duermen. Ya en la universidad me las arreglaba para participar en toda clase de actividades. Me interesaban por igual los problemas universitarios, los toros, el circo o los círculos monárquicos. Cuando muchos de mis compañeros se levantaban, yo ya había leído los periódicos del día y estaba de vuelta de muchas cosas. La dinámica de mis años juveniles persiste en la madurez. A mí me hizo ilusión ser uno de los primeros en hacer el viaje Madrid-Barcelona-Madrid en el mismo día. Como hoy me hace ilusión ser uno de los hombres mejor informados de España. Pero para eso es necesario viajar mucho, estar en todas partes y tener el olfato suficiente para adivinar lo que es verdaderamente importante y lo que no lo es. Por ejemplo, a mí aquel famoso viaje de Suárez a Estados Unidos me divirtió mucho. Fue un viaje de puro estilo Armero. Llegó, vio a Carter y se fue. Sin discurso en la Cámara Hispano-Americana, ni nada. La perfección.

—Pues aquí en España se publicaron caricaturas de Suárez con un texto bastante cruel: «Suárez acude a la voz de su amo».

—Bueno, esto fue una faceta más de la mala uva que reina en este país. La verdad es que cuando lo de Afganistán, muchos españoles creyeron de buena fe que Suárez tenía la solución en la mano.

—Pero no era verdad.

—No, no era verdad, pero ¿qué importa? Lo importante es que a muchos españoles les pareciera que las cosas eran así. No recuerdo si fue Guerra, no me refiero al político, quien dijo que para ser torero lo importante es parecerlo.

—¿Cuándo te interesó por primera vez la política?

—De una manera consecuente cuando estaba todavía en el Colegio del Pilar, durante la última guerra mundial. Los alumnos del

Pilar eran todos de derechas y, por lo tanto, casi todos germanófilos. El aparato de la propaganda alemana en España era prodigioso. Del otro bando no sabíamos prácticamente nada. Un día un amigo de mi padre dijo en mi casa: «El dinero lo tiene Estados Unidos, por lo tanto Estados Unidos acabará ganando la guerra». Esa frase me desentumeció el cerebro. Aquel día me dije: «Aquí hay unos pocos que saben y otros muchos que no saben». Mi vinculación política en aquella época es, fundamentalmente, a grupos monárquicos de oposición al franquismo, pero he de reconocer sinceramente que aquellos hombres, que merecen todo mi respeto, no hablaban nunca de democracia. Eran antifranquistas, eran monárquicos, eran juanistas, pero no creo que ninguno de ellos empleara nunca la palabra «democracia». Eran gentes que no estaban de acuerdo con Franco, pero que seguían siendo contrarios a las libertades que según ellos habían llevado a la quema de conventos y al asesinato de Calvo Sotelo. Así que cuando ahora oigo decir que luchábamos por la democracia, no tengo más remedio que decir que no, que no es verdad.

—Yo creo que el único monárquico que empleaba la palabra «democracia» era el propio don Juan de Borbón.

—Sí. Y ello le valió las campañas difamatorias que todos conocemos.

Armero se revuelve de nuevo inquieto en su sillón. Hoy no parece querer morder ninguna clase de anzuelo. Es preciso pues usar el aguijón.

—Te voy a hacer una pregunta molesta: ¿te resulta menos arriesgado tirar de los hilos entre bastidores que dando la cara?

Me mira unos segundos, los ojos fríos, la sonrisa crispada.

—Tirar de los hilos no supone en manera alguna ejercer el poder. Y si yo me quedo entre bastidores no es por temor a ninguna clase de riesgo, es porque, sencillamente, no le tengo ninguna clase de afición al poder.

—Sin embargo, tú eres un señor que me ha dicho infinidad de veces «¿Tú quieres una entrevista con Fulano de Tal? Yo te la arreglo». Incluso me has propuesto una entrevista con Serrano Súñer, entrevista a la cual, de haberse «arreglado», yo me habría negado a asistir porque no quiero concomitancia alguna con ese individuo. El caso es que a mí me parece que «arreglar», pongamos por caso, un encuentro entre un banquero español y la General Motors es ejercitar una forma de poder, ¿o me equivoco?

—No, no te equivocas. Es más, admito que si yo no dispusiera de ese poder del que me hablas, estaría muy fastidiado. Porque en algunos casos es verdad que me gusta saber que soy imprescindible.

—¿Cómo definirías ese lugar tan especial que ocupas en el gran teatro de España?

—No lo definiría, precisamente por tratarse de un lugar muy especial. Pero bueno será que aclare que me considero un profesional en todo lo que hago.

—Y haces infinidad de cosas.

—Eso no impide que no haga nada como *amateur*. Detesto el *amateurismo*. Soy un hombre que tiene, profundamente, sentido del Estado. No pertenezco a ningún grupo político. Pero estoy a la disposición de cualquier hombre político cuya acción sea medianamente digna. Una de mis grandes satisfacciones es la de haber contribuido a la creación del nuevo Estado. Porque en España lo que ha ocurrido durante los últimos años no ha sido un mero cambio en la forma de gobernar, ha sido un auténtico cambio de Estado.

—Tú no te cansas de decir que la política te es ajena y sin embargo a mí me parece que es lo único que te interesa.

—Bueno, lo que pasa es que no me interesa el gobierno, no me interesa la oposición, no me interesa el Parlamento, no me interesan los partidos. Pero la política sí. Me interesa muchísimo. Estoy metidísimo en ella. Pero, al revés que los personajes de Pirandello que de vez en cuando bajan del escenario al patio de butacas, yo me instalo en las butacas de primera fila y cuando me parece necesario subo al escenario y me mezclo con los actores. Pero, como creo mucho en aquello de «juntos sí, pero no revueltos», me vuelvo a bajar enseguida.

—Qué curioso… ¿Tú crees que la discreción es una virtud imprescindible?

Armero se ríe y contesta tajante:

—No. A mí los discretos me fastidian. Al discreto yo lo identifico con el funcionario público, ese tipo de funcionario que se cree más importante de lo que es en realidad y para quien todo ha de ser un secreto. Yo creo, al contrario, que hay que ser tremendamente indiscreto. Que la vida consiste en comunicarse, que es fundamental contar cosas, sucesos, cambiar impresiones. Claro que ha de haber un pequeño hueco en el que se encierran aquellas informaciones que no le pertenecen a uno. Hay que ser discreto en lo que atañe a los demás, pero en lo que respecta a uno mismo es conveniente ser de una gran indiscreción.

—Hace unos meses, cuando estábamos metidos hasta el cuello en los prolegómenos de estas conversaciones, me contaste un viaje a América que había hecho el Rey cuando todavía era Príncipe. Me contaste que don Juan Carlos habría deseado que su viaje americano tuviese un gran eco en la prensa de aquel país pero que eso costaba dinero y que él no lo tenía. Entonces tú te ofreciste para visitar a unos importantes banqueros madrileños y pedirles que financiaran el viaje del futuro monarca. Los banqueros en cuestión te dijeron que no, que ni un céntimo y que además lo del futuro monarca estaba aún por ver. Y tú me comentaste: «Fíjate qué poca visión tenían esas gentes». Aunque insistí mucho en conocer los nombres de esos banqueros, tú te negaste a dármelos. ¿Por qué?

—Porque yo no soy ni el Zorro, ni el conde de Montecristo.

—Bueno, la verdad es que yo ya sé quiénes son esos banqueros. Y es seguro que el Rey lo sabe también. ¿Te molestaría que citara ahora esos nombres?

—Sí, porque ellos se figurarían que lo has sabido por mí.

—¿Qué razones impulsaron a esos banqueros (eran tres, ¿verdad?), a negar su ayuda a don Juan Carlos?

—Hombre, es tan sencillo que te va a costar creértelo. Aquellos hombres estaban convencidos de que el menor contacto con La Zarzuela podía resultar muy peligroso para ellos. Ten en cuenta que toda la vida política española, y también la social y la financiera, funcionaba a base de creer que Franco era eterno. El que Franco se muriera un día no estaba previsto. Nunca estuvo previsto.

—¿Qué resonancias tuvo el viaje del Príncipe a Estados Unidos?

—Grandes. Muy grandes. Yo les precedí allí y prescindiendo de los medios financieros necesarios tomé contacto con mis amigos del *New York Times*, del *Washington Post*, de la Associated Press y de la United Press. El Príncipe salió en televisión y habló un inglés perfecto, cosa que produjo un gran impacto en España, acostumbrados como estamos a los jefes de Estado y jefes de Gobierno que no hablan una puñetera lengua. Al bajar del avión que lo traía de cabo

Kennedy, donde asistió al lanzamiento de uno de esos artefactos de la NASA, el Príncipe me dio un, para mí, muy significativo abrazo.

—Aunque a veces pretendas lo contrario, es innegable que tienes una cierta influencia en los acontecimientos del país.

—Eso no lo niego, ni lo he negado nunca. Pero más que «influir» me gusta la palabra colaborar.

—¿Te acuestas pensando a veces «gracias a mi colaboración esto ha salido de tal manera en lugar de haber salido de tal otra»?

—Sí. Y me acuesto a veces maravillosamente satisfecho. Recuerdo que un día Adolfo Suárez, que pasaba por unos momentos muy difíciles, me preguntó: «Oye, ¿a ti no te ocurre a veces que no puedes dormir como consecuencia de tus angustias y de tus preocupaciones?». Y yo le contesté: «Efectivamente, hay noches que no puedo dormir, pero no puedo dormir de pura satisfacción». Y es completamente verdad. A veces yo me revuelvo en la cama de puro contento.

—Acabo de leer *La España mediocrática* de Lasuén, con mucho retraso como verás. ¿Tú crees de verdad que los hombres de UCD que nos gobernaron eran realmente tan mediocres como parecían querer serlo?

—Bueno, como señala Lasuén, más que la existencia de esos gobiernos de hombres mediocres, es su inquietud ante la existencia de grandes proyectos y la poca voluntad que se ponía en realizar un cambio social importante. Tiene razón Lasuén cuando escribe que estábamos quizá perdiendo una de nuestras últimas grandes oportunidades por no abordar nuestros problemas con un sentido mucho más amplio.

—Esa gran oportunidad de la que hablaba Lasuén, ¿la estaban dejando pasar nuestros gobernantes a sabiendas o por falta de capacidad?

—Sinceramente, creo que un cambio tan sustancial, tan a fondo como se hizo en este país con la llamada transición, no permitía realmente planificaciones ni a medio ni a largo plazo, sino cuerpos de bomberos apagando fuegos todo el día y resolviendo problemas cotidianos sin pensar en el mañana. Pero también creo que habría sido importante que hubiesen existido junto a Suárez, y más tarde junto a Calvo Sotelo, hombres preocupados por el mañana, con un sentido, llamémosle histórico, de lo que hubiese debido ser en este país la reforma social protagonizada por el centro. Hombres a los que les hubiese interesado la prospectiva. Recuerdo que cuando se estaba muriendo Tito, nadie en el gobierno de Suárez tenía la menor idea de lo que podía ocurrir a su muerte.

—Es posible que tampoco supieran muy bien dónde quedaba Yugoslavia.

—Es posible. Pero lo grave era que existía en este país una Administración, una carísima Administración que me atrevo a calificar de terrorista. Porque lo que hacía ante todo el funcionario español era terrorismo. Era capaz de obstaculizar cualquier idea, cualquier proyecto. Adolfo Suárez, en plan personal, hizo cosas importantes en la etapa en la que no disponía, porque no lo quería, del gran aparato del Estado. Si hubiera usado de esa gran maquinaria, se lo habrían obstaculizado todo, aunque sólo fuera por llevarle la contraria. Adolfo Suárez, que como español conoce muy bien la afición de sus compatriotas a hacerle la pascua al prójimo, sobre todo cuando está en el candelero, tuvo la gran habilidad de prescindir de la Administración y hacer el cambio político apoyándose en unos cuantos amiguetes. Más tarde, existiendo ya no digo un Estado perfecto, pero sí bastante desarrollado, al pobre le pusieron unas zancadillas tremendas. Para él habría sido difícil saber lo que iba pasar a la muerte de Tito, porque los servicios exteriores, diplomáticos agregados, etc., no hicieron nada para facilitarle un análisis exacto de la situación. Y si se hubiese decidido a llevar a cabo, con un mínimo de seriedad, una reforma agraria, la máquina administrativa se las habría arreglado para que no se realizara efectivamente durante años.

José Mario me pide un vaso de agua. Le ofrezco un té con limón que acepta gustoso. Bebe un primer sorbo y murmura:

—Qué gran invento el té.

Y a renglón seguido, con curiosidad:

—¿Tú, durante la última guerra fuiste, naturalmente, anglófilo?

—Naturalmente.

Otro sorbo y otra curiosidad.

—¿Te gustan los ingleses?

—Estuve casado con una inglesa durante diecisiete años.

—Eso no es una contestación a mi pregunta.

—Pues sí. Me gustan los ingleses. Eça de Queiroz, que los odiaba, reconocía que como nación pensante Inglaterra es la primera.

—A mí me gustan porque entre otras cosas entienden mucho de antigüedades. Sobre todo de porcelanas.

—Y de leyes. Son los únicos europeos, si es que son europeos, que tienen un sentido innato de lo que es el Estado.

—Eso es porque sus leyes pueden considerarse casi como leyes de la naturaleza. Buenas o malas, las respetan como nosotros respetamos la erupción de un volcán o la puesta de sol tras la línea del horizonte. ¿Fuiste feliz con tu inglesa?

—Me casé por esnobismo.

—Entonces fuiste feliz. Por lo menos durante un tiempo. Ahora ya no lo serías.

Admito sin dificultad:

—No, ahora ya no lo sería.

Armero se ríe conmigo, añadiendo una rodaja de limón en su taza casi vacía.

—Dime una cosa, José Mario, en esa vida tan repleta que llevas desde hace años, ¿qué significado tienen las mujeres?

Tarda unos segundos en contestar. Lo hace por fin, con exagerada gravedad:

—Mi vida, por ser lo que es, nunca ha sido compatible con el tema de la obsesión sexual. No quiero decir con esto que el señor que tenga plan con las mujeres sea necesariamente alguien que se aburre, pero la verdad es que para dedicarse al sexo hay que disponer de mucho tiempo. Además hay que saber guiar un coche, para acudir a las citas, y yo no puedo conducir porque, con lo distraído que soy, seguro que me mataría. Hace veinte años que mis coches los guían mi chófer o mi mujer.

—No suena muy serio lo que me estás diciendo.

—Bien, pues hablemos en serio. Yo soy un marido fiel. No lo soy, y este libro lo va a leer mi mujer, ni por principio religioso, ni por principio moral, sino porque cuando vuelvo a casa, vuelvo agotado, sin ánimos de hablar con nadie. Lo único que tengo ganas de hacer es leer mis periódicos, o un buen libro, a lo sumo mirar la televisión o escuchar la radio. Si esta llegada fuera a casa de una amiga con la que tuviera que guardar las apariencias, decirle: «qué guapa estás» o «qué bonito traje llevas», sería para morirse. Estas circunstancias me llevan a creer que alguien podrá pensar que soy marica porque ya se sabe que en este país mágico todo es posible.

—Pues no, no lo he oído decir nunca.

—A veces pienso que si yo hubiera sido distinto, si hubiera sido funcionario de nueve y media a una y de cuatro y media a seis, creo que entonces me habría conformado al del tipo español medio banal, con querida y todo. Desgraciadamente, o mejor dicho felizmente, dependo de una dinámica que no tiene nada que ver con la dinámica del español banal. Si a mí me dejaran abandonado durante quince días en una isla paradisíaca, es posible que me convirtiera en un español como los demás. Pero mientras yo tenga un teléfono, entre el teléfono y la señora, yo me quedo con el teléfono, cosa que, naturalmente, les cabrea mucho a las señoras. Son muy duras conmigo por la poca atención que les presto. Esto le produce gran satisfacción a mi mujer. La verdad es que no estoy preparado para hablar con las señoras, no tengo tema y ahora que hablan de política me interesan aún menos.

—En el fondo lo que te pasa es que tú estás convencido de que las señoras son las que no están preparadas.

—Pues... sí. Por eso se cabrean tanto porque voy a hablar con el marido, porque ando con mucho trabajo durante todo el día y si además, al llegar la noche, tengo que decir sandeces como «qué guapa estás, realmente encantadora» o «qué bonito traje llevas» pues no, francamente no...

—Estás completamente fuera de órbita, José Mario, porque a las señoras ya no se les dicen esas cosas.

—No, si ya lo sé, es un mundo que me resulta perfectamente extraño. Mira, yo tenía un amigo muy feo, no uno de esos feos con gracia, un feo de verdad, bastante repugnante. Tenía un éxito asombroso con las mujeres. Un día le pregunté: «Pero ¿cómo lo haces?». Y me contestó: «Yo tengo las tres cosas importantes para tener éxito con las mujeres: soy rico, tengo tiempo y las hago reír». Y me explicaba que no hay mujer que se resista al asalto de un señor que la llama por teléfono, tres, cuatro, cinco veces al día y eso durante semanas, durante meses. Pues bien, yo mi tiempo lo he dedicado siempre a otras cosas, a viajar, a leer, a ver gente. Si yo hubiera tenido amigas, no podría haber hecho ni la mitad de las cosas que tanto, tanto me han interesado. Por eso tampoco he sido nunca cazador, porque se pierde el mismo tiempo cazando señoras que cazando perdices.

—Me parece que hasta ahora sólo hemos hablado de sexo, pero ¿y el amor, el verdadero amor?

—Cuando yo me casé, tenía veinticuatro años y mi amor era de los amores de entonces. Creo que el amor hacia mi mujer, con los desgastes del tiempo que tanto desconsuela y fastidia a las esposas, es un amor verdaderamente auténtico. Yo necesito de mi hogar y de mis hijos. En momentos de intranquilidad mi familia es mi único y más sólido apoyo moral.

—Recuerdo que cuando discutíamos de la forma que les íbamos a dar a estas entrevistas, hablando de España, empleabas a menudo la palabra «pasión». Sin embargo, esa palabra no la has empleado nunca hablando de tu propia mujer, o de tus hijos o incluso de tus padres.

—Bueno, es posible que sea por pudor. Que yo por España sienta pasión me parece una cosa muy natural. Yo pongo pasión en todo lo que hago y casi todo lo que hago tiene que ver con España.

—Una vez me dijiste: «A mí me apasiona todo lo que pertenece a España y que está fuera de España». ¿Qué querías decir?

—Me refería, creo, al *Guernica* de Picasso. Es difícil de explicar y espero que mi mujer comprenderá lo que quiero decir cuando lea estas líneas, pero creo que es perfectamente admisible que yo sienta pasión por el *Guernica* y no sienta pasión por mi casa, ni por mis padres ni por mis hijos. El sentimiento que mi familia despierta en mí es un sentimiento tranquilo, algo totalmente distinto, algo parecido al reposo del guerrero. Mi casa es un sitio donde no estoy «apasionadamente». Es mi casa. Un lugar donde lo que necesito es descanso y de ningún modo pasión.

José Mario le echa una ojeada impaciente a su reloj y se levanta. En la puerta de casa y antes de despedirse, me dice:

—Te he visto sonreír, imperceptiblemente, es verdad, cada vez que uno de nosotros ha pronunciado la palabra «pasión».

—No me he dado cuenta. Es una palabra que, en cierta manera, me produce pavor.

—Qué curioso... Sin pasión yo no podría apreciar nada de lo que la vida me ofrece. Ni una idea, ni un libro, ni una amistad. Nada. Estoy además convencido, como lo estaba Hegel, que nunca se ha hecho nada importante en el mundo en ausencia de la pasión. Muchos creen que lo que rige en nuestras vidas son los intereses. Es posible que eso ocurra cuando se trate de gentes mediocres. Pero a los otros...

—Que son muy pocos.

—... que son muy pocos, en efecto, a ésos, créeme, sólo los mueve la pasión. Estás sonriendo de nuevo.

—Para mí, la pasión es una cruz. Se trate de mujeres, de literatura o de política. Yo siempre me esfuerzo en dominar mis pasiones porque sé que en el fondo, y no tan en el fondo, me gustaría dejarme arrastrar por ellas. Pero sin embargo lucho porque le tengo un gran apego a mi libertad personal.

—Yo diría que se trata de un apego apasionado —sonríe Armero, apretando el botón del ascensor.

—Digamos más sencillamente que se trata ante todo de un combate cotidiano, sin gran interés, contra enemigos de poca monta: el alcohol, el sexo, el sentimentalismo, la bondad mal comprendida y, sobre todo, un cierto liberalismo que consiste en no tomarse en serio ni los defectos propios ni los ajenos.

José Mario se mete en el ascensor.

—Hasta mañana. ¿De qué hablaremos?

—De lo que tú quieras —le contesto—. De hombres. De mujeres. De cosas que no sean demasiado trascendentes.

1982

Ocho y media de la mañana. Anoche nos hemos acostado muy tarde y tanto Syliane como yo estábamos todavía metidos en la cama cuando Ascensión, la santa mujer que se ocupa de Fabricio, entró de puntillas en la habitación para anunciar en voz baja que habían venido dos señoras a colocar las colgaduras.

—¿Qué colgaduras?

—Unas que quieren poner en la terraza.

—Debe de ser una equivocación.

—Pues ahí están, señor, con una chica que lleva a cuestas unos bultos muy grandes.

Syliane, sin haber abierto todavía los ojos, me pide:

—Baja tú, por favor, a ver de lo que se trata.

Me levanto de muy mal humor, me pongo un batín y bajo en zapatillas al primer piso del ático donde esperan en el recibidor dos señoras con las que me encuentro a veces en el ascensor y que ostensiblemente hacen siempre lo posible para no tener que saludarme. Una es la mujer —o la hermana, o la cuñada— de Barrera de Irimo y la otra es la viuda de un embajador amigo de mi vecino Manolito Halcón. La mayor de las dos lleva un rosario enrollado en la muñeca izquierda y la otra se cubre la cabeza con una mantilla negra que le llega hasta media espalda. O vienen o van a misa.

—Ustedes dirán.

—Venimos a colocar las colgaduras.

—¿Qué colgaduras?

—Las que han de adornar su terraza.

—No sé de qué me hablan.

Me miran entre ofendidas y asombradas.

—No habrá usted olvidado que mañana llega el Papa a Madrid, ¿verdad? —me pregunta la de la mantilla.

—Pues sí, porque no es un asunto que me interese.

—El señor Tierno Galván —interviene la del rosario que ha pronunciado con asco el nombre del alcalde— recibirá al Santo Padre al pie de la estatua ecuestre del marqués del Duero.

El marqués, un militar de pata corta, no me parece un jinete suficientemente cualificado para recibir a un personaje de tan alto rango.

—Bueno, señora, ¿y qué?

—¿Cómo que y qué? Pues que tenemos que engalanar su terraza porque en todas las ventanas de Castellana 70 ya están instalando las colgaduras.

—Pues en mi terraza no habrá colgaduras.

Mi actitud va mucho más allá de lo que ellas podían imaginar.

—Pero... ¿por qué no?

Me estaba empezando a hervir la sangre y además me caía de sueño.

—Primero porque ustedes ni me han pedido permiso para entrar en mi casa con sus colgajos y segundo porque sería una incongruencia engalanar mi terraza para recibir a un señor que no es santo de mi devoción.

La de la mantilla se santigua precipitadamente y la del rosario pareció petrificarse.

—Así es que... ¿no? —se decide por fin a preguntar la que parecía querer llevar la voz cantante.

—En efecto. Es que no.

—Bien. Allá usted con su conciencia —escupe furiosa la presunta parienta de Irimo.

En cuanto la otra recupera el don de la palabra, me dice:

—Esto no va a quedar así.

Detesto las amenazas por parte de alguien a quien no puedo contestar de un guantazo.

—Tiene usted razón, señora. Esto podría acabar en una denuncia por allanamiento de morada si no se van ustedes enseguida de esta casa.

Las dos señoras retroceden ofuscadas hasta la puerta seguidas por la chica que lleva a cuestas las colgaduras envueltas en una lona. En cuanto han desaparecido subo a meterme de nuevo en la cama y le anuncio en voz baja a Syliane que al día siguiente por la mañana llega el papa a Madrid.

—Dios mío... —suspira—, ¡cómo se va a poner otra vez el tráfico!

Pasamos el día sin que yo volviera a acordarme de la intempestiva visita de las dos beatas que pretendían festejar la llegada de su héroe colgando de mi terraza unos miserables tapices semejantes a los que ya pendían de casi todas las ventanas de la casa. Llegada la noche, tras cenar con unos amigos en Tataglia, fuimos al cine a ver una vez más *Casablanca*, pero esta vez doblada en español. Bogart me pareció más agresivo que de costumbre, quizá porque el actor que doblaba su voz exageraba lo que de áspero tenía su acento. En cuanto a la Bergman, hablara la lengua que hablase, seguía siendo igual de conmovedora. A la salida del cine fuimos a tomar una copa en un Vips cercano y una hora más tarde Syliane y yo volvimos a casa paseando.

Al pasar frente al palacete convertido en residencia del cónsul de Portugal, Syliane me recordó que fue precisamente allí donde, recién llegada a Madrid, se le acercó un individuo que le dijo algo en voz baja al tiempo que le apuntaba al vientre con un largo cuchillo de hoja damasquinada y empuñadura de cuerno que a ella le pareció precioso. Por aquel entonces mi mujer hablaba muy mal el castellano y lo entendía peor. Creyó —porque ya le había ocurrido en Toledo— que el individuo en cuestión le enseñaba aquel curioso objeto para vendérselo.

—Muy bonito, pero no, gracias. Además no llevo dinero encima.

Estupefacto, el hombre se quedó sin habla viendo alejarse a aquella elegante señora que tan amablemente había contestado a su amenaza. Cada vez que Syliane recordaba el acontecimiento tenía que sentarse un momento porque el repentino temblor de sus piernas le impedía seguir caminando.

Llegados a la altura de Castellana y María de Molina empezamos a cruzarnos con los travestís que hacían allí la carrera hasta altas horas de la madrugada. Los conocíamos a todos por verlos noche tras noche y habíamos acabado contestando a sus saludos. Algunos, metidos en confianza, trataban incluso de entablar conversación.

—Qué, ¿volvéis del cine? ¿Qué habéis visto?

—Hemos ido a ver *Casablanca*.

Se arremolinaron tres o cuatro a nuestro alrededor.

—Dicen —afirmó una rubia con la boca pintada en forma de corazón— que Bogart tuvo que ponerse tacones para poder besar a la sueca.

—Pues con tacones o sin ellos —apuntó una falsa Concha Velasco— el tío seguía siendo un enano.

—Ya quisieras tú ligarte un día a un enano como ése. Dicen que tenía...

Syliane y yo nos alejamos antes que aquellas locas entraran en detalles.

Cuando Syliane y yo nos instalamos en Castellana 70 vivía en la casa un joven teniente coronel de muy buen ver, ayudante del rey, casado con una mujer muy guapa a la que no le hacía ninguna gracia escuchar lo que opinaban en voz alta los travestís de su marido. El teniente coronel acabó acudiendo a la comisaría del barrio y los travestís tuvieron que alejarse un par de manzanas hasta recalar ante la casa en la que vivía María Cuadra, cuyo marido, Eduardo de Santis, debió de quejarse en comisaría a su vez, porque los travestís volvieron muy pronto a su punto de partida.

Los había de todos los pelajes. Desde los perversamente atractivos hasta los francamente repelentes. Syliane y yo nos quedábamos a veces en la oscuridad del portal para observar los manejos de los travestís para quedarse finalmente con un cliente dubitativo. El que más éxito tenía —el que más coches paraba— era una presunta mujer, siempre vestida de rojo, con una barba negra cerrada y grandes aros de oro en las orejas. Nos divertía ver a los relucientes BMW y a los espléndidos Mercedes, siempre conducidos por hombres solos de una cierta edad que no tenían reparo en que los vieran comerciar a la luz de las farolas con aquellos complicados seres que siempre pretendían parecerse a la Marilyn Monroe de turno.

Una noche, volviendo a casa, Syliane me había preguntado por el número de travestís que podía haber en Madrid.

—Según me ha dicho un policía amigo mío, unos dos mil.

—¿Y cuántos clientes crees tú que tendrán que levantar cada noche en la calle para poder vivir, digamos, decentemente?

—Pues como las putas. Cinco o seis.

Syliane calculó rápidamente y se pasmó:

—Eso quiere decir que hay en Madrid diez mil tíos que cada noche mantienen relaciones contra natura pese a que aquí se presuma tanto de hombría...

Y sin darme tiempo a contestar, volvió a preguntar:

—Tú, en según qué circunstancias, ¿serías capaz de llegar a relacionarte con uno de estos seres?

—En según qué circunstancias y si se pareciera mucho a ti... es probable que sí.

Trató de darme con el bolso en la cara pero pude evitar el golpe a tiempo.

La noche de las colgaduras estaba yo introduciendo mi llave en la cerradura del portal cuando Amanda, un ser con rostro angelical y unos brazos de forzudo de feria, se acercó para decirnos:

—Mañana llega el Papa a Madrid.

—Si, ya lo sabemos.

—¡Pues esto se va a llenar de gente! Algunas de nosotras hemos traído sillas de tijera y nos vamos a colocar en primera fila para ver llegar al Papa. Macarena, la andaluza, le va a cantar una saeta.

—Pues qué bien.

—Y la Burra, esa del vestido de raso verde y un poco de bigote, piensa desplegar una pancarta pidiendo la legalización del aborto. La pobre vive en el terror de quedarse embarazada.

—¡Que Dios le conserve la imaginación!

Amanda miró hacia arriba y comentó:

—Ustedes, desde su terraza, lo van a ver todo muy cómodamente. ¡Qué suerte tienen!

Ya en el ascensor, Syliane me preguntó:

—Oye, ¿tú crees que eso que nos ha dicho de la terraza era una indirecta para que la invitáramos a subir?

Me divirtió la idea.

—¿Qué te parece que dirían las dos beatas de las colgaduras si llenáramos la terraza de travestís para recibir al Papa?

Como ni mi mujer ni yo teníamos sueño nos entretuvimos mirando un vídeo en el que Fred Astaire bailaba con Eleanor Powell, la de los estupendos y macizos muslos que fue su partenaire favorita hasta que la reemplazó por la etérea Ginger Rogers. Antes de meterme en la cama, ya de madrugada, salí a la terraza para echar un vistazo al lugar donde el Papa iba a hacer su primer alto al llegar a Madrid. Un grupo de obreros estaba montando a los pies del caballo del marqués del Duero un tinglado que podía acabar siendo una simple tribuna o un altar de campaña. Allí era donde el profesor Tierno Galván, alcalde de la capital, iba a recibir al Pontífice.

Yo le había cogido manía al polaco desde que una tarde, en París, le vi en televisión durante un viaje a no recuerdo ya qué país africano. Desde la altura de un pódium atiborrado de micrófonos y de altavoces, Juan Pablo II se había dirigido durante media hora larga a una multitud de esqueletos vivientes —hombres y mujeres vencidos por el hambre y la miseria, niños con hinchados vientres y miradas vacías— y había acabado su plática recomendándoles: «Creced, multiplicaos y confiad en la Divina Providencia». Ahora lo van a linchar, pensé. Pero no ocurrió nada. El Papa tuvo la suerte de que aquella muchedumbre desvalida no entendiera su lengua.

A los travestís que trabajaban habitualmente en la zona de la Castellana y María de Molina se habían unido durante las últimas horas los que retozaban en la calle del Marqués de Riscal y aledaños. Hubo riñas, gritos, insultos y algún que otro golpe, ya que los «residentes» no tenían la menor intención de ceder un palmo de terreno a los invasores. La policía intervino blandamente, secundada por los curas y las monjas que habían ido llegando a lo largo de la noche. Cuando por fin me retiré a dormir, Amanda, la Burra, el barbudo vestido de rojo y la andaluza que iba a cantarle al Papa una saeta, ya estaban instaladas al borde de la acera en sus sillas con respaldos de lona como las que usan los directores de cine novatos.

—Pero ¿a qué hora va a llegar ese señor? —me preguntó Syliane antes de dormirse.

—No lo sé. Muy temprano seguramente. Pero no te preocupes, porque seguramente Ascensión despertará a Fabricio para que no se pierda el espectáculo y él nos despertará a nosotros.

Y así ocurrió.

Fabricio entró en nuestra habitación anunciando:

—Papá, que llega el Papa.

No tuve más remedio que levantarme. Al hacerlo desperté a Syliane que se negó en redondo a salir de la cama. Con un batín encima del pijama salí de nuevo a la terraza, esta vez con Fabricio y Ascensión. Durante la noche los obreros habían acabado de montar lo que al final resultó ser una tribuna que dado el caso también podía servir de altar. Había flores y banderas españolas por todas partes y también muchas pancartas con el lema *Totus tuus* escrito en grandes letras negras, enarboladas por señoras muy parecidas a las que habían insistido en engalanar mi terraza.

Abajo en la calle, aunque a mí me pareciese que acababa de amanecer, bullía ya el gentío, contenido por guardias civiles y policías de paisano que trataban de impedir que la muchedumbre desbordara sobre la calzada.

—Fabricio, por favor —le pedí al niño—, tráeme los prismáticos que están colgados junto a los bastones y los paraguas. Y si te atreves, trata de despertar a tu madre.

Syliane apareció media hora más tarde con Ascensión que traía en una bandeja el primer café de aquella memorable mañana. Mi mujer, cosa poco habitual en ella, estaba de un humor de perros.

—¿Por qué me has hecho venir?

—Porque creo que vale la pena —le contesté tendiéndole los prismáticos.

Yo ya los había empleado para fijar en mi memoria el dantesco espectáculo que se desarrollaba a nuestros pies.

—¡Dios mío...! —suspiró Syliane tras echar una primera ojeada.

Sentados en sus sillas de tijera, fumando porros y bebiendo a morro de lo que me parecieron botellas de whisky Dyck, había medio centenar de travestís mezclados/mezcladas con las monjas, curas, frailes, soldados y policías que esperaban la inminente llegada del Papa. Con el rimmel corrido, perdidas las falsas pestañas, las barbas crecidas y el rojo de los labios esparcido por la cara, aquellas criaturas que horas antes, pese a lo que fueran, detenían los coches con sólo enseñar una pierna enfundada en charol, se habían quitado las pelucas, el relleno de los sostenes, más otras molestias y aparecían tal cual eran en realidad, unos miserables monstruos que sólo eran capaces de hacer ilusión a la luz de las farolas y bajo los efectos del alcohol y de las drogas que ponen los paraísos artificiales al alcance de la mano y del dinero.

—¡Dios mío! —volvió a suspirar Syliane.

—Son tíos, mamá —trató de consolarla Fabricio.

—Calla, niño, y no mires —pidió Ascensión haciéndose cruces.

Pasaron varias horas antes de que por fin llegara el Papa. A plena luz del sol el espectáculo que tenía lugar frente al portal de mi casa fue cobrando un aspecto cada vez más espeluznante. Cansados, por no decir deshechos, tras las largas horas de espera, los travestís —algunos de ellos ya muy borrachos y otros con el mono de la droga— se habían vuelto agresivos hacia el entorno de curas, monjas y beatas que parecía reprocharles hasta su propia existencia. Harta de provocaciones, la policía, cada vez más nerviosa, se puso contundente y repartió algún que otro injustificado mamporro. El público se dividió, parte a favor y parte en contra de los travestís. Bastaba una frase más alta que la otra para que aquello degenerara en batalla campal cuando corrió la voz de que llegaba el Papa.

Por fin en un revuelo de sotanas, tocas blancas y uniformes, Juan Pablo II llegó al pie de la estatua ecuestre del marqués del Duero donde hacía ya un rato que el profesor Tierno Galván, alcalde de Madrid, le esperaba rodeado de numerosas autoridades. El aspecto físico del polaco me decepcionó. No tenía el porte principesco de Pacelli, ni el aire bonachón de Juan XXIII, ni tampoco las afectadas maneras de Pablo VI. Wojtyla tenía gestos y andares de leñador. La sotana blanca le iba corta, calzaba gruesos zapatones y le sudaba la frente.

Desde la altura de mi terraza era prácticamente imposible captar con detalle lo que estaba ocurriendo abajo. Más tarde, viendo los noticiarios de la televisión, nos enteramos de cómo habían ocurrido realmente las cosas. Pudimos escuchar a Tierno deseándole al Papa una feliz estancia en Madrid. El viejo profesor se había dirigido al Pontífice en latín lo que pareció desconcertar considerablemente a este último. Tan desconcertado parecía —Tierno debía de estar gozándola— que pensé que el latín no era una lengua con la que el Papa estuviera familiarizado.

Después todo ocurrió muy deprisa. Rodeado de gentes ensotanadas, de caballeros vistiendo chaqué y de señoras presumiendo de mantilla, el Papa, tras despedirse del alcalde, siguió su camino no sé muy bien hacia dónde. Diez minutos más tarde, el caballo del marqués del Duero volvió a quedarse solo. Los curas, las monjas y los travestís desaparecieron todos al mismo tiempo. Sobre el asfalto quedaron algunas sillas rotas, docenas de botellas vacías, bastantes jeringuillas, alguna peluca que otra y un sinfín de breviarios, rosarios y otros objetos del culto. Ni aquella noche, ni a la siguiente de la siguiente, vimos en la calle a ningún travestí y el ayudante del Rey pudo salir de su casa sin que nadie le recordara a voz en grito lo bueno que estaba.

[illegible] tirado algunas sillas, mesas, columnas de luz, [illegible] botantes [illegible] [illegible] que [illegible] [illegible] de [illegible] [illegible] los objetos de [illegible]

1983

—¿Qué significa para ti España con relación al resto del mundo, o más concretamente con relación a Europa? ¿Somos una gran nación? ¿Somos los españoles una raza privilegiada? —le pregunto a José Mario apenas se ha sentado en la butaca preferida de mi despacho.

Armero vacila apenas unos segundos:

—No. Pero tampoco somos mucho peores. Somos bastante parecidos a todos los demás.

—¿Estamos a la altura, intelectualmente, cívicamente, por ejemplo, de naciones como Francia o Inglaterra?

—Si hacemos el inventario de los treinta y tantos millones de españoles y los comparamos a los franceses, yo diría que no. Los franceses participan en un acervo cultural más importante, saben más cosas, escuchan mejor radio, ven mejor televisión, tienen más inquietudes. Pero no creo, por ejemplo, que los políticos españoles sean peores que los franceses.

—¿Crees de verdad que Suárez se puede comparar a Giscard o a Mitterrand?

—Puestos en una balanza, los tres tienen unos méritos que los hacen igual de importantes. Qué duda cabe que son tipos totalmente opuestos, yo los conozco a los tres, y son muy difíciles de comparar. Giscard d'Estaing tenía muchas ventajas, hablaba inglés y alemán y había hecho unos estudios muy superiores a los de Suárez, pero también tenía muchos inconvenientes. Suárez no ha escrito ningún libro, no habla ningún idioma…

—Incluso el castellano, que es el suyo, lo habla bastante mal.

—La verdad es que no estaba preparado para una serie de cosas, pero en fin, a la vista del mundo y teniendo en cuanta que *«Spain is different»*, se las arregló en un principio bastante bien. Pero no hablemos sólo de políticos. Los abogados y los médicos españoles, pongo por ejemplo, o los cirujanos y los publicistas, nada tienen que envidiar a sus colegas franceses. Ahora bien, si comparamos lo que valen los españoles con respecto a los franceses, pienso que la mayor diferencia está entre el español medio y el francés de la misma categoría social. Aquí es evidente que somos perdedores.

—Es curioso, pero a veces hablas de los políticos con un soberbio desprecio y otras los defiendes a machamartillo.

—No sé... Lo que ocurre es que muchos de ellos se encontraron de repente en situaciones para las que no estaban preparados, y no estaban preparados porque el franquismo no permitió nunca que destacase nadie con un mínimo de personalidad. Por lo tanto me parece cruel atacarlos a priori, sin darles esa *chance* que se da a la gente en casi todas las otras profesiones. Volviendo a Suárez, yo creo que resulta claro que era un hombre muy conocedor de la estrategia política, un hombre de grandes intuiciones, que era audaz, pragmático, muy ambicioso y, en un momento dado, con grandes dificultades de futuro.

—Hablemos, aunque sea muy por encima, de Felipe González.

—A mi entender me parece muy interesante. Como hombre de gobierno ya hablaremos más adelante en detalle. En todo caso, a lo largo de los años que lo conozco, que ya son muchos, es una de las personas que más ha progresado, que cada día es mejor. Sabe contestar y tiene una cualidad para mí importantísima: sabe aceptar las posiciones críticas de los demás. Ya te digo, es un hombre muy, muy interesante.

—¿Piensas lo mismo de Carrillo?

—Don Santiago es un gran conocedor de todo cuanto concierne al juego político. Es un experto, un gran profesional. Es también un hombre, a pesar de todo lo ocurrido en estos últimos tiempos, que ha hecho unos esfuerzos tremendos para dignificar su partido, sin olvidar, naturalmente, su persona, cosa que en parte consiguió muy rápidamente. Carrillo apareció en España, no hace tanto tiempo, como un criminal y hoy es un señor diputado que sigue un proceso normal de adaptación al medio ambiente español. Carrillo tiene un gran sentido práctico de las realidades. Ha comprendido muy bien que el Partido Comunista tiene otro papel que jugar que aquel que tanto lo desprestigió en tiempos pasados.

—Bueno, los socialistas han comprendido lo mismo. Los únicos que siguen jugando el mismo papel, siglo tras siglo, son los hombres de la derecha.

—Digamos mejor de una cierta derecha. No, yo creo que Carrillo se adaptó muy bien a las circunstancias de la transición y que hizo todo lo posible para deshacerse de inútiles pragmatismos.

—¿Carrillo te parece superior a Marchais?

—Sin duda alguna. Infinitamente superior.

—¿Y a Berlinguer?

—Comparar al asturiano con un italiano, que como todos los italianos tiene mucho de florentino, me parece casi imposible. Sin embargo, creo que Carrillo, en según qué circunstancias, le podría dar cien vueltas al marqués rojo.

—No se puede hablar de Carrillo sin recordar a Fraga. Al fin y al cabo, al jefe comunista lo presentó en el Club Siglo XXI el antiguo ministro de Franco, el hombre de «la calle es mía».

—Mira, mis relaciones con Fraga siempre han sido malas a pesar de que en varias ocasiones los dos hemos hecho grandes esfuerzos para mejorarlas. Pero hay en la vida incidentes que son muy difíciles de superar. Fraga tiene las cualidades necesarias para ser un hombre de Estado, no un gran hombre de Estado, pero sí un hombre de Estado. Aprende deprisa, sabe cosas, es un trabajador infatigable, etc., pero no sabe dominar al propio Fraga y eso es un fallo gravísimo. Ese Fraga que lleva dentro acabará con él definitivamente un día u otro.

—Cuando la señora Thatcher era todavía una simple diputada y siendo Fraga embajador en Londres, me preguntó si le conocía. Le dije que no tenía ese disgusto. Riendo, la señora Thatcher me contestó: «Si Fraga manda un día en España, echarán ustedes de menos a Franco». ¿Dónde situabas tú a la muerte de Franco al conde de Motrico?

—Podía haber sido uno de los hombres más importantes de España. Ingeniero, embajador, soberbio escritor, político, con un gran conocimiento del mundo, hablando varios idiomas y poseyendo un gran encanto personal, Motrico tenía entre sus manos todos los ingredientes para hacer una gran carrera. Pero creo que su frivolidad es muy superior a sus grandes cualidades. No tiene profundidad ninguna y es capaz de sacrificarlo todo por una frase, por una postura, e incluso por una fotografía. Además, es un hombre que actúa siempre a destiempo.

Armero suelta una risita de esas que le quitan importancia a sus palabras y añade:

—De haberse ocupado solamente de las cosas de su región, Areilza podía haber sido un gran vasco.

—¿Se puede comparar a Garaikoetxea con el conde de Motrico?

—No. En absoluto. Lo único que tienen en común es que los dos son vascos. Garaikoetxea es un hombre en el que se habían puesto grandes esperanzas. Podía haber jugado un papel trascendental y, o bien porque no ha querido, o bien porque no ha podido, el caso es que no lo ha hecho. Toda la confianza que se había puesto en él no ha servido para nada. Hoy, Garaikoetxea aparece como un auténtico irresponsable, incapaz de manejar el tinglado que preside. Una persona decepcionante y una enorme desilusión.

—¿Qué opinaste en su tiempo de Tarradellas?

—Ya sé que sientes por él un especial cariño, así que no creas que lo que voy a decirte es para darle betún. Tarradellas era y sigue siendo un gran personaje, quizá el de mayor envergadura entre todos los políticos españoles, un gran personaje al estilo de Charles De Gaulle, que ha sido capaz de identificar, sublimar y mitificar algo y alguien de los que sabíamos muy poco: la Generalitat de Cataluña y el propio Josep Tarradellas. En un cortísimo período de tiempo nos convenció, sin darnos demasiadas explicaciones, de la existencia de esa Generalitat. Y muy pronto resultó que la Generalitat, De Gaulle y Tarradellas eran una misma y única cosa.

—Yo siempre pensé que Suárez tendría la listeza, si no la inteligencia, de jugar la baza de Tarradellas con un mínimo de seriedad. Yo sé que a Tarradellas Suárez le decepcionó muchísimo. En cierta ocasión dijo de él: «Ese chico gobierna como el zar de Rusia, escondido detrás de una cortina». Ya que hemos hablado de Tarradellas y de Garaikoetxea, ¿cuáles son para ti las diferencias fundamentales entre vascos y catalanes?

—Cataluña y el País Vasco son las dos regiones españolas más cercanas a Francia. En Cataluña hay hombres de cultura superior, con unas tradiciones que juegan un papel muy importante en la vida de un país. Hay una cultura catalana, una tradición catalana, un espíritu específicamente catalán y unos hombres de negocios catalanes que andan por el mundo como Pedro por su casa. Hay eso que se ha dado en llamar «catalanes universales». En cambio, no existen «vascos universales». Los vascos son gentes muy apegadas a su tierra, pero con una total y absoluta falta de internacionalidad. Hay miles de vascos en el extranjero. Yo me los he encontrado hasta en la Patagonia, cuidando ovejas. Pero siguen siendo vascos fuera de España. Moralmente siguen llevando boina. El catalán, a pesar de que nunca deja de serlo, se adapta totalmente a la idiosincrasia de sus países de adopción. Cataluña es Europa. En cambio, el País Vasco español sólo tiene concomitancias con el País Vasco francés. Ahí se para la cosa. Los vascos, algún día, aparte de resolver sus grandes y casi insolubles problemas, necesitarán hacer una sólida operación de relaciones públicas. El asunto vasco ha acabado por resultarle odioso al resto de los españoles. La verdad es que hasta ahora se han aceptado, no sólo por las gentes del franquismo, sino por muchas otras personas entre las cuales me cuento yo, una serie de concesiones que hemos creído necesarias para lograr un atisbo de paz, que todos quisiéramos duradera, en aquella conflictiva región... y sin embargo, siguen matando. Todo en la vida tiene sus límites. La paciencia es una virtud que los vascos tienen tendencia a confundir con la debilidad. Lo grave, gravísimo, es que esta clase de confusión puede acabar en drama muy fácilmente.

De repente, sin venir a cuento, Armero me pregunta:

—¿Cuántas fotografías de don Alfonso XIII tienes en esta biblioteca?

—Dos o tres.

—Pues no —dice—. Hay cinco. Una la tienes allí, colgada entre las obras de Stendhal y una edición muy bonita del teatro completo de Shakespeare. Es la foto de un cuadro de László, y don Alfonso viste, si no me equivoco, el uniforme de los húsares de la Princesa. Y un poco más a la derecha, encajonada entre los volúmenes de Diderot encuadernados en piel verde, el rey aparece con un atuendo bastante extraño...

—En efecto. Recuerdo que un día mi hijo Fabricio me preguntó si el rey llevaba una chilaba. No, no es una chilaba. Es un manto blanco que lleva bordadas a la altura del pecho las cruces de las cuatro órdenes militares de Santiago, Montesa, Calatrava y Alcántara.

—Sí. Y justo debajo hay una fotografía todavía más curiosa. Don Alfonso a caballo, en mangas de camisa pero con corbata negra, un cigarrillo colgando del labio y una especie de salakot en la mano derecha. Tiene un aspecto muy... cómo decirlo... muy golfo.

—Yo diría que es una foto muy castiza. Con el salakot, que no es más que un casco de polo, está saludando al guardia de uniforme en posición de firmes.

José Mario señala con el dedo:

—Y allí, a la derecha de la chimenea, en la segunda estantería hay dos fotos más del rey a caballo.

—Una la tomó mi padre en Deauville durante un campeonato de polo entre ingleses y españoles, allá por 1927. La otra es la reproducción de un cuadro célebre de Moreno Carbonero.

—Dime, ¿por qué tantas fotografías de don Alfonso? Me recuerdas a uno de esos rusos emigrados, con la casa llena de iconos y de retratos de la familia imperial. ¿Qué es? ¿Nostalgia? ¿Fervor? ¿Monarquismo biológico, como tú acostumbras a decir?

—Quizá sea todo eso reunido. Exceptuando la nostalgia. Creo que don Alfonso pudo ser un gran rey. Se merecía algo mejor que los españoles de su época. Una aristocracia más consecuente con su concepto del honor. Unos militares más fieles. Un pueblo menos ingrato. Unos políticos menos mediocres. Y sobre todo, menos traidores en su entorno inmediato. Había demasiados Romanones y Marañones a su alrededor. Repito que don Alfonso pudo ser un gran rey.

—Tengo la impresión de que el nieto le va a superar en grandeza.

—Vaya... Muchas veces me has dicho no ser monárquico. ¿Las circunstancias te han hecho cambiar de parecer?

—Yo no podía llegar al monarquismo por tradición familiar, ni tampoco por el convencimiento de que la monarquía fuera la mejor fórmula para el Estado. Yo he llegado al monarquismo, recientemente, lo admito, por razones accidentales. Soy un monárquico pragmático y coyuntural. Hoy apoyo decididamente a la monarquía y al rey, convencido de que actualmente no hay esquema mejor para el país. Esta opinión la comparten conmigo muchos hombres auténticamente republicanos, entre otros el propio Tarradellas. El Rey ha jugado un papel que ha permitido que los republicanos estén entre nosotros como pez en el agua.

—¿Te ha sorprendido tanto el Rey como me ha sorprendido a mí?

—Sí. Me ha sorprendido. Al Rey no le he tenido desde un principio la confianza que se merecía. Don Juan Carlos ha tenido un gran sentido del Estado, eso yo lo admiro por encima de todo, y ha tenido también un profundo sentido de la obligación histórica. El Rey ha llevado a cabo la única política que podía hacer en su calidad de heredero de una familia liberal y democrática. No creo que pensara nunca en la posibilidad de un posfranquismo. Como tampoco creo que se le haya ocurrido nunca que él era el sucesor de Franco. Los demás sí que lo hemos pensado.

—En realidad, lo que ha hecho don Juan Carlos es actuar en digno sucesor de su padre, el conde de Barcelona.

—Sí. A don Juan de Borbón le debemos mucho los españoles. Ha jugado con entereza y honradez uno de los papeles más tristes de nuestra época. Es un hombre que ha sido tratado de un modo perfectamente injusto e insultante por gentes que no le llegaban a la suela de los zapatos, entre otros el propio general Franco, el más sañudo, rencoroso y mediocre de sus enemigos. Para los de mi generación, don Juan representa un comportamiento ético ejemplar. Es un hombre que ha aceptado todos los sacrificios que le han parecido necesarios para el bien de España. Yo siento por él una profunda simpatía personal.

—Dime, José Mario, ¿qué te pareció la ceremonia del retorno de los restos mortales de don Alfonso XIII?

—Es curioso que me preguntes eso. Porque tengo acerca de ese acontecimiento una teoría que te puede parecer particular. Fue, en cierto modo, una ceremonia mínima, como si el actual monarca hubiese querido ante todo romper con el pasado histórico, o más concretamente con un pasado monárquico decimonónico. La ceremonia tuvo lugar, porque era justo y necesario que don Alfonso XIII reposara entre los suyos en San Lorenzo de El Escorial. Pero no pasó de ser una ceremonia de carácter familiar. A don Juan Carlos es lógico que le interese más conocer la posición de los que no le aceptan, ya sea la derecha o la izquierda. Lo que no le debe preocupar, creo yo, es lo que puedan pensar todos aquellos que fueron cortesanos de don Alfonso XIII, o amigos de su padre, el conde de Barcelona. Repito que esa ceremonia me pareció consagrar una especie de ruptura entre el Rey y «los monárquicos de antes». Y creo que don Juan Carlos tiene razón al preocuparse de ganar nuevos clientes, los de hoy y los de mañana, gentes todavía jóvenes que normalmente han sido republicanos o franquistas antimonárquicos. Yo no me olvido del ambiente antiborbónico que reinaba en la universidad en mis años mozos, ambiente sistemáticamente alentado por el franquismo.

—¿Te parece que la monarquía, tal cual la vivimos hoy, es irreversible en este país?

—Sí, pero también creo que la monarquía no se ha actualizado suficientemente. Creo que falta imaginación entre los que apoyan la institución. No existe todavía un aparato monárquico moderno. Y es imprescindible que lo haya. Los colaboradores del Rey son pocos y, salvo estupendas excepciones, desconocidos y grises. Los ministros de Suárez se rodeaban de un fasto mucho mayor que el propio Rey. A la monarquía de don Juan Carlos hay que fabricarle una imagen de marca definitivamente nueva y moderna. No pretendo, ni mucho menos, que se recree una corte, pero sí que se le dé a la persona del monarca la importancia que se merece.

—Ya que hablas de no querer recrear una corte y a propósito del funeral de don Alfonso XIII, recuerdo que a las pocas semanas de lo que el *ABC* calificó de «luctuoso acontecimiento», me encontré en el Ritz de Barcelona con un viejo monárquico catalán, lleva un título que se remonta al siglo XV, que había sido muy amigo de mi padre. Me preguntó si había estado en San Lorenzo de El Escorial. Le contesté que sí. «Yo no fui», me dijo, «porque a mi edad ya no está uno para esos trotes. Además... pues no sé si me comprenderás, pero me daba una cierta vergüenza que me vieran allí. ¿Sabes?, yo fui uno de esos monárquicos "de toda la vida" que dejaron solo a don Alfonso en su peor trance. El 9 de abril de 1931, viendo cómo se ponían las cosas, le dije a Matilde: "Haz las maletas que nos vamos a Biarritz. Aquí habrá República dentro de muy pocos días". Matilde me preguntó si no me preocupaba lo que pudiera pasarle al rey. Le contesté que el rey había aceptado la Dictadura de don Miguel Primo de Rivera y que ahora le tocaba pagar el pato a él. A Matilde no le pareció bien mi actitud, pero no dijo nada. Estaba convencida, como lo estaba yo, de que si se proclamaba la República aquello acabaría en un baño de sangre, a la rusa. Qué quieres, hijo, a mí gentes como Miguelito Maura no me inspiraban ninguna confianza. Así que nos fuimos a Biarritz.»

—Y allí debió de encontrarse con todos los que pensaban como él.

—Sí. Y eran muchos. Tantos como para que una clase social se condenara entera para siempre al desprecio y al desdén. Fueron más tarde los valedores a ultranza del franquismo, único obstáculo al retorno de la Monarquía. Son los mismos que hoy insultan a don Juan Carlos llamándole «rojo» y «traidor». «Yo fui», recuerdo que murmuró a mi oído el viejo monárquico catalán, «un traidor a mi rey y a mi monarquía. No fui al Escorial por no tener que sentarme entre los míos, porque no creo que sean muchos los que sientan la misma vergüenza que siento yo.» Hizo bien en no ir. Porque allí estaban todos. Muchos de los traidores de 1931, demasiado viejos para acudir ellos mismos, se hicieron representar por sus hijos o por sus nietos, los cuales, como los agnósticos practicantes, se consideran sin relación alguna con el pecado original cometido por sus mayores. Allí estaban, como si nunca hubiera pasado nada, hablando en voz baja de perdices y de escopetas inglesas. Los hombres todos parecidos entre sí, largos rostros caballunos, bigotillo a lo Milans del Bosch, la mirada pálida, los labios lívidos, los cuerpos por lo general huesudos, cuando no malsanamente hinchados por el buen comer y el mal beber, vestidos todos como hace años, ¿de dónde vendrá el mito de la elegancia de esas gentes?, los unos apoyados en bastones de puño de plata, los otros en el hombro de sus mujeres. ¡Ah, las mujeres, José Mario! Todas semejantes las unas a las otras, viejas hadas marchitas de nariz aguileña y mirada cruel, luciendo como joyas bárbaras sus grandes dientes amarillos, agigantadas por la alta peineta de carey, vestidas de sedas negras y de encajes, luciendo, cómo no, los consabidos collares de perlas. Eran feas y altivas, reñidas todas ellas desde siempre con aquello que el poeta llamó «el eterno femenino». En realidad, Goya no inventó nada. Las vio, los vio, como las vi yo, muertas, apolilladas, pero coleando todavía al recordar antiguos brillos. Pasó, envuelto en la bandera española, el cadáver de don Alfonso, muerto en el exilio por la cobardía de esas gentes y, todos, ellos y ellas, clavaron la mirada en el ataúd, ahogando quizá un suspiro de alivio, como si una vez enterrada definitivamente la víctima propiciatoria, la mala conciencia les fuera a atosigar un poco menos. Después del rey muerto, pasó el rey vivo. Grande, atlético, rubio, consciente en su fuero interno de ser, más que un rey, «el motor del cambio». Pasó sin verlos. Me gustaría creer que pasó *sin querer* verlos. No hubo desprecio alguno en su voluntad de «no mirar». Hubo algo mucho peor. Hubo indiferencia. Como si hubiese decidido olvidar para siempre la existencia de una raza que tanto daño ha hecho, desde hace siglos, a nuestras monarquías.

Armero guarda silencio. Un largo silencio. Luego, dice:

—Una de las ventajas del monarca actual, amargamente adquirida, consiste precisamente en esa acumulación de las experiencias del pasado. No creo que la sangre de los reyes sea una sangre especial, eso se ve cuando les cortan la cabeza, pero no cabe duda de que, biológicamente, un rey acumula más experiencia que el simple hombre de la calle.

Armero se va como ha venido. Con su aire perennemente inquieto de personaje a lo John Le Carré. Como si apostado detrás de un árbol de la Castellana un pistolero de la CIA o de la KGB fuera a pegarle un tiro al salir de mi casa. O como si le esperase un coche de La Zarzuela.

Por la noche, olvidando una cena con gentes sin interés, releo el resumen que hice en uno de mis libros de lo que fue la tumultuosa, brillante y a la par triste vida de don Alfonso de Borbón y Habsburgo-Lorena. Mañana se lo mandaré a José Mario Armero con esta nota: «No creo que los reyes sean biológicamente más experimentados que el simple hombre de la calle. Lo que ocurre es que, como dijo Séneca, "los salones del palacio de los reyes están llenos de hombres y vacíos de amigos". Y eso enseña mucho».

Empecé mi resumen escribiendo:

> De drama en bufonada, el país se iba a pique. Sin duda, sobre la cuna del último Borbón de España se habían inclinado unas hadas maléficas. Alfonso XIII nació rey. Marcado por una cifra fatídica que el destino nunca le perdonaría. Investida de la Regencia, su madre doña María Cristina de Habsburgo, a la que el pueblo llamaba «la reina señora», asistió durante quince años al derrumbamiento del país con una impasibilidad que todavía sorprende. Era una austríaca austera y triste que había elevado su viudedad al rango de alta virtud. Mujer recta y estricta, desprovista de imaginación, la poca seriedad de los españoles de su tiempo la afligió hasta el día de su muerte. Du-

rante este interregno y sin que la regente pudiera intervenir, España se descompuso rápidamente como una bella fruta demasiado tiempo expuesta al sol. Cuba, Puerto Rico y la isla de Guam, del archipiélago de las Marianas, se desgajaron de la Corona como fragmentos de una pieza arquitectónica vetusta y agrietada, para someterse al flamante yugo del espejismo americano. No faltaron en el proceso los arrebatos de soberbia. Como el del almirante Méndez Núñez durante la guerra del Pacífico: «España prefiere honra sin barcos, que barcos sin honra». La frase es bonita, pero la derrota fue terrible. Cuando, de un salto impaciente, el joven rey por derecho divino subió a su trono, el sol se había puesto ya sobre los restos del viejo imperio agonizante. De las posesiones de ultramar sólo restaban las Baleares paradisíacas y las Canarias calcinadas y tres enclaves morunos de un valor puramente simbólico: Ifni, Melilla y Ceuta. Era poco para un monarca heredero de tantas glorias. Como todos los que súbitamente entran en posesión de un vasto patrimonio, el sátrapa imberbe exigió un día de sus visires el inventario completo de aquella España que le caía en las manos y que había de romperle el espinazo. «Tierra triste y noble», la llama el poeta. Más bien nido de víboras y ratonera, según pudo comprobar muy pronto el monarca, sorprendido por el alcance de sus amargos descubrimientos. Todos los años, el hambre ahuyentaba a millares de vascos y gallegos hacia las Américas, donde no hacía tanto tiempo sus antepasados eran los amos. En el sur de la Península la situación no era mejor. Los campesinos andaluces se alimentaban de aceitunas y muchas veces de bellotas, como los cerdos. En la vertiente oriental de la Sierra de Gata, en las Hurdes, vivían hombres y mujeres que nunca habían visto el pan. En algunos pueblos de Extremadura había que andar decenas de kilómetros para ir a buscar agua potable. Larvada pero permanente, la revuelta agitaba Cataluña, semillero de anarquistas y de revolucionarios ilustrados. El rey Alfonso subió al trono de una monarquía herida ya de muerte por la pérdida brutal de sus últimas colonias. A su lado —y bien sabe Dios lo desesperadamente que lo buscó él— nada ni nadie en quien apoyarse. La corte era mezquina y sólo se ocupaba de honores fútiles. La aristocracia, medieval y avara de sus inmensas riquezas. Los todopoderosos caciques reinaban, a semejanza de la Iglesia, por el miedo y la ignorancia. La burguesía, inoperante, estaba en sus balbuceos. No había clase media, sino ricos, muy ricos, y pobres demasiado pobres. La masa, amorfa y analfabeta, era el reverso del retrato que hiciera de ella don Miguel Primo de Rivera, idealista pueril, cuando, en un discurso del que nadie se atrevió a reírse dijo: «... Estos veinticinco millones de habitantes, instruidos, comprensivos, laboriosos, tolerantes, inspirados por el fuego divino del amor y de la doctrina de Cristo». A un ritmo que se hacía vertiginoso, España se alejaba de Europa, presa de una extraña nostalgia del pasado. Enfermedad mortal, como no se la ataje con un formidable remedio. Los hombres lúcidos, escritores, poetas y filósofos, conocían la solución del problema: olvidar el pasado. Aceptar la inevitable evolución del mundo. Aceptar, sobre todo, el hecho de que España había dejado de ser una gran nación, sin perder por ello la esperanza de que un día, inteligentemente gobernada, pudiera volver a ser fuerte. «¡Cerremos la tumba del Cid —decía Costa— a fin de que no vuelva a desfilar ante nosotros sobre su caballo de batalla!» Estos hombres abogaban por el abandono de toda política de grandeza y la adopción de la política de escuelas. A las fantasmagorías todavía deslumbrantes querían oponer una realidad triste, dura, sórdida. Soluciones aceptables para intelectuales avezados en el análisis de las ideas, pero totalmente inaceptables para un monarca imbuido de un derecho recibido del Cielo. Escritores, poetas y filósofos fracasaron en sus intentos de desmitificación de la monarquía. Evidentemente, España no estaba preparada para una república de profesores.

A los veinte años, Alfonso XIII todavía podía creer en su suerte ya que no en un talento político que, por otra parte, nunca se jactará de poseer. Y, no obstante, siempre, en el último momento, la suerte le abandonará. Desde el principio hasta el fin, su reinado no es más que una serie ininterrumpida de catástrofes personales y nacionales. El mismo día de su boda con doña Victoria Eugenia de Battenberg —belleza diáfana y distante que le aportaría en dote, además de los encantos de Inglaterra, la terrible hemofilia de la que fue víctima su hijo mayor, el príncipe de Asturias—, el traje blanco de la nueva reina se manchó con la sangre de los hombres y los caballos muertos alrededor de ella por la bomba de Morral.

Más adelante, cuando el rey se convierte en el viajante de comercio de su patria y hace de correveidile diplomático entre Émile Loubet, Guillermo II y Eduardo VII, cuando las relaciones de la Triplice y de la Entente se deterioraban rápidamente, será acusado con virulencia de carecer de opinión personal y de ser un veleta.

Alfonso XIII no había tenido tiempo de acostumbrarse a los cepos del poder cuando Cataluña se sublevó. Quemó sus iglesias, violó a sus religiosas y asesinó a sus rentistas. La represión fue fulgurante e implacable. El rey, a fin de dar prueba de una férrea firmeza, negó la gracia a Francisco Ferrer. De inmediato el mundo entero hizo recaer sobre su cabeza la sangre del anarquista fusilado. Sin embargo, sus adversarios hubieran debido agradecérselo. ¿Qué hizo sino ofrecer a los revolucionarios en bandeja de plata el corazón del mártir que les faltaba y del que ellos harían su bandera para la lucha contra la tiranía?

Luego vino Sarajevo, 1914. La guerra será un respiro, fructífero, para esta España ingobernable e ingobernada. Prudentemente, en contra de la opinión de la mayoría de sus consejeros, Alfonso XIII opta por la neutralidad. Organiza en el palacio de Oriente un servicio de canje de prisioneros, rápido y eficaz. Propone treguas exclusivamente con fines humanitarios. Durante algún tiempo recobra la popularidad. Por fin se escucha y hasta se aprueba su voz. Proclama también sus preferencias por Francia en una frase que se ha hecho célebre: *"Il n'y a que la canaille et moi qui aimons la France"*.* En líneas generales, es verdad. La Armada española abastece a los submarinos de la Kriegsmarine en peligro, el Ejército se ufana de una germanofilia cada vez más activa y Madrid se convierte públicamente en el centro neurálgico del contraespionaje alemán. Muy pronto, a ojos de unos y de otros, el rey da la impresión de cubrir con su autoridad estas contradicciones flagrantes, estos súbitos cambiazos. Durante este tiempo, la burguesía española, que se había despertado bruscamente, se enriquecía a marchas forzadas. Pero los salarios no aumentaban en proporción a los beneficios. La crisis interna se agravaba de día en día. La neutralidad de España era sólo aparente. La victoria de los aliados dividiría definitivamente el país en dos bandos. En uno, los republicanos, los socialistas, los separatistas catalanes y los intelectuales que representaban a los partidarios de la democracia, y en otro, aquellos a los que todavía durante algún tiempo se llamará las «minorías selectas» y que, por contar con el apoyo del Ejército, abortarán toda veleidad subversiva. Hasta que de pronto, en África, Abd el-Krim subleva el Rif. El ejército metropolitano se moviliza para acudir en auxilio del desprevenido ejército colonial. A pesar de las huelgas que se declaran inmediatamente y a pesar de una gran agitación obrera, el contingente embarca en los puertos.

Alfonso XIII es víctima de una pasión común a todos los reyes: la estrategia de salón. Es la pariente pobre del arte militar, resultado de una educación castrense que no se lleva más allá de lo que es necesario para enseñar a un rey. Alfonso XIII siente el amor al unifor-

* Sólo la chusma y yo amamos a Francia.

me, a la disciplina de parada, al mundo jerárquico e inmutable del cuartel. Nunca ha puesto los pies en un campo de batalla. La noción de la muerte frente al enemigo se le escapa totalmente. Se le ha enseñado la abstracción mucho más cómoda, de las banderitas que se clavan en el mapa y que sólo se mueven para avanzar. De este modo, la moral de los reyes se forja de certidumbres que casi nunca son puestas a prueba. Es una moral inhumana, apta para dioses. Y los reyes no son humanos más que cuando están muertos o en el exilio.

El general Silvestre, gobernador de Melilla, recibe la orden real, que ningún jefe de Estado Mayor discute, de cruzar el Rif en armas y entrar, victorioso, en la bahía de Alhucemas. El general obedece. Incluso anuncia por telegrama la fecha de su llegada al punto convenido. Será el día de la festividad de Santiago, patrón de España. Pero el general Silvestre no es el Cid. Y el santo de Compostela lo abandona a su suerte sobre el suelo candente de África. Los moros, mandados por tres emires, aplastan al ejército español. No es una derrota, es un desastre. Doce mil cadáveres quedarán tendidos sobre el polvo rojizo de los *yébel* rifeños. Mil quinientos prisioneros parten en cautiverio, en condiciones que hacen estremecerse de horror a la opinión pública. Para devolverles la libertad, Abd el-Krim, que se siente ya completamente seguro, exige un rescate de cinco millones de pesetas en monedas de plata. En Madrid, al tener conocimiento de la cifra, el rey Alfonso, dolido, pronuncia una frase terrible: «¡Caramba! ¡No sabía que fuese tan cara la carne de gallina!». Desde este instante el corazón del Ejército se cerrará para siempre a este rey que se niega a hacer suya una derrota. Entonces viene el encono. La cabeza del rey, eso es lo que piden ahora perentoriamente los que la víspera se hubieran conformado con una reforma relativamente seria de las instituciones.

España lloraba todavía sus muertos en África cuando el rey se va a Deauville para disputar un partido internacional de polo. El viaje se interpreta como una bofetada a la nación entera. La prensa de izquierda clama contra la desenvoltura del rey. Alfonso XIII es retratado con las tintas más sombrías. Es un egoísta, indiferente a las desgracias nacionales, un juerguista, al que sólo interesan las mujeres, los negocios y los deportes caros. En suma, un vividor, un parásito. Blasco Ibáñez, autor populista de moda, lo ataca vilmente en un libelo que publica en París, donde reside. La popularidad del rey se desmorona.

Pero este retrato apasionado del monarca es tan injusto como arbitrario. La realidad se acomoda raras veces a la desmesura. El rey de España, por su parte, se acomodaría bien a la sensatez y a la cordura. Es un individuo medianamente inteligente, afable, cortés, profundamente recto, que prefiere el galope de un caballo o la caza del faisán a la lectura y al estudio. Como cualquier hombre de su época de clase acomodada, es liberal por naturaleza. Es también, y por encima de todo, el aristócrata tipo, descendiente de una raza muy vieja, de un valor físico desconcertante, demasiado escéptico para no ser, simplemente, un desengañado, siempre con un algo de tristeza en su mirada a menudo ausente.

En 1923, a los treinta y siete años, Alfonso XIII es ya un hombre gastado por el poder. Un hombre que está de vuelta de casi todo y que no cree en casi nada. Por lo que se refiere a la política española, es probable que no crea ya en nada absolutamente. Durante mucho tiempo trató con buena fe de aplicar en el país un parlamentarismo al estilo del que funcionaba satisfactoriamente en otras naciones de Europa. Olvidó contar con los españoles y con su desmedida afición por las banderías, grupos y partidos sin significado especial. No consiguió nada. Convencido al fin de que en España no había más que dos fuerzas que se enfrentaban, el proletariado y el Ejército, el rey, tras largas vacilaciones que le honran, optó por la solución militar a la que estimaba capaz de sofocar los tumultos cada vez más frecuentes y restaurar el orden necesario para el normal desenvolvimiento de la vida del país. Consintió, pues, en que don Miguel Primo de Rivera, general de Infantería, asumiera la jefatura del Gobierno. Tampoco con esto se consiguió gran cosa. A no ser darle a la Monarquía el tiro de gracia.

Don Miguel, hombre ingenuo y bonachón, orador divertido, mujeriego y aficionado a los vinillos regionales, instaurará una dictadura campechana, perfectamente ineficaz, durante la cual se afanará por resolver militarmente los inextricables problemas económicos y sociales que afligían a España. Fracasará en toda la línea. Primo de Rivera permanecerá siete años en el poder. Al término de su septenato había disuelto el Parlamento y sustituido el Gobierno constitucional por un directorio militar presidido por él. También había puesto fin a la guerra de Marruecos.

Tras desembarcar personalmente en Alhucemas, someterá a los rifeños de Abd el-Krim y obligará al jefe moro a pedir la paz. En prueba de reconocimiento a Francia, que le ayudó en estas operaciones, firmará un tratado autorizando a las tropas francesas a pasar por España en caso de guerra con los alemanes.

Finalmente, deportará a don Miguel de Unamuno a la isla de

> Fuerteventura por un artículo que le ha disgustado. No sin cierto humor, le reprocha al escritor: «Realmente no me parece que un poco de cultura helénica dé derecho a meterse en todo».
>
> Prudentemente, al sentir acercarse a grandes pasos una revolución cuya primera víctima sería él, don Miguel presenta su dimisión al rey y se retira a París, donde morirá semanas más tarde en un modesto hotel de la rue du Bac. Envenenado, dirán unos. De cirrosis, afirmarán los que se resisten a admitir que un dictador pueda morir, simplemente, de haber vivido. Caída la dictadura, don Alfonso...

De repente me entra un cansancio infinito. Lo que ocurrió cuando cae la dictadura de don Miguel Primo de Rivera es ya del dominio público. Además, es inútil hablar de Historia con José Mario Armero. Él tiene sus teorías, que no son siempre las mías. Meto pues los folios en un sobre, y me voy a dormir.

Armero y yo nos vemos de nuevo un par de semanas más tarde. No le ha gustado mi resumen del reinado de Alfonso XIII.

—Un resumen —me dice— nunca resulta satisfactorio, ni históricamente, ni humanamente. Un resumen es como un esqueleto. Le falta carne. Le falta vida. Yo estoy convencido de que don Alfonso tuvo que ser necesariamente un personaje mucho más complejo que el que tú describes.

Armero saca del bolsillo interior de su americana una hoja de papel doblada en dos.

—He apuntado aquí una frase de Rubén Darío referente a don Alfonso que me parece muy sensata. Dice: «Arduo conflicto el de rey en los días actuales. Porque la mayoría de las gentes no ven sino la parte dorada y legendaria de esas vidas principales. No saben los cuidados y las inquietudes de hombre que hay en esos personajes simbólicos que encarnan a los pueblos».

—Víctor Hugo, otro poeta, los poetas lo tienen siempre todo muy claro, dijo en otras palabras algo muy semejante: «Los pueblos tienen la estúpida costumbre de atribuir al rey lo que ellos hacen».

Armero se guarda la nota escrita en el bolsillo y, como sorprendido, comenta:

—Es curioso, ¿verdad?, que en pleno siglo XX nos sigan fascinando los reyes...

—¿A ti te fascinan?

—Me fascina el nuestro.

—No me extraña. A mí me ocurre lo mismo. ¿Cuándo le conociste?

—Hace ya muchos años, cuando todavía era pequeño.

—Por cierto, José Mario, ¿tú fuiste de los españoles que estuvieron de acuerdo con la decisión del conde de Barcelona de traer aquí al Príncipe para que se educara en España?

—Pues la verdad es que, en un principio, me pareció mal. Yo tenía por aquel entonces la teoría de que entre la Casa Real española y El Pardo lo conveniente era que no hubiese demasiada comunicación. En otras palabras, que el régimen no destiñera en el que un día había de ser el Rey, ya fuese el conde de Barcelona o don Juan Carlos. Pero hoy, tal y como han ocurrido las cosas, resulta evidente que el conde de Barcelona obró con gran cordura. Demostró ser impermeable a toda clase de influencias, ya que la gran mayoría de las gentes que le rodeaban estaban en contra de la venida del Príncipe a España. Pero los Borbones son así. Son muy independientes cuando llega el momento de tomar grandes decisiones. Y hay que tener una gran personalidad para prescindir de lo que opine el entorno inmediato. En su exilio de Estoril, don Juan estaba rodeado de personas casi todas pertenecientes a la nobleza española, con una ideología estrechamente ligada a la ultraderecha. Yo, que he tenido ocasión de hablar con ellos, te aseguro que no brillaban ni por su inteligencia política ni por su sensatez.

—En ese entorno del que tú hablas estaba un hermano de mi padre, el conde de San Miguel, célebre en Barcelona por las tonterías que decía en cuanto abría la boca.

—Sí, eran casi todos de una ceguera total en lo tocante a la política que producía escalofríos. Recuerdo que una noche, en Estoril, César Balmaseda hizo ante el conde de Barcelona una apología apasionada de Blas Piñar. Don Juan le escuchó muy serio, sin interrumpirle ni una sola vez.

—¿No dijo nada?

—Nada. Sonrió, pero no dijo nada.

—¿Ocurrían también esas cosas en el entorno del Príncipe?

—Más o menos. Estaba rodeado, en su mayoría, de militares y éstos, a qué negarlo, eran hombres totalmente refractarios al cambio político que siempre había preconizado don Juan. A ellos les hubiese gustado una monarquía que fuese la continuación del franquismo. Don Juan, en cambio, mantenía que la única monarquía concebible era una monarquía popular y democrática. Don Juan Carlos que, sobre este punto, siempre estuvo de acuerdo con su padre, puso en práctica en cuanto subió al trono lo que a todos nos parecía un sueño, y rompió totalmente con el franquismo. Teniendo en cuenta que los entornos, tanto del padre como del hijo, eran absolutamente franquistas, la cosa dice mucho en favor del actual monarca y en el de su progenitor. Recuerdo, entre otras cosas, que al día siguiente del entierro de doña Victoria Eugenia organicé en Lausana una cena en honor del conde de Barcelona. Esta cena viene repitiéndose anualmente desde entonces, y a todas ellas ha acudido puntualmente don Juan. A la que tuvo lugar en 1978 vino acompañado por dos o tres de sus ayudantes, por llamarlos de alguna manera. Al final de la cena, como tenemos por costumbre, pasamos revista a los acontecimientos políticos más importantes del año. Cada cual dio libremente su opinión. Cuando les llegó el turno a los ayudantes, fue, te lo aseguro, para echarse las manos a la cabeza. Uno de ellos, el marqués de Casa Tremañes, que según me dijeron era coronel o teniente coronel, dijo cosas tremendas. Habló de rojos, del caos español, de la necesidad de meter en cintura a los políticos, etc., etc. Sus colegas le siguieron la corriente y parecía que estábamos otra vez a principios del año treinta y seis. Te cuento esto para recalcar la independencia absoluta de don Juan frente a las gentes de su entorno.

—Lo que no entenderé nunca es por qué se rodeaba de gentes semejantes.

—Bueno, me imagino que tampoco debía de importarle mucho la ideología de su chófer o la del botones que iba a buscarle los cigarrillos. La cuestión es que de todos aquellos con los que tuve la ocasión de hablar en el exilio portugués, no recuerdo a ninguno que se pudiera definir como mínimamente liberal.

—Hombre, sí. Estoy pensando en su secretario particular, Ramón Padilla.

—Tienes razón. Padilla era un hombre culto, inteligente y con una visión del futuro que coincidía plenamente con la del propio don Juan. Pero mira, yo pienso que estas personas, me refiero a las gentes del entorno, tienen funciones muy definidas y que los reyes, que por lo general son grandes profesionales, aprecian a los que los rodean en su justo valor. A estos señores no los emplean para que aconsejen sobre política. No sería exagerado decir que los tienen para abrir puertas, jugar al golf o para ir de caza.

—Algo así como criados de superlujo.

—Bueno, eso es poner las cosas muy a lo crudo. Antes, cuando se le daba mucha importancia a las formas, se los llamaba gentilhombres de servicio. Les ponían una llave de oro encima de la cadera y todos contentos. Pero, bromas aparte, yo no creo que a don Juan se le ocurriera nunca preguntarles a Casa Tremañes o a tu tío San Miguel lo que pensaban sobre la evolución política del país. Le debía de importar un bledo lo que les gustara o no a estos señores, lo cual dice mucho en su favor, porque a pesar de todo, si no se anda uno con mucho cuidado, el entorno puede acabar influyendo en tu subconsciente, jugándote una mala pasada.

—Hace poco, estando en la cama con una fuerte gripe, releí el libro de don Miguel Maura, *Así cayó Alfonso XIII*, en el que el autor le da unos lúcidos consejos a «ese rey que tendrán un día los españoles» y que él llama maliciosamente el Mirlo Blanco. Los consejos del antiguo ministro de la Gobernación de la República son sabrosísimos. Cuando hablaba de monarquía, don Miguel Maura sabía, por experiencia, de lo que hablaba. Lo hacía con el gracejo y el desparpajo de aquellos que intuyen que de las cosas serias conviene hablar con cierta ligereza, ya que el tono doctoral y grave no les va más que a los que no saben de lo que hablan.

—Creo que lo he leído. ¿Es ese libro en el que don Miguel supone que ya se ha muerto y que las cosas las presencia «desde allá arriba»?

—Exacto. Después de narrar largamente la ceremonia de la coronación del Mirlo Blanco (multitud ingente, gran desfile militar, aplausos en las Cortes), don Miguel pone en duda la sinceridad del «fervor monárquico del pueblo español». Y escribe: «Tenga en cuenta, señor, que a los madrileños tanto les importa Julio César como Julián Cerezas con tal de que haya permiso para el jolgorio y se declaren festivos algunos días. Pero eso no es sino la cáscara, y a V.M. lo que le importa es la yema. La yema es el voto del pueblo, de ese pueblo y del resto de los españoles el día en que se los convoque a las urnas... La hora de la yema ha de llegar muy pronto para V.M.

Entretanto, aproveche, señor, el tiempo que le falta para conocer España. Porque España no es sólo Madrid. Va desde La Coruña a Almería y desde Gerona hasta Huelva. Toda ella contará y pesará el día de la verdad. Los españoles —sigue apuntando don Miguel Maura—, son diferentes los unos de los otros según las regiones, pero tienen un acusado denominador común: su MEMORIA, que es formidable. En unas regiones verá V.M. que aún recuerdan los hechos de la Independencia, desde hace más de siglo y medio. En otras, los de las guerras carlistas, de más de un siglo la primera. En unas, todo lo que pasó durante nuestra Guerra Civil. Y en otras, todo lo que pasó después de ella. Es un pueblo, el pueblo español, que disfruta de una memoria de elefante. ¡Jamás olvida! Aunque sólo sea como simple curiosidad, vale la pena, señor, oírlos. Y si V.M. me lo permite, antes de dejarle en paz y volverme allá arriba, le daré tres sencillos consejos nacidos de mi experiencia cuando, en vida, andaba en andurriales parecidos.

»"1.° No viva V.M. en el palacio de Oriente. Es letal y funesto para la realeza. Es el Versalles español y debe quedar, igual que el francés, como simple museo.

»"2.° Cierre V.M. las puertas de su casa a eso que se llama «la gente bien». Rodéese de personas inteligentes, cultas, modestas y sencillas de la clase media, que le traigan a diario un buen chorro del aire de la calle.

»"3.° No deshaga V.M. sus maletas. A lo mejor no le dan tiempo para rehacerlas el día de la verdad y es muy probable, pero mucho, que esta vez no pasen tan alegremente las cosas, tan ciudadanamente, como aquel 14 de abril de 1936.

»Hacia el final de su libro don Miguel Maura le da un último consejo al Mirlo Blanco, emocionado por los vítores con que le obsequia el pueblo durante su coronación: "No se fíe mucho V.M. de eso que está viendo. El pueblo de Madrid es así y ha sido siempre así. Hace eso mismo que V.M. está viendo cuando destrona a sus reyes, y cuando los recibe, cuando proclama la República y cuando celebra el aniversario del alzamiento militar que acabó con ella. Siempre, siempre ha sido así, señor. El día que don Alfonso XII, tras el 'golpe de Sagunto' hizo su primera entrada en Madrid montado en un soberbio caballo blanco, un robusto y joven madrileño, entusiasmado, iba dando gritos estentóreos junto al estribo del soberano. Éste le dijo: 'Muchacho,

¡qué contento estás y cómo gritas!' '¡Anda pues esto no es nada para lo que gritamos hace seis años cuando echamos a la puta de la reina!', contestó el castizo refiriéndose a doña Isabel II, madre del regio jinete. Así que ya ve, señor, no se fíe, no se fíe".

Armero no se ríe. Quizá esté pensando en aquello que le dijo el emperador Carlos V a Felipe II: «Si quieres conservar tus dominios, deja la Corte en Toledo. Si deseas aumentarlos, llévala a Lisboa. Si no te importa perderlos, ponla en Madrid».

—El tercer consejo de don Miguel al Mirlo Blanco —comenta Armero— no me parece válido tal y como se presentan las cosas. Quizá los españoles no sean monárquicos fervorosos. Pero son juancarlistas convencidos. Es decir, monárquicos coyunturales. Así que, por el momento, ese tercer consejo cae en saco roto. En cambio, del primero y del segundo, don Juan Carlos parece haber hecho gran caso.

—Sí. Oriente sigue oliendo a tumba y La Zarzuela a tomillo. Que sea por muchos años. Y es evidente que aquellos que se autoproclamaban «gente bien», en cuestiones de semántica también existe la arrogancia, no cortan, ni pinchan, en lo que a los destinos del país se refiere. Significan tan poco que cuando el conde de Barcelona decidió legitimar a su hijo abdicando de sus derechos a la Corona, lo hizo sin avisar, por lo menos oficialmente, a los grandes de España, los cuales se enteraron por la prensa de que el monarca reinante había dejado de ser un rey franquista. En cuanto al entorno de don Juan Carlos, exceptuando un par de títulos del reino, está constituido por gente perteneciente a la clase media española, lo que personalmente me parece muy bien por aquello del chorro de aire de la calle del que habla don Miguel Maura. En lo que respecta al Gobierno, el estamento social dominante es igualmente de clase media. No son todos ni tan modestos ni tan cultos como lo deseaba don Miguel, pero antes de juzgarlos definitivamente, dejémoslos crecer. El tiempo nos dirá si valían más que aquellos jugadores de polo y de golf que se marcharon precipitadamente a Biarritz dejando a don Alfonso XIII en la estacada.

—La clase media española, o por lo menos sus dirigentes, también tuvo un rey que se llamaba Franco. Y también lo dejaron solo. Una vez que hubo muerto, claro está. Y hoy, esas gentes poco agradecidas reniegan de su memoria y se reparten sus vestiduras. Pero lo más curioso es que esa clase media, hoy demócrata y liberal de toda la vida, en cuanto arrambla con el poder se pone a imitar a los de antes y no sueña más que en títulos y en toisones.

—Sí. Y don Juan Carlos, sagaz dos veces, por Borbón y Borbón, lo ha comprendido muy bien. Pero no les da los títulos cuando llegan, se los da cuando se van. Como esa rentita que se le otorga al viejo mayordomo que ha servido bien. ¿Fue usted jefe del Gobierno durante aquella temporada en la que nadie hizo nada? Pues marqués. ¿Fue usted presidente del Consejo y se marchó antes de que lo echaran a patadas? Pues duque. ¿Fue usted aquel que me calzaba las zapatillas y me ponía en marcha el televisor? Pues conde. *Et ainsi de suite.*

—Es lo que se hace desde siempre en la corte de Inglaterra y les va muy bien.

—Cierto. Con el aire se hincha el odre y con la vanidad el hombre. Hay muy pocos que resistan con dignidad el señuelo de un título. Los nuevos duques, marqueses y condes cambian de sastre, ya que no de sangre, aprenden a jugar al bridge, beben té alzando el dedo meñique y se cabrean mucho al comprobar que nadie se los toma en serio. El ideal secreto de estos señores es parecerse al antiguo cura convertido en duque consorte de Alba. España, durante el transcurso de los siglos, lo fue todo menos cursi. Ahora lo es.

De repente Armero se levanta y pide permiso para telefonear. Hace tres llamadas, todas ellas muy breves y concisas. Una a un embajador, probablemente sudamericano, al que llama afectuosamente Tito. Otra a un amigo para pedirle la dirección de un mago en Roma. Y la tercera a un circo que está de paso por Madrid, para reservar entradas. Luego, vuelve a sentarse en el sofá y pregunta sonriente:

—Y ahora, ¿de qué hablamos?

—Me gustaría que me hablaras de don Juan Carlos cuando todavía era Príncipe de España.

—Sí. Qué título más raro, ¿verdad? Suena a opereta con música del maestro Moreno Torroba. Pero claro, darle el tratamiento de Príncipe de Asturias, que es el que le correspondía, habría supuesto por parte del franquismo el reconocimiento de una dinastía que se pretendía hacer olvidar desprestigiándola por todos los medios.

Armero se arrellana en el sofá.

—El Príncipe —dice—, entre su llegada a España y la muerte de Franco, las pasó canutas. Sufrió toda clase de desaires y de ordinarieces, sobre todo por parte de la familia del dictador que veía en él a eso que los franceses llaman *un empecheur de danser en rond*. Yo le conocí hace ya muchos años, cuando todavía era un jovencito. No fui a su boda por una especie de pudor y porque me habría fastidiado pasar por un cortesano más, de los de telegrama y ramo de flores. Pero después, ya de casado, le traté y hablé con él bastantes veces. Era muy simpático, muy cariñoso, pero al mismo tiempo era muy cauto, muy prudente en sus palabras, como si supiera que cualquier cosa que dijese iba a ser inmediatamente repetida *en haut lieu*. A mí se me ha ocurrido pensar a veces que el Príncipe vivía en España con la mentalidad de un «topo» en país ajeno, temeroso siempre de que lo descubrieran en cualquier momento. No se podía fiar de nadie y tenía muy pocos amigos. Era la suya una vida triste para un hombre tan joven. Hacía falta tener un gran carácter para soportarla como lo hacía él, con la sonrisa en los labios.

—¿Qué representaba el Príncipe para el español llano de la época?

—Muy poca cosa. Pero ten en cuenta que por aquel entonces don Juan Carlos era prácticamente un desconocido.

—¿Y para la gente del régimen? ¿Qué significaba?

—Los mandamases del régimen lo desdeñaban ostensiblemente.

—¿Qué ocurría con la llamada «buena sociedad» madrileña? ¿Lo recibían? ¿Lo agasajaban?

—Poco. Muy poco. Y casi a escondidas. Las gentes, esas gentes, no querían que se supiese en El Pardo que tenían contactos con el Príncipe. Podía haber sido peligroso para sus intereses. Por lo menos eso es lo que creían ellos. Sólo se empezó a hablar abiertamente de don Juan Carlos cuando ingresó en la Academia para dar comienzo a sus estudios militares. Después, nos enteramos de que iba a pasar unas horas en los diferentes Ministerios para ponerse al corriente de cómo funcionaba la Administración. Pero la verdad es que ninguno de nosotros veíamos en él al futuro Rey de España. La monarquía, ya te he dicho en repetidas ocasiones que la muerte de Franco no estaba prevista, nos parecía algo muy lejano, por no decir una utopía. Además, para los monárquicos, si había de venir un rey, éste no podía ser otro que don Juan de Borbón.

—¿Hasta qué punto tomaba Franco en consideración al Príncipe?

—No lo tomaba. Al contrario. Lo humillaba. No le informaba prácticamente de nada. Lo mantenía siempre a distancia. Y en los discursos que pronunciaba públicamente en presencia del Príncipe se las arreglaba siempre para atacar a la dinastía, haciendo responsables a los Borbones de todos los desastres ocurridos en España. No sólo atacaba a don Juan de Borbón, sino también a don Alfonso XIII, que tanto había hecho en favor de su fulgurante carrera.

—Y el Príncipe, callado.

—¿Qué otra cosa podía haber hecho? Una ruptura entre don Juan Carlos y Franco habría significado el fin de la esperanza monárquica. Yo he pensado muchas veces que, por aquel entonces, nadie supo valorar debidamente el carácter del Príncipe. Otros se habrían marchado dando un portazo, hartos de tanta grosería y tanta mezquindad. Pero él no. Él tuvo el valor, creo que ésta es la palabra exacta, de aguantar toda clase de vejaciones con tal de no poner en peligro lo único que a sus ojos tenía importancia: el retorno de la monarquía a España. —Armero guarda silencio unos instantes. Luego, con una cierta tristeza en la voz, añade—: Nos equivocamos todos. Franco incluido. Recuerdo una cena que tuvo lugar en Aravaca, en casa de Joaquín Garrigues Walker. Si no me equivoco fue en el verano del 74. Éramos veintisiete invitados, todos personas representativas de los sectores nacionales más importantes. Políticos, industriales, directores de periódicos. En aquella cena se plantea un tema que nos preocupa a todos: ¿qué va a pasar a la muerte del Generalísimo? Unos piensan que el Ejército se hará cargo del poder. Otros, que estallará inevitablemente una nueva guerra civil. Y unos cuantos, muy pocos, creen que la oposición democrática se hará con la situación. Pero no hubo ni uno solo entre los veintisiete invitados que mencionara al Príncipe como una solución posible. Y eso que don Juan Carlos era ya el sucesor designado. Los que pensábamos que se cumplirían las previsiones sucesorias estábamos convencidos de que junto al futuro Rey se instalaría en el poder un hombre fuerte del régimen, un Carlos Arias Navarro, un Utrera Molina, un Girón, hombres que seguirían acatando los Principios del Movimiento. Porque todos creíamos a pies juntillas que Franco lo había dejado todo «atado y bien atado». Esa creencia, ¡qué ilusos éramos, qué poca visión política teníamos!, se mantuvo incluso durante la agonía del general. Personas muy allegadas al Príncipe hacían saber discretamente que no cambiaría absolutamente nada. De alguna manera, el propio Príncipe, en una jugada política magistral, dio a entender que su acceso al trono no alteraría en nada el orden establecido. Cuando llegó el momento el Príncipe juró los Principios del Movimiento. Hizo bien en jurarlos, ya que de no haberlo hecho no hubiese subido nunca al trono. Luego, en muy poco tiempo, nos demostró que aquello de lo «atado y bien atado» no era más que una fantasmada. Para ser justos con Fraga he de admitir que fue uno de los pocos que comprendió muy claramente la situación. Hablando con él del cambio, del que don Juan Carlos fue el motor, le dije un día a Fraga: «Sin duda todo esto ha sido posible, en gran parte, por la muerte de Carrero Blanco. Si no matan al almirante creo que el yugo y las flechas estarían todavía presentes en la calle de Alcalá». Fraga me contestó, contundente: «Te equivocas. Ante la voluntad de don Juan Carlos, Carrero no le habría durado al Rey ni un mes». Ahora estoy convencido de que Fraga tenía razón.

—¿Cuáles fueron tus relaciones con el almirante Carrero Blanco?

—Le conocía, pero sin más. No puedo decir que tuviera una mala opinión de él. Pienso que era un hombre con un gran sentido de la dignidad, como pienso también que no tenía una verdadera ambición política. Creo que antes que enfrentarse al Rey se habría marchado. Porque ten en cuenta que no existía el «carrerismo». Al almirante no le apoyaba ningún grupo definido. Tenía muy pocos amigos y casi ninguno entre los políticos. Carrero se mantenía siempre distanciado, con cierto cariz de desprecio, de los políticos. De los hombres del franquismo, Carrero es quizá el que se merezca menos críticas. Un día habrá que estudiar en profundidad la figura del almirante. Cumplió siempre con lo que él creía ser su deber. Estuvo muy identificado con Franco, pero no creo que se hubiese opuesto nunca a la voluntad reformista de don Juan Carlos.

—¿El Rey podía haber hecho lo que hizo con Carrero en el poder?

—No con su beneplácito. Por eso creo que se habría marchado. Antes que oponerse al Rey habría preferido desaparecer de la escena, lo cual, a mi entender, dice mucho en favor suyo.

—Dime, José Mario, ¿tú estás totalmente convencido de que a Carrero le asesinó ETA?

—La mano ejecutora fue, sin duda alguna, ETA. Pero ¿quién manipuló a ETA? Porque yo estoy convencido de que en esta ocasión

ETA no actuó en solitario. Hay muchas cosas que están todavía encerradas en el cajón de los misterios. El día que nos enteremos de la verdad, si es que nos enteramos, nos llevaremos grandes sorpresas.

Armero pronuncia estas palabras en el tono del hombre que, a pesar de su endémico escepticismo, ya se ha llevado la sorpresa desde hace algún tiempo.

—Te voy a contar —le digo— unas reflexiones que me hizo Carrillo cuando todavía estábamos los dos en el exilio. Ocurrió que una productora francesa me pidió que escribiera un guión basado en un libro que se acababa de publicar y que había suscitado violentas polémicas. Se trataba de *Operación Ogro*, la historia del atentado que le costó la vida al almirante. Al enterarse de que yo iba a hacer el guión, me entrevistaron varios periodistas y la cosa salió en la prensa. Al día siguiente me llamó por teléfono la secretaria particular de Michel Poniatowski, a la sazón ministro del Interior, para decirme que su jefe deseaba verme con urgencia. Acudí a la hora que me indicaron a la place Beauvau, sede del Ministerio. Yo conocía superficialmente al ministro, aunque era muy amigo de uno de sus sobrinos, el príncipe Jean Poniatowski, actual director de la revista *Vogue*. «He leído que va usted a escribir un guión basado en *Operación Ogro* y que la película la va a dirigir Pontecorvo.» Le dije que así era, en efecto. Poniatowski me miró fijamente durante unos segundos y luego dijo: «Le voy a dar un consejo: por favor, no lo haga». No me dio ninguna clase de explicación. Y además, con un gesto muy significativo me hizo comprender que no se la pidiera.

—¿Y qué hiciste?

—Seguir el consejo de Poniatowski. Yo siempre he pensado que cuando vives en un país que no es el tuyo y donde siempre te lo han facilitado todo, lo menos que puedes hacer, aunque sólo sea por cortesía, es aceptar por buenas las palabras de un ministro que, pudiendo darte órdenes, se contenta con darte un consejo. Así que escribí a la productora y renuncié a los varios millones que me habían ofrecido por mi trabajo.

—¿Cuáles habían sido las razones del ministro?

—Nunca lo he sabido. Pero algunas tendría, y probablemente de peso. Precisamente, en aquellos días le estaba yo haciendo a Carrillo una larga entrevista que salió publicada en *Lui* y que levantó en

España bastantes ampollas. Le expliqué a Carrillo lo ocurrido con el ministro y Santiago, sin dudarlo un instante, me dijo: «Si Poniatowski te ha pedido que no hagas ese guión, hazme caso, no lo hagas». Y apurando lo que quedaba de su cigarrillo, añadió: «En esa muerte de Carrero hay muchos velos que todavía no conviene levantar». Entonces le pregunté a Carrillo lo mismo que te he preguntado a ti: «A Carrero, ¿lo ha matado ETA?». Estábamos en mi casa del Bois de Boulogne, adonde Carrillo acudía puntualmente desde hacía unos días para trabajar conmigo. Le había tomado afición a un rincón de mi despacho-biblioteca, un rincón más bien oscuro en el que solo brillaban sus ojillos maliciosos tras los cristales de sus gafas de profesor. Cómodamente instalado, con una copa de Courvoisier en la mano y un Gitane colgando del labio, el secretario general del Partido Comunista de España me explicó: «Cuando nosotros mandábamos nuestros agentes a España, se trataba siempre de verdaderos profesionales, casi todos entrenados en Checoslovaquia o en Rusia. Pues bien, a pesar de eso no les dábamos nunca más de seis meses de vida. Antes o después los cogía siempre la policía. Esta certidumbre me creaba un problema moral muy grave. Porque era precisamente yo quien escogía a los agentes que mandábamos a España. Y yo sabía que los enviaba a una muerte cierta, porque, como ya te he dicho, indefectiblemente, siempre los cogían. Esta situación mía me angustiaba tanto que acabé por pedirle a mi Comité Ejecutivo permiso para entrar en España, por lo menos una vez, para hacer lo que aquellos hombres hacían por orden mía. El Comité me lo negó alegando que el secretario general del Partido no tenía por qué jugarse la cabeza a causa de lo que unos llamaban "mis complejos" y otros "mi sentimentalismo burgués". El caso es que la policía española siempre acababa neutralizando a nuestros agentes, por más profesionales y competentes que éstos fueran. Así que ahora yo te pregunto: ¿cómo es posible que un grupo de vascos, con cara de vascos, con acento de vascos y, probablemente, con boina de vascos, se pasaran un año cavando un túnel bajo una calle céntrica de Madrid sin que nadie se enterara? ¿Cómo es posible que ese grupo de hombres pudiera trasladarse de piso varias veces en una época en la que era obligatorio informar a la comisaría más cercana de cualquier cambio de domicilio, sin que a nadie se le ocurriera pedirles la menor explicación? ¿Cómo es posible que esos hombres se pudieran pasear por Madrid llevando a cuestas cargas de dinamita, detonadores, metros y metros de cordones Bickford sin que a nadie le llamara la atención? Dime tú si te parece posible». Carrillo encendió un cigarrillo nuevo en la punta de su colilla y apaciguando el tono de su voz, añadió: «Es indudable que ETA fue el brazo ejecutor, pero los interesados en que Carrero muriera, los protectores de ETA, por llamarlos de alguna manera, eran otros». ¿Quiénes podían ser? Me imagino que aquí entramos de lleno en eso que se llama «el gran juego de los intereses internacionales».

—Mira, a mí eso de los «intereses internacionales» me suena a algo muy parecido a aquello del «complot judeomasónico» contra España del que tanto se hablaba en los tiempos del franquismo. La verdad es que en aquella época España no les importaba gran cosa ni a los europeos ni a los demás. Y pienso que ahora, salvo en sectores muy específicos, ocurre un poco lo mismo. A los americanos, por ejemplo, les importa más Marruecos que España, y a los franceses lo único que les fastidia de España son nuestras naranjas y nuestros limones. La verdad es que, en asuntos como este de la muerte de Carrero Blanco, yo tengo tendencia a creer que se trata de una operación de carácter doméstico. Hemos leído demasiado a John Le Carré y vemos Gaddafis hasta debajo de las piedras. ETA lo que quiere es la independencia del País Vasco, cosa que como puedes comprender sólo les interesa a los vascos que pertenecen a ETA. Por su parte, el GRAPO actúa en favor de un anarquismo utópico de signo marcadamente ibérico. A Carrero Blanco se lo cargaron los españoles sin que necesitaran ni la ayuda de los libios, ni la de los soviéticos, ni la de los irlandeses del IRA. Fue una operación doméstica española. Como el asesinato de Mountbatten fue una operación irlandesa en la que no intervinieron ni la ETA, ni el GRAPO. En todo este asunto del terrorismo internacional nos sobra imaginación.

—Bien, supongamos, como tú dices, que la Operación Ogro fue una acción de carácter puramente doméstico. ¿A qué clase de españoles les interesaba la desaparición física del almirante?

Armero tarda unos momentos en contestar. Cuando por fin se decide a hablar, da, en cierto modo, marcha atrás.

—Mi opinión es que se trató de una operación doméstica, pero, claro, ésa es sólo mi opinión. Lo del «gran juego de los intereses internacionales» no hay que desecharlo completamente. Al contrario, es importante tener en cuenta la posición estratégica altamente privilegiada de España. Los servicios paralelos no sólo existen en las novelas de espionaje. Estos servicios han causado demasiadas muertes para tomarlos a broma. Todo ese inframundo que ha sido el tema de tantas películas existe en la realidad. Es un inframundo peligroso, imprevisible, surrealista. Lo cual no quiere decir que yo no siga pensando que la muerte de Carrero fue una operación decidida por españoles, aunque los ejecutores llevaran boina y bebieran *txakolí*.

—De acuerdo, pero ¿quiénes eran esos españoles? ¿Eran, a tu parecer, aquellos que veían en la persona del almirante a un fiel continuador del franquismo? Porque, en ese caso, lo natural sería pensar que esa muerte sólo podía beneficiar a los que deseaban la instauración de una democracia en España. En otras palabras, ¿es la izquierda la que se encarga de liquidar al almirante?

Armero duda un segundo en contestar:

—No. No lo creo, ni lo he creído nunca.

—Entonces, ¿quién? ¿La extrema derecha?

Armero se calla. Sus labios dibujan de repente una sonrisa almidonada.

—Mira —dice sin contestar claramente a mi pregunta—, detrás de todo esto, si realmente hay algo detrás de todo esto, hay indicios de que pudiera ser la extrema derecha la que manipuló a ETA. Pero entonces no sólo intervino en el asesinato de Carrero, sino también en todos los movimientos desestabilizadores que han puesto en peligro al Estado desde la muerte de Franco.

Otro silencio. Otra sonrisa. Esta vez un poco más relajada.

—A mí los problemas del terrorismo siempre me han fascinado. He llegado al convencimiento de que detrás de todos los movimientos terroristas, en España, Italia, Alemania, etc., manipulándolos y organizándolos, siempre hay unos señores generalmente limpios de toda sospecha. En España, si yo tuviera que hacer una película sobre el tema, pondría a un príncipe de la Iglesia, a un notario, a un banquero. Unos señores capaces de poner en marcha todo el tinglado, de organizarlo y sobre todo de financiarlo. Pero, claro, sólo se trata de una elucubración mía. Yo he hablado con personas muy responsables en los temas de seguridad, y la verdad es que no saben por dónde van. Ni en España ni fuera de España. Cada organización terrorista tiene relaciones de tipo tecnológico con las demás organizaciones mundiales. Los libios con los palestinos, éstos con los irlandeses del IRA, éstos a su vez con ETA, y ETA probablemente con el GRAPO. Todo ello sobre un trasfondo de indudable idealismo. Pero ¿hay algo más? No lo sé. La muerte de Carrero Blanco está aureolada de extrañas coincidencias. Veinticuatro horas antes del asesinato, Kissinger estaba en Madrid. Y ese mismo día se suspendía el proceso 1.001. Es una muerte muy peculiar y muy difícil de explicar. Una muerte casi irracional. Puede haber sido una operación doméstica, pero puede ocurrir también que nos encontremos en el centro de una galaxia de ramificaciones de una tremenda complejidad. Es muy posible que nunca conozcamos la verdad.

1984

Hoy, domingo, Armero ha venido a verme vestido de gabardina beige, quizá para recordarme que fuera, en la calle, la primavera hace tímidamente su primera aparición. Lleva una corbata de tonos cobrizos y los zapatos cubiertos de polvo. Viene del Rastro. Está radiante porque en un tenderete de la plaza de Cascorro ha encontrado un anuncio metálico de Cerebrino Mandri en perfecto estado. Le cuento que en el Marché aux Puces —el equivalente parisino del Rastro madrileño— compré hace unos años una pitillera de plata firmada por Fabergé, el joyero proveedor de la familia imperial rusa, por la módica suma de quinientos francos. Armero no parece impresionado. Él está convencido de que en el Rastro de Madrid —y en los de París, de Roma y de Londres— se puede encontrar de todo, incluso petacas de Fabergé. «Lo que sólo significa —me dice— que la gente no sabe ni lo que posee ni lo que vende. Y los que sabemos lo que compramos, somos muy pocos.»

—Volvamos —le pido— a aquella comida en la que erais veintisiete invitados, durante la cual a ninguno de vosotros se le ocurrió mencionar al Príncipe como solución a los problemas políticos españoles.

—Ahora que lo pienso, quizá no fuéramos veintisiete. Quizá éramos menos.

—Pero ninguno de vosotros mencionó al Príncipe.

—Ninguno. Yo creo que ni se nos ocurrió.

—Pero entonces... ¿en qué momento empezasteis a comprender realmente que el sucesor de Franco iba a ser don Juan Carlos de Borbón?

Armero se alza de hombros.

—Muy tarde. El primero en hacer todo lo posible para que no nos tomáramos demasiado en serio al Príncipe fue el propio Franco.

—Y tú también caíste en la trampa.

—Pues sí, en cierta manera. Pero quizá un poco menos brutalmente que los demás. Mis relaciones con el Príncipe, ya designado como sucesor, eran de un carácter bastante especial. Sólo me dio cita una vez en La Zarzuela. Siempre nos encontrábamos en casa de terceros.

—¿Para qué os veíais?

—Para hablar de la situación. Yo era probablemente «el chorro de aire fresco de la calle» al que aludía don Miguel Maura. Generalmente, el que hablaba era yo. El Príncipe hablaba muy poco. Yo descubrí en nuestros primeros encuentros que don Juan Carlos posee una virtud muy poco común entre los españoles: sabe y le gusta escuchar. Los que no le conocen más que muy superficialmente dicen de él que es muy... muy dicharachero, que a veces se deja ir de la lengua, que se confía con gran facilidad e, incluso, que a veces es imprudente. A mí me pareció enseguida todo lo contrario. Prudente, cauto, casi receloso. Por lo menos así era en aquella época.

—¿Nunca te habló de lo que pensaba hacer en cuanto fuera rey?

—Don Juan Carlos, más que explicar, daba a entender. Verás, yo le hablaba mucho de su padre, que era lo que, en el fondo, más le interesaba. Pero ya te digo, era muy cauto. Recuerdo que una vez, refiriéndose a una reflexión del conde de Barcelona, me dijo: «A mi padre, por decir eso, le han puesto en la lista negra». El Príncipe insistió mucho en hacerme comprender que su entendimiento con don Juan fue y sería siempre total.

—Pero hubo momentos de frialdad entre padre e hijo, incluso de gran tensión.

—Sí, es verdad. Pero más que de frialdad, yo diría que de falta de comprensión generacional. Pero eso ocurre en todas las familias. Los padres y los hijos pertenecen a universos diferentes. No pueden pensar siempre lo mismo, aunque básicamente se respete una misma escala de valores. Lo de las discrepancias entre el Príncipe y su padre fue en efecto, durante un tiempo, la comidilla de ciertas personas a las que les habría gustado que esas discrepancias fueran ciertas.

—¿Y no lo eran?

—Había discrepancias, qué duda cabe. Pero nunca de suma gravedad. La gente tiende a ver las cosas tal y como querría que fueran. Como yo, de alguna manera, era el amigo del padre que hablaba con el hijo y el amigo del hijo que hablaba con el padre, pues era lógico que calibrara esas presuntas discrepancias en su justo valor, sin exageraciones, ni dramatismos. En todo caso, nunca los oí criticarse el uno al otro.

—¿En qué momento crees tú que el conde de Barcelona renuncia a ser un día el rey de España? En otras palabras: ¿cuándo abdica en su fuero interno?

—Yo creo que fue cuando Franco designa al Príncipe como sucesor. Se disuelve el Consejo Privado y Areilza sale de la Secretaría. La vida política del conde de Barcelona ha terminado. Y él lo sabe. Mejor que nadie.

—Lo dejaron tirado.

—Hablando crudamente, sí. Recuerdo como si fuera hoy una de las últimas visitas que le hice en Estoril. Me había invitado a comer en Villa Giralda. Pero hubo un problema de cocinero y tuvimos que ir a comer a un restaurante. Después de comer me llevó al hotel conduciendo él mismo su coche. Ya no era nadie. Se habían acabado las peregrinaciones portuguesas de los juanistas. La posibilidad de una restauración de la monarquía en la figura de don Juan se desvaneció irremediablemente. ¿Por qué? Porque sus amigos, los monárquicos, se habían pasado en masa a su hijo.

—Me imagino que tú y yo tenemos la misma opinión de esa clase de monárquicos.

—Estoy seguro de que sí. Y hoy en día, mi gran satisfacción es el saber que esos monárquicos «de toda la vida» ya no pintan nada.

—La verdad es que los únicos monárquicos que pintan algo en la actualidad son los republicanos de toda la vida. Los que yo llamo monárquicos coyunturales, a los que perteneces tú.

—Pues sí.

—¿Desde cuándo?

Armero tarda un rato largo en contestar:

—Hombre, lo que se dice monárquico, aunque yo prefiero definirme como juancarlista, pues sólo desde el advenimiento del actual monarca. Los primeros monárquicos que aparecen en mi vida son las gentes de Renovación Española y los carlistas. Los conocí, a unos y a otros, en Salamanca, durante la Guerra Civil. Las actividades de esas gentes no tenían ningún sentido para mí. Ten en cuenta que yo era todavía muy jovencito y que incluso cuando mis padres me hablaban de don Alfonso XIII yo no sabía muy bien de quién se trataba. Mis primeros contactos serios con el mundo monárquico tienen lugar después de la guerra, en el colegio y más tarde en la universidad. Me vinculo a ellos, pero sin jugar nunca al juego de una oposición total al régimen, es decir, que no voy a la cárcel, como les ocurrió a tantos otros. Yo sólo formo parte de esa oposición al franquismo que nace tímidamente en la clase media y que se centra en dos movimientos de tipo monárquico: los partidarios de don Juan de Borbón y los carlistas. Mucha gente cree que yo he sido carlista. No es cierto. Lo que sí es verdad es que yo tuve una relación continua con muchos de ellos. La oposición carlista al franquismo se limitaba a celebrar misas y a pelearse a puñetazos con los falangistas a la salida de las iglesias. Una vez al año celebraban un acto en Montserrat. Algunos más audaces visitaban a Fal Conde y viajaban a Francia para rendir pleitesía a don Javier de Borbón.

—¿Y tú participabas en todo eso?

—Menos en los viajes a Francia sí. Yo iba a las misas, a los actos, a las tertulias...

—Pero no eras carlista.

—No, no lo era. Pero aquel movimiento de oposición más o menos tolerado por el régimen, porque la verdad es que era totalmente inofensivo, provocaba en mí una gran curiosidad. Era sin embargo un movimiento al que ni yo, ni mi familia, estábamos vinculados, ni por interés político, ni por tradición. Mi hermano Jaime, a la salida de una de esas misas de las que te hablo, gritó «Muera Franco» y, naturalmente, fue detenido. Eso ocurría en el año 48 o 49, no recuerdo bien. En aquella época vivíamos con mis padres todos los hermanos. Un amigo llamó a casa para avisarnos de lo que había pasado. Mi padre nos anunció la cosa diciendo: «Por lo visto era una misa por el cumpleaños del rey de Jaime». Mi padre, como ves, no sabía ni el nombre del pretendiente carlista. Le llamaba «el rey de Jaime». ¡Fíjate lo arraigada que sería nuestra vinculación con el carlismo! Por esa misma época entré en contacto con los grupos monárquicos partidarios de don Juan de Borbón. Con éstos, las cosas eran más serias. Me hago amigo de Joaquín Satrústegui, de Jaime García de Vinuesa, de Dionisio Ridruejo. Voy a los cines a tirar al patio de butacas unos impresos que rezan: «El Rey se acerca. ¡Viva el Rey!». Recuerdo que en una de esas incursiones, en el cine Rex, me acompañaba Fernando Álvarez de Miranda, futuro presidente del Congreso. Tiramos los papeles y nos quedamos a ver la película. No nos pasó nada. En cambio, a otros compañeros los detuvieron por querer escaparse. Además de detenerlos por monárquicos, les ponían unas multas tremendas. A mí no me importaba que me detuvieran, pero me aterraba la idea de que me multaran, porque a mi padre le habría colocado en una posición muy difícil tener que pagar cien mil pesetas, suma enorme por aquellos años. Lo más probable es que hubiese ido a la cárcel, donde por lo general te pegaban una paliza nada más llegar. Algún tipo de represión sufrieron por esos motivos y otros parecidos Torcuato Luca de Tena, Joaquín Satrústegui, Jaime Miralles y muchos otros. De aquellas aventuras nace mi amistad con Álvarez de Miranda. Él era mucho más monárquico que yo, que no lo era mucho, pero políticamente nos entendíamos muy bien.

— Ese «rey que se acerca», tal y como lo anunciaban los impresos que repartíais en los cines, tú, ¿cómo lo veías? ¿Cómo te lo imaginabas?

—No creo que ni yo, ni ninguno de mis amigos, nos paráramos mucho a pensarlo. Lo que sí te puedo decir es que en aquellos momentos a nadie se le habría ocurrido que el rey anunciado sería un día lo que hoy es don Juan Carlos. Te he dicho ya anteriormente que la palabra «democracia» nos era prácticamente desconocida. No la usábamos nunca en nuestras conversaciones políticas. La posibilidad de una recuperación por el pueblo de su soberanía, es decir, la posibilidad de votar, de ir a las urnas, nos habría sonado a peligrosa utopía. La primera vez que oí pronunciar en público la palabra «democracia» fue durante una cena, allá por el año 59 o 60, en la que Joaquín Satrústegui dijo: «Yo, antes que monárquico, soy demócrata». Recuerdo que los comensales nos quedamos con la boca abierta. Porque la verdad es que, hasta entonces, el sentimiento democrático unido al ideal monárquico nos era totalmente extraño. Y me estoy refiriendo a los monárquicos juanistas, porque ese sentimiento existía aún menos entre los carlistas, que eran mucho más ultras que los propios franquistas. Los carlistas actuaban como si el tiempo se hubiese detenido. Seguían luchando empecinadamente contra el liberalismo heredado del siglo pasado. Fíjate si serían obtusos.

—Es decir que cuando hablabais de monarquía...

—... nos referíamos exclusivamente a una restauración monárquica en sustitución del franquismo.

—Sin embargo, ya por aquel entonces don Juan de Borbón había abogado en su *Manifiesto* por una monarquía de carácter popular.

—Cierto. Pero yo no creo que fuéramos muchos los que habíamos leído el *Manifiesto* de don Juan. Quizá uno de los pocos que se apuntó a la idea de una monarquía con participación popular en el Gobierno fuera el pobre Dionisio Ridruejo.

—¿Cómo fue la reacción de los monárquicos ante esa voluntad de don Juan de asociar la monarquía a la democracia?

—Bastante mala, por no decir muy mala. Fueron muchos los que le volvieron la espalda. Don Juan, de pronto, resultaba ser, por sus convicciones, un hombre peligroso. Peligroso para la monarquía. Así y no de otro modo le juzgaba el propio general Franco.

—¿Cuál fue el eje de la campaña de Franco contra don Juan?

—Franco veía en don Juan al enemigo que podía quitarle el puesto apoyándose en la misma clientela que le sostenía a él. Obró en consecuencia, tratando de desprestigiar a don Juan como político y como hombre. Lo que Franco pretendía no era restaurar la monarquía, sino «instaurar» una monarquía de nuevo cuño. Una monarquía franquista. Eso podía pasar, a condición de no analizarlo demasiado, por una idea original. Pero no lo era. Lo que pretendía Franco era volver a las viejas formas, condenadas ya en todo el mundo moderno. Esa idea y esas formas estaban también condenadas implícitamente en el *Manifiesto* de don Juan. Es más, en el *Manifiesto* estaba ya la simiente de lo que sería la monarquía actual. Pero en el fondo éramos muy pocos los que queríamos enterarnos de ello. En ningún momento, por ejemplo, se habló de un posible resurgimiento de los partidos políticos. La Guerra Civil, según nos querían hacer creer, la provocó un sistema: el de los partidos políticos. Nuestra idea de una restauración monárquica se concretaba en la cesión del poder por los militares a los civiles, quienes recuperarían de esta manera los derechos de don Alfonso XIII y de su sucesor. Pero ninguno de nosotros pensó jamás que esto conllevaba el retorno a un Parlamento, a un Congreso, a un Senado y, aún menos, al renacimiento de los partidos. Todo esto para dejar bien sentado que no puedo enorgullecerme de haber participado desde un principio en un movimiento de oposición de talante democrático.

—¿Cuándo nace entonces entre vosotros la idea de la democracia? O más precisamente, ¿en qué momento tuvieron lugar los primeros contactos entre don Juan de Borbón y la oposición no monárquica al franquismo?

—Entre 1948 y 1949. El primer grupo de oposición no monárquico del que yo tengo conocimiento en la universidad es el FELIPE (Frente de Liberación Popular). Ese y otros grupos similares enlazaron con don Juan. La idea era traer a España una monarquía parlamentaria y constitucional que permitiera un día al pueblo español expresar su voluntad en las urnas. Y que, naturalmente, permitiera también la legalización de los partidos.

—¿Cuál fue la reacción a estos contactos de los monárquicos tradicionales?

—Los monárquicos tradicionales, en su gran mayoría, se convierten entonces en monárquicos-franquistas. Para aquellas gentes agresivamente primarias el esquema es muy sencillo: Franco es el protector de los intereses de la derecha y la derecha española empieza a considerar que don Juan de Borbón, al tomar contacto con los vencidos de la Guerra Civil, se convierte en un hombre muy peligroso. Con el beneplácito de Franco, se desata una furibunda campaña contra don Juan. Una campaña mezquina y sórdida, de ataques personales, de difamación y de injurias. Se le achacaba el hecho de vivir en el extranjero, de haber servido en la Marina Real Británica, de ser masón, mujeriego y bebedor. En fin, que rizaron el rizo. En esa campaña jugó un papel primordial el poder corruptor de Franco. A este periódico —de tendencias monárquicas— se le daba o no el cupo de papel que necesitaba, según la postura que adoptara en el tema. A tal o cual señor se le concedía fácilmente un crédito bancario, a tal o cual otro no. Al marqués de X se le concedía o no el permiso de importación de un automóvil, según fuera a Estoril o se quedara en Madrid. Y así todo. Según decía Dionisio Ridruejo, la única política del régimen franquista de aquellos años fue la corrupción. Don Juan, rojo y masón, fue declarado oficialmente el enemigo de los valores permanentes de España. En cambio, Franco, «el centinela de Occidente», era el defensor de nuestra civilización cristiana. Y además, daba cupos y permisos de importación. Para muchos, la elección fue fácil. El proceso de desintegración moral de los monárquicos tradicionales, y de una gran parte de la nobleza y de la aristocracia, se podía observar y seguir con el reloj en la mano. Te pongo un ejemplo: a la boda de la hija de Franco con el doctor Martínez los aristócratas no asisten. Pero en cambio, años más tarde, acuden todos, absolutamente todos, a la boda de la nieta de Franco con Alfonsito de Borbón. El poder corruptor había dado ya unos evidentes resultados. Franco se había ganado a los «monárquicos de toda la vida» y además había creado una «nobleza del imperio» cuyo exponente máximo era el propio marido de su nieta, creado duque de Cádiz y alteza real para la magna ocasión. Franco era un esnob de tomo y lomo. Le gustaba, le impresionaba codearse con la aristocracia. Nunca fue un líder popular. Sentía un gran desprecio por las clases trabajadoras, con las que siempre mantuvo considerables distancias. Sólo lo pasaba bien con los aristócratas, que luego, en privado, se reían de él, con los banqueros, los obispos y los diplomáticos. Nunca olvidaba a aquellos que sabían organizarle una cacería a la que acudieran gentes que estaban muy por encima de su clase social. Sus mejores momentos los pasaba entrando bajo palio en las iglesias y respirando el perfume del incienso. La corte de Franco superaba en pompa y en fasto a la de don Alfonso XIII. El montaje de su entorno era monárquico, pero era un montaje monárquico al estilo del de aquel advenedizo que fue Napoleón Bonaparte. Es decir, que se rodeó de cortesanos de nuevo cuño a los que se sumaron con alegre desfachatez esos a los que tú has acusado en varias ocasiones de traicionar a su propia casta. El comportamiento de estas gentes es fundamental para comprender la supervivencia del franquismo durante tantos años. Para ellos el dilema era muy sencillo: o Franco, rodeado de un aparato aparentemente monárquico, defendiendo por encima de todo los intereses de la derecha, o don Juan de Borbón, estableciendo una monarquía al servicio de todas las clases sociales españolas. Franco no fue pues, ni mucho menos, el único culpable de que esa monarquía no viera jamás la luz. Los centros de poder, que por aquel entonces estaban muy claros, prefirieron a Franco. Porque lo único que les interesaba, por encima de los intereses de la nación, era la continuidad del régimen, continuidad que don Juan de Borbón no estaba dispuesto a alentar.

—En esos centros de poder de los que hablas, los monárquicos tradicionales jugaron seguramente un gran papel.

—Exacto.

—Y son, claro, esos mismos monárquicos que hoy vituperan a don Juan Carlos.

—Los mismos. Se han topado con un rey que ha puesto en práctica todo lo que durante años soñó su padre. Un rey que, lógicamente, no tiene por qué manifestarles la menor estima.

Suena el teléfono. Es una llamada del despacho de Armero. José Mario se pone al aparato. La conversación es muy breve, casi telegráfica. «Sí, soy yo. ¿En Hong-Kong? ¿Cuándo? Bien. Estaré allí pasado mañana.» Se vuelve a sentar y como si la conversación telefónica no hubiese tenido lugar, me dice:

—Para mí, uno de los símbolos de la corrupción franquista fue el Biscuter. ¿Sabes lo que era?

—Pues no.

—Fue la marca del primer coche, si a eso se le podía llamar un coche, fabricado en España. Lo que te voy a contar ocurre allá, por los años 52 o 53. La gente, en realidad se trataba de contadísimas personas, empieza a tener un cierto poder adquisitivo. En aquellos momentos el sueño íntimo de todo español era poseer un automóvil. Para eso había que ser amigo, o por lo menos caerle bien, a don Manuel Arburúa, ministro de Comercio, del cual dependía enteramente el mundo del automóvil. Arburúa concedía licencias de importación de coches a sus amigos, los cuales unas veces se las quedaban y otras las revendían, ganando así muchísimo dinero. Arburúa fue un hombre muy importante, más astuto que inteligente, amigo personal de Franco, muy identificado con la idiosincrasia del dictador.

—¿De dónde salía?

—Procedía del Banco de España donde, según la leyenda, empezó de botones o de recadero. Fue el inventor del Instituto Español de Moneda Extranjera. Desempeñó diferentes altos cargos y acabó siendo ministro de Comercio. Tenía un poder omnímodo. Podía hacerte rico en unas horas, pero también podía arruinarte de un plumazo. A muchos de sus amigos los hizo millonarios y a muchos de sus enemigos los dejó en la calle. Él, personalmente, hizo una cuantiosa fortuna. Siendo ministro se ocupó de las inversiones de los Franco, quienes le profesaban un cariño que nada tenía que ver con una amistad normal. Bueno, pues siendo ministro este señor, se les ocurre a unos catalanes fabricar un pequeño automóvil español, algo parecido a lo que habían hecho anteriormente los italianos. La idea proliferó como un cáncer. En pocos meses el Gobierno autorizó setenta fábricas de automóviles y doscientas sesenta de motocicletas. Varias de esas marcas recién autorizadas se fabricaban casi a mano en talleres de reducidas dimensiones. Inútil decirte que resultaban carísimos. El más representativo de todos fue el Biscuter. Aunque de fabricación casera, se benefició de una gran publicidad y se lanzó al mercado con más pretensiones que si se tratara de un Rolls-Royce hispano. El Biscuter lo fabricaba una compañía denominada Autonacional S.A. de la que era presidente José María Marcet, un catalán, antiguo alcalde de Sabadell. A mí me nombraron, fue mi primer contacto con Cataluña, secretario del Consejo de Administración. Todos los demás miembros del consejo eran catalanes y, casi todos, personajes de una relativa importancia en el mundo empresarial.

—¿Y por qué te nombran a ti, siendo como eres un abogado madrileño?

—Pues precisamente por eso. Porque casi todas las gestiones, tanto jurídicas como comerciales, tenían que hacerse en Madrid. Bueno, para resumirte la historia: con un capital de apenas tres millones quinientas mil pesetas se fabricaron dieciocho mil vehículos.

—¡El coste de cada vehículo debía de resultar ridículo!

—Qué va. Al contrario. Eran unos coches carísimos. La compañía se entrampó hasta las cejas y tuvo que sacar dinero de debajo de las piedras. Pero Autonacional S.A. podía vanagloriarse en su publicidad de ser «la primera industria española que sacaba a la calle un vehículo de cuatro ruedas». El Biscuter tenía un motor de motocicleta. No existía la marcha atrás. Una de mis funciones consistía en comprar en la Comisaría de Abastecimientos y Transportes los bidones vacíos en los que venía el aceite de soja norteamericano que España empezaba a importar. Con aquellos bidones se hacían las carrocerías de los Biscuter. El Biscuter era descapotable, o mejor dicho, se entregaba sin capota. La capota se la ponía el cliente en su casa. Era, como te digo, un coche carísimo. Valía algo así como sesenta mil pesetas. Ése era el precio base. Todo lo demás, los limpiaparabrisas, los frenos y algunas veces las ruedas, se cobraba aparte.

—Cuantos más detalles me das, más antieconómico me parece el asunto.

—¿Antieconómico? Claro que lo era. Sin embargo, yo recuerdo la llamada «operación Biscuter» con enorme simpatía. Porque lo cierto es que nadie pensó nunca, o mejor dicho, nadie creyó hacer una operación especulativa. Los promotores sólo se dijeron: «Puesto que en España no hay automóviles, nosotros vamos a hacer uno. Después, que sea lo que Dios quiera». El único que creyó que aquello podía ser la simiente de una futura industria española del automóvil fue el propio Franco. Claro que el general no tenía por qué tener una visión empresarial que le hiciera comprender que aquella aventura sólo podía acabar en el más rotundo de los fracasos. Franco era un militar y basta. Y además, un militar de los de entonces. Sin embargo, en sus principios, el Biscuter fue, a qué negarlo, un éxito fenomenal. Los amigos de Arburúa hacían cola a la puerta de su despacho para pedirle un permiso de compra del artefacto. Pero, rápidamente, todo el asunto se fue al garete. A alguien se le ocurrió que al ingenio aquél había que ponerle una marcha atrás. Yo fui quien negocié el contrato con la persona que nos ofreció el «inversor» que permitía la adaptación al Biscuter de la marcha atrás reclamada airadamente por los clientes. Aquel señor nos cobró por el invento la astronómica suma de setenta y cinco mil pesetas. El resultado fue un verdadero desastre. Porque una vez que lograbas meter la marcha atrás, resultaba casi imposible meter de nuevo otra marcha cualquiera. Fue un espectáculo casi cotidiano ver por las calles de Madrid, avanzando frenéticamente hacia atrás, tres o cuatro Biscuters que acababan la mayoría de las veces estrellándose contra una farola.

—¿Qué velocidad podía alcanzar el Biscuter?

—Entre sesenta y setenta kilómetros por hora. Lo suficiente para hacerse daño. Hubo gente lo bastante insensata para viajar en Biscuter al extranjero. Yo tuve unos amigos que llegaron hasta París después de pasar muchas dificultades en la frontera porque los aduaneros franceses no sabían en qué categoría clasificar aquel extraño engendro. Se negaban a creer que aquello fuera un coche. Una vez más fuimos el hazmerreír de Europa. Aunque también en Madrid se hicieron muchos chistes sobre el Biscuter. Lo llamaban «el Gibraltar», por ser la vergüenza de España. La verdad es que el Biscuter pretendía ser el Volkswagen de este país, pero no pasó nunca de ser una lata de sardinas con ruedas. Lo que me impresiona todavía del Biscuter es que fue algo así como una imagen simbólica del franquismo. Porque todo lo que se hacía en aquella época acababa siendo siempre una lata de sardinas. No recuerdo a quién, pero a alguien se le ocurrió que había que regalarle un Biscuter a Franco. Y al Pardo se encaminó Marcet, el consejero delegado, vestido de chaqué. Franco se sentó a su lado en el vehículo, y juntos se dieron un garbeo por los jardines del Palacio. Cuando Franco se apeó, dijo muy contento: «Esto es exactamente lo que había que hacer. Dentro de pocos años, y gracias al Biscuter, España tendrá una auténtica industria del automóvil». A los siete días de la entrega del Biscuter a Franco, me llamaron por teléfono de la Casa Civil de Su Excelencia para reclamar la documentación del coche, que todavía no había llegado a sus manos. En cuanto les mandé todos los papeles, le vendieron el Biscuter a un médico. Lo sé porque fui yo quien se encargó personalmente de los trámites del traspaso. Era evidente que a Franco le resultaba más cómodo transitar en un Rolls-Royce del mismo modelo que el de la reina de Inglaterra. Al fin y al cabo él también debió de pensar que aquello no era más que una lata de sardinas con ruedas.

José Mario Armero ha vuelto a desaparecer desde hace varios días. Esta vez, nadie —ni en su casa, ni en su despacho— sabe dar razón de su paradero. Su secretaria supone que está en Checoslovaquia buscando a un mago que trabaja en un circo alemán que anda por ahí de gira. Aprovecho pues su ausencia para poner en orden las notas tomadas durante nuestras últimas conversaciones. La tarea es ardua. Armero no sabe, ni quiere —ni probablemente puede— respetar el orden cronológico de los acontecimientos de los que ha sido actor y a veces víctima. Curiosamente, por tratarse de un jurista, le tiene una enfermiza aversión al orden bajo todas sus formas. Tenía razón Nietzsche cuando afirmaba que el orden es la virtud de los mediocres.

1985

Una mañana, en Madrid, a finales del primer mandato socialista, me llamó una de las secretarias de La Moncloa para pedirme de parte del presidente que organizara una cena de no más de media docena de personas que tendría lugar en la Bodeguiya. A Felipe González le gustaba que los amigos le montaran de vez en cuando una de esas cenas-sorpresa que le permitían tomar contacto con gente interesante que todavía no conocía personalmente. Era su manera de abrir de par en par las ventanas de su falso palacio al aire fresco de la calle. Lo esencial para quien se comprometía a organizar una de esas cenas era saber elegir con tino la personalidad que iba a dar el tono al encuentro siempre y cuando lograra despertar la curiosidad del presidente.

Syliane me recordó que durante una de sus primeras visitas a nuestra casa Felipe se había detenido largamente ante un cuadro de Modesto Cuixart interesándose luego por saber si yo conocía personalmente al pintor. Le conté a Felipe que yo había almorzado muchas veces en el hotel du Pont-Royal —el hotel donde creo que murió don Miguel Primo de Rivera, a no ser que lo hiciera en el vecino hotel Montalembert— en mesas cercanas a la que ocupaba habitualmente el pintor cuando pasaba por París. Tardé meses en enterarme por un camarero que aquel señor de mediana edad con barbita cuidadosamente recortada, siempre vestido de *tweed*, qué por su aspecto parecía un lord escocés, no era otro que el pintor catalán por el que yo sentía una sólida admiración. Pasaron muchos meses antes de que un amigo común nos presentara el uno al otro. Con el tiempo nuestra relación se fue fortaleciendo. Estuvimos incluso a punto de hacer juntos un libro, *Les petites lesbiennes*, del que yo escribiría el texto y Cuixart haría las ilustraciones. El proyecto nunca llegó a buen fin y las *petites lesbiennes* envejecieron sin que nadie se ocupara de ellas.

—Estoy segura —me dijo Syliane— que a Felipe le encantará cenar con Modesto en la Bodeguiya.

Me pareció una buenísima idea. Llamé por teléfono al pintor a su casa de Palafrugell y le propuse ser el invitado de honor de Carmen Romero y de Felipe González en la famosa Bodeguiya. Modesto aceptó complacido la invitación y quedamos en que yo le volvería a llamar en cuanto Presidencia fijara una fecha para la cena en cuestión. Syliane, que tenía un don innato para juntar gentes que de otro modo no se hubieran encontrado nunca, se ocupó de ponerse en contacto con el resto de las personas que pensábamos invitar. La lista comprendía dos mujeres muy guapas, Lucía Bosé, la maravillosa italiana, y su hija Paola, que tanto se parecía a su padre cuando alguien le llevaba la contraria. También habíamos pensado en la deliciosa y cáustica Pirucha Escrivá de Romaní, cuyo marido, José, andaba obsesionado con dotar a Madrid de un cementerio donde se pudieran enterrar los muertos verticalmente para ahorrar espacio. Invitamos también al matrimonio Gabilondo, siempre muy al tanto de los últimos acontecimientos que estremecían al mundo, y a un par de personas más cuyos nombres se han desvanecido en mi memoria. En cuanto me llamaron de Presidencia fijando fecha para la cena me puse de nuevo en contacto con cada uno de nuestros invitados, a los que cité en nuestra casa para tomar unas copas antes de trasladarnos todos juntos a La Moncloa.

Los Cuixart, que venían en coche desde Barcelona, fueron los últimos en llegar. En cuanto los vi entrar en el salón comprendí que algo iba a ir mal porque era evidente que Modesto estaba ya muy metido en copas. No le ocurría frecuentemente, porque cuidaba mucho de su salud, pero puestos a beber vino tinto éramos muy pocos los que nos atrevíamos a plantarle cara. A Victoria, su mujer, lo único que le preocupaba en estas ocasiones era que Modesto mezclara el vino tinto con cualquier otra cosa. «Mientras no se salga del vino —decía— todo irá bien.» Pero aquella noche, precisamente aquella noche, y pese a mi vigilancia, alguna mezcla tuvo que hacer Modesto, porque llegada la hora de irnos a La Moncloa tenía ya una trompa considerable.

—No podemos llevarle a cenar en ese estado —le dije a Syliane—. Voy a llamar a Felipe.

En cuanto tuve a Felipe al aparato le expliqué lo que ocurría y le propuse posponer la dichosa cena para mejor ocasión. Felipe, que parecía muy divertido por el embrollo, sólo me hizo una pregunta:

—Oye, ¿tu amigo Modesto es de los que se ponen pesados cuando beben?

—Todo lo contrario —le aseguré—. Además de comportarse como un señor sigue siendo siempre, hasta caerse, muy ingenioso y ocurrente.

—Pues entonces, tráelo.

Llegamos a La Moncloa con cierto retraso. Felipe nos esperaba con Carmen a la puerta de la Bodeguiya. En cuanto hice las presentaciones Felipe le dio un apretado abrazo al pintor diciéndole esas cosas que se les ocurre a los andaluces cuando quieren ser simpáticos.

—Yo no soy socialista —le contestó Modesto deshaciéndose del abrazo— pero a mí, tú siempre me has caído muy bien.

Después besó fervorosamente la mano de Carmen Romero y se quedó mirándola durante unos segundos en silencio. Luego se inclinó ante ella diciéndole:

—Estás más guapa que en el mejor retrato que yo te pueda hacer nunca.

Tras escuchar el precioso cumplido, Carmen Romero nos invitó a seguirla al interior de la Bodeguiya. Aquella noche todos los invitados del matrimonio González ponían por primera vez los pies en aquel carismático y misterioso lugar en el que según la opinión pública se cocían a veces asuntos de Estado poco dignos de ser aireados en la prensa.

A primera vista la Bodeguiya era la réplica casi exacta —ladrillos vistos, cal blanca y azulejos— de una de esas tabernas donde se reúnen los sevillanos para presumir de su sabiduría taurina y hablar mal de las mujeres. He dicho «copia exacta» porque en esta bodeguiya, a diferencia de todas las demás, había una chimenea al calor de la cual uno se sentía al resguardo de las inclemencias mesetarias.

Lo primero que hizo Felipe en cuanto todo el mundo se hubo instalado en los sofás y los grandes sillones alrededor de la mesa baja donde estaban dispuestas las bebidas, fue ofrecerle a Modesto, con aspavientos ceremoniosos, una gran copa de vino tinto explicándole que se trataba de un rioja joven y ligero que no se atravesaba en la garganta «como uno de esos vinos catalanes vuestros tan ásperos y ariscos». Me llamó la atención esa falta de cortesía del presidente para con su invitado catalán. Pero Modesto no entró al trapo y apuró en dos largos tragos la copa de vino ofrecida, aprobando luego con un lento gesto de la cabeza la elección del caldo presidencial. No acabaron allí nuestros sobresaltos porque antes de que un criado con chaqueta blanca nos anunciara que la cena estaba servida, Felipe había conseguido que Modesto diera fin a la botella de rioja sin que nadie pudiera hacer nada por impedirlo. Todo el mundo se daba cuenta del progresivo estado de euforia de Modesto y creo que fuimos muy pocos los que apreciamos los esfuerzos que hizo Felipe para que su invitado diera el paso definitivo hacia la borrachera durante la cual se dicen cosas de las que más tarde se arrepiente, tanto el que las ha dicho, como el que las ha oído.

Viene a cuento recordar aquí que Felipe me había dicho un día, recién instalado en el poder, que la gente estaba convencida de que Alfonso Guerra era el malo de la pareja mientras que el bueno era él. «Se equivocan todos —añadió— porque el bueno es Alfonso y el que a veces puede ser malísimo soy yo.» Aquella noche la maldad de Felipe no consiguió que el maestro Cuixart se pasara de la raya. Se emborrachó a conciencia, sí, pero con una gran sabiduría, sin hacer ni decir nada que estuviera fuera de lugar. En su ayuda acudimos todos los demás hablando cada uno de sus cosas, contando historias, anécdotas, tratando de lo que fuera, con tal de aligerar la atmósfera. La Bosé rememoró con gracia episodios de su vida con «el torero» que todos conocíamos por haberlas oído ya infinidad de veces. Paola estuvo al quite en todo momento para que su madre no se repitiera demasiado. Pirucha Escrivá, con la sana intención, supongo, de ayudar a su marido, sacó a colación su interés por que Madrid gozara un día de un cementerio en el que los muertos se pudrieran erectos hasta que por efecto de la inercia y del tiempo el difunto se convirtiera en un montoncillo de huesos caídos a sus propios pies. Carmen y Felipe la escucharon con las manos escondidas debajo de la mesa, tocando madera como hubiéramos querido hacer todos los demás. Los Gabilondo, conscientes de que no había que mencionar nada que tuviera que ver con la nefasta política socialista, ni con los escándalos económicos que tenían en vilo a todo el país, hablaron poco y tomaron mentalmente muchas notas. El que estuvo espléndido fue Modesto, quien a pesar de sus crecientes dificultades en pronunciar palabras que tuvieran demasiadas consonantes, nos habló de su profesión con la naturalidad de un carpintero explicando cómo se fabrica un armario. Creo que fue la Bosé quien le preguntó si era cierto que una vez usados sus pinceles, en lugar de tirarlos los enterraba en su jardín.

—Claro que es cierto, querida mía. ¿Cómo voy a tirar a la basura un pincel que me ha servido lealmente a veces durante años? Mis pinceles son mis amigos. Han pintado mis cuadros. A veces, cuando emprendo un camino equivocado se niegan a seguirme porque saben muy bien de lo que no soy capaz. Así que cuando se quedan calvos y se mueren, los entierro lo más cerca posible de las flores que han pintado. Los entierro de pie, como hacen los indios con sus grandes guerreros. Por eso —añadió Cuixart haciéndole un gesto a José Escrivá— no creo que en Madrid funcione nunca ese cementerio suyo, porque hay poca gente aquí merecedora de que la entierren de pie.

Más tarde, como Carmen Romero le reprochara comer muy poco, Modesto le explicó en tono confidencial:

—¿Sabes, querida?, yo sólo como bien de verdad cuando estoy solo y no tengo que hablar. Comer, como la pintura, es un arte intimista. Hay hombres (los Papas, por ejemplo) a quienes les gusta comer en solitario como si estuvieran cometiendo un delicioso pecado.

Y como Paola Dominguín le preguntó por la clase de comida que le gustaba, Cuixart, tras concentrarse unos segundos, le contestó:

—La comida sencilla. Porque, ¿sabes?, tanto en la pintura como en la cocina, la clave está en la simplicidad.

Tomó un tiempo antes de añadir:

—La simplicidad en la idea, entendámonos, ¿eh?

Acabada la cena nos instalamos de nuevo alrededor de la mesa donde se habían dispuesto las cajas de cigarros puros y los licores. Ni Victoria ni yo pudimos impedir que Felipe le sirviera a Modesto un impresionante balón de coñac francés que el pintor se tragó con prisas inmoderadas. Victoria levantó los ojos al cielo y yo miré a Syliane sintiendo venir la catástrofe. Derrumbado en el sofá entre Carmen y Felipe, Modesto le preguntó de repente al presidente con voz pastosa:

—Di... dime, Felipe... pero dime la verdad... tú, a nosotros los catalanes... ¿nos quieres?

El silencio repentino se podía cortar con un cuchillo sin afilar. Felipe tardó unos segundos en reaccionar. Su entusiasmo no sonaba sincero cuando casi gritó:

—Modesto, pero ¿qué pregunta es ésa? ¡Claro que os quiero! ¡Os quiero muchísimo!

—Ah... ¿Y por qué?

Felipe perdió pie.

—¡Pues... pues porque sois una gente estupenda! Sois serios, laboriosos, respetáis vuestra palabra... Sois gente de la que uno se puede fiar... gente muy apegada a su familia... a su casa... a su negocio...

Súbitamente rencoroso, Modesto le interrumpió:

—¡Pero si ésas son exactamente las razones por las que nadie nos quiere!

—¡Pero qué dices, Modesto! ¡Si sois la sal de la tierra!

—¡Que no, que no nos queréis...! ¡Y... además... además nos tenéis envidia!

A Felipe esas palabras le molestaron.

—¿Envidia? ¿Y por qué os íbamos a tener envidia?

—Porque... porque nosotros... —carraspeó Modesto— sabemos hacer la... la diferencia entre ganar di... dinero... y robarlo.

Felipe torció el gesto. En una bodeguiya de verdad un hombre le hubiese contestado al pintor: «Eso no me lo dice usted en la calle». Pero Felipe se contuvo.

—Modesto, no sé si te das cuenta de lo que estás diciendo.

Le contestó un largo y profundo ronquido. Cuixart había apoyado la cabeza en el hombro de Carmen Romero y se había quedado dormido.

Ante la estupefacción general, Victoria explicó:

—Suele hacerlo cuando se encuentra a gusto.

Los Escrivá de Romaní se pusieron en pie pensando que había llegado el momento de despedirse. Lucía y Paola Bosé los imitaron. Alguien le dio un empujón a la mesa de las bebidas y se oyó un tintinear de vasos. Carmen Romero protestó:

—¡Pobrecito... me lo vais a despertar!

Aquella noche al maestro Cuixart lo llevaron a hombros hasta el coche dos guardias civiles murcianos muy simpáticos.

—¡Jo! ¡La curda que lleva el tío!

Victoria quiso darles una propina, pero la detuve a tiempo. Ya teníamos el motor en marcha cuando Carmen Romero se acercó con un chal en la mano.

—Pónselo alrededor del cuello —le dijo a Victoria—, no nos vaya a coger frío...

Hay noches en que La Moncloa parece estar muy lejos de Madrid.

1986

Mil novecientos ochenta y seis fue un año muy importante para mí. Syliane, mi mujer, junto a Marilé Zaera, una amiga de espectacular belleza, inauguró un restaurante donde nos divertimos mucho mientras estuvo abierto y que a mí, personalmente, me costó un montón de dinero. Por las mismas fechas, Juanjo Alonso Millán me propuso un gran papel junto a Analía Gadé en *Revistas del corazón*, la comedia que pensaba estrenar en el teatro Marquina. Y poco después, apenas unos meses más tarde, el profesor Barajas me diagnosticó un cáncer de garganta anunciándome de paso que apenas me quedaban quince días de vida. Pero vayamos por partes.

Estábamos cenando una noche Syliane y yo con Marilé Zaera en un Tataglia cualquiera cuando me quejé de lo mal hechos que estaban los espaguetis que me habían servido. Syliane comentó que no había en todo Madrid un sitio donde supieran hacer decentemente un plato de pasta.

—Y Dios sabe que no es difícil hacerla —añadió dejando su plato medio vacío.

Los espaguetis que hacía Syliane en Castellana, 70, cuando de repente media docena de amigos se quedaba a cenar, eran famosos en todo Madrid. A mí, los espaguetis me sabían igual en cualquier sitio donde los comiera y se me ocurrió decir:

—Pues si tan fáciles son de hacer, ¿por qué no abres un restaurante y te haces de oro?

Las dos mujeres se miraron de repente con una intensidad que no presagiaba nada bueno.

—Pues no te creas que no lo he pensado más de una vez —me

contestó Syliane—. Me bastaría con encontrar un socio, porque para una mujer sola un restaurante supone mucho trabajo.

La Zaera, a la que cuando se ponía seria se le ensombrecían los ojos, dijo con voz inusitadamente tensa:

—Pues si un día te decides seriamente a abrir un restaurante, cuenta conmigo.

Durante las dos horas siguientes —dos Montecristos de los grandes, varios whiskies y un par de orujos— las dos mujeres planearon la operación en sus mínimos detalles. Convinieron en que yo pondría el primer dinero para conseguir un local. De cuánto dinero se trataría, ni ellas ni yo teníamos la menor idea.

—Tiene que ser un lugar céntrico, pero tranquilo, donde se puedan aparcar los coches.

El nombre del local era de suma importancia pero Syliane lo encontró enseguida. Era un nombre tan bueno que lo adoptamos enseguida sin la menor vacilación.

—Como no serviremos más que pasta —había dicho Syliane— lo llamaremos Pasta y Basta.

Quedó muy claro desde un principio que ni Syliane ni Marilé se ocuparían, salvo en raras ocasiones, de la cocina. Buscarían un par de cocineros jóvenes, a ser posible italianos, a los que enseñarían a hacer dos o tres platos de pasta, siempre los mismos. Tampoco tendrían que madrugar para ir al mercado ya que la pasta es un producto que se vende en paquetes y que se puede almacenar en cantidades ingentes.

—Sólo usaremos pastas Gallo, que son las preferidas de Sophia Loren —dijo Syliane—. Eso nos hará una buena publicidad.

—Lo que tiene que ser muy bueno —intervine— es el vino.

—Tienes razón —admitió Syliane—. Tenemos la mar de amigos capaces de idear una carta que satisfaga a los más exigentes.

—De los cigarros puros me ocuparé yo —añadí para no quedar fuera de juego.

—Habrá que montar también un pequeño bar —apuntó Zaera— donde la gente pueda esperar a que se liberen sus mesas.

—Yo en el bar —dije a mi vez— pondría a una chica muy atractiva. Una nórdica de ser posible, ya sabéis, alta, rubia y de pata larga.

Estuvimos elucubrando hasta que llegó la hora del cierre del local.

Cuando me presentaron la cuenta, suspiré.

—Ahora comprendo cómo Plácido Arango se ha hecho tan rico.

Ya en la calle, y a pesar de que corría un vientecillo exageradamente fresco, seguimos acumulando ideas.

—¿Será un restaurante caro o barato?

—Dependerá del cliente —dijo Syliane—. En el menú no pondremos los precios. No le vamos a cobrar lo mismo a Alfonso Fierro que a Pepe Dominguín.

—¿A qué clase de público aspiramos? —quise saber.

—Al mejor de todos. A nuestros amigos. A la gente guapa.

—A la jet —añadió Zaera.

—¡Dios mío!

Tras un enconado silencio, sugerí:

—Tendríamos que conseguir que sea un local como los que hay en Barcelona, donde los maridos van a veces con sus mujeres y otras con sus amantes. Y viceversa, claro.

—En Madrid eso acaba siempre a bofetadas —dictaminó Zaera—. Aquí, por más capital que seamos, no somos tan civilizados como los catalanes.

—Lo más importante —cortó Syliane— es que se haga famoso por ser un lugar que esté abierto hasta bien entrada la madrugada, un refugio para noctámbulos profesionales y para insomnes.

—Incluso más adelante —sugerí— se podrían servir desayunos.

—Nuestros amigos son todos gentes que desayunan en la cama —puntualizó Syliane.

—¿Será un local con música o sin música? —quise saber.

—Con música, claro. Pero música de fondo, muy de fondo. A nuestra clientela, como será gente madura, le gustará hablar sin demasiado ruido.

Aquella noche, cuando nos metimos en la cama, ni Sissi ni yo teníamos sueño. Estuvimos largo rato todavía hablando de nuestro proyecto.

—Para abrir un local como ése —me inquieté— hará falta toda clase de permisos. Tendremos que buscar a alguien que...

—No te preocupes por eso —me cortó Syliane—. Mañana mismo le pediré una cita a Tierno Galván. Él me lo arreglará todo.

Syliane había cenado hacía poco en una casa amiga sentada a la derecha del alcalde de Madrid y como al viejo profesor le impresionaban todavía las mujeres guapas se habían caído muy bien el uno al otro. Syliane, que todavía no valoraba el significado de ciertas palabras españolas, se había despedido de Tierno diciéndole: «Me encanta haberle conocido, señor alcalde, es usted un cachondo...». Al alcalde le maravilló que aquella estupenda señora le hubiese calado tan hondamente en apenas dos horas de conversación. «Venga a verme —le dijo a Syliane— si en alguna ocasión puedo ayudarla en lo que sea.»

Al día siguiente me desperté habiendo olvidado gran parte de los planes de la noche anterior. Pero Syliane, que había amanecido mucho antes que yo, ya había hablado desde mi despacho con los servicios del alcalde de Madrid y había concertado con él una cita para aquel mismo día a las seis de la tarde.

Syliane empezó a vestirse apenas dadas las cinco. Primero se maquilló a conciencia, lo cual a mi entender era un error, porque Syliane siempre fue de esas mujeres —hay pocas— que con la cara lavada ganan en misterio. Algo parecido me había dicho Yvo Pitanguy, el hombre de las manos de oro, en su clínica de Río de Janeiro: «Pintadas, me parecen todas igual». Aquella tarde mi mujer escogió un vestido negro de Loris Azzaro que por lo sencillo debía de haberme costado un riñón. Hurgó luego durante largo rato en su joyero antes de decidirse por un collar de perlas que mi madre le había regalado en Biarritz, lo que le valió el odio eterno de mi hermana María Antonia. Finalmente se puso en el anular de la mano izquierda un zafiro que yo le había comprado en la India con ocasión del fastuoso baile al que nos habían invitado los Oberoi a nuestra vuelta de Jaipur donde yo había ido a entrevistar a Gayatra Devi, la última majaraní del lugar poco tiempo antes de que la encarcelara Indira Gandhi, su eterna enemiga.

La elección del sombrero adecuado —asunto difícil porque no hay sombrero adecuado en un país donde las mujeres no se ponen sombrero— tomó un tiempo exagerado entre errores y vacilaciones. Por fin se decidió por una gran pamela negra que me recordó a Audrey Hepburn desayunando, solitaria, delante de los escaparates de Tiffany's, en Nueva York. Estuvo largo rato mirándose al espejo dudando entre dejárselo puesto o quitárselo. Se lo dejó puesto.

Fabricio, que presenciaba conmigo la escena, murmuró:

—Parece que va con malas intenciones...

Y alzando la voz, añadió:

—Pareces una espía, mamá. ¿A quién vas a ver?

—Al alcalde de Madrid.

—Algo gordo irás a pedirle vestida así...

Aquella misma noche teníamos gente a cenar en casa. Amigos delante de los cuales a Syliane le gustaba lucirse.

—¿Cómo te ha ido con Tierno Galván? —le preguntaron a Syliane apenas sentados a la mesa.

—Pero ¿cómo sabéis...? —fingió sorprenderse mi mujer.

—A estas horas —le contestaron— todo Madrid sabe que has pasado casi una hora encerrada en el despacho del alcalde de Madrid.

—Pues me ha ido muy bien porque he conseguido todo lo que quería. Tierno es un amor. En cuanto comprendió de lo que se trataba hizo venir a uno de sus colaboradores y le dijo: «Escuche usted bien a esta señora, Gonzalo, porque todo lo que nos pida habrá que dárselo».

—¿Y qué le pediste exactamente?

—Bueno, antes de pedirle nada le expliqué que existen muy pocos sitios en Madrid donde se pueda ir a comer algo decente de madrugada. Porque, ¿dónde se puede ir en Madrid cuando uno tiene hambre a las tres o a las cuatro de la mañana, señor alcalde? Tierno, que sabe poner ojos de niño cuando le acorralan, me contestó mirando a Gonzalo: «¡Eso mismo me pregunto yo a veces cuando me ha entrado hambre a esas horas!». El llamado Gonzalo me miró intrigado preguntándose quién sería aquella señora que le hacía mentir tan descaradamente al señor alcalde.

En resumen, Tierno había dicho que sí a todo lo que le había pedido Syliane. Permiso para abrir un local en el centro de Madrid y permiso para mantenerlo abierto hasta que se marchara el último cliente, permiso para esto y para lo otro. Del papeleo y de todo lo que dependiera de la Administración, se ocuparía Gonzalo, que se rindió a Syliane con el mismo candor que el viejo profesor.

Syliane y Marilé se pusieron de inmediato a la búsqueda del local de sus sueños. Lo encontraron enseguida en el número 3 de la calle Santa Catalina, a un paso del Congreso de los Diputados y a un tiro de piedra del Hotel Palace. Era una calle discreta y silenciosa, casi una calle de pueblo, que muy pronto iba a perder su virginidad y a entender de los jaleos que puede organizar la gente famosa cuando se suelta el pelo.

Durante las semanas que siguieron tuve pocas ocasiones de hablar con Syliane, que volvía a casa rendida después de haber pasado el día discutiendo con albañiles, pintores y carpinteros. Nuestros diálogos, cortos pero concisos, se reducían por su parte a preguntas siempre parecidas.

—¿Puedo contar el martes por la mañana con ochocientas cincuenta mil pesetas para pagar a mis fontaneros?

—El martes que viene es mañana, Syliane.

—Precisamente.

Yo por mi parte pasaba más tiempo en el teatro Marquina que en mi casa. Juanjo Alonso Millán me había invitado un par de semanas atrás a comer en un restaurante cercano al Congreso para hablar de mi eventual participación al estreno en el Marquina de *Revistas del corazón*, su última comedia en la que yo tenía que interpretar el papel del duque de las Altas Torres, un notable zascandil que pretendía vivir a costa de Analía Gadé, una cuarentona guapa, de piel muy blanca, bonitas piernas y un trasero conmovedor que hablaba con un marcado acento argentino pese a los muchos años que llevaba viviendo en España. Había oído decir que estuvo liada, o quizá incluso casada, con Fernando Fernán Gómez, un actor de toda la vida, discreto escritor a sus horas, extraordinariamente grosero con sus lectores y con ese aspecto de sucio que tienen a veces los rubios invadidos por las pecas. Antes de dirigirme la palabra y estando todavía de pie junto a nuestra mesa, la Gadé me echó una prolongada mirada como si quisiera convencerse de que Alonso Millán no se había equivocado al proponerme el papel del duque. Debió de satisfacerle lo que vio porque me hizo seña de que me sentara a su lado en la mesa. Yo no sabía absolutamente nada de la obra de Alonso Millán aunque enseguida comprendí que no tendría nada que ver con la de Buero Vallejo, del que por otra parte tampoco sabía gran cosa.

—Tú ya has hecho teatro, ¿verdad? —me preguntó Analía desplegando su servilleta.

—Sí, pero nunca aquí en España. Siempre en París. La última vez fue a finales de los sesenta, en una obra de Henri Garcin, *Du côté de*

Glenariff, en el Théatre des Mathurins. Desgraciadamente, lo tuve que dejar a los siete meses por haber firmado anteriormente un contrato con la productora de Sacha Guitry para asumir el papel de embajador de España en la corte de Luis XIV en el ya famoso *Si Versailles m'etait conté*.

Quedó claro enseguida que ni Alonso Millán ni la Gadé tenían muy claro quién era Sacha Guitry, así que me ahorré tener que contarles lo que me ocurrió cuando una vez ataviado con la supuesta indumentaria de un embajador ante la corte del Rey Sol me llevaron ante monsieur Guitry quien, sentado en su silla de ruedas, tocado con un panamá blanco de anchas alas y el cuello envuelto en diversas bufandas, esperaba en una de las terrazas del palacio para dar el visto bueno al atuendo de sus actores. Me presenté pues ante el viejo y querido fantasmón y di un par de vueltas sobre mí mismo para que admirara mis aires de pavo real. Guitry me observó largamente en silencio antes de preguntarme en voz queda:

—*Jeune homme... êtes-vous pédéraste?**

—*Non, monsieur Guitry.***

Siguió mirándome unos segundos en silencio y por fin murmuró, paternal:

—*Patience... ça viendra.****

Hasta ahora la profecía no se ha cumplido y no creo que a mi edad el horno esté todavía para esa clase de bollos.

El almuerzo fue ameno y divertido. Alonso Millán es un hombre simpático y ocurrente que pese a su extraordinaria fealdad tiene gran aceptación entre ciertas mujeres jóvenes que piensan sacar provecho de su belleza pisando las tablas de un escenario. Antes de que nos sirvieran el segundo plato —una lubina a la sal— tanto Juanjo como la Gadé dieron por hecho de que nadie mejor que yo daría vida al esperpéntico duque de las Altas Torres.

Al día siguiente por la tarde hicimos una primera lectura de *Revistas del corazón* en el escenario del teatro Marquina. Se me cayó el alma a los pies. Pensé que aquello no aguantaría ni tres semanas en cartelera. Pero me equivoqué, porque yo seguía juzgándolo casi todo como

* «Joven, ¿es usted pederasta?»

** «No, monsieur Guitry.»

*** «Tenga paciencia. Es cuestión de tiempo.»

si continuara estando en París y en París nadie se habría atrevido a montar aquello por miedo a que quemasen el teatro. Pero por lo visto en Madrid seguía gustando la astracanada. El teatro se venía abajo cada vez que yo soltaba un sonoro «coño» al sentir el pinchazo de la inyección que fingía ponerme Tote García Ortega en el trasero para curarme de un catarro. *Revistas del corazón* tuvo un gran éxito desde la misma noche de su estreno. Alonso Millán había reunido para la ocasión a todo lo que contaba en el Madrid de aquel entonces. Prensa, radio, televisión y amiguetes, más todos los que al día siguiente iban a ponernos a parir. Nos habían avisado que iba a asistir al estreno la infanta doña Pilar, la hermana del Rey, pero las butacas que había pedido que le reservaran en las filas apropiadas permanecieron ostensiblemente vacías durante todo el espectáculo. Nos siguieron avisando periódicamente durante las semanas siguientes de la asistencia de la infanta a la función. Pero no vino nunca y doña Pilar no tuvo ni la cortesía de mandarle unas flores a la pobre Analía. Quedó patente que además de antipática la infanta no andaba sobrada de educación. El que no falló nunca a ninguna función fue Fabricio, que acabó sabiéndose de memoria el texto que me correspondía. Siempre se las arreglaba para estar cerca de mí y en más de una ocasión me sacó de apuros desde las bambalinas cuando me fallaba la memoria.

Fueron unos meses durante los cuales me divertí mucho. Éramos cuatro actores en escena, Analía, Tote García Ortega, Alicia Moro y yo. La Gadé llegaba todas las tardes al teatro un par de horas antes de que empezara la función. Se preparaba con la unción de una actriz shakespeariana y a mí tanta dedicación a unos textos tan misérrimos más que admirable me parecía patético. Me llevé mucho mejor con Tote García Ortega, una actriz de las de antes, para quien el teatro empezaba y acababa con don Jacinto Benavente. En cuanto a la Moro, que se subía a un escenario por primera vez en su vida, no creo que sintiera la menor atracción por un oficio que la obligaba a pasar varias horas al día escuchando y diciendo las majaderías salidas de la pluma de un simpático caradura que le había augurado un espléndido futuro en las tablas a cambio de ciertos favores que, pensándolo bien, tenían mucho de humanitario. Alta, atlética, de andares decididos y gestos a veces bruscos, la Moro acabaría pareciéndose a uno de esos varoniles travestís que hacían la carrera delante de mi domicilio de la Castellana.

A las pocas semanas de haber debutado yo en el teatro Marquina, mi mujer y Marilé Zaera inauguraron por fin Pasta y Basta. Tuvieron desde un principio serias dificultades con el presidente de la comunidad que habitaba el edificio, Manolito Campo Vidal, un personaje importante de no recuerdo ya qué cadena de televisión, que hizo lo imposible por impedir la apertura del local que, según él, iba a acabar con la paz y la tranquilidad del barrio. No lo consiguió porque la larga sombra de Tierno Galván amparaba a las dos insensatas que se habían lanzado a lo que resultó ser una de las aventuras más locas de la movida madrileña.

La inauguración de Pasta y Basta empezó con un cóctel multitudinario al que asistieron, además de nuestros amigos personales, muchos de los asiduos del Pachá, la conocida *boîte* de cuyas relaciones públicas se ocupa Marilé. Entre ella y Syliane juntaron aquella noche un tropel de gentes que todas, más o menos, se conocían entre sí. El cóctel empezó a las ocho de la noche y a las cuatro de la mañana seguían llegando invitados. Enrabietado, Campo Vidal hizo intervenir a la policía para que pusiera fin a lo que él calificaba de escándalo público —en realidad lo era— pero cuando llegaron los agentes se toparon en la acera con Javier Moscoso, un alto cargo del Partido Socialista, quien, whisky en mano, les instó a que se fueran con la música a otra parte.

Los amigos de Felipe ya habían cambiado la pana por el *cashmere* y los utilitarios por grandes y lujosos coches con chóferes y escoltas. Campo Vidal siguió persiguiendo a las dos propietarias de lo que él llamaba «el antro» hasta que tuvimos que cerrarlo por razones que explicaré más adelante. Su última tentativa fue de un ridículo inconcebible. Jaime de Mora, el hermano de la que ya trabajaba de reina en Bélgica, trajo una noche al restaurante a su patrón del momento, el famoso Adnan Kashogui, quien se convirtió rápidamente en un cliente asiduo de la casa cuando estaba en Madrid y a Campo Vidal no se le ocurrió otra cosa que difundir el rumor de que Syliane y Marilé estaban metidas hasta el cuello en el tenebroso negocio del tráfico de armas, negocio al que se dedicaba profesionalmente nuestro amigo el saudí. Andaba por aquel entonces enamoriscado de Marilé José Manuel Serrano Alberca, un político con influencias que intervino eficazmente para que cesaran los ataques contra las dos amigas.

Yo llegué al cóctel de inauguración acabada la función de noche del Marquina y para acercarme al bar tuve que abrirme paso a codazos saludando a diestra y siniestra a conocidos y amigos: Lola Flores y el Pescaílla; la lozana Carmen Posadas, acosada de cerca por el triunfante Roberto Domínguez; Manolo Prado y Colón de Carvajal, mi peligroso primo; la futura ex duquesa de Arión, tan guapa y divertida; Miguelito Bosé, que vivía como yo entre París y Madrid; la elegantísima y cáustica Pirucha Escrivá de Romaní y un sinfín de gentes más cuyos nombres, por no estar inscritos en mis libretas negras, se han desvanecido en mi memoria. Muchos de los que asistieron al cóctel de inauguración se convirtieron en clientes fijos de Pasta y Basta. Alfonso Fierro aparecía prácticamente todas las noches y cuando le presentaban el menú lo rechazaba diciendo: «No, gracias. Aquí se come tan mal que yo ya vengo cenado». Él sólo iba como otros muchos a tomar copas y a divertirse. Kashogui también iba frecuentemente seguido de su exótico séquito. Temiendo morirse de repente de un ataque al corazón, llegaba acompañado de su cardiólogo particular, de un psiquiatra argentino que le ayudaba a superar sus repentinas depresiones y de un individuo con pinta de boxeador que le daba masajes en el cuello mientras comía sus espaguetis. Pese a su siniestra reputación, Kashogui era un buen hombre dispuesto a hacer favores siempre que le reportaran un mínimo beneficio.

Cuando Susi M., la encargada del bar, se ausentaba para entablar largas conversaciones telefónicas con Dios sabe quién, el traficante de armas ocupaba gustoso su puesto detrás de la barra y se divertía sirviendo copas a gentes que al reconocerlo se quedaban con la boca abierta. Susi lo acusaba de no querer compartir con ella las propinas que el saudí aceptaba durante sus ausencias. Gran tipo, la Susi. Era un magnífico espécimen teutón al que nadie había visto nunca con faldas. Vestía siempre ceñidos pantalones que realzaban la esbeltez de su figura. Pude en cierta ocasión, y por razones que no vienen al caso, charlar con ella mientras sus pantalones estaban cuidadosamente colgados del respaldo de una silla. Descubrí que si bien tenía unas piernas interminables, ambas eran recias y filiformes como el tronco de un pino. Lástima, porque todo lo demás era de primera calidad.

Una noche, recién inaugurado Pasta y Basta, acudieron a cenar con unos amigos Isabel Preysler, hecha un Lladró, y Miguel Boyer que por aquel entonces todavía era un socialista de pro. Antes de venir habían llamado por teléfono para asegurarse de que no habría en el local ningún miembro de la prensa. Más tarde me enteré de que era la propia Isabel quien alertaba a los *paparazzi* de sus desplazamientos. Aquella noche cenaron tranquilamente con unos amigos, pero cuando tras despedirse de Marilé y de Syliane salieron a la calle se encontraron frente a un nutrido grupo de manifestantes que agitaban pancartas en las que se leía: «¡Boyer, socialista cabrón, estamos en el paro!».

Si aquellas dos imprudentes hubiesen tenido una mínima noción de lo que era llevar un negocio, con Pasta y Basta se habrían hecho de oro. Pero no sólo no ganaron ni un céntimo sino que a mí casi me arruinaron. Divertirnos nos divertimos mucho, pero no quiero ni pensar a cuánto nos salió la carcajada.

Recordando hace poco con Marilé aquellos felices tiempos me enteré entre otras cosas de que cuando un cocinero anunciaba en el último momento que ya no quedaba ni un paquete de pasta en la despensa le ponían en la mano unos billetes ordenándole que fuera al VIPS cercano a comprar toda la pasta que hiciera falta. Otro tanto ocurría cuando venían a faltar los tiramisús o las tartas de chocolate. Alguien salía corriendo hacia el Mallorca vecino y ponía remedio a la cuestión.

—La verdad es que comprábamos más caro de lo que facturábamos —admitió Marilé sin conseguir arrancarme una sonrisa.

Yo me enfadé mucho cuando una noche después de haberle entregado a Susi la media docena de cajas de puros que había pagado con mi propio dinero, pretendieron cobrarme el Montecristo que me había fumado con el café. La verdad es que yo tampoco entendía mucho de negocios.

—Lo hacíamos todo tan rematadamente mal —me dijo Marilé— que a veces parecía que lo hiciéramos a propósito.

Era eso tan cierto que a Nicolás Dadechkeliani le dijo un amigo en París: «Parece ser que en Madrid hay dos chicas, muy guapas y muy inteligentes, que han tenido la genial idea de abrir un restaurante donde todo lo hacen mal a propósito. La comida es repelente, los vinos equivocados, las sillas tan viejas que se caen en pedazos, sientan en una misma mesa a gentes que ni se saludan y además presentan unas cuentas al alcance de muy pocos bolsillos. Resultado: la gente hace cola para comer mal y beber peor».

Había dos mesas muy especiales en Pasta y Basta. Una en la que siempre había flores frescas y que no se ocupaba nunca, dando a entender entre medias sonrisas, que estaba reservada por si venía el Rey o algún otro miembro de la Familia Real. La otra era una gran mesa redonda situada en el centro del local. Estaba reservada a la gente que llegaba en el último momento y que se había olvidado de avisar. En esa mesa se sentaban, codo con codo, amigos y enemigos. Más de uno simuló un súbito enfado para levantarse, tirar la servilleta y marcharse sin pagar.

Las dos socias se quejaban de no saber dónde guardar el poco dinero que caía en sus manos, ya que tanto los cocineros como la propia Susi se habían acostumbrado a disponer del dinero de la caja sin dar luego cuenta de sus dispendios. Una noche, Javier Martínez de la Hidalga, un amigo muy allegado a la familia Botín, llegó llevando bajo el brazo algo parecido a una caja registradora de líneas ultramodernas.

—Metéis vuestro dinero aquí —les dijo a las dos socias— y sólo vosotras podréis sacarlo por ser las únicas conocedoras de la combinación.

No funcionó porque tres o cuatro días después, ni Marilé ni Syliane se acordaban de la combinación y la caja permaneció herméticamente cerrada hasta que Martínez de la Hidalga volvió acompañado de un técnico de la casa que le había vendido el engendro.

Toda aquella locura —eran otros tiempos, otra sociedad menos aburrida que la de ahora— duró hasta que una noche, estando en el escenario del Marquina, una dolorosa punzada en la garganta me dejó sin voz. Tote García Ortega debió de creer seguramente que me había fallado la memoria porque vino inmediatamente en mi auxilio repitiendo, en otro tono, la pregunta a la que yo no había podido contestar. El percance se repitió dos veces, aunque con menor intensidad, antes de que por fin cayera el telón.

Fabricio se precipitó:

—¿Qué te ha pasado, papá?

Analía Gadé se metió con nosotros en mi camerino.

—No ha sido un fallo de memoria, ¿verdad?

No, no lo había sido, confirmé. Había sido un dolor muy agudo que durante unos segundos me había dejado sin habla.

—Si no te encuentras bien, papá —me dijo Fabricio con aire preocupado—, vámonos enseguida a casa.

—No me puedo ir a casa hasta acabada la función de noche.

—Pero...

—En este oficio no hay peros, hijo.

Tote me recomendó que me enjuagara la boca con agua y sal, Juanjo me sugirió que me tomara una copa de coñac y yo me fié de mi buena suerte para que aquella noche no tuviera que dejar a mis compañeros antes de que cayera el telón.

Las dos funciones del día siguiente transcurrieron sin incidente alguno. No sentí más punzadas pero sí un dolor sordo y difuso que yo atribuí al temor de que se repitieran aquellos fugaces y crueles latigazos que me habían agarrotado la garganta el día anterior. No soy un hipocondríaco porque siempre he gozado de una excelente salud, pero le tengo pánico al dolor bajo todas sus formas, sobre todo cuando es de origen desconocido. Durante mis años de jinete en activo, tanto en los concursos hípicos como en los campos de polo, me lo he roto casi todo pero el dolor de un hueso quebrado no tiene nada que ver con el que procede de un lugar del interior de nuestro cuerpo, un dolor que sólo los médicos pueden a veces —no siempre— explicar.

Analía, viéndome preocupado, me aconsejó:

—Vete mañana a ver de mi parte al profesor Barajas y que te examine la garganta. No creo que tengas nada, pero así nos quedamos todos más tranquilos.

El profesor Barajas era un hombre de mediana edad, afable y cortés, que tras echarle un primer vistazo a mi garganta se sorprendió:

—Menuda infección tiene usted aquí. No me extraña que le duela. Vamos a tener que limpiar todo esto y sacarle cuanto antes de la garganta toda esta porquería.

Quedamos en que me haría una primera punción al día siguiente y que a partir de entonces y siempre que fuese necesario continuarlas nos veríamos los lunes, «el día sin teatro», como los llamaba Syliane. A la primera punción —me extrajo de la garganta un líquido viscoso mezcla de sangre y pus— siguieron tres más sin que remitiera aquel dolor que se había instalado en la casi totalidad del paladar. Cada vez me costaba más hablar en el escenario y la pobre

Tote me miraba angustiada siempre que tenía que soltar aquel sonoro «coño» que tanto hacía reír a la gente. A la sexta punción, y como Barajas ya me estaba dando cita para el lunes siguiente, protesté:

—Oiga, doctor, ¿cuánto más va a durar esta historia?

El hombre pareció encogerse de hombros.

—Pues la verdad es que no lo sé. La inflamación parece que va remitiendo, pero sigue manteniéndose la infección. Veremos si el lunes que viene…

—¿No sería conveniente —le interrumpí— hacer… no sé cómo se llama… un análisis o algo así?

—¿Quiere usted decir una biopsia? Ya he pensado en ello, no crea.

—¡Pues hágalo!

Me parecía evidente que si las punciones, que además de ser muy dolorosas, no daban resultado, era porque algo fallaba. Que esto no se le hubiese ocurrido antes al profesor Barajas no dejaba de inquietarme.

—Sí, tiene usted razón —murmuró como para sí mismo—, vamos a ver qué clase de bichito tiene usted ahí dentro.

Que el profesor utilizara palabras similares a las del ministro Sancho Rof para referirse al veneno de la colza, me preocupó más todavía.

Esa misma mañana Barajas extirpó un minúsculo trocito de mi amígdala izquierda.

—En cuanto tenga el resultado de la biopsia le avisaré —me dijo despidiéndose de mí en la puerta de su despacho.

El día 28 de noviembre de 1986 fue para mí un día crucial. Al acabar la función nocturna en el Marquina me fui dando un paseo hasta Pasta y Basta con la intención de comer algo antes de irme a acostar. Lo primero que me dijo Marilé al verme entrar en el restaurante, fue:

—Syliane no está aquí. Te está esperando en casa.

—¿Pasa algo? —me inquieté pensando enseguida en Fabricio.

Marilé eludió contestarme.

—Lo único que te puedo decir es que Syliane te está esperando en tu casa.

Cogí un taxi en la puerta del Palace y le di la dirección de la Castellana. Nada más entrar en el salón blanco y azul comprendí que algo grave estaba ocurriendo. Allí estaba esperándome, junto a Syliane, la plana mayor del teatro Marquina. Juanjo Alonso Millán, el autor de la obra; Analía Gadé, la actriz principal, y Alejandro Colubi, uno de los propietarios del teatro. En cuanto me vio Syliane se levantó del sofá donde estaba sentada, vino hacia mí y me abrazó con todas sus fuerzas.

La pobre tenía el rostro desencajado.

—Pero ¿qué es lo que pasa? ¿Le ha ocurrido algo al niño?

Se miraron todos los unos a los otros sin que ninguno se atreviera a hablar.

Fue Syliane quien por fin me contestó:

—Mañana por la mañana, Fabricio, tú y yo, nos vamos a París.

Si era una broma no tenía ninguna gracia.

—Pero ¿qué dices? ¿A París? ¿Y por qué?

Fue Analía Gadé, la más serena de todos, quien trató de explicarme.

—Tu mujer ha estado esta tarde con el profesor Barajas y parece que lo de tu garganta es algo más serio de lo que al principio creíamos.

Recapacité al instante.

—Tengo un cáncer, ¿verdad? ¿Es eso lo que estás tratando de decirme?

Juanjo Alonso Millán quiso desdramatizar mis palabras.

—Bueno, eso es lo que dice el profesor Barajas, pero tú ya sabes cómo son los médicos de exagerados.

Más tarde, aquella misma noche, ya en la cama los dos, Syliane me contó lo que había ocurrido. Barajas la había llamado por teléfono pidiéndole que fuera a verle lo antes posible. La recibió de pie en su despacho con el rostro compungido.

—Señora —le dijo—, hay que ser fuerte. Tengo malas noticias para usted. Su marido me pidió que le hiciera una biopsia y el resultado... bueno... mejor que se lo diga lisa y llanamente. Su marido tiene un carcinoma situado en la amígdala izquierda.

—¿Un carcinoma? ¿Qué es eso?

—Un cáncer, señora.

Syliane se dejó caer en una butaca y Barajas, solícito, le ofreció un vaso de agua. Syliane bebió unos sorbos y preguntó:

—¿Está grave, doctor?

—Muy grave, señora. La garganta es una zona muy delicada. No querría parecerle un pájaro de mal agüero, pero en el caso de una metástasis…

Barajas tuvo la impresión de haber ido demasiado lejos y se quedó callado. Syliane le preguntó:

—¿Me está usted diciendo que la vida de mi marido corre peligro?

—Sí, señora. Eso es exactamente lo que quiero que usted comprenda.

Y Barajas, bajando la vista, añadió:

—Poniéndome en el peor de los casos, yo no le daría más allá de quince días de vida.

Aquello le pareció a Syliane tan absurdo, tan irreal, que contra toda lógica recuperó los ánimos. ¿Quince días de vida? No podía ser, sencillamente no podía ser.

—Si me permite un consejo, señora —le dijo Barajas recogiendo el vaso que se había caído al suelo—, lléveselo usted cuanto antes a París a ver si en el Instituto Gustave Roussy pueden todavía hacer algo por él.

De vuelta a casa Syliane alertó enseguida por teléfono a Juanjo Alonso Millán, quien una vez repuesto del shock que le causó la noticia propuso reunirse en Castellana una vez acabada la última función, con Analía Gadé y Alejandro Colubi.

—No sé —le había dicho Syliane a Juanjo— cómo darle la noticia a José Luis. ¡Es un hombre tan imprevisible!

—No creo que sea de los que se derrumban —le contestó Alonso Millán.

Una vez avisada la plana mayor del Marquina, mi mujer pasó el resto de la tarde poniendo a punto el viaje a París. Reservó tres pasajes en el primer vuelo a París de la mañana siguiente y llamó por teléfono a Gerard Sakon, su cuñado, para pedirle que viniera a buscarnos al aeropuerto.

—No dejes —le había recomendado a Gerard— de avisar a John de lo que le ocurre a su padre.

Luego Syliane habló largamente con Loris Azzaro que se comprometió a obtener una cita en Villejuif con el profesor Amel, una de las lumbreras del Institut Gustave Roussy, uno de los centros oncológicos más importantes del mundo con el de Houston. El profesor Amel había sido el médico que trató de salvar a mi amigo Pascal Jardin, el dialoguista de las mejores películas francesas de los últimos años. Pese a todos los esfuerzos del equipo de Amel, Pascal, más que morirse, «se dejó ir». Amel resumió lo ocurrido en una frase amarga: «Hay gentes —dijo— para quienes el cáncer es una forma de suicidio». Syliane tuvo también una larga conversación con Fabricio. Le explicó, tratando de evitar la palabra cáncer, que su padre estaba seriamente enfermo y que nos íbamos a París para que allí me curaran. «Tú no le trates —le dijo al niño— como si supieras que está muy enfermo, pero no te alejes de su lado porque ya sabes cómo te quiere.»

Así que cuando volví a mi casa aquella noche ya estaba todo decidido y programado. En el último momento nos dimos cuenta de que entre Syliane y yo no teníamos encima más de treinta o cuarenta mil pesetas, una suma insuficiente para nuestros primeros gastos al llegar a París. Alejandro Colubi se fue enseguida a su casa y volvió con cien mil pesetas en billetes fácilmente cambiables en el aeropuerto francés. Todavía no vivíamos los felices tiempos en los que se puede transitar por Europa con una moneda única.

—Yo —me dijo más tarde Syliane aquella noche— me llevo conmigo mis joyas indias por si hay que hacer un desembolso importante al llegar a Villejuif.

Las joyas indias eran el collar, los pendientes, la sortija y las pulseras que yo le había regalado durante nuestro viaje a Jaipur. Alabando un día la generosidad de ya no recuerdo quién, Syliane había comentado que la generosidad no es más que una señal de buena educación. En ese aspecto Syliane era una de las mujeres mejor educadas que he conocido en mi vida. Aquella noche volvimos a dormir como durante los primeros tiempos de nuestro matrimonio, el uno en los brazos del otro.

Llegamos a París hacia las once de la mañana tras un viaje sin incidentes. Fabricio había dormido durante todo el viaje con la cabeza apoyada en mi brazo que se había quedado medio anquilosado. Hacía un día frío y desapacible. Uno de esos días de invierno en los que uno no tiene más remedio que esforzarse por odiar París.

—Lleva lloviendo sin parar desde hace una semana —nos informó Gerard Sakon tras los abrazos de rigor ahorrándose así otras palabras que le habría costado más pronunciar.

Orly estaba como siempre, lleno de viajeros africanos, algunos, muy pocos, vistiendo rutilantes ropajes y cubriéndose la cabeza con inmaculados turbantes para recordarnos que en África el dinero hace también que la gente no siempre se parezca. Les pedí a Syliane y a Gerard que se ocuparan de los equipajes mientras yo iba a cambiar mis billetes españoles por dinero francés. Eso le daría la ocasión a mi mujer de poner a su cuñado al corriente de la situación. Fabricio quiso acompañarme pero le pedí que se quedara junto a su madre.

—Tienes que vigilar —le dije— el bolso donde mamá lleva sus joyas.

Al chico le encantaba asumir el papel de protector.

—Vete tranquilo, papá.

Estaba yo en la cola de los que esperaban a que les cambiaran su dinero cuando una mujer alta y morena, de unos treinta años, vistiendo el reglamentario uniforme azul de la gendarmería francesa, se acercó a mí y tras consultar un papel que llevaba en la mano, me preguntó:

—Es usted monsieur José Luis de Vilallonga, ¿verdad?

—Sí, lo soy.

—Queda usted detenido.

Creí haber oído mal.

—¿Cómo dice?

—Que queda usted detenido. Haga el favor de seguirme.

Durante unos segundos me costó reaccionar. Pero por fin pude decir:

—Mi mujer y mi hijo se están ocupando de los equipajes. Déjeme por lo menos ir a avisarles.

—Una compañera ya se está ocupando de ellos. —Y repitió—: Haga el favor de seguirme.

Ninguna animosidad, ni en su mirada ni en su voz. A lo más un deje de aburrimiento.

—¿Me puede por lo menos decir por qué me detiene?

—No soy quién para darle explicaciones. Ya se las dará en su momento monsieur *le Commissaire*. Y ahora, por favor, venga conmigo.

La seguí —o mejor dicho caminé junto a ella porque me había cogido de un brazo— a través de la abigarrada multitud de negros senegaleses y harapientos marroquíes que parecían llevar todos sus casas a cuestas, hasta llegar a una desangelada sala de espera que apestaba a tabaco y en la que varios gendarmes charlaban en voz baja. Tras hacerme pasar el primero, la uniformada ordenó con voz seca:

—Que dos de ustedes lleven a este preso a la oficina del comisario Bouvier.

Dicho lo cual dio media vuelta y se marchó sin despedirse. Uno de los gendarmes —cincuenta años largos, muy moreno, barba cerrada— se levantó diciendo:

—Usted es Vilallonga, el escritor.

—Pues sí.

Al oír la palabra «escritor» los demás gendarmes me miraron con curiosidad. El de la barba cerrada me tendió la mano diciendo:

—Usted no se acuerda de mí, ¿verdad? Me llamo Julio Fernández y antes de ser francés era español. ¿Por qué le han detenido?

—Pues no lo sé.

—Seguramente será un error. Cuanto antes vea usted al comisario Bouvier tanto mejor. Es un buen hombre.

Me puso una mano en el hombro y haciendo una seña a uno de los gendarmes, decidió:

—Vamos allá.

Su compañero, un cuarentón rubicundo con los ojos muy azules, se levantó a su vez sacando del bolsillo unas esposas.

—¡Pero qué haces! —protestó Julio Fernández—. ¡A este señor no lo vamos a esposar! Es un escritor muy conocido.

—*C'est la règle* —protestó el rubicundo.

—¡Déjate de reglas, Fernand! A este hombre le conozco yo y no puede ser un criminal.

Salimos los tres de la sala de espera y nos mezclamos de nuevo la multitud que abarrotaba el aeropuerto. Mientras caminábamos a buen paso Julio Fernández me dijo bajando la voz:

—Por lo que veo, usted no se acuerda de mí.

—Pues la verdad es que no. ¿Dónde nos hemos conocido?

—En su casa, aquí en París. Usted vivía en un gran piso frente al Bois de Boulogne. Yo era uno de los cinco españoles (todos ex combatientes durante la guerra en las fuerzas del general Leclerc), que fuimos una mañana a explicarle que los de la OAS nos habían propuesto asesinar por dinero a De Gaulle haciéndonos pasar por miembros del Partido Comunista. ¿Se acuerda ahora?

—Pues claro que sí. ¿Cómo no me iba a acordar?

Una mañana temprano sonó el timbre de mi casa en el boulevard Comandat Charcot, en Neuilly, y Mohamed, nuestro criado marroquí, vino a anunciarme que habían llegado cinco señores españoles que querían verme. Mohamed había pronunciado la palabra «señores» con esa reticencia despectiva con la que las gentes del servicio suelen referirse a las gentes de su misma condición social. No quiero ocultar que sentí cierto desasosiego. Desde la revuelta de Argelia los tiempos andaban agitados. Hacía pocos días que en París habían asesinado de un tiro en la cabeza, a la puerta de su casa, a un funcionario de la embajada española. La policía francesa había podido establecer que había muerto a manos de unos compatriotas pertenecientes a la extrema derecha. Así que la insólita y mañanera visita de cinco españoles desconocidos tenía suficientes razones para inquietarme. Sin embargo, qué remedio, salí a recibirlos.

Eran cinco, tal como lo había anunciado Mohamed. Todos de la misma edad y muy parecidos los unos a los otros. Pequeños, morenos y con la barba azulada. Uno de ellos se acercó a mí con la mano tendida.

—Me llamo Julio Fernández —me dijo.

Y señalando a sus cuatro acompañantes, añadió:

—Éstos son José Martínez, Luis Rodríguez, Juan Gómez y Pepe Sánchez.

Parecía una broma pero no había ni el menor asomo de sonrisa en ninguno de los semblantes. Fui dándoles la mano uno a uno, los invité a entrar en el salón y una vez sentados les pregunté si les apetecía un café. En cuanto Mohamed nos hubo servido y nos quedamos solos, pregunté:

—¿Qué puedo hacer por ustedes?

—Ponernos urgentemente en contacto con el embajador de España, que sabemos que es amigo suyo —me contestó Julio Fernández.

Y antes de que pudiera pedirle más explicaciones, continuó diciendo:

—Somos cinco españoles reconvertidos en franceses desde el final de la guerra, una guerra que hicimos juntos en las unidades del general Leclerc. Fuimos, como sabe, los primeros en entrar en París. Desde que se acabó la guerra nos hemos casado todos con francesas, menos Luis Rodríguez, que tenía una novia en Almonte que se vino a París a vivir con él.

Una pausa y luego con el mismo tono de voz pausado y sereno, Julio Fernández continuó diciendo:

—Hoy los cinco somos obreros franceses con los papeles en regla y que pagan impuestos, pese a lo cual a veces todavía nos recuerdan nuestra calidad de extranjeros. Por eso nos cuidamos siempre de no meternos en líos.

Les ofrecí de beber algo más que café a lo que se negaron todos menos el de la novia de Almonte que aceptó una copa de coñac.

—Hemos venido a verle —aclaró por fin Julio Fernández— porque las gentes de la OAS se han puesto en contacto con nosotros para proponernos tomar parte en una acción violenta contra el general De Gaulle.

—¿Cómo dice?

—Le quieren matar cuando salga en coche del Elíseo por la verja grande del parque. A tiros de metralleta. En eso somos expertos. Nos han ofrecido mucho dinero. Nosotros les hemos contestado que somos comunistas, sí, pero no asesinos a sueldo. Se han enfadado mucho y creo que van a tomar medidas para vengarse.

Temí por un momento que me fueran a pedir refugio. Pero no.

—Queremos que nos ponga cuanto antes en relación con el embajador de España para que tome nota de que nos hemos negado a tomar parte en el atentado, por si en los días venideros la policía francesa se entera de que la OAS ha tomado contacto con nosotros.

Me puse en pie.

—Ahora mismo los llevo a ustedes a la Embajada de España.

Pero ninguno de ellos quiso poner los pies en la embajada. Los comprendí muy bien, porque yo mismo mantenía una posición parecida. Ser un opositor declarado al régimen de Franco y almorzar en su embajada por ser amigo personal del embajador no me parecía una actitud coherente. Tras una serie de conversaciones telefónicas con José María de Areilza decidimos encontrarnos con él en un café de l'Alma. Allí quedó claro que los cinco españoles, cuyos verdaderos nombres no sabré nunca, se habían negado a participar en un hipotético asesinato del jefe del Estado francés.

El gendarme que nos precedía con las esposas todavía en la mano se había detenido delante de una puerta en la que estaba escrito el nombre del comisario Bouvier. Apenas el gendarme la golpeó con los nudillos cuando una voz sonó malhumorada:

—*Entrez, que diable!*

Antes de entrar en el despacho del comisario le di a Julián Fernández mi dirección y mis teléfonos.

—Me gustaría verte de nuevo —le dije—. No dejes de llamar.

—Lo haré, amigo. Que tenga suerte.

Pese al tono de su voz monsieur *le commissaire* Bouvier era un hombre de talla exigua y exquisitos modales.

—Monsieur de Vilallonga —me dijo señalándome una silla frente a su mesa de trabajo—, tengo la impresión de que va usted a causarme no pocos problemas durante este fin de semana.

—No sabe cómo lo siento.

El comisario Bouvier se sentó frente a mí y me informó:

—En la habitación de al lado están su mujer, su hijo Fabricio y un tal monsieur Sakon, que al parecer es su cuñado. Están todos muy alterados.

—¿Puedo verlos?

—Dentro de unos instantes vendrán a reunirse con nosotros. Pero antes creo conveniente que usted y yo tengamos en privado una pequeña conversación. Dígame, ¿es cierto que en Madrid un médico le ha diagnosticado un cáncer y que apenas si le ha dado quince días de vida?

—Así es.

—Espero que se haya equivocado.

—Yo también.

Bouvier se palpó la chaqueta, preguntando:

—¿Le molesta que fume?

—En absoluto.

El comisario sacó del bolsillo una bonita pipa ligeramente curvada y empleó unos minutos en atiborrarla de tabaco holandés. Luego, tras haber expelido una primera bocanada de humo demasiado perfumado, me preguntó:

—¿Tiene usted idea de por qué le hemos detenido?

—No, señor comisario.

Bouvier se echó hacia atrás en su butaca y me informó:

—Le hemos detenido por impago continuado de una pensión de alimentos a su ex mujer, una ciudadana inglesa con residencia en Alpes Marítimos, apellidada Scott-Ellis.

—Esa señora está muerta y además yo no tenía por qué pagarle ninguna pensión ya que, recién divorciados, habíamos llegado a un acuerdo por el cual...

—... Usted le cedía en propiedad una finca en Auribeau-sur-Siagne cuyo valor excedía con mucho a la suma que estaba condenado a pagar y que usted mismo juzgaba ridícula.

—Veo que está usted muy bien informado, señor comisario.

Bouvier me miró unos segundos en silencio antes de decir:

—Mi profesión me pone a menudo en contacto con toda clase de miserias y de bajezas humanas. Algunas todavía consiguen sorprenderme.

Bouvier apretó fuertemente la pipa entre los dientes antes de preguntarme:

—¿Usted sabe quién es la persona que le ha denunciado?

—¿Cómo voy a saberlo si acabo de llegar?

El comisario desvió la mirada antes de informarme:

—Su hijo John. Le ha denunciado su hijo John.

—¡Eso es una tontería! —me rebelé—. John está al corriente del acuerdo firmado entre su madre y yo a propósito de la finca y del dinero. —Como el comisario no me contestaba, seguí hablando—: Es posible que se trate de una denuncia interpuesta al principio del divorcio, ya sabe, en el fuego de la acción. Mis hijos reaccionaron muy mal a nuestra separación y además...

Bouvier, esta vez mirándome a los ojos, me interrumpió:

—La denuncia fue puesta ayer por la tarde con una nota especificando que usted llegaría a París esta mañana. El denunciante sabía que no tendríamos más remedio que detenerle.

Me quedé sin palabras para seguir protestando.

—Su hijo —añadió el comisario— sabía muy bien que, dadas las circunstancias, su denuncia no podía prosperar. Cuando su abogado (con quien ya he hablado largamente) se lo explicó, su hijo le contestó: «No importa. Primero que lo arresten. Después ya hablaremos».

Bouvier golpeó varias veces su pipa contra el borde de la mesa.

—Monsieur de Vilallonga, ¿qué le ha hecho usted a su hijo para que le guarde tamaño rencor?

Contesté estúpidamente:

—No he hecho otra cosa que ayudarle.

—Ya.

—Quizá sea eso lo que no le perdone.

Alguien llamó a la puerta y una secretaria con la frente cubierta de rizos asomó la cabeza.

—Le llaman del Elíseo, señor comisario.

Bouvier descolgó el teléfono que tenía sobre la mesa. Tuve la impresión de que al oír la voz de quien le llamaba, se cuadraba militarmente:

—*Oui, madame... en effet, madame... je vais faire pour le mieux... Comptez sur moi, madame...*

Bouvier colgó el teléfono y me dijo:

—Tiene usted amigos bien colocados, monsieur de Vilallonga.

La pipa se había apagado y Bouvier se la metió en el bolsillo.

—Yo le soltaría a usted ahora mismo *sans faire d'histoires*, como acaban de pedirme, pero la Administración —el comisario pronunció esta palabra con irónico respeto— nos tiende trampas que no siempre son fáciles de sortear. Hoy es viernes y para devolverle la libertad necesito la firma de ciertas autoridades superiores a la mía que no estarán en sus despachos hasta el lunes por la mañana. De aquí a entonces usted debería, según *le reglement*, esperar su liberación en las dependencias de la Santé, un lugar, lo admito, poco grato. —Y Bouvier añadió, casi en un susurro—: Ése es el cálculo que habrá hecho su hijo. Un fin de semana en la Santé ayuda mucho a reflexionar.

—¡Pero yo tengo una cita con el profesor Amel mañana por la mañana a las once en Villejuif!

—Sí, ya lo sé, y además de los quince días de vida que le han dado en Madrid sólo le quedarán catorce.

Bouvier se puso en pie y en un tono casi alegre me anunció:

—Ésa es la carta que voy a jugar.

—¿Qué piensa usted hacer, señor comisario? —quise saber.

—Por de pronto pedirle a usted y a su familia que se queden aquí un par de horas mientras yo trato de establecer ciertos contactos. Ante todo hay que hacer lo necesario para que acuda usted mañana por la mañana a su cita con el profesor Amel. ¿Tiene usted en París algún amigo que los pueda alojar durante un par de días? Ese es el tiempo que me gustaría tenerle a usted en paradero desconocido porque, siento decírselo, pero tengo el convencimiento de que su hijo John va a seguir actuando con las peores intenciones.

Y sin darme tiempo a contestar, Bouvier añadió:

—Si más adelante piensa usted contraatacar, cualquier buen abogado podrá acusar a su hijo de haber puesto en peligro su vida. Y yo estaré encantado de ser uno de sus testigos.

Sin darme tiempo a agradecérselo, el comisario se levantó, abrió la puerta que comunicaba con la habitación vecina y levantó la voz:

—Madame de Vilallonga, tenga la bondad de pasar.

Syliane estaba pálida y ojerosa pero muy guapa. La furia y la indignación le sentaban como el luto a Electra. Gerard, mi cuñado, que entró con ella, parecía estar también muy alterado. En cuanto a Fabricio sólo soltó el brazo de su madre para que pudiéramos abrazarnos.

—*Ah, le salaud, le salaud!...* —repetía Syliane sin dejar de abrazarme—. ¡Está tratando de matarte!

—Todo se arreglará, señora —quiso apaciguarla Bouvier.

—¡Pero se da usted cuenta de que si mi marido no acude mañana a su cita con el profesor Amel...!

—Irá, señora, irá, se lo prometo yo.

Bouvier la empujó suavemente hacia un butacón mientras decía:

—Ahora tratemos de organizarnos. Quiero que pasen ustedes las dos próximas noches en paradero desconocido. En algún lugar donde ni la propia policía los pueda encontrar.

De no ser tan dramática la situación, me habría echado a reír.

—Supongo que será inútil que os ofrezca mi casa —murmuró Gerard, cada vez más tenso.

Tras pensarlo unos instantes, Syliane propuso:

—Podríamos ir a casa de Pepe Fernández.

—¿Quién es ese monsieur Fernández? —quiso saber el comisario.

—El fotógrafo de Borges —le contestó Syliane sin más explicación.

—Ah.

Pepe Fernández, argentino de profesión, era en efecto el fotógrafo preferido del escritor. Homosexual sesentón con gran predicamento entre los jóvenes maricas en busca de un padre comprensivo y protector, Pepe Fernández era de talla exigua, con una gran nariz aguileña y un bigotillo rubio con las puntas enhiestas. Como muchos hombres de escasa estatura, andaba siempre muy erguido con el porte de un antiguo militar poco acostumbrado a no vestir de uniforme. Todos sus amigos le llamábamos el General. La primera vez que vino a pasar unas semanas con nosotros en la gran casa que habíamos alquilado en Benahavís, cerca de Marbella, a los que me preguntaban quién era aquel general argentino invitado nuestro yo les contestaba bajando la voz que se trataba de un general del equipo de Videla al que andaban buscando por estar acusado de haber dirigido en Buenos Aires durante la dictadura uno de aquellos siniestros centros donde se torturaba a los rojos antes de matarlos. La reputación de general torturador le granjeó a Pepe Fernández la simpatía de la derechona marbellí que nunca se olvidaba de invitarlo a sus cenas y guateques.

El comisario Bouvier nos dejó instalados en su despacho con permiso para usar su teléfono. En cuanto nos quedamos solos, Gerard me dijo:

—Esta mañana, antes de venir aquí, he visto a John y he tratado en vano de convencerle para que retirara su denuncia. Se ha negado en redondo. Quiere dinero y está convencido de que ésta es la manera más segura de obtenerlo. Como te puedes imaginar, lo he despedido de la agencia diciéndole que no quería volver a verlo en mi vida.

Le expliqué a Syliane que hacía apenas diez minutos alguien había telefoneado a Bouvier desde el Elíseo ordenándole que me pusiera en libertad.

Syliane encendió un cigarrillo con dedos que todavía temblaban.

—En cuanto me enteré en Orly de que te habían detenido llamé a Loris Azzaro pidiendo socorro. Me dijo que se pondría enseguida en contacto con una gran amiga que era la jefa del gabinete del presidente de la República.

—Pues ha funcionado.

—Loris es un amigo que nunca falla.

El comisario Bouvier volvió a su despacho al cabo de hora y media con la sonrisa en los labios.

—Bueno —nos anunció—, ya está todo prácticamente arreglado. Lo que me ha pedido que hiciera la jefa del gabinete presidencial es del todo ilegal. ¡Poner en libertad a un preso sin pasar por los cauces reglamentarios! Como los que están en la cúspide de la pirámide no tienen que bregar con ordenanzas y reglamentos lo ven todo muy fácil. ¡Pero yo, al menor traspié me juego la carrera!

—Sacó de nuevo la bonita pipa del bolsillo de la chaqueta y tras pedirle permiso a Syliane con un gesto de la cabeza procedió a encenderla. Entre bocanada y bocanada, nos explicó—: He conseguido las dos firmas que necesitaba para impedir que pasara la noche en una celda de la Santé, así que ahora podrán irse todos en un taxi a casa de su amigo el general Fernández de donde les ruego que no se muevan de no ser absolutamente necesario.

La atmósfera se distendió considerablemente. Bouvier escribió unas palabras en una hoja de papel que me tendió diciendo:

—Aquí tiene usted el nombre y el teléfono de un abogado que aceptará ocuparse de su caso. *Maître* Stasi es un gran amigo mío a quien he puesto al corriente de la situación. Me ha dicho que la acción cometida por su hijo es un delito tipificado que tiene algo que ver con la «no asistencia a persona en peligro de muerte». En latín suena muy serio.

Fuera, frente a la puerta del despacho, esperaban el agente Julio Fernández y su compañero el rubicundo.

—Acompañen a estos señores hasta un taxi y no permitan que nadie se acerque a ellos —les ordenó el comisario.

Al despedirnos, Bouvier y yo casi nos dimos un gran abrazo. Más comedida, Syliane le tendió su mano a besar, lo que el otro hizo con ademanes versallescos. Gerard y Fabricio cerraron la marcha tras los dos agentes encargados de custodiarnos. Habíamos dado apenas unos pasos cuando sonó de nuevo la voz del comisario Bouvier:

—Monsieur de Vilallonga, no olvide llamarme mañana para decirme cuál ha sido el diagnóstico del profesor Amel.

Aquello parecía ser el inicio de una gran amistad.

Antes de que subiera al taxi, el agente Julio Fernández también me tendió un papel con su número de teléfono recordándome que le gustaría mucho que nos volviéramos a ver para rememorar tiempos pasados. Le prometí llamarle sin falta.

Llegamos a casa de Pepe, a dos pasos del boulevard Saint-Germain, sin haber avisado. Pero el general era hombre a quien nada parecía sorprender. Tuvimos suerte de no haberle interrumpido en una de sus sesiones sexoculturales gracias a las cuales los jóvenes maricas salían de entre sus brazos un poco más cultos que antes de caer en ellos. A los franceses, el general les hablaba de sus poetas favoritos, Apollinaire, Lautréamont, Verlaine. A los iberos y a los latinoamericanos les recitaba páginas enteras de *Martín Fierro*.

El piso de Pepe Fernández era diminuto. Puesto someramente al corriente de la situación y sabiendo que sólo estaríamos en su casa un par de días, el general le cedió a Syliane su habitación y a Fabricio y a mí nos acondicionó un ángulo del salón, tres metros por seis, protegido por un biombo tapizado con retratos suyos de Montand, Cocteau y Gabin más un sinfín de angelicales rostros de bailarines rusos con preciosos nombres impronunciables. Tras un tentempié improvisado, Syliane le contó a Pepe Fernández lo que acababa de suceder. El general la escuchó en silencio sin inmutarse y luego dictaminó:

—Yo siempre he sabido que el tal John era un grandísimo hijo de puta.

Me pareció de mal gusto contradecirle y el general sugirió:

—Tengo amigos que lo pueden borrar del mapa por muy poco dinero.

Syliane reaccionó sin gran convencimiento:

—No digas tonterías, Pepe. Éste es un asunto que hay que arreglar en familia y no ante los tribunales con una acusación de asesinato.

Gerard intervino con su suave voz de árabe bien educado:

—Yo sería partidario de arreglar las cosas lo más rápidamente posible, de manera que José pueda enfrentarse con tranquilidad a sus problemas de salud.

Fabricio había escuchado atentamente a todo el mundo y más tarde, cuando nos quedamos solos, me dijo:

—Yo estoy de acuerdo con el general. Tres o cuatro tíos con puños americanos y que lo dejen hecho una piltrafa.

No tuve el valor ni las ganas de llevarle la contraria.

Al día siguiente a las ocho de la mañana Syliane y yo cogimos un taxi para trasladarnos a Villejuif, el suburbio de París donde estaba el Institut Gustave Roussy, uno de los centros oncológicos más importantes del mundo.

El profesor Amel nos recibió junto al doctor Echwege y un par de médicos más a la hora fijada. Amel era un hombre grande de imponente aspecto, que acusaba una edad muy superior a la que era verdaderamente la suya. En su rostro violáceo, unas grandes ojeras multiplicaban su tamaño tras los espesos cristales de sus lentes de miope. Hablaba como ahogándose, tomando su tiempo entre frase y frase. El doctor Echwege acababa en su lugar alguna frase demasiado larga para que Amel pudiera pronunciarla sin recuperar varias veces la respiración. Era evidente que el hombre estaba muy enfermo, probablemente del corazón.

Me miró largamente —como yo miraba a los caballos antes de comprarlos— y luego, dirigiéndose a Syliane, le dijo:

—Bueno, señora, cuéntemelo todo.

Desconcertada, mi mujer le contestó señalándome con un gesto:

—El enfermo es él, profesor.

—Lo sé, pero la portadora de malas noticias, según tengo entendido, es usted. Quiero saber exactamente lo que le dijo ese médico de Madrid para que usted decidiera traer aquí a su marido.

Syliane se concentró unos instantes y luego repitió palabra por palabra lo que le había dicho Barajas.

—Me dijo que a mi marido le quedaban apenas quince días de vida.

Amel y el doctor Echwege se miraron estupefactos.

—Señora, repita eso, por favor.

—Que a mi marido le quedaban apenas quince días de vida.

Siguió otro largo silencio antes de que el doctor Echwege reaccionara indignado:

—Señora, ningún médico en el mundo puede hacer un diagnóstico semejante basándose en una simple biopsia.

—Lo siento, pero eso es exactamente lo que a mí me han dicho en Madrid.

Los médicos se miraban entre sí, desconcertados. De pronto Amel me preguntó:

—Dígame, ¿por qué ha pedido usted verme a mí precisamente?

Amel hablaba con un fuerte acento del sudoeste francés pero maltrataba las erres como un borgoñón.

—Yo era —le expliqué— un gran amigo de Pascal Jardin quien según tengo entendido murió prácticamente en sus brazos.

Detrás de los gruesos cristales de sus lentes los ojos de Amel se nublaron.

—Vaya, vaya... así que era usted amigo de Pascal Jardin. Una gran persona el pobre Pascal. Y un magnífico profesional. Quizá el mejor dialoguista del cine francés. Mejor incluso que Audiard. Más incisivo, más cáustico...

Increíble, pero de repente estábamos hablando de cine. Amel se dio cuenta de lo incongruente de la situación porque bajando la voz me confió:

—Pascal no murió aquí a causa de un cáncer. Pascal vino aquí a suicidarse. El cáncer no fue más que un pretexto. Yo hubiese podido curarle pero él se quería morir. Contra eso no podíamos hacer nada.

Amel se inclinó hacia adelante para decirme:

—Usted no tiene el aspecto de una persona que renuncie fácilmente a vivir, ¿o me equivoco?

—Yo, profesor —le contesté—, estoy muy enamorado de mi mujer.

Amel miró a Syliane de soslayo y murmuró:

—Un gran aliciente.

Luego se volvió hacia Echwege y le pidió:

—Por favor, doctor, dígaselo usted. Yo estoy demasiado cansado para seguir hablando.

El doctor Echwege, un alsaciano de aspecto austero poco dado a malgastar palabras, tomó el relevo del profesor Amel para decirme:

—Para nosotros es muy importante saber si a usted le interesa seguir viviendo o no. Se lo digo porque puede usted adoptar dos actitudes: una, aceptar que tiene usted un cáncer, cosa de la que todavía no estamos seguros, y en consecuencia desesperarse y odiar a todo el mundo empezando por usted mismo. En este caso lo más probable es que el cáncer pueda con usted. Pero si al contrario usted rechaza la idea de estar enfermo y sigue leyendo los periódicos, yendo al cine y al teatro, comiendo bien, bebiendo mejor y haciéndole el amor a su mujer, yo no digo que eso le salve, pero a nosotros nos ayudaría mucho a vencer la enfermedad.

Amel asintió gravemente con la cabeza.

—Así de sencillo, monsieur de Vilallonga. ¿Cómo ve usted la botella, medio vacía o medio llena?

—La veo llena del todo, profesor.

—Bien. Entonces pongámonos a trabajar.

Amel se puso en pie y ya desde la puerta de su despacho me dijo:

—Le dejo a usted en manos del doctor Echwege y de su equipo. Volveré a verle en cuanto tenga en mis manos el resultado de la nueva biopsia y de los análisis y exámenes a los que le van a someter durante los próximos tres días.

Al despedirse de Syliane, ésta le preguntó:

—¿Podemos conservar alguna esperanza, profesor?

Amel le contestó con cierta rudeza:

—Señora, ésa es una pregunta que nunca se debe hacer delante del enfermo. —Y enseguida, dulcificando la voz, añadió—: La esperanza es siempre lo último que hay que perder.

—Sí, pero...

—Le podré dar una contestación mucho más precisa pasados estos tres próximos días.

Syliane se quedó con media sonrisa al borde de las lágrimas. Sentí mucha pena por ella porque la veía sufrir sabiéndose incapaz de torcer los cauces del destino. Pero, como siempre en los momentos difíciles, demostró tener más coraje que yo para hacer frente a la situación. Antes de abandonar el despacho, Amel le pidió a mi mujer que saliera con él unos momentos al pasillo. Cuando volvió, algo le había dicho el profesor que parecía haberla serenado.

Los tres días que siguieron lo pasé muy mal pensando que si en Madrid un señor que también tenía derecho al título de profesor no me daba más allá de quince días de vida, no parecía probable que en París, por más sabios que fueran, me dijeran que no tenía nada importante.

Durante la vuelta a casa desde Villejuif le pregunté a Syliane por lo que le había dicho Amel en el pasillo. Me contestó que sólo había tratado de darle ánimos. Convinimos durante el trayecto entre los suburbios y el centro de la capital que lo primero que había que hacer era alquilar un apartamento y un coche para que pudiera desplazarme cada mañana por mis propios medios hasta el hospital. De todo esto se encargaría Syliane mientras que yo me ocuparía de conseguir el dinero necesario para cubrir los gastos que iban a ser más cuantiosos de lo que habíamos imaginado. Syliane volvió a mencionar sus joyas indias de las que yo estaba seguro que, de querer venderlas, no le darían por ellas ni la cuarta parte de su valor. Le expliqué que en 1936, mi madre, refugiada en Biarritz, trató de vender su magnífico collar de perlas por el que ningún joyero le ofreció más de la mitad de su valor.

Durante las guerras y las revoluciones los joyeros suelen hacer su agosto poniéndose todos de acuerdo en no pagar ni un centavo más por una joya importante que la cifra convenida por el conjunto del gremio. El collar acabó comprándoselo su cuñada Olga Leighton, marquesa de Portago, una bruja inglesa fabulosamente rica que le pagó apenas un poquito más de lo que ya le habían ofrecido los joyeros.

—Olvídate de vender tus joyas —le dije a Syliane—, porque aquí, en París, tendrás que volver a lucirlas en cuanto yo haya salido de ésta.

Otra de las preocupaciones de Syliane era Fabricio. ¿Qué íbamos a hacer con él? ¿Meterlo en un colegio o buscarle un profesor para que le diera lecciones a domicilio?

—Con lo que va a oír y a ver durante las próximas semanas —le dije a mi mujer—, aprenderá más de la vida que en muchos años de colegio. Démosle tiempo al tiempo. En cuanto al dinero, no te preocupes. Tengo una idea.

En cuanto llegamos a casa llamé por teléfono a Jaime Peñafiel, director en Madrid de *La Revista*, después de haberlo sido del *¡Hola!* de Sánchez Junco. En cuanto lo tuve al aparato le puse al corriente de lo que ocurría. Curiosamente, lo primero que Jaime me preguntó fue:

—¿Necesitas dinero?

—Pues sí —admití—, porque de España apenas he podido sacar lo suficiente para el viaje. Pero tengo una idea que quizá te pueda interesar.

—Cuéntamela.

—Yo no sé todavía lo que me van a diagnosticar los franceses, pero creo que sea cual sea el final de esta historia sería interesante que yo fuera contando paso a paso cómo se cura o se muere uno de un cáncer. Con ello podría ayudar a quienes un día tengan que pasar por un trance como el mío. ¿Qué te parece?

A Jaime le gustó la idea y me propuso mandar a París a un reportero y a un fotógrafo para que siguieran día tras día lo que en su dramatismo andaluz Jaime llamó mi Vía Crucis.

—¿Cuánto quieres por el reportaje? —me preguntó.

—¿Cuánto estás dispuesto a dar?

—Lo que necesites. ¿Te iría bien un millón?

A los dos o tres días me llamó por teléfono un desconocido diciendo que tenía para mí el equivalente de un millón de pesetas en francos franceses. Peñafiel es un señor de los que quedan pocos...

El reportaje fue un gran éxito. Casi veinte años después sigo recibiendo cartas de agradecimiento de gentes que por lo que pude contarles supieron lo que les convenía hacer.

Hasta hace poco cuando alguien se salvaba de un cáncer era porque el médico se había equivocado en su diagnóstico o porque el enfermo, en abierta lucha contra su destino, se negaba a aceptar lo irreparable. Martín Prieto cuenta que Susan Sontag se rebeló contra la condena para poder reescribir *La enfermedad y sus metáforas.* Otra sonada rebelión, aunque por razones diferentes, fue la de Oriana Fallaci, pero, por lo general, los que salíamos ilesos de esas rabiosas luchas contra el mortífero cangrejo éramos muy pocos y además se nos juzgaba con cierto reparo, como si hubiésemos presumido de una enfermedad que nunca habíamos tenido. El deleznable Paquito Umbral se refirió a mi cáncer como a un taimado truco publicitario.

En la época en que yo la contraje, la enfermedad apenas si tenía nombre, tanto nos espantaba pronunciarlo. Pero en los últimos años todo esto ha dado un vuelco espectacular y ciertos cancerosos —sobre todo mujeres— han escrito libros, como el de la hija de Adolfo Suárez, que sólo pueden infundir valor a los pusilánimes. Muy últimamente se ha dado un gran paso hacia adelante y con una falta de pudor, más la zafiedad que conlleva el nuevo siglo, nos anuncian tranquilamente por televisión que los huevos de Molina, el portero del Deportivo, han salido indemnes de la aventura. Enhorabuena, chico, trátalos con cariño porque sin ellos no serías el mismo.

Pasados los tres días en manos de Echwege y de su equipo —nueva biopsia, radiografías, análisis de sangre y de orina, exámenes físicos de toda clase en diferentes pisos del enorme edificio— el profesor Amel nos recibió de nuevo en su despacho a Syliane y a mí. Me tranquilizó de entrada verle distendido y casi de buen humor. La sonrisa de Amel también sosegó a mi mujer que probablemente se preparaba a recibir malas noticias.

—Pues sí, madame de Vilallonga, su marido tiene un carcinoma en la amígdala izquierda pero afortunadamente no hay rastro de metástasis en la zona. Así que vamos a someterle a una radioterapia, un poco más dura de lo corriente, para que salga curado de este centro dentro de siete semanas.

No pude despedirme de Amel cuando me marché curado de Villejuif porque había muerto súbitamente del corazón mientras yo me sometía a tratamiento. Era un gran médico y un hombre bueno, de los que hay que señalar con una piedra blanca en el camino.

Las siete semanas de radioterapia fueron muy duras. Yo llegaba al Instituto cada mañana a las siete, al volante de mi coche, para ser el primero en la cola de pacientes que Echwege trataba con sus llamados rayos mágicos. El tratamiento duraba apenas un minuto, pero a veces tardaban hasta media hora en colocarme en la posición idónea para recibir el rayo salvador. Los viernes de cada semana Echwege me recibía en su despacho y desplegando ante mí un piano en el que estaba dibujada mi garganta, con la amígdala subrayada en rojo, me explicaba evitando en lo posible los términos científicos:

—Hoy vamos a quemar toda esta zona y a finales de la semana próxima habremos acabado con ella.

Luego solía preguntarme por lo que había hecho la noche anterior.

—Fui al teatro a ver a Popesco en la última obra de Roussin. Era muy divertido pero estaba tan cansado que me quedé varias veces dormido.

—Es natural. Pero siga tratando, por favor, de llevar una vida normal.

Llevar una vida normal me resultaba muy difícil porque la radioterapia era un tratamiento agotador. Los que menos caso hacían de mis protestas cuando me rebelaba a seguir viviendo como si no estuviera enfermo, fueron Syliane y el propio Fabricio que me recibía cada mañana a mi vuelta del hospital preguntándome como si tal cosa: «¿Cómo anda hoy tu cáncer, papá?».

De mi mujer me chocaba que no se ofreciera nunca a venir conmigo a Villejuif y que pese a verme tan fatigado insistiese noche tras noche en llevarme a un teatro o a un cine, cuando no a tomar unas copas a Regine's o a Chez Castel. Más tarde supe que la pobre se esforzaba en maltratarme siguiendo el consejo de mis médicos, que temían que me rindiese y acabara *jouant au malade*, lo que según ellos podía tener consecuencias muy negativas en mi lucha contra el cangrejo.

Aprendí muchas cosas en aquel hospital durante las siete semanas que duró mi tratamiento. Dejé de creer para siempre en la existencia de un Dios misericordioso porque un niño con la cabeza rapada y condenado a muerte es un espectáculo intolerable. En aquel hospital comprendí el sentido de aquella frase que le gustaba repetir a Cioran: «La Creación ha sido el primer acto de sabotaje cometido en el mundo».

Fue en esa cola en la que yo esperaba cada mañana a que el doctor Echwege me sometiese a sus rayos, cuando una mañana una muchacha española, bella y frágil, me preguntó: «¿Tú sabes cuáles son las cosas extraordinarias de la vida? Las ordinarias. Las de todos los días. Ver salir el sol, la primera taza de café, la sonrisa de un niño, el beso de la persona que amas. Pero son cosas que nos parecen tan naturales... Sólo cuando estás como yo a las puertas de la muerte es cuando te enteras de lo que valen».

El viernes de la séptima semana de mi tratamiento el doctor Echwege desplegó ante mis ojos el plano en el que estaba dibujada mi garganta. La mancha roja que figuraba en la amígdala atacada por el cangrejo había desaparecido.

—Hemos cumplido satisfactoriamente el programa tal como lo había previsto el profesor Amel —me anunció complacido el doctor Echwege—. Ya puede usted volver a España.

Habían sido siete semanas muy duras pero de las que, curiosamente, yo había salido moralmente muy fortalecido. Decidí con Syliane que nos quedaríamos en París un par de semanas más hasta que yo mismo estuviera íntimamente convencido de estar curado. Aquella misma noche nos fuimos a celebrar con Fabricio el fin de la pesadilla. Fue una celebración familiar durante la cual hice todo lo posible por hacerles comprender lo mucho que los quería y sobre todo lo mucho que les debía. Habían sido más fuertes que yo, porque no hay nada más agotador que fingir la serenidad cuando todo el edificio amenaza con venirse abajo. «¿Qué tal está hoy tu cáncer, papá?» ¿Cuánto le costaba a Fabricio hacerme esa pregunta con aire risueño cuando yo sabía que estaba al borde de las lágrimas? ¿Y cuánto le costaba a Syliane arrastrarme cada noche, muerto de cansancio, a un teatro o a un cine donde los dos teníamos que hacer inauditos esfuerzos para no quedarnos dormidos? Habíamos luchado mucho cada uno de nosotros para que quedara patente lo importantes que éramos los unos para los otros.

Creo que una de las personas que mejor comprendió nuestro combate fue Lola Flores, quien nos llamó una mañana desde el hotel donde se había alojado la noche anterior a su llegada a París.

—Me gustaría que José Luis y tú cenarais conmigo esta noche —le pidió a Syliane con su ronca e inconfundible voz.

Nos dio cita en Lasserre, el restaurante favorito de André Malraux, a las diez de aquella misma noche. Tanto a Syliane como a mí nos intrigó la invitación. Conocíamos a Lola por verla a menudo en Madrid sin que ello supusiera la existencia de una especial amistad entre nosotros. Éramos vecinos y tal como se lo había contado a José Mario Armero, en verano, desde la terraza de Castellana 70 donde cenábamos todas las noches, oíamos las maravillosas broncas que la Faraona le montaba al Pescaílla por razones que sólo eran de su incumbencia.

Cuando llegamos a Lasserre nos hicieron pasar a un reservado en el que nos esperaba la Faraona en compañía de cuatro personas más. Su hija Lolita —a menos que fuera Rosario—; un señor gordo y desaliñado que dijo ser el representante de la artista; una señora, gorda también, que la Lola nos presentó escuetamente como su «comadre», y un gitano cuarentón de muy buen ver, que no abrió la boca ni una sola vez en toda la noche. La escena era como para tomar notas.

Exuberante y maquillada como si estuviera a punto de subir a un «tablao» la Faraona se interesó por mi salud al tiempo que me explicaba que ella se encontraba a las puertas de la muerte y que había venido a París para ver si los médicos que me habían curado a mí podían curarla a ella.

—En Madrid, ¿sabes?, nadie me dice lo mismo —me explicó mientras pasábamos a la mesa—. Yo sé que estoy muy malita, pero claro, a mí me interesa creer a los que me dicen que lo mío todavía tiene arreglo. ¿Verdad, querido?

El gitanazo a quien la Lola acababa de llamar «querido» asintió sin apenas mover la cabeza mientras que la «comadre» se abanicaba desaforadamente repitiendo una y otra vez que «la pobrecita no se merece tanto sufrimiento».

El *maître* le presentó la carta a la Faraona con el aire ceremonioso de un introductor de embajadores. Dos hojas acartonadas de gran tamaño en las que Lasserre ofrecía unas exquisiteces a la altura de la cristalería de Bohemia, la vajilla de porcelana ribeteada de oro y los cubiertos de plata. La Lola tardó mucho en emerger de detrás de aquella carta elaborada por uno de los mejores chefs de Francia para pedirle al *maître* que le trajeran un par de huevos fritos. Todavía hoy admiro la sangre fría de aquel hombre que se contentó con inclinarse murmurando «bien, madame». No creo que nunca nadie se había atrevido hasta aquella noche a pedir en Lasserre un par de huevos fritos. Los demás comensales le indicaron al *maître* lo que querían comer poniendo un dedo al buen tuntún sobre aquellas desconocidas palabras caligrafiadas con esmero en una lengua que sólo Syliane y yo parecíamos conocer.

Entre una cosa y otra la cena duró un par de horas durante las cuales sólo se habló del cáncer de la Faraona, de sus miedos, sus angustias y sus a veces terribles dolores. Le prometí que a la mañana siguiente llamaría al doctor Echwege para que la recibiera lo antes posible. Así lo hice y conseguí una cita para las cinco de la tarde de aquel mismo día. Llamé por teléfono a la Lola para decirle que Syliane y yo iríamos a buscarla para llevarla a Villejuif.

Me llamó la atención, cuando la vi, su mal aspecto. Había pasado una mala noche.

—Los huevos fritos de ayer, hechos con mantequilla, me han sentado fatal.

Estaba pálida, ojerosa y tenía gotas de sudor en las sienes. Se había puesto para la ocasión una chaqueta de terciopelo bastante escotada —«para que el doctor vea más fácilmente mis cicatrices»— y una falda negra con volantes que le cubría las piernas hasta los tobillos.

A la Lola le impresionó desagradablemente el barrio de Villejuif. Le pareció un barrio de pobres y los lugares que ella conocía donde se curaban los ricos tenían un aspecto muy diferente. Se serenó al penetrar en el Institut Gustave Roussy y comprobar que nos atendían con rapidez y deferencia, Tuvimos la suerte de no cruzarnos en nuestro camino con uno de aquellos patéticos niños sin pelos en la cabeza y unos ojos que no parecían caberles en la cara.

Echwege nos recibió puntualmente a las cinco de la tarde. Como ni él hablaba español ni la Lola francés, el propio doctor Echwege nos pidió que actuáramos de intérpretes entre él y la paciente. Echwege —no recuerdo haberlo dicho ya— era un alsaciano de aspecto austero, poco dado a vanas palabrerías y con un sentido del humor bastante restringido. Empezó mirando con recelo a aquella señora tan empolvada y pintada que al sentarse se arremangaba la falda dejando ver unas piernas con musculosas pantorrillas y sin embargo largas y finas.

Fue Syliane quien al dictado de la Faraona le fue explicando al doctor parte de lo que necesitaba saber acerca de aquella curiosa paciente que hasta entonces no parecía haberse ocupado de su enfermedad con demasiado rigor. Había cambiado demasiadas veces de médico, interrumpido una y otra vez los tratamientos olvidando incluso durante meses que estaba gravemente enferma. Una paciente con la que a ningún médico le hace ilusión cargar. ¿La habían operado ya?, quiso saber Echwege. La Lola levantó los ojos al cielo y ahuecó el escote de su chaqueta para que el doctor pudiese ver la infinidad de pequeñas cicatrices que le moteaban los senos.

—Tengo muchas más en el resto del cuerpo —explicó orgullosa.

Echwege, desorientado, admitió tras una corta reflexión:

—No puedo pronunciarme sobre el caso de esta señora apoyándome solamente en las pocas explicaciones que me han dado. Su amiga —le dijo a Syliane— debería quedarse con nosotros por lo menos durante un par de semanas para someterse a una serie de exámenes y de pruebas parecidas a las que le hicieron a su marido.

Y el doctor añadió:

—A ser posible metida en la cama.

Cuando Syliane le tradujo a la Faraona la última sugerencia del doctor Echwege, ésta estalló:

—¿Yo, aquí en la cama durante un par de semanas? ¡Pero a quién se le ocurre! ¡Ni hablar!

Y golpeándose el pecho con los puños, chilló:

—¡No puedo! ¡Tengo que trabajar!

—*Qu'est-ce qu'elle dit?** —le preguntó Echwege a Syliane.

—*Elle dit qu'elle doit travailler.***

* «¿Qué es lo que ha dicho?»

** «Ha dicho que tiene que trabajar.»

—¡Sí, sí, «*travailler*»! —volvió a gritar la Faraona—. ¡Me esperan en Sevilla, en Barcelona, en Bilbao! ¡Cómo me voy a meter en la cama durante dos semanas!

Y volvió a repetir mirando al doctor:

—¡Tengo que «*travailler*»!

Sin perder un ápice de su calma Echwege le preguntó a Syliane:

—*Pouvez-vous me dire en quoi consiste le travail de cette dame?**

La Lola comprendió el significado de la pregunta y antes de que Syliane pudiera explicarle nada al doctor, se levantó de un salto, agarró los bordes de su amplia falda negra hasta subirla por encima de las rodillas y ante un asombrado Echwege se libró a un furioso zapateado sobre el barnizado parquet del despacho, mientras gritaba:

—¡Esto es lo que hago, doctor! ¡Bailar!

—Ah... vaya... qué interesante. Claqué.

La Faraona se detuvo en seco.

—¡No, claqué no! —bramó furiosa—. ¡Flamenco!

Y volvió a repiquetear el suelo con sus altos tacones dejando una serie de huellas diminutas sobre la encerada madera del despacho.

—*Bon, bon*... —se rindió el doctor—. Así que esta señora es bailarina.

—Bailaora, doctor —especificó Syliane sabiendo que perdía el tiempo.

Y tras una aguda mirada de la Faraona, Syliane añadió:

—En España la llaman la Única.

Diez minutos más tarde, la Faraona, Syliane y yo salíamos del Institut Gustave Roussy tras unas vagas promesas de volver a vernos con el doctor Echwege a la semana siguiente. Ni el doctor Echwege ni nosotros volvimos a verla viva. Cuando de vez en cuando paso por Villejuif para hacerme un chequeo el doctor Echwege nunca deja de hablarme de aquella extraordinaria mujer que le había mandado desde Madrid una fotografía con una dedicatoria en francés cuyo significado exacto ni él ni yo dilucidamos nunca.

—No tenía salvación —me había dicho Echwege—. Cuando ustedes la trajeron aquí ya estaba muerta. Y ella lo sabía. Por eso no volvió nunca.

* «¿Me puede decir en qué consiste el trabajo de esta señora?»

Una vez dado de alta por el equipo médico de Villejuif y devuelto a la vida normal me tuve que enfrentar a todas las complicaciones derivadas de la denuncia interpuesta contra mí por mi hijo John. Para empezar me enteré de que no podía abandonar el suelo francés en tanto no hubiese puesto fin a mis problemas judiciales. Yo, de acuerdo con Syliane y con mi cuñado Gerard Sakon, estaba decidido a no pagarle un céntimo a John aun a sabiendas que con una cierta cantidad de dinero podía poner fin al problema. Siendo así las cosas la situación podía prolongarse durante meses. John tenía probablemente uno de esos abogados que ante una causa perdida de antemano, te dicen «yo ese pleito no se lo puedo ganar, pero lo que sí puedo es hacerlo durar años». Por su parte, *maître* Stasi seguía asombrándose ante la saña con la que John pretendía ponerme contra las cuerdas.

Llegó el momento en que la necesidad de volver a Madrid se hizo perentoria así que una mañana Gerard Sakon me propuso llevarme en su coche a Bruselas pasando por uno de esos pequeños puestos fronterizos en los que los aduaneros sólo suelen echarle un distraído vistazo a los pasaportes. En Bruselas cogí un vuelo a Madrid donde Syliane y Fabricio se reunieron conmigo al día siguiente.

Ya en casa consulté con varios abogados amigos para saber hasta qué punto mi hijo John podía ser considerado culpable de haber puesto en peligro mi vida. Varios de ellos se ofrecieron a llevar el caso ante los tribunales. Finalmente no hice nada. Me daba demasiada vergüenza tener que acusar a mi propio hijo de algo muy parecido a un acto criminal. Me contenté con desheredarlo y desde entonces ni lo he vuelto a ver ni he tenido noticias suyas.

1988

Nunca olvidaré la primera vez que Antón Lamazares vino a mi casa de Madrid del bracete de Carmen Esteban, esa estupenda fotógrafa taurina que lo introdujo de tapadillo en el mundo de los toreros y los flamencos. Antón iba vestido de tal modo que me asombró que el portero le hubiese dejado subir al piso. Llevaba unos pantalones a rayas grises y negras con diez años de arrugas, un chaquetón que le sobraba por todas partes, unos zapatones de cura rural y un chambergo de ala ancha de director de cine norteamericano de los años treinta. Debajo del sombrero había una cabeza rapada al cero llena de lívidas cicatrices resultado de las pedradas que le pegaba su padre cada vez que le veía sacar del bolsillo un cuaderno en el que escribía poesía y dibujaba sus primeros escorzos en lugar de vigilar las vacas puestas a su cuidado. Porque en su infancia, Lamazares fue pastor, allá en Mazaeira, la aldea gallega que le vio nacer. Un pastor de cuyo recuerdo no reniega el pintor que hoy expone en las mejores galerías de París y de Nueva York.

Me sorprendió el que en estos tiempos de horterocracia en los que todo el mundo se besa y se tutea, Lamazares siempre llamara de usted incluso a sus más íntimos amigos. Aquella primera noche Lamazares me habló de su aldea natal.

—Una aldea de quince vecinos —me explicó— que vivían de sus vacas, de sus cerdos, del maíz y del centeno. Una aldea con muchos árboles. Debajo de los árboles aquéllos pasaba de todo. Tuve un abuelo que salía de su casa y a los cinco metros se topaba con el primer árbol. Y debajo del árbol había siempre una mujer. Así que ya se puede usted imaginar. Fui, sí, pastor de vacas, pero me gustaba mucho escribir, sobre todo poesía, mucha poesía. Lo de la pintura vino mucho más tarde. Al principio la odiaba. Pero luego viajé a Francia, a Holanda y a Inglaterra. Allí vi cuadros de Van Gogh, de Cézanne, de Miró y de Picasso. Aquellos señores me fundieron los plomos.

—Por lo que conozco de su pintura —apunté— parece que Klee le ha influido mucho.

—Es el más grande.

Y acto seguido se puso a hablar de Picasso.

—Era —dijo— un pintor español porque no podía ser otra cosa. Profundamente contradictorio, el personaje era grandioso. Pintó miles de cuadros y doscientos de ellos son obras maestras. El resto sirve para explicar quién era Pablo Picasso. El cubismo fue sin duda alguna su mejor etapa. Pero a la gente le sigue gustando más su época azul y su época rosa. No hay que decirlo, porque lo que más ofende a una persona es que la acusen de tener mal gusto.

Le pregunté por sus pintores favoritos y me contestó sin dudarlo un instante:

—Los cuatro Pablos: Uccello, Cézanne, Klee y Picasso. A continuación me importan mucho Masaccio, Giotto, Ribera y Rembrandt. Tampoco hay que olvidar a Pietr Mondrian. Mondrian es ante todo un matemático. Él fue quien dijo: «Dadme una línea recta y os daré la libertad». Pero yo no soy partidario de la línea recta de Mondrian. Si yo tuviera que buscar la perfección en una línea, la buscaría en la línea curva.

—A usted, Lamazares, sé que le gusta mucho un pintor que yo detesto: Tàpies.

Lamazares me miró unos segundos entre desconcertado y ofendido.

—Yo a Tàpies —murmuró— le debo mucho. Pero si hay que hablar de Tàpies conviene entonces que no olvidemos a Dubuffet. Son primos hermanos. Pero, dígame, ¿qué es lo que tanto le disgusta en la pintura de Tàpies?

—Su obsesión por el miserabilismo. Su atracción por lo lóbrego y lo pobre.

—Usted, amigo mío —me contestó Lamazares sonriendo—, tiene gustos de rico. Probablemente ocurre que la pintura de Tàpies le inquieta porque en sus cuadros adivina un mundo que usted no quiere conocer. —Y añadió, receloso—: Lo que me asombra es que a usted le guste mi pintura.

Como ocurre casi siempre con los pintores, acabamos hablando de religión. Le causó extrañeza que yo me confesara agnóstico.

—Yo aprendí a escribir —me explicó— en el convento de Herbon, con los padres agustinos. y soy profundamente religioso. —Y rápidamente añadió—: Religioso, pero no católico. Mi religión es la pintura. Yo aspiro a que mi pintura sea un arma de conocimiento. Hace unos días alguien me preguntó si era consciente de estar convirtiéndome en un pintor importante. Le contesté que para mí, ser o no ser importante no tiene ningún sentido. Lo único que me importa es pintar. No vivo para otra cosa.

—Usted pinta sobre todo de noche, ¿verdad?

—Preferentemente. Para pintar necesito sentirme encerrado. Y cuando se está encerrado siempre es con luz eléctrica.

Le pregunté más tarde si le gustaba pintar retratos y me contestó secamente:

—Yo no soy un pintor literario. —Atenuó el tono para comentar—: Sin embargo hay mujeres que me gustaría plasmar en una tela. Mujeres nada más. Los hombres me aburren. Son bomberos, fascistas, fabricantes de embutidos, colonizadores a destajo, machistas, obispos, chorizos. En cambio las mujeres, bueno, las mujeres son jodidamente universales.

Creo recordar también que le pregunté a Lamazares si se sentía muy español como pintor. Y me contestó:

—Yo soy un pintor oceánico. Pero antes que nada me siento gallego.

1991

A finales de 1991, Bernard Fixot, mi editor francés, y yo enterramos definitivamente las esperanzas que habíamos puesto en que Farah Pahlavi, ex emperatriz de Irán, consintiera por fin en confiarnos su biografía. Habíamos hablado con ella del proyecto en distintas ocasiones y siempre se había mostrado muy receptiva. Sabía pertinentemente que yo no era de los que culpaban a Mohamed Reza de todo lo ocurrido en Irán y que siempre había sido, en la prensa escrita, uno de sus más acérrimos defensores. Pero finalmente pesó mucho en el ánimo de Farah el temor de lo que pudiera sucederle a ella y a los suyos si salía publicado, bajo su nombre, un libro que relatara lo que realmente había sucedido.

—Farah —me dijo Fixot— más que a los iraníes le teme a la reacción de los norteamericanos. Ésa es, a mi entender, la verdadera razón por la que finalmente ha decidido guardar silencio.

Dos o tres semanas más tarde, Fixot me llamó por teléfono proponiéndome realizar una biografía de don Juan Carlos de Borbón.

—Siempre y cuando —precisó— sea él quien hable.

Más que un editor, Fixot era un comerciante. Igual le daba un rey que otro. La cuestión era no perder el tiempo. Yo estaba tan poco de acuerdo con esa forma de pensar que acabé buscándome otro editor.

La idea de realizar una biografía del rey de España en la que la voz cantante fuera la suya me pareció desde un principio descabellada.

¿Un rey en ejercicio contestando él mismo a las preguntas que le pudiera hacer un biógrafo? No se había hecho nunca y lo más probable es que no se hiciera jamás. Cuando le mencioné por primera vez el proyecto a Sabino Fernández Campo, a la sazón jefe de la Casa de Su Majestad, éste alzó las cejas escandalizado.

—¿Una biografía del Rey? ¿Y además, hablando él? ¡Quítatelo de la cabeza!

Y a continuación me dio toda clase de razones por las que una obra semejante no debería ver nunca la luz del día. Una de las principales era que él, en su calidad de jefe de la Casa, se opondría rotundamente a que se llevara a cabo el proyecto.

—Un libro como ése —me dijo— sería como una bomba de relojería que podría estallarnos entre las manos en el momento menos oportuno.

Puesto al corriente de la posición tomada por Fernández Campo, Fixot me propuso:

—¿Y por qué no hablas tú directamente con don Juan Carlos? ¿Por qué hemos de hacer más caso de lo que piense el jefe de la Casa que de lo que pueda pensar el propio Rey?

Yo tenía por aquel entonces una casa en Andratx, a diez minutos en coche del palacio de Marivent, donde el Rey y su familia pasaban las vacaciones de verano y tenía por costumbre ir a saludarle tanto a su llegada como antes de que volviera a Madrid finalizado el verano. Era la época en la que don Juan Carlos se movía todavía con una aparente libertad por Palma, visitando de improviso a unos y otros, lo que dio pie a que una cierta prensa, todavía muy discreta, inventara la existencia de una llamada «corte de Mallorca» refiriéndose a la docena de personas, generalmente isleños, con las que Su Majestad se solía relacionar en casa de unos y de otros.

Cuando yo le visitaba en Marivent al Rey le divertía hacerme preguntas que nada tenían que ver ni con la política ni con su vida oficial. Como a su padre, el conde de Barcelona; como a su abuelo don Alfonso XIII; como a todos los Borbones que he conocido, a don Juan Carlos le gustaba estar al corriente de los chismes y habladurías que corrían de boca en boca durante los meses de verano. Fue por aquel entonces cuando le oí hablar por primera vez de los Borbones del Corte Inglés refiriéndose a aquellos y sobre todo a aquellas que por razones más o menos válidas anteponían o añadían el apellido Borbón a los suyos propios.

Fue durante el verano en el que se inició la primera guerra del Golfo, cuando estando en *tête-à-tête* con el Rey en la reducida estancia que le servía de despacho en Marivent y a punto ya de despedirme cogí el toro por los cuernos y le puse al corriente de la proposición que me había hecho Fixot. Don Juan Carlos me escuchó en silencio sin quitarme la vista de encima. Luego murmuró:

—Y por qué no... La idea me parece interesante.

Volvió a quedarse callado unos instantes y por fin, dando una palmada encima de la mesa, alzó la voz y dijo:

—Vamos a hacerlo.

Me quedé prácticamente sin habla, lo que pareció divertirle.

—Hombre, no te pongas así que sólo se trata de un libro.

—Ya... Pero es que a Sabino no le parece una buena idea.

El Rey tuvo un gesto de impaciencia.

—Bueno, ya sabes que para Sabino seguimos siendo todos menores de edad, por no decir tontos.

Me dio un empellón en el hombro y añadió:

—Ven a verme antes de que nos volvamos a Madrid. Me gustaría llevarme una sinopsis de lo que pudiera ser un día ese libro tal y como tú lo has imaginado. Un par de folios, ya sabes, para que yo me haga una idea.

Tres días más tarde volví a Marivent con un bosquejo de lo que habría de ser la biografía del Rey. Don Juan Carlos guardó los papeles en una carpeta y me cogió del brazo para llevarme hasta la puerta. De pronto se detuvo y me preguntó:

—Oye, ¿a ti qué te parecería que se gastara un dinero en modernizar un poco el *Fortuna*?

El tono en el que don Juan Carlos me había hecho la pregunta no me dio pista alguna sobre la contestación que deseaba escuchar. Así que le di la que a mí me parecía, si no la más oportuna, la única razonable. El *Fortuna* se estaba haciendo famoso por los continuos incidentes que sufría en alta mar, llevando a veces a bordo como invitados a importantes personalidades. Era obvio que el yate real necesitaba pasar unos meses en dique seco antes de hacerse de nuevo a la mar.

—El *Fortuna* se está haciendo viejo, señor, pero no creo que sea el momento de ocuparse de él. Cualquier gasto de carácter suntuario siempre está mal visto por el ciudadano de a pie. Pero ahora a las puertas de una guerra de la que nadie sabe cómo puede acabar, mucha gente hablaría de frivolidad.

Don Juan Carlos me había escuchado sin mostrar sorpresa alguna.

—Sí, tienes razón. Mejor será gastarnos el dinero en remozar el palacio de Oriente, que está hecho una pena.

Me despidió como siempre con un medio abrazo afectuoso y me pidió que le diera una vez más las gracias a Syliane. Ésta, ignorando las sutilezas del protocolo, le había regalado una corbata de Hermés que a mí me había parecido en extremo chillona.

Aquella misma noche durante una cena en casa de Zou Tchokotua, don Juan Carlos me repitió en un aparte:

—La idea de esa biografía tuya me gusta mucho. Hay cosas, ¿sabes?, de las que necesito hablar. Así que te repito, vamos a hacerlo. Yo mismo te llamaré cuando me parezca llegado el momento de ponernos a trabajar.

Me pareció oportuno llamar a Sabino para darle cuenta de estas últimas palabras del Rey. El jefe de la Casa se contentó con retener un suspiro que a mí me pareció muy significativo.

De vuelta en París y por pura casualidad me enteré por un amigo común de que Miguel de Grecia estaba muy enfadado porque don Juan Carlos había suspendido *sine die* los trabajos preliminares a la puesta en marcha de una biografía real que el príncipe griego pretendía escribir. Simultáneamente, aunque por otros conductos, me enteré también de que otro tanto le había ocurrido a Baltasar Porcel, quien por lo visto llevaba ya varios meses trabajando en un proyecto similar. Eran noticias que no dejaban de inquietarme porque yo creía haber sido el primero en haberle propuesto al Rey un trabajo semejante y también porque me pareció curioso que Sabino Fernández Campo no me hubiese ni siquiera mencionado la existencia de mis dos competidores. La verdad es que no me imaginaba al Rey trabajando mano a mano, ni con el griego, ni con el catalán. Miguel de Grecia, primo de doña Sofía —lo que nunca deja olvidar—, fue el pretendiente a la Corona de Grecia como sucesor de Constantino mientras éste no tuviera descendencia. Es un personaje muy engreído, supremamente snob y de maneras un tanto afectadas, es decir todo lo contrario de don Juan Carlos, un hombre que por haber pasado gran parte de su juventud en las academias militares es poco amigo de amaneramientos y monadas. De Miguel de Grecia sólo he leído un libro sobre Luis XIV que por lo visto escandalizó a los Orleans, que protestaron sin salir del gallinero. De Baltasar Porcel, al que sólo conozco muy por encima, no puedo opinar ya que, no hablando catalán en la intimidad, sólo lo he leído en castellano, una lengua en la que se maneja mal, probablemente por acudir a diccionarios inadecuados. La noticia de que el Rey hubiese interrumpido bruscamente su colaboración tanto con el griego como con el catalán, me inquietó mucho. Si lo había hecho con ellos, ¿qué garantía tenía yo de que no lo hiciera un día conmigo? Pasaron lentamente los meses de septiembre, octubre y noviembre sin recibir noticia alguna de la Zarzuela. Estando en Palma un fin de semana y cenando una noche en el Flannigan's de Miguel Arias con Syliane y una amiga de Tchokotua —una mujer joven y atractiva que formaba parte del grupito que pasaba por ser «la corte de Palma»—, me quejé del largo silencio del Rey, de quien yo había esperado tener noticias muy rápidamente. ¿Habría cambiado de opinión a propósito de nuestro libro? ¿Le habría convencido finalmente Sabino de los peligros que suponía la publicación de unas conversaciones durante las cuales don Juan Carlos se explayaría sobre cuestiones que por el momento más valía no airear? Nuestra común amiga trató de tranquilizarme. «No te pongas nervioso —me dijo—; tres meses, teniendo en cuenta las múltiples ocupaciones del Rey, no son nada. Ya verás que cuando menos te lo esperes te llamarán desde Madrid para que os pongáis a trabajar.»

Efectivamente un par de semanas después de la cena en Mallorca, estando ya de vuelta en París, sonó el teléfono una mañana en el piso del Cours Albert Ier. Era el Rey. «Te habrás enterado —me dijo— de que he tenido un accidente bastante grave de esquí. Me he hecho polvo una rodilla y voy a tener que desplazarme con muletas durante las próximas semanas. ¿Por qué no te vienes a Madrid y nos ponemos a trabajar en nuestro libro?» Sentí un inmenso alivio. Cogí el primer avión y me planté en Madrid con el príncipe Nicolás Dadechkeliani, cuyo parentesco conmigo quedó muy bien explicado en *La flor y nata*, el tercer tomo de mis memorias. Nicolás me fue de una gran ayuda, ya que cada noche al volver yo de la Zarzuela, el pobre pasaba varias horas poniendo por escrito en unos cuadernos azules todo lo que el Rey me había contado frente a la grabadora.

En noviembre de 2000 salió *Un rey golpe a golpe*, de una tal Patricia Sverlo y editado por Ardi Beltza, gentes muy allegadas al nacionalismo radical vasco y al entorno de ETA. «El seudónimo de Patricia Sverlo —se especifica en una de las tapas interiores del libro— más que a una persona representa a un "estado de situación" que esperamos que cambie en el futuro. La editorial Ardi Beltza [Pepe Rey y compañía] ha aceptado la responsabilidad de este libro ya que en las actuales circunstancias es inasumible personalmente por nadie.» En este libro de orígenes e intenciones oscuras, se insinúa que la amiga de Tchokotua, aquella atractiva mujer que cenó conmigo y con Syliane en el Flannigan's de Portals, tenía la suficiente influencia sobre el Rey para instarle a que se pusiera a trabajar conmigo cuanto antes. Alguien muy eficiente tenía que ser la que en el libro de Sverlo llaman «mi mentora» para que en tan poco tiempo organizara un accidente de esquí en el que don Juan Carlos se rompiera una rodilla y tuviera todo el tiempo necesario para trabajar conmigo en su biografía. En *Un rey golpe a golpe* se hace también mención de los dos biógrafos anteriores a mi llegada. El cese de ambos, se explica en el libro, tuvo lugar «cuando en 1991 apareció José Luis de Vilallonga, un polémico aristócrata que había combatido la opción al trono de don Juan Carlos desde la Junta Democrática, en París, antes de convertirse en un entusiasta juancarlista al coincidir con el Rey en Palma de Mallorca. Tenían en común una buena amiga que al parecer fue la mentora del escritor cuando el Rey decidió concederle el honor de ser su biógrafo autorizado. Fernández Campo se opuso pero Juan Carlos le dijo que su compromiso con Vilallonga era irreversible. El resultado fue la recopilación de más de 70 horas de grabación. El Rey se había explayado con gran sinceridad y un cierto descontrol.

»Vilallonga, marqués de Castellvell —sigue explicando Patricia Sverlo—, entregó el original en la Zarzuela y Sabino puso el grito en el cielo. Aun así y siempre dispuesto a prestar un servicio más a la Corona se puso a colaborar, armado de tijera, para que saliera lo mejor posible. Entre el original que entregó Vilallonga en palacio y la edición que salió a la calle, las diferencias son de bulto. Y eso que mientras que Sabino estaba en plena tarea de corrección llegó el cese y tuvieron que terminar el trabajo el nuevo jefe de la Casa, Fernando Almansa, y el historiador Javier Tusell. Como todo se hizo con cierta prisa, luego fue necesario también introducir algunos cambios en las ediciones francesa e inglesa, así como en la edición española con la desaparición de varios párrafos entrecomillados sobre el 23-F ».

En el libro de Ardi Beltza se recogen todas las mentiras, insidias y bulos —además de los ataques de envidia— con los que se trató sin éxito de desacreditar la biografía autorizada de don Juan Carlos de Borbón. Sabino Fernández Campo no pudo en ningún caso poner el grito en el cielo al leer mi texto porque, a medida que yo lo iba escribiendo, el Rey y él lo iban leyendo. En realidad yo creo que lo único que le preocupaba al teniente general era lo que don Juan Carlos pudiera contarme a propósito del 23-F. «Una palabra del Rey mal interpretada —repetía Sabino una y otra vez— podría ser la excusa perfecta para que algunos pudieran exigir la reapertura del sumario.» Tal no fue el caso. Tampoco es cierto que entre el manuscrito que entregué finalmente en La Zarzuela y el texto que salió a la calle «las diferencias fueran de bulto». Ni Fernando Almansa, el protegido de Mario Conde, ni Javier Tusell, el historiador, tuvieron nada que ver en la biografía publicada por Plaza y Janés. Sólo el Rey me pidió un cambio de dieciocho líneas sobre un total de casi trescientas páginas. «José Luis —me pidió en su despacho de La Zarzuela—, me gustaría que "dulcificaras" —repitió dos veces esa curiosa palabra— el tremendo retrato que haces en tu libro de Alfonso Armada. Es un anciano que ya ha cumplido condena, que tiene hijos y nietos. Un hombre acabado al que hay que dejar en paz.» Cierto era que yo había hecho originalmente de Armada —al que yo consideraba el gran traidor al Rey en la intentona del 23-F— un retrato de una descarnada dureza. Le contesté a don Juan Carlos que si tal era su deseo, «dulcificaría» el retrato de Armada pero sólo en la versión española porque de hacerlo, por ejemplo, en la francesa, corríamos el riesgo de que se acusara al poder real de ejercer la censura. De los diecisiete países en los que se ha publicado hasta ahora *El Rey*, mi texto original ha aparecido sin retoque alguno. En Rusia, donde *El Rey* saldrá próximamente a la venta con un prólogo de Mijaíl Gorbachev tampoco habrá ningún retoque.

Sólo un par de semanas antes de devolver las galeradas de *El Rey* a mi editorial, Almansa me telefoneó a París para decirme que teníamos que vernos. Me preocupó su amable insistencia en que fuera él quien se desplazara para que habláramos. «Para que se empeñe en venir aquí a verme —le comenté a Syliane— se debe de tratar de algo importante.» Mi mujer se alzó de hombros. «Para esa gente —opinó— cualquier excusa es buena para viajar a París con los gastos pagados.»

El vizconde se instaló en el Plaza-Athenée de l'avenue Montaigne, a dos pasos de nuestro piso del Cours Albert Ier. Le invité a almorzar en Lipp, donde recuerdo que le presenté a Jacqueline Bisset, nuestra vecina de mesa. Almansa se levantó para besarle ceremoniosamente la mano, lo que pareció divertir a la inglesa. Al jefe de la Casa le impresionó la cantidad de gente conocida que me saludaba al pasar. Sólo un par de horas más tarde, ya en mi casa, Almansa consintió en hacerme partícipe de sus preocupaciones.

—En tu texto —me recordó— le haces decir al Rey que Carrillo siempre se comportó con él como un señor.

Siguió un silencio, hasta que añadió:

—Eso no lo puede decir el Rey.

Me molestó que Almansa pusiera en duda la palabra de don Juan Carlos.

—Pues lo ha dicho, Fernando. Si quieres te hago escuchar la casete.

—Que lo haya dicho, no lo dudo. Dice tantas cosas que... Pero eso no tiene que salir en tu libro.

—¿Por qué?

Almansa se impacientó:

—¡Por razones obvias!

Eran unas razones que necesitaban una explicación que Almansa no me daba. La derecha es muy confusa en sus ancestrales convicciones. Se atiene a ellas aunque muchas veces no sepa muy bien por qué. Almansa repitió cada vez más nervioso que mis lectores no debían enterarse de que el Rey alababa a Carrillo. Me pareció ridículo. Recordé que Jean-François Deniaud, el embajador francés en España cuando se legalizó el Partido Comunista, me contó que la duquesa de Alba le hizo jurar sobre los santos evangelios, durante una cena en el palacio de Liria, que el Rey no era comunista. «Tuve —admitía Deniaud— que convencer de lo mismo a muchos de mis amigos de la derecha. ¡Pero bueno! —les decía—. ¡Abrid los ojos! Vuestro rey no es comunista. Es sencillamente un hombre lógico. Yo tampoco soy comunista y sin embargo nunca aceptaría que se excluyera en mi país al partido del señor Marchais. Porque así es como funcionan las democracias.»

Comprendiendo que no llegaría a nada discutiendo con Almansa acabé aceptando, por puro cansancio, un pacto de carácter semántico. En la versión española de mi libro, el Rey llamaría a Carrillo caballero en lugar de «señor». En la francesa y en todas las demás, «monsieur» y sus equivalentes dejaban en suspenso el color de la sangre de Carrillo que era lo único que parecía preocupar al jefe de la Casa del Rey a finales del siglo XX.

Trabajar con el Rey fue para mí una aventura inesperada y muy gratificante. Es un hombre con las ideas muy claras. Sabía muy bien lo que quería decir y lo hacía con palabras justas sin vuelta atrás. A veces, como un pescador distraído, recogía el hilo antes de tiempo, pero nunca con demasiadas prisas. Sabía hasta qué punto dejar que se cimbrease la caña. Pero una vez cogida la presa nunca la dejaba escapar. Tenía un sentido del humor temible aunque cambiante, alegre por las mañanas y melancólico, a veces triste, cuando se ponía el sol. Había padecido una niñez que fue casi la de un niño pobre en una familia que, a pesar de los avatares de la vida, nunca se consideró venida a menos. Comer caliente todos los días y tener un techo bajo el cual cobijarse no significaba disfrutar de lujos y tener dinero para gastarlo en caprichos. En el colegio suizo de Friburgo don Juan Carlos vivió rodeado de niños millonarios a los que nunca pudo devolver sus invitaciones. A su familia le ocurría lo mismo. Vivían en casas prestadas y debían dar demasiadas veces las gracias. El día que don Juan Carlos se enteró de que un cierto número de monárquicos españoles —muy pocos— daban una cantidad de dinero al año para que la Familia Real subsistiera con un mínimo de decoro, debió de ser un día marcado con una piedra negra en su memoria. Siendo ya príncipe de España, el marqués de Mondéjar, uno de sus ayudantes, continuaba pagándole los trajes nuevos mientras que en El Pardo los servicios administrativos le reprochaban los gastos ocasionados por su servicio doméstico. Nunca pudo hacerle un verdadero regalo a ninguna de sus novias. Olghina de Robilant me contó en Venecia —pero era muy mentirosa— que cuando salían juntos a cenar era ella quien siempre pagaba la cuenta. Antonio García Trevijano, el temible horterón que le bailaba el agua a don Juan de Borbón, logró entrar durante un tiempo en el círculo mágico del joven príncipe permitiéndole conducir por las calles de Zaragoza un cochazo con el que presumía ante sus compañeros de la academia militar. Ningún banquero, ninguno, quiso adelantar una peseta cuando José Mario Armero organizó el primer viaje del futuro rey a Estados Unidos. No, don Juan Carlos no fue un niño feliz —eso lo ha comprendido hasta Paul Preston a pesar de ser un hispanista británico— y no me cuesta creer que siendo ya rey, don Juan Carlos le dijera a un amigo: «Nunca, me oyes, nunca volveré a ser pobre».

¿Fue fácil, me preguntan todavía a menudo, trabajar con el Rey? No se puede contestar taxativamente a esa pregunta con un sí o con un no. Fue fácil en el sentido de que don Juan Carlos nunca rehusó contestar a ninguna de mis preguntas, pero fue difícil, a veces muy difícil, porque, puesto entre la espada y la pared, me vi obligado más de una vez a elegir entre mi profesionalidad y la lealtad que le debía a la persona con quien hablaba.

Al tercer día de trabajar con él, el Rey se puso de repente muy serio y me dijo:

—Oye, José Luis, no podemos seguir así. Esto lleva camino de ser un gran coñazo.

Tragué saliva antes de poder preguntar:

—¿Por qué, señor?

Antes de contestarme, don Juan Carlos alargó la pierna herida debajo de la mesa del despacho dejando escapar una breve queja.

—Pues porque has empezado preguntándome cosas acerca de mi niñez y ya llevamos dos horas hablando de ellas. Mi niñez ha sido muy larga y durante ella pasaron cosas de las que prefiero no tener que acordarme. Luego, claro, hablaremos de mi juventud. No sé la tuya, pero la mía me ha parecido a veces no tener fin. Luego querrás que hablemos de la época en la que, según le gusta decir a la Reina, no éramos nadie. Y después, inevitablemente, me querrás preguntar acerca...

Hizo con la mano un gesto en el aire y con cierta amargura murmuró:

—Como sigamos así ese libro no lo va a leer nadie.

Me miró a los ojos, suavizó la voz y me dijo:

—El libro, tal como me lo planteas tú, podría haberlo hecho con cualquier buen periodista. Pero contigo no quiero. Contigo quiero otra cosa.

Pensé que habíamos llegado al temido momento en el que iba a decirme: «José Luis, dejémoslo correr... Quizá Sabino tenía razón».

Pero no. Dejó pasar unos instantes y enderezándose de nuevo en su sillón, me dijo:

—La trayectoria de mi vida, tú la conoces igual que yo. Sírvete de ella como del esqueleto al que tú y yo añadiremos la carne, es decir, los sentimientos, las frustraciones, las esperanzas, las alegrías y los disgustos.

Su mirada se perdió unos segundos entre las velas de las naves de plata, regalo del duque de Baena, colocadas con otros recuerdos en los estantes de la biblioteca.

—Me imagino que te habrás preguntado más de una vez por qué he aceptado que seas tú quien escriba mi biografía...

—Más de una vez, señor, más de una vez.

Hubo una vaga sorpresa en su mirada y enseguida me explicó:

—Pues porque tú y yo hablamos el mismo lenguaje y tenemos recuerdos muy parecidos. Porque no tengo necesidad de explicarte quién era la infanta Eulalia ni por qué echaron de París al infante don Luis. Porque por tus padres sabes muchas más cosas que yo sobre los míos y no vamos a perder el tiempo explicándonos el uno al otro quién es quién en esta historia.

Hizo una pausa que me pareció demasiado larga y continuó diciendo:

—Yo necesito hablar de cosas que no todo el mundo comprenderá. Quiero que, leyéndote, la gente sepa por lo que hemos tenido que pasar mi padre y yo. Yo quiero...

Se detuvo y me preguntó:

—Tú entiendes lo que quiero decir, ¿verdad?

—Creo que sí, señor.

—Tú no me vas a preguntar nunca, ¿verdad?, si Franco fue para mí un segundo padre...

—Claro que no, señor.

—Bien.

Volvió a cambiar de posición haciendo un gesto de dolor. Luego abriendo un cajón sacó una caja de habanos.

—¿Quieres uno?

—No, gracias, señor.

—¿Es por cuestiones de protocolo?

—No, es porque estoy tratando de fumar menos.

—Ya...

Encendió el puro con una simple cerilla y guardó el humo en los pulmones antes de expelerlo con evidente satisfacción.

Esta vez fui yo quien rompió el silencio.

—¿Cómo quiere pues, señor, que procedamos?

Me miró risueño, como satisfecho por haber conseguido sus fines.

—Pues vamos a hacerlo como dos amigos que hablan de cosas de las que suelen hablar entre ellos. Tú me preguntas, yo hago lo mismo y los dos nos contestamos con toda la sinceridad posible. ¿Te parece bien?

—De acuerdo, señor.

Y así lo hicimos. Pero no fue tan fácil como parecía. El Rey, según su humor, solía saltar de un tema a otro sin poder precisar a veces ni fechas ni lugares. «Pregúntale a Sabino —me decía—, él lo sabrá.» Sabino, en efecto, lo sabía siempre todo. O lo sabía de memoria o lo tenía apuntado. Se portó conmigo —lo he dicho ya una infinidad de veces— como un amigo interesado en que aquel libro en el que se había empeñado su señorito saliera a la luz causando los menores daños posibles.

El Rey —y eso fue lo que complicaba a veces las cosas— nunca puso trabas a mis preguntas. Sólo a veces, cuando mi curiosidad iba más allá de lo conveniente, me decía:

—A eso que me preguntas yo no debería contestarte. Sin embargo voy a hacerlo. Luego tú verás lo que haces con ello. Para eso eres el escritor.

Y casi siempre añadía:

—A mí me gustaría que lo escribieras.

En una ocasión le dije:

—Señor, eso que hace conmigo se llama chantaje.

Me miró de arriba abajo.

—Nadie me ha dicho nunca nada parecido.

Y enseguida soltó una carcajada. No le pedí excusas y, aunque en silencio, me mantuve en mis trece.

Cuando llegamos al bochornoso episodio del 23-F, el Rey se mostró más cauto que de costumbre, pero tanto Sabino como el general Joël Casino me apretaron las tuercas para averiguar si don

Juan Carlos me había dicho más cosas de las que aparecían en las cintas de la grabadora. No se equivocaban al inquietarse, pues en más de una ocasión, señalando con el dedo el aparato que estaba encima de la mesa, el Rey me había ordenado: «Cierra eso un momento...» para explicarme a continuación cosas que yo preferiría no haber oído. Finalizado el comentario, el Rey decía: «De esto que te acabo de contar tú sabrás lo que hay que callar. *Its up to you*».

Conté todo lo que pude. Y el Rey creo que también. Sin embargo dejé muchas cosas en el fondo del tintero, no por una exagerada prudencia, sino porque no me parecía bien distraer al lector del tema principal del libro, es decir de lo que don Juan Carlos definió en su momento como «los sentimientos, las frustraciones, las esperanzas, las alegrías y los disgustos» que, como en toda vida humana, en la suya fueron el pan nuestro de cada día.

No pasaron muchos días sin que me diera cuenta de que la biografía de don Juan Carlos de Borbón podía acabar convirtiéndose en la del conde de Barcelona como no pusiéramos coto al capítulo de las tristezas. Era obvio que el Rey había aceptado la idea de su biografía porque necesitaba —lo había dicho él mismo, «hay cosas, ¿sabes?, de las que necesito hablar»— poner en claro un tema para él de una extrema importancia emocional: las shakespearianas y a veces vodevilescas relaciones entre su padre y él. Era evidente que los dos hombres sentían el uno por el otro un afecto y una adoración sin fallas. Y sin embargo ciertas situaciones, a menudo provocadas por el conde de Barcelona, levantaban a veces infranqueables barreras entre el padre y el hijo además de crear unas terribles tensiones de las que difícilmente podían salir ilesos ni el uno ni el otro.

Repetidas veces, refiriéndose a la decisión tomada por el conde de Barcelona de enviar a España a su hijo para que ingresara en las academias militares, don Juan Carlos empezaba diciendo: «Cuando mi padre me mandó al enemigo...». Un enemigo del que dependía el futuro de la Corona de España.

En mi libro *El sable del Caudillo*, mucho más serio y documentado de lo que algunos pudieran imaginar, doña Carmen Polo, que de tonta no tenía un pelo, le dice a su marido a propósito de la llegada del príncipe a Madrid: «El que hayas conseguido que el príncipe venga a España a continuar sus estudios, dará a entender a los vencedores de la última guerra que España camina hacia una monarquía, que es lo que ellos querían. Por otra parte los monárquicos respirarán tranquilos. Ya verás cómo dentro de pocos años, ¡qué digo!, dentro de pocos meses, irán abandonando a su triste destino a ese infante que te está amargando la vida y lo que es aún peor, tu victoria. En el fondo, los monárquicos no desean otra cosa. A don Juan los monárquicos le temen aún más que tú. Eso de que quiere ser el rey de todos los españoles les ha sentado como una patada en la boca del estómago». Más adelante la señora continúa diciendo: «Tendrás que hilar fino, Paco. Lo primero que tienes que hacer es conseguir que los monárquicos se vuelvan franquistas. Eso lo conseguirás portándote con ellos como si fueras un rey. Concediéndoles honores, privilegios y prebendas. Dándoles la impresión a los miembros de la nobleza de que vuelven a ser importantes para el país y sobre todo, Paco, para ti. Así que cómpralos. No te será difícil. Están casi todos en venta».

El «enemigo» recibió al futuro rey con estudiada indiferencia y le hicieron soportar en silencio durante años las sórdidas campañas difamatorias contra el conde de Barcelona, su padre. Que si era un traidor por haber servido en la marina británica, que si era un borracho irresponsable de sus actos, que si perdía el seso por toda mujer que se cruzara en su camino. Una de las veces que el príncipe protestó ante el Caudillo, éste le contestó: «Yo no puedo hacer nada. La prensa es libre». El conde por su parte no entendía que su hijo *étant sur place* no pudiera hacer nada para poner fin a los lamentables exabruptos.

A Franco la presencia en España del príncipe le facilitó mucho las cosas. Eisenhower vino a verle y le besó en ambas mejillas mientras que por encargo suyo lord Mountbatten trataba de convencer a don Juan para que tirara la toalla. Cuando en Madrid los ingenuos le instaban a que agilizara los problemas de la sucesión, Franco contestaba compungido: «Lo haré en cuanto consiga que padre e hijo se pongan de acuerdo».

En cuanto la salud de Franco empezó a declinar, a don Juan Carlos le dijeron en Estoril: «Si te ofrecen la Corona, acéptala». Y en cuanto la aceptó se indignaron todos con él. Pero hoy, pasado el tiempo, queda cada vez más claro que el conde de Barcelona y su hijo siempre estuvieron de acuerdo en anteponer el retorno de la Monarquía a sus intereses personales. Cuando la edición francesa de *El Rey* vio por fin la luz, el conde de Barcelona caminaba ya lentamente hacia los umbrales de la muerte. El duque de Alburquerque me contó en Biarritz que don Juan le había pedido que le leyera en voz alta los pasajes del libro en los que el hijo habla de su padre. Y al parecer, al escucharlos, el anciano señor lloraba a lágrima viva.

Una tarde don Juan Carlos puso punto final a nuestro trabajo. Setenta y tantas horas de conversaciones a puerta cerrada durante las cuales tanto él como yo hablamos sin cortapisas. Él consiguió lo que quería, quitarse un enorme peso de encima aireando por fin unos sentimientos que hasta entonces había mantenido enterrados en un silencio que poco a poco le iba envenenando. Fue finalmente capaz de ir al fondo de una cuestión que necesitaba, físicamente, hacer pública: el amor y pasión que sentía por su padre. Vi lágrimas veladas en sus ojos más de una vez y más de una vez también escuché temblar su voz al hablar de los exilios de don Juan. Nunca sentí que tratara de razonar con palabras una tristeza a menudo tan nítida en su mirada. Al rey le gusta bromear y reírse. Pero es un hombre melancólico y triste. Puedo dar fe.

Nuestras conversaciones no fueron siempre fáciles. Hubo preguntas que yo no le quise hacer aun a sabiendas de que él las esperaba con disimulada ansiedad. Nunca me decidí a mencionar la trágica muerte de su hermano menor, por más que en un momento dado el tema se impusiera. No sé si me lo agradeció o si por el contrario tuvo la impresión de que yo trataba de impedir que se exculpara de algo de lo que era inocente.

A propósito del 23-F fue él quien me hizo preguntas de difícil contestación. «Dime la verdad, José Luis, ¿en algún momento creíste que yo podía estar metido en el ajo?». Y como mi contestación no le llegaba con la rapidez deseada, él mismo se rebeló: «¡Yo nunca me habría involucrado en una operación tan chapucera!». Analizando por enésima vez los pormenores del tema, me preguntó: «¿Sabes por qué algunos creyeron que yo formaba parte de la trama? Pues porque me dejaron aquí, libre, en La Zarzuela, sin cortarme los teléfonos, ni los faxes, ni la televisión, ni nada. Y, ¿sabes?, nunca había sonado tanto aquí el teléfono como aquella noche. Mi padre me llamó todas las veces que quiso, me llamó el presidente francés, me llamaron mis parientes ingleses muy preocupados, me llamaron los belgas, los italianos, ¡qué sé yo! Me llamaron amigos del mundo entero para alentarme, para decirme que resistiese, para ofrecerme asilo. Yo por mi parte hablé con quien me dio la gana, generales, almirantes, compañeros de promoción, políticos de todos los bandos». Tomó aliento para seguir diciendo: «Si yo tuviera que dar un golpe haciendo creer que cuento con la aprobación del Rey, lo primero que hago es impedir que nadie pueda hablar con él!». Una pausa más y continuó diciendo: «Si tardé tanto en hablar a los españoles fue sencillamente porque a nuestro amigo Picatoste lo tenían retenido con su equipo en Prado del Rey, ocupado por varias compañías del Regimiento Villaviciosa número 14». Estas consideraciones de don Juan Carlos alteraron a Sabino, que rezongó: «¡Vaya, ahora sólo falta que les explique cómo hay que dar un golpe!».

El Rey salió primero publicado en Francia en 1993 e inmediatamente después en España, en una espléndida traducción de Manuel de Lope. Tanto Fixot, mi editor francés, como luego Plaza y Janés, se volcaron sin medida en la promoción mundial del libro.

Syliane y yo viajamos por toda Francia, Bélgica y Suiza. Acabado el periplo europeo el periodista mexicano Nicolás Osorio puso en marcha la promoción latinoamericana organizando un viaje agotador a México, Argentina y Chile. Firmas multitudinarias en grandes almacenes, librerías y hoteles. Cenas, fiestas y conferencias que nos pusieron de rodillas. Uno de los quehaceres de Nicolás Osorio consistió en conseguir que me recibieran los primeros mandatarios de los países a los que viajábamos para que pudiera entregarles un ejemplar de *El Rey*. Cuando nos recibió en su despacho el presidente mexicano Salinas de Gortari le entregué un volumen cuidadosamente encuadernado. Me dio las gracias diciendo sonriente: «Gracias, ya lo he leído. Me lo envió Su Majestad recién salido del horno». Otro tanto ocurrió en Buenos Aires, Montevideo y Santiago de Chile. Don Juan Carlos fue sin discusión alguna quien más hizo por el éxito de «nuestra» biografía en el extranjero. Fue también él quien hizo la crítica del libro que más he agradecido: «¡Qué bien escribe el cabrón!», le comentó a una señora que me repitió el cumplido bajando la voz.

Cuando el 7 de octubre de 1993 don Juan Carlos y doña Sofía viajaron a París en visita oficial, mi mujer y yo acudimos invitados a la Chambre des Députés donde el monarca pronunció en perfecto francés un largo discurso trufado de citas literarias que dejó atónitos a nuestros vecinos poco acostumbrados a que los extranjeros lleguen a dominar su lengua.

Aquella misma noche monsieur Édouard Balladur, el primer ministro, ofreció una cena en Matignon a los Reyes y a sus invitados. A la hora del café, que se sirvió en uno de los grandes salones, don Juan Carlos se retiró para hablar con Balladur junto a uno de los grandes ventanales que dan sobre los jardines. Viéndome pasar a lo lejos el Rey me hizo seña con la mano para que me acercara a ellos. Balladur, al que yo no conocía personalmente, se quedó perplejo cuando don Juan Carlos cogiéndome del brazo le dijo después de presentarme: *«Vous ne pouvez pas vous imaginer ce que cet homme a fait pour moi!»*.* Se refería naturalmente a la biografía de la que el primer ministro quizá ni siquiera había oído hablar. Desde entonces cada vez que monsieur Balladur y yo coincidimos en el Relais del Plaza-Athenée donde a los dos nos gusta almorzar, el primer ministro —ya retirado de la vida pública— me saluda con un alegre gesto de su bien cuidada mano. Al fin y al cabo, yo sigo siendo para él el hombre que hizo por el rey de España lo que *«vous ne pouvez pas imaginer»*.

Volviendo la vista atrás no puedo negar que la crítica y la prensa española en general dispensaron una calurosa acogida a la biografía del Rey. Hubo, naturalmente, quienes se preguntaron —entre ellos Pedro J. Ramírez— por qué la Casa Real me había escogido a mí para tan delicado y apetitoso trabajo, ignorando que a mí no me había escogido nadie, sino que fui yo quien, de acuerdo con Bernard Fixot, mi editor francés, «escogió» a don Juan Carlos al no poder convencer a la ex emperatriz de Irán a que colaborara con nosotros en su biografía. Era de esperar que al disentir de mi supuesta elección algunos se quitaran la careta.

Pilar Urbano publicó una crónica en *El Mundo* bajo el ambiguo título de «Los silencios del Rey». Más que una crónica de carácter literario era un ataque de cuernos con una obsesiva pregunta que subyacía bajo cada línea escrita con sospechosa amargura: ¿por qué Vilallonga y no yo? En las primeras líneas de su crónica la Urbano me trataba de «amanuense» del Rey —¡qué honor!— para caer

* «¡No se puede usted imaginar lo que este hombre ha hecho por mí!»

luego en lo que considero la más grave de las imprudencias que pueda cometer un periodista que se precie: escribir de oídas o simplemente basándose en suposiciones. «Por lo que dice Vilallonga en el primer striptease del libro —escribía la rendida colaboradora de la Obra— no parece que haya grandes revelaciones o aclaraciones.» Yo habría esperado a leer el libro entero antes de aventurarme en terrenos tan inciertos. Nada más empezar su crónica la Urbano se preguntaba: «¿Por qué don Juan Carlos eligió a Vilallonga para hacer un libro que tenía muchos novios y muchas novias? La explicación que se nos da es que los dos hablan el mismo lenguaje, lo que podría manejarse con sobrentendidos. No es convincente. Resulta más creíble que el Rey eligiera a Vilallonga porque es un monárquico juanista, porque es socialista y porque vive fuera de España. En estos terrenos el Rey se movía con más comodidad. Y barriendo en apariencia para afuera, barría para adentro. Listo el Rey. Pero, claro, una vez fue el reportaje de la BBC, otra el de Selina Scott y ahora la editorial francesa Fixot». Dios mío, pensé, qué transparente es la pobre Urbano. Rabia, envidia, celos y todos los viejos demonios carpetovetónicos reunidos. Pero valía la pena contestar a la andanada frase por frase. De todas las novias que la Urbano le suponía a la biografía del Rey, la más inteligente, ya que no la más agraciada, era sin duda ella. Y sin embargo no la eligieron. De ahí sus escozores. Que el Rey y yo habláramos el mismo lenguaje a mí me parecía obvio por razones obvias. Más tarde, en su mediocre biografía de la Reina, la Urbano demostró no tener ni puñetera idea del lenguaje que usaban los monarcas cuando se hablaban entre ellos. Que yo fuera monárquico, quién podía ponerlo en duda y curioso sería que siendo grande de España fuera republicano. Juanista lo fui hasta el último momento, como lo fueron todos los monárquicos para quienes el conde de Barcelona fue «el rey» hasta que don Juan Carlos accedió al trono por razones que todos conocemos. Socialista lo fui porque creía que don Juan Carlos nunca sería «el rey de todos los españoles» mientras no reinara aunque sólo fuera un tiempo con un gobierno de izquierdas. El que yo no viviera en España cobraba tintes de reproche bajo la pluma de la Urbano. La verdad es que yo prefería vivir en París, una ciudad que me ofrecía una calidad de vida de la que carecía Madrid.

¿Listo el Rey? Como una ardilla. Tan listo que sabía que en la

BBC el producto siempre sería de buena calidad, como lo fue, por más que digan, el reportaje de Selina Scott, acusada de frivolidad por haber presentado en Europa —como he tratado de hacer yo en su biografía— una imagen maravillosamente humana del Rey de España y de su familia. En cuanto al reproche de que *El Rey* se haya escrito por iniciativa de una editorial francesa, yo sólo podía hacerle una pregunta a la Urbano: «¿Me puede usted citar el nombre de un solo editor español que me haya hecho la misma proposición?». Sólo cuando ya se había negociado en Francfort la venta del libro a Plaza y Janés se descolgó Lara con el ofrecimiento de un millón de dólares por los derechos del libro. La Urbano, entre las muchas preguntas que se hacía, se olvidaba de una que a mí me parecía fundamental: ¿y si el Rey había aceptado trabajar conmigo por la sencilla razón de que le gustaba como escribo?

1994

A mediados de agosto de 1994, en el mismo despachito del palacio de Marivent donde había aceptado colaborar conmigo en su biografía, don Juan Carlos me comentó con aire crispado:

—Estoy preocupado, ¿sabes?, porque desde hace ya varias semanas me llegan rumores de que algo importante se está preparando contra el gobierno, con la intención esta vez de dañar también mi imagen involucrándome en algún desagradable asunto de tipo, digamos, financiero.

No había razón alguna para que el Rey me hiciera partícipe de ninguna de sus preocupaciones. Yo había acudido aquella mañana a Marivent con la intención de invitarle, en nombre de unos amigos italianos de Gianni Agnelli, a un almuerzo que iba a celebrarse en el Flannigan's de Miguel Arias. Así que guardé silencio.

—Parece —añadió don Juan Carlos— que la primera víctima de la operación va a ser Serra.

Yo le había oído decir a mi padre en diferentes ocasiones que cuando don Alfonso XIII comentaba en su presencia algo que no le concernía personalmente, se quedaba callado como un muerto. Y a veces añadía que según qué confidencias reales, cuando no vienen a cuento, pueden ser muy peligrosas para quienes las escuchan. Pero en esta ocasión no me pareció posible guardar silencio. Así que pregunté:

—¿Y se sabe quién está detrás del embrollo?

El Rey hizo un gesto vago con la mano.

—Pues ya te puedes imaginar. Supongo que los de siempre. Aunque esta vez se habla de algunos periodistas influyentes e incluso de varios conocidos intelectuales. Parece que tienen la intención de obligarme a abdicar, para después, aprovechando la juventud y la inexperiencia del príncipe, proclamar la República. Pero ya te digo, no hay nada en concreto. Si estoy preocupado es porque esta vez los rumores me llegan de muy distintos lados. —Un silencio y el rey añadió—: Suena mucho el nombre de García Trevijano.

Vaya por Dios. Trevijano siempre a vueltas con la dichosa República.

—Si Trevijano está metido en el lío —le dije a don Juan Carlos— yo no me preocuparía demasiado. No puede ser nada serio.

Mi comentario no pareció tranquilizarle.

—Ya... pero ¿qué se puede hacer para poner fin a este enredo?

No lo dudé un instante.

—Pinchar el globo —le contesté.

—¿Pinchar el globo? —se sorprendió don Juan Carlos—. ¿Qué quieres decir con eso?

—Pues airear el asunto, señor. Hacerlo público. Comentarlo abiertamente en la prensa.

El Rey fijó la mirada en un cuadro colgado ante él en la pared. Un mar embravecido y un balandro con las velas desplegadas. Tardó más de lo preciso en preguntarme:

—José Luis, ¿tú lo harías?

Creí no comprenderle.

—¿El qué, señor?

—Pues eso que dices, pinchar el globo.

Sólo le hice esperar unos segundos.

—Si Vuestra Majestad me lo pide, naturalmente que sí.

No me dio las gracias. Sólo unas palmaditas en el hombro.

Yo sabía que del Rey no obtendría más información. Ni nombres, ni datos, ni fechas. Su obligación, por no decir su estrategia, consistía en mantenerse apartado de toda clase de investigación y la mía en no involucrarlo en mis averiguaciones. Me puse enseguida en contacto con periodistas amigos, personas con las que había colaborado en diferentes etapas de mi vida profesional. No me sorprendió demasiado constatar que, quien más quien menos, había oído rumores acerca de una supuesta trama negra cuyo objetivo era descalabrar cuanto antes al gobierno de Felipe González. En cuanto al ataque personal contra el monarca nadie parecía ni creérselo, ni darle demasiada importancia. Sonaron más de una vez los nombres de Mario Conde, de Javier de la Rosa y, naturalmente, de Antonio García Trevijano.

Alguien me aconsejó que hablara con Ernest Lluch quien por lo visto también se preocupaba por las habladurías acerca de una posible conjura cuyo objetivo final sería acabar con la monarquía. Yo no conocía personalmente a Lluch, pese a lo cual le llamé por teléfono a Barcelona. Sin mencionar para nada al Rey le dije estar inquieto por unos rumores que corrían insistentemente y que de ser ciertos podían dañar gravemente la imagen pública del monarca.

—¡No me digas más! —me interrumpió Ernest Lluch—. Yo no puedo por ahora moverme de aquí, pero ¿por qué no vienes tú a verme a Barcelona?

Cogí un puente aéreo y aquella misma noche cené con Lluch en un figón de la Barceloneta célebre por sus arroces. Hacía el clásico bochorno de los veranos barceloneses y Lluch me instó a que me quitara la chaqueta. Me gustó mucho el individuo. Era un hombre cordial, sin pretensiones, que iba inteligentemente al grano con las palabras precisas. Admitió enseguida saber desde hacía tiempo que algo se tramaba en las cloacas políticas contra el gobierno y muy particularmente contra la figura del jefe del Estado.

—Hay que buscar —me dijo— en el entorno de Mario Conde y de los que le apoyan porque bien pudiera ser el financiero absoluto de la operación. Tampoco olvidemos a Javier de la Rosa, que en más de una ocasión ha jurado en público vengarse del «Borbó» por no haber acudido en su ayuda cuando lo metieron en la cárcel.

Lluch apartó una mosca con la servilleta y alzó los ojos al cielo.

—¡Ah, el rey y sus amigos…! ¡Hay que ver la gente que mete a veces en su casa…! Qué razón tenía el pobre Sabino.

Se volvió a medias en su silla para saludar con la mano a una pareja joven que se estaba instalando en la mesa vecina. Luego continuó diciendo:

—Claro que Conde y De la Rosa no son los únicos que buscan la manera de provocar el desprestigio del Rey. Hay mucha gente muy interesada en precipitar un cambio político que favorezca sus intereses. La derecha es paciente, pero cuando pierde los nervios es capaz de cualquier barrabasada. A la larga siempre hay que acabar indagando por el lado del dinero.

Me sirvió lo que quedaba del vino y bajando la voz admitió:

—A mí también me preocupa esta historia, pero por el momento no veo qué se puede hacer.

—Pinchar el globo —le dije.

Lluch me miró interesado.

—¿Qué quieres decir con eso?

—Hablar de nuestras sospechas en la prensa. Darnos por enterados.

Lluch se quedó mirándome con el tenedor en el aire.

—Ah... ¿Es eso lo que le has propuesto al Rey?

Listo, el Lluch. Pero no me hizo caer en la trampa. Así que me quedé callado.

—¿Y de qué manera se pincha ese globo? —quiso saber, irónico, mi anfitrión.

—Escribiendo una crónica en *La Vanguardia* y denunciando las ansias presidenciales del señor Trevijano.

Lluch reprimió una carcajada.

—Si mencionas a Trevijano se te reirán en las narices. —Dejó pasar unos segundos y admitió—: Pero quizá tengas razón. En todo este asunto Trevijano sólo es el tonto útil. Lo importante, lo que nos dará una idea clara del calado de este lío, será la reacción de los que se consideren implicados. Sí, tienes razón, hay que hacerles saber que nos damos por enterados. Si no hay nada de verdad en lo que tanto preocupa al Rey, te ningunearán diciendo que tu crónica es una simple serpiente de verano. Pero si das en el clavo y los cabreas, irán a por ti y te crucificarán. Pero por lo menos sabremos que no se trata de una broma y que valía la pena de... ¿cómo le llamas tú a eso?

—Pinchar el globo.

Lluch volvió a clavar en mí aquella mirada suya tan insistente y dijo:

—En cualquier caso y pase lo que pase, yo estaré de tu lado.

Volví a Madrid al día siguiente. Puse enseguida a trabajar a dos periodistas amigos míos para que recabaran información, aunque fuera remunerada, en los ámbitos oscuros del periodismo madrileño. Eran gentes de mi entera confianza. Una antigua colaboradora de *Panorama* en tiempos de Carlos Carnicero y un *free lance* que aseguraba haber sido en otros tiempos un agente del Mossad.

El lunes 22 de agosto de 1994 salió publicada en *La Vanguardia* la siguiente crónica bajo el escueto título de «García Trevijano»:

Tengo en Madrid dos informadores —uno de ellos es un ex agente del Mossad— que nunca me han fallado. El primero me predijo con muchos meses de antelación la caída de Banesto y de su presidente. El segundo me anunció los futuros amores políticos de Felipe González y de Belloch cuando éstos apenas se conocían. Ahora mis dos informadores me revelan la existencia de una confabulación que pretende desestabilizar al Gobierno, provocar la abdicación del rey y proclamar una república de la cual sería presidente el ex notario y hombre de negocios Antonio García Trevijano. Según mis informadores, los protagonistas de esta operación serían el susodicho García Trevijano, un conocido medio de comunicación poco dado a los escrúpulos éticos y que cuando lo cree conveniente roza abiertamente el amarillismo, un personaje allegado a Alfonso Guerra cuyo nombre me reservo por razones de seguridad y un ex banquero que financia regularmente las campañas antigubernamentales emprendidas por el citado medio. Todo esto suena a broma pero no lo es. Me dicen que Luis María Anson, entre otros, se lo toma muy en serio.

La operación se llevaría a cabo por etapas. Primero se desestabilizaría al Gobierno atacando sin tregua a Felipe González en sus horas más bajas. Esta vez los ataques serían de carácter más personal que político. Se atacaría simultáneamente a Narcís Serra aprovechando su actual vulnerabilidad y desamparo. Paralelamente se haría una fuerte campaña a favor de Aznar, «un hombre que durará el tiempo que queramos que dure», según palabras de uno de los conjurados. Con cuidada sintonía se irían filtrando pequeñas y breves noticias en detrimento de la figura del rey, para acabar publicando un dossier que comprometería gravemente al monarca en algún escándalo irreparable. Todos los periodistas sabemos lo fácilmente que se monta un falso dossier en el cual se involucra a la persona que se pretende destrozar. Según los estrategas de la operación, el rey, harto de tanta basura, acabaría por abdicar en su hijo don Felipe, el cual, dada su juventud y su inexperiencia política, sería más fácil de manejar, facilitando sin oponer resistencia el paso de la monarquía a una república presidida por el inefable Antonio García Trevijano. No parece que ninguno de los conjurados conozca bien ni al rey ni al príncipe, pues de lo contrario no se las prometerían tan felices.

Pero ¿quiénes son estos señores que pretenden desviar en beneficio propio el curso de la historia de España? Yo sólo conozco bien al ex notario. Del hombre que financia la operación sólo sé que siendo un especulador metido a banquero consiguió cargarse en poco tiempo uno de los grandes bancos españoles propinándole de paso una puñalada trapera a la poca credibilidad que estaba recuperando España en el mundo. En cuanto a la persona que dirige el medio de comunicación encargado de orquestar la campaña, suele contestar a los que le advierten del daño que la operación le puede causar al país: «A mí sólo me interesa vender papel, la monarquía me es indiferente y para cargarme al Gobierno estoy dispuesto a hacer lo que sea necesario».

De Antonio García Trevijano, ex notario en no recuerdo qué lugar de las Alpujarras —amigo íntimo del sangriento Macías y autor de la constitución guineana que tanto ayudó a perjudicar los intereses españoles en aquel país—, tengo mucho que decir y lo haré un día con más espacio y más tiempo.

Trevijano fue el coordinador, en París, de la Junta Democrática de la cual tuve el honor de ser el portavoz. Rupturista radical —cosa que no éramos ninguno de los demás miembros de la Junta—, Trevijano condenaba sin apelación a todo aquel que hubiese tenido una mínima concomitancia con el franquismo. «Hay semilla de tirano en este hombre», me decía Tristán la Rosa, periodista catalán de talante liberal y comedido. Despótico y altanero, íntimamente convencido de tener siempre razón, García Trevijano nunca supo evitar herir con su orgullo el orgullo de los demás.

«Este hombre no sabe mandar, sólo saber ordenar», me dijo un día Tierno Galván al salir de una borrascosa reunión con el coordinador.

Este implacable Saint-Just, frustradas sus ambiciones políticas, se convirtió en el abogado y valedor de los grandes evasores de capitales en la época del derrumbe del banco Coca. No sólo ayudándolos a sacar dinero de España, sino también aconsejándoles en sus inversiones en el extranjero. De las correrías de Trevijano por el Brasil, en compañía del señor Miñarro y de uno de los hermanos Camuñas, se podría escribir un libro.

Actualmente Trevijano hace grandes alardes de republicanismo. Pero no nos engañemos, el republicanismo del ex notario nada tiene que ver con el de una Pilar Rahola. Trevijano es republicano por despecho. Cuando don Juan Carlos era todavía príncipe de España, Trevijano pretendió trabajar en La Zarzuela. Allí, para quitárselo de encima, le explicaron que podría ser más útil «desde fuera». Ni corto ni perezoso Trevijano viajó a Portugal y ofreció en Estoril los servicios que habían rechazado en La Zarzuela. Pero don Juan tampoco tragó el anzuelo. Buenos son los Borbones para no calar a primera vista las ambiciones de un arribista. Entonces, sin el consentimiento del conde de Barcelona, Trevijano organizó oscuras conjuraciones con algunos generales que estaban en desacuerdo con el franquismo, sin que nunca se llegara a nada en concreto.

Hombre de muchas lecturas y poseedor de una formidable memoria, Trevijano es, sin embargo, el hombre que más se ha equivocado en sus vaticinios políticos. Su viejo odio hacia el PSOE y su odio actual hacia la monarquía son odios obsesivos que le restan todo valor a sus razonamientos. Que don Juan Carlos haya reinado durante años en natural consonancia con un gobierno socialista, siempre ha exasperado a Trevijano. Tengo entendido que pronto publicará un libro en el que nos explicará el tremendo error que hemos cometido los españoles al no contar con él. Será un libro ladrillo como todos los suyos, pero en el medio de comunicación antes citado la crítica será seguramente excelente.

La reacción a esta crónica fue inmediata y algunas veces brutal. En menos que canta un gallo me convirtieron en una especie de enemigo público, de hacedor de entuertos, de difamador, en un vil cortesano rampante, «tasador de moquetas reales en plan Philby celtibérico». Raúl del Pozo escribió con exaltada pluma que «en la intoxicación cada palabra ha saltado como una ramera desnuda en este lupanar edificado sobre un muladar». «Don José Luis de Vilallonga, *ars longa* y mano también —ironizó Jaime Capmany—, se ha puesto en plan centinela.» En cuanto a Pedro J. Ramírez, a todas luces furioso, explicó que «los directores de periódicos estamos acostumbrados a que nos lleguen tonterías, chifladuras y payasadas. Es una paja mental sin el menor fundamento. Lo sorprendente es que se publique. Por parte de *La Vanguardia* y de *El País* hay un deseo de desprestigiar a *El Mundo*». En cuanto a Antonio Burgos, nuestro gracioso oficial por el mero hecho de ser andaluz, se descolgó afirmando que «es muy español satanizar al adversario. La vanidad humana no tiene límites y a Nerón le encanta incendiar Roma. Si el rey tiene preocupación por algo es por la poca vergüenza que existe en sus súbditos». Julio Cerón insistió en que el gobierno de Felipe González intentaba desacreditar todo aquello que teme. «Si Mario Conde tenía intención de anunciar algún proyecto político tipo Punset, se lo han cargado limpiamente y para ello han elegido a alguien de la AEPI, como García Trevijano, que los irrita mucho. En todo esto sólo veo una trama negra del Partido Socialista.» En cuanto a Camilo José Cela, la vaca sagrada de nuestra literatura, se dio por aludido sin que yo lo mencionara para nada y declaró: «Ni entro ni salgo en este ridículo culebrón. Y me niego a tirarle migas de pan a la serpiente de verano; sólo quiero que quede claro como la luz de la mañana que jamás prestaría mi apoyo a suerte alguna de maniobra contra la institución monárquica, ni la figura del rey». Muy indignado, el profesor López Aranguren, afirmó que «se trata de una serpiente de verano o de una picadura de víbora para desactivar la fuerza democrática y la bandera de la libertad de expresión. Se puede dudar de la existencia de Dios, pero no de la fe de Anson en la monarquía». José Luis Martín Prieto, de quien siempre he alabado la fina cordura, opinó: «Creo que esto es un despropósito, aunque Vilallonga es un hombre que tiene proximidad con el rey, lo cual le da un plus de credibilidad. Me parece que le han intoxicado. No advierto ni desde lejos que exista ningún tipo de conspiración para derribar a la monarquía e instaurar la república. Tengo cincuenta años y moriré bajo la dinastía borbónica».

Baltasar Porcel, quien tenía muchas razones para no sentir por mí simpatía alguna, fue quien mejor analizó la situación:

> Con el artículo de Vilallonga —afirmó— ocurren cuatro cosas. Primera: que ha constituido un sonado éxito periodístico. Felicitémosle. Segundo: que el señor García (Trevijano), aquejado del mismo síndrome que la esposa de Fujimori, encabeza en efecto un complot, es una opción personal como otra cualquiera. Tercero: que tanta gente se haya interesado por ello, sea para tomárselo a chirigota o para constatar que cuando el río suena… revela que estamos en un país puerilizado hasta la histeria. Y cuarto, que Vilallonga, biógrafo autorizado por Su Majestad el rey, sea un mero y eficaz portavoz de las inquietudes del monarca. ¿Es el rey entonces quien ha hablado? Nada lo indica excepto sinuosas alusiones indirectas de algún inte-

resado en el asunto. Marivent se ha negado a comentar nada, incluso se asegura que en privado y con notoria tranquilidad niega no sólo cualquier vinculación con el artículo sino un simple conocimiento previo. Porque si fuera al revés resultaría muy alarmante, y no por la propia conspiración republicana, sino por la situación psicopática de quienes hubieran creado en el monarca dicha psicosis.

El que a mi entender hiló más fino fue, como de costumbre, Manolo Vázquez Montalbán:

El misterio de la conspiración del verano de 1994 para llegar a la tercera república antes de que la muerte nos separe —escribió en *Interviú*— promete tener un lugar en la historia de las conspiraciones que espero escriba algún día José Luis de Vilallonga. El escritor insiste en que dispone de fuentes que dan verosimilitud al proyecto de desacreditar a don Juan Carlos, hacerle abdicar en el príncipe Felipe, hundir al gobierno de González serrando el eslabón débil de Serra, debilitar la monarquía y propiciar la proclamación de la república presidida por García Trevijano, de reciente reaparición como columnista así en la COPE como en *El Mundo*. En la conspiración participarían un conocido ex banquero en apuros, un ex vicepresidente del gobierno también en apuros y un director de diario cuyo apellido empieza por R y termina con Z.

Esta propuesta imaginativa es tan impensable que ahí comienza el enigma. ¿Por qué siendo tan impensable la ha pensado José Luis de Vilallonga? Sabía que iban a caer sobre él todos los sarcasmos del universo y la acusación, además, de ser un agente del felipismo polanquista, con la corona condal de los Godó encima y sin embargo, ha tirado adelante. Resulta tan difícil de creer una conspiración republicana planteada en estos términos y con estos inductores como un súbito ataque de enajenación o frivolidad mental de Vilallonga o un cínico ejercicio de marketing creando las condiciones receptivas para una posible próxima novela.

¿Aquí pasa algo o ha pasado algo o algo iba a pasar y Vilallonga ha actuado como liebre mecánica de canódromo? La verdad es que el asunto promete hundir para siempre en la miseria el caso Roldán y renueva de una manera tan fascinante el imaginario conspiratorio que lástima que Arturo Pérez Reverte no se sienta tentado por temas rigurosísimamente contemporáneos.

Tan intocada ha sido la figura del rey de España que está falta de defensas propias y cualquier aprendiza de bacteria me la pone al borde de la neumonía. Por eso esta república de verano ha envarado tanto al personal, aparte de que se pueda interpretar como una escaramuza un tanto desmesurada entre grupos de presión mediática. Ante la coincidencia de inverosimilitudes prospera la teoría de que Vilallonga ha practicado un servicio a la Corona, con ese sufridor no decir todo lo que sabe, aun a costa de perder la silueta o la sombra. Iban a hacer estallar un escándalo que implicaba al rey y ahora a ver quién tiene las narices de apretar el detonador sabiendo que le van a acusar de propiciar la III República. Pero lo extraño es que Vilallonga se haya atrevido a ofrecer las siluetas de la conspiración, tan obvias, que luego ha sido cosa del doctor Watson poner los apellidos. El diario *El Mundo* ya ha dicho lo que tenía que decir. García Trevijano también y Martín Prieto ha aportado al pleito una pintoresca derivación al dar constancia de que García Trevijano nunca se ha gastado un duro en conspiraciones.

Los otros presuntos conspiradores han hablado con sus abogados y habrán llegado a la conclusión de que es mucho más difícil querellarse con Vilallonga por calumnias que querellarse con Vilallonga por desmesura fabuladora. No quisiera pasar por frívolo, pero a mí la idea me parece tan bonita que no nos la merecemos. Me encantaría que me hubieran metido en el lío haciendo algo vistoso, por ejemplo redactando una octavilla trascendental, que era lo mío, o salvando al rey de un peligro grave o llevando a García Trevijano escondido en mi maletero o haciendo una gestión de aproximación entre Jordi Pujol y los conjurados republicanos o refundiendo la izquierda a la luz del pensamiento juancarlista con la alianza carlismo-leninismo de Carlos Hugo y su interesantísima hermana, profesora por cierto, de la Universidad Española.

Sea imaginación o sea sufrido servicio prestado a la Corona ¡qué peliculón, José Luis!

Ernest Lluch mantuvo su palabra y publicó también en *La Vanguardia* un largo artículo en el que afirmaba «conocer con anterioridad la operación republicana que José Luis de Vilallonga había denunciado en el mismo periódico». Estas declaraciones del rector de la Universidad Menéndez y Pelayo despertaron las iras de Pablo Sebastián, quien le contestó desde «El manantial»: «El burdo panfleto de Lluch —donde mezcla banqueros, directores de periódicos, escritores, columnistas, dibujantes, monárquicos, comunistas, republicanos y algunos miembros del PP—, parece otro "encargo" como el de Vilallonga, dirigido contra la prensa democrática de Madrid que denunció los casos de Filesa, Juan Guerra, Rubio y Roldán. Algo indica por dónde van los tiros y los dossieres otoñales del poder contra la prensa y la radio libres, a la vez que nos permite preguntar cómo llegó el fantasmagórico Lluch a ministro y luego a rector».

Comentando por teléfono con Lluch la airada reacción del barbudo periodista estuvimos los dos de acuerdo en que mi serpiente de verano se había metido en algunas camas donde no fue bienvenida.

—De una cosa puedes estar seguro —me comentó Lluch—, y es que has puesto la bala donde habías puesto el ojo. Si todo eso que has contado sólo fuera una falacia nadie se habría molestado en contestarte. Pero tantos furores, tantas indignaciones, tantos desprecios sólo podían significar una cosa, que tus fuentes eran reales. Y eso no te lo perdonarán nunca. —Hizo una pausa y murmuró—: Buen servicio has prestado a quien quizá no te haya pedido nada.

Mi crónica trajo cola. Una larga cola de entrevistas y declaraciones en la prensa nacional e incluso, quizá con mayor interés aún, en la prensa francesa que seguía muy de cerca los avatares de la frágil y joven monarquía española. Aproveché todos los contactos que tuve con los periodistas de Madrid para poner al día el contencioso que me oponía a García Trevijano. Ya he hablado aquí de cuáles fueron mis relaciones con él mientras fui portavoz de la Junta Democrática, relaciones que continuaron más tarde con sus altos y bajos durante un cierto tiempo. Cuando tras la amnistía general viajé por primera vez a España con Syliane, Tristán la Rosa nos ofreció una cena de despedida en su casa de París a la cual asistió también García Trevijano. Yo había dejado muy claro que no teníamos por el momento la intención de instalarnos en España y que sólo íbamos a Barcelona para ver a mi madre, que estaba muy delicada de salud. Al despedirse de nosotros en la puerta de la casa, Trevijano le dijo a Syliane engolando la voz:

—La próxima vez que viajéis a España os irá a recibir al aeropuerto mi coche oficial. —Y ante el gesto de extrañeza de mi mujer, Trevijano puntualizó—: Porque yo seré entonces el presidente de la república. —Y alzando la voz para que todos pudieran oírle, Trevijano añadió—: Esta monarquía se irá al garete antes de tres meses.

Desde Barcelona volvimos a París y pasado un tiempo viajamos a Madrid, donde no nos esperaba ningún coche oficial en el aeropuerto de Barajas. Pese a Carlos Arias y a todas las trampas alzadas en su camino, la monarquía de don Juan Carlos mantenía fijo el rumbo.

Trevijano, a qué negarlo, nos fue en Madrid de una gran ayuda. Hacía siempre lo posible —a veces más de lo necesario— para agradar a Syliane. Intervino como abogado nuestro en la compra del piso de la Castellana y consiguió que el transportista que nos trajo los muebles desde París redujera a la mitad el exorbitante precio que pretendía cobrarnos. Una mañana nos llamó para invitarnos a almorzar al día siguiente en Mayte Comodore con una persona que yo, como escritor, tenía forzosamente que conocer. Acudimos pues al famoso restaurante —uno de los búnkeres del todavía agonizante franquismo— donde Trevijano nos esperaba con Francine, su mujer, vestida para la ocasión con un sastre negro de Balenciaga —el luto le sentaba bien a Electra en su versión judía— hablando los dos animadamente con Emilio Romero, que muy pronto se convertiría en un amigo. Junto a ellos nos esperaba también un curioso personaje que parecía escapado de una mala litografía de Toulouse-Lautrec. Alto, de carnes blancas y blandas, con largas melenas grises tirando a verdes que le llenaban de caspa las hombreras de un traje de confección, el invitado de Trevijano llevaba colgada alrededor del cuello una ancha bufanda roja cuyos flecos le llegaban hasta las rodillas. Trevijano nos lo presentó con exagerada unción:

—Tengo el gusto y el honor de presentaros a Francisco Umbral.

Era la primera vez que yo escuchaba ese nombre.

—Un gran escritor que también tiene voz en los periódicos —especificó Trevijano siempre en el mismo tono.

—Como Dumas —asintió con una condescendiente sonrisa el invitado.

Emilio Romero intervino con cierta sorna:

—En este país donde no lee nadie tanta dedicación tiene su mérito.

Las miradas de los dos hombres se cruzaron como el filo de dos navajas.

Poco acostumbrados todavía a la copiosa cocina española Syliane y yo comimos poco, fascinados por aquel extraño personaje al que le sudaban las sienes mientras pronunciaba con devoción los nombres de varias mujeres que nos eran desconocidas. Pitita Ridruejo, Sisita Pastega, Cuqui Fierro...

—Aquí en Madrid —nos explicó benevolente el periodista-escritor— también tenemos nuestras duquesas de Guermantes.

—¿Todas tan falsas como las de Proust? —pregunté.

—¿Falsas, las mías? —se rebeló Umbral—. Están todas vivas y pesan mucho en la sociedad madrileña.

—Recién llegado a Madrid —me disculpé—, la verdad es que no sé quiénes son esas señoras.

Umbral se alzó de hombros, bonachón.

—Ellas tampoco. Quizá sólo existan porque son amigas mías.

Syliane me confesó más tarde que en aquel momento estuvo a punto de tirarle a Umbral su plato a la cabeza. Trevijano trató de llevar la conversación por otros derroteros, pero su invitado le interrumpió para preguntarme:

—Al referirse a Proust hace un momento me parece haber notado en sus palabras un deje de desprecio. Siendo usted prácticamente un francés, ¿puede usted vivir sin adorar a Proust?

—Perfectamente. Si quiere que le sea sincero, Proust me aburre profundamente. Sus problemas con el boulevard Saint-Germain no me interesan en absoluto y además no tengo aliento para dejar de respirar mientras duran esas frases suyas que parecen no acabarse nunca. Me gustan los escritores más escuetos, Stendhal, Flaubert y, entre mis contemporáneos, Morand.

Syliane, que no era precisamente una experta en cuestiones literarias, me preguntó si Proust era aquel señor del que nos hicieron visitar la habitación de un hotel de Deauville o de Trouville.

—Ya sabes, aquel que se entendía con la criada —precisó mi mujer.

Con el propósito de fastidiar a Umbral más que de aleccionar a Syliane, me puse sarcástico:

—Proust era un judío pequeñoburgués que al no poder integrarse en la alta sociedad de su época se inventó una a su medida. Lo hizo con gran talento, hay que admitirlo, aunque su literatura tenga a veces relentes de resentimiento social.

—¿No será usted antisemita? —ironizó Umbral.

—Depende del judío —le contesté.

Fue el propio Umbral quien al darse cuenta de que yo no iba a ser una presa fácil cambió de conversación.

—Y a usted, señora —le preguntó a mi mujer—, ¿hay algo que le interese especialmente en Madrid?

—Sí —le contestó plácidamente Syliane—, encontrar una buena zapatería.

Pisando terreno resbaladizo, Umbral se excusó:

—Me temo, señora, que los zapatos de mujer no sean mi fuerte. Eso habría que preguntárselo a Berlanga.

Francine intervino rápidamente dando el nombre de varias tiendas, todas ellas en Serrano y aledaños. Emilio Romero, que había guardado un silencio ensimismado durante todo el almuerzo, salió de su letargo y le preguntó de repente a Umbral:

—¿Tú hablas francés suficientemente bien para juzgar si Proust es o no en su propia lengua el insufrible coñazo que a mí me resulta en español?

Trevijano me impidió oír la contestación al pedir en voz alta la cuenta. Ni Syliane ni yo volvimos nunca a Mayte Comodore por ocurrencia nuestra. Además de ser carísimo, se comía francamente mal.

Mis relaciones con Umbral, si bien nunca fueron cálidas, atravesaron largos períodos de bonanza durante los cuales yo fui «mi admirado Vilallonga» y él «ese cronista maravilloso que leo cada mañana». Es cierto que al principio me hizo gracia que Umbral escribiera «antañazo» en lugar de «hace mucho tiempo» y que acabara una complicada disquisición con un escueto «pues eso». Pero en literatura como en el amor las repeticiones abusivas cansan rápidamente y aburren muy deprisa. Las «negritas» que obligan a los lectores a fijarse en los nombres que utiliza el cronista para resaltar la calidad de sus amistades o admiraciones, tienen un efecto boomerang cuando una vez más se abusa de la repetición exhaustiva. A la larga me di cuenta de que la cultura literaria de Umbral salía casi exclusivamente de debajo de las mesas del Café Gijón.

Umbral —nacido, me dicen, en una portería de Valladolid— cambió su nombre de Pérez Martínez por el que lleva hoy —pensando quizá en el umbral de la gloria— y como Proust, también sin conseguirlo, hizo lo que pudo por codearse con un estrato social que rara vez entreabre sus puertas a los advenedizos. Aquellas señoras que él llamaba «nuestras duquesas de Guermantes» suponían seguramente el equivalente a tomar el té en Liria alzando el dedo meñique con la uña crecida. Hoy, pasados los años, aquellas señoras que le echaban de comer, ni le hablan ni le reciben, ultrajadas todas ellas por las mismas traiciones.

Nosotros, al principio de nuestra instalación en Madrid, también invitábamos a Umbral a comer en nuestra casa. Pero mi mujer nunca recibió de él ni una flor, ni una letra escrita de agradecimiento. La educación consiste precisamente en saber perder el tiempo en esa clase de detalles.

Alguien nos explicó un día que Umbral, muy temeroso de las corrientes de aire, en cuanto llegaba el invierno se empapelaba el pecho con hojas de periódico. A Syliane le dio mucho asco —y a mí también— pensar que teníamos sentado a nuestra mesa a alguien que pretendía defenderse del frío amparándose en las hojas desplegadas del *ABC*. Llegamos incluso a convencernos de que Umbral despedía en ciertas ocasiones un desagradable tufillo, lo cual en cierto modo era verdad, aunque no tuviera nada que ver con la calidad del papel que emplea la prensa española, ya sea de derechas o de izquierdas. Al cesar nuestras invitaciones a cenas y a saraos, nuestras relaciones con Umbral se convirtieron en gélidas y yo pasé a ser de «mi admirado Vilallonga» a «ese escritor que cubre de mierda al Rey».

—¡Menuda la ha armado usted, Vilallonga, con su artículo denuncia del pasado lunes en *La Vanguardia*! —me dijo en mi casa de Andratx José Cavero, sentado conmigo en el borde de la piscina con una copa en la mano y tocados los dos con unos grandes sombreros de paja para ampararnos del sol.

Y enseguida quiso saber:

—¿Fue el resultado de una larga premeditación o bien una necesidad repentina de esas tan difíciles de controlar?

—Si quieres saber la verdad, sí, hace ya tiempo que pensaba publicar algo parecido. Pero no sabía muy bien bajo qué forma. Vengo oyendo hablar de este asunto hace semanas, ya sabes, rumores, cuchicheos, chismes, acerca de esa confabulación republicana alentada por Antonio García Trevijano. Nunca me tomé nada de esto demasiado en serio precisamente porque andaba metido en ello García Trevijano. Pero muy últimamente, una persona que merece todo mi respeto y todo mi crédito, me puso al corriente de algunos detalles que me incitaron a tomarme las cosas de otra manera. Pero lo que de verdad me ha movido a hacerlo es porque me ha parecido que había llegado el momento de que la gente se enterara de quién es ese señor que ansía convertirse a toda costa en presidente de la III República española. A mí el republicanismo del señor Trevijano no me merece el menor respeto porque sólo es el resultado de un resentimiento. A mí, mucho antes de que estuviéramos en democracia, me ha parecido natural que cada cual piense en política como le venga en gana. Ahora bien, el republicanismo de un individuo que durante años ha tratado de venderse una y otra vez en los círculos de la Casa Real, primero en La Zarzuela cuando don Juan Carlos sólo era príncipe de España, es decir nadie, y luego en Estoril, último refugio del conde de Barcelona, no me parece todo lo claro y evidente que pretenden hacernos creer. En La Zarzuela le dieron las gracias a Trevijano indicándole que les podía ser más útil «desde fuera» que «desde dentro». En Estoril, el conde de Barcelona, que las veía venir de lejos, sólo consintió en jugar con él a las cartas y a veces usarlo de secretario para que le escribiera unas cartas que luego no mandaba.

»Fue allá por el setenta y cinco —yo estaba todavía en París— cuando Trevijano empezó a urdir oscuras maquinaciones, a espaldas del conde, con generales descontentos del régimen, con vistas a traerse a Madrid en un avión a don Juan de Borbón y proclamarlo rey en Barajas. Ya me contarás. Es inútil decirte que el conde nunca se hubiera prestado a esa clase de locuras.

—Algunos podrían creer que estaba usted deseoso de saldar alguna vieja cuenta con Trevijano, tal vez desde los tiempos en que coincidieron los dos en la Junta Democrática, en París.

—Quizá no andes falto de razón. Hay cosas que uno aguanta y aguanta hasta que un día le ponen la guinda al pastel y todo salta por los aires. Lo que me había chocado mucho de Trevijano fue que mientras que ejerció de coordinador de la Junta se mostró siempre implacable con todo aquel que hubiese mantenido contacto alguno con el poder franquista. A mí fue Santiago Carrillo quien me propuso entrar en la Junta. Le conocía y además había simpatizado con él cuando le entrevisté para la prensa alemana mucho antes de que existiera la Junta. Un día Santiago me dijo: «Oye, ya que tú tienes tantos amigos en la prensa de París sería interesante que les explicaras —y así lo hice durante muchos meses— que la Junta no es de estricta obediencia comunista, como dicen *Le Figaro*, *Le Monde*, *France-Soir* y tantos otros». Yo pasé muchas horas visitando a directores de periódicos que se reían en mis narices cuando les decía que en la Junta Democrática había, además de comunistas, monárquicos como Calvo Serer y yo, y otras gentes que como Pepín Vidal Beneyto podían ser todo menos comunistas. Pues ya ves lo que son las cosas, Trevijano, el implacable Saint-Just del que nadie supo nunca lo que era en realidad, se reconvirtió, ya proclamada la monarquía, en el valedor y abogado defensor de todos los grandes evasores de capital que florecieron en el reino. Este hombre tan riguroso con los demás se convirtió con una facilidad extrema en un compinche de todos los sinvergüenzas que habían conseguido seguir encaramados en las cumbres del poder. Yo fui uno de los pocos que tardó un tiempo en acabar de creérselo. Se produjeron, sin embargo, algunos hechos curiosos que debían haberme puesto en guardia. Un día me llamó Trevijano —acababa de conocerse la quiebra del banco Coca— y me explicó que tenía un amigo que necesitaba trasladarse urgentemente a Rosas pero que su mal estado de salud le impedía viajar en avión. «He pensado —me dijo Trevijano— que como tú tienes ese Mercedes tan grande y tan cómodo podrías acompañarle hasta allí. Seguramente a Syliane le gustará pasar unas horas en Francia, donde podrá comprar esas cosas que, según dice, todavía no se pueden encontrar en Madrid.» A Syliane le pareció una buena idea. La cuñada de Trevijano —una rubia gorda de la que nunca recuerdo el nombre— decidió, supongo que por indicación de Trevijano, sumarse a la expedición.

»Antonio nos dio cita ya anochecido en el aparcamiento de un apartotel de la calle Orense donde nos encontramos con un señor que llevaba un par de maletines que no parecía dispuesto a soltar y cuyo nombre ninguno de nosotros escuchó con claridad. El individuo en cuestión, un hombre gordo que sudaba copiosamente, no tenía buen aspecto y por eso no nos llamó demasiado la atención que en cuanto se hubo metido en el coche pareció dormirse con el ala del sombrero oscureciéndole el rostro y los dos maletines puestos sobre sus rodillas. Viajamos prácticamente sin parar hasta llegar a

Rosas. Nuestro viajero se negó a bajar del coche cada vez que lo hicimos nosotros para comer un sándwich y beber un café. Llegamos a Rosas en pleno temporal de lluvia y viento. El mar embravecido barría la costa y el barco que en principio debía estar esperando a nuestro viajero no había llegado a puerto. Según los vecinos del lugar no era probable que pudiera hacerlo antes de varios días. "Si lo que usted quiere es pasar a Francia —le dije a nuestro viajero— a nosotros no nos cuesta nada llevarlo allí. Mi mujer es de nacionalidad francesa y yo llevo encima mis documentos de residente privilegiado." El hombre se había puesto muy nervioso y siempre sin soltar ni un momento sus maletines, decidió que prefería esperar en Rosas la llegada de sus amigos. Nos despedimos de él y, tras pasar la noche en un hotel de la cosa, emprendimos viaje de vuelta a Madrid.

»Lo primero que vi al llegar en los periódicos del día fue la fotografía en primera página de nuestro misterioso viajero, pero esta vez sin sus maletines, sentado detrás de una suntuosa mesa de despacho. Se trataba de un tal señor Miñarro, un alto ejecutivo del banco Coca que se había fugado llevándose consigo varios miles de millones de pesetas. Ni que decir tiene que, además del susto, me entró un cabreo terrible. Me fui derecho al despacho de Trevijano y allí le estuve gritando de todo hasta que se me acabó el aliento. "¡Imagínate —le grité— que por esto o por aquello nos para la Guardia Civil y descubre que el gordo sudoroso ése se está escapando de España con miles de millones pertenecientes a los clientes del Coca! ¡Pues mi mujer y yo nos vamos con él a la cárcel como cómplices suyos!" Trevijano juró y perjuró que de lo del dinero él no tenía ni la menor idea: "¿Cómo puedes creer que yo os iba a meter en un lío parecido?". No, no me lo podía ni siquiera imaginar. Pasaron los días y se calmaron las cosas.

»Dejé de ver a Trevijano durante algún tiempo hasta que un día me llamó Francine, su mujer, para decirme: "Me he enterado de que te vas unos días a Río de Janeiro". Era cierto. Me había invitado Ibrahim Sued para que trabajáramos juntos en *O Globo* en un reportaje que queríamos hacer sobre los brasileños ricos que pasaban varios meses del año en París. Tenía además la intención de ir a pasar un fin de semana con Ivo Pitanguy en su maravillosa casa de la Ilha dos Porcos donde todos los años solía reunir a los mismos amigos. "¿No podrías —me pidió Francine— llevarte contigo al pobre

Antonio que está muy deprimido y muy triste desde el desgraciado asunto de vuestro viaje a Rosas?" Tengo a veces, no sé si es una virtud o un defecto, la memoria muy corta.

»Durante el viaje de Madrid a Río Trevijano me explicó que estaba muy interesado en visitar unas tierras situadas al norte de Brasilia, ciudad que se había convertido en capital del Estado bajo el mandato presidencial de Juscelino Kubitscheck. Incluso antes de que Brasilia empezara a construirse, el presidente Kubitscheck y un reducido grupo de amigos suyos había comprado a bajo precio miles de hectáreas de las tierras que rodeaban la futura capital. "Pero todavía quedan —me dijo Trevijano— muchas tierras al norte de Brasilia que se pueden adquirir a precios irrisorios. Lo malo es que yo no conozco a nadie en Río y en estos países, para emprender cualquier cosa que valga la pena, conviene estar arropado por la gente adecuada." Yo pensé enseguida en Fernando Prado, un antiguo oficial de la Armada brasileña que me había presentado en Río un par de años atrás mi tío Ramón Carranza, marqués de Sotohermoso, un almirante retirado, casado con una hermana de mi padre. Prado, reconvertido al jubilarse en corredor de fincas y con muy buenas relaciones con las gentes del gobierno, se puso a nuestra entera disposición. Me di cuenta enseguida de que Trevijano manejaba grandes sumas de dinero por cuenta de gentes de las que nunca hablaba pero cuyos nombres no eran difíciles de adivinar. A los pocos días de estar en Río nos encontramos almorzando en un restaurante, con uno de los hermanos Camuñas, al señor Miñarro, el de los maletines, quien naturalmente fingió no reconocerme.

»Día tras día y siempre como por casualidad nos íbamos encontrando en la calle, en los restaurantes y en la piscina del Copacabana donde estábamos alojados, con españoles que por lo general no parecían sorprendidos al toparse con Trevijano. Algunos incluso nos acompañaron en los viajes que organizaba Fernando Prado para hacernos visitar las tierras que pudieran interesarnos. Pronto me di cuenta de que el antiguo oficial de marina, miembro de una antigua y respetada familia, no veía con buenos ojos que las tierras que nos proponía se vendieran a gentes que de toda evidencia sólo eran unos especuladores. "A nosotros los brasileños —me dijo una tarde— lo que nos interesa es vender esas tierras a personas que no se contenten con revenderlas al cabo de unos años ganando mucho dinero. Lo que nos interesa es que los nuevos propietarios se quieran afincar en esas tierras prácticamente vírgenes para construir pueblos, escuelas, hospitales...” Le repetí a Trevijano lo que me había dicho Prado y a los pocos días le oí decir que le interesaría mucho comprar a título personal una gran finca donde poder instalar a gentes que se dedicaran al cultivo de la tierra y al ganado y donde incluso él se haría construir una gran casa —¿por qué no un pueblo entero?— donde trataría de pasar varios meses al año. Trevijano terrateniente. Lo único que me faltaba por oír.

»En Brasil y en aquellos años comprar era fácil. Bastaba con tener el dinero. Pero afincarse en el país para ejercer una actividad de carácter lucrativo ya era otro cantar. Para eso era imprescindible tener amigos bien situados en los aledaños de la administración. Yo podía proporcionárselos a Trevijano a través de mis amigos brasileños que pasaban largas temporadas en París, gentes por lo general muy ricas con mano larga en los círculos gubernamentales. Viajamos pues cada vez más lejos —en dos ocasiones nos acompañaron Syliane y nuestro hijo Fabricio— en busca del lugar idóneo donde Trevijano pretendía ejercer de propietario rural. Yo por mi parte establecí contacto con mis brasileños parisinos aunque siempre me cuidé en evitar que se estableciera un contacto directo entre ellos y Trevijano. Todavía no había olvidado el consejo que me dio mi madre tras haberle presentado a Trevijano en Casa Falguera: “No te fíes nunca de un hombre capaz de calzar zapatos marrones vistiendo de azul marino”. Para muchos brasileños amigos míos, pertenecientes a las llamadas clases altas, ése sería un simple detalle que haría de Trevijano un perfecto impresentable. Lo era también por las cosas que decía en público: “Yo, que soy el abogado más inteligente de España...”. A veces me costaba trabajo creer que de verdad lo fuera. Saliendo una noche de un putibar como los hay a docenas a lo largo de Copacabana, Trevijano le comentó al brasileño que nos acompañaba: “Éste es uno de los pocos países civilizados que conozco en el que las mujeres pueden salir solas de noche sin que les pase nada”.

»Durante una de las últimas reuniones que se celebraron en el despacho de Fernando Prado con algunas de las personas que nos habían vendido las tierras, el antiguo oficial de marina se levantó para decirle a Trevijano: “Al señor de Vilallonga habría que reconocerle los servicios prestados escriturando a su nombre, pongamos por caso... ¿mil hectáreas?".

»Todo el mundo estuvo de acuerdo y Trevijano se levantó a su vez para darme un abrazo. Prado nos propuso acudir aquella misma tarde al despacho de su notario para legalizar la cesión pero yo insistí en que se hiciera a nombre de mi mujer cuando ésta volviera de nuevo a Río de Janeiro. La misma noche de su vuelta, dos semanas más tarde, Trevijano le dijo a Syliane durante la cena: "Si tienes paciencia durante unos años y no te apresuras a malvender, un día serás una mujer muy rica". Syliane todavía está esperando a que el señor Trevijano ponga a su nombre las mil hectáreas prometidas.

Siguió un largo silencio que Cavero rompió preguntando:

—¿Imaginó usted en algún momento que su artículo iba a tener la repercusión que ha tenido?

—No, de verdad que no. Pensé, eso sí, que daría que hablar. Aunque ahora resulta que mucha gente venía oyendo decir cosas del tema desde hacía mucho tiempo.

—Pero usted personalmente ¿considera que hay algún tipo de activistas republicanos que desean modificar el sistema político vigente en España?

—No, de verdad que no lo creo. Yo conozco a muchísimos republicanos y casi todos ellos son juancarlistas. La gran apología de don Juan Carlos me la han hecho gentes como don Josep Tarradellas o el propio Felipe González. Republicanos de toda la vida que te dicen que lo han sido y lo seguirán siendo. «Pero este señor —añaden enseguida aludiendo a don Juan Carlos— me parece una persona importante y me parece que además lo hace bien.» O sea que yo creo que no está actualmente planteada para nada la cuestión república o monarquía.

—Parece que su intención, al hacer la denuncia, era «pinchar el globo» de una hipótesis, de una posibilidad por lejana que fuese...

—Sí. Yo creo que había que dejar claro quién era Trevijano para que la gente no se tomara en serio un personaje de esta... iba a decir categoría pero me parece más adecuado decir de esta calaña.

—García Trevijano relaciona su artículo, sobre todo o esencialmente, con la presencia —la del propio Trevijano— en la asociación de periodistas y escritores independientes de muy reciente constitución.

—Pues no, no. Yo llevo aquí en Mallorca más de dos meses y de esta asociación me he enterado después de haber escrito mi artículo. La fotografía de estas gentes, cuando la vi publicada, me pareció que era la de un grupo en el que coincidían gentes que no tenían nada que ver los unos con los otros. ¿Qué hace Cela en esa foto y qué hace Luis María Anson? Me pareció algo que no se podía tomar en serio. Pero claro, cuando el señor Trevijano te dice que nunca se ha necesitado más libertad de expresión, a mí me parece un poco grotesco, porque libertad de expresión en España la hay total, creo yo. Él dice que no, que se siente muy perseguido. Es una obsesión que ha tenido siempre. Cuando la Junta Democrática, cuando los socialistas no quisieron entrar y formaron la Platajunta, él ya empezó con la obsesión de que los socialistas se lo querían cargar. Y yo creo que esa obsesión no se le ha ido nunca.

—¿Usted le hizo saber al Rey su intención de publicar ese artículo?

—No, en absoluto.

—¿Y el Rey no conoció el artículo antes de que usted tomase la decisión de publicarlo?

—Lo conoció con veinticuatro horas de antelación, es decir, cuando el artículo estaba ya en máquinas. Le mandé una fotocopia. Pero no tuve ninguna clase de respuesta, ni de si estaba contento o no. Ni ahora lo sé, porque nadie me ha hecho saber nada, cosa que es habitual, ya que la Casa nunca comenta estas cosas.

—Usted habla de otras personas participantes en la misma conjura.

—Sí, pero me parece más adecuado emplear la palabra confabulación. Una conjura es algo muy serio, ¿no?

—¿Qué efectos últimos piensa que puede tener su artículo?

—Creo que dentro de unos días se habrá olvidado por completo. Como ya nadie habla de Roldán, ni de Mariano Rubio, ni del señor De la Rosa. Por cierto que este mes de agosto, aquí en Mallorca, ha sido muy particular. Yo he visto a gente muy cabreada porque coincidían en la isla, al mismo tiempo, todos los depredadores, todos los delincuentes, muchos que andan por las playas y en sus yates y que deberían estar en las cárceles, como decía días atrás un accionista de Banesto. Ésta es la opinión pública.

—¿Ha pretendido usted «provocar» con su artículo?

—No. A mí me parecía necesario contar que estaba en marcha esa operación, que lo sabe mucha gente. Yo he oído hablar de ella hace ya cuatro o cinco meses. Me ha parecido molesto y preocupante que alguien pudiese tomarse en serio a García Trevijano.

—¿Usted cree que en la actualidad existe algún riesgo para la monarquía?

—No, actualmente, no. Yo creo que hemos pasado del juancarlismo al arraigo de la monarquía. Si hoy día le preguntas a alguien si le gusta más la monarquía que la república, creo que te miraría asombrado. No sé si el país es monárquico o no, pero sí que el país hoy acepta que la monarquía funciona y que a este señor le debemos muchísimo. No vamos a rememorar el 23-F, pero es evidente que le debemos muchísimo. Yo, personalmente, le debo la vida. La revista *Tiempo* publicó tras el 23-F la existencia de una lista de personas a quienes los golpistas proyectaban eliminar y mi nombre estaba allí. Éramos varios cientos de personas, políticos, periodistas, actores...

—Sin duda el hecho de que el firmante del artículo sea el biógrafo del Rey proporciona a la denuncia unas connotaciones de una importancia inusual y extraordinaria.

—Sí, y me parece que es normal que se le conceda importancia.

—Volviendo a la controversia de estos días. Dice García Trevijano que el artículo fue escrito por encargo y que todo es falso, que es una patraña...

—¿Qué otra cosa podía decir? Parece en efecto que ha dicho que era un encargo de Polanco. Yo a Polanco lo he visto una vez en mi vida. Y con la gente de *El País* he tenido contactos porque escribí durante tres años para ellos. He tratado con Cebrián y con Estefanía. Hasta que un día Basterra me anunció que dejaba de contar con mi colaboración. Le escribí a Cebrián una carta diciéndole que me habían echado como a una criada.

—Menciona usted en su artículo unas formidables fuentes informativas que jamás le han fallado.

—Sí, sobre todo un antiguo agente del Mossad que es un personaje muy extraordinario. Cada vez que me daba una información se trataba de noticias que nunca fallaron. Me adelantó por ejemplo que se iba a hundir Banesto con su presidente Mario Conde. También me anunció que Belloch sería ministro del Interior y de Justicia cuando Belloch era apenas conocido por el propio González, que le llamaba Luis Alberto o algo así.

—¿Puede estar el gobierno interesado en desprestigiar esa naciente asociación de periodistas independientes, como dice Trevijano?

—De lo de la asociación ésa me he enterado después de escribir el artículo y no lo he relacionado en absoluto. La foto me impresionó por la cantidad de personas que no entiendo por qué están allí todas juntas. Cela sí, porque ahora va de reina madre, pero que esté Anson me ha extrañado. Sobre todo Anson, y también que *ABC* no haya hecho la menor alusión a mi artículo.

—Trevijano le acusa a usted de ser un arribista.

—Dígale usted a Trevijano que yo con sólo molestarme en nacer ya estaba allí donde él no llegará nunca.

1996

Enero. Ha muerto Mitterrand y Francia entera se ha cubierto de un halo de tristeza. París, una ciudad a veces tan indiferente ante la desgracia, parece haberse sumido en un silencio al que no nos tiene acostumbrados. El primero en anunciar la muerte del rey François fue Jacques Chirac. Lo hizo con voz temblorosa y con los ojos curiosamente brillantes. Nada más ser conocida la noticia empezaron a desfilar ante el número 9 de la avenida Frédéric Le-Play políticos de todos los partidos. Tanto los representantes de la izquierda como los de la derecha —sin olvidar los comunistas— rezaron sentidos responsos por el muerto. Juppé, monsieur Hue, Giscard, Delors, Jospin, Balladur y otros de menor importancia pusieron durante horas cara de circunstancias. Algunos de los viejos enemigos de Mitterrand cantaron sin pudor sus alabanzas. Ya decía La Rochefoucauld: «Ni al sol, ni a la muerte, se les puede mirar de frente».

Caída la tarde Chirac hizo desde su despacho del Elíseo el panegírico de François Mitterrand. «El último gran hombre de Estado —dijo— del siglo XX. Un escritor ilustre. El hacedor de una gran Francia.» Chirac resaltó la dignidad y la valentía de Mitterrand al enfrentarse a la muerte. Ni el más fanático de los socialistas podía haber cubierto de tantos elogios al presidente fallecido. Sólo Le Pen dio en televisión la nota discordante con su acostumbrada vulgaridad, diciendo que si Mitterrand podía haber parecido brillante sólo era debido a la mediocridad de sus oponentes.

A las ocho y media de la tarde me acerqué con una amiga a la rue de Bièvre, domicilio particular de los Mitterrand desde hace unos pocos meses. Llevábamos sendas rosas envueltas en celofán que depositamos, tras hacer cola, ante el portal del edificio. Era curioso escuchar los comentarios que hacía la gente —gente común, gente normal— que esperaban pacientemente para hacer su ofrenda. No hablaban ni del político, ni del hombre de poder. Hablaban del amigo que se había ido. Eran, sencillamente, gente que quería a Mitterrand.

Yo también sentía mucho afecto por el rey François. La última vez que le vi —el cáncer había demacrado su rostro y aguzado su mirada— fue la tarde del 26 de enero de 1995, cuando me concedió la cruz de la Legión de Honor, con rango de oficial, en uno de los grandes salones del palacio del Elíseo. Antes de prenderme la cruz en la solapa hizo un discurso de dos o tres minutos recordando los títulos de algunos de mis libros que por lo visto le habían gustado y a propósito de los cuales me había escrito breves pero sagaces cartas que guardo cuidadosamente. En tono ligeramente irónico me felicitó por haber sido siempre un defensor de la democracia española. *«C'est rare* —murmuró— *chez un homme de votre espèce»*.* Una vez prendida la cruz, me abrazó besándome a la francesa en ambas mejillas. Me sorprendió lo bien que olía, cosa poco frecuente en los ancianos y los enfermos. Durante los escasos segundos que estuvimos el uno frente al otro ante un centenar de testigos, me preguntó en un susurro: «¿Dónde vive usted ahora?». «Aquí, en París, señor presidente.» «Bien, entonces nos veremos.» No nos volvimos a ver nunca más. Ahora que está muerto, me congratulo de haber conocido a un hombre semejante.

De no haber sido un político, Mitterrand se habría dedicado seguramente a la literatura, a la que se entregaba con pasión. Se dice que el general De Gaulle —otro gran escritor frustrado— escribía inspirándose en la prosa de Chateaubriand. Es posible que Mitterrand haya escrito a veces inspirándose en De Gaulle, su gran enemigo de toda la vida, un enemigo al que sin embargo acabó pareciéndose como una gota de agua a otra. Hombre de gran modestia en su vida privada, Mitterrand, al igual que De Gaulle, siempre quiso que la República que presidió durante catorce años se equiparara en pompa y majestad a las cortes de las viejas monarquías europeas. Creo recordar que fue Jean François Deniau, antiguo embajador de Francia en España, quien me dijo que el rey François era «un político geográfico» que vivía rodeado de mapas y planisferios. «Lee en

* «Es curioso en un hombre de su especie.»

ellos como otros leen en las partituras musicales, lo que le da del mundo una visión de eternidad.» «Las naciones no cambian —era una de sus frases favoritas—, sólo cambian las fronteras.» Mitterrand, a semejanza de De Gaulle, siempre quiso creer que Francia, más que una nación, era una persona. Y ello hacía que el rey François hablara de ciertas ciudades como podía haber hablado de una mujer. De Venecia decía que «no solamente es bella, sino que además es inteligente». Y añadía: «políticamente inteligente».

Nacido en Jarnac en el seno de la pequeña burguesía de la que siempre guardó las costumbres, los modales y algunos tabúes, Mitterrand respetó durante toda su vida los valores que le había inculcado su familia. No le gustaba el dinero y no permitía que en su presencia se hablara de él. Cuando algunos personajes de su entorno fueron acusados de corrupción, Mitterrand se sintió profundamente dolido y dejó de tratarlos. Tampoco le gustaban las joyas, de las que decía que eran el señuelo de la vulgaridad.

Francés hasta la médula, se enorgullecía de no sentir ningún temor a que Francia se fuera llenando poco a poco de extranjeros. «No me preocupa —decía—, porque somos perfectamente capaces de asimilarlos, como hemos hecho tantas otras veces a lo largo de nuestra historia.» Mitterrand murió con mil proyectos en la cabeza. Pero últimamente le gustaba repetir: «Todo lo que hacemos está siempre inacabado. Pero eso es algo inherente a la especie humana».

Fue la literatura lo que me puso en contacto con François Mitterrand. Una editorial francesa me había pedido colaborar en un libro de semblanzas de Mitterrand escritas por gentes que le habían conocido en circunstancias excepcionales, lo que de cierta manera era mi caso. Incluso antes de relacionarme con él personalmente, yo le tenía una gran admiración, sobre todo desde que finalizó uno de sus más importantes discursos advirtiendo: *«Messieurs... le nationalisme c'est la guerre!»*.* Cuando me concedieron por mi libro *El gentilhombre europeo* el codiciado Prix Saint-Simon, el ministro Schumann, presidente del MRP, me dijo: «Ésta es la clase de novela que le encantaría a François Mitterrand. Mándesela». Así lo hice y a los pocos días recibí un tarjetón en el que Mitterrand me agradecía el envío precisando —Mitterrand era un clásico— «que leería mi libro

* «¡Señores: el nacionalismo significa la guerra!»

durante sus próximas vacaciones estivales». Pocos días más tarde, almorzando en Lipp, la *brasserie* de Saint-Germain-des-Prés, a pocos minutos de mi casa, monsieur Cazes, el propietario, se me acercó para susurrarme al oído: «Al presidente Mitterrand le gustaría que se uniese usted a sus invitados para tomar café».

Hacía ya muchos años que Mitterrand, un fiel cliente de la casa, ocupaba la misma mesa, entrando a la derecha, muy cerca de la caja. Sus invitados de aquel día —uno de los directores de TF1, dos cronistas políticos de *Le Nouvel Observateur* y una joven actriz que solía acompañar al presidente en sus viajes por Europa—, eran todos, si no amigos, conocidos míos. Mitterrand me indicó que me sentara frente a él y tras varias frases de cortesía, me preguntó: «Usted, cuando escribe, ¿en qué lengua piensa, en francés o en español?». Le contesté que en francés cuando escribía mis novelas y en español cuando lo hacía para la prensa de mi país. «Si es usted capaz de pensar en dos lenguas tan diferentes eso significa que posee usted dos almas.» Y enseguida cruzando la mirada me volvió a preguntar: «¿Y en qué lengua prefiere usted escribir?».

Presentí que era una pregunta trampa pero le contesté con toda sinceridad: «En francés cuando pretendo tratar con ligereza un tema que me parece grave y en español cuando me resulta difícil reprimir mis iras y mis furores». Mitterrand sonrió pero no hizo el menor comentario. Una semana más tarde recibí una invitación para cenar en el Elíseo. En este segundo encuentro Mitterrand quiso saber cuáles eran mis libros de cabecera. Le dije que Stendhal por los espléndidos retratos que había hecho de ciertas mujeres, Balzac por su conocimiento desencantado de la sociedad francesa de su tiempo, Saint-Simon porque siempre me había sentido muy cercano a él en su visión de la sociedad aristocrática de su época, el príncipe de Ligne por ser un militar que manejaba la pluma con la misma contundencia que la espada y por último el cardenal de Retz porque siempre me han gustado los prelados que se juegan el tipo en las barricadas. Enseguida especifiqué que yo no entendía por libros de cabecera los que están en mi mesilla de noche, sino los que coloco en un lugar preferente de mi biblioteca. Sin hacer gran caso de mi explicación Mitterrand quiso saber cuáles eran mis preferidos entre los «modernos». «Paul Morand —le contesté—, por ser el escritor que mejor ha comprendido la relación que existe entre Venecia y la muerte, Simenon por su maestría en describir la nada y Margueritte Yourcenar por haber convertido al emperador Adriano en el prototipo de hombre que me hubiese gustado ser.» Mitterrand me dio una amistosa palmadita en el brazo. Creo que desde aquel momento pude considerarlo un amigo.

Poco tiempo después Mitterrand fue hospitalizado por haberse agravado el cáncer que padecía en la próstata. Le escribí unas letras al hospital donde estaba ingresado diciéndole que, habiendo pasado yo por un trance similar, creía que lo importante era conservar intacta la moral, negándose a considerar que toda enfermedad tenga un fin ineluctable. Me contestó dedicándome su libro *L'abeille et l'architecte*: *«À mon ami, José Luis de Vilallonga, François Mitterrand»*. Cuando actualmente alguien quiere saber lo que pienso de Mitterrand lo medito mucho antes de contestar, porque tanto el hombre como el político son difíciles de situar. El hombre podría integrarse como un avispado camaleón en cualquiera de las cuatro estaciones. En el invierno por su helada ambición. En el verano por su calurosa acogida a ciertas ideas, el socialismo una de ellas, que le eran extrañas. En la primavera por su devoción hacia las mujeres y en el otoño por la fascinación que ejercían sobre él la muerte y el largo viaje a paraderos desconocidos. Pero no creo que perteneciera completamente ni al otoño, ni al verano, ni al invierno, ni a la primavera. Era un hombre que más bien me parecía un adicto a los fenómenos de la *mi-saison*. Amaba la tierra, sus bosques y sus ríos, pero no sabía prescindir del asfalto de París y de los tenderetes de los libreros a orillas del Sena. Le gustaban las mujeres —exageradamente— pero nadie hablaba con tanta cordura de la fidelidad. Fue infiel a su mujer y muy fiel a algunas de sus amantes. Mitterrand, nadie lo niega, era un hombre contradictorio. Se declaraba agnóstico pero pasaba horas enteras en las iglesias de los pueblos. Nunca llegó a confesar si era creyente o no. No toleraba la idea de un Dios que acepta impertérrito las limpiezas étnicas y las matanzas que conllevan. Pero creía en la existencia de una «energía superior». Era —y eso es algo que a mí me encandila mucho— un hombre que dudaba. Dudaba de los hombres, de las ideas y de sus propios sentimientos. Era un sabio. «Sólo dudando —escribió— puede uno acercarse a la verdad.»

Aficionado a la Historia, en la que probablemente tampoco creía demasiado, tenía veneración por ciertas fechas. «En 1492 —decía— Colón descubrió América y moría Lorenzo de Médicis el Magnífico.»

Dos acontecimientos que Mitterrand consideraba trascendentales. Hombre de intuición más que de razonamientos, se jactaba de «sentir» más que de «saber». En *L'abeille et l'architect* escribe: «Nada me es verdaderamente desconocido cuando lo tengo al alcance de la mano». Y añadía que la intuición es una ciencia muy antigua pero «también un arte que llevamos inscrito en nuestro código genético». Resumiendo en pocas palabras su rebosante personalidad, creo poder decir que Mitterrand fue desde su infancia un hombre herido. Apenas creyó en la Historia que le abrió de par en par sus puertas. Los que surcan los caminos de la facilidad decían de él que era la reencarnación de Maquiavelo. «¿Por qué Maquiavelo? —se indignaba—. ¿Por qué no Metternich o el príncipe de Ligne?» La verdad es que no le gustaba que le compararan a nadie.

De todos los presidentes de la V República francesa Mitterrand fue sin duda alguna el que más y mejor ha contribuido a la remodelación de París, esa extraordinaria capital que sigue siendo para muchos el ombligo del mundo. Comparada a la obra de Mitterrand, la de Pompidou —Beaubourg está envejeciendo muy mal— quedará oscurecida por lo que los franceses llaman ya «la nueva Tebas», ese conjunto arquitectónico del barrio de la Defense. Hoy ya nadie pone en duda que la famosa y hasta hace poco denostada Pirámide del Louvre, sea un acierto. Quizá resulte más discutible la nueva Ópera de la Bastilla que recuerda desagradablemente las frías construcciones de Brasilia, siniestra ciudad que cuenta con el mayor número de suicidas del mundo. Pero si la nueva Ópera no es del agrado de todos pese a su perfecta acústica, el proyecto de lo que es hoy el Gran Louvre suscitó desde un principio el entusiasmo de tirios y troyanos.

Sus detractores, que son muchos, acusan a Mitterrand de haber padecido el síndrome del Rey Sol. Puede ser cierto, pero no lo es menos que cuando los historiadores del futuro quieran saber en qué consistía la «monarquía presidencialista» de François Mitterrand, tendrán que tener muy en cuenta lo que fueron los *grands travaux* del rey François: el Gran Louvre, la Pirámide de Pei, el Arco de la Defense y la Ópera de la Bastilla. Algunos opinarán incluso que comparado a esos *grands travaux* el palacio de Versalles, orgullo de

Luis XIV, se queda en muy poquita cosa. Sensible al halago pero suficientemente inteligente para disimularlo, Mitterrand se arropaba de modestia cuando los aduladores de turno le hablaban de la huella que dejaría en la historia de Francia. «Los siglos —murmuraba— lo borran todo. ¿Quién se acuerda hoy del faraón Sesostris I, inspirador del templo de Karnak?»

El constructor Mitterrand ha cedido sin duda el paso al Mitterrand político, consumado maestro de las más retorcidas estrategias. Ante el evidente fracaso de la Unión de la Izquierda francesa, el temor constante de Mitterrand fue siempre el resurgir de una derecha liberal y democrática. «Tenemos que promocionar a Le Pen —le dijo en 1989 a Pierre Beregovoy— porque el menor éxito de su Frente Nacional hará que la derecha, cualquier derecha, resulte impresentable.» Así se hizo y muchos franceses siguen votando a la izquierda porque, en efecto, la derecha que preconiza Le Pen horroriza a todos aquellos que tengan dos dedos de frente.

Franz Olivier Gisbert, que nunca ocultó su aversión por Mitterrand, no discute que supo poner en marcha una de las revoluciones culturales e ideológicas más importantes del siglo XX, con un resultado en absoluto desdeñable: la reconciliación de la izquierda con la economía de mercado. Después de Mitterrand, Francia nunca volverá a ser la misma. «Al instalar a la izquierda en el poder —escribe Gisbert—, Mitterrand la obligó no a romper con el capitalismo, pero sí con su pasado. Por primera vez en la historia alguien forzó a la izquierda a colaborar con el capitalismo en defensa de las instituciones.»

El maquiavelismo de Mitterrand en sus relaciones con el Partido Comunista producía malestar y admiración. En abril de 1976, Mitterrand les decía a sus confidentes: «La Unión de la Izquierda me beneficia en todos los sentidos. Si el PC se porta bien con nosotros, sólo le haré responsable de la agitación social que pueda surgir. Pero si sucumbe a sus viejos demonios, si los comunistas tratan de desestabilizarme, organizaré la resistencia contra ellos y obtendré el respaldo de todo el país. O sea que, hagan lo que hagan, siempre saldré ganando». Y añadía: «Mi gran oportunidad histórica reside en la increíble mediocridad de los dirigentes comunistas, Marchais, Plissonier, Laurent y los demás. Como tienen la mente programada de antemano, sus reacciones siempre serán previsibles y así los podré manipular a mi antojo. ¡Ah! Si hubiera tenido que enfrentarme a dirigentes comunistas de la envergadura de los italianos, las cosas no hubieran sido tan fáciles».

Mitterrand nunca tuvo escrúpulos cuando el poder estaba en juego. Parodiando a Napoleón, le gustaba aconsejar a sus seguidores: «Primero ganemos la batalla, luego ya veremos». Los escándalos financieros en el seno del partido socialista, los amigos íntimos implicados en los tráficos de influencias y leyes como las que se promulgaron contra la xenofobia y el racismo han contribuido a dañar gravemente la imagen del hasta ahora intocable presidente. El libro de Franz Olivier Gisbert *Le président*, no ayudó a suavizar las cosas y hubo quien puso en duda la capacidad de reacción del rey François.

Pero ¿quién era de verdad Mitterrand? Pocos son los que pueden presumir de saberlo. Cuando era niño el joven François les decía a sus padres: «Un día seré rey o Papa». En el ocaso de su vida Mitterrand, más que como un presidente, actuó y gobernó como un rey absoluto, con más descaro que el propio general De Gaulle quien, quizá sin pretenderlo, se comportó también como un monarca *par la grâce de Dieu*. Y si François Mitterrand no llegó a ser Papa, sus modales untuosos permitieron que a veces se le comparara a un cardenal del Renacimiento, de los de daga y veneno.

«Gobernar —solía decir el presidente francés— es en cierto modo escribir la propia historia.» Como otros presidentes antes que él —y me atrevería a decir que como buen número de franceses— Mitterrand pretendía, no sin razón, escribir bien, aunque se resistió a escribir sus memorias, dando a entender que le gustaría que otros lo hicieran por él. Jacques Attali y Roland Dumas fueron quizá los «negros» que podrían haber escrito la biografía del niño que quiso ser Papa o rey. No fue ni lo uno ni lo otro. Pero para muchos franceses François Mitterrand fue algo más.

El siguiente diálogo lo mantuvieron dos hombres poco antes de que uno de ellos, gravemente enfermo, dejara de ser presidente de la República francesa. Las conversaciones de François Mitterrand con Elie Wiesel, escritor judío, premio Nobel de la Paz, se han recogido en un extraordinario libro que lleva por título *Mémoire a deux voix*.

«En el ocaso de mi vida —ha dicho François Mitterrand que ha dado permiso expreso para esta reproducción— he sentido la necesidad de decir con palabras largamente retenidas lo que todavía de verdad me importa.»

WIESEL: ¿Por qué creó Dios el mundo? ¿Por qué existe el mundo?

MITTERRAND: ¡Ah! El origen del mundo... Sumamos los porqués sin alcanzar nunca una contestación satisfactoria. Hablamos de quarks, de agujeros negros, pero aunque avancemos durante miles de años en el conocimiento de los orígenes del planeta, no tendremos nunca una explicación del porqué.

W.: El misterio del comienzo de las cosas es el misticismo.

M.: El principio fue el Verbo.

W.: No para los judíos. Bereshit Bara... En un principio Dios creó los cielos y la Tierra. Pero no el Verbo. Antes del Verbo, ¿qué es lo que había?

M.: Si lo supiera sería un hombre de fe.

W.: Pienso que si usted conociera la respuesta, no por ello sería un hombre de fe.

M.: En todo caso tendría certidumbres. Si yo buscara contestaciones con razonamientos puramente materialistas, tendría razón en tener fe en otra cosa que no fueran meros mecanismos. Siempre he creído que hay «algo» que pone la máquina en marcha. Voltaire lo decía ya en su «Apología al relojero».

W.: ¿Y las trampas que nos tiende la fe?

M.: La más evidente es la de contentarse con una respuesta, renunciando a ir aún más lejos en nuestra búsqueda. Ahí está el origen del oscurantismo. Anatema sobre Galileo y los alquimistas. Asimilamos toda nueva experiencia, todo descubrimiento científico, a la brujería.

W.: Eso se llama fanatismo.

M.: Desde luego. La fe —o mejor dicho el dogmatismo— nos lleva al sectarismo, a la intolerancia y a la persecución. El instinto del hombre prevalece sobre todo razonamiento. La persecución nos afirma en el poder. La mejor manera para cualquier Iglesia de asegurar la perennidad de la enseñanza de su propia fe consiste en disponer del poder.

W.: La religión no debería de caer nunca en el fanatismo. Y sin embargo lo hace. Y lo hace extremadamente. La fe profunda y la tolerancia me parecen incompatibles.

M.: No me gusta creerlo. Sin embargo, a medida que pasa el tiempo, los acontecimientos le dan a usted la razón. Los hombres de fe son raras veces tolerantes. Les gustaría tanto que el mundo estuviese regido por las mismas leyes que rigen sus vidas...

W.: Los místicos, sean cuales sean sus creencias, son casos aparte. Parecen entenderse mejor entre ellos que con el común de los mortales.

M.: Sí, porque siempre van más allá.

W.: Entre los judíos, los cristianos y los musulmanes hay diferencias que sólo son aparentes. Los místicos están siempre unidos en ese más allá del que habla usted. Esa diferencia a la que aludo y que desemboca en el fanatismo.

M.: Habrá seguramente religiones que han engendrado una fe tolerante. Pero yo no puedo citarle ninguna. Ha habido ciertamente hombres que han sabido conciliar la fe y la tolerancia. Así, san Francisco de Asís. Pero la mayoría tiene alma guerrera y grita: ¡muerte al infiel!

W.: Todavía ocurre hoy. ¿A usted le concierne esa subida del integrismo a la que asistimos en una gran parte del mundo?

M.: Me concierne y me indigna. Sin querer emplear palabras excesivas, creo que hay en el integrismo algo profundamente estúpido. ¿Qué clase de verdad les ha sido revelada? ¿Quién los autoriza para juzgar, castigar y matar?

W.: Hoy se mata en Argelia y se mata en Irán. El fanatismo es ciego, el fanatismo nos vuelve ciegos y sordos.

M.: A mí el fanatismo siempre me ha parecido una estupidez. ¡Me horroriza! Es uno de los peores males que afligen a la especie humana.

W.: Porque niega la duda y, por lo tanto, la cultura.

M.: Porque niega la vida.

W.: El fanatismo no se hace preguntas. No tiene dudas. Sabe y sabe que sabe. Pero lo que no sabe es que la vida es útil. Sobre todo cuando provoca preguntas. Cuando provoca cultura. Pero ¿cómo luchar contra el fanatismo?

M.: Negándose a oponerle otro fanatismo.

W.: ¿Quiere usted decir que el antifanatismo es tan peligroso como el propio fanatismo?

M.: Qué duda cabe. Siempre estamos tentados a luchar con las mismas armas que el adversario. Pero tenemos que respetar nuestras propias leyes y evitar que se vayan a la deriva arrastradas por los fanatismos. Es difícil y conviene no mostrar debilidad. Con prudencia y con firmeza se puede conseguir. Desde hace medio siglo, desde que desaparecieron las ideologías nazis y fascistas, el terrorismo no ha conseguido nada en las sociedades occidentales.

W.: ¿Gracias a quién? ¿A qué? ¿Al paso de los años? ¿No es la educación el único remedio?

M.: Es un remedio, pero no el único. Usted sabe que Pic de la Mirandole fue un fanático seguidor de Savonarola. Y, sin embargo, aparece como uno de los grandes humanistas de la época. Lo que no le impedía ayudar a su maestro a quemar libros.

W.: Fue también un discípulo de un gran filósofo místico judío, Abraham Abulefia. Hace un tiempo usted me dijo que se podía ser santo sin tener fe. Yo me hago otra pregunta: ¿se puede ser agnóstico teniendo fe?

M.: Semánticamente los términos son incompatibles. El agnosticismo es el no conocimiento, el no conocimiento de una fe.

W.: Lo que quiero saber es si la fe en Dios y la fe en el hombre pueden ser conciliables.

M.: La fe en Dios y la fe en el hombre no se excluyen una a otra. Yo diría más bien que se complementan.

OBRAS DEL MISMO AUTOR

EN FRANCÉS

Les Ramblas finissent à la mer, Seuil, París, 1953. [Hay trad. cast.: *Las Ramblas terminan en el mar*, Plaza y Janés, Barcelona, 1964.]

Les gens de bien, Seuil, París, 1955.

L'heure dangereuse du petit matin, Seuil, París, 1957.

L'homme de sang, Seuil, París, 1959. [Hay trad. cast.: *El hombre de sangre*, Nuevas Ediciones de Bolsillo, Barcelona, 2003.]

L'homme de plaisir, Seuil, París, 1961.

Allegro Barbaro, Seuil, París, 1967. [Hay trad. cast.: *Allegro bárbaro*, Nuevas Ediciones de Bolsillo, Barcelona, 2003.]

Fiesta, Seuil, París, 1971. [Hay trad. cast.: *Fiesta*, Plaza y Janés, Barcelona, 1994.]

Gold Gotha, Seuil, París, 1972. [Hay trad. cast.: *Gold Gotha*, Barral, Barcelona, 1973.]

À pleines dents, Stock, París, 1973, Prix Universalité de la Langue Française.

Femmes, Stock, París, 1975, Prix Casex. [Hay trad. cast.: *Mujeres al descubierto*, AQ, Madrid, 1976.]

La chute, Stock, París, 1977. [Hay trad. cast.: *La caída*, Plaza y Janés, Barcelona, 1981.]

L'image del marque, René Juillard, París, 1976.

Solo, Albin Michel, París, 1976. [Hay trad. cast.: *Sólo*, Plaza y Janés, Barcelona, 1977.]

Les gangrènes de l'honneur, J. C. Simoen, París, 1978. [Hay trad. cast.: *Las gangrenas del honor*, Planeta, Barcelona, 1980.]

Altesse, O. Orban, París, 1988.

Ma vie est une fête, O. Orban, París, 1988. [Hay trad. cast.: *Mi vida es una fiesta*, B, Barcelona, 1988.]

Le gentilhomme européen, Fixot, París, 1992, Prix Saint-Simon. [Hay trad. cast.: *El gentilhombre europeo*, Tusquets, Barcelona, 1993.]
Españas, Fixot, París, 1992.
Le Roi, Fixot, París, 1993. [Hay trad. cast.: *El Rey*, Salvat, Barcelona, 1995.]

EN ESPAÑOL

La nostalgia es un error, Planeta, Barcelona, 1982.
Los sables, la corona y la rosa, Argos Vergara, Barcelona, 1984.
La imprudente memoria, Versal, Barcelona, 1985.
Encuentros y encontronazos, Aguilar, Madrid, 1994.
Conversaciones con Fellini, Aguilar, Madrid, 1994.
Furia, Plaza y Janés, Barcelona, 1994.
El sable del Caudillo, Plaza y Janés, Barcelona, 1997.
Franco y el Rey, Plaza y Janés, Barcelona, 1985.
Cartas de París, Plaza y Janés, Barcelona, 1998.
Inolvidables mujeres, Plaza y Janés, Barcelona, 1999.
Hojas al viento, Plaza y Janés, Barcelona, 2003.

MEMORIAS NO AUTORIZADAS

La tierna y cruda verdad, Plaza y Janés, Barcelona, 2000.
Otros mundos, otra vida, Plaza y Janés, Barcelona, 2001.
La flor y nata, Plaza y Janés, Barcelona, 2002.
La rosa, la Corona y el marqués rojo, Plaza y Janés, Barcelona, 2003.

A LOS NAVEGANTES QUE SE LIBRARON DEL NAUFRAGIO

Me piden mis editores que escriba unas líneas para poner fin a este cuarto y último tomo de mis memorias. Me sugieren una especie de despedida. Bueno, si es eso lo que quieren...

Creo que tardaré mucho en volver a escribir algo que tenga más allá de dos o tres páginas. Ya he dicho todo lo que tenía que decir. Lo que ha permanecido en el tintero, no me interesa ni a mí. Ahora, lo que aún queda de lo que en otro tiempo fue mi mundo se está deshilachando a una velocidad de vértigo. Dentro de poco ya no me quedará ni con quien hablar. Y lo que es aún peor, nadie con quien compartir el silencio. Queda la música, sí, claro, pero ya me estoy hartando de que sólo me sigan gustando los mismos, Bach, Mozart, Mahler y apenas dos o tres más. De las voces que a veces escucho, sólo queda una de la que no me cansaré nunca, la de aquella griega tan mal hablada. Quedan también las lecturas. De los clásicos empiezo a creer que muchos estaban equivocados. De los demás, los que escribieron mis libros de cabecera –Morand, Anouilh, Renard, Yourcenar y, de los españoles, Delibes–, algunos pusieron en el papel lo que me hubiese gustado poner a mí. Cioran, aquel rumano que siempre tenía frío en París, afirmó: «La Creación ha sido el primer acto de sabotaje cometido en este mundo». ¿Los poetas, entonces? Sí, quizá algunos, pero muy pocos. Apollinaire, cuando el tiempo es desapacible: *«Un soir de demi-brume a Londres...»*. Quedan las mujeres. Ah, las mujeres. Pensar que fueron tan importantes... Recuerdo sus contactos sutiles y el olor de algunas. No he dicho el perfume, he dicho el olor. Ahora las mujeres sólo me ayudan a aumentar el dolor de espalda. Un dolor agudo, rejuvenecedor. Entonces, ¿dónde refugiarnos? ¿En la religión? ¿Qué religión? ¿Aquella en la que me bautizaron sin pedirme permiso? ¿Qué tendré yo que ver con la filosofía del hijo de un carpintero judío que ponía la otra mejilla cuando ya le habían magullado una? Todas nuestras guerras son guerras de religión. Que les pregunten a los muertos en qué dioses creen ahora. Fue también Cioran quien dijo que «hace dos mil años que Jesús se venga de nosotros por no haberse muerto en un sofá».

Siempre he vivido convencido de que la peor mentira es la de habernos hecho creer que todos los hombres –ah, y también las mujeres– nacemos iguales y que, como afirmaba el memo de Rousseau, nacemos buenos antes de que la vida nos enseñe lo beneficiosa que puede ser a veces la maldad. Nada de eso es cierto. Algunos nacen ricos, inteligentes y bellos. Otros nacen pobres, feos y sin esperanzas. Nacemos todos lo más desiguales posible y la vida no hace sino aumentar las diferencias. Mientras aceptemos que la cosa no tiene remedio, no conseguiremos ser felices. Y si lo conseguimos, ¡nos aburriremos tanto! Mi única esperanza es que no exista un más allá donde nos encontremos todos de nuevo cometiendo las mismas estupideces. Pero esta vez en las nubes.

ÍNDICE ONOMÁSTICO

Los números en *cursiva* remiten a las páginas de ilustraciones

B

D

E

M

T

W

X

Y

Z